JULIO CORTÁZAR

MIGUEL DALMAU

JULIO CORTÁZAR

El cronopio fugitivo

 edhasa

Consulte nuestra página web: www.edhasa.es
En ella encontrará el catálogo completo de Edhasa comentado.

Primera edición: octubre de 2015

© Miguel Dalmau, 2015
© de la presente edición: Edhasa, 2015

Avda. Diagonal, 519-521   Av. Córdoba, 744, 2° piso, unidad C
08029 Barcelona   C1054A ATT Capital Federal, Buenos Aires
Tel. 93 494 97 20   Tel. (11) 43 933 432
España   Argentina
E-mail: info@edhasa.es   E-mail: info@edhasa.com.ar

ISBN: 978-84-350-2735-9

Impreso en Liberdúplex

Depósito legal: B. 22340-2015

Impreso en España

A Maria Piera Garbelli,
donna e amico.

«Lo tomó de un brazo, atrayéndolo con toda su fuerza.

«"No me deje ir así —suplicó—. No puedo seguir huyendo siempre, sin saber"».

Instrucciones para JOHN HOWELL

ÍNDICE

DEL LADO DE ACÁ

«Desde muy pequeño, mi desdicha y mi dicha al mismo tiempo
fue el no aceptar las cosas como dadas.»

MENTIRAS PIADOSAS

Toda la información que Julio Cortázar tuvo sobre sus orígenes le llegó a través de la memoria femenina, pero asombrosamente la dio por buena y renunció desde niño a indagar en el pasado. La fe en las mujeres de su familia era tan grande que terminó por contagiarla al mundo, hasta que al final se ha erigido una leyenda embellecida y falsa que repiten mansamente los biógrafos. Por fortuna, disponemos hoy de una versión mucho más cercana a la verdad de los hechos. Este avance se debe al cineasta argentino Eduardo Montes-Bradley, quien tuvo el valor de cuestionar el dogma y encender las luces del plató. En sus trabajos sobre Cortázar se dedica a desmontar algunos mitos que nacieron de la fantasía materna y que el autor de *Rayuela*, confiado, se encargó de divulgar reforzando su carisma. El primero de esos mitos hace referencia a la figura del padre, que en palabras de la madre era secretario técnico del Ministerio de Obras Públicas argentino. A partir de éste y otros datos su hijo amplió la información hasta dejarla así: «Mi nacimiento fue un producto del turismo y la diplomacia; a mi padre lo incorporaron a una misión comercial cerca de la legación argentina en Bélgica, y como acababa de casarse se llevó a mi madre a Bruselas.»

Desde el principio las palabras «embajada», «legación» y «diplomático» aparecen unidas a Julio José Cortázar Arias. Pero en los archivos del Ministerio de Relaciones Exteriores de la República Argentina no se ha encontrado ningún documento que le vincule a la diplomacia de su país. Tampoco hay nada en el Ministerio de Obras Públicas ni en la Embajada argentina en Bélgica. Es cierto que el padre contaba con amigos en el partido del Gobierno y quizá alguno de ellos le ofreció una misión temporal en la tierra del rey Alberto I. Pero si fue así, no debió de tener relieve ni continuidad. Por tanto no podemos hablar de un padre diplomático,

como se llegó a decir, sino de un caballero de misterioso oficio
–quizá un técnico en economía– que en cierto momento pudo
estar colaborando con la Embajada. Lo único verificable es que el
padre había llegado a Bélgica con su esposa y su suegra en agosto
de 1913. Una vez allí se instalaron en Ixelles, un municipio situado al sur de Bruselas. En aquel tiempo Ixelles era un lugar encantador, con parques frondosos y estanques serenos; tenía áreas residenciales con edificios de mucho empaque y también algún barrio
de aire bohemio que recordaba a los más pintorescos de París. Retrospectivamente, el hecho de que el padre de Cortázar se estable-
ciera en aquel lugar podría encerrar algún significado: en él habían
circulado personajes tan dispares como Marx, Puccini o Verlaine;
pero lo más probable es que Julio José Cortázar lo eligiese por su
cercanía a la Embajada o a alguna pequeña colonia argentina instalada en el *quartier*.

Desde el verano de 1913 hasta la llegada del protagonista de
nuestro libro transcurrirá todo un año. El plazo es lo suficientemente amplio como para rechazar de plano la idea del nacimiento «accidental» de Cortázar. Cualquiera que haya leído su obra recuerda
la frase «Nació accidentalmente en Bruselas» que encabeza el apartado de su biografía. Pero no fue exactamente así. Los nacimientos
accidentales que tanto abundan en las vidas de los héroes son fruto
de circunstancias extraordinarias, y en este caso nada era tan ordinario como lo que finalmente sucedió, que una joven pareja argentina que residía en Bélgica concibiera y tuviera su primer hijo en
Bélgica. Así pues, nada de accidentes, por favor. Borrémoslo ya de
las solapas de los libros, de wikipedia, y de los estudios biográficos:
será mejor para todos. También sería oportuno revisar la idea de que
Cortázar nació en la Embajada de su país. ¿En la Embajada? ¿Dónde? ¿En el despacho del embajador? ¿En el jardín? ¿O en las oficinas? Actualmente hay una placa conmemorativa en el 116 de la avenue Louis Lepoutre donde podemos leer: Ici est né Julio Cortázar,
etc, etc. Pero hay algo que no cuadra. ¿Qué hubo en ese inmueble
tan pequeño y tan burgués? ¿Su casa o la Embajada? Si nació en la
Embajada, entonces ese edificio anónimo no merece la placa, y si

allí estaba la Embajada, cosa improbable dadas las modestas dimensiones del inmueble, no podemos escribir que la familia viviera allí. Nadie vive en las embajadas si no pertenece al cuerpo diplomático. Aurora Bernárdez, la primera esposa del escritor, sostiene que en sus visitas a Bruselas su marido se detenía ante la fachada y contemplaba las ventanas del segundo piso. Pero él mismo contaba que había nacido en una clínica o un hospital. ¿Entonces? Desde el principio las brumas envuelven a Cortázar.

Sin embargo, sí hubo algo extraordinario en esta historia, algo que no figuraba en los planes de nadie: el magnicidio de Sarajevo que dio pie al estallido de la Primera Guerra Mundial. A los pocos meses el continente europeo ardía en llamas y las tropas del káiser Guillermo II −en concreto las del veterano y agresivo general Von Kluck− se acercaron amenazadoras a la frontera belga. En las semanas previas al nacimiento de Julio la población se dispuso para una defensa heroica, mientras los más temerosos preparaban su éxodo fuera del país. Todo este clima de guerra debió de resultar angustiante para aquella familia que había acudido a Europa a cumplir un sueño que acaso no podía llevar a cabo en Argentina. Al final el primogénito de los Cortázar nació el 26 de agosto de 1914, a las tres y cuarto de la tarde. Según él: «Mi madre contaba que fue terrible estar metida en una clínica (esperándome), al tiempo que oía las explosiones de los obuses alemanes cayendo en las cercanías.» Pocos días después será bautizado con el nombre de Julio Florencio, pero la familia le llamará cariñosamente «Cocó».

Aunque Cortázar no dominaba la astrología nunca tuvo reparos en reconocer que era virgo, y por consiguiente asténico y con tendencias intelectuales. Si hubiera profundizado un poco en su carta astral habría descubierto que su ascendente era sagitario, un dato tan importante como el propio signo y que explica muchas cosas de su vida. Demasiadas.

¿A QUIÉN LE IMPORTA LA ABUELITA
DE CORTÁZAR?

He aquí la clase de pregunta que se plantean algunos lectores impacientes que desean ir al grano. Es comprensible. Lo asombroso es que la hiciera Aurora Bernárdez cuando se le interrogó por el pasado familiar de su marido. Como es lógico, a nosotros nos importan mucho las abuelas de Cortázar, en especial la madre de su madre, ya que fue un personaje clave en su vida. Asimismo la pregunta de Aurora sirve de aliciente para que nos acerquemos a un lugar donde ella no desea que busquemos demasiado. Sigamos, pues. La abuela en cuestión se llamaba Victoria Gabel y había nacido en 1873. En algún texto se dice que pertenecía al clan de los Gabel de Avellaneda; en otros se alude a ella como «una judía de Hamburgo, que influyó en muchos aspectos de su personalidad». La distancia entre Hamburgo y Avellaneda es lo suficiente grande como para que renunciemos a afinar la puntería. Pero dice mucho de los flujos migratorios del siglo XIX y de la dificultad de enmarcar a veces el origen de las personas. Probablemente la abuela Victoria perteneció a una familia de emigrantes alemanes afincada en Avellaneda. No vamos a especular. Preferimos acercarnos a su pasaporte y comprobar que era una mujer de raza blanca, de cabello castaño y ojos azules, que medía un metro sesenta y ocho centímetros. Bastante alta para la época.

Las escasas fotografías nos muestran a una mujer bonita, que viste con elegancia, y que transmite discreción y a la vez fortaleza de carácter. La suma de sus virtudes no pasó desapercibida a un caballero llamado Luis Descotte Jourdan, cuya familia procedía de los Alpes Marítimos franceses. Es lástima que Cortázar no tuviera información sobre estos datos, porque le habría gustado saber que cuando adquirió una casa en Saignon a mediados de la década de 1960 estaba volviendo a sus raíces provenzales. Tampoco es probable que supiera gran cosa de su origen claramente burgués: su bisabuelo, Marius Descotte, era un prestigioso decorador que se instaló en Buenos Aires a finales del siglo XIX. De hecho, la casa madre se encontraba nada menos que en el 34 del bulevar Haussmann de París, y a buen seguro había visto reflejada en sus aparadores la sombra frágil y afilada de Proust. La sede porteña del negocio abrió las puertas en el 531 de la calle Corrientes, donde la familia tuvo también su vivienda. Por un azar que habría agradado a Julio –qué pena, Gran Cronopio, que las mujeres de tu familia te contaran otras cosas–, en la casa del bisabuelo existe una placa de bronce que recuerda que allí nació un mito de la literatura argentina: Ricardo Güiraldes. Dado que la familia de Güiraldes poseía un alto rango social, cabe suponer que la casa del bisabuelo de Cortázar les pareció acorde con su nivel cuando éste la puso en venta y decidieron comprarla.

En aquel tiempo Buenos Aires vivía un gran momento de su historia. Los vapores que comunicaban con Europa se habían modernizado mucho y transportaban a la Argentina a pasajeros de distintas clases sociales. Atraídos por el Nuevo Mundo, numerosos arquitectos e ingenieros –de preferencia franceses e ingleses– se instalaron en la capital para darle un impulso que la convirtió en una de las perlas de América. En este clima de euforia, la Compañía Nacional de Muebles del señor Descotte resultó decisiva para decorar obras como el Teatro Colón, el Palacio Legislativo y numerosas residencias de familias acomodadas. Así pues, los antepasados de Cortázar contribuyeron a hacer más bella y moderna la ciudad. Una de las secretarias de la empresa era una joven atractiva y discreta de aspecto alemán llamada Victoria Gabel. En cierto momento el hijo del propietario, Luis, inició una relación clandestina con la secretaria de su padre y la historia concluyó en embarazo. Ante lo delicado de la situación ella tuvo que desaparecer de la escena y regresó a casa de sus padres en Avellaneda. Aquel mismo año de 1894 nació su hija María Herminia. Según los indicios, Cortázar nunca supo que su madre había sido el fruto de la clásica aventura victoriana entre el hijo del jefe y la empleada o la criada de la casa. Pero fue así. Dice en favor de Luis Descotte Jourdan que reconociera a la pequeña Herminia y le otorgara su apellido. Pero no tuvo el valor de casarse con la madre.

Indudablemente el abuelo materno de Cortázar tenía algo de cazador. Dos años después repetirá la historia con Julieta Abdelmaleck, una joven francesa hija de inmigrantes argelinos, pero esta aventura sí concluye en matrimonio. Para entonces el negocio familiar ha crecido mucho y el salón de ventas se traslada a la importante avenida de Mayo. Allí Luis Descotte se hace cargo del negocio paterno y se convierte en el decorador más prestigioso y solicitado de la ciudad. Ahora es un respetable empresario, padre de familia con varios hijos. Pero en ningún momento ha podido olvidar a Victoria Gabel ni a su hija. De hecho, es él quien les facilita una pequeña vivienda en la calle Castelli, 49 y se hace cargo de buena parte de sus gastos. Al parecer, la esposa legítima estaba perfectamente al corriente de esa otra relación y del desvío de fondos mensuales. Lo aceptaba. Este punto es importante no sólo porque desvela un acuerdo tácito entre todos los personajes de la obra, sino porque anuncia un patrón de vida que va a repetir su nieto. Un karma o, si se prefiere, una figura de la constelación familiar. El tener que mantener a las mujeres de su sangre.

LA RAMA VASCA

Cortázar siempre estuvo orgulloso de su ascendencia vasca, que hunde las raíces en la antigua merindad de Arratia, en la provincia de Guipúzcoa. En vasco Korta-Zar significa aproximadamente «establo viejo». Así que el nombre de nuestro héroe sería «Julio Establo Viejo», algo digno de un personaje de Tolkien. En cuanto a los antepasados, el abuelo paterno se llamaba Pedro Valentín Cortázar Mendiroz, y fue uno de los muchos emigrantes que lograron hacer fortuna al otro lado del mar. Al poco de llegar, fue designado como uno de los responsables de la apertura de una sucursal bancaria en Salta. Luego se dedicó a la agricultura y un poco a la ganadería. Allí inició relaciones con Carmen Arias Tejada, una joven de la buena sociedad que pertenecía a un linaje importante. Cuando mucho después su nieto escriba «Los Cortázar», un poema irónico acerca de la falta de antepasados ilustres, estará incurriendo en un error. En algunos versos habla de que no merecieron ningún nombre en las calles ni ningún homenaje en los sellos de correos. Y luego, al modo porteño, se burla del rango y del abolengo. ¿Fue verdaderamente así?

Es cierto que no tenía un abuelo comodoro, tal como asegura en el poema, pero en la rama Arias hubo varias figuras de relevancia, entre ellas un héroe de la Independencia, un alférez real, un alcalde salteño, y un comandante de la expedición al Chaco de 1750. Por la rama Arias, pues, pertenecía a la aristocracia latifundista del norte del país y llevaba la sangre de ancestros que sí habían dado nombre a algunas calles. Pero él nunca lo supo. En todo caso, el abuelo vasco se unió con una de las jóvenes Arias y se instalaron en el barrio de Belgrano en Buenos Aires. El matrimonio tuvo varios hijos, entre ellos Pedro, que se casaría con María Gabel, la hermana mayor de la abuela Victoria. En la primavera de 1910, Victoria y la joven María Herminia acudieron a Salta a pasar las vacaciones. Aquel ambiente de una familia rica del altiplano les resultó muy agradable: el elegante patio de la casa, los paseos por el campo, las canciones y guitarras bajo la luna... Todo contribuyó a encender el corazón de Herminia Descotte, quien quedó prendada de Julio José, el menor de los hermanos. Pero a diferencia de éstos, el padre del escritor era un joven tímido y sensible que amaba la lectura y no gozaba tanto de la vida social. También él había sucumbido a los encantos de aquella muchacha de ojos claros que hablaba con ligero acento francés.

Al principio, las mujeres de la familia Cortázar-Arias no dieron importancia a una relación que era un inocente juego de verano; pero cuando luego se hizo público el compromiso pusieron el grito en el cielo. Herminia les parecía demasiado moderna y liberada. Quizá tampoco les convenció que Julio José aspirara a contraer matrimonio con la hija de una madre soltera. Al llegar aquí debemos insistir en que el autor de *Rayuela* no tuvo noticia de la historia que usted está leyendo. Solía decir que nunca le interesó el árbol genealógico y que incluso le faltaban datos concretos. Podemos imaginar su cara de asombro si este libro hubiera podido caer en sus manos. ¿Habría dicho lo mismo?

Los padres de Julio se casaron el 11 de octubre de 1912 en Buenos Aires y fueron a vivir a la residencia familiar de la calle Belgrano. Oficialmente eran felices, pero desde el principio el marido se reveló un tipo con mala suerte. Aquel mismo día comenzó a sufrir grandes dolores no especificados que le persiguieron durante meses, obligándole de paso a someterse a una intervención quirúrgica. Entretanto el padre de la novia, Descotte Jourdan, le ofreció la posibilidad de marchar a Bélgica para ampliar los negocios. No era mala idea. En aquel tiempo Argentina estaba atravesando un momento delicado: los sindicatos comenzaron a organizar huelgas salvajes, estalló la primera revuelta campesina en el Río de la Plata, y el horizonte europeo parecía más limpio para una familia burguesa que empezaba a vivir. Aunque ya hemos visto que el padre de Julio tenía contactos con círculos cercanos al poder, el canal abierto por su suegro parecía más cómodo y rentable. Ni siquiera tenía que molestarse en ofrecer sus servicios a ninguna embajada. Al final Julio José Cortázar, Herminia Descotte y Victoria Gabel se embarcaron para Europa.

ZÚRICH REVOLUCIONARIO

Más de dos años después la familia ya tiene un hijo y huye de la guerra con destino a Zúrich. Dado que Argentina es un país neutral y que la abuela Victoria lleva sangre alemana, no les resulta demasiado difícil obtener los salvoconductos. En relación a ellos es interesante señalar que el padre aparece como *handelsagent*, es decir, agente económico, o viajante de comercio. Este dato disipa las últimas dudas. En el momento en que Europa arde hasta los cimientos y los Cortázar buscan refugio en Suiza, resulta que el páter familias no esgrime su supuesta vinculación con el cuerpo diplomático. En lugar de presentar credenciales como responsable de una misión comercial para su país, se limita a rellenar la ficha de ingreso como «viajante de comercio», o «agente económico». O sea, como un empleado más. Pero ¿empleado de quién? Obviamente de su suegro, Luis Descotte Jourdan.

Ahora ya lo sabemos. En todo ese tiempo no había trabajado exclusivamente para la Embajada, aunque es probable que tuviera algún encargo dentro de ella. En realidad su plan no era otro que intentar abrir mercado en Bruselas para la empresa familiar. A la firma no le falta experiencia internacional, y la central del bulevar Haussmann es un reclamo de primer orden. Lamentablemente a Cortázar Arias le vuelve a suceder un contratiempo como el día de la boda. Cuando está a punto de lograr su objetivo, los vientos de la guerra varían su rumbo y todo se desvanece. El hombre que dos años antes iba al asalto de Bruselas, al menos en la sección de muebles, resulta que ahora vive refugiado en Suiza sin ninguna perspectiva laboral. En este clima de incertidumbre nacerá su hija Ofelia, a quien pronto llamarán «Memé» o «Memet». El nacimiento de la niña tuvo lugar el 25 de octubre de 1915 bajo el turbulento signo de Escorpio. Algunos biógrafos sostienen que Ofelia comenzó a padecer crisis de epilepsia a edad muy temprana; pero no hay pruebas de ello, y quizá sólo se trató de algún tipo de convulsiones asociadas erróneamente a la enfermedad. Sea como fuere, la llegada de una hermana supuso para Cocó el clásico trauma derivado de la desatención de la madre. Por fortuna, la abuela Victoria se hizo cargo de él convirtiéndose en el gran refugio de sus primeros años. Mucho después evocará su figura en «Sorpresa para Perrault», uno de esos textos ligeros y poco conocidos donde se oculta a menudo la verdad de Cortázar. La abuela aparecerá luego en otras páginas, siempre rodeada de luz.

Para entonces la familia vive en la pensión del señor Huber, un establecimiento respetable ubicado en el 3 de la calle Sonnenquai. Es un barrio elegante y tranquilo a orillas del río Limmat, donde se alzan algunas villas de la alta burguesía. En el período anterior a la guerra, Zúrich era una suave balsa de aceite que sólo vibraba al paso de los tranvías y de los relojes de cuco; pero a raíz del conflicto se convierte en uno de los centros de acogida de refugiados. En seguida la armonía de la ciudad queda rota y comienzan los problemas de abastecimiento: aunque aún funcionan las estufas de gas, las autoridades cantonales aconsejan apretarse el cinturón y comer carne sólo un par de veces a la semana. Los Cortázar, por tanto, respiran ese ambiente de calma tensa donde las cosas muestran el sello de la precariedad. Procuran llevar una vida metódica y sin excesos. Cualquier parecido con la existencia regalada de los millonarios exiliados en el hotel Bellevue-au-Lac se limita a coincidir con ellos en el Café Terrasse. Generalmente almuerzan cada día en la pensión del señor Huber, pasean por los *quais* del río o se acercan hasta el parque donde se alza un monumento a cuyos pies se tomará la primera foto de Cocó.

En el caso utópico de que Julio Cortázar hubiera tenido entonces la edad de su padre habría quedado maravillado con el ambiente de Zúrich. Las guerras son destructoras, ya lo sabemos, pero también son constructivas. Desde antiguo toda guerra anuncia una nueva era, y es tan grande su fuerza inaugural, su energía innovadora, que entre guerra y guerra la vida parece estática e inmutable. La guerra de 1914 tuvo la fuerza de matar el pasado que asociamos a la Belle Époque y abrir las puertas a lo que venía reclamando nueva vida. Más allá de las largas estelas de cruces, el conflicto creó un escenario geopolítico que nos resulta bastante reconocible: cayó el Imperio austrohúngaro e Inglaterra cedió su hegemonía a Estados Unidos; en paralelo la Revolución de 1917 acabó con la Rusia de los zares e impuso el comunismo. Los viejos imperios coloniales recibieron la primera estocada de muerte. De algún modo toda esta transformación estaba hirviendo en aquella ciudad suiza. De hecho, Lenin residía entonces allí y se aprestaba para el asalto final.

Pero también hubo otras transformaciones. La guerra arrastró a Zúrich a grupos de jóvenes inconformistas que desertaron de sus países. La mayoría pertenecían al campo del arte y no tardarían en protagonizar uno de los movimientos de vanguardia del siglo: Jean Arp, Tristan Tzara, Hugo Ball, Emma Hemmings... En la misma época en que la familia Cortázar reside en la ciudad, estos «piantados» fundan el legendario Cabaret Voltaire donde se sentarán las bases del dadaísmo. Según Jean Arp, la idea había surgido como rechazo a aquella carnicería: «A pesar de las remotas explosiones de la artillería, nosotros cantábamos, pintábamos, hacíamos escultura y escribíamos poesía. Buscábamos el arte elemental de curar al hombre del frenesí de los tiempos, así como un nuevo orden para restaurar el equilibrio entre el cielo y el infierno.» Aunque el cabaret cerró pronto sus puertas, se transformó en fuente de inspiración para una legión de espíritus rebeldes y con talento. Muy pronto Man Ray y Marcel Duchamp asumieron la etiqueta, mientras André Breton, Paul Éluard o Francis Picabia harían lo propio en París. Es preciso señalar que en 1916 el joven Borges residía con su familia en la muy civilizada ciudad de Ginebra, mientras que el pequeño Cortázar se encontraba en la revolucionaria Zúrich. Quién sabe si se cruzó en su carrito con Joyce, que también vivía en la ciudad. La pregunta se impone: ¿Percibimos las energías que circulan en el aire? ¿Nos quedan? ¿Captó Borges el peso de la tradición de Calvino, mientras Cortázar absorbía las radiaciones de vanguardia? Los caminos tan singulares de sus literaturas invitan a creerlo.

Entretanto el abuelo Luis Descotte Jourdan ya tiene noticia del nacimiento de Ofelia. Aunque ahora le resulta más difícil negociar ciertos asuntos con su esposa, que espera ya el quinto hijo, logra convencerla de que ha de viajar a Suiza para conocer a sus nietos. Los nietos de la «otra». Además siempre hay negocios que atender en París. Con este propósito se embarca a principios de año con destino a Barcelona, luego toma el tren y llega a Zúrich. Durante varias semanas permanece junto a su «primera» familia, que ahora reside en una vivienda en el 14 de la Spiegelstrasse. Juntos tratan de elaborar la mejor estrategia para estos tiempos de guerra. Aunque el proyecto belga se ha ido a pique, el patriarca está convencido de que los Cortázar-Gabel han de seguir en Europa. Algún día la guerra terminará y ellos estarán allí. Pero nunca «accidentalmente» sino por voluntad propia. En cuanto al dinero no hay problema: el abuelo dispone del suficiente para seguir haciéndose cargo de su manutención. Sólo es cuestión de paciencia, y estos niños adorables que llevan su apellido lo valen todo. Cocó y Memé.

SPANISH TITANIC

A mediados de febrero de 1916, el abuelo se despide de los suyos en la *gare* central de Zúrich. Pese a que la estancia europea apenas ha durado seis semanas, se marcha con la promesa de un próximo encuentro. Emocionadas, Victoria y Herminia le ven partir en un tren con destino a Barcelona. Allí, Luis Descotte Jourdan tiene previsto embarcarse en el *Príncipe de Asturias* con rumbo a Buenos Aires. Según las crónicas, la partida tuvo lugar el 17 de febrero. En relación a este viaje que marcará la vida de Cortázar quizá haya que refrescar algunos datos: el transatlántico a vapor *Príncipe de Asturias* era un buque moderno construido en Escocia que se había convertido en el orgullo de la Marina Mercante española; en aquel viaje llevaba a bordo seiscientos pasajeros y, al parecer, a numerosos emigrantes indocumentados que huían de la guerra; en sus bodegas transportaba un cargamento de cuarenta mil libras esterlinas en oro y un gigantesco grupo escultórico conocido como Monumento a la República. Dicho monumento estaba formado por varias estatuas que habían sido costeadas por la comunidad española de Buenos Aires con motivo de las celebraciones que iban a tener lugar allí para el centenario de la Independencia. Este último dato es relevante si queremos crear cierta atmósfera de misterio, porque en vísperas de la partida comenzaron a circular rumores funestos en los muelles de Barcelona. Se decía que aquellas esculturas estaban malditas, ya que los tres maestros que trabajaban en ellas habían muerto antes de terminarlas. Y se decía también que era tentar a la suerte zarpar en el *Príncipe de Asturias*.

Inicialmente la travesía fue bastante plácida. Durante dos semanas, el barco surcó las aguas del Atlántico sin que ninguna maldición surgiera de la bodega o amenazara desde el vientre de las olas. Pero en la madrugada del domingo 6 de marzo el capitán Lotina fue avisado de que una fuerte tormenta se anunciaba en el horizonte. Estaban ya frente a la costa de Brasil. En menos de una hora el navío quedó atrapado en un infierno de olas de ocho metros y un furioso viento huracanado del Este. De creer el relato de algunos pasajeros, el capitán y sus oficiales buscaron afanosamente el faro de Ponta do Boi; pero un error en el compás magistral les impidió advertir que se encontraban fuera de rumbo. Lo que no cuentan las crónicas es que aquella costa era muy rica en uranio, lo que alteraba los aparatos de medición hasta convertir la zona en algo así como el Triángulo de las Bermudas brasileño. Hay registrados al menos 59 naufragios. En ese momento, la visibilidad se había vuelto nula y el buque avanzaba a ciegas entre el mar embravecido. De pronto, un relámpago estalló en el horizonte como una luz que era una condena: a pocos metros de la proa se alzaban los arrecifes de la Punta de Pirabura. Aunque el capitán ordenó el retroceso a la sala de máquinas, ya era demasiado tarde. El arrecife rasgó el casco a la altura de la sala de máquinas, se produjo una fuerte explosión y el *Príncipe de Asturias* naufragó en cinco minutos. Cinco. Días después, uno de los supervivientes dejó este escalofriante testimonio para el diario *La Razón*:

> La confusión fue horrible, imposible de describir en el lenguaje humano, gritos de dolor, de desesperación, se oían de proa a popa del barco. Un infierno, nadie atendía a nadie. El «sálvese quien pueda» estaba gritando instintivamente en todos nosotros. Las luces se apagaron. Intenté encender la lamparita de mi camarote, pero me fue imposible. La bombita se había hecho pedazos. Golpes formidables de tablas por todos los sitios, parecía que algunos rompían las puertas de los camarotes. Los pasillos estaban materialmente llenos de gente que empujaba y atropellaba horriblemente a los que caían. Todo esto en medio de una completa oscuridad.

Éste fue el último escenario que conoció el abuelo francés de Cortázar. En seguida la noticia del naufragio llegó a ambas orillas del Atlántico. Durante unas horas criminales las mujeres de Luis Descotte Jourdan rezaron a la espera de un milagro. La prensa hablaba de casi medio millar de víctimas, pero quedaba un pequeño grupo de supervivientes que se reponían del *shock* en el puerto de Santos. Sin embargo, la esperanza se desvaneció dos días más tarde cuando se publicó la lista de afortunados. Allí no estaba Luis Descotte. En paralelo, los forenses mandaron la descripción de los cuerpos antes de enterrarlos para que pudieran ser identificados a distancia por sus familiares. Julieta Abdelmaleck no necesitó ver con sus propios ojos el cadáver de su marido; le bastó con leer esta nota en *La Razón* publicada el 9 de marzo de 1916. Casi un siglo después produce cierto escalofrío constatar el parecido del muerto con Cortázar:

> Se trata de un hombre blanco de cuarenta a cuarenta y cinco años, de rostro alargado, cabellos castaños, con entradas en la frente, barba castaña, vistiendo pantalón y saco de terciopelo verde y camisa de dormir con las iniciales L. D., calzoncillos de hilo y descalzo.

Es muy probable que su nieto tampoco supiera nada de esta historia. ¿No decía que no le interesaba el árbol genealógico? Pero siempre le tuvo miedo al mar y le encantaba el color verde, el color de los cronopios. Todavía hoy en internet aparece el nombre de Luis Descotte Jourdan como una de las víctimas importantes que perdieron la vida en aquel terrible naufragio. Sin embargo, nadie parece saber que ese caballero francés era el abuelo de alguien mucho más ilustre.

BARCELONA. LA TERNURA DEL DRAGÓN

La muerte del patriarca trastocó por completo los planes de la familia. Si apenas un mes antes acariciaban la idea de quedarse en Europa ahora se abría ante ellos un panorama sombrío e incierto. En el caso de que el negocio de muebles siguiera adelante, la viuda oficial no iba a aceptar fácilmente repartirse el pastel con la antigua amante del difunto, y menos dejarle a su yerno la franquicia de la empresa en un país europeo. Con todo, la muerte de Luis Descotte sumió a las dos mujeres en un desconcierto tan grande que a la postre se impuso la sensatez. No conocemos el contenido del testamento del abuelo, pero todo indica que al final se respetaron sus cláusulas. Sin embargo, en este punto se abren algunos interrogantes: ¿Por qué la familia aún resistió un año más en Suiza? ¿Por qué no abandonaron juntos el país? ¿Por qué Cocó cruzó la frontera con la abuela Victoria y aparece con ella en el pasaporte? ¿Por qué ambos se perdieron un tiempo en Francia antes de reunirse con el resto de la familia en España? Quizá porque Victoria Gabel necesitaba negociar con algún familiar del difunto los términos de la herencia. A lo mejor se detuvieron en los Alpes Marítimos, donde Descotte tenía una propiedad que visitaba siempre, o más probablemente en París. Sea como fuere, la familia abandona oficialmente Suiza a mediados de junio de 1917 y se establece en Barcelona. Allí se reencontrarán todos.

La ciudad que les recibe atraviesa un período dorado. Como España se ha mantenido neutral y Barcelona es su capital económica, la sociedad se ve favorecida por los intercambios comerciales con países como Francia e Inglaterra. Para reflejar mejor este ambiente de euforia recurriremos a un pasaje del autor alemán Hans Magnus Enzensberger: «Barcelona estaba de fiesta, las Ramblas eran un mar de luz por la noche. Durante el día las bañaba un sol espléndido y las poblaban pájaros y mujeres. Por aquí también fluía el torrente de oro producido por el lucro de la guerra. Las fábricas trabajaban a toda máquina. Las empresas amontonaban oro. La alegría de vivir brillaba en todos los rostros. En los escaparates, en los bancos, en los bolsillos.» Para una familia argentina de la época no era un mal destino. Al contrario. Podían vivir sin las restricciones de Zúrich y disfrutar de un escenario que en parte conocían: portuario, latino y católico. Lamentablemente apenas queda rastro de su paso por la Ciudad Condal. Pese a querer alumbrar la etapa barcelonesa, el balance es bastante descorazonador, ya que todo se mueve en un territorio especulativo y resbaladizo. Apenas queda una fotografía de Cocó y su hermana, tomada en la galería fotográfica de los almacenes El Siglo, que fue enviada a unos remotos tíos de Buenos Aires.

Hay indicios para creer que la familia se instaló en el barrio del Putxet, en la parte alta de la ciudad. La elección de este barrio alejado del centro es un misterio, uno más en la vida de Cortázar, pero quizá tenga que ver con su atmósfera sosegada, hogareña y discretamente cosmopolita. En aquel entonces, El Putxet era una colina salpicada de calles tranquilas y villas con jardín. El mundo tenía allí otro aroma. La luz era limpia y resplandeciente, y las cosas se abrían a los ojos con su exaltada maravilla. Era grato pasear al atardecer, observando las acacias y percibiendo el perfume embriagador de los magnolios. A veces una sonata de Beethoven escapaba por alguna ventana y poblaba el aire en clave de piano. En el vecindario había presencia extranjera, formada por otros fugitivos o bien artistas atraídos por la atmósfera mediterránea. A Cortázar le habría agradado saber que tuvo de vecino a Otto Lloyd, ilustre fotógrafo, sobrino de su querido Oscar Wilde. O que al otro lado del torrente de Vallcarca, el genio Arnold Schoenberg compondría años después su legendaria ópera *Moisés y Arón*.

Desde el primer momento, los Cortázar-Gabel tuvieron que sentirse muy a gusto. La madre recordaba que la casa estaba situada en la Avenida República Argentina, esquina con la calle Craywinckel. Era un edificio moderno de cuatro plantas, una verja grande, jardín, portero y ascensor. En cada planta había dos departamentos amplios, de seis habitaciones. En uno de ellos comenzaron su nueva vida. El Putxet ofrecía la ventaja de que los niños podían jugar tranquilamente en las calles o acercarse a lugares que parecían encantados como el parque Güell.

Generalmente, los biógrafos no conceden excesiva importancia a la estancia barcelonesa. Hay muy poca información y se acepta como dogma que sólo fue un lugar de paso. Lugar de paso, ¿por qué? ¿Porque aún no había llegado a la Argentina? Es ridículo, otra leyenda absurda. Quizá haya que empezar explicando que Barcelona fue decisiva para Cortázar porque le descubrió cosas esenciales de la vida. Si admitimos que el caballero Don Quijote descubrió allí nada menos que el mar y la imprenta, debemos valorar que el pequeño Cocó descubrió el mar, la memoria y los traumas familiares. No es poco para un hombre y más aún para un escritor. Ni París ni Buenos Aires le dieron esto. En todo caso es un hecho que los primeros recuerdos de Julio nacieron en Barcelona. Años después hablaría de ello en una entrevista grabada precisamente en la capital catalana:

> Tengo recuerdos que me atormentaban un poco cuando era niño. Me volvían imágenes inconexas que yo no podía hacer coincidir con nada conocido. Entonces se lo pregunté a mi madre. Hay momentos en los que yo veo formas extrañas y colores como mayólicas, como baldosas con colores. Y mi madre dijo que eso podía corresponder a que de niño en Barcelona íbamos casi todos los días a jugar con otros niños en el parque Güell. Así que mi inmensa admiración por Gaudí comienza a los dos años.

En la entrevista Cortázar habla de recuerdos, pero en realidad también eran sueños, tal como le confesó a la poetisa uruguaya Cristina Peri Rossi: «Es imposible, dirás, que recuerde algo de la ciudad de entonces, pero fíjate que tengo un sueño repetitivo, el de la Ciudad, una ciudad que nunca he encontrado, a pesar de mis viajes, y que busco, con la secreta esperanza de encontrarla algún día. En el sueño la Ciudad tiene unos edificios muy raros, que terminan en cúpulas redondas, o en punta, y están pintados de colores muy vivos.» Como sabemos, el mito de esa Ciudad increíble atraviesa la novela *62. Modelo para armar* y se convirtió en una de sus grandes obsesiones. Por eso me parece oportuno insistir en que las raíces ocultas de esa urbe, a tenor de la descripción del propio Cortázar, corresponden a la Barcelona modernista. No a París ni a Londres ni a Viena, como tanto se ha dicho, aunque el inconsciente haya podido integrar elementos de todas ellas. Volviendo al parque Güell, donde pasó horas felices, debemos recordar que hay muchas clases de mayólica, pero seguramente la memoria de Cocó había registrado los azulejos multicolores que cubren el gran dragón de la entrada. Quizá los mayores lo acercaron a él y lo sentaron sobre su piel pulcra y resbaladiza. Ello explicaría también su fascinación por los caleidoscopios y las formas cambiantes que adquiere la luz. En suma, por la distorsión de la realidad.

Otra de las experiencias que le marcaron fue el mar. «Tengo el recuerdo de una playa y luego supe que me llevaban a esa playa con

otros niños, una sensación amenazante de grandes olas que avanza-
ban y mucho sol y un olor a sal muy inquietante para mí.» Como
en otros casos, recurrió a su madre para buscar la clave del recuerdo,
ese algo misterioso en lo que había novedad, terror y maravilla. Entonces ella le contó que lo habían llevado a la Costa Brava, donde
un bañero lo sostenía entre las olas amenazadoras. Personalmente
no creo que este episodio tuviera lugar en aquella costa, demasiado
alejada entonces de la ciudad y mal comunicada, y me decanto más
bien por cualquier población de la comarca del Maresme. Pero el
recuerdo debió ser lo suficiente poderoso como para desarrollarlo
en uno de los textos del libro *Territorios*. Allí habla del cielo azul de
verano y del deslumbramiento instantáneo que le llenaba el olfato
de sal y los oídos de un fragor temible. También nos cuenta cómo
ese recuerdo había perdurado a lo largo de la vida: cada vez que miraba un cielo muy azul, si respiraba a fondo, volvían por un instante el fragor del mar, la sal, y el brillo cegador del sol. La memoria se
va forjando en Cataluña.

EL GRITO DEL GALLO

Durante la etapa catalana tendrá lugar también su primer gran encuentro con el dolor. Cortázar reconoció que esa experiencia traumática inauguró en él su arsenal de recuerdos, y no dudaba en afirmar que su memoria empezó desde el espanto. A los dos o tres años
le hacían dormir solo en una habitación con un amplio ventanal a
los pies de su cama. No hay gatos, ni juguetes, ni caricias. Pero una
noche, poco antes del alba, sucede lo inesperado. Llanto, desolación.
¿Qué ha ocurrido? Cocó se ha despertado inquieto y se descubre
a sí mismo frente al rectángulo grisáceo de la nada, con los ojos
abiertos al vacío. En su campo de visión no hay asideros, sólo es un
niño perdido frente a un cielo desnudo. Conociendo la zona, eso
explicaría el gran ventanal abierto a una superficie poco urbana, similar a una barranca o un gran terraplén desierto. O quizá al cercano Turó del Putxet. Pero el motivo de su dolor es el súbito senti-

miento de abandono, y justo entonces canta un gallo. Su madre recordaba que gritó, que los mayores se levantaron y acudieron, y que les costó horas hacerle dormir. Por mucho que trataban de explicarle que aquel grito sólo era el canto de un gallo, seguía aterrado. Doña Herminia tuvo que emplearse a conciencia, con mimos y palabras dulces. Todo era simple, casi ridículo: un gallo, el canto al amanecer, cocoricó, duérmase mi niño, duérmase mi bien. Entretanto Cocó busca el gallo perdido en la profundidad de la barranca que se abre más allá del cristal. Nada. Cuando años más tarde lea maravillado *Bajo el volcán* quizá caiga en la cuenta de que su primer recuerdo fue esencialmente lowriano. Sensación de muerte, un grito, el torrente final. ¿Asoció el infierno de Lowry con su propia pesadilla? No lo sabemos.

En relación a este primer recuerdo, que es también el primer trauma más o menos consciente, nos complace seguir la pista de Montes-Bradley. Al parecer, el padre de Cortázar no permaneció mucho tiempo en Cataluña. En la versión oficial de Herminia Descotte: «Nos radicamos en Barcelona y mi marido marchó a Buenos Aires a gestionar un consulado: nos habíamos acostumbrado al estilo de vida europeo y no deseábamos regresar a la Argentina. Razones políticas impidieron que mi esposo lograra el consulado.» Paremos la cámara un momento. Es cierto que se había producido un cambio de gobierno durante su ausencia, pero las otras afirmaciones deben ser revisadas. La madre de Julio habla de «estilo de vida europeo», pero cuál de ellos: ¿el belga, el suizo o el español? La diferencia es sideral, y el tipo de vida de una familia de clase media argentina debía de ser muy similar al de una española. Pero es evidente que deseaban quedarse en Barcelona. Nada de volver a su país. Lo único seguro es que sus hijos evocaban ese período a través de los recuerdos de la madre, quien solía contarles que se habían educado con criadas que les hablaban en francés. Incluso su hija Ofelia llegó a decir que ése fue el idioma de su infancia. «Abuelita y mamá hablaban en francés con nosotros mientras estuvimos en Europa, cuando éramos chiquitos. Cuando llegamos a la Argentina no sabíamos castellano.»

Siguiendo el mismo argumento, su hermano trató de explicar su característico acento a partir de la infancia europea: «Entonces hablé mucho francés; es decir, el primer idioma que me enseñaron las criadas; no se olvide que las familias burguesas o pequeño burguesas de esa época se desplazaban siempre con niñeras. Casi todas eran francesas y suizas; de modo que, prácticamente yo hablaba sólo francés.» Este extremo es un tanto dudoso porque Cortázar llegó a Barcelona con dos años de edad, cuando apenas sabía hablar, y el idioma que se encontró allí no era el francés. Aunque las mujeres del servicio le hablaran en la lengua de Molière, el resto del mundo hablaba en catalán o castellano. ¿Cómo explicar, sino, que los cientos de cartas que habría luego de cruzarse con su familia no contuvieran ni una sola línea en francés? En cuanto al tema del acento tan peculiar de Cortázar, hoy sabemos que no era fruto de la educación, aun admitiendo que hubiera tenido niñeras galas, sino de la dislalia: una patología articulatoria que impide usar correctamente la lengua para producir las «erres». Durante muchos años el escritor mantuvo la primera versión, consciente de que era un tanto romántica y que en ella residía parte de su encanto. Pero poco antes de morir reconoció en una entrevista que ese acento era un defecto vocal y que si viviera en Suecia, tendría exactamente el mismo acento. Francés.

Si nos hemos demorado en estos detalles es para señalar la influencia de doña Herminia Descotte en la memoria de sus hijos. Este punto afectó sobre todo a la figura paterna. Recuerda Ofelia: «Mi padre era un hombre muy frío, muy malo. Sé que le teníamos un poco de temor, le molestábamos. No era un padre compañero con los hijos.» Pero en tal caso, ¿cómo podía saberlo ella? Según los datos que tenemos, Julio José Cortázar llegó a Buenos Aires a bordo del vapor *Reina Victoria Eugenia*, el 10 de julio de 1917. En aquel momento su hija Memé era una nenita de veinte meses, una edad demasiado tierna para advertir la maldad de los hombres. La opinión negativa venía, por tanto, de la madre, que acababa de ser abandonada. Este punto es uno de los grandes misterios familiares, y todavía hoy existe un baile de fechas y de versiones tan contradictorio que es imposible sacar agua clara. Lo único verdadero es que el padre les dejó solos en Barcelona y su rastro se perdió en Buenos Aires. Su estancia en Cataluña, pues, apenas duró tres semanas. Cuando la madre corrió junto a la cuna de Cocó para explicarle que aquel grito aterrador era obra de un gallo, quizá estaba deslizando una mentira piadosa. Quizá aquel grito era humano, la voz enérgica del hombre que se va dando un portazo o el chillido desgarrador de la mujer que se queda sola.

LA MISTERIOSA DESAPARICIÓN
DEL SEÑOR CORTÁZAR

Al poco de regresar a la Argentina se consuma el episodio más importante de la vida de Cortázar: el padre les abandona. Pero como hemos visto, en este punto nadie se pone de acuerdo. Julio sostuvo siempre que su padre se había marchado cuando él tenía seis años; pero Ofelia afirmó que el abandono se produjo cuando Cocó contaba ocho, y doña Herminia retrasó el hecho hasta los diez. Teóricamente, la memoria de la mujer abandonada debería ser más fiable, pero también lo es la memoria de los hijos, sobre todo si alguno va a dedicarse a la literatura. El problema es que una diferencia de cuatro años resulta excesiva y plantea cuestiones centrales: si la versión de Cortázar es la correcta, su padre no habría puesto los pies en la casa de Argentina; pero si damos crédito a la madre, su marido habría vivido nada menos que cuatro años en ella. Por tanto, aunque admitamos que el confundir fechas es un sano deporte familiar, esta vez el desfase nos deja sin argumentos. ¿Alguien puede olvidar un dato que literalmente le cambia la vida? No tiene sentido. Pero al final tenemos que tomar una opción: en nuestro libro, Julio José Cortázar no estará en Banfield.

En cuanto a los motivos de la separación tampoco son nada claros. Montes-Bradley apunta a varias causas, entre ellas la incompatibilidad entre los clanes Cortázar-Gabel, o las fricciones de pareja al no poder afrontar las dificultades económicas. En el primer caso, el padre habría recibido presiones por parte de su familia salteña para deshacerse de una mujer de clase social inferior, que además les molestaba por su insultante juventud y su sensualidad. En este aspecto, algunos miembros del clan Cortázar-Arias recuerdan que las tías siempre vieron a doña Herminia como a una *vedette*, pero no en el sentido que le damos hoy de «estrella», sino de actriz de variedades. Algo despectivo en la época. En el segundo caso, el matrimonio no se habría repuesto de la muerte del patriarca y había sido incapaz de encontrar el modo de sobrevivir en Argentina. Quién sabe. Pero tampoco podemos olvidar un detonante tan clásico como la irrupción de otra mujer. Después de todo Julio José había estado mucho tiempo solo antes de la llegada de su familia y pudo conocer a alguien que le convenció de la huida. Ofelia contó en una ocasión que oyó decir «que había aparecido otra mujer». La probable presencia de esa amante explicaría la dureza de la ruptura, ya que desde el primer momento la madre le cerró la puerta al padre. Si es cierta la leyenda de que aquel hombre les abandonó, también lo es que no le permitieron volver a casa, si alguna vez quiso, y sobre todo que no le dejaron acercarse a sus hijos. En varias entrevistas, Cortázar insiste en la idea del abandono paterno y de la falta de cualquier contacto entre ellos. Sin embargo no explica el motivo que le impidió volver a ver a su padre nunca más. ¿Fue a causa del abandono de él, o de la negativa inflexible de Herminia? Julio no quiso preguntarlo. Al final prevaleció la versión materna.

A partir de entonces nace uno de los mitos más férreos de la vida del escritor. La madre. En este mito, doña Herminia Descotte habría sido una mujer sola con dos hijos, que tuvo que realizar esfuerzos sobrehumanos para sacar a la familia adelante. Llena de abnegación, su vida estuvo hecha de renuncias y sacrificios que la llevaron a inmolarse por su familia. En aquel escenario de hondas raíces latinas, este perfil se adecuaba perfectamente al imaginario del país y fue alimentando la leyenda. Como en un tango. El propio Cortázar contribuyó a ello: «Mi madre era una mujer totalmente indefensa porque aunque tenía una excelente cultura vivía en un mundo, el mundo argentino de los años 20, es decir un mundo machista a cien por cien donde una mujer tenía que quedarse en su casa.» Esto es cierto, pero hay que matizar el término «totalmente indefensa». En realidad, Herminia contaba con el apoyo de su madre, la abuela Victoria, quien la arropó en los aspectos afectivos, domésticos y materiales. Quizá la madre de Julio no pudo ejercer de traductora como habría sido su deseo, pero en cambio accedió a pequeños empleos en la Administración pública que le permitieron sobrevivir. ¿Que no eran ricos como los Arias o los Descotte? De acuerdo. Pero hay que desterrar un poco la idea de que el autor de *Rayuela* creció en un ambiente con problemas económicos muy grandes. A veces la memoria infantil magnifica las penalidades de los adultos para construir su propia novela familiar. O quién sabe si esa leyenda no es la que nos han contado.

En esta historia hay algo más interesante que el dinero: el abandono, la soledad. Por lo visto, Cortázar conservó dos recuerdos paternos que le acompañaron siempre. En uno se ve caminando al lado del padre y sintiéndose orgulloso ante la mirada de los demás; en el otro se ve sorprendiéndolo desnudo en la ducha y tiene la impresión de que se trata de un hombre bello. En la memoria la imagen «pública» se complementa así con la imagen «privada», la más íntima que pueda tenerse, el cuerpo sin ropas ni máscaras ni mentiras. Aparte de estos dos recuerdos no le queda nada, o peor aún, le queda la memoria triste y rencorosa de una madre que no olvida. La soledad afectará, pues, al primer tramo de su vida consciente y luego a su memoria. Años más tarde, Aurora Bernárdez aseguró que a Julio le importaba «un comino» conocer el destino de su padre. Pero como devoto lector de Freud debía saber que no iba a desprenderse de él hasta la muerte. La desaparición de Julio José Cortázar fue la gran herida, el hecho traumático, el episodio fundacional de signo adverso. Aunque doña Herminia procuraba no aludir a ello delante de los hijos, éstos debieron percibir claramente el aura de infortunio que flotaba en la casa. El abuelo, desaparecido en el mar, y el padre en las veredas de Buenos Aires. En los momentos de dolor no podemos descartar que la madre les hiciera cómplices de su desahogo, sometiéndolos de paso a un involuntario lavado de cerebro. En uno de los primeros relatos cortazarianos, «Llama el teléfono, Delia» se intuye esa posibilidad. Es la historia de una madre abandonada que aguarda junto a su niño que el padre dé señales de vida. En las palabras de Delia se reproduce el drama familiar del propio Cortázar: un niño abandonado que jamás tuvo un padre que le hiciera un regalo de cumpleaños: un barco, un conejito o una moneda de oro.

LUGAR LLAMADO BANFIELD

A principios del siglo XVI los conquistadores españoles ampliaron sus expediciones al Nuevo Mundo. Tras atravesar «la Mar Océana», la flota de don Pedro de Mendoza fondeó en «el mar dulce» frente a un «mar de pastos». Los escribanos se referían así al océano Atlántico, el Río de la Plata y la actual ciudad de Buenos Aires. En realidad, el «mar de pastos» era la llanura infinita que se abría ante sus ojos en forma de terrenos llanos, surcados apenas por algunos ríos y pequeños arroyos. Aparentemente no era el Paraíso: no se veían árboles, salvo algunos montes de talas que espaciadamente se alzaban en la gran orilla del río y de lo que luego fue el «Riachuelo de los navíos». Con el tiempo esta zona vería el nacimiento de una gran ciudad, la mítica Buenos Aires, cuyos pobladores se fueron extendiendo hacia el Sur. No puede comprenderse la historia argentina sin contar con el Sur.

Pero estamos en la onda de Cortázar: debemos saltar y jugar con el tiempo. A mediados del siglo XIX este paisaje quedó alterado para siempre por la construcción del Gran Ferrocarril del Sud que llevaron a cabo los ingleses. El motivo de una inversión tan costosa no fue otro que transportar los productos del campo a Buenos Aires. Para entonces el antiguo mar de pastos daba sus buenos frutos. Una vez en la ciudad las mercancías embarcaban en los muelles de la Boca con destino a los principales puertos europeos. Pero ¿cómo era esta gran zona que se abría hacia el infinito? El médico francés H. Armaignac dejó unas pinceladas recogidas desde el ferrocarril: «Después de cruzar el Riachuelo por un puente metálico, la vía férrea se extendía hasta perderse de vista en línea recta por una inmensa planicie verde, cuya monotonía triste y silenciosa era interrumpida muy de vez en cuando por alguna cabaña de pastor, llamada rancho, sola y aislada en medio de la pampa. Vacas, caballos y rebaños de ovejas pastaban en los campos y miraban tranquilamente pasar el tren, que sólo se detenía muy de tarde en tarde.» Esta estampa bucólica y soñolienta corresponde a un paisaje que se prolongaba eternamente. Apenas diez años después del paso de H. Armaignac, surgió allí un lugar llamado Banfield. En él Julio Cortázar pasó buena parte de su infancia y adolescencia.

Desde el principio Banfield destacó por algunas singularidades. Si repasamos las poblaciones de la zona, veremos que suelen llevar el nombre de los propietarios que donaron las tierras: Lanús, Temperley, Adrogué, Guillón... Pero Banfield toma el nombre del ingeniero y gerente inglés del ferrocarril. A raíz de su muerte la dirección de la compañía decidió crear una estación en memoria de aquel que tanto había hecho por modernizar y comunicar las pampas. Otra de las singularidades de Banfield guarda relación con su estructura urbanística. Si observamos los planos de alguna localidad construida en la época –La Plata o la actual Adrogué– aparece un núcleo bien planificado desde su origen. Esto permitió seguir un diseño muy al gusto del siglo XIX, donde las nuevas ciudades contaban con grandes espacios verdes, plazas y plazoletas que unían los bulevares en diagonal. Pero Banfield no. Su origen fue la venta un tanto anárquica de quinientos terrenos de diferentes dimensiones –un «loteo»–, que creó un núcleo urbano sin una gran plaza ni parques ni jardines. Por tanto no puede hablarse de una fecha de fundación del lugar. Lo más parecido a un acto oficial corresponde al día del sorteo de los terrenos, el 17 de agosto de 1873. Aunque aquel día no hubo banda, bandera y música, las gentes recién llegadas comenzaron a sentirse «de Banfield».

En poco tiempo el pueblo empezó a construirse sobre un territorio con sectores bajos y aguadas naturales, y también sobre algunas zonas de mayor altura que pronto se conocieron como «las lomas de Zamora». Como sucedía en cualquier poblado erigido alrededor de la estación de ferrocarril –lo hemos visto mil veces en las películas del Oeste–, los vecinos comenzaron a agruparse junto a una calle principal donde no tardaron en abrirse los primeros comercios. Dado que los colonos eran oriundos de diversos países, el vecindario se repartió por nacionalidades. Así, al este de las vías del tren predominaban familias de origen español, italiano y también vasco; del otro lado, ingleses, franceses, alemanes y belgas. Lamentablemente, el mundo ha cambiado demasiado para reconocer el suburbio tranquilo donde creció Cortázar. Las imágenes de la época son muy distintas a las de esta ciudad de trescientos mil habitantes que hoy forma parte del Gran Buenos Aires. Parecen salidas de otro planeta, y quizá sea así. Pero, pese a las rotundas transformaciones, aún se perciben huellas. En el Banfield actual quedan algunos edificios de finales del siglo XIX, en mal estado de conservación o sujetos a profundas reformas. Destacaremos la Quinta de los Leones, la parroquia de la Sagrada Familia, el legendario bar El Sol, o el local de la Sociedad Italiana.

A principios del siglo XX se registra una mayor presencia de grupos británicos que introducen sus costumbres propias. Serán ellos quienes funden el Banfield Football Club formado por trabajadores del ferrocarril. En años sucesivos se procedió a la instalación de la energía eléctrica, tanto en el alumbrado público como en las casas particulares. Desde nuestra perspectiva actual las calles estaban mal iluminadas –apenas un solo farol por cada cuadra–, lo que explicaría este recuerdo de Cortázar: «Banfield era sumamente suburbano, con pequeños faroles en las esquinas, con una pésima iluminación que favorecía el amor y la delincuencia en proporciones más o menos iguales, lo que hizo que mi infancia fuera un poco cautelosa y temerosa. Las madres tenían mucho miedo por sus niños, había a veces un clima realmente inquietante.» Durante un tiempo hubo calles sin asfaltar, donde las gentes iban a pie o a caballo; el transporte de mercaderías se hacía con carretas. Pero luego el lugar dejó de ser un poblado perdido en la pampa para convertirse en un «pueblo suburbano» donde circulaban los tranvías. Sin embargo, estos avances inquietaron mucho a Cocó. Años después recordaría un episodio un tanto traumático: estaba tan acostumbrado a ver las locomotoras a vapor que el día que vio llegar un convoy eléctrico a la estación de Banfield se puso a llorar. Al parecer, lo hizo con tal desespero que su tía necesitó más de medio litro de helado de limón para devolverle la sonrisa. El lugar llamado Banfield había entrado definitivamente en el siglo.

«CASA TOMADA» (I)

Aunque no disponemos de la fecha exacta, todo parece sugerir que los Cortázar llegaron a Banfield a finales de 1919, ya que al año siguiente la abuela Victoria figuraba como propietaria de la vivienda familiar. Durante muchos años no estuvo nada clara la ubicación de la casa. La familia se había ido de allí doce años después y las huellas habían quedado borradas incluso entre el vecindario. Pero gracias a las pesquisas del doctor Luis Yunis, hoy sabemos que el domicilio se alzaba en la calle Rodríguez Peña, 585, entre Azara y San Martín, a unas seis cuadras al oeste de la estación. En cuanto a este edificio que aparece en algunas páginas importantes de Cortázar, hay que indicar que se trataba de un chalet cuyo frente tenía trece metros que daban a la calle y un espacio descubierto al fondo que rondaba los cincuenta. No sabemos quién mandó construirlo ni en qué fecha, pero debió de ser entre las dos primeras décadas del siglo, es decir, aproximadamente en la época del nacimiento de Julio. Aunque se conservan pocas fotografías de mala calidad, sabemos que contaba con tres niveles: un sótano, la planta principal, y un altillo al que se accedía por una escalera de madera. En este altillo existía una ventana que miraba a poniente y en él dormía Cortázar.

Alguna vez el escritor hizo referencia a los «tres patios», que correspondían seguramente al pequeño porche de la entrada, una galería cubierta en la parte de atrás, y por último el terreno del fondo que se prolongaba rectilíneo hasta mitad de la cuadra. Como otras viviendas de la zona, la casa de los Cortázar era de grandes dimensiones: contaba con tres amplios dormitorios, una sala de estar, dos baños y una cocina «económica» que funcionaba con carbón. En cuanto al «patio» del fondo podemos concederle el rango de terreno multiusos un tanto asilvestrado. Allí crecían árboles frutales, como el ciruelo, y ornamentales, como el sauce criollo o el ciprés; también había canteros de jazmines, rosas y claveles, y pequeños huertos de tomates y lechugas. Según una vecina, existía además algún tipo de corral para animales domésticos, especialmente para gallinas de la raza Rhode Island que eran grandes ponedoras. En la casa circulaban libremente gatos, perros y cotorras, y Julio se sentía como en el paraíso. Tiempo después aquello solía volverle a ráfagas. Durante un segundo regresaban las vivencias profundas, sin juicio de la niñez: sentirse a cuatro patas bajo las plantaciones de tomates o de maíz del jardín, rey de su reino de Banfield, mirando los insectos, oliendo como no es posible para el adulto, las hojas, las flores, la tierra mojada.

Este paraíso colindaba con otros paraísos análogos, las viviendas de los vecinos, separados por cercos de ligustro sujetos con alambradas. Tanto los vecinos mayores como los pequeños se veían a diario, y a menudo se comunicaban a través de los ligustros o charlaban en la parte del fondo de sus casas. Todo esto sucedía bajo un cielo límpido y claro, que sólo se estremecía en días de viento o de tormenta. La casa de los Cortázar lindaba al este con la vivienda de la familia Córdoba, formada por varias hermanas de la edad aproximada de Julio. Son ellas las que aparecen con el apellido Negri en el cuento «Los venenos». En él reconstruye un episodio de la infancia en Banfield: un niño fantasioso recibe la visita de su tío Carlos, quien les lleva un extraño artefacto destinado a matar una plaga de hormigas. En este relato narrado por un álter ego infantil de Cortázar se capta bien el ambiente de aquel suburbio porteño en la década de 1920. Otro personaje del cuento es Lila, seguramente la hija del propietario de una pequeña tienda de ultramarinos, el señor Manuel Ariceta, que vivía cerca. Se dice que Lila fue su primer amor.

Una de las figuras más influyentes de este período fue otro vecino de nombre Rudesindo Pereyra Brizuela. Al parecer era un capitán retirado con tres hijos que poseía algunas tierras al sur de la ciudad, quizá en Saladillo. Aunque no hay pruebas de que hubiera servido en el ejército, era conocido como el «Coronelo», y en todo caso su patrimonio le permitía vivir holgadamente cerca de la casa de los Cortázar. Este caserón situado en el 551 de la misma calle albergaría con el tiempo la sede local de la Cruz Roja Argentina. Por algún motivo que roza el milagro, los cuatro varones Pereyra se vincularon afectivamente con las cuatro mujeres de la familia. El propio Rudesindo se acercó a la abuela Victoria, quien a los cincuenta años aún conservaba gran parte de su encanto; el primogénito, Juan Carlos, se sintió atraído por la madre de Julio y años después logró casarse con ella; el segundo varón, Ricardo, contrajo matrimonio con la tía Eveltina, y por último Sadi, el hermano menor, hizo lo propio con Ofelia. Ante esta asombrosa coincidencia alguien puede pensar que ambas familias vivían solas en el desierto o en un ambiente de alta montaña que las condenaba imperativamente a relacionarse entre sí, como en *Siete novias para siete hermanos.* Pero en aquel tiempo Banfield contaba ya con más de treinta mil habitantes, de modo que este vínculo entre el «androceo Pereyra» y el «gineceo Cortázar-Gabel» ha de ser visto como una rareza.

En este aspecto hay otro factor que nos llama poderosamente la atención: esas mujeres no eran convencionales y quizá ello explicaría el influjo que ejercieron sobre los Pereyra. Aunque Banfield era un punto de llegada de inmigrantes que habían sufrido penalidades, difícilmente habríamos encontrado allí un grupo familiar con el perfil de nuestras «fugitivas»: una abuela soltera, una madre abandonada, una tía enferma de poliomelitis y una nieta demasiado sensible. Éste fue el ambiente tan singular donde creció Cortázar. No debemos olvidarlo en ningún momento porque explica muchas cosas: el drama de su vida, el origen de su literatura y a la larga las páginas de este largo libro. Desde el principio el pequeño Julio quedó, por así decir, entre dos aguas: pertenecía al grupo de ellas pero tenía el sexo de ellos. Cuando a menudo se analiza su talento para expresar literariamente ambas visiones del universo, ese raro equilibrio entre el yin y el yang que vale tanto para una reflexión de Oliveira como para un delirio de la Maga, hay que considerar la posición basculante y psíquicamente híbrida que presidió su infancia.

A partir de 1925 la figura del Coronelo Pereyra se halla muy presente en su vida: es él quien le enseña a jugar al ajedrez y le habla de filosofía. Pero pese a esta primera «tutoría» masculina, hay que insistir en el hecho de que Cocó creció en un círculo femenino bastante hermético: al gineceo familiar se unía ahora el anillo exterior de las vecinas formado por el trío de las hermanas Córdoba y su «amada» Lila. Ocho mujeres nada menos y un solo chico. Nadie debería sorprenderse de su sensibilidad tan a flor de piel.

JUEGOS DE PIBES

Como Julito necesitaba oxígeno buscó la compañía de Camilo Esquiroz, un vecino que vivía al otro lado de la calle. Mucho tiempo después habría de recordarle en el relato «Deshoras», bajo el nombre de Doro, donde se rememoran sus correrías en aquel pueblo de la pampa y también la sombra del primer amor. En él se percibe nítida la atmósfera del lugar, con sus calles de tierra y la estación del ferrocarril, sus baldíos que en verano hervían de langostas multicolores a la hora de la siesta. Es una evocación muy envolvente que nos devuelve a un mundo que de noche se agazapaba temeroso alrededor de los pocos faroles de las esquinas. Como a Cortázar nunca le gustaron los inviernos, sus mejores recuerdos de Banfield están asociados al verano. No podía ser de otro modo, pues el verano ilustra como sabemos el reino de las infancias perdidas. También él escribió sobre el verano de las vacaciones, la libertad de los juegos, el tiempo en exclusiva para los chicos, sin horario ni campana para entrar en clase. En «Deshoras» se evoca el olor del estío, el aire caliente de las tardes y las noches, en las caras sudadas después del partido o la carrera, de la risa y a veces el llanto. Pero siempre junto a los amigos, siempre libres, dueños de su mundo de esquinas y veredas.

Es cierto que los chicos vivían bajo la férula de los mayores, pero su habilidad para encontrar puntos de fuga se acentuaba en el marco de un suburbio como Banfield. «Aníbal sólo había visto dos o tres veces a la madre de Doro, dulcemente desde su sillón de ruedas les decía su hola chicos, su tengan cuidado con los autos, aunque había pocos en Banfield y ellos sonreían seguros de sus esquives en la calle, de su invulnerabilidad de jugadores de fútbol y de corredores.» Este pasaje es muy ilustrativo porque nos ofrece una estampa más solar de Cortázar, quien se oculta aquí bajo el personaje de Aníbal. Durante años él mismo se encargó de divulgar la idea de que había vivido una infancia melancólica y enfermiza marcada por los miedos. Volveremos a ello. Pero eso no era toda la verdad. Hay una imagen deliciosa tomada en el patio trasero de su casa en la que aparece con ocho o diez años. Lleva pantalones cortos, medias negras y un sombrero similar al de un *cowboy*. Se le ve feliz, inmensamente feliz como sólo podemos serlo en la infancia, mirando a algo o alguien que queda fuera de campo. ¿Un amigo, un gato, una gallina, una flor? Este pibe es el que está creciendo a la velocidad de la luz. Es el mismo que en la pubertad escapará más tarde con Doro a descubrir el barrio, el que juega al fútbol, seguramente de arquero, el que atraviesa las vías y salta los terraplenes, el que trepa a los árboles, y el que se adentra en la maleza espinosa por una senda que sólo ellos conocen: el camino de Sandokán. Tras la caída accidental en un zanjón, los amigos quedan manchados de barro y regresan furtivamente a casa. En el patio trasero se lavan en una ceremonia que tiene mucho de bautismo. Se desnudan y abren el grifo de la ducha. Bajo el agua comienzan a reírse, a pelearse por el jabón, a mirarse de arriba abajo y hacerse cosquillas. Un río de barro corre hasta el desagüe. En el cuento los pibes se divierten tanto que no se dan cuenta de que la puerta se ha abierto y la hija de los vecinos los está mirando.

Pero no nos adelantemos. En el capítulo anterior Cocó aún estaba en la infancia: quedémonos allí. Si alguna sombra caía sobre su reino afortunado no era culpa de los chicos sino de las chicas. Y sobre todo de su hermana Ofelia. Este punto es clave. Antes de que los amigos como Camilo Esquiroz le aporten audacia y camaradería, ellas le contagiaron de misterio y sensibilidad. Toda una mirada sobre el mundo.

SU MAJESTAD EL MIEDO

Cortázar confesó que su niñez estuvo presidida por el miedo y que ese miedo tenía que ver principalmente con la casa. Siempre dijo que su domicilio de Rodríguez Peña era un lugar gótico, no por su arquitectura sino por la acumulación de terrores que nacía de las cosas y las creencias, de los pasillos oscuros y de las conversaciones de los mayores. En alguna entrevista recordó que la casa de su infancia estaba llena de sombras, rincones, sótanos, altillos. A la caída de la noche las distancias se agrandaban para ese chico que debía ir al baño atravesando dos patios, o buscar lo que le pedían en una despensa demasiado lejana. A veces las charlas de sobremesa se poblaban de asesinos, y el suburbio escondía peligrosos vagabundos y ladrones. El autor de *Rayuela* siempre dijo que su madre poseía una gran imaginación, y quizá sus lecturas anárquicas y ciertas supersticiones configuraron una realidad de otra época. Desde muy niño supo que el hombre lobo aparecía en las noches de luna llena, que la mandrágora brotaba a los pies del ahorcado, que en los cementerios ocurrían cosas horripilantes, y que a los muertos les crecían interminablemente el pelo y las uñas. ¿Cómo iba a bajar tranquilamente al sótano? ¡Jamás¡ Ya sabemos que todos los niños son góticos por naturaleza, pero a veces el miedo infantil no está agazapado en un pasillo oscuro ni en las páginas de una novela de misterio. Muchos de nuestros miedos fueron instaurados a pleno sol, con la complicidad traicionera del día, al final de un sermón que aspiraba a protegernos de los males del mundo.

Lo extraño es que esta familia dada a los peores recuentos del espanto tenía a la vez el culto al coraje viril. O eso al menos asegura Julio. De ser así, estaríamos ante un caso verdaderamente extraordinario, porque las mismas mujeres que le avasallan a advertencias y le inoculan todos los temores, luego le someten a ordalías para forjar su valor. «Desde chico me exigieron expediciones nocturnas destinadas a templarme, mi dormitorio fue un altillo alumbrado por un cabo de vela al término de una escalera donde siempre me esperó el miedo vestido de vampiro o de fantasma. Nadie supo nunca de ese miedo, o acaso fingió no saberlo.» ¿Qué ocurre aquí? Cualquiera que lea esta entrevista podría creer que le ha sido hecha a un hombre del siglo XIX. ¿En qué insólito lugar está creciendo Cortázar? Sabemos que Banfield era un suburbio mal iluminado, con pocos automóviles y alegres tranvías; pero tampoco era el páramo desolado donde se criaron las hermanas Brontë ¿Entonces? Una vez más debemos orientar nuestro foco sobre el entorno familiar, un marco en el que la figura de Cocó constituye una verdadera anomalía, un lánguido crisantemo que florece en un jardín de rosas.

La pregunta se impone: ¿en qué sitio se aprende a educar a un pibe que sólo respira perfume de mujer las veinticuatro horas del día? Desde luego no en la academia que acaba de abrirse en su casa. Revisando la prensa de la época, aparece un anuncio publicado en 1927, en la revista *La Abeja* de Banfield. Bajo el epígrafe ACADEMIA MODERNA, se ofrecen cursillos «Exclusivamente para Señoras, Señoritas y Niñas». La academia está ubicada en la calle Rodríguez Peña, 585 y su directora es la profesora doña Herminia Descotte de Cortázar. Entre las clases que se imparten allí destacamos: Sistema rápido y sencillo de Corte y Confección – Clases especiales de Solfeo, Piano, Guitarra y Violín – Idioma – Dibujo – Pintura – Repujado en cuero y metal – Flores y frutas artificiales – Labores en general. Este anuncio viene a decirnos tres cosas: *a)* que la familia no vive en la abundancia y necesita ganar algún dinero suplementario; *b)* que las mujeres del gineceo poseen un nivel cultural que no existe en Banfield, y *c)* que el niño Julio Florencio debería salir huyendo si no quiere que las ocho mujeres que normalmente le rodean se multipliquen hasta el infinito. Pero ¿puede escapar? En absoluto. No estamos hablando de Tom Sawyer. De hecho, ni siquiera las andanzas por el barrio con Camilo, o la relativa cercanía de los Pereyra, son suficientes para enderezar esta nave en la que vive, gobernada por una tripulación de señoras, niñas y señoritas. El grado de estrógenos es tan alto que no se recuerda nada igual desde las coristas del Moulin Rouge.

Insistimos. Cortázar creció sin padre y no fue educado por ninguna figura masculina de su propia sangre. En la casa no hubo un referente varonil que encarnara la lucha, el orden y la ley. No hubo un macho que saliera cada mañana a cazar y regresara con alguna presa a la caída del sol. Tampoco códigos de hierro. Por tanto, en el gineceo de Banfield no hallaremos la imponente sombra del gran árbol patriarcal. Aquí no hay juez, aquí no hay dios. Por la misma razón no existe una representación clásica del mundo masculino, y menos aún ese círculo de varones que se genera en torno a cualquier hombre: los amigos, los tíos, los hermanos, los compañeros de trabajo, etc. A lo sumo los Pereyra. Con la huida del padre todo este capital humano se perdió para siempre, y de paso se perdió la transmisión de unas virtudes viriles que contribuyen a forjar el carácter y temperamento de un niño. El aprender a enfrentarse al miedo, por ejemplo. Con estas bases cabe pensar que Cocó estuvo bastante descompensado en su formación. Incompleto. Es más, si su padre no le hubiera abandonado quizá no habría sido escritor, o en el mejor de los casos habría sido un escritor muy distinto. En el polo opuesto, Borges sería inconcebible sin la presencia tutelar del padre.

El perfil psicológico se va completando sin remedio: Cocó es un chico cada vez más tímido, soñador, enfermizo y melancólico. Luego los miedos siguen ahí, al final de un pasillo oscuro. Tal vez por eso, por puro exorcismo y sin clara conciencia de las razones que le mueven, empieza a escribir poemas donde lo lúgubre y lo necrófilo resultan muy naturales a los ojos de su familia. Sorprendente. Mientras las mujeres de la casa se dedican a educar a las vecinas —y esas enseñanzas les otorgan una pátina de luz—, al pobre Julito se le reserva la lección de las tinieblas, el aprendizaje del inframundo donde para mayor inri se mueve solo. Ya hemos visto que Cortázar proclamó que había nacido en el Paraíso, pero nos callábamos el resto de la historia que él mismo se encargará de ampliar: «Pero en ese paraíso yo era Adán, en el sentido de que no guardo un recuerdo feliz de mi infancia; demasiadas servidumbres, una sensibilidad excesiva, una tristeza recurrente.»

LA FASCINACIÓN DE LAS PALABRAS

Sensibilidad y tristeza en la infancia. A menudo estos elementos contribuyen a desarrollar una vena artística. En el caso de Julio no podemos establecer con exactitud cuándo empezó a sentirse atraído por la literatura. Al igual que muchos chicos de su época, se entretuvo con la lectura y antes que nada con las palabras. Esto último es lo que le hará tan especial: las palabras. Las palabras que le gustaban, las que no le gustaban, las que tenían un cierto dibujo, un cierto color. Como sabemos, los primeros recuerdos de Cortázar se remontan a su estancia en Barcelona, pero en Argentina adquieren un cierto corpus racional. Desde ese momento comienza a aceptar la visión de la realidad que le brindan los mayores y la que perciben sus sentidos. Pero lo curioso es que dicha aceptación iba acompañada de una «conversión» de tipo verbal. Este proceso es un tanto complejo pero en síntesis afectaba a su percepción de las cosas. Porque detrás de cada palabra –silla, mesa, gato– el pequeño Cocó establecía conexiones que iban más allá del mero significado.

Uno de sus primeros recuerdos argentinos es verse anotando con el dedo una palabra en la pared de su cuarto. Sucedió estando en enfermo. «Yo estiraba el dedo y escribía palabras, las veía armarse en el aire. Palabras que ya, muchas de ellas, eran palabras fetiches, palabras mágicas.» Así pues, el significado no era lo importante sino algo que se creaba alrededor de ellas; tanto algunas palabras como algunos nombres propios se cargaban para él de un sentido diferente. En aquel tiempo había una actriz española, Lola Membrives, muy famosa en Argentina. Pues bien, Julio se recuerda escribiendo una y otra vez su nombre en la pared o una ventana para distraerse de la enfermedad. La palabra quedaba así como dibujada en el aire y él se sentía profundamente identificado con ella.

El detalle es importante por una razón: el niño Picasso no sentía fascinación por las palabras, ni tampoco el pequeño Stravinsky. Ellos utilizaban las palabras en el contexto que les era propio, el lugar señalado por los adultos. Pero no Cortázar, que muy pronto aprendió a desvincularlas de su utilidad práctica y a reconvertirlas en un instrumento para el juego. No es casual que le fascinaran los palíndromos, esas extrañas criaturas lingüísticas que pueden leerse de izquierda a derecha y al revés y siempre expresan algo. Roma-amor, por ejemplo. Esto contribuyó a instalarlo muy pronto en un plano de relación mágica con el idioma. Cortázar y las palabras. Primero las amplió y luego las inventó. Cuando años después construya en *Rayuela* un lenguaje como el «gíglico», destinado a narrar un tórrida escena erótica, lo hará desde su condición de mago verbal que lleva toda la vida en el oficio, o mejor aún, en el juego.

RÉQUIEM POR LA REALIDAD

Lamentablemente Cocó no encontró compañeros de aventura en este juego con el lenguaje. La mayoría de niños de Banfield se burlaban de él cuando les comunicaba el hallazgo de un nuevo palíndromo o intentaba arrastrarles a sus malabarismos verbales. Aunque al principio algún amigo le siguió la corriente, al cabo de pocos meses había abandonado el barco. Según él: «No me seguían e incluso rechazaban eso como prueba de tontería o de afeminamiento, de mariconería. En vez de jugar al fútbol yo perdía el tiempo en dar vueltas a las palabras y en "cosas de chicas".» En aquel ambiente machista de la pampa las cosas de chicas podían ser simplemente tocar el piano o encerrarse demasiado a menudo en casa para leer. Por tanto, Julito tampoco tuvo grandes compañeros en el campo de las lecturas. En realidad, la gran compañera de lecturas —y mentora— fue doña Herminia Descotte. Medio siglo después declaró a la escritora Elena Poniatowska: «Mi madre fue muy imaginativa y con una cierta visión del mundo. No era una gente culta pero era incurablemente romántica y me inició en las novelas de viajes…Teníamos un juego: mirar el cielo y buscar la forma de las nubes e inventar grandes historias.» En este punto Cortázar se sintió muy afortunado y nunca se cansó de repetir que sus amigos no corrieron la misma suerte. No tenían madres que mirasen las nubes; tampoco una casa con una biblioteca y una cultura, quizá mediana, pero libresca al fin. Pero ninguno de ellos se libró de una infancia llena de pan con mucho dulce de membrillo y toneladas de gofio: una masa de harina de garbanzos, molida muy fina, que mezclada con azúcar hacía las delicias de los niños argentinos de su tiempo.

En todo caso, la lectura también amplió su percepción de la realidad. Ya no se trataba ahora de jugar a los palíndromos sino de sumergirse en aquellos libros que le transportaban a otros mundos. Dice Ofelia: «Mi hermano esperaba tener una hora libre del día para agarrar un libro y pensar e imaginar. Esa fue su vida.» Durante los primeros años en Banfield leyó todo lo que pasaba por sus manos: *El tesoro de la juventud*, *Los tres mosqueteros*, o la lectura y relectura de las novelas de Verne. Para entonces el pequeño ya era todo un experto: nada le embriagaba tanto como enrolarse en el submarino del Capitán Nemo o trepar a una nave con destino a la Luna. Quería repetir las aventuras de aquellos personajes e incluso soñó con ser capitán de barco. Verne era su religión. Tras la lectura de *El rayo verde*, por ejemplo, descubrió que si miramos ponerse el sol en un horizonte marino, cuando el cielo es claro, veremos surgir un prodigioso rayo verde en el momento exacto en que el sol se hunde finalmente en el mar. Por desgracia en Banfield estaban lejos del Atlántico: el sol de la infancia se ponía entre muros de setos, casas de ladrillo y sauces llorones. Subido a la azotea Cocó aguardaba ingenuamente el milagro del rayo verde, y sólo veía antenas de radio.

Hasta aquí todo normal. Pero un día decidió leer un libro sin esperar la recomendación de los adultos. Eran los cuentos de Poe. Durante varios meses hurgó furtivamente en la biblioteca materna y se introdujo en un territorio prohibido. Si hasta entonces sus preferencias se movían en el campo de las aventuras infantiles e incluso de los cuentos de fantasmas, el salto al genio de Baltimore fue una revelación. Pero la imaginación se paga cara, y el placer del sufrimiento mental es una de las hormonas más potentes. El terror le estaba entrando ahora por la vía de las lecturas y no de las crónicas vivas de sobremesa. De este modo, Cortázar dio un paso de gigante en el camino hacia el miedo: ya no le asustaban las historias de malvados que se contaban en casa, ni tampoco las leyendas sobre fantasmas que arrastraban cadenas ni toda la coreografía del horror convencional. De algún modo, Edgar Allan Poe le vacunó contra los tópicos del espanto, pero a cambio de colocarle en un territorio ambiguo donde el miedo y la atracción morbosa componían su mundo de la noche. Este punto es fundamental para comprender su obra, porque explicaría su reticencia a las narraciones góticas al uso y su deseo de abrir las puertas a lo fantástico como parte de la realidad. Todo ello proviene directamente de Poe, cuyos cuentos funden lo real y lo fantástico en un horror unívoco.

Sea como fuere, la mala salud de Cocó contribuyó decisivamente a su aprendizaje literario. Prisionero en la cama a causa del asma, devoraba libros en la soledad afectuosa del altillo. Estas lecturas poco controladas por los adultos desembocaron en formas más sutiles de lo sobrenatural y morboso; la literatura de la catalepsia y del sonambulismo, por ejemplo, que era habitual en las bibliotecas de su infancia, y con ella el gólem, que entró temprano en su vida y más tarde el monstruo del Dr. Frankenstein. Tampoco es desdeñable *Drácula*, de Bram Stoker, que le descubrió el mundo de los vampiros que tanto le interesaron a lo largo de la vida. En suma, el crío que había comenzado leyendo a Julio Verne como tantos otros, ahora se sentía feliz, encerrado en su torreón temblando de miedo. Dado que la experiencia le llenaba plenamente, no tenía el menor interés en curarse. ¿Qué mejor lugar que aquél, alejado de los verdaderos males del mundo?

Con el tiempo, sus obsesiones lectoras no pasaron inadvertidas. Las figuras de su entorno se preocupaban cada vez más por su distracción y ensoñación constantes. Estaba perpetuamente en las nubes. Dice Ofelia: «De chico, a mi hermano había que llamarlo veinte veces para que largue los libros y venga a comer.» Inquietos por aquella pasión malsana, tres individuos se personaron en el domicilio de Rodríguez Peña: los doctores Carlos Pedemonte y Manuel Ricci, así como José Forgione, director de la escuela. Fueron ellos quienes convencieron a doña Herminia de que sacara a su hijo a rastras de la cama y lo devolviera al jardín. «Aquel día descubrí que el mundo estaba lleno de idiotas», confesará la víctima más tarde. Pero no era fácil manejarse con él. En muchas entrevistas declaró que fue un niño enfermizo y tímido, con una vocación por lo mágico que le convertían en la víctima natural de sus compañeros de escuela. Su sentido del espacio y del tiempo era distinto al de los demás. Y no es para menos. La lectura de un libro en la infancia sucede siempre en otra época, en otro tiempo, con otras costumbres, y en una geografía muy distinta de la que nos movemos. De este modo Cortázar se desligaba, durante el lapso de la lectura, de la circunstancia que le rodeaba. ¿No es una forma enmascarada de autismo?

Pero aunque Cocó regresó al mundo de los vivos, los hallazgos en el altillo le habían entrado en la sangre. En cierto sentido se había sometido a un experimento de laboratorio que pudo haber acabado muy mal. Sensible, enfermizo, melancólico gastó buena parte de la infancia inmerso en un mundo más propio de adultos con inquietudes morbosas. Las toneladas de literatura gótica que consumió en aquellos años –Gustav Meyrink, Charles Maturin, Mary Shelley, Horace Walpole–, unida a las vivencias de Poe y de Stoker, le condenaron a vivir bajo las garras del miedo. Pero no sólo el miedo infantil, insistimos, sino un tipo de miedo más propio de personas formadas por la vida. Este miedo tiene que ver con algo intangible: no se trata del miedo que nos provocaría un asesino que estuviera acechando detrás de la puerta y por tanto a este lado de la realidad; este miedo intangible tiene que ver con «Lo Otro», con eso que los ingleses llaman *The Thing* (la Cosa), algo que carece de imagen y definición concreta. ¿Hay pánico mayor? Muy tempranamente Julio Florencio se bañó en las aguas de esa emoción abrasadora. Y el resultado fue ambiguo: si el miedo le ensombreció la niñez, multiplicó en cambio las posibilidades de su imaginación y le indujo a ahuyentarlo a través de la palabra; contra su propio miedo inventó el miedo para nosotros. Solía decir que un mundo sin miedo sería un mundo demasiado seguro de sí mismo, demasiado mecánico. Y desconfiaba por principio de los que afirman no haber tenido nunca miedo.

Muy a su pesar Cocó tuvo, pues, que volver a la realidad de Banfield: las hermanas Córdoba peleándose al otro lado del seto de ligustros, o los chicos del barrio burlándose de sus extrañas aficiones. ¿Cómo era la atmósfera de ese mundo tan real? En su obra *Un tal Lucas* dejó una estampa evocadora cuyo centro es el jardín. Hay glicinas y malvones. Pero también el mate de verano a las cinco de la tarde, la máquina de coser, o las charlas sobre enfermedades y problemas de familia. Este reino tiene además su propio aroma: el olor a ropa tendida, a almidón azulado y a lejía, a jubilación, a tortas fritas… Y su propia banda sonora: la radio vecina con tangos de Gardel o los anuncios de champú. Y como bajo continuo, los chicos pateando la pelota de trapo en el baldío del fondo.

Pero como en ese ambiente no era feliz, le dio por coleccionar cristales de colores y tapones de frascos de perfumes para observar el mundo a través de ellos. Había descubierto la transparencia. No importa que ya no estuviera en la cama del altillo, hincando los colmillos a las vírgenes, porque la emoción de observar el mundo real a través de unos cristales que alteraban su forma, su tamaño y su color, le amplió tempranamente la percepción de las cosas. Esa fue su desdicha y su dicha al mismo tiempo: el no aceptar las cosas como dadas. No le bastaba que le dijeran que eso era una mesa, o que la palabra «madre» era la palabra «madre». Necesitaba más. ¿Qué tenemos aquí? Muy simple. Lo mismo que le había ocurrido con las palabras comenzaba a ocurrirle ahora con las cosas y hasta con las personas. Cortázar descubrió muy pronto el viejo adagio de que nada es verdad o mentira, que todo depende del color del cristal con que lo vemos. Las palabras podían ser cuestionadas, las personas, los objetos. Este rechazo a la aceptación mansa del mundo abría inevitablemente la puerta a lo fantástico. Al «sentimiento» de lo fantástico, dirá él, que le acompañó desde la niñez.

Una biografía ha de ocuparse de contar la vida; pero cuando analizamos la obra de Cortázar también deberíamos comenzar por la infancia. No tiene sentido derramar ríos de tinta estudiando la irrupción de lo fantástico en los cuentos de *Bestiario*, por ejemplo, sin tener en cuenta que ese mecanismo nace de su temprana inmersión en la obra de Poe. Ni tampoco es lógico especular acerca del rechazo de Horacio Oliveira frente a la realidad sin tener presente que Cocó no estaba de acuerdo con el mundo de Banfield y corría por el jardín observando las cosas a través de un vidrio de colores. Esta insatisfacción ante las cosas aceptadas por la tribu es la misma que sentirá el protagonista de *Rayuela*, la que crea la necesidad de encontrar un «pasaje», la que invita a buscar el modo de cruzar al otro lado de la puerta. En síntesis, dice Cortázar: «Yo creo que fui un animalito metafísico desde los seis o siete años. La realidad que me rodeaba no tenía mucho interés para mí. Yo veía los huecos, digamos, el espacio que hay entre dos sillas y no las dos sillas, si puedo usar esa imagen. Y por eso, desde muy niño me atrajo la literatura fantástica.»

LAS TRENZAS DE OFELIA (I)

Otro de los secretos mejor guardados de Cortázar es la relación tan problemática que mantuvo con su hermana Ofelia. Durante años, esta figura decisiva ha permanecido semioculta bajo unos pocos datos que se repiten como un mantra sin final. Cada nueva biografía nos vuelve a contar que Ofelia era conocida en familia por el apodo de Memé o Memet, que poseía un carácter expansivo, nervioso e irritable, y que arrastraba algunos trastornos de salud. Todo eso es cierto. Pero en una rara entrevista la propia Ofelia añadió algunas pistas reveladoras: «Julio era más bien tímido. Yo era el Diablo y él era todo temor. Yo era el Infierno, y él, la obediencia.» A cierta altura de la vida, sabemos que los sermones de los adultos pueden acentuar tempranamente los rasgos negativos de nuestro carácter. Todos hemos oído ciertas palabras que ponían en tela de juicio nuestra conducta y nos condenaban. Y a partir de ellas se fue trazando un perfil, diseñando un rol que luego quedó fijado para siempre. En buena medida somos aquello que los adultos nos dijeron. Pero cuando alguien reconoce medio siglo después que «yo era el Diablo» o «yo era el Infierno» quizá debamos prestarle un poco de atención y no sólo hablar de sus trastornos de salud.

Ya hemos visto que Cortázar solía decir que su casa de Banfield era un paraíso donde él ejerció el papel de Adán, con lo que eso tiene de experiencia fascinante y estremecedora. Pero en ese paraíso infantil Ofelia no fue la clásica Eva sino más bien Lilith: la verdadera primera mujer de Adán. Según la leyenda hebrea, Lilith era una criatura rebelde que escapó del Paraíso para no someterse a los dictados de Yahvé. Asociada a las fuerzas malignas –de hecho, es la reina de los vampiros– se la representa como una mujer de inquietante belleza que luce una larga cabellera. La condición diabólica de Lilith la ha emparentado con diferentes divinidades y monstruos femeninos de la mitología clásica: Lamia, Hécate, o bien, las harpías, furias, parcas, górgonas, etc. En todas estas figuras, Lilith está vinculada a la muerte de hombres y de niños. En la astrología se la conoce como Luna Negra y alude a los deseos ocultos, lados reprimidos de la personalidad, experiencias dolorosas y rincones ocultos de nuestra psique. Resumiendo, Lilith es un demonio femenino que guarda relación con lo Oscuro y hasta con el Mal. Cuando hablamos del Mal nos referimos aquí a un fenómeno de posesión, y en este sentido Cortázar creció en un hogar donde existía una criatura que estaba como «poseída». Su hermana Ofelia. Este extremo quizá explicaría por qué ella misma se consideraba «el Infierno» o «el Diablo», que era un modo de silenciar esos trastornos de conducta que le persiguieron a lo largo de la vida.

En el período que nos ocupa no era fácil detectar el alcance del problema, pero en cierto momento se confirmó plenamente que Ofelia padecía epilepsia. A partir de este diagnóstico quizá sea injusto atribuirle rasgos satánicos a la nena morenita y bien peinada que aparece en algunos retratos familiares. Pero la epilepsia era entonces una enfermedad considerada tabú, que daba lugar a habladurías y que obligaba a la familia a cerrar muchas ventanas. Para un niño con la timidez y sensibilidad de Cocó los episodios epilépticos de Memé tuvieron que ser un espectáculo terrorífico. En un instante parecía poseída como una de aquellas criaturas de los relatos que le quitaban el sueño. ¿Dónde esconderse? Cuando las biografías insisten en repetir que Julio se refugió en la literatura porque era un crío de una sensibilidad casi patológica —y víctima de enfermedades— se olvidan de que el verdadero enfermo no era él sino su hermana. En el *ranking* de enfermedades «vergonzantes» el asma no puede competir nunca con la epilepsia. A simple vista un niño tosiendo no resulta tan violento como una niña echando espuma por la boca, salvo que el niño padezca tuberculosis en fase terminal. Oigamos a Ofelia: «No tengo presente ninguna enfermedad de Julio. Sé que padecía de dolores de cabeza muy grandes, pero no una enfermedad. Él tomó toda su vida Geniol y Cafiaspirina.» En todo caso la familia siempre mantuvo un manto de silencio sobre la enfermedad de la hija. Bastante habían tenido con explicar la ausencia del padre, que no vivía en Banfield porque según ellas era un importante agente comercial. Pero al final se supo la verdad.

Las enfermedades de los hijos contribuyeron a crear una atmósfera un tanto insana en la casa de Rodríguez Peña. Algunos de los allegados sostienen que la familia era especialmente hipocondríaca, y que sus obsesiones por la salud abarcaban por igual las enfermedades reales como las imaginarias. Todo ello fue labrando el inconsciente del pequeño Julio Florencio, que con el tiempo conseguiría reflejar en su obra bastantes casos patológicos bajo la pátina del realismo mágico. La hipocondría también marcó la vida del Cortázar adulto. Aurora Bernárdez recordaba que cuando planearon el viaje de novios, su marido se preocupó de incluir un botiquín muy completo en las valijas. «Para mí ése era un componente insólito en un equipaje. Nunca se me había ocurrido pensar en su necesidad y creía que, si hubiéramos llegado a enfermarnos, lo solucionaríamos en el lugar. Para él, en cambio, se trataba de una previsión indispensable.» Otros testimonios de su juventud aseguran que en la casa familiar de Buenos Aires había un baño «con un botiquín que parecía el de una farmacia». Quizá no podía ser de otro modo en un ambiente donde la parálisis infantil de la tía, y el asma, la epilepsia, la bronquitis y las migrañas de sus sobrinos estaban casi al orden del día. Evidentemente, la presencia continua de enfermedades nos hace más enfermos y alimenta la hipocondría, sobre todo si la propia familia se encarga de retroalimentarlo. En este sentido, se cuenta que las mujeres de la casa convencieron a Julio de que padecía una leve dolencia cardíaca de la que debía cuidarse, y durante años el enfermo lo creyó así hasta que los análisis revelaron el alcance exacto de su taquicardia. Nada más.

Pese al severo trastorno de Memé, la relación entre los hermanos era buena. O eso al menos solía decir ella. Acudían a la misma escuela, frecuentaban el mismo ambiente y compartían muchas actividades. Recuerda Ofelia: «Jugábamos ahí a la bolita, los dos juntos. Nos llevábamos muy bien. Él, tímido, y con temor siempre a hacer algo que no debía; yo era el cohete, la que lo llevaba de la nariz... Como era tan lindo, lo veía una mujer y le decía una cosa, y él se ponía colorado, muy vergonzoso. Además, tan alto... Tuvimos una época en que éramos iguales, pero después...» Una de las ocupaciones más alegres era tocar el piano juntos. Desde la llegada a Banfield la tía Eveltina quiso enseñarles a tocar el instrumento, y con el tiempo lograron hacerlo razonablemente bien. Recuerda Ofelia: «Ahí había un piano, y todos los días, desde chiquitos, desde que llegamos a Banfield, teníamos la orden de tantos minutos por reloj.» Eran valses o sencillas piezas de repertorio. Luego pasaron a Chopin y Bach. Estos recitales solían tener lugar en casa y también en la escuela, durante el transcurso de alguna función de fin de curso: «Hasta en un instituto de música (él tendría once y yo diez años) tocamos una cosa clásica. Ahí tengo todavía el papelito, ahí dice Florencio y Ofelia Cortázar tocan tal cosa.» La fiebre musical les duró unos cinco años, hasta que un día el primero cerró el piano y no quiso tocarlo más. Pero la afición de la tía le había entrado en las venas.

Pero ni siquiera los momentos de armonía entre los hermanos lograron extirpar las diferencias de fondo que existían entre
ellos. La convivencia con una hermana que se consideraba «el Diablo» y que se sentía «poseída» por la epilepsia, terminaron por pe-
sarle en el ánimo. No obstante, la literatura era el gran valor refugio y Cocó estaba aprendiendo a afrontar los problemas con humor.
A los trece años compuso un poema dedicado a Ofelia, inspirán-
dose en las ondas de su cabello. Bajo la apariencia de una broma
culta e inocente se esconde el retrato de una niña que no casaba
con el perfil de los ángeles. En este poema titulado «Las trenzas de
Memet» se eleva un canto delirante a unas trenzas que son más
horribles que las furias y las parcas. El pequeño autor no duda en
compararlas a dos fieras acosadas, dos víboras atadas con cadenas,
dos bestias enojadas…Serpientes que agonizan, magas que se he-
chizan. ¡Son las ondas de Memet!

LA ESCUELA DE DÍA

Cortázar hablaba muy poco de la escuela. Pese a que en su juventud trabajó muchos años de maestro, el recuerdo del paso por las
aulas solía ser breve y poco afectuoso. Los motivos de esta indiferencia son muchos, pero quizá puedan atribuirse a su propia forma
de ser. Para un niño de su temperamento, hechizado con la lectura
de novelas, nada podía ser más ingrato que relacionarse con docenas de compañeros que jugaban al fútbol y no compartían su fascinación por las palabras. Además, la mayoría de sus condiscípulos eran
hijos de artesanos o pequeños comerciantes que tenían una vida
bastante resuelta; en cambio, él soportaba en casa los prejuicios de
la gente burguesa venida a menos. Aunque hablara mejor que nadie,
debía mantener una apariencia exterior impecable para disimular la
lenta degradación del estatus familiar. Por eso la escuela sólo contribuyó a forjar su perfil atípico y a potenciar sus rarezas. Años más
tarde dejó este autorretrato muy elocuente en una entrevista:

Fui un niño terriblemente precoz, con todas las desventajas que eso supone. No creo que el nivel de mi inteligencia fuera superior, pero el de mi sensibilidad sí, muy superior. Lo sé porque tenía puntos de comparación con mis compañeros de escuela. Y una de las cosas que me dolía continuamente era la insensibilidad que mostraban en relación a cosas que a mí me producían reacciones muy violentas, desde ver un gato lastimado hasta enterarme de la desgracia de alguien, cosas que dejaban a la gente en la indiferencia y en mí provocaban traumas muy penosos.

En aquel tiempo existían en Banfield varios centros que impartían la enseñanza primaria: doña Herminia optó por matricular a sus hijos en la Escuela n.º 10, ya que los estudios se prolongaban allí hasta el último grado. Sexto. Cuenta la leyenda que Julio Florencio entró con dos años de retraso porque su madre había deseado matricularlo en otro colegio más pequeño, pero fue rechazado por sus amplios conocimientos. Parece más lógico pensar que dicho retraso se produjo por esos motivos de salud que obligaban a Cocó a permanecer demasiado tiempo en la cama. Sea como fuere, no comenzó los estudios a los ocho años, como era lo habitual, sino a los diez. Aún hoy no existen muchos datos sobre la experiencia escolar de Cortázar, ni siquiera de la escuela, que pasó en poco tiempo por diferentes ubicaciones. El gran experto local, Jorge Deschamps, ha documentado que el escritor estuvo al menos en tres de ellas: en las aulas de la calle Belgrano 1649, esquina Maipú; en las de Maipú 337, por un período de pocos meses; y por último en la sede de Talcahuano 278, donde habría cursado los tres últimos años de estudios primarios.

Como a los «cronopios» tampoco les gusta el colegio, no voy a extenderme describiendo el panorama escolar de Cortázar. Bastará decir que la Escuela n.º 10 era pública y gratuita; contaba con veinte aulas que albergaban a centenares de alumnos de diferentes grados; también existía una biblioteca bastante aceptable y una comisión –La Cooperadora– que organizaba distintas actividades: excursiones, charlas, exposiciones, clases especiales de canto y música, trabajos manuales, y hasta ¡filmación de películas!, todo un lujo en aquel suburbio perdido a las puertas de la pampa. También disponía de un consultorio médico y odontológico gratuitos. A simple vista no era un escuela inglesa tipo la Charterhouse School, pero tampoco parece un mal lugar para educarse. Aparte de lo académico, imperaban unas normas bastante sensatas que reflejan el clima moral de la época. En la revista *La Abeja*, publicada a la sombra del colegio, podemos leer algunos consejos:

> Un padre consciente no soborna, con regalos, al maestro, para que le apruebe a los hijos.

> Los cortaplumas, navajas y otros instrumentos cortantes son innecesarios en la escuela. Para aguzar lápices, tenemos máquinas especiales.

> Es una imprudencia mandar niños pequeños a la escuela, en días de lluvia torrencial o de tormenta.

> El alumno mentiroso pierde el afecto de su maestro.

> Es un error concurrir a la escuela con ropa costosa. La escuela es un lugar de trabajo y no de fiesta. La gorra es antihigiénica; debe suprimirse.

> A los calumniadores hay que aislarlos como a los enfermos contagiosos.

> El castigo corporal es un resabio de barbarie. Formemos buenos hábitos con el consejo afectuoso y el estímulo. ¡Queme hoy mismo ese látigo!

Como lector de *La Abeja*, Julito se conocía al dedillo estas máximas y tantas otras que fueron apareciendo en la revista. Todas iban destinadas a crear un ambiente civilizado en las aulas y una sólida formación de los alumnos. Nada de sobornos, de navajas, de mentiras, de calumnias ni de látigos. La Escuela n.º 10 era especial, un centro distinto en un marco que parece extraído de *Martín Fierro*. Claro que algunas de estas enseñanzas seguían sujetas a los clichés de la cultura patriarcal. En la misma *La Abeja* apareció un breve artículo titulado «La creación de la mujer». El autor de *Rayuela* necesitó toda una vida para olvidarse de esta maravilla:

> ¿Por qué la mujer fue creada con un pedazo de carne tomada del costado de Adán y no de otra parte?
>
> ¿De la cabeza?, hubiera sido demasiado soberbia. ¿Del ojo?, demasiado mirona. ¿Del oído?, demasiado curiosa. ¿De la boca?, demasiado habladora. ¿Del corazón?, demasiado empalagosa. ¿De las manos?, demasiado lista. ¿De los pies?, demasiado ligera.
>
> Fue creada, por el contrario, de una parte secreta y modesta del hombre, y según se iba formando su cuerpo, una voz gritaba: ¡Sé modesta, sé modesta! Y todavía la mujer tiene un poco de todos los defectos que hemos señalado del Talmud.

Cuando se habla de la formación de Cortázar es bueno iluminar un poco el ambiente donde pasó los primeros años. Seguramente nos dice más que las asignaturas que se impartían en clase —las mismas que en cualquier otro colegio argentino y hasta latinoamericano—, o que los nombres de los profesores. Desde hace siglos siempre hay un libro de aritmética demasiado difícil y un maestro que nos tiene ojeriza. ¿Entonces? Lo importante son los recuerdos: «Yo también me acuerdo de los discursos patrioteros de la escuela —dirá Julio después—. Aprendí muy pronto a tenerles un asco minucioso.» En cuanto al expediente académico no queremos seguir haciendo sufrir a los «famas». Pueden estar tranquilos: nuestro hombre fue un alumno ejemplar y destacaba entre los mejores de letras. ¿Qué esperábamos? ¿Que un crío que se quema los ojos leyendo historias de Poe no va a poder recitar un soneto de Góngora? Además, todos los expedientes de la época han desaparecido y apenas se salvaron los de último grado, que confirman su condición de buen estudiante. No necesitamos más.

En nuestro libro tiene mucho más valor contar cómo le vieron sus compañeros. Esta tarea de indagación ya la llevó a cabo Deschamps, sobre el terreno, y encontró a varias antiguas alumnas de Banfield que habían compartido aulas con aquel pibe larguirucho tan apocado. Es interesante destacar el hecho de que sean mujeres, y no hombres, lo que prueba que las maneras suaves de Julio Florencio agradaban más a las chicas que a los chicos. Dado que las testigos ya han muerto, vamos a devolverlas brevemente a la vida:

> DOLORES ARBÓS: Lo recuerdo peinado con raya al costado y medio flequillo sobre el ojo derecho lleno de pequitas, alto. Mi amiga Delia Brignone, hoy fallecida, compañera de banco del escritor, le daba la espalda a Julio porque era pecoso. Era el mejor compañero del grado. Buenísimo con todos, y sobre su inteligencia no es necesario hablar... El chico tenía el pelo rojizo, de aspecto belga.
>
> AÍDA COCCONI: Julio nunca fue un chico travieso o de pelearse con sus compañeros. Era muy hombrecito, muy maduro para su edad. Con las chicas tenía una relación normal. Eran otros tiempos y los varones mantenían un respeto. Para conquistarnos de chiquilinas nuestros galanes se pasaban dos horas, en la esquina de casa.
>
> NICOLAZA FREGA: Era hermoso, muy blanco. Tenía unos ojazos azules que bailaban solos. Estaba siempre impecable. Jamás se lo veía sin corbata, era muy prolijo. Y tenía un acento muy particular, con un «gangeo» como el de los franceses.

La señora Frega recordaba también algún acercamiento afectuoso por parte de Julio; para demostrarlo trató de encontrar un viejo banco de madera donde su amado habría escrito «Frega, te quiero», con uno de esos punzones que estaban prohibidos en la escuela. Esto fue en el último curso, en sexto grado, pero algunos testigos sostienen que un año antes hubo otro amor, María Rosa Oeto, de rasgos aindiados y que lucía unas trenzas oscuras. Entre los recuerdos deliciosos de la época destacamos este otro de Dolores Arbós: «Cuando llegaba el momento de dar lección, nosotros le decíamos: dale, Julio, da la clase vos, por favor… Entonces, él se ponía a hablar, la hora se pasaba y todos nos salvábamos del cero gracias a su bondad.» Desde el principio, pues, Julio Cortázar fue un chico diferente a sus compañeros de Banfield: era más alto, más blanco, pecoso, con ojos azules, hablaba con acento francés y podía prolongar sus respuestas hasta que la campana anunciaba el fin de la clase.

AFILANDO LA PLUMA

Ya conocemos los suficientes datos para afirmar que Cortázar estaba condenado a escribir. Todos los elementos que se dan en la mayoría de escritores de talento concurren en él. Refresquemos la memoria: trauma infantil, carácter solitario e hipersensible, ambiente familiar sui géneris, temperamento enfermizo y melancólico, tendencia a la fantasía, obsesión por la lectura, asombrosa capacidad de observación, gusto por las historias y las palabras… Si un sabio hubiera pretendido crear las condiciones ideales para el nacimiento de un genio seguramente habría mezclado todos estos ingredientes para inyectarlos a Cocó. Con estos elementos explosivos el resultado no se hizo esperar y la lectura dio paso a la escritura. Según doña Herminia su hijo empezó a escribir a los ocho años, con una novela que guardó celosamente en un armario pese a las desesperadas tentativas ulteriores de su autor para que la quemara. Además, parece que Julio Florencio escribía sonetos a sus maestras y a algunas condiscípulas, de las cuales estaba muy enamorado. En relación a sus musas, es llamativo que escribiera indistintamente a maestras y alumnas, aunque luego reconoció que por la diferencia de edad las primeras no debieron despertar ningún sentimiento demasiado romántico en él. En cambio, sus compañeras de la escuela primaria, sí, esas niñas con trencitas, él se enamoraba con mucha frecuencia de ellas. En una entrevista habla de esos recuerdos: «Yo tuve unos amores infantiles terribles, muy apasionados, llenos de llantos y deseos de morir; tuve el sentido de la muerte muy, muy temprano cuando se murió mi gato favorito.»

Pero el primer trauma asociado a la escritura no fueron esos dramas del corazón sino un enfrentamiento con su madre. Al parecer, doña Herminia dejó leer unos poemas de su hijo a un pariente lejano, pero tras la lectura éste determinó que era imposible que alguien de su edad los hubiera escrito. Aunque la madre tenía plena confianza en él, decidió una noche subir al altillo en busca de la verdad. Aquello traumatizó a Cortázar:

> Me acuerdo siempre de lo que aquello fue para mí: un dolor de niño, un dolor infinito, profundo y terrible... cuando mi madre, en quien yo tenía plena confianza, vino de noche... antes de que yo me durmiera, a preguntarme un poco avergonzada si realmente esos textos eran míos o los había copiado. El hecho de que mi madre pudiera dudar de mí fue desgarrador, algo así como la revelación de la muerte, esos primeros golpes que te marcan para siempre. Descubrí que todo era relativo, que todo era precario, que había que vivir en un mundo que no era el que yo imaginaba, lleno de total confianza e inocencia.

Es probable que los poemas de la discordia registraran claramente las lecturas del momento, en especial de Poe, pero no podemos dudar de la autoría. Para entonces Julito sentía gran placer en crear sus propias composiciones: llevaba haciéndolo desde los ocho años, con un amor infinito, siempre atento al sonido ritmado de las palabras y de las cosas. ¿Qué necesidad tenía de plagiar? Poseía talento, eso es todo. Cuando mucho después su madre le muestre uno de aquellos cuadernos, Cortázar se llevará una grata sorpresa. Quizá el contenido era pobre y el tratamiento bastante cursi –poemas de amor a una compañera de aulas, soneto al cumpleaños de una tía, descripción del patio de su casa...– pero desde el punto de la versificación no duda en considerarlos «perfectos».

Si Cocó era ya un experto rapsoda, la prosa, en cambio, se le resistió durante toda la infancia. Escribir cuentos y novelas le planteaba tantas dificultades que no conseguía avanzar. No encontraba el mismo balanceo del verso, nada fluía, y tuvo que esperar hasta la adolescencia para comenzar a sentirse cómodo contando una historia. Esto es importante porque Cortázar nació a la literatura como poeta y siempre quiso ser poeta. Pero al final la prosa le capturó. Justo al entrar en la adolescencia se produjo una especie de salto que le hizo romper con todo ese mundo sentimentaloide y entrar al fin en lo que consideramos gran literatura.

LA RADIO, EL TANGO Y EL BOX

La infancia de Cortázar coincidió con la aparición de un invento revolucionario que habría de cambiar la historia del siglo. La radio. Desde el primer día en que uno de esos aparatos llegó a la casa familiar, Cocó tuvo acceso a otra forma de realidad que avivó aún más su imaginación. Las cosas más insólitas sucedían allá afuera, en el vasto mundo y, aunque ellos no pudieran verlas, las vivían como si estuvieran aconteciendo en el salón de Rodríguez Peña. Gracias a la radio, llegaban puntualmente las noticias, los anuncios, los programas dramáticos, los conciertos, las retransmisiones deportivas. Si poco antes habían gozado con la vitrola donde chirriaban viejos discos de baquelita, la radio les traía ahora todas las sonoridades del aire. Entre las experiencias radiofónicas que le marcaron debemos destacar una de carácter deportivo. Aunque nos cueste creerlo, en aquel tiempo el fútbol aún no era el deporte rey. En la Argentina de los años veinte las páginas de los periódicos estaban llenas de noticias de boxeo, tanto del que se celebraba en el país como del internacional.

Desde el primer momento, Julio Florencio se sintió atraído por este deporte que poseía una magia especial. Aunque no era partidario del ejercicio físico, al box le veía todas las gracias. Recuerda su hermana: «Nunca le había dado por jugar a la pelota o ir al club; nunca le había gustado hacer deportes. Pero, en cuanto respecta al boxeo, le atraía, le gustaba verlo.» Además, tuvo la fortuna de vivir una época dorada del boxeo argentino, la primera, pero también uno de su momentos más amargos. El 14 de septiembre de 1923 el campeón nacional de los pesos pesados –Luis Ángel Firpo– subió al ring del Polo Grounds de Nueva York para disputarle la corona de campeón del mundo al legendario Jack Dempsey. Era la primera vez que un boxeador latinomericano llegaba tan lejos y el país entero se paralizó. Banfield no fue la excepción. Cortázar recordaba que su familia era la única del barrio que disponía de una radio con una larga antena exterior de gran potencia; en el otro extremo había un receptor del tamaño de una cajita de cigarrillos pero en el que sobresalía bruñida la piedra de galena. Su tío era el encargado de ponerse los auriculares para sintonizar con esfuerzo la emisora porteña que retransmitía la pelea. Buena parte del vecindario se instaló en el patio familiar con visible incomodidad de doña Herminia, que quedó abrumada por el sunami de patriotismo y cervezas que anunciaba el aplastamiento del yanqui. Lamentablemente, las cosas salieron mal. Aunque Firpo logró noquear a Dempsey en el segundo asalto y lo expulsó fuera del cuadrilátero, los jueces dejaron proseguir el combate, y el boxeador que debía haber sido descalificado terminó ganando el combate. La llamada «Pelea del Siglo» supuso un drama nacional en Argentina y afectó mucho a Cocó, que escuchaba con desesperación los pormenores del robo a su ídolo. «Fue nuestra noche triste; yo con mis nueve años, lloré abrazado a mi tío y a varios ultrajados en su fibra patria.» Sesenta años después aún aludía a ello como «La tragedia».

La afición de Cortázar por el boxeo siempre causó desconcierto entre sus lectores. Acostumbrados a su perfil amable, juguetón y pacífico, nada le cuadraba menos que un deporte bárbaro donde dos hombres se golpean cruelmente hasta la extenuación. En esta línea también producía sorpresa su afición –moderada, eso sí– a la fiesta de los toros. Pero sin entrar en asuntos más profundos, quizá en ambos casos el origen sea idéntico: el placer que sentía el escritor ante el espectáculo de un hombre astuto frente a la fuerza bruta. Por eso no era partidario de los boxeadores duros y agresivos sino de aquellos otros que jugaban y volvían loco al adversario. En *La vuelta al día en ochenta mundos* habla de Kid Azteca: un púgil que conoció en Buenos Aires hacia los años cuarenta y que una noche brindó todo un recital de fintas ante un toro de Santa Fe, obrando un milagro de creatividad. Con el tiempo el box llegaría a ser una de sus grandes aficiones y hablaba de él como una filosofía, o como una danza ingeniosa que permitía burlar el cerco hostil de la realidad. También supo ver su lado literario: «La novela siempre gana por puntos, mientras que el cuento debe ganar por nocaut». Box, radio, literatura...

La radio le ayudó también a familiarizarse con la música de su tierra, especialmente con el tango. Así lo recoge Guillermo Schlavezon: «Yo crecí en una atmósfera de tangos. Los escuchábamos por radio, porque la radio empezó cuando yo era chico, y después fue un tango tras otro. Había gente en mi familia, mi madre y una tía, que tocaba tangos al piano y los cantaba... El tango se convirtió en parte de mi conciencia y es la música que siempre me devuelve a mi juventud» El tango que seduce a Cortázar se remonta, por tanto, a su etapa argentina. Es el tango que se saborea a la hora del mate, en las noches de verano, en las radios de galena o con las primeras lamparitas. En este mundo difunto tan difícil de evocar, destaca el genio de Carlos Gardel. Aunque no somos expertos, sabemos que Julio valoraba al Gardel de la primerísima época, el de *Flor de fango* o *Mi noche triste*. Es el Gardel de los años veinte que contiene y expresa al porteño encerrado en su pequeño mundo satisfactorio. Es un tango digno, clase media, austero, decente, espejo quizá de un modo de sentir cercano al ambiente de Banfield. Todavía no habían hecho mella en él las historias truculentas de amores desdichados, las mujeres caídas, los dramas portuarios, la sonrisa plateada de los puñales. Eso entraría en el tango una década después. Por esa razón, los primeros tangos están ligados a tantos recuerdos, son pura memoria personal. Cada vez que ponía un disco de Gardel en París, volvía al patio de su casa, con toda su familia. Volvían las imágenes y las figuras. Estamos en 1927.

Pero no inventemos héroes nacionales: Cortázar no es Borges ni Sábato. Toda su mitología asociada al tango la construye a posteriori, en la cómoda distancia europea, cuando ya se le tiene como un célebre escritor argentino comprometido con la causa de Latinoamérica. Escuchemos a su hermana Ofelia: «Cuando empezó a nacer acá el jazz, yo no lo podía sufrir. A mí me gustaban los tangos y las cosas de acá, y él en cambio jazz y jazz. Los negros de allá, de Norte América, le gustaban. Los tangos, esas cosas nuestras no le gustaban. Al final se dio vuelta.» El propio Cortázar no duda en reconocer que su afición al jazz, en detrimento del tango, le produjo colisiones en el seno familiar. «El primer disco de jazz que escuché por la radio quedó casi ahogado por los alaridos de espanto de mi familia, que naturalmente calificaba eso de música de negros... A partir de ahí empezaron las peleas.» Por tanto no es del todo cierto que le gustara tempranamente la música de su país. Pero algo es seguro: la radio comenzó a traerle sonidos de Norteamérica, los combos de Nueva Orleans o las bandas de *swing* de Chicago. Ya nada volvería a ser lo mismo. Porque si el boxeo le había seducido por su potencial de eludir los golpes, en lugar de darlos, el jazz le atrapará por sus asombrosa capacidad de improvisación. Sobre la misma partitura (la realidad) se podían construir variaciones e improvisaciones que la transformaban en otra cosa (la fantasía). Se abrían ventanas, se cruzaban puertas. Y nada hacía más feliz a Cortázar.

VEREDAS DE BUENOS AIRES

En 1928, aquel joven pecoso concluyó la escuela primaria y al año siguiente se matriculó en la Escuela Normal del Profesorado Mariano Acosta. En dicho centro de Buenos Aires comenzó estudios de magisterio que se prolongaron un primer ciclo de tres años. Una de las misiones de las biografías es intentar llenar los agujeros del queso y no dejarse influir por el hecho de que se haya escrito tan poco acerca de esa etapa concreta de su vida. Tres años nada menos, desde los quince hasta los dieciocho. ¿Qué hace Julio? ¿Dónde vive? ¿Qué le pasa? Lo primero que podemos decir es que sigue residiendo en Banfield. Aunque realiza los estudios en la capital, sus deberes escolares no son motivo suficiente para que la familia se plantee instalarse en Buenos Aires. Al fin y al cabo el ferrocarril cuenta ya con cuatro líneas a su paso por la estación banfileña y los convoyes son cada vez más veloces. Si hubiéramos tomado el tren en dirección al Norte en su compañía no habríamos tardado ni media hora. Asimismo, los «rápidos» cubrían el trayecto en unos doce minutos, a los que había que añadir el tiempo de transporte urbano. El nuevo colegio estaba, pues, relativamente cerca, si bien la distancia entre Banfield y Buenos Aires era todo un mundo.

Aunque Julio Florencio Cortázar tenía para su edad un aspecto imponente, en el fondo no había salido del cascarón. Seguía siendo el pibe tímido y enfermizo que se refugiaba con sus libros en el altillo. Es cierto que a lo largo de la infancia había ido con frecuencia a la gran ciudad: allí vivían algunos parientes de la rama materna y amigos de la familia, y cada mes acompañaba a la abuela Victoria a visitarles. La abuela le llevaba entonces de la mano (su traje negro, su sombrero de paja con un velo que le cubría la cara, su invariable ternura). Pero la experiencia porteña no le había hecho más fuerte sino más fantasioso y soñador. En esa época surgió su fascinación absoluta por el metro —el «subte» en la jerga local— que tanta importancia tuvo en su vida y hasta en su obra. En realidad, el trayecto en «subte» no duraba más de veinte minutos, pero él lo vivía como un viaje eterno en el que todo era asombroso, desde el instante de bajar las escaleras y entrar en la penumbra de la estación, y percibir ese olor penetrante de los metros. Durante unos minutos, Cocó permanecía junto a la abuela en el andén observando la hondura del túnel, perdiéndose en la nada. Hasta que de pronto surgían unas luces rojas y verdes parpadeando en la oscuridad, y luego el fragor progresivo, el tren dragón rugiendo y chirriando. Una vez dentro Cocó renunciaba a los asientos de madera para quedarse contra una ventanilla, con la cara pegada al vidrio. Y luego iniciaba un fugaz paseo por el Hades.

Si Barcelona le había descubierto cosas esenciales, Buenos Aires amplió notablemente su formación. Era la gran ciudad bulliciosa y moderna, hecha de enigmas alucinantes, como el «subte», cuya atmósfera iba nutriendo su inconsciente hasta inspirarle luego tantos sueños y realidades paralelas. Toda la idea de «pasaje», que nada tiene que ver con el mero traslado físico de una estación a otra, la debe a Buenos Aires. Esa idea de que los metros de las ciudades no sólo se asemejan en el plano funcional sino que todos ellos crean un sentimiento de «otredad», que algunas personas viven como una amenaza que al mismo tiempo es tentación, la debe a Buenos Aires.

Pero esto sería después. Aquel Buenos Aires de la etapa de estudiante aún imponía mucho y no le proporcionaba réditos literarios. Jorge Deschamps sugiere que Julio Florencio no iba solo a la escuela. En aquella época aún era un adolescente sobreprotegido −en cierto sentido nunca dejó de serlo− y le acompañaba un adulto. Doña Herminia Descotte. Poco antes, su madre había obtenido un empleo en la Caja Civil de Jubilaciones de la calle Mitre y Callao, cerca del Congreso de la Nación, y es casi seguro que ambos tomaban el tren juntos cada mañana. Luego el tranvía. Ignoro si era la misma línea pero es fácil que fuera así, ya que Herminia podía bajarse en la esquina Belgrano con Entre Ríos y luego cubrir las cinco amplias cuadras que le separaban del trabajo. Algo es seguro: en estos trayectos se fue forjando una camaradería maternofilial que habría de durar para siempre, pero en paralelo quizá también se reforzó la leyenda negra del padre que les había abandonado.

No hemos podido averiguar el recorrido cotidiano que hacía Cortázar. Aunque la mayoría de líneas subsisten, ya no quedan tranvías, de modo que muchas huellas se han borrado de la memoria de la ciudad. El tranvía número 98 que aparece en *Bestiario* no existe; tampoco el llamado «Tren Mixto» que Julio debió de utilizar con frecuencia. Pero todo indica que seguía un trayecto similar al del actual colectivo. Haciendo un esfuerzo de imaginación podemos aventurar que este pibe tomaba el ferrocarril en Banfield hasta la plaza Constitución. Una vez allí subía a un tranvía que circulaba por la calle Salta, doblaba hacia el Oeste en Belgrano, atravesando calles hasta La Rioja (Rioja a secas en su tiempo) en dirección a la plaza Once. Normalmente Julito se bajaría en Rioja y Alsina, ya que la parada se encontraba a un centenar de metros de la escuela. En este viejo caserón ubicado en la calle General Urquiza 277, en el barrio de Balvanera, estudiaría siete largos años.

Hay un hecho que siempre llamó la atención. ¿Por qué no fue a la universidad? En la Argentina de la época nos habría resultado bastante difícil encontrar a un muchacho tan responsable, estudioso y bien preparado como Julio Florencio Cortázar. Ni siquiera Adolfo Bioy Casares, que por entonces parecía mucho más interesado en acudir a los *parties* de sociedad y a los torneos de tenis. La razón fue tristemente más prosaica: el dinero. En algún momento angustioso de 1928 doña Herminia llegó a la conclusión de que no podían costearle estudios universitarios. A lo sumo podían hacer el gran esfuerzo de enviarle a una buena escuela de magisterio. Y lo hicieron. Este gesto de las mujeres de la familia conmovió profundamente a Cortázar, que lo agradeció toda su vida. Le habían librado de seguir el destino gris de sus compañeros de barrio, pero también es cierto que contrajo un tipo de deuda moral con sus benefactoras que habría de perseguirle como una condena. Analizar los efectos nocivos que esa deuda tuvo sobre él es uno de los principales fines de este libro.

Desde el principio el pibe de Banfield fue bastante reticente a aquella escuela, como prolongación de la etapa educativa en general. El problema de fondo era el profesorado. Mucho tiempo después declaró: «Yo me tuve que aguantar una educación en la que muchos de mis profesores eran vejigas infladas, pero pomposas y pedantes. Y lo grave es que yo tenía suficiente sensibilidad como para darme cuenta inmediatamente de que eran vejigas infladas.» Pero Cortázar sabía también que el problema de la hipertrofia no era exclusivo del ámbito docente, aunque en él tuviera su peor expresión. Él mismo había crecido en una familia cuyos miembros también respondían al perfil de vejigas infladas, al menos en el campo de las ideas, o mejor aún, de la falta de ideas. Eran esos tíos lejanos, esos parientes que repetían mensajes y conceptos trasnochados, que ignoraban las verdaderas inquietudes de los niños. En realidad no era la escuela, era el mundo de los adultos, lleno de personajes que imponían su autoridad por el solo hecho de ser mayores. Algo que nunca pudo soportar.

Desde Banfield, pues, estuvo en el bando infantil y rara vez lo abandonó. En una entrevista dijo: «Soy muy crítico frente a la conducta de los grandes con el niño porque me doy cuenta a cada momento de las tonterías que cometen, la forma en que violan y mutilan al niño con negativas, con tabúes, con "esto está bien, esto está mal", esa especie de castración continua a la que los grandes someten a los niños.» Este punto es esencial porque la obra de Cortázar es, en el fondo, la obra de un adulto que no ha perdido el espíritu de la infancia. La libertad, la fantasía, el juego. Cuando años más tarde escriba una de sus obras más complejas, *62. Modelo para armar*, mantendrá la misma actitud lúdica. Esencialmente no hay mucha diferencia entre aquel niño que armaba un juguete con el «meccano» y se pasaba horas con una nueva grúa, un nuevo camión, y el hecho de inventar un «modelo para armar» en la escritura. Esta equivalencia es la mejor prueba de que los años no le habían cambiado.

Pero en el Mariano Acosta había excepciones que terminaron influyendo muy positivamente en él. Nos referimos al poeta Arturo Marasso y al filósofo Vicente Fatone. El primero le transmitió el amor por la literatura griega e hizo lo imposible para que también amara la literatura española, algo que sólo consiguió a medias porque al alumno le aburrían la pobreza argumental y esas formas retóricas que tanto han lastrado a nuestros autores. O al menos a los que engrosaban su temario. A Marasso debemos asimismo el descubrimiento de la vocación literaria de Cortázar e importantes hallazgos culturales. Dado que en aquel tiempo no tenía ni un céntimo, Marasso le hacía ir a su casa y le prestaba sus libros. El segundo maestro le introdujo en los gozos de la filosofía, en concreto de la lógica y de la teoría del conocimiento. Tanto Marasso como Fatone llegaron a ostentar cátedras en la Universidad Nacional de La Plata, y en el caso del segundo dejó varias obras de relieve: *La filosofía de la India*, *El budismo nihilista*, *El existencialismo y la libertad creadora* o *El hombre y Dios*. Así pues, Fatone le introdujo en un mundo que le interesaba mucho, pero en el que se manejaba mal: la filosofía. En el fondo aquel alumno no tenía una mentalidad filosófica. Aunque la filosofía le fascinaba porque le acercaba a lo fantástico, o mejor a lo metafísico, no tenía un temperamento para avanzar en el campo de las ideas mayores. Sin embargo, la llama había prendido y siempre hubo un marcado ingrediente filosófico en muchas páginas de Cortázar.

Al final del primer ciclo, Julio Florencio Cortázar Descotte se graduó con buenas notas –promedio 8 largo– y salió al mundo con el título de maestro normal. Corría 1932. La familia se planteó entonces el abandonar Banfield. En un raro anuncio de la época aparece una información muy detallada que da noticia de la venta de la casa. Veamos el titular: «Amplio chalet de una planta 15 × 57 m. Adoquinado. Pago lindísimo. Jardín. Frutales.» Comparando la descripción detallada de la finca con los datos que ya conocemos, se advierten algunas reformas, entre ellas la cocina que ya funciona a gas. Pero lo más interesante es el precio. Se indica que son 5.000 $ al contado, y se añade: «Vale el doble pero se venderá aunque sea por la base. La orden es ¡vender!» El anuncio apareció en noviembre de aquel mismo año y da cuenta de una cierta urgencia por parte de los propietarios. Está claro que no aspiran a hacer un gran negocio sino a costearse un cambio de residencia o, mejor aún, la gran aventura de trasladarse a la capital.

El cambio debió afectar lo suficiente a Cortázar para evocarlo en la escena de un cuento. Me refiero a «Deshoras». Allí, el joven Aníbal debe ir a vivir a Buenos Aires para completar los estudios, pero se resiste a abandonar la compañía de su amigo Doro porque a partir de ese momento sólo podrán verse los fines de semana; de ahí toda esa rabia por un traslado que no quieren admitir, por una separación que los mayores les imponen como tantas cosas, sin consultarlos. Atrás quedan doce años de vida, el barrio que tanto ha cambiado, los pocos y buenos amigos. También el recuerdo de algunos amores, especialmente el último que ha dejado huella. No sabemos qué muchacha se oculta bajo el personaje de Sara, pero sí el impacto que ese amor platónico tuvo sobre el narrador. Su evocación es típicamente romántica, escrita con esa tinta dramática que es la mejor sangre de la juventud: el pibe solitario se abraza a la almohada en mitad de la noche. Piensa en Sara. Le atrapa una marea de congoja y delicia. Nadie sabe de su amor por ella, y nadie puede imaginar su deseo de morir por ella, de salvarla de un tigre o de un incendio. Para que luego la amada se lo agradezca y lo bese entre lágrimas.

Irse de Banfield fue también alejarse de lugares que habían formado el escenario de su infancia: la lechería La Providencia, el Teatro Maipú donde descubrió la magia del cine, la confitería Nuevo Modelo, la gran librería-papelería Caputto Hnos., la farmacia y droguería Belgrano, y con el tiempo el bar Durand's, a media cuadra de la estación. Todo esto quedó atrás, perdido en la gran pampa del Sur.

La familia Cortázar se instaló en la calle General Artigas número 3246, en el nuevo barrio de Rawson Agronomía. El quartier fue construido a principios de los años treinta con un plan del Banco Hipotecario llamado «De casas baratas». En origen constaba de un centenar de viviendas individuales y nueve bloques de pisos rodeados de amplios jardines. Era un distrito tranquilo, arbolado, de fisonomía helvética. Por razones económicas, la abuela Victoria optó por un departamento. Aunque no disponía de un jardín de las dimensiones de Banfield, ofrecía otras comodidades. Para un pibe de dieciocho años ya no era tan importante un terreno con árboles frutales y varios gallineros, como tener una habitación espaciosa y adulta. El gran inconveniente era su distancia del centro: el dinero de la venta del chalet no había dado para más, pero al menos la escuela quedaba a mitad de camino. En vísperas de la mudanza hubo los inevitables nervios y preparativos. Aunque Cocó hubiera querido ir a la casa de Doro para despedirse, como en el cuento, su madre lo obligó a empaquetar sus libros, el globo terráqueo, las colecciones de animales. Le habían prometido que tendría una pieza grande para él solo con vista a la calle. Todo era nuevo, todo iba a empezar de otra manera. El traslado familiar coincide aproximadamente con un cambio político en el país. En invierno de 1932 el general Agustín Pedro Justo asume la presidencia y pone fin al estado de sitio implantado meses antes por una junta militar. Se encuentra una Argentina inmersa en una grave crisis económica derivada de la Depresión del 29. La bonanza de la era Yrigoyen-Alvear ha pasado a la historia. En esta nueva etapa menos plácida Julio Florencio Cortázar iniciará su segundo ciclo en el Mariano Acosta.

LA ESCUELA DE NOCHE

En el primer curso de esta etapa prosiguió los estudios con buen ánimo, pero al cabo de un tiempo terminó por sucumbir al desencanto. ¿Qué le había pasado? En una entrevista a Omar Prego declaró: «Con toda mi inocencia juvenil, me fui sin embargo dando cuenta, a lo largo de esos siete años de estudio, de que esa escuela normal, tan celebrada, tan famosa, tan respetada en la Argentina, era en el fondo un inmenso camelo.» Para avalar esta tesis recordó haber conocido allí a un centenar de profesores, de los cuales sólo dos le habían dejado huella. Marasso y Fatone. Sólo ellos le libraron de haber padecido el infortunio de caer en la ratonera de los programas escolares y las lecturas obligatorias.

Luego hay otra cuestión. Aunque en aquel tiempo Julio Florencio no tenía la menor inquietud política, se fue percatando de que los planes educativos del Mariano Acosta tenían por objetivo fabricar maestros y profesores cosidos por un mismo patrón. Todos se alimentaban de las ideas más primarias y negativas sobre la Patria, el Orden, el Deber, la Justicia, el Ejército, el Civismo... Cuatro décadas después le confesó a Osvaldo Soriano: «Como te decía, no es solamente que la educación fuera mala sino también que había una tentativa, sistemática o no —al menos yo la sentí así— de ir deformando las mentalidades de los alumnos para encaminarlos a un terreno de conservadurismo, de nacionalismo, de defensa de los valores patrios; en una palabra, fabricación de pequeños fascistas.» Interesa señalar que parte de ese ambiente quedará reflejado en uno de sus últimos cuentos, «La escuela de noche», donde unos alumnos efectúan una visita nocturna y clandestina a las dependencias escolares y terminan descubriendo algunos secretos. Al final todo lleva a la conclusión de que en esa escuela se están fabricando fascistas.

Las sospechas de Cortázar tenían fundamento. Durante los años en el Mariano Acosta, varios de sus profesores desarrollaron iniciativas para aglutinar a los alumnos en brigadas, o crear asociaciones con el fin de apoyar determinados actos del Gobierno de la época. Lamentablemente era el Gobierno del general Justo, que se caracterizó por el fraude electoral y la corrupción hasta dar pie a lo que se llamó «La Década Infame». El joven Julio Florencio se dio cuenta así de que esos profesores estaban creando avanzadillas del fascismo. Bastaba ver las manifestaciones antisemitas y xenóbofas que iban subiendo de tono. En síntesis, aquella escuela que se consideraba ilustre en Argentina no lo fue para él. Siempre tuvo la impresión de haber pasado esos siete años perdiendo miserablemente el tiempo.

Sin embargo, el Mariano Acosta no era el páramo cultural que recuerda el autor de *Rayuela* ni tampoco un vivero de futuros fascistas. Al menos no sólo era eso. Durante su última época en el centro, Cortázar comenzó a traducir algún artículo para la revista *Leoplán* e inició colaboraciones en *Addenda*, una publicación de los alumnos en la que él era el subdirector. Conviene insistir en que en aquellos tiempos aún no atendía ni firmaba como Julio sino como Florencio o Julio Florencio; el único Julio de la familia, aunque invisible, seguía siendo su padre y su nombre de pila estaba apestado. En relación al proyecto *Addenda*, era una iniciativa de varios jóvenes maestros que formaban un grupo conocido luego como La Guarida. Así pues, el pibe de Banfield ya tenía querencia por agruparse en grupos selectos unidos por la cultura y las ideas, tal como se vería luego en *Rayuela*, con el «Club de la Serpiente». Al parecer, los miembros de La Guarida solían reunirse en el sótano del café Edison, en la avenida Rivadavia. Allí no sólo hablaban de literatura sino también de política, ya que la mayoría defendían posturas próximas al socialismo y la democracia. Quizá sea bueno recordar el nombre de algunos de aquellos acólitos: Julio Cortázar, Eduardo Jonquières, Jorge D'Urbano Viau, Francisco Reta, Octavio Hornos Paz o los hermanos Cascallar Carrasco...

Con el tiempo, los encuentros en aquel sótano crearían una leyenda que se mantuvo en la escuela durante varias generaciones. Los miembros más significados de La Guarida protagonizaron algunas actividades que dejaron huella. En junio de 1936, Julio Florencio Cortázar pronunció una conferencia sobre poesía. Muchos años después, doña Herminia Descotte recordaba el hecho: «Era enemigo de dar charlas magistrales, conferencias o cosas así. Recuerdo que una vez lo obligaron a discursear en la escuela: él no me avisó nada y los muchachos me vinieron a buscar para que yo le escuchara a escondidas; fue apasionante, una conferencia encantadora y culta sobre Neruda y Banchs, un magnífico análisis de esas obras poéticas.» En aquella ocasión se encontraba entre los asistentes el propio Pablo Neruda, que había sido invitado por los miembros de La Guarida. Y Julio no defraudó. Otros lugares de encuentro eran La Perla, del barrio Once, o un café de la calle Rioja. En todos estos rincones los jóvenes elegidos consolidaron su educación sentimental. Quizá el Mariano Acosta no respondía al sueño docente de Cortázar, pero en cambio le proporcionó un importante capital de amigos, algunos de los cuales le acompañaron siempre.

Uno de ellos era Eduardo Jonquières, un vecino de Banfield, que ya destacaba en el grupo como pintor y poeta. Dado que Jonquières fue uno de sus grandes amigos, aportaremos su testimonio: «Era un curioso de todo, llevaba inventarios de las cosas más insólitas, y esa costumbre la mantuvo prácticamente toda su vida, como cuando se conocía de memoria todas las estaciones del metro de París. Era un tipo metódico, ordenado hasta la obsesión, sobre todo cuando se trataba de sistematizar conocimientos, aun los más diversos: ya en la época del Mariano Acosta, se organizó dos ficheros: uno de mitología griega y otro de jazz.» Gracias a Eduardo pudo regresar a menudo a Banfield donde éste vivía aún en la casa familiar. Una de las sobrinas del pintor, Elena Isabel O'Connell, era una niña en aquellos tiempos: «Lo recuerdo vagamente. Llegaba al chalet con traje gris o beige, ligeramente jaspeado. Jugaba mucho conmigo, me llevaba en andas por toda la casa. Cuando pasábamos bajo el arco de las puertas teníamos que agachar las cabezas.» Por razones de afinidad imaginativa, Julio siempre tuvo una óptima armonía con los niños. Lo sabemos. Así lo recordaba Mario Pereyra, un sobrino bastante menor que lo trató años más tarde:

> Julio era para mí, para nosotros los chicos, ese tío alto, de hablar pausado, atento para escucharnos, con una enorme biblioteca, (en la cual con el tiempo hurgamos), su aparato de música, su trompeta. Sentado mucho tiempo en su escritorio, ante la máquina de escribir y escuchando música. Esa gran sala era como un santuario, donde no entrábamos si la puerta estaba cerrada. Pero donde luego nos llamaría para hacernos escuchar un disco e intentar que marcáramos el ritmo o sólo oírlo. Capaz de jugar a la «bolita» con nosotros, sobre la gran mesa del comedor, y cuando me tocaba perder, no perdonarme por el sólo hecho de ser un niño. Y explicármelo. A quien podíamos hacerle cientos de preguntas y obtener respuesta a todas.

Pero los años del Mariano Acosta son también los del hallazgo jubiloso de Buenos Aires, un descubrimiento común, labrado a fuego con el sello de la camaradería. Era 1935. En la Costanera caminaban sin rumbo preciso, gozadores del pasear, la presencia mutua, la broma, la ternura. Es el preludio a las andanzas de un grupo de jóvenes que aspiran a beberse la vida. Aparte de Eduardo Jonquières, que era algo menor, Julio tiene gran amistad con Francisco Reta, alias Monito, Jorge D'Urbano, Daniel Devoto, Eduardo Castagnino, Adolfo Cancio y Osiris Sordelli. En cierto relato de *Octaedro* habla de un compañero sin apellido —en realidad, era Alfredo Mariscal— que resume un poco la vida de todos. Es el mismo que maneja un Ford negro, sale de la escuela para tomar un vermouth en la Perla del Once, juega al póker y se casa con una buena chica. Para entonces Cortázar ya se ha licenciado como profesor normal en letras. En realidad era un título que le facultaba para enseñar en los colegios secundarios cualquier materia: gramática, geografía, lógica, instrucción cívica, historia… Pero antes de iniciar su etapa docente, la ciudad le sigue llamando en lo más hondo. Le reclama.

No vamos a gastar tinta intentando describir minuciosamente aquel Buenos Aires. Cortázar jamás lo habría hecho. En nuestro libro basta ver alguna fotografía de Horacio Coppola, en Internet, para hacerse una idea de la grandeza, cosmopolitismo y modernidad de la capital. Para un joven que había crecido en Banfield debió ser apasionante recorrer aquel laberinto en compañía de sus camaradas. El «subte» de la plaza Constitución, o el de Lacroze, con sus prodigiosas escaleras mecánicas; la elegante avenida Santa Fe; la zona de Diagonal Norte, con sus bares y grandes almacenes; la inmortal Corrientes, de aire neoyorquino; las oficinas bancarias de la calle Florida; las tiendas de ropa de la calle Bartolomé Mitre; los cines incontables, los billares, el Teatro Colón, las veladas de boxeo en el Luna Park, los lugares de encuentro como el Café Tortoni, La Fragata o el Royal Keller. Con esto ya es suficiente. Los nombres hablan, hay que escucharlos e imaginar porque en ellos arde la vida como en una película realista. A veces basta una pincelada. Galerías cubiertas, rincones fríos, pasajes, aguafuertes porteños.

En este sentido existe una escena de *Diario de Andrés Fava* que nos exime de adornos superfluos. Se trata de una lejana escapatoria nocturna, junto a varios camaradas del Mariano Acosta. Tras viajar en tranvía hasta la Costanera el grupo descubre la otra cara de la ciudad, y con ella el rostro fugaz de la juventud. Cortázar recrea aquí la atmósfera de Puerto Nuevo, un lugar donde el río crecido chapotea al alcance de la mano. Entonces alguien señala el agua y todos se inclinan sobre la escollera. El río se extiende blancuzco y espeso. Apesta. Algo como zapatillas blancas se mueve en el fondo. Uno del grupo dictaminará: «Son peces muertos». Pero era más que eso: es el vómito del río, una deyección repugnante que sube hacia la tierra y se pega a la orilla. Esa franja fétida de animales muertos parecía agolparse para asaltar la ciudad. Alguien exclama: «¡Qué noche para un suicida!»

Es la primera vez que la palabra «suicida» aparece en nuestro libro. Vamos a retenerla en la memoria porque es otro de los temas ocultos de la vida de Cortázar. ¿El suicidio? Sí, el suicidio.

MISIÓN EN BOLÍVAR

Cortázar no pudo disfrutar mucho de la juventud. Hay quien sostiene que se matriculó en la Facultad de Filosofía y Letras, de la Universidad de Buenos Aires, con el propósito de obtener una licenciatura. Corría 1936. Pero de ser así, el paso por las aulas fue tan breve que no ha dejado huella reseñable. Desde el principio, la universidad no entraba en los planes de la familia, ya se ha dicho, y las mujeres de General Artigas no iban a renunciar ahora a su principal sustento económico. Cocó ya tenía un título. ¿A qué esperaba para emplearlo? En relación a su paso frustrado por la universidad siempre sostuvo que su deber moral para con la familia era utilizar ese título que ya tenía. Había sido maestro primario durante un tiempo, y ahora debía ser profesor secundario para ayudar a su madre. Sólo era cuestión de encontrar un destino.

En mayo de 1937 llegó en compañía de otros profesores a San Carlos de Bolívar, una comunidad agropecuaria en la cuenca del río Salado. En aquel tiempo era un población bastante nueva y con pocos habitantes, situada a unos trescientos kilómetros al norte de Buenos Aires. Pero Bolívar era sobre todo la pampa, un espacio infinito, monótono y sin límites. Como escribió el clásico Ezequiel Martínez Estrada: «Aquí el campo es extensión y la extensión no parece ser otra cosa que el desdoblamiento de un infinito interior, el coloquio con Dios del viajero. Sólo la conciencia de que se anda, la fatiga y el deseo de llegar, dan la medida de esta latitud que parece no tenerla.» En este pasaje se percibe claramente el espíritu pampero, una tierra en la que el hombre está solo como un ser abstracto que hubiera de recomenzar la historia de la especie o de concluirla. ¿Qué hará Cortázar?

En primer lugar se instala en el hotel La Vizcaína, un edificio neocolonial de dos plantas donde ocupa una habitación que da a la avenida Almirante Brown. No llega solo: le acompañan otros profesores del Mariano Acosta: Cancio, Sordelli, Crespí y Vecino. Revisando las pocas fotografías de la época, todos parecen tallados por el mismo asesor de imagen, al menos cuando descansan en sus habitaciones o posan en el balcón del hotel: batín a rayas, pelo rigurosamente engominado, camisa, corbata y tamangos recién lustrados. A los pocos días de su llegada se celebra un sorteo entre ellos para repartirse las asignaturas: el azar quiere que a Cortázar le corresponda impartir clases de geografía, algo que no le agrada, pero que tratará de hacer lo mejor posible. En total son nueve horas semanales por las que percibe 360 pesos al mes, una cifra bastante aceptable si tenemos en cuenta que una entrada de cine valía diez centavos. Uno de sus alumnos, Reinaldo Longobardi recuerda: «Hacía mucho frío el primer día que vino a darnos clase. Cortázar usaba un sobretodo largo, era inmensamente alto, y estaba peinado al medio con gomina. Vestía impecable corbata, cuello duro y alfiler de corbata. Era extremadamente respetuoso y cuidaba al máximo el uso de las normas sociales de la época. Todo lo contrario a lo que después mostraría en sus libros.»

Este último punto es clave porque introduce un argumento que vamos a desarrollar: la idea de un Cortázar que fue evolucionando a lo largo de la vida hasta convertirse en una figura diametralmente opuesta, algo así como su propia antípoda. Esto abundaría en la tesis ya apuntada por Eduardo Montes-Bradley acerca de dos «Cortázar» claramente diferenciados: uno «sin» barba y otro «con» barba. O si se prefiere, uno «con» corbata, que se prolongará aproximadamente hasta el éxito de *Rayuela*, y otro «sin» corbata, que renunció a ella hasta la muerte. En relación a esa metamorfosis, el mutante comentó más tarde algo de valor: «Cuando yo tenía veinticinco años me sentía realmente mucho más viejo que hoy. No por razones de tipo físico, sino, probablemente de contexto local; yo pertenecía a una generación que se ponía cuello y corbata (incluso conocí los famosos cuellos almidonados que son una verdadera tortura), sombrero; una generación que jamás estaba en mangas de camisa en ninguna parte... Había todo un ceremonial de vestimenta que, lógicamente, expresaba otra clase de represiones, de almidonamientos internos.»

Desde el primer momento, pues, este joven profesor destacó por su aspecto, sus modales y cierto carisma personal. Aunque en un mundo tan estridente como el nuestro quizá hablaríamos de un *low profile*, en el Bolívar de la época no podemos atribuirle un perfil bajo. Al contrario. Enrique Pasotti completa el retrato: «Él era una persona que se destacaba por sobre todas las demás porque era muy educado, muy culto. Era tímido en cierta medida. Yo lo definiría como un gran hombre. En ese "gran hombre" va implícito muchas cosas.» Pero entre estas muchas cosas no figuraba, en cambio, el arrojo viril. Cuando se alude a las maneras suaves y la timidez de Julio, se traza el perfil de un joven muy distinto a los hombres argentinos de su tiempo. Esta diferencia se observa en mil detalles que no pasan desapercibidos. Su compañero de hotel, Osiris Sordelli, recuerda: «A esa edad aún tenía el rostro inmaculadamente infantil: ni un asomo de bigote, las piernas peladas como un bebé, y el rubor en las mejillas que lo revelaba aún más joven.» En años sucesivos esta impresión será confirmada por todos quienes le conocieron, ya fueran amigos, alumnos o compañeros de trabajo. Repasemos otros testimonios: «Era lampiño, tenía una carita de bebé, una pelusita en la cara. Por ahí, estaba dando clases y se ponía colorado, claro había chicas lindas que lo miraban.» (Jorge Galliano). «Siempre andaba con un traje azul. Era desproporcionado. Caminaba como agobiado. Tenía unos zapatos muy grandes. Las piernas largas y la cabeza chiquita, eso nos sorprendía. Parecía un muñeco» (Sara Siafardini). «Una alumna que tuve lo hacía sonrojar a Cortázar. Se alzaba la pollera hasta quién sabe dónde, y el pobre se ponía todo colorado como un fuego» (Francisco Menta). «Se decía que Cortázar no era muy varonil, que era afeminado. Lo decían algunos profesores. Él no hablaba de mujeres. A las chicas, igual no las atraía.» Y en el polo opuesto, el testimonio ardiente del amor: «En esa época, yo estaba enamorada de él. Su tranquilidad, su seguridad me cautivaron» (Bethy Ayerra).

A las pocas semanas, Julio Florencio escribe una carta a Eduardo Castagnino donde informa de la situación en Bolívar: la vida allí le hace pensar en un hombre al que han sepultado bajo una apisonadora. Sólo hay una salida, que consiste en cerrar la puerta del cuarto, buscar un libro, un cuaderno y una pluma estilográfica. Cada vez tiene mayores deseos de leer. Así logra imaginarse en otra parte del mundo. El balance no es muy positivo, desde luego, pero Cortázar es un veterano en el arte de combatir el tedio. Abriendo un libro. En realidad lleva siglos cerrando la puerta de su cuarto –en Banfield, en General Artigas– para buscar refugio en la lectura. Además ha sido lo suficiente precavido para traerse un pequeño cargamento de libros que se ampliará más tarde con una partida procedente de Buenos Aires. Entretanto aprovecha para escribir algunos poemas: son ejercicios de escaso valor, aunque le mantienen en la onda creativa. Pero sobre todo en Bolívar comienza a desarrollar una actividad central en su vida y en la que acabará siendo un maestro: el género epistolar. En estas primeras cartas se percibe un profundo conocimiento de la poesía, especialmente francesa, pero también un Cortázar humilde, íntimo, con gracia. Si encuentra un corresponsal a su medida, disfruta cruzando aceros: discute, argumenta, incluso se muestra burlón. Y cuando un amigo le alaba esa nueva habilidad para manejar la pluma, sólo admite que es hábil con el plumero: «Nadie como yo para quitar el polvo al techo de un ropero sin subirme a una silla.»

Los meses pasan y se confirman sus primeras impresiones. En nueva carta a Castagnino entrega el parte: el ambiente del hotel, las calles y el colegio carece de todo relieve. A su juicio hasta los microbios de un tubo de ensayo deben tener mayores inquietudes que los habitantes de Bolívar. Está claro que esta vida provinciana no responde en absoluto a sus necesidades. Es cierto que goza del aprecio de los alumnos –algo que se repetirá a lo largo de toda su etapa docente–, pero se siente como un náufrago varado en la gran isla de la pampa. Ni siquiera la visita a El Globo, la única librería del pueblo, logra apagar su sed. Está solo. ¿Cuánto durará el cautiverio? Si al menos fuera como los demás, podría abrazar el tipo de vida que lleva la gente, esa vida hecha de pequeños placeres y modestas alegrías, una existencia banal y sin relieve, pero que ayuda a seguir viviendo. Pero no él: el profesor Julio Cortázar es distinto, todos lo dicen, todos lo ven. Por eso repite que lo mejor en Bolívar es acostarse a las nueve de la noche.

¿Exagera? Un poco. Ya sabemos que no se ha caracterizado por hacer vida social. De creer a su hermana Ofelia: «Nunca quiso ir a un club o a un baile. Nunca practicó deportes. Desde chiquilín vivía metido en sus Julio Verne. Mamá le compró un mecano y hacía barcos, y armaba todo lo que veía en sus libros.» Aunque este retrato corresponde a un período anterior, en el fondo él no ha cambiado tanto desde los días de Banfield. Si acude al Club Social no le mueve el deseo de bailar fox-trot, y menos aún el tango, que seguramente no se estilaba entre los jóvenes ni los alumnos. A lo sumo se acerca allí para confraternizar tímidamente con alguien, pero siempre apartado. Es difícil imaginarlo en el centro de la sala, abrazado a la reina de la fiesta. Lo vemos más bien en un rincón, junto a la mesa de las botellas o la vitrola que enciende los corazones románticos. Sí. Cortázar es ese gigante solitario que queda al fondo de las fotografías, tieso como un farolito, tratando de dar sentido a su vida y mantener el sano orden de la velada.

Obviamente no es feliz, pero exagera cuando presenta Bolívar como un islote solitario azotado por el viento. En el mismo Colegio Nacional hay algunas personas que valen la pena, como la profesora de inglés, Mercedes Arias. En cierto momento, Julio Florencio decide contratar sus servicios para perfeccionar sus rudimentarios conocimientos de inglés. Y ella acepta. El problema es encontrar un lugar para las clases: Mercedes no puede recibir varones en el cuarto de su pensión y él no puede llevarse señoritas al hotel La Vizcaína. A distancia puede sorprender esta normativa tan severa, pero era la propia de la época y explica bien el ambiente tan pacato y cerrado que les tocó vivir. Al final intervendrá otra compañera de trabajo, la señorita Marcela Duprat, quien les ofrece su casa de la avenida Venezuela. El motivo por el que Marcela no vivía en una pensión como los demás se debe a que se había instalado en Bolívar con su madre, la muy francesa Lucienne, y una pariente de nombre Nelly. Desde el principio el arreglo se reveló todo un acierto: el profesor recibió clases de inglés, y las mujeres de la casa quedaron encantadas con su compañía. Aunque oficialmente las clases tenían lugar una vez por semana, las visitas se prolongaban en charlas estimulantes. Acierta Montes-Bradley al sugerir que Cortázar estaba reproduciendo inconscientemente el escenario de Banfield: una casa llena de mujeres en un pueblo perdido de la pampa. Aquí se sentía de nuevo como pez en el agua, lejos de los colegas que residían en el hotel y del ambiente masculino y patriarcal que imperaba en la ciudad.

En paralelo, no olvida la escritura. Encerrado en su cuarto del hotel, comienza a componer sonetos inspirados en los poetas franceses del siglo XIX. Las charlas con Lucienne Duprat y las lecturas le ayudan a afinar el instrumento. Asimismo emplea las noches traduciendo textos para la editorial Sopena o la revista *Leoplan*. Estas traducciones le permiten obtener un dinero extra que puntualmente manda a su familia. Doña Herminia sigue trabajando en la Caja Civil de Jubilaciones y se gana un sobresueldo enseñando corte y confección a las muchachas de Rawson Agronomía. Pero el aporte de Cocó es fundamental. Sin embargo, el trabajo de traductor le obliga a un esfuerzo suplementario. La mayoría de las noches se queda hasta bastante tarde tecleando en la máquina de escribir, algo que exaspera a sus colegas que apenas logran conciliar el sueño. Uno de ellos, Cancio, decide contraatacar y enciende la radio. Luego frota la descarga a tierra contra el tejido de alambre de su cama —eran aparatos prehistóricos— provocando descargas estruendosas. Al otro lado de la pared, un Cortázar guasón responde: «¡Se viene la tormenta, Adolfo!»

Pero la verdadera tormenta, en este caso poética, tiene lugar en el alma del profesor de geografía. En los últimos tiempos está ultimando una serie de sonetos que reunirá bajo el título de *Presencia*. Publicado en 1938 con el seudónimo de Julio Denis, no tuvo otro fin que la mera satisfacción personal. Cortázar siempre dijo que el libro había sido felizmente olvidado por la crítica y el público. Pero tampoco hubo ocasión de que fuese de otra manera. Mucho después declaró: «El libro se hizo con una tirada absurda de 250 ejemplares que estaban destinados a los amigos... Yo lo escamoteo un poco en mi bibliografía. Es la única transgresión al hecho de no querer publicar hasta estar verdaderamente seguro que valía la pena.» En este sentido, el autor de *Rayuela* fue inflexible. *Presencia* sólo fue una concesión entrañable, acaso un pecado de vanidad que ya no volvería a repetir. Sin embargo, el libro registra la influencia de sus lecturas del momento: Góngora, Baudelaire, Mallarmé, Cocteau y hasta Neruda. En muchos poemas domina la presencia de la música, como imposible anhelo de elevarse por encima de las palabras. En cuanto a éstas, hay que destacar el empleo libre que hace de ellas. No se trata de una concesión esteticista, como apuntó algún crítico, sino de algo que había descubierto en Banfield. El placer de jugar y perseguir su magia. Cuando leemos el verso «Y el lago ya no es lago sino halago», reconocemos en embrión un rasgo esencial de Cortázar, su voluntad de alterar los significantes, para hacerles decir lo que no dicen o lo que todavía no sabemos que dicen. Aprovechando las vacaciones de verano de 1939, entregará un ejemplar en Buenos Aires al célebre poeta Ricardo Molinari, quien le señala sus imperfecciones: una juvenil falta de equilibrio y la falta de selección en el vocabulario.

Pero el revés no parece afectarle demasiado. En realidad está más inquieto por su estancia en Bolívar, que vuelve a asumir como una condena. Cuentan que a menudo cubría las ocho cuadras que separaban su habitación de la estación de ferrocarril, por el solo gusto de imaginar un viaje. En uno de esos momentos de crisis le asalta la idea de realizar una escapada a México. Durante varios meses va recabando información acerca de ese país donde está convencido de que existe una juventud llena de ideales, trabajadora y culta, que apenas se encuentra en la Argentina. En todo caso la idea del viaje debió seducirle lo suficiente porque atraviesa parte de la correspondencia de la época: el plan es poder apreciar por sí mismo si todo lo que le han contado de México es cierto: desde las pirámides aztecas hasta la poesía popular. Al parecer, Cortázar quería embarcarse en Buenos Aires en un buque mercante; pero tras recorrer los muelles porteños en busca de un capitán que aceptara subirlo a bordo, descubrió que los únicos barcos a México zarpaban desde Chile. Aquello fue más que un contratiempo, tal como explica por carta al doctor Gagliardi donde reconoce que sus pesquisas en las dársenas no dieron otro resultado que una sorda desesperación. Buena parte de esa desesperación proviene de la imposibilidad de abandonar la cárcel bolivariana. A menudo se despierta en plena noche con una idea fija en la cabeza: «O te vas, o te mueres.» Y aunque es cierto que la compañía de los amigos le hacen más llevadera la carga, la asfixia crece y alcanza dimensiones existenciales y hasta filosóficas. En otra carta a Gagliardi desde Buenos Aires habla de que se siente morir en vida, percibe el tránsito inexorable de hombre a máquina, de conciencia a simple cosa. Es como un objeto.

Al final toma la decisión. Le han informado de que queda un puesto vacante de profesor en la Escuela Normal de Chivilcoy y formula la solicitud. Comienza así un tiempo de espera en el que trata de imaginar su futuro. Sea lo que sea, la suerte está echada: todo menos Bolívar. Por fortuna la inquietud será breve: la propuesta es aceptada. En vísperas de su marcha se le ofreció una cena de despedida en casa de los Gagliardi. Aparte de la familia, le acompañaron el director del Colegio Nacional, algunos colegas y amigos. Como la música no podía faltar al encuentro, Cortázar le rogó a Gagliardi que interpretara la *Pavana para una infanta difunta*. Quizá el piano melancólico de Ravel aún resonaba en su alma cuando a la mañana siguiente, muy temprano, aguardó en la estación la llegada del tren.

CHIVILCOY

Si hubiéramos vivido en el interior de Argentina a finales de los años treinta, la ciudad de Chivilcoy habría sido para nosotros un lugar importante en el camino hacia Buenos Aires. Allí se interrumpía la larga ruta de tierra del Oeste y comenzaba el camino de asfalto que llevaba a la capital. En Chivilcoy se acababan, pues, los tumbos y los temores y se anunciaban las luces de la civilización. Pero en el caso de Cortázar, una vez más, las cosas funcionaron del revés. Para él Chivilcoy fue el umbral de la verdadera pampa, un mirador único orientado hacia el interior del país. En este sentido hay que destacar sus circunstancias personales: en el fondo es un «intelectual» urbano que se asoma a un escenario rural. Viniendo de Buenos Aires, todo son asombros, sorpresas, recelos. Pero tiene un largo camino por delante. No le va a ser fácil mantenerse en el *limes*, como un centinela romano en los confines del Imperio. ¿Se vio tal vez así? En *Diario de Andrés Fava* se presenta a sí mismo como un monje de la decadencia romana, perdido en alguna provincia fronteriza, solo, y que hubiera dejado testimonio escrito de los rumores que le llegaban del resto del mundo. En un rapto solemne admite ser ese monje que desde su torre austral ha escuchado «las voces del tiempo».

El 31 de julio de 1939 llega a Chivilcoy. El nuevo destino tiene la ventaja de estar más cerca de Buenos Aires: la mitad del anterior trayecto, unos 150 kilómetros. Pero en el fondo el espíritu del paisaje no ha cambiado. Como escribe Montes-Bradley: «Entre Bolívar y Chivilcoy no hay nada; ambas son estaciones en un camino en el que lo que realmente importa es llegar. Entre un pueblo y otro: el silencio, las vacas, el olor a bosta, los alambrados, un hombre a caballo, una cantina infecta poblada de miradas vacías, de manos agrietadas, de voces roncas y, sobre todo, moscas, muchas moscas.» ¿Para este viaje hacía falta tanto ruido? ¿Tanto piano de Ravel? Pronto lo veremos. De inmediato, el joven profesor busca alojamiento. Al principio lo halla en una fonda llamada Hotel Restelli, pero luego se trasladará a vivir a la pensión Varzilio donde residirá nada menos que cinco años.

A diferencia del hotel de Bolívar, los propietarios de la pensión de Chivilcoy han quedado en la historia de Cortázar. Por alguna razón, esta familia supo recibirle con afecto y los vínculos entre ellos fueron estrechos. La hija de los dueños, Rosa Varzilio, le recordaba así: «En casa fue el preferido de mi madre y mis hermanas. Yo aprendí a escribir a máquina en la suya y le pasaba cuentos cortos que, creo, nunca se publicaron. En uno de ellos hablaba de su vida con nosotros en la pensión donde tenía un cuarto para él solo.» Escuchemos ahora a Titina Varzilio: «Era un amante de la fotografía, a mí y a mis hermanas nos sacaba al patio para retratarnos. Después, nos regalaba las fotos.» Existe alguna fotografía en la que aparece Rosa Varzilio, una joven sana y alegre, apoyada en un árbol del jardín. Por la sonrisa cómplice y encantadora cabe suponer que el autor del retrato fue ese maestro larguirucho y educado que parecía salir de una película romántica inglesa. En relación a sus costumbres, otra hermana conservaba este recuerdo: «Compraba el diario *La Nación* o *La Prensa* cuando regresaba de la escuela. Y, a veces, venía con su botellita de cognac. Nada nos llamó la atención en este sentido.»

Para entonces, Julio Florencio Cortázar impartía dieciséis horas de clase a la semana en la Escuela Normal Domingo Faustino Sarmiento. Había comenzado el 8 de agosto de 1939. Recordemos el testimonio de David Almirón: «Su llegada a Chivilcoy fue una cosa impactante. Primero por la figura, esa altura, sus grandes manos y sus pies, su lento caminar. Luego, su forma de hablar medio afrancesada que nunca cambió.» En Chivilcoy se repite, pues, el esquema educativo de Bolívar. Aunque la especialidad del profesor es la literatura, el programa le condena a dar nueve horas de historia, cinco de geografía y dos de instrucción pública. Obviamente no es la panacea, pero procura llevarlo con dignidad. «El punto de partida en sus clases era su propia lectura. Y su conocimiento asombroso por la edad que tenía», recuerda una alumna. Otra de ellas, Miné Cura, sostiene que «su valor docente fue transmitirnos la historia y la geografía de una manera que no nos había sido revelada. Era una mirada distante de la oficial. No hacía una cronología rigurosa... Detestaba tomar exámenes y criticaba la rigidez del sistema educativo. Tenía una cosmovisión de las cosas». También es destacable el testimonio de su compañera de claustro y amiga Ernestina Yavícoli: «Los alumnos lo estimaban muchísimo desde el comienzo. Era un gran maestro. Cualquier cosa que dictara la iba a dar bien.» En poco tiempo se fue forjando una leyenda en torno a Cortázar. Cuando él tomaba la palabra hacía gala de una oratoria que llevaba a los alumnos a quedarse en trance. Nadie osaba interrumpirlo, y eso se notaba también cuando salía del aula. A veces los alumnos le impedían llegar a la sala de profesores. Lo rodeaban para preguntarle cosas, para seguir escuchándole. La leyenda asegura también que nadie hacía caso de la campana que anunciaba el final de las clases: nadie movía un músculo si no había terminado la lección.

Este carisma quedó muy reforzado en su etapa de Chivilcoy. Pero como ocurre a menudo con Cortázar, la procesión iba por dentro. A las pocas semanas de iniciar el curso confiesa por carta al doctor Gagliardi que la soledad vuelve a erguirse a su lado: todo es nuevo, extraño, indiferente, y la impresión de destierro cae sobre él como una mano gigantesca. De nada le sirve que Chivilcoy sea una ciudad más grande y civilizada que Bolívar, porque esta ciudad orgullosa de sí misma no advierte sus defectos y se complace en perpetuarlos. Cada vez que pasea por sus bellas calles asfaltadas o sus plazas de aire versallesco, Julio siente la misma sensación de extrañeza. ¿Cuánto resistirá esta vez? Afortunadamente procura escapar los fines de semana a Buenos Aires donde se reencuentra con la familia y los amigos. También le alivia recibir la visita de su madre y de su hermana, quienes disfrutan de esas excursiones en tren para ver a Cocó. Así lo recuerda Rosa Varzilio: «Venían a visitarlo con frecuencia. Le gustaba mucho comer tapioca batida a nieve con durazno y "crespera". Una receta de su madre: masa de panqueques en capas, con verdura y salsa blanca.» En su pequeño círculo chivilcoyano la figura de doña Herminia tampoco pasó desapercibida. Éste es el testimonio de Francisco Menta: «La mamá era una hermosa señora. De cara era parecida a Julio, la nariz más grande. Era corpulenta, no delgada como él. Se llevaban muy bien entre ellos. Ella era muy agradable, muy culta. Gente con la cual entusiasmaba conversar.»

Pero, cuando se queda solo, Cortázar vuelve a refugiarse en la habitación. Allí le espera la lectura de *Madame Bovary*, por ejemplo, o de los poemas de Rilke; también escucha una emisora de radio porteña que emite un programa de jazz, donde suena la orquesta de Spike Hughes. La radio sigue siendo el invento del siglo. Pero, antes de acabar el año, ese invento le traerá una noticia de trágicas consecuencias para el mundo. Hitler invade Polonia y da comienzo la Segunda Guerra Mundial. A las pocas semanas escribe al doctor Gagliardi acerca de su inquietud. Le preocupa sobre todo que en Chivilcoy el conflicto se siga con absoluta indiferencia, salvo por el interés morboso en las cifras de heridos y de muertos. Todo ello le confirma el temor que presentía desde hace años. La guerra. Pero ahora ese temor es un hecho: lo anuncian en las calles, lo lee en los titulares de los periódicos. Y la sufre en propia carne.

ARGENTINA. AÑOS CUARENTA

El estallido de la guerra europea tuvo efectos visibles en la vida del país. Cada vez que Cortázar se desplazaba hasta Buenos Aires podía captar el ambiente que se respiraba en las calles. El biógrafo Montes-Bradley reconstruye una escena en la estación de Retiro donde el joven profesor se habría cruzado con un desfile de hombres con camisas pardas que llevaban brazaletes ceñidos con la cruz esvástica. La imagen de aquellos individuos alzando el brazo como las tropas alemanas que aparecían en los noticiarios de la Movietone le produce rechazo e inquietud. ¿Dónde iban esos borregos tan alegres? Bradley no lo dice, pero creemos que se dirigían a una multitudinaria manifestación nazi que se celebró en Luna Park y cuyas imágenes acaban de ser rescatadas de los archivos. En todo caso, Julio no hace nada al respecto y aún tardará muchos años en hacerlo. Sin embargo, Argentina ha entrado en un período de transformación sin precedentes que va a cambiar el curso de su historia. La principal consecuencia del conflicto bélico fue alterar la estructura económica y social del país. Ocupadas en la economía de guerra, las grandes potencias ya no pueden exportar productos a la Argentina y ésta debe desarrollar cuanto antes una política de sustitución de las importaciones. A raíz de ello, las grandes fábricas, los talleres, la pequeña y mediana industria experimentarán un rápido crecimiento, gracias también a que Argentina se ha convertido en uno de los países que exporta materia prima a las naciones en guerra. Esto genera una gran demanda de mano de obra, que hasta ese momento vivía en el campo en condiciones de gran precariedad. En poco tiempo miles de obreros y campesinos abandonarán el interior en busca de un mejor trabajo en los núcleos urbanos, especialmente Buenos Aires.

Como explica el profesor Mario Goloboff: «Para los 40, la composición social de nuestra clase obrera urbana va cambiando fundamentalmente: de blanca, inmigrante, europea, seguidora de las grandes corrientes del pensamiento obrero, anarquista, socialista y comunista, rasgos que la caracterizan hasta entonces, pasa a ser morocha, nacional o latinoamericana, muchas veces analfabeta, despolitizada, aunque no menos sedienta de bienestar y de justicia.» En cierto modo Cortázar pertenecía al primer grupo, como tantos emigrantes europeos, pero estaba entrando en una época donde iban a mandar los segundos. Y no estaba preparado para ello. Recluido en el destierro provinciano, no podía imaginar el desarrollo de un fenómeno que aún se encontraba en fase embrionaria. Las masas populares aún no tenían peso, eran como fichas de dominó revueltas antes de comenzar la partida. Pero cuando ésta alcance su apogeo llegará el peronismo. Entonces la década que había comenzado lánguidamente en Chivilcoy terminará con el escritor tomando un barco en dirección a Europa.

A los seis meses de vivir en Chivilcoy el profesor Cortázar sigue sin hacerse al lugar. Aunque la ciudad cuenta con sesenta mil habitantes —el doble de Banfield—, tras su paso por Buenos Aires le parece un poblado en mitad del desierto. En carta a Mercedes Arias le habla de este lugar donde se vive dentro de la más absoluta inconsciencia, ya sea involuntaria como la de casi todos los habitantes del pueblo, o la suya, voluntariamente consciente. Luego le transmite su temor a convertirse en un «pueblero». Pueblero, curiosa palabra. Este miedo es comprensible, alude a la mediocridad espiritual que caracteriza al habitante estándar de cualquier ciudad de provincias. ¿Qué sentido tiene haberse forjado una cultura durante años si al final uno se descubre repitiendo gestos y actitudes que delatan la influencia del medio que le rodea? Desde el principio, Cortázar hará lo imposible para evitar cualquier contaminación. Cuando mucho más tarde vea *Los inútiles* de Fellini, ya en Francia, la memoria le devolverá fugazmente a una atmósfera que conoce demasiado bien. De momento, cualquier cosa es preferible a caer en el pozo vegetativo de un Bolívar o un Chivilcoy. La experiencia en estos lugares le ayuda a forjar su idea de Argentina, una idea parcial e inexacta, que es la única que es capaz de ver: aunque admite que hay personas con inquietudes culturales, no pueden huir del clima emponzoñado del ambiente. Por eso dice que la Argentina es Buenos Aires, y luego el paisaje. O sea, una gran ciudad, y muchos maravillosos paisajes dispersos. Nada más.

Esta confesión es valiosa porque refleja su grado de soledad y sobre todo porque expresa por primera vez una idea central de su vida. La huida. No es casual que la destinataria de esta confidencia sea Mercedes Arias, la maestra de inglés de Chivilcoy, por la que siente muy probablemente algo más que afecto. De hecho, algunos biógrafos han apuntado la hipótesis de un Cortázar enamorado de ella a tenor de los diferentes planos de comunicación que se establecen en sus cartas. En esas cartas hablan de poesía, de proyectos vitales, de intimidades, de sucesos de la vida cotidiana, prácticamente de todo. También de la guerra: aunque el tema le desagrada, es algo que les rodea. Al final Julio termina por sentirse participando en ella y se pregunta a menudo cómo acabará todo. ¿Serán arrastrados al torbellino? ¿Se convertirán en colonia comercial del Reino Unido? En este período busca en las cartas el calor que le niega la vida provinciana. La mayor parte de los corresponsales pertenecen a su círculo de Bolívar. En carta a las Duprat escribe que existe algo que el tiempo no puede anular: son los buenos recuerdos, los rostros del pasado, las horas en que uno ha sido feliz.

Repasando la correspondencia es difícil identificar totalmente al Cortázar que conocemos hoy. Acierta Miguel Herráez al señalar que el hombre que la escribe parece haber alcanzado su techo profesional. Es cierto que se muestra disconforme con el lugar que habita, pero tampoco parece que apueste por la literatura para escapar de él. En dichas cartas no hay referencia al deseo de convertirse en un escritor reconocido, no hay la clásica ambición que aporta el combustible necesario para alzar el vuelo. Son las cartas, simplemente, de un amigo, de alguien que sólo busca comunicar su estado de ánimo, las vicisitudes que rodean su vida. Incluso se percibe en ellas un alto grado de conformismo y de resignación. Este estado se mantendrá prácticamente inamovible en sus años de estancia en Chivilcoy. En entrevista a Luis Harss declaró: «Me pasaba el día en mi habitación del hotel o de la pensión donde vivía, leyendo y estudiando. Eso me fue útil y al mismo tiempo peligroso. Fue útil en el sentido de que devoré millares de libros. Toda la información libresca que puedo tener la fundé en esos años. Y fue muy peligroso en el sentido de que me quitó probablemente una buena dosis de experiencia vital.»

Pero a veces hace esfuerzos por abandonar la atonía. Por esas fechas concluye un nuevo libro de poemas y decide mandarlo a un premio literario. Aunque el eco de su anterior poemario fue prácticamente nulo, en esta ocasión cree que los poemas tienen mayor calidad. Cortázar decide entonces concursar en un certamen organizado por la SAE (Sociedad Argentina de Escritores) e impulsado por la conocida revista porteña *Martín Fierro*. Sin duda la convocatoria presenta algunos alicientes: está dirigida a poetas menores de treinta años, y entre los miembros del jurado figura Jorge Luis Borges. En esta obra titulada *De este lado* se apreciaba, en efecto, un autor más maduro y alejado de los principios estéticos de *Presencia*. Aunque el manuscrito se haya perdido, al parecer los poemas no eran tan ceñidos y herméticos, apostaban por una palabra más clara y ligera. Durante varias semanas Julio Denis aguardó con expectación el fallo del jurado, convencido secretamente de que iba a serle favorable. Pero se equivocó. En mayo de 1940 escribe a Mercedes Arias que estaba seguro de que premiarían su libro. Ni siquiera la mención especial del jurado aparecida en un diario de Buenos Aires le alivia del sabor de la derrota.

A lo largo de aquellos meses sucumbe de nuevo al tedio provinciano, del que sólo se repone cuando toma la pluma. En carta a las Duprat comenta que los seres humanos somos islas, la mayor parte de la vida estamos solos. Pero nos desvivimos por tender lazos, y todas nuestras actitudes –religiosa, social, familiar y afectiva– no son otra cosa que puentes. Por eso los poemas, los cuadros, las sinfonías son anhelos de inmortalidad. Es probable que Julio Florencio no sea un autor con ambiciones, pero está claro que conoce muy bien uno de los grandes mecanismos que mueven al artista. Perdurar.

VIAJES CON EL «MONITO» RETA

En los últimos meses de 1940 se reaviva en Cortázar el deseo de realizar un viaje. Cada vez que se acerca a Buenos Aires habla del proyecto a los amigos, pero sólo uno tendrá las ganas y el valor de acompañarle: Francisco Reta. Este dato es importante porque Paco, alias Monito, es su amigo del alma. Un hermano. Ambos escriben, se intercambian cuentos y poemas, y forman un tándem perfecto. Es cierto que Reta es más audaz y sociable –le agradan las chicas, los bailes, el club–, pero también sabe ser respetuoso con la intimidad de los demás. Según Julio: «Tenía una hermosa capacidad para ser amigo, capacidad constituida por pequeños detalles, por finezas que pocas veces se hallan en la juventud.» Lamentablemente, Monito arrastraba una enfermedad renal desde la infancia que le iba minando sin remedio. Es probable que la conciencia de su enfermedad le permitiera ser más maduro, más hondo e introspectivo en muchos momentos. En todo caso, Cortázar valoraba enormemente su capacidad de silencio, porque a diferencia de sus paisanos consideraba el silencio como una virtud maravillosa.

Como sabemos, la amistad con Paco Reta se remontaba a diez años atrás, en la primera época del Mariano Acosta; pero en todo este tiempo había permanecido fresca como el primer día. Aunque a veces habían pasado meses sin verse –como en la etapa de Bolívar–, les bastaba reencontrase en Buenos Aires para comprender que su amistad estaba por encima de toda contingencia. Por eso Monito aceptó rápidamente la propuesta de Julio Florencio. Ignoro cómo fue recibida la idea por parte del gineceo de la calle General Artigas, pero sospecho que sin entusiasmo. Después de todo, Cocó era un muchacho frágil, de salud quebradiza, que enfermaba de cefaleas cada vez que tomaba el tren o el «subte». ¿Cómo iba a marcharse a explorar el norte del país? El propio Cortázar era consciente de sus limitaciones. A raíz del frustrado viaje a México había escrito con resignación al doctor Gagliardi acerca de la fortuna que llevan en su alma los verdaderamente aventureros. Allí habla de Eugene O'Neill, el gran dramaturgo, que conoce las cuatro esquinas del mundo, que se muere de hambre en Buenos Aires, renace en Río, enferma de tifus en Singapur, se casa en Yokohama, naufraga en Bali...¿Hay algo más grande que la libertad absoluta para vivir y morir como queremos? En esta pregunta se expresa la secreta admiración de Julio hacia aquellos espíritus que se niegan a la dependencia, a hundir las raíces en algo que obligue más tarde a permanecer atado a una misma vida, a un mismo lugar.

Pero un año más tarde se siente lo bastante aventurero como para jugar a serlo. El resultado será un viaje bastante insólito y atrevido, si consideramos la época y a un sujeto de sus facultades. En este punto conviene señalar el hecho de que Cortázar y Reta se adelantaron una década al legendario viaje que el Che Guevara realizó con un amigo por tierras latinoamericanas. Sí. También el autor de *Rayuela* tuvo sus *Diarios de motocicleta*, sólo que sin motocicleta y con destino al Norte y no al Sur. Cuando lo cuente más tarde a su «amada» Mercedes Arias le hablará de que se sintió muy feliz de haber recobrado su antigua condición de niño. El placer de sentirse en el trópico. Aquello era Salgari, Horacio Quiroga, Somerset Maugham, Kipling. ¿Dónde diablos se había metido Cortázar? Trataremos de reconstruirlo.

A mediados de enero salió de Chivilcoy en compañía de Reta con destino a Córdoba y La Rioja. Son las avanzadas andinas, con colores rojos y verdes bajo un cielo purísimo. Para un hombre acostumbrado a la húmeda grisura de Banfield, aquello es un disparo de luz que ciega sus enormes ojos azules. Catamarca. Luego cruzan la montaña en dirección a Tucumán. Piedra, calor y vértigo. Paisaje inolvidable en la cuesta del Toral. En poco tiempo la aridez del mundo da paso a la gracia del agua, ríos de caña de azúcar de un verde imposible. La llegada a Tucumán le produce una bella impresión. La ciudad es grande y rica, con calles abigarradas. Allí vive un hermano de Monito. Al instante Cortázar queda extasiado ante el cielo nocturno de Tucumán, aquel paseo inolvidable por una avenida de calor y sueño, envuelto en una nube de jazmines y palabras. De ahí marchan a Salta atravesando el valle del Mojotoro. Teóricamente en Salta deberían quedar algunos parientes de la rama Cortázar-Arias, incluso la casona donde sus padres se enamoraron, pero las diferencias siguen siendo muy hondas y no hay signos de que Julio tuviera el menor interés en verlos. Probablemente ni siquiera tenía sus señas.

En días sucesivos pasan por Jujuy, luego la quebrada de Humahuaca, donde en cada pico y cada valle, dirá, «se queda uno a solas con Dios». Es preciso señalar que en esa época Julio ya se siente agnóstico, pero sucumbe periódicamente a ramalazos de fe. Aunque explica por carta que Dios se halla fuera de su vida, lo cierto es que aún lo busca y lo encuentra en una partita de Bach o en una cumbre nevada. También ayuda la compañía de Paco, porque Reta domina el arte del silencio como si fuera un monje medieval. A veces pasan días enteros sin intercambiar más que las frases imprescindibles, porque como reconoce Cortázar, la experiencia del viaje era tan intensa que a veces las palabras se les antojaban blasfemias.

Siguiendo con el plan llegan en tren hasta Tilcara, ya cerca de Bolivia, pero su corazón no le deja subir más. Durante varios días permanecen descansando en este pueblo a 2500 metros de altura, conviviendo con los indios, escuchando sus músicas arcaicas y descubriendo la verdadera sangre de América. Para entonces Julio Florencio se ha resignado a los bruscos cambios de paisaje, de temperatura, de color humano. A veces el calor es terrible y los insectos parecen surgidos de una novela de H. G. Wells. Pero con ayuda de Monito sigue adelante. Otra de las etapas inolvidables les lleva a Corrientes, donde toman un barco hacia Posadas. Comienza así un viaje maravilloso a través del río. Quedan algunas pocas imágenes de aquella aventura. Hay una fotografía deliciosa en la que Cortázar aparece sentado en cubierta, con americana y sombrero, en un barquito a vapor que navega por el Alto Paraná. Aunque viajan en tercera clase porque escasea el dinero, los amigos no se lamentan de su suerte sino de la de los pasajeros de primera que no duermen a la intemperie: se pierden ese cielo salpicado de estrellas que brillan sobre el río. Además, por primera vez se le ve feliz. En esta foto la sonrisa del escritor no está inspirada por las circunstancias, como en algún retrato de grupo con sus compañeros del Mariano Acosta. Es una felicidad exultante que brota limpia de su alma, ajena al compromiso social. Verdadera. Es Paco Reta quien le inspira, quien toma la cámara, quien inmortaliza el raro momento. Otro Julio es posible, pero lejos de casa.

La aventura alcanza su punto culminante en la sierra de Misiones. Durante veinte días permanecen en un bungalow perdido en la jungla. Se bañan en una piscina natural de piedra donde el agua brota de las rocas, helada y dulce. Incluso cazan para comer y se adentran en la selva más salvaje, una jungla sombría, en la que vuelan lentamente mariposas de grandes alas azules. Esta escena bucólica será recreada casi cuarenta años después en *Territorios*, un raro libro-almanaque donde el texto adquiere la fuerza de los grandes relatos de aventuras. Allí habla de su estancia en esta avanzada subtropical del territorio argentino en zonas que tocan Brasil y Paraguay; las semanas de estancia en el bungalow, los caballos, la escopeta, la cacería, los ruidos amenazadores de la noche. Leyéndolo, descubrimos que nos gusta este Cortázar intrépido, salvaje y aventurero. Acostumbrados a su leyenda de formidable narrador urbano, estos textos dispersos nos brindan un perfil desconocido, nos hablan de un espíritu mucho más próximo a la naturaleza.

Una noche se despertaron inquietos por el súbito relinchar de los caballos. ¿Un jaguar, una serpiente? La respuesta les dejará sin aliento. Al acercarse con una linterna eléctrica descubren que el suelo tiembla repentinamente, negro y brillante. La tierra se vuelve un arroyo de alquitrán moviéndose como la marea: millones de hormigas van al asalto del rancho. Es «la corrección», como le llaman los paisanos. Julio y Paco se quedan aterrados ante el avance de la marabunta. Toda la selva se pone en pie de guerra: los pájaros, mamíferos y roedores se dan a la fuga. En un segundo cortan a cuchillo la soga de los caballos que saltan enloquecidos. Todo huye. Pero por primera vez Cortázar no huye. Está paralizado. Afortunadamente la marea de hormigas elude el bungalow y se pierde en la selva. Dos días después reaparecen los caballos y pueden charlar con los campesinos. Un peón paraguayo les comenta que «la corrección» es beneficiosa: pasa por un rancho como un detergente, limpiándolo de alimañas y de larvas; la clave está en irse a tiempo con las provisiones más valiosas. A la vuelta uno se encuentra una casa muy limpia «como en los cuentos de hadas germánicos donde gnomos insensatos lavan la vajilla por la noche.»

Insistimos. Este Cortázar nos gusta. Se diría que está liberado del tedio provinciano y del ritmo porteño. Aunque no sea un aventurero como Jack London, sabe mantener el tipo y tiene gracia narrando sus aventuras. Es capaz de describir el paso de ese río negro que lo devora todo, esos millones de mandíbulas, de patas, de antenas, generando una máquina particularmente temible, una especie de superanimal, y luego acordarse de los cuentos de hadas. También nos agrada que sepa ampliar el foco sobre la realidad del país, su fabuloso paisaje que tantas veces había olvidado en favor de los libros. ¿Qué sentido tiene refugiarse en las páginas de Salgari si en la sierra de Misiones nos aguarda la marabunta? En este sentido el viaje con Paco Reta será importante, le abrirá los ojos.

Sin embargo, rara vez los mantendrá abiertos. Sólo mucho después, ya lo hemos dicho, volverá su mirada a esos raros momentos de juventud en los que se enfrentó a la naturaleza. Hay otro pasaje perdido en *Territorios* donde habla de cierto verano en una estancia remota de la provincia de Buenos Aires, que probablemente era de su vecino, el Coronelo Pereyra. Aquí el relato del combate contra una plaga de langostas alcanza tintes homéricos. Nos habla del tamtam de los paisanos golpeando bidones de queroseno para ahuyentar las nubes de langosta voladoras que se abaten sobre la tierra al anochecer. La captura, la pira colosal y maloliente donde arderán hasta el alba. ¿Éste es Cortázar? Sí, también lo es. Y uno de los motores de nuestro libro es tratar de explicar por qué puso tanto empeño en dejar de serlo.

El viaje toca a su fin. Posadas, Corrientes, Resistencia... Allí Julio Florencio sucumbe a unas fiebres que se agravarán a su llegada a Buenos Aires. Pero el recuerdo es imborrable. Meses después escribe a Mercedes Arias que estuvo en el paraíso, y que el único pecado fue mezclar la civilización con la ingenuidad de la naturaleza. En esa isla de paz no hubo guerras, ni tangos, ni Aldous Huxley, uno de sus ídolos literarios. Le hablará sobre todo de los colores y las lluvias del trópico, de las cacerías de pájaros o la tibia suavidad de las ardillas. Venturoso inventario. Víboras, yerba mate, mandioca, licores ardientes, cerros sombríos, amaneceres bajo el cielo poblado de estrellas. De su estado de ánimo hablan estas líneas: «Güiraldes, al final de *Don Segundo Sombra* dice:"Me fui como quien se desangra". Así hube de volverme yo del norte.»

LA HORA AMARGA

Al llegar a la capital cae enfermo y debe guardar reposo. Instalado en su cuarto de General Artigas, se deja cuidar por las mujeres del gineceo y se dedica a la lectura. En ese momento no puede sospechar el drama que se avecina: un día recibe una llamada telefónica que le anuncia la muerte súbita de su amigo Alfredo Mariscal. El golpe es muy duro, Alfredo, la imagen también. Cuando lo vea en el ataúd descubrirá su rostro calcinado por el sufrimiento de toda una semana de pesadilla. En julio de aquel mismo año escribe una carta al doctor Gagliardi. El tono es sincero y sombrío. En ella hace balance de los últimos meses y habla de su propia enfermedad y de la muerte del amigo. No duda en afirmar que Alfredo fue asesinado fríamente por médicos inconscientes. No les perdona que le hayan privado de esa compañía alegre, casi un muchacho, enamorado como pocos de la vida y de la belleza.

Pero la muerte de Alfredo le inspira también una pregunta filosófica: «¿Tendremos que pagar un precio tan terrible por un poco de felicidad?» En esos meses amargos, Cortázar ha escapado con mayor frecuencia a Buenos Aires: necesita el calor de la civilización, el ritmo de las calles, el cariño de su gente. Todo contribuye a remontar el vuelo, pero la salud continúa siendo frágil. Ha descubierto que los viajes ponen a prueba su hígado, con el resultado de unas cefaleas que no duda en calificar de «tremendas». Ni siquiera necesita cometer grandes excesos, a veces basta con ese baile semanal de trenes a la gran ciudad. Sin embargo es incapaz de renunciar a ello: no hay nada como un cóctel Demaría con Paco Reta en La Fragata, recordando las recientes aventuras en la selva, o un concierto de Toscanini en el Colón. Si pudiera tener todo eso en Chivilcoy... Pero su vida en provincias es tan llana como el escenario que le rodea. Como reconoce en carta a Gagliardi: su existencia de Bolívar, que ya era simple y cerrada, se ha hecho aquí aún más solitaria. Se lamenta de no tener amigos ni piano, y ya en broma, ni mesa de ping-pong. Ante la perspectiva lo mejor es tornar fecunda la soledad, extraer réditos al aislamiento; para ello se traza planes de trabajo, como terminar de aprender el alemán o escribir. Pero hay una actividad más secreta que va a resultarle muy útil: «A veces indago en los corazones ajenos; pero, hasta hoy, siempre he vuelto solitariamente al mío.» Este indagar en los corazones es la marca del verdadero escritor.

Sea como fuere, Julio Florencio se va abriendo lentamente a la pobre vida cultural de Chivilcoy. Aunque años después se negará a reconocerlo, su participación en algunas actividades es un hecho. En este sentido, los biógrafos señalan varios hitos que quizá no fueron memorables pero que indican un mayor grado de implicación en la vida de la comunidad. En agosto de 1941 los alumnos de la Escuela Normal inician los ensayos de la obra *El puñal de los troveros*, de Belisario Roldán, con la adaptación del profesor Cortázar; en octubre de ese mismo año se funda la Peña Literaria de la Agrupación Artística Chivilcoy, de la que forma parte Cortázar; en mayo de 1942 se celebra el Día de la Escarapela; hay una disertación de Julio Florencio Cortázar, con *cocktail party* posterior; en junio de ese mismo año se presenta en la Peña Literaria de la Agrupación Artística la *Página bibliográfica,* con notas a una antología de la literatura fantástica del profesor Cortázar; en abril de 1944 la misma peña celebra un homenaje al poeta Miguel A. Camino, dirigido por Cortázar. Y en abril de ese año nuestro hombre forma parte del jurado pictórico organizado por la peña. Quizá no sea mucho, pero es algo. No podemos decir que no sea nada.

En este aspecto, Nicolás Cócaro recuerda que el autor de *Rayuela* intervino también en la creación de la revista *Oeste* en compañía de él y de Domingo Zerpa. El mismo Cócaro evocaba los muchos paseos que compartió con Julio por las calles rectas y monótonas de Chivilcoy, siguiendo la cuadrícula de la ciudad. El centro, la plaza de España, la Iglesia Mayor, el Club Social... También hubo alguna expedición ocasional a los suburbios donde abundaban antros y «boliches» en los que su compañero no se sentía cómodo porque los consideraba peligrosos. Parece claro que Cortázar tuvo en Chivilcoy su pequeño círculo de amistades, la mayoría de ellas del ámbito cultural. También conoció a algún ilustre «piantado», como Francisco Musitani, al que evocará un tanto fantasiosamente en *La vuelta al día en ochenta mundos.* Por lo visto era un tipo que amaba de tal manera el color verde que su casa estaba pintada íntegramente de ese color y se llamaba «La Verdepura»; su santa esposa y abnegados hijos andaban todos vestidos de verde como el jefe de la familia, que cortaba y cosía personalmente la ropa de todos, y se paseaba por el pueblo en una bicicleta verde. Evidentemente Musitani daba para un libro. Entre sus muchas excentricidades hay una que sin duda agradó a Cortázar. Así la recuerda una de las hijas, Lucía Musitani: «Papá no quería que la gente se nos acercara. Hasta usábamos baberos que había diseñado él, en donde se leía clarito: "Por favor, no nos bese."»

Más allá de las horas amargas, si uno abría la mente, Chivilcoy podía ser hasta un lugar divertido.

EL AÑO HORRIBLE

El profesor Cortázar regresa a Buenos Aires para pasar las vacaciones de Navidad. En principio tiene previsto permanecer un mes en la capital y luego realizar una escapada a Córdoba donde desea descansar en Nono, un tranquilo pueblito de las sierras. Pero el 3 de enero recibe la visita tumultuosa de Paco Reta y todo se desvanece: antes de que pueda reaccionar, su amigo le propone marchar en automóvil con su hermano a Tucumán. El plan roza lo descabellado pero Julio nunca tuvo una negativa para el Monito ni nunca la tendrá. La víspera de Reyes de 1942 la expedición parte de madrugada en dirección al norte del país. Tras dos días de arduo viaje, Tucumán les recibe al atardecer, con unas nubes bajas y sanguinolentas que se derraman detrás de los cerros. Allí Cortázar ha de hacer frente a una temperatura de infierno que rara vez baja de los cuarenta grados; sin embargo, lo resiste mucho mejor que el calor porteño y hasta parece disfrutar del lugar. Instalado en la casa familiar de los Reta, se acomoda pronto a la fisonomía de esa morada provinciana, con un patio oculto, un gran árbol en el centro, y las sirvientas de rostros oscuros que ceban mate incansablemente. Mientras aguardan el regreso del primogénito para recorrer las montañas de los alrededores, Julio se dedica a visitar la ciudad, especialmente el hermoso Parque 9 de Julio donde se pierde contemplando las estatuas clásicas. En carta a Mercedes Arias transmite su bienestar y algunas impresiones del escenario montañoso que rodea la ciudad. La visión multiplicada de los picos que se pierden brumosos en la lejanía superan su capacidad literaria. El panorama soberbio de la cordillera del Aconquija le ha vencido con sus nieves.

Pero estas vacaciones que se anunciaban idílicas se ven interrumpidas dramáticamente cuando Cortázar recibe un telegrama anunciándole el fallecimiento repentino de su cuñado. El marido de Ofelia. El escritor apenas tiene tiempo de ir al aeropuerto y tomar un trimotor de la compañía Panagra. Será la primera vez que viaje en avión. Aunque su estado de ánimo no es el mejor para vivir una experiencia largamente soñada, el vuelo le ayuda a olvidar el drama que le espera en Buenos Aires. Durante casi cinco horas permanece junto a la ventanilla contemplando el formidable escenario de su tierra, tan bella desde el aire como desde el suelo. El espectáculo de las cadenas tucumanas, con sus picos afilados, el cruce de las Salinas Grandes, las sierras de Córdoba, la cinta sinuosa del Paraná van incorporándose a su memoria. Julio quedará tan fascinado que en carta escrita a Luis Gagliardi medio año más tarde proclama ser feliz de haber nacido en este siglo, un siglo en el que el hombre puede ver la obra de Dios desde ángulos que la humanidad jamás había sospechado.

Pero la llegada a la capital le coloca frente a un cuadro desolador. De hecho, ni siquiera tiene tiempo de deshacer las maletas porque la comitiva fúnebre se prepara ya para el entierro. En ese momento, Julio Florencio comprende que las mujeres del gineceo le necesitan más que nunca; por tercera vez un hombre les ha abandonado cerrando drásticamente la puerta. El drama se agrava con el dolor de Ofelia, quien había encontrado al fin un equilibrio emocional en su vida para alegría de todos. Pero esa armonía sólo ha durado dos años y ahora se siente partida por el eje. En tales circunstancias su hermano decide permanecer el resto del verano en el domicilio de Rawson Agronomía, compartiendo el clima de angustia, casi de pesadilla, que reina en su casa. «Mi pobre casa», dirá. El saldo de las vacaciones es de fatiga y desconcierto vital. Finalmente Cortázar regresa a Chivilcoy para comenzar el curso. En carta a Lucienne Duprat hará balance de aquellos momentos en los que tuvo que regresar precipitadamente de Tucumán y empezar aquí una sorda vida de trabajo. Un trabajo que sobrelleva a disgusto y con dolor por la pena de su hermana, pena que él comparte intensamente por los tiempos dorados de Banfield.

Durante un mes seguirá impartiendo sus asignaturas hasta que de nuevo va a ser arrojado al pozo del sufrimiento. En la madrugada del 21 de marzo, Francisco Reta padece una recaída de su enfermedad y es ingresado de urgencia en el hospital Ramos Mejía de Buenos Aires. Como la familia de Paco vive en el Norte, Julio corre a la capital y se hace cargo de la situación con otros amigos. Son momentos angustiosos en los que a la incertidumbre por la salud del enfermo se une la dura responsabilidad de tomar decisiones. Por fortuna el paciente responde bien al tratamiento, pero los médicos no son muy optimistas a largo plazo. El cuadro clínico es bastante complejo: una grave dolencia renal, acentuada con complicaciones cardíacas y anemia. Durante dos meses Cortázar se repartirá entre su compromiso docente en Chivilcoy y las visitas de fin de semana a Buenos Aires, donde imperativamente permanece junto al lecho del enfermo. Tampoco se olvida de atender a Ofelia.

Tras varios meses en cama, Paco Reta experimenta una notable mejoría y abandona finalmente el hospital. La noticia llena de dicha a Cortázar y le induce a creer que quizá el mal del amigo no es incurable. Pero en el momento justo en que el Monito vuelve a pisar la calle, regresa a los hábitos de siempre: la novia, los amigos del club, los cafés bulliciosos, la noche de Buenos Aires. Inquieto, Julio percibe de nuevo ese afán del amigo por apurar los límites, que se acentúa ahora con la idea peregrina de regresar a Tucumán en auto para pasar una temporada en casa del hermano. En sus condiciones, el plan es una insensatez porque la infraestructura hospitalaria de provincias no es comparable a la de la capital. Pero Paco es muy testarudo. Cortázar lo verá partir con el corazón encogido y cruzando los dedos.

EL CARTERO SIEMPRE LLAMA TRES VECES

En octubre de 1942 el profesor vive inmerso en la tarea docente: el final de curso se acerca y ha de redoblar esfuerzos preparando a los alumnos para los exámenes. Últimamente se siente bastante cansado: no se trata sólo del número de horas que exige la labor, más de veinte a la semana, sino del poso de hastío e inercia que ha ido acumulando en un año emocionalmente difícil. En todo ese tiempo se ha refugiado en el cine, la lectura y los paseos antes del anochecer. Pero esta válvula de escape no detiene su impresión de que se está volviendo viejo. En realidad tiene veintiocho años, y según sus cálculos un tanto románticos sólo le quedan dos para morir. Desde esta perspectiva escribe una carta melancólica a sus amigas Duprat en las que admite que ha vivido bien y no se queja de la vida; pero también reconoce que no ha logrado ni la más pequeña parte de todo lo que anhelaba. Le basta el consuelo de haberse propuesto lograr fines, haber intentado el salto. Lo otro no importa, ya que él éxito, según él, depende de contingencias, de la buena o mala suerte.

En el fondo Cortázar tiene razón, pero nos sorprende que haya tirado tan pronto la toalla. ¿Es éste el hombre que se emocionaba hasta las lágrimas con los combates legendarios de Firpo? Todo es bastante contradictorio: de un lado reconoce que le queda poco tiempo, pero luego les comenta que si viviera medio siglo más tampoco conocería grandes experiencias. Es cierto que ha soñado con viajar de nuevo en avión, por ejemplo, o conocer París y hasta imprimir sus huellas en la cima del Everest; pero ante la imposibilidad de realizar esos anhelos se dedica a acomodarlos en el espíritu, donde las aventuras se viven de forma mágica y a la vez segura. Cocó, siempre Cocó. Tenemos la impresión de estar viendo al niño que se esconde en el altillo y hay que sacar a rastras al jardín. Para reforzar sus argumentos escapistas deja caer una pregunta que es un epítome de ingenuidad: «¿Encontraría yo en una visita a París lo que de él he conocido a través de cientos de libros, de músicas, de perfumes, de poemas, de pañuelos?» Tendrá más de treinta años para adivinarlo.

Entretanto la guerra continúa y él intuye que el final se acerca. Está seguro de que ya no durará mucho: quizá haya terminado la pesadilla antes de que llegue el invierno. Y entonces Alemania tendrá que enfrentarse a las sombras de todas sus víctimas, y escuchará por boca de los vencedores la condena que merece. A distancia, el dictamen de Cortázar resulta asombroso: mientras en Rusia la batalla de Stalingrado tiene en jaque al mundo, y las espadas heladas vibran en el aire, se lanza a pronosticar con mucha antelación la derrota de Alemania. Y no sólo eso: también se adelanta a la acción de la justicia aliada, que luego descargaría su peso en los procesos de Nuremberg. Habla de las sombras de las víctimas alemanas, como si pudiera entrever las figuras atormentadas de los prisioneros que aguardan la muerte en los campos de exterminio.

Mientras la guerra avanza, prosiguen también los dramas individuales. En diciembre de 1942 el escritor manda una carta a su querida Mercedes Arias donde se disculpa por su silencio y trata de justificar el tono quejumbroso de sus misivas. Le molesta ser así. Pero el destino parece empeñado en asestarle los peores golpes. ¿A qué se refiere Cortázar? A los golpes de la vida que cantó César Vallejo, esos golpes que caen sobre los seres queridos y que resultan tan negros como la muerte. En esta ocasión le ha llegado el turno a su amigo del alma, Paco Reta, tras una semana de penosa agonía. A diferencia de los anteriores muertos, Julio Florencio pudo despedirse de él. Pocos días antes había recibido una llamada desde Buenos Aires anunciándole que Monito había sido ingresado de urgencia. Una vez más el profesor apenas tuvo tiempo de hacer la maleta y desplazarse en tren hasta la capital. Al llegar al centro médico el panorama es desolador: en lugar de encontrar al amigo que meses antes había salido con fuerzas a la calle, le aguarda un moribundo. Paco no ha podido superar su grave afección renal y los médicos ya no pueden hacer nada. Durante siete días terroríficos Cortázar permanecerá junto a su lecho todas las noches, atento a la menor señal, al menor latido.

Al volver a casa anota en su diario aquellos momentos tan dramáticos: el amigo gime de dolor, le mira con cariño, un poco avergonzado, el pelo cayéndole sobre la frente. El narrador lo peina y lo instala cómodamente entre las almohadas. Huele a sudor y a ácido, como cera rancia. Cuando le traen el café con leche y él empieza a dárselo a cucharaditas, la sangre le brota incontenible de la nariz. Todo este proceso desborda a Julio: los gemidos, las bruscas sacudidas, esas convulsiones del enfermo le exasperan por un exceso de piedad, una piedad que deriva hacia la cólera sorda al verlo tan vencido, tan entregado. La batalla concluirá una noche de luna llena. La escena es dura: los cuatro amigos, la fría lámpara colgando del cielo raso, la última inyección de coramina, el pecho desnudo, la cara sin sangre, los labios despellejados... Cuando Francisco Reta fallezca, será plenamente consciente del fin, lo que multiplica la desazón de sus camaradas: uno de ellos le cerrará los ojos sin poder reprimir el llanto. Dos meses más tarde Julio escribe un pasaje demoledor a su amiga Lucienne Duprat: en él reflexiona acerca de la dureza del morir sin el consuelo de una religión. Dejar de respirar, de ver, de oir. La muerte biológica. A este hallazgo se suma otro, el de la soledad abrumadora de toda muerte. Estar junto a un ser humano, ayudándolo, y tener que admitir que un abismo se abre entre los dos. Esta idea de que la muerte es personal e indivisible es muy propia de Rilke. El hombre se queda solo, absolutamente solo y desgarrado en ese instante eterno. Deja de ser una rama del gran árbol de la Humanidad.

De nuevo Cortázar debe prepararse para un funeral, que esta vez tiene lugar el sábado 31 de octubre en el Cementerio del Oeste. Francisco Reta será enterrado en un nicho de un columbario, con unas pobres flores de despedida. Tras la ceremonia, el profesor regresa consternado a Chivilcoy para finalizar el curso; pero en este breve período anterior a las vacaciones se comporta como un autómata, una criatura exhausta de energía y llena de dolor. Sin embargo, el contacto con los alumnos le aleja de los pensamientos sombríos: sólo ellos le apartan brevemente de la tristeza. «Yo llevo a mis muertos –¡son ya muchos!– conmigo», escribe. En efecto. Y este último año ha sido especialmente cruel, zarpazo tras zarpazo sobre la piel fina de Cocó, que recibió en edad muy temprana el golpe de una gran pérdida. Aquel grito del gallo.

El curso termina y las navidades en Buenos Aires se anuncian más tristes que nunca. Aunque intenta remontar, nada le salva de meditaciones sordas y torturantes; ni el cansancio, ni los asuntos de tipo amoroso, si los tiene, ni los libros, ni la música. Apenas la Poesía. Pero también sabe que todo esto pasará. Porque lo monstruoso de la vida es precisamente que todo, aun lo más válido, pasa.

No obstante, el recuerdo de Francisco Reta acompañará a Cortázar el resto de su vida, hasta el punto de que su huella se rastrea fácilmente en varias obras. En primer lugar, en el volumen de cuentos *Bestiario*, que está dedicado a su memoria con el lema: «A Paco, que gustaba de mis relatos»; también en el cuento «Carta a una señorita en París», donde hay referencias a una «fotografía del amigo muerto», o en «Salvo el crepúsculo», en el que se alude a ese «muerto que jugó conmigo sus últimos juegos de cartas sobre una sábana de hospital». Pero sobre todo el rastro se percibe en un fragmento de *Diario de Andrés Fava*, así como en uno de los relatos más impresionantes de Cortázar, perteneciente a *Octaedro*. Más de treinta años después de la muerte de Monito Reta, su fantasma agoniza todavía en alguna parte, en medio de una pesadilla sin final. Por mucho que el narrador –un claro trasunto de Julio– trate de sobreponerse, le invade la terrible certeza de que el amigo muerto sigue vivo y todavía corre peligro. En algún lugar, más allá del tiempo y del espacio, Paco está gravemente enfermo, le llama, se está muriendo.

Cortázar siempre tuvo una sensibilidad muy viva hacia la muerte, desde que perdió a su gato más querido en Banfield. Siempre supo que el hombre tiene el terrible privilegio de saber que va a morir. Sabe perfectamente que ha nacido pero sabe también que su vida va a terminar. Por eso la muerte de Paco y los otros comenzó a despertarle, aunque con efecto retardado, el impulso del *carpe diem*. Mucho después de aquel año fatídico habló sobre el aprovechamiento de la vida en unos términos que podían haber servido perfectamente para su etapa de maestro: «El hombre es el único animal que sabe que va a morirse. Y entonces, a pesar de eso, hay mucha gente que sigue viviendo como si no fuera a morirse, sin siquiera tener una idea muy precisa de que está vivo. Y de ahí viene esa cosa bastante triste cuando ves hombres y mujeres que malgastan su vida. Esa cosa tan maravillosa que es haber pasado cincuenta o sesenta o setenta años por este planeta.» Aquellas muertes fueron como una advertencia. Ya no podía permitirse el lujo de malgastar el tiempo.

UN SOLITARIO EN CHILE

El regreso a Buenos Aires ahonda el recuerdo del amigo. En navidades le escribe a Mercedes Arias que algo se ha roto en su corazón, como si una parte de sí mismo se hubiera ido con ese camarada. Cortázar se pregunta luego si Paco no se le ha llevado con él al otro lado de la Laguna. Obviamente es una idea inspirada por la pena, pero el muerto se ha recluido en algún lugar desde el que podrá visitarle durante el sueño para advertirle de que sigue vivo, de que aún está agonizando sin remedio. Esta carta a Mercedes transmite también una honda impresión de soledad: se diría que no tiene a nadie para compartir su dolor. Incluso le recuerda su número de teléfono para que ella le llame y salgan algún día juntos. Le propone salir a pasear por el centro alguna tarde, mirar libros y conversar; o ir al cine, o al puerto. Necesita un poco de compañía. Mercedes nunca ha dejado de gustarle, pero no surge el amor. Además, Julio también ha hecho otros planes para remontar el vuelo: ha decidido marchar a Chile a principios de enero y la idea está bastante madura, si bien la inspira una vez más el ansia de escapar. No sólo la pena. Ansía ese viaje, tiene que hacerlo o de lo contrario perderá los pocos deseos que todavía le quedan de vivir en la Argentina.

La estancia en Chile le devolverá a la vida: tras cruzar la formidable cordillera andina en ómnibus, se detiene en Santiago, atraviesa el hermoso valle araucano, descansa varios días junto al lago Todos los Santos y, tras una nueva escala en Santiago, se desplaza hasta la costa. La visión nocturna de Valparaíso, desde un cerro, con todas sus luces rodeando la bahía le conmueven profundamente. Luego viaja hasta Viña del Mar, donde se diluye como un turista más: se baña en Concón, pasea en bicicleta, acude al Casino donde pierde dinero e incluso tiene la suerte de poder asistir a varias funciones del Original Ballet Russe que se halla de gira en la ciudad. El viaje se convierte, pues, en un sucesión de acontecimientos muy bellos; pero en ningún momento Julio Florencio viaja solo. Desde el principio, el recuerdo de Paco le acompaña y sigue a su lado. Y no sólo el recuerdo. A cada instante el viajero se descubre hablando en voz alta, en medio de un paisaje hermoso, un sendero oculto, la orilla de un arroyo. Es como si el amigo aún estuviera a su lado, viéndolo todo, gozando, viviendo a través de sus ojos. El vínculo es muy potente. Ambos fueron tan hondamente camaradas que ni siquiera la desnuda evidencia de la muerte de Monito ha podido alejar de Julio la certeza de su cercanía. Quizá no sea casual que alguien que vive su duelo en términos casi paranormales, pueda soñar después que el amigo sigue vivo y le está llamando.

En todo caso el recuerdo de Paco Reta se esfuma momentáneamente cuando Cortázar regresa a Buenos Aires y luego marcha a Chivilcoy. El curso ha comenzado y le aguardan nuevos alumnos. La ciudad permanece invariable. La vida de provincia sigue siendo tan decididamente plana que él no logra ver a corto plazo posibilidades de redención. A veces le resulta increíble constatar la diferencia con la capital: en Buenos Aires todo despierta su interés, hay un fermento creador, pero en Chivilcoy todo se mueve al ritmo de en una lánguida mediocridad. En el fondo, el maestro no está nada cómodo en su lugar de destierro. En carta a una amiga insiste en la idea de que el ambiente del pueblo acaba por aplastarle y que sólo las escapadas a Buenos Aires le alegran la vida. Allí siempre hay cosas bellas donde apoyar los deseos de vivir. El cine, por ejemplo, que sigue siendo uno de los grandes hobbies de Cortázar. Lamentablemente los regresos a Chivilcoy le devuelven a la realidad. Aquí sólo quiere ver películas de dibujos animados en compañía de algunos alumnos. En el fondo no está desilusionado ante la incomprensión de la gente que le rodea, no, sería absurdo sentir una cosa así. Batalla perdida. Dado que sus paisanos, según él, están casi privados de capacidad espiritual, ¿cómo depositar en ellos la menor ilusión? Walt Disney será otro buen antídoto.

Entretanto los boletines informativos continúan emitiendo noticias sobre la guerra. Tras la derrota de los alemanes en Stalingrado, el desenlace parece decantarse ligeramente a favor de los Aliados. Los meses de espera avanzan a su fin y se abre una puerta a la esperanza. En carta a Lucienne Duprat comenta que la guerra ya está definida y el mundo va a pacificarse; pero no se hace ninguna ilusión sobre la postguerra, y está convencido de que será penosa y áspera; pero al menos la pesadilla del totalitarismo va a ser borrada de la Tierra, y eso ya es mucho. «El resto, no creo que alcancemos nosotros a verlo.» En esta ocasión Cortázar sólo acertará a medias: la postguerra será, en efecto, áspera y penosa; pero el resto de la historia sí tendrá ocasión de verlo y va a ser mucho más asombroso, emocionante y radical de lo que nunca hubiera imaginado en Banfield. Incluso el sueño más fantástico de su querido Julio Verne se hará realidad. La Luna. Pero antes de que el futuro le alcance, la guerra dará aún algunos bandazos. Y Cupido le disparará una flecha.

AMORES DE PROVINCIA

En los años de Chivilcoy Cortázar vivió un gran amor. Como ocurre con otros episodios de su juventud, este amor se mantuvo oculto largamente en la sombra; pero al final algunos estudiosos lograron sacarlo a la luz. Es posible que Julio tuviera motivos para no recordarlo cuando ya era un escritor de prestigio, o simplemente su memoria lo entregó a la gran trituradora del tiempo. No importa. Pero hoy sabemos que estuvo enamorado de una muchacha de la ciudad. ¿Quién era ella? Se llamaba Nelly Mabel Martín y era la hija de un sastre muy respetado. Al parecer Julio la conoció en las aulas de la Escuela Nacional donde ella había sido su alumna; luego esa alumna creció, se graduó como maestra, y volvió a la escena convertida en una mujer. Algunos testigos la describen tan alta como Cortázar, lo que es una exageración notable, ya que una mujer de casi dos metros habría sido una atracción de feria en la Argentina de la época. Pero sí es cierto que la «Coca», como la llamaban cariñosamente, tenía una figura espléndida que había desarrollado practicando la natación. Además era una mujer muy bonita, de cabello moreno, ojos oscuros y pómulos de manzana. Vestida casi siempre de blanco, se cruzaba con él cerca de la escuela o se encontraban casualmente en las apacibles veredas llenas de árboles. Sólo que ahora Nelly Mabel Martín no era una jovencita deslumbrada por el encanto de su antiguo profesor, sino una mujer que pisaba con garbo y podía mirarle a los ojos. Corría la primavera austral de 1942.

Todos los biógrafos sostienen que el idilio con la Coca Martín fue de naturaleza platónica. Quizá no podía ser de otro modo en una época donde las relaciones de pareja pasaban casi imperativamente por la vicaría. Por tanto, el bueno de Julio Florencio no pudo colgarse la medalla de un *affaire* galante que habría reforzado su autoestima y de paso le habría otorgado confianza con las mujeres. Mucho después, la señora Martín reconoció en una entrevista que «Con Julio nunca nos dimos un beso en la boca». Estamos seguros de ello. Pero este detalle no debe inducirnos a creer que ese amor no fuera importante para él, como sugieren algunos expertos. Cortázar debió quedar lo suficiente impresionado como para dedicar varios poemas a la criatura de sus desvelos. Leídos a distancia, estos poemas son claramente fruto de la emoción del momento; por eso no tiene mucho sentido juzgarlos con excesivo rigor literario. Para Miguel Herráez pecan de un exceso «formalista», y para Montes-Bradley son «tan sentidos como lamentables». Bueno, ¿y qué? Son poemas de amor, y al enamorado le bastan. Inicialmente no tuvo valor de firmar el primero de ellos, de manera que la destinataria no supo quién era su admirador secreto. Pero algo debió moverse en su corazón al leer estos versos.

A su manera el joven profesor está apostando fuerte, porque da por hecho que ella va a reconocerle entre la miríada de jóvenes –y no tan jóvenes– que la admiran. Pero al mismo tiempo hay algo muy interesante desde el punto de vista cortazariano: Julio le propone un juego. El poema confirma algo que sospechábamos: Cortázar ya tenía entonces una forma muy sui géneris y hasta lúdica de las relaciones amorosas. Varios siglos antes el poeta portugués Gil Vicente había escrito: «La caza de amor es de altanería», y no por azar este verso figura como cita en *Crónica de una muerte anunciada* de García Márquez. Pero Cortázar no es esa clase de hombre, ni tampoco esa clase de escritor. Consciente de que no puede competir con los cazadores, se ampara en maniobras más sutiles, elegantes, misteriosas. El juego. Desde ese temprano poema de amor de escaso valor literario, hasta un cuento magistral como «Manuscrito hallado en un bolsillo», escrito treinta años después, el espíritu «lúdico» o misterioso del amor permanece inmutable. Esto es decisivo. Cortázar sabe que el amor nace del reconocimiento, es decir, el otro ha de vernos, ha de identificarnos, ha de saber detectar nuestra luz. De lo contrario no hay juego. Y no otra cosa reclama de la Coca Martín.

No sabemos si ella lo reconoció a tiempo, pero de ser así no se atrevió a abrirle su corazón. En todo caso el autor de *Rayuela* hizo un nuevo gesto en el tablero. Tras unir fuerzas con un empleado del cine Metropol, obtuvo una entrada para sentarse junto a la Coca en ocasión de un festival de teatro. Entonces le confesó que él era el autor del poema. A partir de ese momento ambos saben que el juego ha entrado en una fase emocionante: se llaman por teléfono, charlan, se escriben, salen a pasear por las tardes y se sientan en un banco de la plaza España. Sin duda algo ha empezado, aunque ese algo no sea exactamente lo que desea Cortázar. Un verdadero romance. Pero no todo el mundo ve con buenos ojos las bellas intenciones del maestro. En aquella pacata sociedad provinciana ningún gesto galante pasa desapercibido: ni siquiera una mirada, una sonrisa, un soplo. Como en cualquier otro lugar pequeño, el espionaje social es el deporte favorito de las gentes. Cortázar vivirá, pues, en un hábitat tradicional y machista más propio de una novela de costumbres. Si algo le salva de acabar sus días bajo un cuchillo es su perfil tan discreto y reservado, de buen chico, que jamás se proparía ni remotamente con la hija del sastre. Dado que no se comporta como un macho convencional, tampoco despierta las iras de aquellos que lo son. Y en Argentina son muchos.

Sin embargo, sus encuentros inocentes en la plaza España no tardan en desatar habladurías. ¡Pobre Julio! Haga lo que haga con las mujeres siempre termina en la picota. En carta a su amiga Marcela Duprat no duda en calificar a sus convecinos de lenguas viperinas que no le perdonan su amistad con una niña que fue alumna suya. El final de 1942 está marcado, por tanto, por unos comentarios tan terribles, según él, «que yo he pasado momentos decididamente amargos, bien que en la mayoría de los casos opté por el procedimiento olímpico de la carcajada». Pero aunque Cortázar intente quitarle hierro, la situación debió resultarle muy ingrata, sobre todo porque algunas de esas lenguas viperinas se cebaban en la diferencia de edad. ¿Estamos ante un caso similar al de Dante y Beatriz, o el de Machado y Leonor? Quizá sea excesivo elevarlo a los altares perversos de la paidofilia, pero sí hay un sentimiento análogo hacia la belleza inocente, hacia la pureza que está condenada a desaparecer ante nuestros ojos. En meses sucesivos los encuentros se mantienen vivos pero empiezan a modular hacia un territorio menos comprometedor. Pese a ello no cesan las habladurías. Lo que en Buenos Aires pasaría por una bella amistad, la fauna del pueblo lo interpreta a través del cristal deformante de la maldad y de la suspicacia. Años después la señora Martín lo explicará en una sola frase: «Le aclaro que fuimos amigos, amigos del alma.» Pero entretanto el profesor no pierde la esperanza y sigue escribiendo nuevos poemas. Descubierta su identidad, ya no le importa ubicarse junto a su amada como sujeto poético: todo lo que viven juntos, sea lo que sea, ha de ponerse en palabras.

Pero a la postre el idilio no llegará a buen puerto. Finalmente en agosto de 1943 le manda una pequeña colección de poemas con el expresivo título: «Romance de los vanos encuentros». Así pues todo ha sido en vano; luego añade esta frase de su puño y letra: «¿Me perdonas esta tontería sentimental?» Está claro. Como Cortázar no ha conseguido su objetivo se disculpa ante ella por sus versos, y dado que es un poeta muy sensato aprovecha de paso para pedir disculpas por sus emociones. Se diría que no quiere importunarla con una pasión que no tiene visos de ser correspondida. Sin embargo, está pasión le sigue atormentando hasta el punto de traicionar su corazón agnóstico. Le dice que piensa rezar por ella y que tal vez eso le salve el alma. El amor sin duda obra milagros: Cortázar rezando, y nosotros frotándonos los ojos.

¿Cuánto pudo durar ese vínculo? ¿Cuánto habría resistido Julio ese juego que sólo se celebraba en la cancha de las miradas y de los poemas? No lo sabemos. Pero el juego va a tener un final abrupto. Durante el transcurso de unas vacaciones, Nelly Mabel Martín conoce a un joven e inician relaciones formales; luego abandona la ciudad y él se queda solo. Es evidente que sus poemas de amor habían dejado a la Coca en un delicioso *mood* sentimental, la habían preparado y predispuesto para aceptar un amor definitivo. Pero irónicamente no será el amor de Cortázar el que la conduzca al altar sino el de otro. En este punto debemos recordar un fenómeno muy extendido: las mujeres se enamoran de los artistas pero luego se casan con los burgueses. El poeta versus el empresario, o mejor aún, los cronopios contra los famas. Bastará decir que es ley de vida y el antiguo pibe de Banfield acaba de aprender la lección. De ahora en adelante ya no verá la figura iluminada de la Coca, entre los árboles, acercándose hacia él como la pincelada final de una pintura. No verá nada, no la volverá a ver. Pero cuando medio siglo más tarde la señora Martín evoque aquellos días, dejará un testimonio que hace justicia a su querido y recordado maestro:

> Cuando hago un balance de los años de Chivilcoy, de él me queda un dulce recuerdo, un amor platónico, adolescente, pero lo llevo conmigo y lo llevaré siempre a pesar de la cantidad de años transcurridos... Nunca le dije adiós, siempre fue un recuerdo y me acompaña como entonces, con sus versos y cartas que atesoro, ya viejitas y amarillentas, llenas de cariño.

EL ANILLO DEL OBISPO

Cortázar tuvo bastantes problemas durante su etapa docente en el interior del país. Analizando el asunto surgen un cúmulo de causas que van desde su actitud pública, su vida privada y su propia naturaleza. Estamos en la Argentina de los años cuarenta, un país formado mayormente por emigrantes de origen latino que se aferran a sus tradiciones y a antiquísimos códigos de honor. No es fácil, pues, que este profesor se sintiera muy a gusto, pese a ser todavía un joven formal. Aquella Argentina es el mismo país que avanza ahora hacia una crisis económica y que sigue con incertidumbre apasionada el curso de la guerra. El mundo está claramente dividido, entre aliadófilos y germanófilos, y Argentina no será la excepción. Al contrario: todos permanecen muy atentos al desarrollo de los acontecimientos. A la larga su futuro dependerá de ello.

Pero el color político del régimen pone al país en el punto de mira de los Aliados. Por esas fechas, la Administración norteamericana redobla su campaña contra el Gobierno argentino y decide enviar armas a Brasil como medida intimidatoria. Este gesto hostil desata una cierta paranoia nacional que se alimenta con el fantasma de una invasión. Los cafés de Buenos Aires son un hervidero de rumores. Si uno de nosotros hubiera aterrizado entonces en la ciudad, habría tenido bastante donde elegir: en la cafetería del hotel Jousten, por ejemplo, corrían las cervezas e incluso se oía hablar alemán; en la misma avenida Corrientes se alzaba La Fragata, feudo de los nacionalistas, y en los bajos de la confitería Bartolomé Mitre los fascistas se jactaban en un escenario de vitrales y tulipas esmeriladas. Quizá sólo el Richmond era un feudo donde se reunían los partidarios de los Aliados. Pero todos, invariablemente, comentan la medida de la Administración Roosevelt. Como respuesta, el Gobierno argentino realiza una compra de armas alemanas y la cuerda se tensa peligrosamente.

Entretanto Cortázar sigue los acontecimientos desde Chivilcoy. Aunque los pueblos se mueven generalmente a un ritmo soñoliento, el grado de inquietud —y hasta de histeria— allí es mayor. Todo esto le afecta. Durante la noche escucha la radio en busca de noticias, pero en lugar de recurrir a los boletines oficiales elige el dial de una emisora californiana. Esto le permite estar al corriente de todo, más allá de las fronteras del país. Sin embargo, el grado de paranoia debió de ser lo suficiente alto para que no se atreviera a escuchar la radio a un volumen normal: no quería que los vecinos supieran que prefería las noticias en inglés. En fecha tan temprana como octubre de 1939, recién iniciada la guerra, le había escrito a Mercedes Arias que en Chivilcoy el nacionalismo alcanzaba cotas absolutas. Y que no había nada que esperar de un pueblo donde la lectura de *The Standard* es considerada como un acto subversivo.

Si esto era así al principio de la guerra, es fácil imaginar el rumbo que fueron tomando las cosas. Pocos meses después el Gobierno federal decidió intervenir las provincias, y grupos de camisas negras comenzaron a desfilar en las plazas. Para un demócrata como Cortázar el clima comenzó a hacerse irrespirable. A los desfiles «fascistoides» se sumaba ahora el estruendo de los altavoces, descargando esa clase de discurso reaccionario que jamás aplaudirían los cronopios. Patria, ejército, moral... En este contexto los altavoces se encargarán de difundir una buena nueva: la visita de monseñor Serafini, el obispo de Mercedes, y emisario del papa Pío XII. Durante varios días la ciudad se prepara con entusiasmo para la fiesta, pero Julio se mantiene prudentemente al margen. Desde la imposición de la enseñanza religiosa no se siente demasiado a gusto en las aulas ni tampoco en la comunidad. Ya en octubre de 1941 había pronunciado una charla comprometedora en el Club Social de Chivilcoy con el título «Ser o no ser. Misión y máscara del hombre». Al día siguiente un periódico local declaró que el joven profesor había lanzado un «alegato anticlerical». No será la primera ni única de las acusaciones. En años sucesivos irá acumulando «méritos» a su expediente.

Chivilcoy aguarda con impaciencia la llegada del obispo, quien tiene una cita magna en la Escuela Normal. Reunidos en el patio, las autoridades municipales, los padres, los maestros y los alumnos se han vestido de gala para la ocasión. Los nervios y las emociones pueblan el aire. ¡Por fin llega el obispo! Y entonces ocurre lo inaudito: en el momento de los saludos, Julio Florencio Cortázar Descotte se niega públicamente a besar el anillo de monseñor Serafín. ¿Cómo se atreve? Anatema. Son casi dos metros de anatema a la vista de todos. Este gesto hacia el prelado adquiere en seguida las proporciones de un acto de desobediencia civil. Quizá debamos explicarlo. Desde el Congreso Eucarístico de Buenos Aires, en 1935, el país vivía inmerso en una atmósfera de fervor religioso sin precedentes. Argentina se había vuelto finalmente católica, creyente, purísima. Por eso aquel desplante cayó como una bomba en la sociedad provinciana de Chivilcoy. Durante años, el propio escritor dio por buena la versión oficial, que él mismo había divulgado, e incluso magnificó el suceso en alguna carta de la época. Pero muchos años después una antigua colega de la Escuela Normal, la profesora de historia, Ernestina Iavícoli redujo la importancia del hecho: «Yo estuve presente en ese momento y no me pareció un encuentro que tuviera los ribetes conflictivos que después le asignaría Cortázar... Es cierto, Cortázar no besó el anillo del obispo. Se limitó a estrecharle la mano, actitud que monseñor Serafini no tomó como una descortesía, ya que continuaron hablando en términos cordiales y respetuosos.»

Pero desde la óptica del protagonista, un gesto semejante revestía un carácter simbólico: era su modo de proclamar una cierta libertad de acción y de pensamiento, un signo de diferencia ante un mundo cada vez más opresivo. Sea como fuere, el cerco se fue estrechando hasta privarle de oxígeno. En carta a Mercedes Arias escrita más tarde desde Mendoza, rememora las últimas semanas en Chivilcoy, que no duda en calificar de «harto penosas». Según su testimonio, el panorama no es precisamente alentador: las acusaciones sobre él se multiplican y los grupos nacionalistas lo tienen en su agenda: entre otros cargos se le acusará de escaso fervor patriótico, ateísmo y hasta comunismo. En ningún momento, que sepamos, el acusado ha lanzado un mitin rojo en la plaza General Mitre ni ha prendido fuego al templo de Nuestra Señora del Rosario: se ha limitado a ausentarse de la escuela el día en que se inauguraban los cursos de formación religiosa. Pero es suficiente. En las esferas se planea ya su expulsión. En los cafés, algunos se preguntan en voz alta si ya han echado al profesor Cortázar, y qué están esperando para hacerlo. Obviamente, de ahí a la denuncia formal sólo hay un paso. Consciente del peligro, Julio decide escapar unos días a Buenos Aires. Nada como poner tierra por medio. Al menos allí podrá perderse en los amplios bulevares, mientras sospecha que la bomba en Chivilcoy va a estallar en cualquier momento.

Pero ¿qué ocurre? ¿Por qué no se instala definitivamente en la capital? Por el motivo de siempre: el dinero. Cortázar sabe que no le costaría nada ganar trescientos pesos mensuales, pero no está solo:

se debe a su familia. Una vez más doña Herminia y el gineceo dependen de él. En un pasaje epistolar a Mercedes Arias se lamenta de su suerte: «Pero está mi gente, por la cual vengo soportando ya cerca de ocho años de destierro; esa gente indefensa en absoluto, por ancianidad o por deficiencia física, que dependen en un todo de mi cheque mensual.» Es sin duda una confesión muy íntima, porque por primera vez Julio reconoce que no es libre, que vive anclado aún a las mujeres de la casa. Mujeres, no hombres. De haber tenido un padre o un hermano su vida hubiera sido totalmente distinta, lo sabemos. Pero él sigue siendo Cocó, el niño delicado y de gran corazón que no va a escapar alocadamente del jardín de Banfield. No las va a dejar solas. En este sentido, el arrabal de la infancia le persigue y le condena: es como una gigantesca raíz subterránea, terca y poderosa, que crece bajo la casa familiar y extiende sus tentáculos más allá de las vías del tren. ¿O son las trenzas de Ofelia? No hay escapatoria. Él lo sabe. Y ese cautiverio se traduce en sensación de destierro.

Pero aquel mismo fin de semana el Destino llamó a su puerta. Mientras aguarda ansioso una mala noticia procedente de Chivilcoy, recibe una llamada del Ministerio de Justicia y Educación. La angustia crece, pero es una falsa alarma. Incluso algo mejor: un antiguo compañero de aulas le ha localizado para ofrecerle de manera interina tres cátedras en filosofía y letras en la UNC (Universidad Nacional de Cuyo). En seguida Cortázar ve el cielo abierto: si acepta, logrará salir airoso del encierro pueblerino para caer blandamente en un lecho de algodón; consciente de ello acepta de mil amores. En carta a Lucienne Duprat explica que la oferta le fue hecha desde la libertad absoluta, se proclama «democrático», y por eso pudo aceptarla sin traicionar sus principios. En realidad aquello fue como un milagro, un salvavidas que le lanzaron cuando ya se sentía hundir en el fango chivilcoyano. Sin embargo esto plantea algunos interrogantes. ¿Qué hace el autor de *Rayuela* aceptando una oferta del Gobierno de Farrell, que estaba en las antípodas de su compromiso ético? ¿Por qué no llegó a revelar la identidad del misterioso compañero que le ofreció el puesto? ¿Cómo es posible que se le prometieran nada menos que tres cátedras sin mediar oposición alguna y cuando carecía de un título que lo habilitara para la enseñanza universitaria? Una vez más nos envuelve una bruma de misterio. Seguro de haber descubierto un filón, el sabueso Montes-Bradley plantea algunas hipótesis. No cree, por ejemplo, en la inocencia de Julio cuando éste explica los hechos en carta a una amiga un año después: en ella habla de su nombramiento y lo atribuye a coincidencias ajenas a todo sectarismo.

¿Coincidencias? Quizá no tanto. En realidad Cortázar no tenía contactos en las altas esferas: sólo era un joven profesor de clase media recluido en provincias. Aunque en un rapto de osadía se hubiera negado a besar el anillo del obispo, o aunque hubiese expresado sin reservas su desacuerdo con el Gobierno de Farrell, era un humilde peón en el tablero. Y un peón enemigo. ¿Qué hace, pues, el nombre de Cortázar unido y hasta mezclado con figuras de la política nacional? Hay algo raro en todo el asunto, sobre todo si tenemos en cuenta que sus antiguos compañeros del Mariano Acosta no estaban cerca del poder para ayudarle, y que doña Herminia y las otras carecían de contactos relevantes. Certeramente Montes-Bradley sugiere que hubo una mano que movió los hilos —una mano que no era la de Guido Parpagnoli como sostienen otros biógrafos— y va más lejos al apuntar que esa mano fue nada menos que la del padre. En efecto. La revolución que condujo al general Farrell al poder es la misma que nombrará a Julio José Cortázar funcionario en la provincia de San Juan. En uno de sus frecuentes viajes a Buenos Aires, éste bien pudo entrevistarse con poderosos amigos de su misma ideología —conservadora y nacionalista— e interceder por el hijo que atravesaba una encrucijada difícil. ¿Por qué no? Al menos este punto debe tenerse en cuenta. Pero para un devoto de la literatura como Cocó, si eso fue así, mejor recurrir a la intervención de un misterioso compañero de aulas que a los buenos oficios de un padre que le había abandonado.

En todo caso la decisión de Cortázar es rápida, casi fulminante si tenemos en cuenta que se trata de una persona bastante precavida. Pero él sabe que la suerte está echada y realiza un viaje relámpago a Chivilcoy para recoger sus cosas y oficiar el adiós. Una vez allí, ni siquiera puede permitirse el lujo de grandes ceremonias. La puerta se cierra de golpe, dejando a sus espaldas un eco donde prevalece el sentimiento de alivio. En relación a ello es interesante rescatar un fragmento de otra carta escrita a Lucienne Duprat dos meses después: en él se asombra de la reacción de sus paisanos, que le despiden desolados. Otro tanto ocurre con los compañeros de Escuela. Llantos, nerviosismo, como si comprendieran demasiado tarde que se marchaba muy satisfecho, harto de una atmósfera que se le había vuelto irrespirable.

Cortázar está en lo cierto, pero resulta llamativa su sorpresa ante la respuesta tardía de los vecinos. Incluso un periódico local, *La Razón*, recogerá en seguida la noticia de su nombramiento como catedrático en la UNC sin escatimar elogios hacia su persona. Se resalta su humildad, su esfuerzo, su talla intelectual y su envergadura ética. Nunca hasta entonces Julio Florencio había recibido unas alabanzas tan grandes; sin embargo, esas palabras le resbalan en el ánimo como lágrimas de cocodrilo. ¿Por qué? ¿Qué es lo que no perdona? Quizá la injerencia de muchos paisanos que le censuraron por igual su tibieza patriótica y sus escarceos amorosos con la Coca Martín. Esto le hizo bastante daño. Pero en la balanza no coloca momentos deliciosos y proyectos estimulantes. En fecha relativamente reciente se supo que Cortázar había frecuentado el taller fotográfico de Ignacio Tankel, director de cine, y que había escrito para él el guión de la película *La sombra del pasado*. El film se rodó en Chivilcoy durante el verano de 1946 y fue estrenado en el cine Metropol durante la primavera siguiente. Para entonces el guionista ya estaba lejos. Tampoco ha quedado una sola copia, una sola huella, que podamos disfrutar en el salón de nuestra casa. Es la película perdida del autor de *Rayuela*. Pero el proyecto debió resultarle muy seductor. Entonces ¿por qué silenciarlo?, ¿por qué repetir el cuento de que Chivilcoy era un páramo desierto? Lo único seguro es que se fue por piernas de allí y durante años recordaría aquella etapa sin afecto. Pero su partida dejó huérfanos a bastantes alumnos. Cuenta Miné Cura: «Quedarse sin Cortázar fue un duelo.»

EL LARGO LLEGA A MENDOZA

A las pocas semanas el fugitivo se halla en su nuevo destino: Mendoza, la ciudad del interior donde se alza la Universidad Nacional de Cuyo. En aquel tiempo era una bella ciudad de provincias, rumorosa de acequias y de alamedas, donde la presencia cercana de los cerros aún se dejaba sentir de manera muy honda. Mendoza disponía además de un activo centro comercial cuyas tiendas emulaban a muchas de Buenos Aires y buenos cines. El clima era de una serenidad contagiosa, más soleado y estable que el porteño, y todo ello sedujo a Cortázar. Su primer objetivo aquí será encontrar alojamiento. Tras varios intentos termina alquilando una habitación a la familia del pintor Abraham Vigo, que vive en una casita situada en la calle Las Heras, 282, en el barrio de Godoy Cruz. Desde el principio el profesor se encuentra muy a gusto: la habitación es luminosa y confortable, el silencio es profundo como la noche, y los árboles extienden su sombra fresca y protectora sobre las almas. Aunque Vigo ha ido a Buenos Aires para una exposición, el nuevo inquilino recibe en seguida las atenciones de su esposa y de los hijos. Sólo la distancia que le separa de la capital —mil kilómetros— le aviva a veces la impresión de soledad.

Afortunadamente Julio se entrega de lleno a la enseñanza. La ocasión, sin duda, merece la pena. La Universidad de Cuyo había sido fundada cinco años antes como parte de un programa de modernización más amplio que afectaba a las aulas de todo el país. Al principio dicho programa tenía un carácter liberal y reformista que movió a su primer rector —el abogado Edmundo Correas— a llevar a cabo la contratación de algunos de los nombres clave de la ciencia y de la cultura argentina. En este aspecto se cuenta que incluso le ofreció la cátedra de Literatura Española a Jorge Luis Borges, que ya entonces destacaba como un autor cultivado y cosmopolita; pero el poeta declinó el ofrecimiento porque, según él, no sabía hablar en público y tenía miedo de que los alumnos lo silbaran. Más allá de la anécdota, la iniciativa del rector demuestra su profundo grado de compromiso con una docencia de calidad. Sin embargo aquel proyecto de reforma fue demasiado breve. En 1943 el presidente Castillo fue derrocado y el general Farrell se hizo con el poder. De inmediato Farrell ordenó la intervención en el ámbito de la enseñanza y comenzaron una serie de purgas que se extendieron a todas las universidades. En poco tiempo cientos de profesores tuvieron que elegir entre la jubilación anticipada o la expulsión de sus puestos. La «contrarreforma» estaba en marcha y todo quedó contaminado de un perfume clerical y conservador.

Para cuando Cortázar llega a Mendoza, el espíritu original de la UNC es sólo un recuerdo. Soplan sin duda otros aires, pero él no tiene poder alguno para cambiarlos. El retorno a Chivilcoy está cerrado y la única salida es aceptar lo inaceptable, es decir, la designación a dedo de un gobierno en las antípodas de su ideología liberal. Porque Julio Florencio continúa prisionero del gineceo familiar, se debe a las mujeres de la casa, les debe ese talón que les arregla decentemente la vida. ¿Podemos juzgarle por ello? En carta a su amiga Duprat escribe que ojalá no tuviese obligaciones que le atan a un sueldo mensual... Pero ha de cuidar un puesto y a la vez mantener una línea de conducta. Es la dura batalla en esos tiempos. Durante años éste será el karma de Cortázar.

Lentamente empieza a sentirse cómodo en la universidad, un edificio vetusto pero lleno de encanto, con un amplio patio central que acoge a docenas de pájaros al caer la tarde. Aunque el nuevo catedrático percibe los mismos emolumentos, el programa de estudios es mucho más benigno que en Chivilcoy. Y además se divierte. En carta a Rosa Varzilio da testimonio de ello al comentarle que entre sus alumnos hay una monja, un señor que podría ser su bisabuelo, y una chica tan idéntica a Lucille Ball que a veces siente deseos de dictar la clase en inglés. Sin duda está bien acompañado. «La monja cuida de mi alma, el anciano me llama a la severidad y al ascetismo, y la niña me mantiene en perpetuo contacto con el Paraíso.» En carta a otra amiga manifiesta la misma euforia desde un plano académico: reconoce que es la primera vez que enseña las materias que le agradan. ¡Al fin puede entrar en clase y pronunciar el nombre de Baudelaire, Keats, o Rilke! Esto se traduce en felicidad, un bienestar de fondo al que se agrega la visión de las montañas, el clima, la paz de la casa donde vive. El balance resulta tan favorable que Cortázar puede pasar por alto —y el cheque sigue ahí como una advertencia— que apenas quedan liberales en los claustros. De hecho, él ha sido uno de los profesores designado a dedo para sustituirlos. Ahora la universidad está llena de representantes del nacionalismo católico, y gentes de derechas, y hasta pequeños figurones fascistas. Todos forman una trama muy densa en la que deberá moverse con cautela si no quiere verse condenado a un nuevo destierro.

A distancia no es fácil esclarecer el tipo de juego que interpreta Cortázar. Pero quizá podamos sacar alguna conclusión siguiendo sus pasos: al poco tiempo de residir en casa de los Vigo decide cambiar de domicilio y se instala en la calle Martínez de Rosas, 955. ¿Por qué lo hace? Muy simple. Aunque se sentía muy a gusto con la familia del pintor, el regreso de éste le coloca bajo el mismo techo de un personaje señalado por sus simpatías comunistas. Y eso es un lujo que no puede permitirse. La mayoría de sus compañeros de universidad pertenecen, ya lo hemos visto, al nacionalismo católico. Son patriotas argentinos que van a la iglesia y cumplen escrupulosamente con los sacramentos: entre ellos hay incluso algún cura, como Juan Ramón Sepich, antiguo profesor de ética en la Universidad de La Plata. Ésta es la clase de gente con la que habrá de moverse a partir de ahora, ésta es la clase de gente que de algún modo le garantiza el talón. Sin embargo, Cortázar también sigue siendo el maestro que se negó a besar el anillo del obispo y el que proclama por carta a un amigo no tener el suficiente estómago para aguantar la vuelta de Jesucristo a la Facultad. ¿Entonces?

Parece claro que se debate en un serio dilema de conciencia: le gustaría que Argentina fuera distinta y vivir tranquilo bajo un gobierno liberal. Pero no es así. Aunque no posee hondas creencias religiosas, tampoco siente la menor simpatía hacia el comunismo que sigue presente en algunos círculos del país. Cuando dos años después visite una exposición de Abraham Vigo en Buenos Aires, su veredicto tendrá visos de pronunciamiento ideológico, tal como sugiere cierto párrafo a un nuevo amigo de Mendoza, el artista Sergio Sergi: en él critica a Vigo por sus inclinaciones filosoviéticas. No hay margen de error. Cortázar no quiere a Jesucristo en la universidad ni tampoco a Stalin en las galerías de arte. Si puede elegir, se queda con Durero. No obstante uno tiene la impresión de que vive atrapado entre dos aguas y que de algún modo va tomando partido. Al menos así se deduce de la correspondencia de la época, donde trata de alejarse tímidamente del sistema. En carta al mismo Sergio Sergi se pregunta si al final van a perdonarle su vínculo con elementos conservadores y católicos; y en carta al profesor Emilio Jofre expone de forma detallada las circunstancias de su nombramiento. El tono a veces encendido de esta misiva refleja claramente que el escritor se siente bajo sospecha y no desea dar pábulo a habladurías. Las conoce demasiado bien.

Cortázar reclama de su corresponsal Jofre un certificado de pureza. En este punto no admite malentendidos: quiere ser visto correctamente, como un verdadero demócrata, no un arribista maniobrero que se calienta a las brasas de sus valedores. Durante las primeras semanas de clase ya había tenido que escuchar ciertos comentarios insidiosos acerca de su designación. ¿Desde cuándo un humilde profesor de instituto, que apenas pisó la universidad, puede tener acceso nada menos que a tres cátedras? Algo huele a podrido. Por eso la carta a Jofre desprende ese tono aclaratorio. Julio Florencio ha de defenderse con uñas si no quiere ofrecer una imagen demasiado alejada de la realidad. Sea como fuere, el conflicto universitario tuvo que ser lo suficiente serio para que la prensa local publicara la carta de Cortázar. Dicha carta aparecida en *Los Andes* contribuyó a divulgar su punto de vista político. Se reforzaba así la imagen de un profesor joven, democrático, laico, alejado de cualquier partido, pero también bastante próximo al poder. Y capaz de navegar con dos velas.

Sin embargo, esta toma de conciencia tampoco le hace feliz. Cortázar sabe que es un profesor interino y que sigue pendiente de obtener la cátedra por oposición. Durante varias semanas alterna la docencia con la preparación del examen, pero su corazón late lleno de inquietud. Como explica en carta a su amiga Duprat, se le nombró para la UNC conociendo perfectamente su modo de pensar con respecto al presente argentino. Y eso quizá tenga un precio: opositar sin apoyos académicos. Con todo, hay aquí una cierta contradicción: el aspirante pretende desvincularse parcialmente del régimen, pero sabe que difícilmente logrará la cátedra si no asume que es un hombre del régimen. ¿Cuánto tiempo puede mantenerse en la cuerda floja? Como apunta Montes-Bradley, este hombre tiene demasiado viva la noción de que tarde o temprano alguien va a tocar el timbre y deberá ponerse de rodillas como los demás.

Mientras aguarda con recelo esa llamada, Cortázar trata de aprovechar el tiempo. Desde el principio Mendoza le sorprende con insólitos y agradables puntos de fuga. Acaba de descubrir un club universitario en la misma facultad que ocupa varias habitaciones del subsuelo. Allí hay un bar, un mueble lleno de discos de boggie-woogie y paredes decoradas con banderines de todas las universidades de América. A menudo los profesores y los alumnos se reúnen para charlar, tomar un trago e incluso organizar algún baile. Cuando Julio transmita ese hallazgo a Mercedes Arias lo hará con asombro entusiasta: jamás había imaginado algo así en Mendoza. El primer día le pareció que entraba en Harvard, o Cornell. Todo menos en Argentina. Pero en esto Cortázar parece haber olvidado el espíritu que impulsó inicialmente la UNC, convertir la universidad mendocina en un foco de saber cosmopolita. Pese a los cambios sufridos, ese espíritu se mantiene vivo en algunos rincones como el club, un refugio que simbólicamente ocupa un espacio más propio de una catacumba. Es posible que el autor de *Rayuela* no esté en la mejor sintonía con el nuevo espíritu —¿o deberíamos decir viejo?— que ahora reina en la universidad. Pero mientras pueda charlar tranquilamente en el club, oyendo discos de Albert Ammons, tendrá la impresión de que el mundo, *malgrais tout*, está bien hecho.

Aparte de las clases, empieza a llevar una intensa vida cultural. Ni siquiera el nuevo rumbo político ha logrado impedir que la Universidad de Cuyo reúna a diversos personajes que con el tiempo contribuirán al desarrollo artístico del país. Además del citado Sergio Sergi, se relaciona con otros creadores adscritos a la Academia de Bellas Artes, como el paisajista Roberto Azzoni o el escultor Lorenzo Domínguez. La nómina se amplía con gentes que no pertenecen al ámbito de la plástica: son escritores, poetas, arquitectos... Con todos ellos mantiene charlas iluminadoras que le reafirman en sus gustos y le amplían horizontes. Acaso sin saberlo, Cortázar va tejiendo una malla de contactos que le van a resultar muy útiles cuando vuelva a Buenos Aires e incluso cuando finalmente huya a París. Entretanto se deja arrastrar por ese ambiente de efervescencia creadora que corresponde también a toda una forma de vivir. Es cierto que en aquellas circunstancias Mendoza sigue siendo bastante provinciana y hasta supone un pequeño exilio en comparación a la capital. Pero tampoco es Chivilcoy. Por eso Julio conversa con esos personajes de mundo, gentes que aman la cultura y valoran los placeres de la vida un poco a la manera europea. Y aprende como nunca lo había hecho.

EL FUGITIVO VUELVE A LAS ANDADAS

Como ya se ha dicho, Cortázar se sintió bastante a gusto en sus primeros tiempos en Mendoza. Aparentemente todo estaba en calma: impartía clases de literatura, frecuentaba el club universitario, daba breves paseos, leía y escribía en los ratos libres. Pero con el paso de los meses aquel idilio se desvaneció. Es cierto que la universidad era muy grande, con numerosos departamentos, y cierto aire de solidez europea que él no duda en calificar de «solemne y sorbonesco». Pero en carta a Lucienne Duprat reconoce también que la UNC es provinciana hasta la médula, el nivel estudiantil deja que desear y hay espantosas rencillas políticas entre profesores y autoridades. Tampoco la vida intelectual tiene la envergadura que podría esperarse. El balance académico, por tanto, no es muy optimista, y quizá Julio empieza a sospechar que se ha metido en una nueva boca del lobo. Por fortuna le quedan los alumnos, jóvenes con inquietudes que valoran sus enseñanzas. Como recuerda uno de ellos, Claudio Soria:

«Al comienzo nos llamaba la atención su apariencia extrañamente de adolescente, su magna estatura, que daba la impresión en el momento de tomar asiento de que se plegaba en largos segmentos, sus grandes ojos sombreados por espesas cejas. Pero mucho más singular era la calidad de su personalidad inmediata, sencilla, modesta.» Este perfil se completaba con la profundidad y amplitud de sus conocimientos. Especialmente de la poesía: Rimbaud, Mallarmé, Shelley, Byron, Rilke y su amado Keats.

En Mendoza se repite, pues, el patrón de Chivilcoy. Mientras el profesor Cortázar comienza a despertar el recelo de algunos colegas, sigue cosechando el aplauso de los jóvenes que también aquí ignoran el timbre que anuncia el final de las clases. Serán éstos quienes le llamen «Profesor Largázar», debido a su estatura. Para ser exactos, 1,93. Otra alumna, María Lucero Ontiveros, habla de sus «lecciones magistrales», de su «inteligencia privilegiada» y lo considera «un malabarista de la expresión», cuyo espíritu estaba siempre abierto a la belleza. La misma Ontiveros sostiene que aquel gigante no era muy consciente de su verdadero carisma: «No creo que sospechara entonces la huella permanente que dejaba en la mente de sus alumnos.» Quizá. Pero es obvio que su apertura intelectual a diversas corrientes estéticas y su incitante invitación a la lectura contribuyó a que esos jóvenes comprendieran mejor el pensamiento universal. Y no sólo eso. En carta a un exalumno de Chivilcoy le ruega que transmita su cariño a los otros compañeros con el consejo de que no estudien demasiado. «Es bueno guardar unas horas del día para soñar, irse de paseo, leer novelas y mirar las nubes que a veces son mucho más provechosas que algunas lecciones.» Palabra de cronopio. Consciente o no de su carisma, estamos ante un caso de perfecta simbiosis: Cortázar encuentra en el calor de los alumnos un sentido a la vida provinciana, haciéndole más llevadero su alejamiento de Buenos Aires.

También lo halla en la escritura. En los últimos meses de estancia en Chivilcoy había concluido la redacción de una extensa novela titulada *Las nubes y el arquero*. Esta novela hoy desaparecida fue guardada en un cajón porque no acababa de convencerle; al parecer le faltaba cohesión y unidad. En realidad Julio tenía mayor confianza en unos relatos que iba componiendo con paciencia de orfebre. Así lo comunicó por carta a Lucienne Duprat en marzo de 1944, donde expresa sus deseos de publicar ese año un tomito con algunos relatos fantásticos que le convencen. Esta confidencia tiene valor por dos motivos: en primer lugar porque el Cortázar de aquel período comenzaba a ser tremendamente exigente con su trabajo; en segundo lugar porque su timidez endémica le prevenía ante la tentación de publicar por el mero hecho de hacerlo. Desde el principio había sido así: no quería dar nada a la imprenta hasta estar plenamente seguro. Conocía bien la obra de los grandes y como escritor en ciernes les debía un respeto, se debía un respeto. Sin embargo la versión «oficial» es otra. En carta a la misma Lucienne, escrita casi dos años después, reconoce que su problema editorial es una simple cuestión de aristocracia: prefiere no publicar a que la edición sea fea, tosca, vulgar. En el fondo sigue esperando el milagro de algún editor comprensivo y adinerado que crea a ciegas en él. Dos cosas que rara vez se dan juntas.

En paralelo, los argentinos siguen muy atentos al curso incierto de la guerra. Aunque algunos estudiosos sostienen que Cortázar no estaba muy afectado, su postura ante el conflicto queda reflejada en varias cartas de la época. En una de ellas advertimos preocupación, pero también una cierta afasia ante un drama que parece interminable. La guerra sigue y parece lejano el día del final. Pero él se envenena leyendo diariamente los comunicados, las discusiones, las masacres...Al final descubre con estupor que ya no se aflige tanto. Este hallazgo de la tibieza de su propio corazón le resulta desagradable, incluso se culpabiliza por haberse vuelto un tanto cínico, un tipo que acepta displicentemente las cosas sin importarle demasiado el dolor de los demás. Lo que no le impide exclamar: «Qué lejos están los hombres de una mediana civilización; qué lejos están de Dios y de ellos mismos.» De nuevo Julio se nos presenta lleno de contradicciones. Aunque se negó a besar el anillo del obispo, el buen Dios sigue en lo alto como el hacedor de la Humanidad y los hombres parecen haberse alejado de Él.

¿Y qué decir del amor? ¿Hay novedades? Más bien no. Todavía está reciente la herida del fracaso amoroso con la Coca Martín. Le duele. Cuando algunos biógrafos minimizan el impacto de ese amor en la vida de Cortázar olvidan algo fundamental: la profundidad de un amor se mide también por el tiempo que el enamorado tarda en reponerse de él. Y Julio no se ha repuesto. Lo admita o no, la figura esbelta y luminosa de su alumna resurge en las horas de soledad, se le presenta sonriendo tras la sombra de un árbol o al calor de un verso feliz. Pese a que las posibilidades de enamorarse en Mendoza son mayores —la ciudad es mucho más grande y la sociedad más abierta—, el amor no llega y da la impresión de que Julio tampoco desea que llegue. Se diría que le basta confraternizar en el club o en casa de esos artistas, como Sergio Sergi, donde se siente muy vivo. En los últimos meses ha aprendido a gozar del grato desorden de su taller y a compartir las delicias de los almuerzos con otros amigos. De nuevo la cultura y la amistad llenan el hueco de las pasiones amorosas. Estas compañías le dan calor. De momento no necesita más. Desde Europa le llega la ansiada noticia de que la guerra ha terminado.

EL MILITAR QUE LE CAMBIÓ LA VIDA

La calma mendocina se verá alterada por nuevas noticias que llegan de Buenos Aires. El 17 de octubre de 1945 una multitud de trabajadores decide tomar la Plaza de Mayo. El motivo es exigir la liberación de Juan Domingo Perón, un militar influyente que ya había emprendido profundas reformas sociales desde su puesto de la Secretaría de Trabajo de la Nación. Ante la fuerza de la muchedumbre y la tibieza de los responsables del país, Perón fue liberado y aquella misma noche hizo una aparición triunfal en el balcón de la Casa de Gobierno. Acompañado del presidente Farrell, anunció la composición de un nuevo gabinete formado por partidarios suyos así como su candidatura para las próximas elecciones presidenciales. En aquel momento nadie podía imaginar que Argentina había iniciado un período único que habría de marcar profundamente su historia. Y también la historia de Cortázar.

Desde el principio el espectacular avance político del coronel Perón, unido a su estrecho vínculo con los sindicatos obreros, produjo un fuerte rechazo de amplios sectores de la sociedad. La Iglesia argentina, parte de las Fuerzas Armadas, las clases más favorecidas, los estudiantes y los principales partidos de izquierda no vieron con buenos ojos el ascenso de aquella figura inclasificable que sintonizaba a su manera con el fascismo europeo. La situación debió ser lo bastante tensa para que el embajador norteamericano aconsejara la intervención militar y bautizara a Perón como «El Hitler del mañana». En este clima, la universidad no tardó en posicionarse: temerosos de perder sus libertades, los estudiantes protagonizaron numerosos encierros en todo el país. Aunque hasta ese momento Cortázar no se había caracterizado por ser un hombre de acción, decide participar en la toma de la UNC junto a varios colegas y medio centenar de alumnos. Durante cinco días permanecerán completamente sitiados en el centro soportando insultos, amenazas de represalias y hasta bombas lacrimógenas. Tras la entrada de las fuerzas del orden, Julio y sus compañeros son detenidos y luego puestos en libertad. Pero el incidente le deja al borde del abismo académico e indefenso ante el futuro.

A finales de diciembre Cortázar se encuentra en Buenos Aires. El año ha concluido de forma bastante accidentada, abriendo una profunda grieta en los claustros universitarios. Inquieto, no duda en hacer balance por carta a su amiga Duprat en la que se lamenta de haber vivido un año amargo y cruel. Amargo y cruel. ¿Exagera? En gran parte sí, tal como él mismo reconoce al considerar su inclinación a la hipérbole como uno de sus viejos defectos. Pero no debemos censurarlo: él mismo se defiende con una pregunta que dice mucho de su carácter: «¿Es culpa mía si las cosas me hieren con más fuerza que a otros?» Está claro: no le gusta que le hieran. ¡Y vaya si le han herido! Acostumbrado a vivir en su pequeña torre de marfil, los últimos meses en Mendoza le suponen un duro aprendizaje. Al situarse bajo los focos se ha puesto en el punto de mira. Ha conocido todas las miserias de la baja política provinciana, las rencillas universitarias, los pactos, las traiciones...Y ha tenido que someterse a la amarga ley del presente para salir ileso. En una carta a Mercedes Arias le explica con todo lujo de detalles que por las noches volvía a su casa y miraba sus libros como pidiéndoles perdón por haberlos abandonado. Es el precio de pasar las veinticuatro horas del día en continuo cabildeo, barajando argucias, redactando peticiones, respondiendo a las afrentas. ¿Puede uno salir indemne? Quizá no. Pero gracias a ello, el tímido Cocó se ha vuelto un experto en vivir al día, listo para atacar y defenderse. Sin embargo, la impresión de turbiedad moral persiste, como reconoce en carta a otra amiga: «No crea usted que se vuelve limpio de un viaje semejante». Ahora Cortázar se siente sucio, atrapado por una viscosa telaraña. Necesita purificarse. ¿Y dónde mejor que hacerlo que en Buenos Aires?

ARGENTINA ERA UNA FIESTA

A principios de 1946 el escritor sigue en la capital. Inicialmente tenía previsto pasar allí las vacaciones de verano y recobrar de paso la serenidad necesaria para seguir adelante con su carrera docente. Pero a causa de la situación del país ya no volverá a Mendoza. Como escribe a su amigo Sergio Sergi: en Buenos Aires se vive con el corazón en un puño, encadenado a la radio, quemando todas las energías en viajes al centro, y fabricando cachiporras caseras. ¿Qué es lo que pasa? ¿Cortázar fabricando cachiporras? Es un modo de hablar, pero hay que prepararse para lo peor. Desde su llegada a la capital percibe un clima de crispación, de violencia latente, entre los partidarios de distintas formaciones políticas. Las elecciones presidenciales están a la vuelta de la esquina y el panorama sigue siendo confuso. En cartas sucesivas se refleja la misma incertidumbre ante la inminencia de un cambio radical en el gobierno. Durante varias semanas Julio sale a la calle como un argentino más y se complace en pulsar el ambiente: acude al Luna Park a un mitin comunista o participa «con inmenso orgullo», dirá, en una manifestación multitudinaria en la avenida 9 de Julio en defensa de la democracia. Contagiado del fervor general, no duda en escribirle al mismo Sergi que no había visto una muchedumbre tan fabulosa en toda su vida. Y que después de esto no habrá problemas en las elecciones.

El vaticinio errado de Cortázar es típico de la clase media. Es cierto que miles de porteños como él se han echado a la calle, pero Argentina también son los infinitos suburbios de Buenos Aires y los pueblos del interior. Esa otra Argentina sumergida, la misma que Julio Florencio conoce pero que parece haber olvidado, será la que va a vencer en las urnas. Finalmente el Partido Laborista del coronel Perón se alza con la victoria y los miles de ciudadanos que tomaron la avenida 9 de Julio se encierran en sus casas para beber el mate más amargo. Ante el temor de que su correspondencia sea violada, Cortázar se muestra mucho más cauto en las cartas que ahora envía a Mendoza. Cuando escriba de nuevo a Sergio Sergi lo hará de un modo juguetón, desenfadado, casi como si estuviera imbuido de la alegría de sus adversarios. Le agradece el envío de un cheque, por ejemplo, o le comunica sus deseos de pasar unos días en Mar del Plata. Pero sobre todo declara su absoluta añoranza. Pese al clima cosmopolita que reina en Buenos Aires, no ha descubierto aquí nada comparable a los deliciosos *goulash* de la familia Sergi, aquellas encantadoras sobremesas, y el ambiente artístico-cultural que se respiraba en su casa. Los extraña mucho.

Pero ¿tanta soledad sentía Cortázar? Quizá sí. Aunque en los años de destierro había vuelto regularmente a la ciudad, la mayor parte del tiempo estuvo muy lejos de ella. Entretanto algunos de sus amigos han hecho su vida, y otros, los más queridos, han desaparecido en el reino de las sombras. La verdad es que ahora Julio no tiene casi a nadie en Buenos Aires. No es raro que se encierre buena parte del día en las bibliotecas del centro preparando los exámenes a cátedra: además no le queda otro remedio si desea normalizar definitivamente su situación. Pero cada vez que sale de casa para distraerse, la experiencia es descorazonadora. En un rapto de audacia lo expresa en carta a Sergi: en ella se lamenta de encontrar que los puntos habituales de reunión están ahora desiertos, y que la gente se ve obligada a cambiar sus hábitos y mantenerse a la defensiva. Ni siquiera las librerías le resultan agradables; no sólo hay carencia de libros sino que hay falta de hombres, de interés y de esperanza.

Es un veredicto severo; pero nos habla de la soledad de Cortázar y confirma que el reciente triunfo de Perón ha desplegado ante él un panorama contrario a sus gustos y a sus intereses. Cuando finalmente el joven profesor obtenga la plaza, ese logro le llegará demasiado tarde. La vida del país ha cambiado tanto que ya no cree que valga la pena regresar a Mendoza para ser catedrático en una universidad peronista. Por eso empieza a mover sus fichas: tras permanecer en Buenos Aires unos meses con licencia sin sueldo, en junio de ese mismo año firma la renuncia definitiva a la universidad. Como explicó mucho más tarde: «Preferí renunciar a mis cátedras antes de verme obligado a "sacarme el saco", como les pasó a tantos colegas que optaron por seguir en sus cargos.» La reacción de sus alumnos es de desconcierto: no pueden comprender que el mismo hombre que les acompañó en el encierro en defensa de la democracia se baje ahora del tren. De inmediato le mandan una nota muy emotiva. Como respuesta, el profesor Largázar les enviará una extensa carta donde hará un último gesto por la enseñanza del país. En esa carta dirigida a un grupo de estudiantes de la UNC les previene en tono paternalista ante la monstruosa subversión de valores que permite a los mediocres erigirse en supuesta representación auténtica de la realidad argentina.

Pero al hacerlo no duda en incurrir en algunas contradicciones. Cuando denuncia las maniobras políticas que imperan en la universidad, se olvida de que él mismo fue designado al puesto por una vía muy poco democrática. El hecho de que luego ganara la plaza por el conducto reglamentario no nos impide ver que estuvo enseñando en la UNC de una forma que ahora le resulta fraudulenta. ¿Qué le ha ocurrido a Cortázar? En síntesis, que tras casi dos años de estancia en Mendoza ha abierto los ojos. Ya hemos contado que aceptó la designación a dedo para escapar de Chivilcoy y no perder sus ingresos regulares, y que una vez en su nuevo destino creyó que las cosas serían distintas. Pero al final resultaron ser exactamente iguales o peores, ya que el peronismo acaba de triunfar en el país. A raíz de ello se renuevan sus crisis de fuga, esas pulsiones recurrentes como un virus que le visitan cada vez que las cosas se ponen demasiado difíciles. Es hermoso que Julio las envuelva con el celofán dorado de la ética, porque sin duda es un hombre de principios. Pero también sería útil preguntarse por qué los lugares y los compromisos se le queman antes de tiempo. Siempre ha sido así. Hasta el momento lo único que no ha quemado ha sido la literatura y la fidelidad ciega a las mujeres de su familia.

OCUPACIONES RARAS

El gesto de Cortázar fue correcto: el renunciar a una cátedra por motivos de conciencia siempre ennoblece el perfil del personaje. Pero quizá estemos pecando de frivolidad: en aquel momento abandonar un puesto de trabajo era una maniobra bastante suicida cuya primera consecuencia fue la pérdida de ingresos. Sí. Porque ese bendito talón que el profesor cobraba puntualmente el último día de cada mes ya no le llegará más. Debe buscar otro empleo. Afortunadamente no tarda en encontrarlo como gerente de la CAL (Cámara Argentina del Libro), donde reemplaza al escritor Atilio García Mellid. Este dato adquiere cierta relevancia si consideramos que éste militaba a favor de la candidatura de Perón, una postura que los empresarios de la industria editorial —alineados entonces con el frente antiperonista— consideraban inadmisible. Dado que la CAL había despedido a García Mellid para preservar los postulados democráticos, como se dijo, cabe suponer que Julio Cortázar cumplía ampliamente con los requisitos.

Sin embargo, en este punto existen algunas dudas; el biógrafo Montes-Bradley sostiene que el escritor fue designado nuevamente a dedo. De hecho, la plaza para la CAL salió a concurso y se presentaron medio centenar de aspirantes que tuvieron que superar pruebas orales y escritas. La tesis de Bradley se basa en el hecho de que Julio realizaba traducciones para uno de los tres miembros del tri-

bunal –el señor Viau– que era dueño de una prestigiosa librería de
la calle Florida. Es posible. El único problema es que el tiempo no
ha contribuido precisamente a avalar las sospechas del biógrafo, ya
que entre todos los aspirantes, ¿quién podía manejar mejor la pluma
y la palabra que Cortázar? Al poco de su nombramiento nadie en
la CAL tiene dudas: el joven larguirucho que acude cada tarde a la
oficina de la calle Sarmiento es un tipo de confianza, liberal, y además eficiente.

　¿Y cómo es la vuelta con los suyos? Julio Florencio ha regresado al domicilio de Rawson Agronomía, donde las mujeres de la
familia siguen llamándole Cocó. Como ocurre en el tango, ha vuelto a la casita de los viejos, sólo que no llega viejo ni vencido, ni le
aguarda una viejita enferma con los ojos nublados por el llanto. Le
esperan varias mujeres que le necesitan. Cortázar regresa joven aún
y con muchos proyectos. Sí. Pero también es cierto que en General
Artigas, 3246 cada cosa es un recuerdo, que se agita en su memoria.
Durante varios meses este hijo pródigo *malgré lui* alternará su trabajo de gerente con el de traductor literario. De ese período son algunas de sus primeras traducciones de valor: *Robinson Crusoe* de
Defoe o *El hombre que sabía demasiado* de Chesterton. Sin embargo
la literatura sólo es una válvula de escape, porque la realidad no es
tan agradable como se empeña en transmitir por carta a sus amigas
de provincias. Desde la victoria de Perón, por ejemplo, los estudiantes encabezan las primeras manifestaciones de protesta en todo el
país. Bajo el lema «Abajo la dictadura de las alpargatas» dejarán sentir su voz, mientras los partidarios del presidente inflaman las manifestaciones obreras al lema: «Alpargatas sí, libros no.» Nada de esto
hace feliz a Cortázar, ni tampoco termina de entenderlo. Años después lo explicaría así: «La sensación de violación que padecíamos
cotidianamente frente a ese desborde popular; nuestra condición de
jóvenes burgueses que leíamos en varios idiomas, nos impidió entender ese fenómeno. Nos molestaban mucho los altoparlantes en
las esquinas gritando. "Perón, Perón, qué grande sos" porque se in-
tercalaban con el último concierto de Alban Berg que estábamos
escuchando.»

Tratándose de Julio, es llamativa esta referencia inexacta al «último concierto» de Alban Berg, ya que el músico austriaco sólo compuso uno, en concreto el *Concierto para violín y orquesta* de 1935. Pero suponemos que era un modo simbólico de hablar e insistir en los perniciosos efectos de una prolongada exposición a los altavoces peronistas. En realidad lo que interesa aquí son las palabras, y en este sentido la palabra «violación» es importante. Generalmente se empleaba la palabra «invasión» para expresar la vivencia de las capas superiores argentinas ante la llegada del peronismo. Pero «violación» resulta mucho más radical en la medida en que otorga al peronismo un carácter de avasallamiento personal, de invasión de la vida privada. Dicho de otro modo, el peronismo no sólo ha tomado las calles sino que de algún modo –los altavoces, el eterno ruido– ha irrumpido en la propia vida de cada uno, en su propia casa.

Con el tiempo algunos hechos se imponen. Aunque los jóvenes burgueses vivieran como una violación las maneras chuscas y bulliciosas de los descamisados, Argentina seguía siendo una fiesta. Para tratar de comprenderlo es preciso remontarse unos años atrás. Durante la Segunda Guerra Mundial el país se había mantenido neutral y ello permitió un gran crecimiento económico gracias al comercio exterior; Argentina exportaba cereales, carne y cuero a todo el mundo. Pero a raíz del armisticio el panorama se ensombreció. Esta incertidumbre, unida a una vieja crisis institucional, hizo posible que el coronel Perón se abriera paso con un discurso populista que arrastraba a las masas desfavorecidas. En esta empresa contó con el apoyo fervoroso de su esposa, Eva Duarte, una mujer carismática que levantaba pasiones gracias a su palabra firme, clara y llena de sentimiento. Aunque le disgustara a Cortázar, el peronismo devolvió la esperanza a millones de sus paisanos prometiendo justicia social y redistribución de la riqueza. ¿Que el mensaje tenía un tufo fascista? Indudablemente. Pero en los primeros años de peronismo se produjo un milagro en el país: crecimiento espectacular de la economía y el empleo, mejoras en las políticas sociales, fortalecimiento de los sindicatos y expansión de la educación. Así lo reconocen historiadores tan críticos como Félix Luna, quien no duda en reconocer que el clima social dominante era de euforia y no de conflicto. No obstante, una parte minoritaria de la población, pero muy influyente, tenía una visión muy distinta. Para Borges, por ejemplo, fueron «Años de oprobio y bobería». También Cortázar sintió a fondo ese oprobio y esa bobería, pero tenía planes muy concretos para el futuro. Por esas fechas una de sus alumnas le preguntó por qué no regresaba a las tareas docentes donde había sembrado tanto. Y él replicó: «¡Porque yo quiero ser escritor, no profesor!» Escritor. Era el momento. Malos tiempos para la lírica, pero no había otros.

EVITA, LA MUSA DE LA LITERATURA FANTÁSTICA

Quizá Julio Cortázar no estaría de acuerdo. Eva Perón, ¿musa? Imposible. Pero es evidente que el peronismo le sentó muy bien a su literatura. Hasta el ascenso del coronel, no había encontrado exactamente su voz. Es cierto que había terminado alguna novela, cuentos, poemas, y trataba de enfilar pacientemente su camino. Pero sin éxito. Esta primera etapa de su producción ha sido descubierta por los estudiosos universitarios: alguno de ellos nos ha ayudado a conocer la existencia de novelas como *Las nubes y el arquero*, por ejemplo, o los cuentos fantásticos que reunió bajo el título *La otra orilla*. Sin embargo, nuestro interés se centra sobre todo en un hecho que tiene algo de asombroso: la deslumbrante madurez expresiva que alcanza Cortázar hacia finales de los años cuarenta durante el apogeo del peronismo. Obviamente esto no implica que hubiera abrazado la causa de los descamisados. Al contrario. Como ocurre a menudo en Arte, el medio se le había hecho tan hostil que la musa acudió a echarle una mano. Nunca hasta entonces había creído que el malestar pudiera ser tan fértil.

En este aspecto, el malestar de Cortázar se corresponde a un patrón característico de la clase media y alta argentina. Es el rechazo de una franja acomodada de la sociedad ante un hecho para ellos intolerable: la irrupción de amplias masas populares que invaden las plazas del centro, meriendan en los parques y se lavan en las fuentes públicas. A raíz de ello se instalará en esa capa superior una especie de paranoia clasista; todos condenan las transformaciones y sobre todo los comportamientos sociales que el peronismo ha instaurado en el país. Pero no es fácil manifestar el descontento. En el campo de la literatura, que es el que nos concierne, el símbolo de la resistencia antiperonista fue Jorge Luis Borges. Dado que se había posicionado a favor del partido Unión Democrática, adversario de Perón, éste decidió aplicarle un castigo ejemplar cuando alcanzó el poder: expulsarlo del cargo de bibliotecario y transferirlo a la Escuela de Apicultura de la Municipalidad de Buenos Aires, donde se le nombró inspector de mercados de aves de corral. Por aquel entonces Borges ya gozaba de un notable crédito intelectual y el régimen quiso así tenerlo amedrentado y acallar su voz. El escritor no tuvo más remedio que salir de la ciudad e intentar ganarse la vida como conferenciante de provincias. Respecto al nuevo gobierno siempre tuvo las ideas muy claras: era una dictadura. Y no dudó en brindar algunas pruebas concluyentes extraídas del marco que le rodeaba: «Las dictaduras fomentan la opresión, las dictaduras fomentan el servilismo, las dictaduras fomentan la crueldad; más abominable es el hecho de que fomenten la idiotez. Botones que balbucean imperativos, efigies de caudillos, vivas y mueras prefijados, ceremonias unánimes, la mera disciplina usurpando el lugar de la lucidez... Combatir estas tristes monotonías es uno de los muchos deberes del escritor.»

Otras voces discordantes pertenecían también a la elite nacional, como Victoria Ocampo, Manuel Mujica Láinez o Adolfo Bioy Casares. En mayor o menor medida todos recurrieron a la palabra para expresar su profunda inquietud ante ese nuevo statu quo que había alterado el viejo mundo que amaban. Mújica declaró, por ejemplo, que había traducido los difíciles sonetos de Shakespeare para «olvidarme de Perón». Otro tanto valdría para los demás. A diferencia de ellos, Julio Cortázar era una figura de relieve insignificante, entre otras razones porque no pertenecía a las elites económicas ni culturales del país. En este aspecto podía haberse adscrito perfectamente al movimiento de Perón y hasta triunfar en él. Como explica la autora porteña Andrea Beltramo: «Cortázar pudo haberse convertido en el símbolo literario de la juventud peronista. Estaba lejos de las elites argentinas: era un pibe de barrio, a lo sumo *middle class*, alejado aún de Borges y de la revista *Sur*. Era un producto nuevo, tan nuevo como el peronismo.» Pero algo falló. En realidad el peronismo sorprendió a ese chico de barrio cuando ya llevaba años tratando de huir de él. Ahora el pibe de Banfield era un experto en Louis Armstrong, leía atentamente a Borges y era partidario de la vida bella y ordenada. Nada de hijos de obreros, artesanos o pequeños comerciantes. Ya sabía demasiado como para hacerse con tipos que «se entrenaban para bosear» o les dolían «las amídolas». Muchos de aquellos pibes con los que había jugado de niño estaban ahora en el otro bando y no tuvo el menor reparo en dejarlos atrás. ¿Qué habría hecho junto a esos descamisados? Ponerse enfermo. El peronismo le llegó demasiado tarde, y como luego veremos, demasiado pronto.

HACIA *BESTIARIO*

En todo caso la dictadura puso a Cortázar en su lugar, sólo que prisionero de muchas limitaciones. Al igual que Borges y su grupo, no podía escribir en libertad y tuvo que recurrir como ellos a la fantasía. Por raro que parezca, insistimos, el auge de la narrativa fantástica argentina le debe bastante al general Juan Domingo Perón. Diez años de autarquía dan para mucho, desde luego, sobre todo si las voces discordantes poseen un gran talento literario y necesitan recurrir al oxígeno de la palabra. Insistamos en este punto: en el caso de Cortázar la presencia de la censura fue altamente provechosa. Así se deduce de dos obras escritas durante ese período, la novela *El examen* y su primer gran libro de relatos, *Bestiario*. Que nadie nos acuse de frívolos; la historia de la mejor literatura a menudo se escribe desde la falta de libertad. ¿Aportamos nombres ilustres?

En síntesis *El examen* narra las peripecias de varios jóvenes, especialmente Juan y Clara, que viven en Buenos Aires en vísperas de una importante prueba académica. En este escenario, el grupo circula presenciando unos acontecimientos fuera de lo común: columnas de manifestantes se mueven por las calles, un grupo misterioso rinde culto a un hueso, jaurías de perros feroces salen de las bocas del metro, y hasta una colosal contaminación por hongos se abate sobre la ciudad. Pese al caos reinante, los protagonistas pasean con cierta indiferencia mientras se entregan a sus disquisiciones sin mezclarse casi con el resto de la gente. Incluso se acercan a un lugar, La Casa, donde cientos de personas acuden a diario para escuchar la lectura de los clásicos en su idioma original. ¿Qué quiere decirnos Cortázar? ¿Que Buenos Aires se ha hecho inhóspita? ¿Que la decadencia cultural que caracteriza al régimen —«más alpargatas y menos libros»— ha obligado al lector de criterio a reunirse en las catacumbas? Es posible. Al final los jóvenes no podrán realizar el examen que tenían previsto: el caos es tan grande que los bedeles de la universidad regalan los diplomas a quien lo desee. Ante la delirante cadena de hechos, Juan y Clara escaparán clandestinamente por el río dejando atrás una ciudad sumida en la descomposición social y política.

El examen fue publicado tras la muerte de su autor. Aunque en su día hizo intentos para editarla, el manuscrito fue rechazado a causa de la ligereza y osadía verbal de los personajes. A todas luces no es la mejor novela de Cortázar pero refleja en clave muy singular la percepción que éste tenía del momento. Al igual que los héroes de la historia, él se encontraba muy incómodo en una ciudad que había caído en manos extrañas. Pero no quería dejar de recorrerla, de disfrutarla a su aire. La indiferencia de Juan y Clara ante la cadena de hechos insólitos que les rodean es la misma que envuelve al escritor, quien circula por un carril paralelo que le separa de la realidad porteña. ¿Cómo no reconocer la inquietud del Julio profesor, que aspira a ser catedrático, ante la inminencia de ese examen que atraviesa y da título a la novela? ¿Cómo no identificarlo también en esos lectores que se refugian en La Casa para alimentarse de las palabras sagradas? La tentación de prolongar las analogías es grande.

Baste decir que muchas de ellas quedan explicadas al analizar dos cuentos de la obra *Bestiario*. Veamos:

«Ómnibus.» Este relato narra la aventura de una joven pareja que viaja en un autobús que se dirige al cementerio de La Chacarita el Día de los Difuntos. Los jóvenes van conversando sobre un pasado mucho más feliz en comparación a un presente marcado por la rudeza de las formas, que se expresa en las colas en la Plaza de Mayo o la grosería de la gente. Aunque la charla es banal, en seguida un hecho les llena de inquietud: todos los pasajeros llevan un ramo de flores. Aunque nadie adopta hacia la pareja una actitud hostil, la atmósfera en el interior del vehículo se va espesando debido a los comentarios y miradas de los demás. La situación se complica cuando el conductor interviene para reprocharles que se bajen en la parada de Retiro —una zona de clase media acomodada— y no en Chacarita como todo el mundo. Sintiéndose en peligro, la pareja logrará escapar del ómnibus y sólo se sentirá a salvo tras haber comprado un ramo de flores.

«Las puertas del cielo». En él se narra la historia de un abogado que suele refugiarse en el Palermo Palace, un viejo local de barrio donde se celebran milongas populares. Allí observa a la multitud de parroquianos que no duda en calificar de «monstruos». Sólo una joven morocha que baila le inspira bellos sentimientos. Casi toda la narración es un retrato muy poco favorecedor del público, que se corresponde claramente con la clase popular que está triunfando en el país. Cortázar arremete contra los peinados de las mujeres, el atuendo de los hombres, el tufo a talco mojado… Aunque podríamos detenernos en el análisis literario, lo dejamos para los departamentos de filología. Sin embargo, es imposible pasar por alto algunos detalles que nos remiten a la nueva atmósfera que percibe Cortázar.

Si repasamos con detenimiento el primer cuento, «Ómnibus», no existen elementos visibles que hagan creer que la pareja protagonista corre un grave peligro. Es cierto que flota un perfume a amenaza en el interior del vehículo, pero todo se mueve en el terreno de una tensión latente que no rebasa el umbral de la violencia. Pero la pareja percibe claramente que algo va mal, o mejor dicho, que la realidad cotidiana ha quedado alterada –un grupo de pasajeros portando flores– y que de algún modo han caído en una trampa. Aceptado esto, juguemos a un juego. En este juego de interpretaciones vamos a escribir lo siguiente: «Otro tanto debió ocurrirle a Cortázar al subir al ómnibus, tantas veces, al comprobar que había cambiado el perfil del pasaje: la forma de estar, de comportarse tan distinta a la de antes, y la idea de fondo que quizá lo explica todo; el conductor (Perón) guía un ómnibus (Argentina) cargado de personas que se comportan de una manera alarmante (los descamisados). Ellos llevan flores (la esperanza) a los barrios y cementerios populares (Chacarita). Todo está en orden. Pero aquellos que no se comportan según los cánones (la pareja) se sienten amenazados. Y han de escapar.»

El segundo cuento resulta mucho menos sutil, menos logrado. En «Las puertas del cielo», el narrador no acepta el marco festivo en el que se mueve y lo expresa claramente en términos de desprecio. Aunque tiene querencia por visitar esa sala de baile popular, no duda en calificar de «monstruos» a los parroquianos, a los que analiza como si fueran insectos. En un párrafo anterior hemos visto el desdén con el que contempla a sus criaturas, con la precisión de un entomólogo cruel. Y es que Cortázar refleja inconscientemente los ecos de un sector de la prensa argentina que no dudaron en calificar a los descamisados como «aluvión zoológico». Es decir, animales. Eran los «negritos» que venían del interior, los peronachos, los cabecitas negras. Pocas veces el escritor ha estado tan cerca de los grabados de Goya o de los esperpentos de Valle-Inclán. Su pluma se nos aparece cruda e inclemente. Incluso hay un detalle que resulta muy sintomático. El olor. ¿Acaso desprende el peronismo un tufo especial? En efecto. También aquí la metáfora es cristalina. Interpretemos: «Argentina se ha convertido en una ruidosa sala de baile llena de tipos que se divierten (los descamisados), pero que huelen mal.» A diferencia del anterior relato, no hay una sensación de amenaza, hay algo peor, un profundo asco hacia los demás. ¿Qué ocurre? Seguramente que el nuevo escenario le produce a Julio gran incomodidad y acaba por sacar lo peor de sus prejuicios: *a*) clasismo: «no se concibe a los monstruos sin ese olor a talco mojado»; *b*) esteticismo: «A ellos les da ahora por el pelo suelto» y *c*) racismo: «las negras levantan mazorcas rígidas sobre la tierra espesa de la cara». No nos engañemos. El autor de estas lindezas no sólo es un joven profesor tímido, culto y que usa corbata. Es Julio Cortázar. Y aunque alguien podría objetar que no debemos confundir al autor con las voces de sus criaturas, ni siquiera tendremos que defendernos. El propio Cortázar aprobará nuestro análisis, pero habrá que esperar más de veinte años. O un buen puñado de páginas.

«CASA TOMADA» (II)

El cuento que lleva por título «Casa tomada» es la primera obra maestra de Cortázar y uno de los relatos más estudiados de la literatura argentina. Al igual que los anteriores pertenece al volumen *Bestiario* y también brinda de manera elíptica algunas claves valiosas para entender la posición del artista frente al peronismo. En algunas ocasiones Cortázar declaró que el origen de la historia fue un sueño. En entrevista a Omar Prego lo describió así: «Yo estaba en una casa que es exactamente la casa que se describe en el cuento, se veía con muchos detalles, y en un momento dado escuché los ruidos por el lado de la cocina y cerré la puerta y retrocedí... Hasta un momento totalmente insoportable en que en ese sonido estaba el espanto total. Yo me defendía como podía, es decir, cerrando las puertas y yendo hacia atrás. Hasta que me desperté de puro espanto.»

Al parecer, se despertó totalmente empapado de sudor por la pesadilla, saltó de la cama en pijama y se fue derecho a la máquina de escribir. A lo largo de aquella calurosa mañana de verano redactó el cuento de un tirón. El escenario que eligió para desarrollar la historia era entonces una zona tranquila, burguesa y familiar. Julio lo escogió así para mostrar una casa donde el silencio y el decoro de los pequeñoburgueses porteños se manifestara en toda su decadencia. Pero introdujo un elemento que ya hemos visto, tanto en «El examen» como en otros cuentos de *Bestiario*: los protagonistas son una pareja.

En este punto vamos a abrir una puerta prohibida que conduce a uno de los principales salones de este libro: la pareja de «Casa tomada» son dos hermanos. Hombre y mujer. El propio Cortázar dice de ellos que viven como un simple y silencioso matrimonio. Pero al emplear la palabra «matrimonio» el vínculo entre ellos se hace equívoco. Por ahora sólo queremos resaltar esta idea: los hermanos pueden formar uniones matrimoniales. Volvamos a la literatura. En una entrevista más íntima reconoció: «No es un incesto consumado pero existe una relación ambigua.» Quizá no haya que darle gran importancia, pero está claro que el escritor consideró insuficiente escribir el cuento con un único protagonista. Eran dos, pero dos unidos por un extraño lazo. Para que «Casa tomada» alcanzara la máxima eficacia tuvo que potenciar la narración vistiéndola un poco de ese disfraz ambiguo, con una situación digamos incestuosa entre esos dos hermanos que viven como una pareja. Es cierto que el horror de superficie proviene de esos ruidos que no tienen explicación; pero luego hay otro horror sumergido que no pertenece al campo de los fenómenos paranormales sino más bien al de los fenómenos patológicos y hasta «perversos». Es el horror de una pareja incapaz de establecer otros vínculos afectivos que no sean los fraternos, una pareja que no ha desarrollado su vida sentimental y seguramente una sana vida sexual. Cuando los ruidos invaden la casa, pues, lo hacen ya en un territorio esencialmente mórbido, un lugar presidido por algo «monstruoso». Un exceso de endogamia. Y Cortázar sabe mucho de eso.

Pero este elemento importante no debe alejarnos de otra realidad; más allá de la naturaleza del vínculo, los protagonistas del cuento responden a arquetipos representativos de ciertos comportamientos de la sociedad argentina. Así se desprende de las descripciones: la pareja vive en un barrio porteño, tiene pocos compromisos cotidianos y escasas cargas domésticas, pero concede gran valor a la casa familiar. Aquí todo está en su sitio: el narrador lee en la biblioteca y ceba mate, mientras su hermana se dedica a tejer pañoletas de varios colores o a perderse en la cocina. ¿Hay algo más argentino? De algún modo ésta es la clase social que más está sufriendo con el auge del peronismo, la clase que ha de enfrentarse a un mundo que ha cambiado drásticamente, un universo desconocido que hace ruidos extraños –el ruido, siempre el ruido– y que se vuelve amenazador. Como sugiere Eduardo Jozami: «Quizás en esta abrumadora desproporción entre la amenaza y su resultado resida el carácter paradigmático que asume "Casa tomada" como metáfora del nuevo orden peronista: si cualquier mínima señal puede indicar un peligro extremo es porque se inscribe en un contexto de grave amenaza que está siempre presente y no es necesario explicitar.»

No es casual que «Casa tomada» obtuviera el plácet tan exigente de Borges. A raíz de la muerte de Cortázar, el ciego de la calle Maipú escribió estas líneas a caballo entre la evocación y el homenaje:

> Hacia 1947 yo era secretario de redacción de una revista casi secreta que dirigía la señora Sarah Ortiz Basualdo. Una tarde, nos visitó un muchacho muy alto con un previsible manuscrito. No recuerdo su cara; la ceguera es cómplice del olvido. Me dijo que traía un cuento fantástico y solicitó mi opinión. Le pedí que volviera a los diez días. Antes del plazo señalado, volvió. Le dije que tenía dos noticias. Una, que el manuscrito estaba en la imprenta; otra, que lo ilustraría mi hermana Norah, a quien le había gustado mucho. El cuento, ahora, justamente famoso, era el que se titula «Casa Tomada».

Años después, Cortázar le confesó a Borges que era la primera vez que había visto un texto suyo en letras de molde. Esto no era exactamente verdad, pues ya había publicado antes un poemario en edición venal para los amigos. *Presencia*. Pero quizá fue la primera vez que no tuvo que ocultarse bajo el seudónimo de Julio Denis ni recurrir a un nombre de pila tan pomposo como Julio Florencio. De ahora en adelante podía firmar como Julio Cortázar. Y eso era importante. En todo caso la anécdota da idea del valor que tuvo para él conseguir el padrinazgo de Borges. Ni en sus mejores sueños podía haber imaginado que despertaría el interés de su maestro gracias a una pesadilla. Pero Borges debió sentirse muy próximo a un relato que parecía transcurrir en el barrio de Palermo, donde él mismo había pasado sus primeros años. En aquella casa del cuento podía haber vivido perfectamente el propio Borges con su hermana Norah, y llevar casi la misma vida. Pero allí dentro había algo más. No todos los pequeñoburgueses porteños vivían como un matrimonio de hermanos.

Al principio Julio negó que su intención al escribir «Casa tomada» fuera desarrollar una metáfora sobre el peronismo. Incluso le confesó a Aurora Bernárdez que los ruidos amenazadores que acaban expulsando a los hermanos eran en realidad fantasmas. Pero con el tiempo tuvo que aceptar que su inconsciente había trabajado en la sombra. Según reconoció en la entrevista de Joaquín Soler Serrano: «Esa interpretación de que quizá yo estaba traduciendo mi reacción como argentino frente a lo que sucedía en la política no se puede excluir porque es perfectamente posible que yo haya tenido esa sensación que en la pesadilla se tradujo de una manera fantástica, simbólica.» En efecto. Seguramente su inconsciente llevaba meses detectando esa amenaza cotidiana, representada por los «monstruos» que se topaba a diario, tal como refleja en carta a Sergio Sergi donde se lamenta de su rutina: cada noche vuelve agotado y exasperado tras una hora y pico en un tranvía. Le molesta verse colgado del estribo de un tranvía o «aguantando a sudorosos descamisados en la plataforma». Al final los nervios se rebelan y cuando llega la hora de asomarse al papel en blanco su máquina le recibe con una hermosa maldición. Si durante meses las antenas tan sensibles de Cortázar estuvieron percibiendo ese olor a sudor y a talco mojado, no es extraño que su inconsciente decidiera alzar la voz. Y lo hiciese con una pesadilla. Sólo que las pesadillas no habían hecho más que empezar.

KAFKA APARECE EN BUENOS AIRES

Ya hemos visto que en junio de 1946 el escritor renunció oficialmente a un puesto en la universidad. Aunque fue una medida coherente con sus ideas, no podemos saber cómo fue recibida en el
gineceo de la calle General Artigas donde seguían dependiendo de
él. Pero hay un hecho cierto: como ya no podía entregarles el talón,
tuvo que buscar una nueva fuente de ingresos. Pese a que el trabajo
en la CAL le proporcionaba un sueldo decente, buena parte de él era
desviada puntualmente a las mujeres de la casa. Cortázar decide entonces que ha de redoblar esfuerzos si aspira a independizarse, y con
este propósito comienza un año después a preparar exámenes al
puesto de traductor público. Desde el principio comprende que no
va a ser tarea fácil, sobre todo porque se ha propuesto obtener la
plaza en medio año cuando lo normal son tres años para conseguir-
la. ¡Tres años, nada menos! Pero una vez más Julio no dispone de
tanto tiempo. ¿Años de incertidumbre, de ansiedad, de presiones familiares? Ya sabe lo que es vivir en el destierro provinciano y no desea condenarse de nuevo en Buenos Aires. Por eso araña tiempo al
tiempo. Sin embargo el precio es alto y no tardará en afectar a su
equilibrio psíquico. Dejemos que él mismo tome la palabra:

> Yo vivía con mi madre, en esa época. Mi madre cocinaba. Siempre
> me encantó la cocina de mi madre, que merecía toda mi confian-
> za. Y de golpe empecé a notar que al comer, antes de llevarme un
> bocado a la boca, lo miraba cuidadosamente porque tenía miedo
> de que se hubiera caído una mosca. Eso me molestaba profunda-
> mente porque se repetía de una manera malsana.

En aquel tiempo Cortázar ya conocía lo suficiente a Freud para saber que había entrado en el túnel de las fobias; pero con una diferencia: esta vez las pesadillas no ocurren en el misterioso reino de
la noche sino que le suceden durante el día, nada menos que en el
domicilio familiar. Dicho de otro modo, lo kafkiano ha irrumpido
en el centro mismo del gineceo, en la cocina de su casa, ante un

plato de alubias o de espaguetis que le prepara su madre. Al comprobar que el enemigo ha llegado hasta allí, hasta el fuego de la caverna, la psique de Julio se tambalea. Esa fobia tan desagradable es la mejor prueba de que está sometido a una presión extrema. ¿Qué le pasa? Muy simple. Como cualquier opositor que prepara oposiciones, Cortázar vive en un tiempo alejado de la realidad. Mientras la mayoría de sus compañeros se han integrado a un mundo de responsabilidades adultas, él sigue siendo el alumno eterno, el sufrido aspirante que se quema los ojos estudiando en casa de mamá. Mientras los otros acuden al estadio, frecuentan los cafés, salen a pasear con la novia o se desfogan oscuramente en los burdeles, él continúa siendo una crisálida que no acaba de crecer. Está prisionero en el papel de estudiante cuando ya no le toca: de hecho lleva siglos preparando exámenes para obtener un puesto aquí o una plaza allá. ¡Pobre profesor Largázar! Y ese esfuerzo demasiado prolongado —ya tiene treinta y cuatro años— le pesa enormemente porque ha de seguir trabajando para ganarse el sustento. Una vez más vive esa doble vida loca e imposible: es el padre y a la vez el hijo.

Es difícil saber qué habría sido de él si la escritura no hubiera acudido nuevamente en su auxilio, pero la caldera debía de estar al límite. En carta a Sergio Sergi le anuncia su deseo de volver por unos días a Mendoza: necesita un descanso; está tan rebasado por el trabajo que a veces siente el acoso de la neurastenia. Lo que ocurrió después era inevitable, pero en Cortázar lo inevitable adquiere formas imprevistas. Una noche de invierno este hombre "surmenagé" regresó a su casa y experimentó una especie de revelación: de pronto tuvo la certeza de que algo estaba pasando en el barrio de Medrano. Una joven muy linda había dejado a su paso una estela de novios muertos. A raíz de esa idea inquietante, comenzó a escribir un cuento. Fiel a su costumbre, trabajó en él de manera compulsiva, sin conocer el final. Pero a los pocos días de haberlo terminado, su fobia inexplicablemente había desaparecido. Ahora ya no tenía aversión ante la comida: de pronto se descubrió comiendo todo como siempre, sin la menor desconfianza. Aparentemente se ha curado. Sin embargo debemos hacer énfasis en la palabra que emplea Cortázar en relación a su fobia. Confianza. Revisemos las declaraciones: «Siempre me encantó la cocina de mi madre, que merecía toda mi confianza.» Luego llega la obsesión por los insectos, la parálisis, y al final la curación inesperada, que le permite seguir comiendo como siempre, es decir, sin la menor desconfianza. En ningún momento el escritor hace referencia a lo que sentiríamos cualquiera de nosotros: asco, recelo, entomofobia... Habla de confianza y desconfianza. ¿Hacia quién? Sólo sabemos que la tenía, que la perdió y que la ha recobrado. Esto es lo único que por ahora debe importarnos. Y mientras guardamos silencio, doña Herminia continúa sirviendo la comida a su hijo.

Pero Cortázar no creía en milagros. Desde niño se había resistido a aceptar los hechos dados sin buscar una explicación convincente. Aunque el cuento ya está escrito, él no acaba de creerse que una neurosis tan extraña se haya esfumado sin motivo. Entonces establecerá la conexión. La clave está en el final del relato, cuando la joven perversa vuelve a fabricar bombones llenos de cucarachas, pero el narrador lo descubre y decide escapar para no correr la misma suerte de los novios anteriores. Según el propio Julio: «Después de escrito el cuento, un buen día me encontré comiendo un puchero a la española sin mirar lo que comía y muy contento. Y entonces asocié las dos cosas y me di cuenta que había hecho una especie de autoterapia al volcar en el personaje más que morboso del cuento todo el asco, toda la mecánica de la presencia de los insectos en la comida.» Moscas, cucarachas, qué importa. Una vez más lo interesante es que el protagonista termina escapando para poder salvarse. En este cuento llamado «Circe» se repite el mismo esquema de varias historias de la época que ya conocemos: los protagonistas siempre huyen. Ante esa asombrosa coincidencia, uno se siente inclinado a resaltar un hecho que adquiere proporciones bastante elocuentes, al menos en términos psicológicos; mientras Cortázar vive encadenado a su mesa de trabajo —en casa de la madre o en la oficina—, el inconsciente sigue cumpliendo su tarea. Allí todas las criaturas viven prisioneras de una amenaza, pero al final logran escapar. Este mecanismo se incorpora a la literatura, trazando la conducta de los personajes. Por eso debemos hablar de una especie de exorcismo. Años después reconocerá a Omar Prego: «Varios de los cuentos de ese mi primer libro de cuentos, fueron, sin que yo lo supiera autoterapias de tipo psicoanalítico. Yo escribí esos cuentos sintiendo síntomas neuróticos que me molestaban.» Analizando esos síntomas es probable que padeciera una neurosis obsesivo-compulsiva con visos paranoides. Dicho de otro modo, la vida que lleva le angustia y le enferma, el inconsciente le manda señales, y la escritura le salva. Pero ¿por cuánto tiempo?

CARTA A UNA SEÑORITA EN PARÍS

A medida que se acercan los exámenes, Cortázar lamenta cada vez más el malgastar tanto tiempo en los desplazamientos; la distancia que separa el domicilio de Rawson Agronomía y la oficina de la calle Sarmiento le supone un tributo que le resta energía y disponibilidad. Luego están los descamisados, claro, esos monstruos que sudan en el ómnibus o atiborran los vagones del «subte» con la euforia militante de los primeros días. Al final logra convencer a los suyos –o mejor dicho, a las suyas– de que debe trasladarse a vivir al centro. Al principio no le resulta fácil encontrar un lugar, ya que Buenos Aires se ha convertido en destino de miles de personas que abandonan los pueblos desde la llegada del peronismo. Afortunadamente su amigo Fredi Guthmann le resuelve el problema. Al parecer una prima de Fredi tiene previsto marcharse de vacaciones a París y está buscando a alguien que se haga cargo de su apartamento. Ante ese golpe de suerte, acepta.

El apartamento de Susanne Weil estaba situado en el 1200 de la calle Suipacha, en Barrio Norte. Durante varios meses Julio vivirá allí en unas condiciones más cómodas que las de casa de su madre. Ahora puede desplazarse caminando hasta su despacho de la Cámara Argentina del Libro y aprovechar bastante mejor los ratos libres. Sin embargo hay algo que no funciona. ¿Realmente es feliz aquí? En carta de la época le confiesa a Sergio Sergi que continúa trabajando de gerente y traduciendo libros, aparte de leer incontables novelas y escribir algún que otro poema. No tiene ánimo para mucho más; cada vez que le toca acudir a una oficina pública, o resolver algún asunto de la CAL, se queda con una amargura que le afecta días enteros. No, Cortázar no es feliz.

Éste es el individuo que regresa cada noche al apartamento de otra persona, en concreto de la redactora de la sección de modas del diario *La Nación*. Aquí reanudará sus hábitos solitarios, vivirá sus sueños y sus obsesiones. Nuevas obsesiones, queremos decir, porque, aunque la fobia a los alimentos ya ha pasado, Julio sigue moviéndose en la cuerda floja. Por aquellas fechas llevaba un diario secreto donde se escondía tras la voz de un tal Andrés Fava. En un pasaje reconoce que cuando entra en «neura» siente su inutilidad y aumenta su asco por el trabajo. Su médico le da entonces «excelentes drogas». Se recupera y ya no nota el vacío. «Algodonado en mi carapacho vitamínico, juego a no tener miedo, a estar contento, a sobrevivir».

En paralelo escribe el relato que da título a este capítulo, en realidad una carta inquietante que un inquilino manda a la propietaria del inmueble porteño, que vive en la capital francesa. En este sentido el arranque nos lo dice todo: el narrador proclama que no quería irse a vivir al departamento de la calle Suipacha. No tanto por los conejitos, más bien porque le molesta ingresar en un orden cerrado, construido ya hasta en las más finas mallas del aire. Dado que esta carta-cuento recurre a un tono marcadamente confesional, nada nos impide imaginar que el narrador es un álter ego de Cortázar. Pero en caso de ser así, nuestro querido cronopio, o su hermano gemelo, ha entrado en una nueva cárcel donde padece otro nuevo cautiverio. Otra fobia. ¿Cómo explicar, si no, otro párrafo en el que expresa su desazón por irrumpir en un ámbito ajeno donde todo se ha dispuesto como una reiteración visible de su alma? Esta confesión es sólo el principio de un largo memorial de manías que asaltan a cada paso al narrador, y con ellas, como un rumor de fondo, un profundo sentimiento de culpa por haber vulnerado un espacio que no le pertenece. Cada leve gesto cotidiano –cambiar de sitio una tacita o un cenicero– se convierte así en un gesto de ultraje y desafío hacia la propietaria ausente.

Es interesante destacar ahora un detalle. A diferencia de las anteriores historias de la etapa peronista, «Carta a una señorita en París» introduce un elemento de novedad: el narrador no es un ente invadido por una amenaza difusa; al contrario, es alguien que allana el espacio de otro y de algún modo'se convierte él mismo en amenaza potencial. Este hombre solitario y neurótico se pasea por el salón, toca los objetos ajenos, los cambia de lugar. En realidad es plenamente consciente de su poder, y si quisiera podría pegar fuego al apartamento y arrojar la llave por una alcantarilla. Pero no lo hace. Sin embargo, el lector descubre desde el principio que la historia está presidida por una anomalía, y esa impresión queda plenamente confirmada cuando el narrador confiesa tan tranquilo que vomita conejitos de color rosado. En ese momento la inquietante carta que conocíamos, en el fondo inofensiva, deriva hacia la confesión de un «monstruo» dotado de una facultad insólita en la naturaleza humana. En un rapto de talento, Cortázar imprime un giro brillante: lo puramente confesional ha dado paso a lo fantástico sin que apenas nos diéramos cuenta. Pero al aceptar lo fantástico, descubrimos que el narrador-invasor es también un invadido; en cierto modo está totalmente a merced de otra amenaza. Esta vez interna. ¿Qué importa que sea un conejito peludo e inofensivo, o la criatura alienígena que destroza el vientre de los tripulantes de la nave *Nostromo*? Es simbólico. Todos tenemos algo extraño dentro que hay que expulsar.

Y quizá lo que haya que sacar sean las fobias, esas fobias que están ancladas en los más hondo y que hay que expulsar periódicamente. No es lugar aquí de discutir si los conejitos son en realidad una metáfora embellecida de las propias obsesiones. Pero está claro que la idea de que son peligrosas y pueden acabar con nosotros subyace en todo el texto. Al final el narrador «poseído» se ve sorprendido por el amanecer y se plantea la posibilidad de arrojar a sus extraños huéspedes desde el balcón. Es la única forma segura para deshacerse de ellos y liberarse de una amenaza con sabor a pesadilla. Pero el precio es altísimo: en las últimas líneas el narrador acaricia la idea del suicidio: «No creo que les sea difícil juntar once conejitos salpicados sobre los adoquines, tal vez ni se fijen en ellos, atareados con el otro cuerpo que conviene llevarse pronto, antes de que pasen los primeros colegiales.»

A distancia ignoro si el índice de suicidios en Argentina aumentó con la llegada de Perón. Tampoco conozco el edificio de la calle Suipacha ni el piso donde vivía Cortázar, ese confortable departamento de una señorita en París. ¿Era muy alto o bien ocupaba los pisos inferiores? Más aún, ¿qué podía pensar un hombre hipersensible como él –fóbico, solitario, acosado por múltiples compromisos– y al que no dejaban disfrutar tranquilamente de un concierto de Alban Berg? ¿Qué sentía ahora, al verse invadido por una nueva fobia tan profunda que surgía desde lo más hondo de su ser? ¿Cansancio, tristeza, rechazo a sí mismo? ¿Qué siente una persona al asomarse en estas condiciones a un balcón en plena noche? Volvamos al «Diario de Andrés Fava». En un pasaje inquietante expresa su deseo de que el gesto de la muerte no irrumpa desde fuera, que entre el acto de llevarse el tenedor o la pistola a la boca no haya casi diferencia cualitativa. «Si matarse es una ventana, no salir golpeando la puerta.»

EL TRADUCTOR LEAL

A principios de 1948 sigue inmerso en el estudio. El encierro es tan agobiante que decide escapar de la ciudad coincidiendo con las vacaciones de verano. Dado que está limitado de recursos, le propone a Sergio Sergi que le busque alojamiento en Mendoza: un lugar que conoce y en el que hizo buenas amistades. Durante dos semanas Cortázar permanecerá, pues, en esta ciudad reviviendo los momentos más gratos del pasado con aquellos amigos del ambiente cultural. El saldo es muy positivo. Pero el regreso a Buenos Aires le reserva una ingrata sorpresa. Más tarde Julio se lo contará por carta a

Sergio Sergi, poniendo énfasis en el encuentro con una antigua novia en el tren. Aunque quiso ocultarse tras un libro —¿qué libro podría ocultar a Cortázar?— se vio obligado a compartir con ella todo el largo trayecto. Quince horas de charla, almuerzo, palabras, mentiras… «En fin, en la historia de mis pesadillas ésta será una de las más tremebundas.»

Este pasaje arroja una nueva luz. ¿Novia? ¿A qué misteriosa figura se refiere exactamente el profesor Largázar? No sabíamos nada de ella. Pero está claro que es una mujer vinculada a Mendoza, ya que había ido allí a pasar las vacaciones probablemente con su familia. Luego vuelve a Buenos Aires. Pero si Julio le concede el estatus de «novia» se debe a que mantuvo con ella relaciones formales, o al menos albergó en su fantasía la idea de tenerlas. ¿Quién? No tenemos datos pero es obvio que Sergi la conoce o ha oído hablar de ella. En todo caso el encuentro en el tren sugiere un vínculo más estrecho, el novio habla de desencuentros, mentiras, idioteces, y otorga a la situación un puesto alto en el *ranking* de sus pesadillas. ¡Él nada menos! El mismo hombre que teme encontrar cucarachas en la comida, que sueña con una casa tomada por los ruidos, que escribe la historia de un maniático que vomita conejitos, ese hombre no duda en emplear adjetivos terroríficos al describir el encuentro de una pareja en el tren. Está claro: el escritor aún no se desenvuelve a gusto con el otro sexo cuando el amor toma la palabra. Quizá logre ser adorable de visita, en casa de los amigos, con las hermanas y novias de los otros, en suma el yerno ideal. Pero luego está el amor profundo, misterioso y verdadero. Y aquí Cortázar no pisa seguro. ¿Cuándo llamará a su puerta una pasión tan plena como la de los poetas?

La vuelta a Buenos Aires le supone de nuevo un tormento. Julio reconoce que necesita la liberación económica para salir del pozo; pero a los tres meses de sus vacaciones en Mendoza le manda a Sergio Sergi un parte bastante negativo: está cansado de trabajar en la Cámara del Libro y de estudiar noche y día. Es horrible: en plena temporada musical no asiste a un solo concierto y no se queda jamás en el centro. Tampoco acepta ninguna cita con mujeres. «Cuelgo el tubo apenas oigo un "¡hola!" en tono femenino menor», dirá. Toma tónicos mentales, vitaminas, cerveza malteada. No lee novelas policíacas, que tanto le gustan. No escribe una línea. Sin embargo, el objetivo se perfila cada vez más cerca y este opositor agotado reza para que no vuelvan las fobias ni las pesadillas. Sobre todo ahora que ya no dispone de tiempo para practicar exorcismos en el papel.

A mediados de julio de 1948, aprobó finalmente el examen que le permitía ejercer como traductor público en lengua francesa. En esta ocasión ni los biógrafos más insidiosos pueden acusarle de haber obtenido el diploma con la ayuda de recomendaciones. Al contrario. Recordemos que en esa época Julio Cortázar ya llevaba años traduciendo artículos, cuentos, poesía, ensayos y novelas. El título de traductor le sirve sobre todo para dejar de ser un *free lance*, es decir, para convalidar oficialmente lo que ya sabe y ampliar sus conocimientos en materias como derecho o ciencias económicas. Tras el gran esfuerzo de licenciarse en pocos meses, uno se imagina que debería sentirse bastante satisfecho. Pero en tal caso su entusiasmo es moderado, como corresponde a un carácter cauteloso y melancólico como el suyo. Medio año después Cortázar obtiene un segundo título, el que le acredita de forma oficial como traductor de inglés. Y de nuevo la alegría es moderada. Cuando comunique la noticia a los amigos se callará, además, buena parte de la historia. En carta a Fredi Guthmann, de diciembre de 1948, le participa de sus logros y reconoce haber pasado «mi buen infiernito de ocho exámenes», pero ese infiernito alude a las pruebas en sí, no al durísimo estrés que le había puesto al borde del trastorno mental.

Sea como fuere, tiene una nueva arma para defenderse en la vida, justo en el momento en que el peronismo está plenamente consolidado y rige los destinos de la patria. Dado el impacto negativo que éste tiene sobre su persona, nos llama la atención que no haga el menor esfuerzo por cambiar de algún modo el statu quo, comprometiéndose políticamente. Mucho más tarde reconocerá a Omar Prego que su descontento se expresó de un modo similar al de sus amigos y la gente de su generación, es decir, deslizando las opiniones en el plano privado o a lo sumo en una charla de café. Esta oposición tibia al peronismo recuerda otras actitudes de Cortázar frente a conflictos de su juventud, como la guerra civil española, el nazismo o la Segunda Guerra Mundial. Aunque su sensibilidad era claramente democrática y sus opiniones no dejaban dudas, al final su compromiso se quedaba en nada. Él mismo define esta actitud afásica como una opinión, no como un gesto: «En realidad era un punto de vista que no se diferenciaba mucho de los puntos de vista que yo podía tener sobre la literatura o sobre la filosofía.»

Volvamos allí. Por mucho que le moleste, Julio tendrá que empezar a acostumbrarse a compartir la música dodecafónica con las ardientes alocuciones de Evita. Para ello no hay nada como el humor. Su ahijado Carlos María Gabel recordaba un episodio que expresa bien el lado excéntrico y genial de Cortázar: «En una calurosa tarde de verano, a la hora de la siesta, en que el sol más aprieta, Julio decidió despertar de su letargo a los circunspectos vecinos del barrio. Nada mejor que tocar la trompeta, abrir las persianas de la ventana y tocar... la *Marcha Peronista*. Nunca pudimos saber cuántos vecinos se habrían despertado enfadados. Nos reímos mucho.» Al conjuro de la gloriosa marcha, ¿qué cabecita negra habría tenido el valor de protestar? Años después el escritor aludirá a ese período, reconociendo que no quiso o no supo integrarse en la gran aventura colectiva. Entonces admitirá haber llevado una «vida porteña, solitaria e independiente; convencido de ser un solterón irreductible amigo de muy poca gente, melómano, lector a jornada completa, enamorado del cine, burguesito ciego a todo lo que pasaba más allá de la esfera de lo estético». Pues bien, este burguesito ciego que da la espalda al proceso revolucionario que mueve a su pueblo, ya ha abandonado por esas fechas el domicilio tan pulcro de la señorita que marchó a París. Ahora vive recluido en un pequeño departamento de la calle Lavalle, 376, esquina Reconquista, frente al Río de la Plata. Y allí trata de fijar el rumbo de su nueva vida.

Al principio, Cortázar pensó emplear su flamante título de traductor para establecerse en un bufete independiente y ser su propio jefe. En carta a Sergi se le ve lleno de esperanza. Luego reconoce en carta a Guthmann que no hay nada como un título de Traductor Público para precipitarle a uno en la más vergonzosa disolución moral. ¿A qué se refiere exactamente? Él mismo lo explicará a su amigo cuando concluyan las vacaciones de verano en la ciudad: ha explorado a fondo los barrios de la Boca, Belgrano, Villa Lugano y los pueblecitos del oeste. Fueron paseos sin propósito fijo, simplemente para salir y tomar el sol y entrar en los almacenes a chupar caña y comer salame. Esta declaración ligera expresa con nitidez el grado de cautiverio físico y mental al que se ha visto sometido. Felizmente Cortázar ya está libre. ¿Acaso la mejor prueba no son esas distintas clases de salame que descubre durante sus correrías porteñas? En la misma carta a Guthmann hace balance de ese 1948, un año maldito del que todavía no se ha curado bien. En efecto. Vida asfixiante, fatiga, estrés, enfermedad, convalecencia... Tras las vacaciones, Julio renuncia al sueño de establecerse por cuenta propia –demasiados riesgos– y decide buscar trabajo como traductor en un despacho del centro. ¿Dónde? En el estudio de Zoltan Havas, situado en la calle San Martín, número 424. De momento lo dejaremos aquí.

LOS REYES

Insistimos: el peronismo contribuyó involuntariamente al desarrollo de la literatura fantástica argentina; pero antes de que el tiempo avalara esta hipótesis, algunos escritores tuvieron que plegarse contra su voluntad al nuevo estado de cosas. En el caso de Cortázar, su alma atormentada seguía buscando puntos de fuga; en ocasiones se expresaba a través de los sueños y otras en su percepción algo distorsionada de la realidad. Así había ocurrido con el cuento «Circe», que le libró de la fobia a los insectos, y así sucedió también con otro texto de la época: *Los Reyes*. De creer al escritor, la inspiración le sorprendió mientras regresaba en un autobús hacia su casa: «Un día, de golpe, en uno de esos viajes en que te aburres, sentí toda la presencia de algo que resultó ser pura mitología griega, lo cual creo que le da la razón a Jung y a su teoría de los arquetipos, en el sentido de que todo está en nosotros, que hay una especie de memoria de los antepasados.» Según este principio, Julio estaba convencido de que había sido visitado por un remoto archibisabuelo suyo, que vivió en Creta cuatro mil años antes de Cristo, alguien que a través de los genes y de los cromosomas le había mandado un mensaje que correspondía al período minoico. A partir de ahí todo siguió el cauce habitual en él: esa misma noche empezó a escribir, y terminó el texto al día siguiente por la tarde. Siempre sostuvo que fue usado, que alguien hizo ese libro con su mano.

Esta vez no fue un cuento ni una novela, sino un poema dramático que recreaba la leyenda del Minotauro encerrado en el laberinto. Antes de analizar brevemente el texto, debemos someter las palabras de Cortázar a algunas consideraciones. Tal como sugiere Montes-Bradley, hay que situar *Los Reyes* en un contexto histórico donde el tema del Minotauro estaba plenamente instalado en las vanguardias literarias y artísticas. Julio ya se había asomado a él a través del *Teseo* de André Gide e incluso en un reciente cuento de Borges titulado «La casa de Asterión». Así pues, el tema flotaba en el aire, sobre todo para muchos surrealistas que creían ver en el animal mitológico la encarnación de un espíritu que se alza contra la autoridad. Lo mismo ocurría con los adeptos al psicoanálisis, para quienes el Minotauro era un símbolo de los impulsos del inconsciente. Por tanto, la inspiración de Cortázar quizá no brotó de un remoto ancestro que le susurró enigmas cretenses en la plataforma de un colectivo, sino de esas ideas que de manera más o menos consciente iban entrando en el disco duro de su cerebro. Incluso hay una rara carta escrita a Borges que lo confirma: en ella comparte el hallazgo de que el Minotauro está circulando otra vez entre los artistas y por eso ha querido hacerle llegar el suyo. En consecuencia no podemos considerar *Los Reyes* como fruto de un autor sobrepasado por las circunstancias personales, sino más bien atento a las inquietudes estéticas. Con todo, la idea de haber sido poseído debía agradarle mucho porque treinta años más tarde seguía defendiéndola al hablar del libro: «Incluso el lenguaje en el que está escrito viene de alguien que no soy yo, un lenguaje suntuoso, lleno de palabras que bailan.»

Pero lo curioso es la insistencia de Julio a la hora de buscar ese motivo de inspiración. Una vez más acierta Montes-Bradley al detectar aquí un elemento contradictorio. El mismo hombre que no reconoce abolengos, el mismo que no sabe nada de su abuelo, el mismo que no recuerda casi nada de su padre, afirma en cambio haber sido «contactado» por una figura familiar que le inspira desde el palacio de Cnosos. ¿No es sorprendente que todo su telón masculino se reduzca a esa asombrosa *visitation*? ¿A un contacto de ultratumba? Lo es. Sin embargo debemos ampliar la visión. Lo interesante aquí es señalar que esa figura que le visita es masculina, no femenina, y que el papel que le otorga Cortázar es transmitir un legado muy antiguo. Sea lo que sea ese legado, está claro que no puede ser transmitido por las mujeres de Banfield ni tampoco por las de Creta sino por un remoto patriarca. Este hombre posee el suficiente poder como para sacar de él un lenguaje desconocido, hecho de palabras que bailan. Al situarlo además en términos junguianos, Julio se acoge al territorio del inconsciente colectivo, un magma donde se agita de algún modo la memoria de la tribu, y donde obviamente existe un padre. El Padre.

Los Reyes brinda algo más que la recreación poética de un mito: traza en cierto modo una «ética», o al menos una toma de postura política que con el tiempo será el sello moral de Cortázar. Años más tarde aludiría a ello reconociendo que vio en el Minotauro al hombre libre, al hombre diferente al que la sociedad, el sistema, encierra inmediatamente en clínicas psiquiátricas y a veces en laberintos. Esto fue en 1977. Si Cortázar hubiera compuesto el texto en ese momento, quizá sería cierta la tesis de Montes-Bradley según la cual el escritor estaría haciéndonos creer que su recreación del mito encerraba connotaciones más profundas y sobre todo más próximas a la opinión que luego sus lectores tendríamos de él. La de un intelectual comprometido con la libertad. Pero nosotros no creemos que hubiera aquí un deseo de cuadrar las cuentas a posteriori. Aquí no. Pensemos que *Los Reyes* fue escrito en pleno peronismo, cuando la libertad expresiva, tal como la entendía Cortázar, estaba amenazada. El hecho de que su rey Minos sea un «dictador», y que el joven Te-

seo sea un sicario a su servicio que acaba con el Minotauro «poeta»
nos da idea de que el inconsciente de Julio –junguiano o freudiano–
seguía haciendo de las suyas. En 1982 volvería sobre el tema en ocasión del prólogo para la versión francesa de *Los Reyes*. Para entonces
el general Perón y su esposa ya habían muerto. Pero la nueva realidad argentina, bajo las botas de la Junta Militar de Videla, otorgaba
a *Los Reyes* una trágica vigencia.

SE LLAMA AURORA

Los Reyes fue publicado en enero de 1949 en una edición con ilustraciones y de corta tirada que hoy vale una pequeña fortuna. Previamente el texto había sido leído a un grupo de amigos en casa del
escritor Alberto Salas, donde Cortázar solía acudir regularmente
para mitigar su soledad. Para entonces ya estaba emergiendo en algunos círculos literarios como autor de talento; junto a la faceta de
traductor, se valoraban sus nuevos poemas que aparecían ocasionalmente en alguna revista, y sobre todo que el mismísimo Borges hubiera recomendado la publicación de «Casa tomada». Su trabajo en
la Cámara Argentina del Libro, además, le permitía relacionarse con
los principales editores y libreros del país. Son los tiempos en que
Julio traduce una monumental biografía de Pushkin, por ejemplo,
o publica algunas reseñas en la legendaria revista *Sur*. El Cortázar
de este período se nos aparece, pues, como una figura mejor perfilada, más segura, y que comienza a obtener ciertos réditos tras un
esfuerzo de años. El novelista Juan Carlos Onetti fue testigo de aquel
cambio que se manifestaba ya literariamente: «Cuando vi a Cortázar por primera vez en Buenos Aires, desconfié. No por opiniones
políticas, en las que coincidíamos; no, tampoco, por una subterránea
riña amorosa de la que luego él salió triunfante en París dejándome
la resobada tristeza de una letra de tango. Desconfié porque yo era
arltiano y él parecía un brillante delfín de la revista *Sur*.»
   Lamentablemente no podemos analizar aquí las diferencias estéticas que apunta Onetti en relación al autor de *Bestiario*. El hecho

de que el primero fuera devoto de Roberto Arlt, y por tanto seguidor de una narrativa descarnada y localista, y el segundo más cercano a una literatura fantástica de raíz europea, e incluso cercana a Felisberto Hernández, daría para una buena tesis doctoral. Y cabe imaginar que la ha dado. Lo que nos interesa ahora es otro punto, esa «subterránea riña amorosa» de la que el argentino salió luego triunfante en París. Pero una sola línea no da para mucho, aunque es suficiente para abrir un poco la lente ante esta nueva fotografía de Cortázar. Según el testimonio de Onetti, el tímido Julio Florencio se presenta ya más diestro en lides amorosas, de tal manera que no sólo ha aprendido a desplegar sus encantos sino que éstos son correspondidos. Y venciendo a otro. Indudablemente esto supone un paso de gigante en su educación sentimental, tan tardía en este aspecto, y este paso de gigante se une a la certeza de saberse cada vez más escritor. En este marco cabe situar el encuentro con una joven que acabaría siendo la figura femenina más importante de su vida. Con permiso, claro, de las damas de Banfield.

¿Quién era esa joven? Se llamaba Aurora Bernárdez. Nacida en febrero de 1920, pertenecía a una familia de españoles que habían emigrado a la Argentina procedentes de una aldea perdida de Galicia. A los pocos meses la niña regresó con sus padres a Orense y vivió allí hasta los cuatro años, donde aprendió a hablar gallego. De nuevo en Argentina, los Bernárdez abrieron un próspero comercio de ultramarinos en pleno centro de Buenos Aires, cumpliendo el sueño de tantos aventureros que buscaron fortuna al otro lado del mar. Este dato tiene su valor, ya que tanto Julio como Aurora fueron hijos de la emigración; en realidad, ella tampoco procedía de las elites que forjaron el país ni formaba parte de su cúpula económica o social. Antes bien eran gentes que habían pasado penurias en la tierra de sus antepasados y que luego habían contribuido a reinventarse con mucho esfuerzo en América. Solían ser gente sencilla, honesta, sacrificada y respetuosa con la familia y las tradiciones.

Tras concluir los estudios superiores, Aurora siguió el consejo de su hermano –el poeta Francisco Luis Bernárdez– y comenzó a trabajar como traductora. En 1945 la encontramos ya colaborando con la editorial Losada, donde conocerá a Francisco Porrúa, otro gallego emigrante, que con el tiempo será una figura fundamental en la vida de Cortázar. Un día impreciso de 1948 ella lee un cuento que la impresiona mucho: se trata de «Casa tomada», de un autor emergente, y desde entonces acaricia la idea de conocerle. La cita llegará días más tarde a través de una amiga común, Inés Malinow, que colabora en la revista *Verbum*, creada por los estudiantes de la Facultad de Filosofía y Letras. No dispongo del testimonio de Aurora evocando aquel momento, un hito personal que se produjo probablemente en la confitería Richmond, donde los jóvenes letraheridos bebían *cocktails à la mode*. Pero la impresión que le produjo aquel desconocido de mirada clara no debió de estar muy lejos de la que la propia Inés Malinow sintió por esa misma época: «No era un hombre atractivo. Impresionaba mucho. Tenía los ojos muy separados: era una especie de gigante imberbe con ojos de cíclope. No era un hombre erguido, porque era tan alto y siempre quería disimularlo. No se lo veía cómodo en su cuerpo. Fue mejorando con los años.» En este Cortázar de los años cuarenta, pues, aún queda mucho de aquel joven altísimo que parecía abochornado de ser muchísimo más alto que sus paisanos.

Pero ¿cuál es la impresión que le produce Aurora? A simple vista son el día y la noche. Ella es una morochita menuda, enérgica, vivaz. Aunque su mirada es dulce, la voz sugiere una firmeza de ánimo que nace de muy adentro y este contraste le confiere un gran encanto. Con el tiempo, Julio aludirá a menudo a su «nariz respingadísima», como una broma, pero también tuvo que fijarse en sus manos o en sus ojos. Con todo sería inexacto hablar de amor a primera vista. Es cierto que ambos tienen muchas cosas en común, la mayoría de ellas en el terreno literario. No podía ser de otro modo. Al fin y al cabo ella pertenece a un círculo de poetas entre los que destacan su hermano o Alberto Girri, que están muy atentos a todo lo nuevo. Pero, temperamentalmente, Bernárdez es mucho más sociable y abierta que Cortázar, más gregaria, y sus intervenciones siempre son cultas, ingeniosas, penetrantes, casi una rareza entre las jóvenes de clase media de la época.

Pocas semanas más tarde, en las navidades de 1948, el autor de *Rayuela* le manda por correo un libro de arte. La nota que lo acompaña es breve, casi protocolaria, y en ella le agradece la charla de la tarde anterior. Luego un hasta siempre. No parece la carta de un hombre enamorado, ni la de alguien que aspire con ansia a otro encuentro; pero tampoco podemos desdeñar la timidez endémica de Julio ante la posible llamada del amor. En los meses sucesivos tampoco quedan huellas de la cristalización de ese nuevo sentimiento. En las cartas que Cortázar manda por entonces a los amigos no hay rastro de la figura de Aurora, ni siquiera como una presencia que le haya llamado fugazmente la atención. Sin embargo, el contacto se mantiene, a través de llamadas telefónicas o citas en los cafés donde invariablemente la literatura es la reina. También intercambian libros. Se diría que Julio se siente cada vez más cómodo junto a esa joven que irradia simpatía y locuacidad. Pero el romance no acaba de prosperar. Pese a ello la aparición de Aurora supone una bocanada de aire fresco para un hombre que en aquellas mismas navidades confiesa a su amigo Fredi Guthmann que está tan agotado que se descubre a sí mismo creándose problemas inexistentes y añorando épocas felices. Está claro: Cortázar sigue pagando el esfuerzo de los últimos meses y se siente bastante solo. Quizá cada vez más solo. Pero Aurora está ahí, en algún lugar de ese verano asfáltico, que convierte a Buenos Aires en una jalea inmunda abrasada por el calor.

Medio año más tarde, en agosto de 1949, le envía otra carta en tono bastante más afectuoso donde se perciben algunos avances. La misiva pertenece a un momento difícil, como luego veremos, pero el remitente no hace la menor referencia a ello. Todavía es demasiado pronto para que Aurora sepa ciertas cosas de su vida y alguna de ellas tardará mucho en saberlas. En esta carta la llama «Musicienne du silence» y luego le pregunta con ironía si su silencio en relación a él no representa una opinión.

Julio ha adquirido la suficiente confianza para llamar «querida Aurora» a la morochita y para despedirse de ella con «cariñosos saludos». Sin embargo, la carta revela una cierta indiferencia por parte de la destinataria. Es probable que Aurora estuviera haciendo su juego para atraparle y le obsequiara con la música de su silencio. Nada puede atormentar más a un hombre, sobre todo si ese silencio procede de una mujer tan expansiva y habladora como Bernárdez. Consciente de que ha de seguir alimentando el fuego sagrado, Cortázar decide entonces ofrecerle una colaboración como traductora. Pero ella se niega. Están cada vez más cerca.

EN LA OFICINA DEL SEÑOR HAVAS

Estos meses de acercamiento a Aurora coinciden con su inmersión en el nuevo trabajo. Ya hemos visto que Julio había sido contratado como traductor público por Zoltan Havas, un húngaro bastante pintoresco que llevaba años afincado en Buenos Aires. Desde el principio, el nuevo empleado se encontró muy a gusto en la oficina de la calle San Martín. En carta a Fredi Guthmann, que ha gestionado su contratación, le comenta que va todas las mañanas al estudio de Havas, y que aprende lo mejor que puede el oficio. Traducir partidas de nacimiento italianas, por ejemplo, o patentes industriales en las que debe explicar al detalle las virtudes de una máquina de coser eléctrica o el funcionamiento de las turbinas de los barcos. Pero aparte de ese trabajo, lo más interesante es que Cortázar ha vuelto a la vida: ahora empieza a tener tiempo para salir un poco, oír música, recuperar a los amigos. Y sobre todo escribir. En este grupo de amigos figura obviamente Aurora; los cuentos de los que habla terminarán formando el volumen *Bestiario*.

Pero este retorno a la normalidad no se produce en todos los frentes. El hecho de que Julio haya avanzado en sus objetivos profesionales no le aporta, en cambio, madurez emocional. En este aspecto debemos traer aquí el testimonio de Natasha Czernichowska, una traductora rusa que trabajaba para Havas y que trató mucho al escritor. Dado que Natasha era la mujer de Fredi Guthmann, sus palabras poseen el valor extra de la amistad: «Julio leía todo lo que tenía a su alcance, era un placer conversar con él de cualquier tema, era como si se pudiera dialogar con una enciclopedia. Pero de la vida... de la vida no sabía absolutamente nada... ¡Hasta se ponía colorado si llegaba a quedarse a solas conmigo o con cualquier otra mujer!» El testimonio confirma algo que ya sabemos: Cortázar no sólo presenta el aspecto de un pibe, sino que tiene el corazón de un muchacho hipersensible que palpita como las alas de una mariposa. Claramente está descompensado. Aunque pueda traducir admirablemente el *Nacimiento de la Odisea*, de Jean Giono, por ejemplo, padece episodios frecuentes de rubor sexual. Y sin duda esto le afecta. No sabemos si Cortázar llegó a aceptar que gran parte de su problema estaba relacionado con el antiguo gineceo de Banfield. Pero es difícil no verlo bajo ese prisma. Mientras los principales referentes femeninos de Julio sean los de la propia familia, mientras las mujeres de la casa le sigan llamando Cocó, le será bastante difícil alzar el vuelo. Y hacerse hombre.

CARTA DEL PADRE

En invierno de aquel mismo año se produjo un hecho extraordinario que quizá le hizo madurar de golpe. El día 2 de agosto recibe una carta enviada por un individuo misterioso que firma con el nombre de Julio Cortázar. Divulgada en fecha reciente, esta carta lleva el membrete del hotel Rosario, en La Calera, un pueblecito perdido de la provincia de Mendoza. Aunque Julio no conocía la letra de su padre, su corazón se quedó a las puertas del colapso:

> Querido Cocó:
> Imagino la sorpresa que te causarán estas líneas, llegadas a tu mesa desde el fondo del tiempo y la distancia. Ignoro totalmente cuál es tu opinión, cuáles tus sentimientos a mi respecto; han debido gravitar en tu ánimo, a lo largo de treinta años, muchos factores de diversa índole que, forzosamente, son los determinantes de la conclusión a la que haya llegado tu espíritu... Yo no he querido, deliberadamente, intervenir en ninguna forma, en ningún momento, con relación a ti ni a Memé. Estimé en principio que

no era posible ni humano, sembrar conflictos en el alma de seres
que empezaban a vivir. Me resigné a ser, posiblemente, condenado
y resolví, en consecuencia, desaparecer totalmente, sacrificando lo
que yo sólo sé...

Este párrafo es el principio de la carta más importante que el escritor recibió en toda su vida. Es la señal esperada, la felicitación por teléfono al conejito de regalo, la moneda de oro. Pero Cortázar no es capaz de reconocerlo. ¿Acaso su padre va a volver? ¿Está elevando una disculpa, solicitándole el perdón? La lectura se hace cada vez más difícil. Los latidos del corazón de Cocó se suman a una poderosa descarga de adrenalina. No obstante, el impulso que inspira la carta pronto sale a flote. Julio José Cortázar Arias no surge de la nada porque haya previsto modificar un ápice su primitiva resolución. No. Lo hace por un motivo increíble, absurdo, menor. Pocos días antes había leído en el diario *La Nación* una reseña literaria firmada por su hijo. Julio Cortázar. Pero la coincidencia de nombres ha generado un equívoco entre su círculo de amistades y le ruega al hijo que rectifique para evitar nuevos malentendidos. Según él, también lo hace para no recibir honores que no le corresponden. ¿Así que era eso? ¿Ese argumento tan frágil, tan estúpidamente banal? La mente del escritor está tan confusa que apenas alcanza a leer estas líneas de despedida: «Pour finir: te he llamado "querido Cocó" al comienzo de la presente; me cumple decirte que tal calificativo corresponde plenamente a mis sentimientos de siempre.»

La primera conclusión es que el padre manejaba hábilmente la pluma. Es cierto que la gente escribía mucho mejor a mediados del siglo pasado, cuando el saber redactar una carta formaba parte de las buenas costumbres. Pero leyendo el texto entero se descubre mucho más: hay inteligencia, sensibilidad, penetración psicológica, espíritu crítico, etc. Todo ello arroja una nueva luz sobre el origen del talento de Cortázar. Durante décadas se ha rastreado su gen literario en la rama materna; el propio Julio contribuyó a esa idea amparándose en la figura de su madre y en la profunda influencia que había tenido sobre él. Pero está claro que el padre no le iba a la zaga, y esa única carta que conservamos celosamente es una prueba irrefutable. Ciertamente Cortázar podía haber dicho que su padre poseía una vena literaria, aunque fuera *amateur*, pero nunca quiso admitirlo. Ni siquiera reveló que había mantenido con él ese breve pero intenso intercambio epistolar. No le iba con su propia leyenda. Cuando declaraba en las entrevistas que su padre se fue de casa para siempre o bien que no volvió a verlo nunca más, estaba callándose parte de la historia. Porque aunque es verdad que no volvió a verlo físicamente, también lo es que «volvió a verlo» en el papel, en esta carta, cuyo contenido era lo bastante elocuente y sincero como para merecer el estatus de presencia. Si algo nos permite una carta es ver al que no está, al que se ha ido. Como maestro del género, Julio lo sabía mejor que nadie. Pero prefirió darle a la madre la exclusiva. Por eso ensalzaba su manejo de los idiomas, su amor por la lectura y la variedad de sus intereses. «Mi madre podría haber sido una excelente traductora», solía decir. Mejor así. ¿Para qué añadir el rastro de un caballero inexistente?, ¿para qué proclamar que quizá sí, que quizá su padre también?

Admitido que Cortázar padre tenía buen pulso para las palabras, y que acaso transmitió a su hijo algún don en relación a ellas, deberíamos ahora detenernos en la carta. Esta carta es ante todo una petición. Dicha petición es un tanto inusual, rogarle a un hijo que se cambie de nombre, o al menos que vuelva a utilizar su nombre de pila completo para evitar confusiones. Imaginamos el asombro de Cocó ante un segundo hecho: cuando por fin había logrado auparse hasta *La Nación* y mostrarse al mundo con una firma adulta, reaparece el padre para negarle ese derecho. Es injusto, absurdo, casi kafkiano. Pero ¿realmente es ése el único motivo que mueve al viejo Cortázar? ¿Deshacer un entuerto o hundir al hijo? Cuesta creerlo. Desde el principio este argumento es muy endeble. Suponiendo que el padre tuviera un estrecho círculo social en un pueblo perdido en la nada, ¿qué grave trastorno podía representar para él que le confundieran fugazmente con su hijo? Ninguno. Al contrario, ese *malentendu* sólo era una causa de orgullo paterno. No podía ser de otro modo. Digamos que un padre tiende a alejarse de su hijo porque éste incumple las expectativas o los sueños que sus mayores depositaron en él; pero cuando un hijo las satisface plenamente e irradia una luz hermosa alrededor, ¿por qué habría un padre de lamentarse por ello? No tiene sentido. En esa carta Julio José Cortázar no escatima elogios hacia su hijo: habla de «espíritu bien cultivado», del «eclecticismo de tu acervo espiritual», de «sesuda y brillante muestra literaria», etc. Nunca hasta entonces el autor había recibido una crítica tan entusiasta, y seguramente este reconocimiento le habría llenado de satisfacción si hubiera procedido de cualquier otra persona, menos de su padre.

Pero Julio hijo no sucumbe al canto de sirenas. ¿No lo oye o no quiere oírlo? Es cierto que su padre no se atreve a proponer un encuentro, quizá ni lo sueña, pero bajo la superficie de la causa oficial —el deseo de evitar equívocos— hay la voluntad de mandar algunas señales más profundas y quién sabe si afectuosas. Bajo la petición de que firme sus nuevos escritos como Julio Florencio, creemos reconocer también la llama anhelante del tanteo. Releyendo la carta, advertimos claras muestras de otras motivaciones: la más importante, sin duda, es tratar de justificar su silencio imperdonable. No importa que proclame que su decisión permanece intacta, es decir, que no va a volver, porque el asunto es otro. ¿Cómo iba a regresar treinta años después? Treinta años. Se fue entonces en 1919. Por tanto nunca estuvo en Banfield. Ni el tango más desgarrado se habría permitido un argumento tan melodramático. El asunto es abrirle un poco su corazón, mostrar algo, quizá hacerse entender. «No era posible ni humano sembrar conflictos en el alma de seres que empezaban a vivir.» De acuerdo. Pero al evitar esos conflictos a través de la ausencia, el padre generó otros bastante peores, como los trastornos de salud de Ofelia y la timidez patológica de Julio. Sus hijos, sus víctimas.

La respuesta de Cortázar será rápida y fulminante, tratándose de una persona tan reflexiva: empieza advirtiendo que su carta tiene la misma imparcialidad que la que pudiera enviar a un tercero. Un desconocido. Lo que hace Julio es devolver a su padre a las tinieblas que le corresponden. Desde el principio le niega cualquier rango que no sea el de un lector cualquiera que le ha hecho una petición disparatada; luego pasa a explicarle fríamente las razones que le impiden complacer sus deseos. La conclusión es contundente: «Lamento el malentendido, pero me tranquiliza pensar que sus amigos –a quienes usted ha aclarado la cosa– sabrán ahora a qué atenerse.» Por último, una despedida que se resume en un saludo cordial. De los miles de textos privados de Cortázar, éste es casi el único que no desprende un átomo de calor ni de afecto. Cero, nada. Si hubiera visto a su corresponsal en la calle no lo hubiera reconocido, pero quizá tampoco lo habría saludado. Sabemos que por esa época el padre de Julio viajaba a veces a Buenos Aires. Dado que no existen fotografías suyas recurriremos al testimonio de un viejo amigo. Era un día de lluvia. Desde la galería de la catedral de Buenos Aires vio cómo Julio José Cortázar cruzaba la plaza para finalmente perderse entre la multitud de paraguas negros en la calle San Martín. «Parecía no importarle el agua. Iba comentándose historias.»

Es lo único que tenemos. Un tipo más, que se pierde en el gran río de Buenos Aires. El autor de *Rayuela* no le habría dado otra consideración. La carta lo demuestra. Pero en el fondo nosotros no le creemos del todo. Es cierto que este cruce epistolar le permite matar al padre, y hacerlo además de un modo blanco, aséptico, por control remoto… Negándole su verdadero papel. Pero si es así no es a causa de su valentía, que no la tiene, sino de la campaña de desprestigio hacia el páter familias que presidió los primeros años de su vida. Sin embargo, la carta del padre, también, desprende un afecto hacia el hijo que éste tuvo que percibir desde la primera palabra. Querido Cocó. En el fondo Julio llevaba años aguardando el reconocimiento de una figura paterna, no tanto el plácet literario –¿quién mejor que Borges?– como otro más importante, el de saber que era un buen hijo, un pibe responsable y lleno de buenos sentimientos. Quizá ese anhelo no era consciente sino que operaba en los rincones del alma donde las necesidades más profundas no suben a la superficie ni tampoco se expresan con palabras. Pero sin duda existían. En tales circunstancias el regreso de un padre perdido, pero lleno de admiración hacia él, tampoco era una pésima noticia. Fatalmente,

Julio seguía siendo el niño abandonado de Banfield y su corazón había llorado hasta secarse. Aquella misma tarde hizo copia de las dos cartas, las puso en un sobre y las guardó en lugar seguro. Treinta años después las entregó a Aurora Bernárdez con el encargo de que si él moría antes se las entregara a su madre. A Doña Herminia, la mujer abandonada.

EL CAPITÁN GUTHMANN

Como sabemos, el sentimiento de huida no era nuevo en Cortázar. Desde hacía años que venía apropiándose de él y lo había manifestado varias veces en su correspondencia. Al principio pudo cumplir su deseo viajando por el interior del país y en sus breves salidas fuera de Argentina; pero tras la Segunda Guerra Mundial, recobró fuerza el viejo sueño de viajar a Europa. En las navidades de 1948 este sueño se traduce en su admiración por Italia, tal como vemos en un comentario epistolar a Fredi Guthmann en el que expresa su sintonía con los poetas ingleses que tienen el buen gusto de irse a morir allí. Pero tres meses más tarde anuncia al mismo Fredi que ha rechazado el plan de un amigo para viajar con él al Viejo Continente. ¿Motivo? Acaba de incorporarse al despacho de Zoltan Havas y no quiere abandonar la nave al principio de la travesía. Sin embargo su reflexión da una buena pista de lo que está formándose en su cabeza: a su juicio Europa merece un mínimo de tres meses. Pero más allá del tiempo, Europa es una idea que no le deja dormir .Ya ha hablado con gente que vuelve de allá y se siente «en la obligación moral de dar el salto.» Obligación moral, nada menos.

Llegado este punto hemos de invitar a un personaje que influyó decisivamente en Cortázar, despertándole de paso el deseo de salir de Argentina. En parte ya lo conocemos. El personaje en cuestión es uno de esos «raros» que surgían por entonces en el mapa de un país. Se llamaba Fredi Guthmann. Nacido en 1910, pertenecía a una familia de judíos alemanes que regentaban una conocida joyería en la calle Florida. Hombre de hondas inquietudes, Fredi escribía poemas, era actor, músico, fotógrafo, y había llevado en su juventud una vida bohemia y aventurera. En plena adolescencia había huido de su casa y posteriormente se embarcó en un velero para viajar a los mares del Sur. En la época en que Cortázar aún estaba estudiando en el Mariano Acosta, este gigantón iluminado ya se rociaba con el *parfum exotique* tan caro a Baudelaire. A bordo de su velero navegó por Samoa, Tahití, las islas Solomon, Nueva Guinea, y pudo conocer un paraíso que parecía pintado por Gauguin. Posteriormente estuvo en París y vivió el auge del surrealismo; la leyenda asegura que el mismísimo Breton quiso editarle un poemario pero él declinó olímpicamente la oferta.

A principios de los años cuarenta reaparece su rastro en Argentina asociado al Comité De Gaulle, una sucursal de la Resistencia francesa dedicada a luchar contra los nazis y los colaboracionistas que operaban en Buenos Aires. Quizá sea interesante recordar que en esa época la ciudad era el foco de nazismo más activo del mundo, fuera de Alemania. Terminada la guerra, frecuenta los círculos literarios porteños y en ese momento conoce a un joven profesor que acaba de llegar de Mendoza. Oigamos la voz de su esposa, Natasha Czernichowska: «Fredi quedó encantado. Julio le pareció un muchacho extraordinario... Creo que desde un principio Julio estaba tan fascinado con Fredi como Fredi con él. Eran dos caras de una misma moneda, dos sombras largas relevando los barrios de Buenos Aires.»

Dos sombras largas, en verdad. A este lado de la vereda, Cortázar con un metro noventa y tres de estatura; a su izquierda, Guthmann, con un metro noventa. Pero más alto, mucho más alto que Julio en el arte de vivir peligrosamente. Sin duda debieron llamar bastante la atención en aquellas calles tomadas por el peronismo. Medio siglo después, el editor Francisco Porrúa evocará su figura: «De Guthmann dijo Cioran que era la única autoridad espiritual que había conocido. Era un hombre de mundo, muy educado, que en los años treinta había participado en el movimiento surrealista. Estuvo en la India y ahí le ocurrió algo, tuvo una suerte de visión, conoció lo que algunos llaman "Bramah", o la conciencia cósmica.»

Aparte del valioso elogio de Cioran, el nuevo amigo de Julio le proporcionó muchas horas de camaradería, también una apertura mental que luego le beneficiaría mucho en su visión poliédrica de la realidad. Quién sabe si el judío errante no tuvo que ver con las alucinaciones que padeció en el ómnibus cuando sufrió la *visitation* de su antepasado minoico. Después de todo, Fredi se movía como pez en el agua en las charcas del inconsciente.

Desde el principio Cortázar se percató de que Guthmann era un hombre a quien lo accidental le resultaba superfluo. Aunque fuera un espíritu culto, había sido siempre muy refractario a enraizarse, como si no quisiera recaer en la triste condición del hombre que tiene una sola casa, una sola mesa, o una sola ventana abierta a un solo paisaje. Es esto precisamente lo que admira Julio, la posibilidad de vivir una existencia sin ataduras. ¿Cómo no iba a admirar secretamente a un tipo que le habría cortado muy gustoso las trenzas a Ofelia y se habría largado pitando de Banfield?

En todo caso hay una influencia más clara: la propia vida. Cuando Cortázar regresa de un lugar tan poco exótico como Mendoza, con sus férreas costumbres provincianas y sus intrigas universitarias, se encuentra a este personaje novelesco. En las tardes en que ambos se reúnen en La Fragata para tomar un trago, la memoria de Fredi parece un cono volcánico en plena ebullición. Entretanto él saborea un cóctel Demaría mientras navega fascinado sobre el mapa del mundo. Todo lo que cuenta Guthmann le suena a esa literatura de aventuras que leía de chico en el altillo de Banfield. En algún rincón del planeta aún quedan islas pobladas por caníbales, la Melanesia, mares que se tragan barcos de veinte metros, ciudades como París, con poetas locos como Artaud y pintores como Picasso, y mujeres de piel ardiente que arrastran al hombre a la disolución. ¿Alguien da más? Sólo es cuestión de bajar al puerto, *¿comprendés?* Aquí hay un gran puerto. Cortázar no tardará en hacerlo. Le seguiremos. Pero antes vamos a colocar dos nombres unidos: Fredi Guthmann-Horacio Oliveira. Realidad y ficción. Dos buscadores.

RAPSODIA HÚNGARA

Ya sabemos que el autor de *Rayuela* se familiarizó pronto con los secretos del despacho de Havas; pero a las pocas semanas percibió en su jefe signos alarmantes. Según los testimonios, este caballero húngaro tan culto y civilizado estaba dando pruebas de neurastenia. Cuando uno repasa la correspondencia de Cortázar detecta bastante preocupación por algunas obsesiones que flotan en la oficina. Dado que él mismo era experto en fobias, no le fue difícil reconocer las señales. ¿Y qué le ocurre al húngaro? Pues que lleva un tiempo obsesionado con escaparse a Tahití. En este punto quizá debamos explicar que Havas había pasado una larga temporada en Samoa, rodeado de nativas, y fue allí donde conoció a Guthmann. Sólo que éste regresó de su largo periplo «iluminado», mientras aquel no pudo encontrar la luz y ahora languidece en un despacho porteño. Bajo sus modales exquisitos, su corazón insatisfecho lleva demasiado tiempo prisionero. Como apunta el biógrafo Miguel Herráez: «Havas pretendía una forma de viaje iniciático de largo recorrido, en el que hallar respuestas a ciertos interrogantes existencialistas impulsados por el paso de la vida y que, parece ser, lo abrumaban sobremanera.» Desde la perspectiva actual resulta delicioso evocar a estos personajes marcados por una indómita ansia de aventura y de búsqueda de la verdad; pero mayor peso tiene el saber que ambos ejercieron una gran influencia sobre Cortázar. Fueron ellos quienes le hablaron del sentido de un gran viaje.

Pero aquí hay un misterio. Desde el primer momento Julio se verá envuelto en la maraña. Las cartas de la época transmiten cierta inquietud por las complicaciones que se derivan del proyectado viaje de Havas. Fiel a su estilo, es lo suficientemente discreto para no entrar en honduras psicológicas, pero admite que todo ello condiciona la mecánica del despacho. Su jefe está un poco intranquilo: esperaba que fuera Guthmann quien le comprara el pasaje para tomar el barco en septiembre y sólo recibe silencio. No hay modo de que la situación laboral quede bien definida antes de terminar el año. La oficina de la calle San Martín no puede permanecer desierta a causa de los viajes de unos y de otros. Hay tanto trabajo que uno de los dos debe permanecer al pie del cañón. De este modo el sueño de Cortázar de viajar a Europa pasa imperativamente por cumplir los planes de Havas. En este punto el empleado comienza a entender las pulsiones centrífugas de su jefe. Pero aún tendrá que esperar varios meses.

Esta situación transitoria donde todo queda en suspenso angustia bastante a Julio. Está convencido de que los preparativos del viaje restablecerán moralmente a su jefe, y entretanto éste redobla esfuerzos para dejarle la oficina en las mejores condiciones. Pero el sobreesfuerzo del húngaro no le pasa inadvertido y se preocupa por su salud; también está muy atento, ahora sí, al factor psicológico. En vísperas de soltar amarras, Zoltan Havas no las tiene todas consigo. Tiembla. Cortázar reconoce los síntomas: también él ha vivido la ansiedad previa a la partida, aunque sus viajes se hayan limitado casi siempre a modestos periplos por el interior del país. Sólo en la jungla de Misiones fue un hombre fuerte. El problema es que ocho meses después de su ingreso en el despacho, la rapsodia húngara de Havas aún sigue sonando en sus oídos. ¿Qué pasa con él? ¿Se va o no se va? Todos están pendientes del billete para conocer la fecha de la salida del barco.

¿Y Julio? Bueno, él es otra cosa: es el ángel llamado Cocó, el profesor Largázar, el tipo apocado con aires de Clark Kent. Todavía no se ha puesto la capa de Superman. De momento se limita a trabajar duro en el despacho con el fin de reunir la plata necesaria para marcharse de vacaciones a Europa. Todo es mucho más modesto, menos heroico. Lo importante es que no falte el talón mensual para mamá y que le quede lo suficiente para su aventura. En carta a algunos amigos les habla de su proyecto, las limitaciones financieras, los posibles contactos que han de allanarle el camino. En relación a París tiene una idea, buscar alojamiento en la Ciudad Universitaria; en cuanto a Italia tiene otra, llevar una vida más errática, un poco en la línea de Guthmann. Buscar algo, ¿la terrible Belleza quizá? ¿lo que encontró Keats? Aparentemente todo está previsto. Pero él mismo es consciente de que las cosas cambiarán cuando llegue a su destino. En carta a Sergio Sergi lo reconoce con humor al señalar que el plan es de una precisión geométrica». Como los planes estratégicos alemanes... que les hicieron perder todas las «guerras.»

EL SUEÑO DE EUROPA

A principios de enero de 1950, el escritor se embarca por fin con destino a Europa. Instalado en tercera clase, pasea su larga figura por el *Conte Biancamano*: un antiguo paquebote de lujo que operaba regularmente entre ambas orillas del Atlántico. En aquel tiempo anterior al uso masivo del avión, las compañías navieras rivalizaban por la hegemonía en el mar, y entre ellas la italiana Lloyd Saboyano gozaba de un sólido prestigio. Aparte de ser más confortables, sus transatlánticos ofrecían unos servicios de calidad superiores a las otras compañías que viajaban a Argentina. Ciertamente el *Conte Biancamano* era impresionante: 24.000 toneladas, 200 metros de eslora, once puentes, y una capacidad para más de mil pasajeros. Aunque sus días de esplendor habían pasado, seguía siendo el favorito de los inmigrantes porque podían pasear cómodamente en cubierta y practicar toda clase de actividades a bordo. Además, la tercera clase donde viajaba Julio disponía de camarotes para cuatro personas e incluso agua corriente. No era un mal comienzo para que el intrépido Cocó iniciara la gran aventura de su vida.

A finales de mes, el *Conte Biancamano* hace escala en Dakar donde el viajero se compra un coco; luego otra breve escala en Barcelona y por último la llegada a Génova. Dos semanas más tarde lo encontramos en una habitación del Albergo Toscano, de Siena. Desde allí escribe una larga carta a su amigo Eduardo Jonquières donde refiere las primeras impresiones. Este punto tiene interés porque dichas impresiones son italianas: no son francesas ni españolas. Aunque el mito europeo para un argentino sea París, lo cierto es que Cortázar viaja primero a Italia donde el poso e importancia de la cultura es mucho mayor. Antes de Baudelaire está Dante, por ejemplo, y antes de Delacroix los cuerpos marmóreos de Miguel Ángel. A cada paso se topa con un nuevo deslumbramiento, una verdadera epifanía que le pone frente a los ojos aquellas maravillas que sólo conocía a través de los libros. Amigo de los juegos de la imaginación, Julio está descubriendo que la fantasía puede retirarse a descansar cuando uno se pierde en las callejuelas medievales de Siena. Al bajar la escalinata del Duomo, se encuentra de golpe en pleno Trecento, sin necesidad de abstracción alguna, sólo con la presencia de lo que le rodea. Aquí no necesita soñar en un altillo.

En unas semanas va completando el periplo: Nápoles, Roma, Florencia, Pisa, Venecia... En todas ellas se da un baño tan jubiloso de cultura que renuncia a abrumar a su corresponsal con la crónica de sus asombros. Uno de los momentos álgidos tendrá lugar en Roma, en la casa donde murió Keats. Durante la visita recorre las estancias, aspira el aroma silencioso de aquel que cantaba a los ruiseñores, y queda conmovido al entrar en su habitación. Se trata de un cuarto modesto y estrecho cuya única ventana se abre a la plaza de España. Es fácil imaginar la impresión que recibe un hombre de su altura al descubrir que Keats había muerto en una cama donde él sólo habría podido tenderse en posición fetal. Sin embargo qué espacio tan grande si lo medimos en la hora afortunada de los versos, en la amplitud inabarcable de la Belleza, en el cielo infinito de la Verdad. Tras abandonar la casa del poeta, efectúa una breve visita al Cementerio No Católico donde reposan sus restos. Mientras observa atentamente la lápida, le llega el cercano rumor de los tranvías. Sus ojos claros registran cada palabra del epitafio: «Aquí yace aquel cuyo nombre fue escrito en el agua.» Y entonces se confirma ese algo que ha sentido a lo largo de todo el viaje, el peso y la presencia de las miradas anteriores, la certeza de que Europa es un lugar donde se encuentran indeciblemente las miradas de los seres que merecen vivir.

Pero Italia ofrece algo más. Como escribe a Jonquières, no todo es paisaje ni obras de arte; también busca cosas y habla con la gente. Ocho días más tarde redacta otra carta, esta vez desde un tren, donde informa de nuevo acerca de sus aventuras italianas. La destinataria será Aurora Bernárdez, quien sigue poniéndole a prueba con sus silencios. Le cuenta que se divierte mucho, pero que ya está bastante cansado. El motivo es que en Italia todo reposo suena a pecado mortal. No se puede dormir en Roma o en Florencia cuando uno sabe que a doscientos metros hay un Paolo Uccello o una puesta de sol o un cucurucho de pescado frito a 100 liras. A diferencia de anteriores mensajes, en éste la distancia geográfica le permite algunas licencias. Cortázar no duda en llamarla «gran haragana», por ejemplo, e incluso le transmite estados de ánimo: «A ratos me siento un poco solo y preferiría compartir experiencias que han sido magníficas. Si tenemos en cuenta que a Jonquières no le habla de soledad, cabe suponer que Julio le está diciendo a Aurora, de una forma sutil, que a veces la echa de menos y que le agradaría disfrutar con ella de sus aventuras. Luego se despide cariñosamente. Algo está cambiando.

Durante este primer viaje Cortázar escribe poco. Tal como confiesa a Aurora no hace más que vivir. Pero a raíz de la gran impresión que le produce la pintura de Masaccio, compondrá un largo poema que irá retocando en los trenes y los hoteles. Aunque el poema evoca algunos momentos de la vida del pintor renacentista, Julio también parece hablarnos de sí mismo. Esta vez no hay ningún ancestro cretense que le inspire palabras que bailan, pero el poeta sigue prisionero de una extraña sensación que le une al pasado. A raíz de su visita a las ciudades del noreste italiano, esta sensación se intensifica hasta tal punto de que no duda en decir: «Cuando vi Ravenna, Padua y Venecia, descubrí que era un bizantino traspapelado en el tiempo...¡Viva Bizancio y la emperatriz Teodora!» Más tarde Venecia se le antoja como una vieja cortesana que ofrece un ramo de violetas marchitas. Tras pasar cinco días allí, toma el tren en dirección a París. Le aguarda una larga noche bajo la luna llena antes de llegar a la ciudad soñada.

PARÍS, POSTAL DEL CIELO

A principios de marzo Cortázar se encuentra en la capital francesa. La ciudad le recibe como suele hacerlo con los extranjeros: con los brazos abiertos y un puñal oculto bajo la gabardina. Aunque el escenario es apasionante, reina un ambiente muy inhóspito, el frío es terrible y además se declara una huelga de transportes. Pero esta vez Cocó no va a arrugarse. Cubierto hasta las cejas, se adentra en la Ville Lumière de los pintores, los amantes, los poetas. Sí. París es la ciudad mito que aprendió a amar leyendo a Baudelaire y en este lugar sucumbirá a la gran epifanía de su vida. A su manera está repitiendo la singladura de aquellos *fils à papa* de los ricos rioplatenses que desembarcaban en Francia para obtener el diploma de hombres vividos. Sin duda la ciudad hace honor a la leyenda. El 6 de marzo escribe a unos amigos argentinos que le cuesta transmitirles una idea precisa, porque está aplastado bajo la acumulación de sensaciones y experiencias. Como ciudad es la cosa más perfecta posible. Al igual que le ocurriera en Italia, se dedica a devorarlo todo con sus inmensos ojos glaucos. Se diría que está desquitándose de tantos años de «exilio» provinciano, de aquella tremenda sequía cultural que apenas le dejaba vivir. Instalado en un modesto hotel del Barrio Latino, se dedica ahora a recorrer una ciudad que respira los aires del existencialismo. En la zona además hay una fuerte presencia latinoamericana, lo que le permite recibir un manual de instrucciones muy útil para moverse en el gran laberinto urbano. Durante varios días visita museos y áreas monumentales así como los *bouquinistes* de la orilla izquierda del Sena donde pasa horas revolviendo libros. Como la huelga de transportes persiste, Cortázar se refugia a menudo en el Louvre y en el museo del Impresionismo. Las salas dedicadas a Renoir, Cézanne, Monet, Sisley, Van Gogh, le dejan exhausto de felicidad estética. También se dedica a ver pintura contemporánea. Además de una gran exposición de Max Ernst, se acerca hasta alguna galería de renombre y puede admirar la obra de Picasso, Braque y Paul Klee. Para un argentino acostumbrado a la pintura de corte realista, la experiencia tiene mucho de caída del caballo. En carta a Jorge Vila Ortiz le anuncia que los pintores abstractos son una realidad muy seria en París. Y lo remacha con un: «¡Viva lo abstracto... cuando es bueno!» Aunque él no pueda saberlo, estos «vivas» a Bizancio por un lado y a la pintura abstracta por otro son la base de la pintura de Mark Rothko.

Pero ¿cómo vive Cortázar? De un modo animoso y bastante precario. En otra carta reconoce que todo es atrozmente caro para los latinoamericanos. Aunque sus largos años de aprendizaje contando los pesos le han convertido en un financiero *amateur*, la cuota de mil quinientos francos diarios le alcanza mal para pasar el día. Al final siempre se excede. Porque ésta es otra de las trampas parisinas, allí lo que cuestan son las pequeñas cosas: el autobús, el metro, los espectáculos, el periódico, el café, es decir, todo lo que queda fuera de los museos. Por fortuna Julio recorta gastos en las comidas: ha aprendido a prescindir del desayuno, que le resulta caro y malo. Ningún *café au lait* del mundo es comparable a un glorioso *capuccino*. No vale la pena ni tomarlo, dice, es agua sucia y además cuesta treinta francos. Pero, en cambio, ha encontrado asilo gastronómico en Jean, un *bistrot* muy agradable situado en el 132 del bulevar Saint Germain. Allí el menú es una ganga, se puede almorzar: un plato de sopa, una porción de paté, una costilla de vaca con patatas fritas, pan y un cuarto de vino blanco por menos de doscientos francos. Cortázar se siente en la gloria. Ésta es la magia de París. Para que todo sea perfecto sólo le falta compañía. ¿La Maga quizá?

LA MAGA: IDENTIFICACIÓN DE UNA MUJER

Estamos de acuerdo. Querer identificar a una mujer como la Maga es un anatema en el credo de Cortázar. Por eso la Maga de nuestro libro se nos presenta como la heroína de un capítulo entre policial y hermético, atrapada entre el despacho del comisario Maigret y un film tardío de Antonioni. Pero en el fondo no nos queda otro remedio: si queremos averiguar algo acerca de esta criatura habrá que saltar en el tiempo, cubrir la distancia que separa el invierno de 1950 y la primavera de 1963, año de la aparición de *Rayuela*. Saltemos pues. Desde la aparición de la novela, el público sintió fascinación hacia aquella mujer imprevisible que acabaría siendo la más buscada de la literatura latinoamericana. Primero fue el personaje de Oliveira, luego todos nosotros. El camino hacia la Maga, por tanto, es una larga carrera de detectives, una cacería de sabuesos que olfatean los pasos de una figura que se disuelve en la bruma. ¿Qué hay más allá? Vayamos por partes.

La primera: Cortázar no trabajaba a fondo las descripciones. De hecho abandonó esa costumbre en época bastante temprana, tras la escritura de la novela *Soliloquio* donde narraba la historia de un maestro de provincias obsesionado por una alumna. ¿La Coca Martín quizá? Por tanto no existe un retrato canónico de la Maga y menos aún de su rostro ideal. En realidad Canónico y Maga son dos términos incompatibles. Cada vez que alguien trata de imaginarse exactamente a la Maga, ha de colocarse unos patines para deslizarse sobre una pista de hielo. Sin embargo todos tenemos una idea acerca de ella. Aunque Julio no la haya retratado al detalle, bastan cuatro pinceladas para que su heroína adquiera vida propia. La Maga es una mujer joven y enigmática, por ejemplo, que fuma compulsivamente Gitanes. Sabemos que es delgada, morena, y que usa medias negras y zapatos colorados; también sabemos que lleva el pelo revuelto y no le gusta cocinar. La Maga es algo así como un test de Rorschach, una mancha negra sobre cartulina blanca, donde uno ve una golondrina y otro descubre una mariposa. O al revés. De la Maga se ha hablado mucho, quizá demasiado, pero algo es seguro: en los años sesenta-setenta miles de mujeres querían parecerse a ella y miles de hombres suspiraban por encontrar a alguien como ella. Para las lectoras era el nuevo modelo de feminidad; para los lectores encarnó una fantasía muy masculina, la de la mujer enigmática que se relaciona con las fuerzas intuitivas con una sabiduría inocente.

La segunda: durante cuatro décadas, la identidad de la Maga fue el misterio mejor guardado de la vida de Cortázar. ¿Existía tal mujer o era un personaje de ficción? Tratándose de Julio, todo es posible. Pero el misterio permanecía irresoluble, o al menos la respuesta estaba guardada bajo siete llaves. En todo caso si la Maga era real debía ser una mujer sumamente discreta y escurridiza, porque tras el impacto mayúsculo de *Rayuela* nadie había logrado reconocerla. No obstante se fueron imponiendo algunas certezas: un personaje con ese encanto iconoclasta no podía ser ficticio, por ejemplo, ni tampoco podía estar inspirado en una morochita tan sensata como Aurora Bernárdez. Aunque Cortázar no la hubiera descrito meticulosamente, la Maga estaba inspirada en una mujer de carne y hueso, la misma que encuentra en su primer viaje a París. El mayor problema es que en medio siglo ella tampoco hizo nada por salir a la luz. De creer su reciente testimonio, sólo en una ocasión había estado a punto de desvelar el secreto, concretamente a una chica mexicana que trabajaba en un almacén cercano a su casa de Londres: «Me dijo que era una gran admiradora de Cortázar y que la Maga era su ideal. Era tan simpática que pensé en decirle quién era yo. Pero no lo hice. No es un tema del que me guste hablar.»

Pero ¿quién era esa mujer que finalmente había dado señales de vida? La Maga se llamaba en realidad Edith Aron. Había nacido en la región del Sarre (Alemania) en 1927 en el seno de una familia judía. A los pocos años sus padres se separaron y la pequeña Edith emigró a la Argentina con la madre en vísperas de la Segunda Guerra Mundial. Instalada en Buenos Aires, realizó los estudios en el colegio Pestalozzi y posteriormente decidió perfeccionar su francés en París. Otras versiones sugieren que el viaje tenía por objeto reencontrarse con el padre. Con este propósito se embarcó en el *Conte Biancamano* en enero de 1950. Medio siglo después recordaría: «Yo estaba en tercera clase. No pasaba nada interesante. Pero una noche vi a un muchacho tocar tangos en el piano. Una chica italiana con la que compartía la cabina me dijo que me miraba, y que como era tan lindo por qué no iba a invitarlo a nuestra mesa. Pero no sé qué pasó: todo estaba muy raro y al final no le llamamos.» El primer *round* entre Julio y la Maga se saldó, pues, con la incomparecencia de Cupido. Sin embargo, a las pocas semanas el Destino vuelve a unirlos en París. De creer a Edith, se hallaba en una librería del bulevar Saint Germain cuando descubrió a aquel muchacho del barco al otro lado de la vidriera, parado en la calle. Se reconocieron y él la saludó con una inclinación de cabeza. Ella se sintió feliz. Pero lo que no podía imaginar es que aquel muchacho tan cortés era un señor de treinta y seis años que andaba huyendo del peronismo. Al menos oficialmente. Más tarde el azar los reunió de nuevo en una sesión de cine en una sala de los Champs Elysées, donde exhibían *La pasión de Juana de Arco* de Dreyer. Pero ni siquiera entonces el rostro iluminado de Jeanne Falconetti pudo obrar el milagro y cada cual siguió su camino.

Una tarde Edith vuelve a encontrar a su compañero de travesía en aquella figura estilizada que pasea sola por los Jardines de Luxemburgo. La suerte está echada. Este cuarto *round* ya desprende otro aroma. Los extraños se refugian en un café y conversan varias horas: descubren así que tienen amigos comunes en Buenos Aires. «¿Qué me vio Cortázar? No sé. Yo era simplemente una chica buena y agradable», dirá Edith. Buena y agradable. Desde esta lejana tarde de invierno hasta el regreso de Julio a la Argentina, un mes después, la pareja va estrechando de manera intermitente sus lazos. La ciudad les va envolviendo en su tela de araña, regalándoles momentos muy hermosos. Algunos de ellos quedarán incorporados al cosmos de *Rayuela*. Una muestra. La tarde lluviosa de marzo en que Julio (Oliveira) Edith (la Maga) sacrificaron un paraguas en el barranco del parque Montsouris: «y nos reíamos como locos mientras nos empapábamos, pensando que un paraguas encontrado en una plaza debía morir dignamente en un parque, no podía entrar en el ciclo innoble del tacho de basura o del cordón de la vereda».

En todo caso Edith comenzó a sentirse muy a gusto en compañía de Julio y solía reírse con sus ocurrencias: «Era mi primer encuentro con un gran intelectual. Sabía tanto, pero nos llevábamos bien porque tenía un gran sentido del humor. Él se reía un poco de mí, tenía una cultura superior. Yo me sentía tan impresionada. In-

ventaba muchas cosas. Ese día me llamó la atención un árbol con
raíces enormes y me recitó un poema: "Trees."» Tratándose de Cortázar, podríamos pensar que el poema era obra de su amado Keats;
pero como el poeta inglés no lo escribió nunca, suponemos que el
poema fue el célebre «Trees», de Joyce Kilmer (1886-1918), un autor norteamericano que cayó en la batalla del Marne durante la Primera Guerra Mundial. Tras arrojar el paraguas al fondo del barranco, la voz de Julio se funde con la lluvia: «*Poems are made by fools like
me / But only God can make a tree.*» En la actualidad Edith Aron ya
acepta finalmente su papel en la vida de Cortázar y hasta de modelo de la Maga. Pero con matices: «Yo no andaba despeinada ni con
los zapatos rotos. No era petulante ni malcriada», argumenta esta
vigorosa octogenaria. Identificada la Maga, vamos a dejarla aquí. En
un parque de París.

VOLVER. UN TANGO QUE SE BAILA DE PUNTILLAS

A finales de abril Cortázar llega al puerto de Buenos Aires. Desde
el mismo momento en que pisa tierra y aspira los aromas del otoño, su único deseo es regresar cuanto antes a Europa. Ha vivido
demasiado tiempo en Argentina y demasiado poco en el Viejo
Continente; pero todo lo que ha visto allí le reafirma en la decisión de abandonar su país. De creer su testimonio: «La gente soñaba con París y Londres. Buenos Aires era una especie de castigo.
Vivir allí era estar encarcelado.» Sin embargo, el sueño aún tardará bastante en cumplirse. Por ahora su único horizonte es reencontrarse con los seres queridos. Al poco tiempo se celebra un almuerzo de bienvenida en el domicilio de la calle General Artigas.
Testigo de excepción, su ahijado Carlos María Gabel. Aquel día
doña Herminia preparó una gigantesca olla de choclos, que sabia-
mente enmantecados constituían una de las delicias del recetario
familiar. Reunidos en la mesa, todos quieren escuchar las aventuras de Cocó y éste no va a defraudarles: les habla del fabuloso viaje por Europa y del regreso turbulento en el *Anna C*: un motos-

cafo donde tuvo que compartir un inmenso «camarone» con trescientos emigrantes italianos; les habla del frío en cubierta y de los períodos de fuerte oleaje. Cuenta Gabel: «Poco a poco, todo se va deteniendo en la mesa... los choclos quedan en suspenso, todos vamos siendo ganados por la voz de Julio, esa voz que iba envolviendo, atrapando en el relato de la historia fantástica que iba tejiendo de hechos tan simples.» Al final será el propio Cortázar quien interrumpa la historia, divertido, para abalanzarse sobre los choclos de su vieja. El maíz de la confianza.

Pero pasada la novedad, la vida porteña no le complace demasiado. En el fondo no es más que una reiteración inútil y extenuante, un volver a morirse en las calles conocidas. Varios meses después ya ha agotado las reservas de argentinidad. Como escribe en carta a Fredi Guthmann la nostalgia europea le persigue como una sombra: si pudiera irse allá por siempre lo haría sin vacilar. Pero también sabe que no va a serle fácil subsistir en Francia. Lo único cierto es que se «elije» europeo, que vive obsesionado y se considera un cobarde por no pasar a la acción. Pero anuncia que un día se irá, seguro, y que eso será todo. Esta declaración de intenciones es significativa porque habla de nostalgia europea, de obsesión, de cobardía; pero también de un horizonte de firmeza. ¿Qué ha ocurrido para que Cortázar siga sintiéndose tan a disgusto? A estas alturas ya debería estar más cómodo en su piel. Después de todo su vida sigue moviéndose en los cuatro frentes de siempre: las mujeres de la familia, la literatura, el trabajo y las amistades. Pero por alguna razón su cartografía personal no le hace feliz. Para comprender los motivos de este descontento quizá haya que desmontar cuidadosamente las piezas del puzzle. Veamos: a) El gineceo familar: en esencia no ha cambiado en absoluto. El cuadro sigue formado por una abuela cada vez más vieja, una madre que fue abandonada y una hermana viuda y neurasténica; b) La literatura: Cortázar aprovecha estos meses para pulir El examen, una novela que le sirve sobre todo para escribir por fin en plena libertad; c) El trabajo: la ausencia de Havas le ha dejado solo al frente de la oficina; d) Las amistades: en su mayor parte están vinculadas a la literatura.

Dado que los testimonios del ámbito familiar son escasos, nos centraremos en las otras piezas. Desde su regreso Julio ha vuelto a frecuentar algunos círculos formados por los poetas del momento. A veces se encuentra al esquivo Eduardo Lozano, que brota de cualquier esquina como si huyera de un peligro mortal, o invita a un café a Ricardo Molinari, a quien tanto aprecia, o se acerca hasta la casa de Daniel Devoto, que lo sabe todo. Otras veces son los amigos quienes se presentan en su oficina de la calle San Martín para entregarle algún nuevo libro de poesía. Es el caso de Alberto Girri, cuyos poemas laten con el ritmo de su perfecto corazón. ¿No es suficiente? De todas estas relaciones la más estrecha fue, sin duda, la que mantuvo con Devoto. Este personaje polifacético tendría bastante importancia en la orientación poética de Cortázar y le señaló algunas coordenadas en su escritura sobre el libro de Keats.

Tampoco debemos olvidar la relación con algún círculo de exiliados españoles. Desde finales de los años treinta Argentina se había convertido en tierra de refugio para los vencidos de la guerra civil. Entre ellos hay varios escritores de prestigio, como Francisco Ayala. A él debemos una breve pincelada escrita casi cuarenta años después: «Julio Cortázar, un joven escritor amigo mío de quien por aquellas fechas nadie hacía caso. Yo tomaba café a veces con Daniel Devoto, Luis Baudizzone y algún otro, y Cortázar se nos sumaba, apresurado, jovial, irritado y asertivo.» Tratándose de Ayala, merece la pena detenerse aquí, pues nos habla mucho del momento del autor de *Rayuela*. Nuestro hombre llega apresurado porque vive una actividad bastante frenética como escritor, traductor e hijo modelo a jornada completa; llega jovial porque parece muy joven aunque ya no lo sea tanto; llega asertivo, como cualquiera que sigue molesto con la revolución peronista. Pero ¿irritado? ¿Irritado Cortázar? Este rasgo de la época es la prueba de que algo no funciona.

Uno de los principales motivos de malestar es el trabajo. Antes de partir a Europa, ya sabía que iba a quedarse sólo al frente de la oficina; por eso le propuso a Aurora Bernárdez que colaboraran juntos a su vuelta. Pero ella declinó la oferta. Cortázar hizo un nuevo intento a través de una carta escrita desde el barco que le devolvía a Argentina. En ella se atreve a decirle que sus argumentos no le convencen. ¿Por qué este rechazo terco a trabajar en común? Sin embargo ella no se deja seducir. Se diría que aspira a mantenerse a cierta distancia, preservando su estatus de amiga a la hora del café. Los motivos de esta conducta esquiva quizá guarden relación con sus planes secretos de atraparle. El hecho de que Aurora le obsequie con sus silencios, por ejemplo, o que se niegue a aceptar una proyecto común desprenden el aroma rancio de la clásica estrategia femenina.

Pero entretanto Julio ha vuelto al estudio de Havas donde el panorama no es muy alegre. Tras haber escapado a la Polinesia, su jefe fracasa en el intento de encontrar el nirvana y regresa derrotado a la oficina. Pero ya no hay sitio para los dos. En carta a Fredi Guthmann el escritor comenta que su situación se presentó delicada y difícil. A los treinta y seis años, y en Buenos Aires, no es fácil salir a ganarse la vida. Aunque no lo reconozca, Cortázar sigue dependiendo del cheque. Quién sabe si ése fue el argumento para llegar a un acuerdo con su jefe, porque al final Havas le propuso constituir una sociedad. De nuevo vuelven a trabajar juntos, pero esta vez en unas condiciones distintas: aunque económicamente el acuerdo no sea tan favorable, el trabajo es menor y menos exigente hasta el punto de que Julio puede dedicarse a sus cosas: escribe mucho, lee, y vive en paz.

IMAGEN DE JOHN KEATS

A Cortázar le ha llegado el momento de la verdad. Ya hemos visto que desde el regreso a Argentina todos sus pasos van dirigidos de un modo consciente o inconsciente a tomar un nuevo barco con destino a Europa. No obstante ha de medir con cuidado cada movimiento. Aunque se haya elegido europeo, sigue anclado en Buenos Aires donde se enfrenta a la única vida que le espera. Aparte del trabajo en la oficina, ha finalizado la escritura de *El examen* y se lanza de lleno a la composición de una biografía sobre Keats. Este proyecto tiene mucho de terapéutico y le aporta grandes satisfacciones en una época demasiado gris. Además le ayudará a aproximarse a la literatura de una manera más libre, menos canónica. En carta a Fredi Guthmann informa de que no desea hacer un texto académico; lo escribe libremente, con toda clase de diversiones y digresiones, con relatos marginales y analogías. «Será un libro escandalosamente antiuniversitario; por eso, espero, les gustará a los buenos lectores de Keats.» Esta confesión es importante porque revela hasta qué punto el profesor Largázar quedó asqueado de la vida y de los hábitos de la universidad. Cuando uno analiza la obra innovadora de Cortázar debe tener muy en cuenta este detalle fundamental: su literatura es la obra de un profesor de literatura que se hartó de serlo, alguien que descubrió a tiempo la falta de oxígeno que reinaba en los claustros y en los departamentos, el anquilosamiento de una manera de custodiar el saber, la rutina, el severo rigor del canon. Los alfileres, en fin, sobre las alas doradas de la mariposa.

Pero la lectura de su estudio sobre el poeta romántico arroja otras conclusiones. La primera de ellas es mostrar a un autor –Julio Cortázar– que está proyectándose en la vida de otro, John Keats. Gracias a la alquimia literaria, el biógrafo establece paralelismos más o menos evidentes, no tanto en lo literario sino en lo personal. En este sentido sería apasionante comparar toda la información que ya poseemos sobre Julio y todo lo que él cuenta acerca de Keats, a quien admira y reconoce como un hermano. Las analogías son tan numerosas que resulta temerario pasarlas por alto. Lamentablemente hemos de hacerlo. Pero en lo que respecta a esta parte de la vida de Cortázar, llama la atención el gesto de la huida, el tema del exilio, que él asume como propio al narrar la peripecia del genial poeta inglés. Sólo así se comprenden estas líneas «Está muy bien irse –pero a condición de no volver– y eso es lo que casi nadie entiende ni hace»

Nadie sabe el día exacto en que el autor de *Rayuela* se levantó con la firme decisión de marchar. En todo caso lo que había

sido un deseo formulado a lo largo del tiempo, de manera titu-
beante, al final se transformó en realidad. Pero una vez más el mayor obstáculo fue el gineceo. Lamentablemente no disponemos de
testigos que arrojen luz sobre aquel gran momento de su vida, esa
charla en el salón de la calle General Artigas en la que Cocó, el
buen chico, tuvo que anunciar con el corazón en vilo y la sutileza de un gato que se marchaba al extranjero. Cabe imaginar que
no fue categórico y que envolvió el plan con los paños calientes
de una aventura pasajera. ¿Cómo iba a dejarlas abandonadas? ¿Acaso pretendía repetir el infausto gesto de su padre? No, no era eso.
Claro que no es eso, Mamá. No es eso, Memé. No vayás a creer,
abuelita. No es eso. Es otra cosa. Palabras. Una beca. Julio tuvo que
emplear toda su mano izquierda para obtener el plácet familiar;
luego tuvo que comprometerse a seguir garantizando su manutención. Y eso no era nada fácil. Por suerte comienza a ver la luz.
El 26 de julio de 1951 le escribe a Fredi Guthmann acerca del
problema económico de su familia y sus planes para resolverlo. Ha
ofrecido sus servicios como agente literario a un par de editores
argentinos: su trabajo consistirá en buscarles novedades en París.
De este modo le pagarán cierta suma mensual en Buenos Aires,
que su madre retirará directamente para ella.

Pero ese dinero sólo le sirve a doña Herminia; su hijo no va ni
a olerlo. Para entonces Cortázar ya había revuelto cielo y tierra con
el fin de pagarse su estancia en Europa. Con tal objetivo presentó
un expediente de solicitud de beca en la Embajada de Francia en
Buenos Aires, destacando su experiencia como profesor de litera-
ra francesa en la Universidad de Cuyo. Pero el camino no va a ser
nada cómodo. Una vez más ha de competir con un centenar de aspirantes, y una vez más también la fortuna académica llamará a su
puerta. En otra carta a Guthmann hace referencia a una serie de
circunstancias favorables, así como a la calidad del jurado que valo-
ró su proyecto. Investigar la novela y la poesía francesa contemporáneas en sus conexiones con las letras inglesas. A finales de julio el
Gobierno francés le concede finalmente la beca para estudiar en
París. El paso siguiente es informar a Zoltan Havas de que va a au-

sentarse varios meses. Aunque Cortázar tiene algunas dudas acerca de la reacción de su jefe, éste le anima a aprovechar la ocasión y él se siente más libre.

Pero no tarda en darse cuenta de que se ha metido en la boca del lobo. Es cierto que ha logrado lo más difícil: conseguir la beca, trazar un plan para seguir manteniendo a los suyos y conservar su puesto en el estudio de Havas. Pero los informes que le llegan de Francia no invitan al optimismo; en los últimos meses la vida se ha encarecido mucho y empieza a sospechar que el importe de la beca no va a ser suficiente. En otras circunstancias resolvería el problema como los otros becarios de su país, recurriendo a la ayuda familiar. Pero en su caso los «becarios» son «becarias», las mujeres de la casa, y es él quien ha de costearles sus estudios sobre la fauna del barrio de Rawson Agronomía. Consciente de haber llegado a un punto muerto, escribe una nueva carta a Fredi Guthmann que por entonces reside en París. En esta carta Cortázar le habla con absoluta franqueza de la situación y hasta en unos términos que podemos tildar de dramáticos, o al menos de perentorios. Para reforzar sus argumentos no duda en escribir un párrafo convincente muy al gusto del destinatario. Guthmann ya había pasado por la misma experiencia. ¿Cómo no ayudar a un joven amigo que proclama que aspira a quedarse para siempre en París? Este deseo intelectual ya es un deseo de absoluto que le atormenta de la mañana a la noche. No quiere escribir, no quiere estudiar (aunque lo siga haciendo); quiere, simplemente, ser de verdad; aunque ello le lleve a descubrir que no es nada. Mejor saberlo cuanto antes.

NO LLORES POR MÍ ARGENTINA

El estado anímico de Cortázar es una mezcla de entusiasmo moderado e incertidumbre ante el futuro. En las cartas habla a menudo de «azarosa» decisión, o de «repentino viraje» y hasta de «hermoso lío». No puede ser de otro modo, ya que sabe que se encuentra ante una encrucijada que puede cambiar el curso de su vida. Pero al final prevalece un cierto estado de euforia, porque está aprendiendo que no hay nada más hermoso que elegir. Desde esta creencia sartriana, a veces escribe a un colega al que no ve desde hace tiempo, como De la Sota, o se dirige de forma oficial al director del Pabellón Argentino de la Ciudad Universitaria de París. La idea de Cortázar es obtener allí un alojamiento más económico. Pero en esta carta no explica los motivos reales por los que abandonó la enseñanza en la Universidad de Cuyo; se limita a argumentar «razones de familia», cuando lo cierto es que estaba quemado y en el punto de mira del *establishment* docente. Comienza la cuenta atrás.

Pero de todas las cartas la más íntima es la que escribe a Edith Aron. El texto es bastante extenso, pero quizá podamos destacar este primer párrafo:

> Querida Edith: No sé si se acuerda todavía del largo, flaco, feo y aburrido compañero que usted aceptó para pasear algunas veces por París, para ir a escuchar Bach a la sala del Conservatorio, para visitar Versalles, para ver un eclipse de luna en el parvis de Notre Dame, para botar al Sena un barquito de papel, para usarle un pulóver verde (que todavía guarda su perfume, aunque los sentidos no lo perciban). Yo soy otra vez ése, el hombre que le dijo, al despedirse de usted delante del Flore, que volvería a París en dos años. Voy a volver antes, estaré allá en noviembre de este año. Y desde ahora pienso, Edith, en el gusto de volverla a encontrar, y al mismo tiempo tengo un poco de miedo de que usted esté ya muy cambiada, sea una parisiense completa, hablando el lenguaje de la ciudad, y los hábitos de la ciudad, y todo eso que yo tendré que ir aprendiendo poco a poco, con tanto trabajo. Tengo además miedo de que a usted no le divierta la posibilidad de verme... Si usted está ya en un orden satisfactorio de cosas, si no necesita usted este pedazo de pasado que soy yo, le pido que me lo diga sin rodeos.

Como sabemos, Cortázar escribió cientos de cartas en su vida; pero esta misiva dirigida a la futura musa de *Rayuela* se nos antoja importante y también muy elocuente. Importante porque alude a un episodio que pudo haber cambiado el rumbo de su vida sentimental, y elocuente porque nos dice mucho de cómo se movía Julio en el orbe de los afectos. Leyendo la carta, resulta difícil creer que su autor estuviera cerca de los cuarenta años. Es un texto que se despliega en dos párrafos casi antagónicos: el primero es fresco, juvenil, teñido aún de cierta inocencia; el segundo es cauteloso y pragmático. Como lectores nos ha de interesar este último. ¿Qué quiere decir exactamente «tengo un poco de miedo de que usted esté ya muy cambiada»? Pues que bajo la coartada del compañero aburrido, Cortázar tiene cierto resquemor de que Edith haya podido encontrar una compañía más divertida. Esta hipótesis queda reforzada con un nuevo frente de inquietud: «si usted está ya en un nuevo orden satisfactorio de cosas...». No nos engañemos. Cualquier escritor sabe que para una joven romántica el orden satisfactorio de cosas sólo puede ser el amor. Y él no desea interferir. Parece claro que está tanteando el territorio, pero también da la impresión de reclamar un mínimo de garantías por parte de ella. Se diría que teme dar un paso en falso, caer en el inmenso agujero negro de una negativa o de un *malentendu*.

Ahora bien, es obvio que Julio está jugando un poco con las cartas marcadas. En cierto modo se guarda un as en la manga, si es que finalmente esa baza decide entrar en el juego: Aurora Bernárdez. Pero la morochita sigue jugando a otro juego, el suyo, con su palabra envolvente, su sonrisa dulce y sus negativas. En ese momento crucial Aurora es sinónimo de Buenos Aires, donde impera el rito de la seducción latina de corte machista, del galanteo, de las fintas, de las elusiones, mientras que Edith equivale a París, donde los jugadores siempre están a un paso de convertirse en amantes. Dado que Cortázar ya ha apostado claramente por Francia, la sonrisa de Edith brilla cada vez con más fuerza en su memoria. La suya no es la mirada de despedida de una amiga en un muelle porteño, sino la sonrisa de llegada en un *quai* de Marsella o una *gare* de París. Pero en ambos casos la sonrisa está garantizada.

Sin embargo, Julio necesita saber qué se oculta más allá de esa sonrisa hebrea que le aguarda en la Ville Lumière. Y lo que le aguarda es lo que ya conoce. Edith Aron permanece allí con sus rarezas de siempre. Por eso le escribe al final de la carta que le gustaría verla alguna vez, y que ella esté igualita, y que todavía vaya al Chantecler a escuchar suites de Bach. Le gustaría también que siguiera siendo brusca, complicada, irónica, entusiasta, y que un día él pudiera prestarle otro pulóver. Tras la despedida, escribe su dirección y unas líneas de su puño y letra, con un pequeño dibujo inspirado en su corte de cabello. Dado que a veces lo mejor queda para las posdatas, añade que desea que ella esté contenta, y que sus cosas vayan bien, y que siga usando el mismo peinado. Un flequillo muy bonito. Evidentemente es una carta de amor. A la Maga.

A principios de octubre el panorama está más claro. Cortázar ya ha cerrado un acuerdo como traductor para la editorial Sudamericana y ni siquiera tendrá que ejercer como agente literario. Le bastará con traducir libros, mandarlos regularmente desde París, y su madre cobrará el talón en pesos argentinos en un banco de Buenos Aires. Aunque el plan va a limitarle bastante los movimientos, el futuro se le antoja cada vez más nítido. Es cierto que el importe de la beca no va a permitirle cenar en Maxim's, pero ya se ha hecho a la idea de repetir los hábitos regulares de su primer viaje cuando podía pasar con una comida diaria y una provisión de comestibles para cenar en casa. Entonces le bastaba un puñado de dátiles y un vaso de vino y unos pedazos de gruyère para quedar satisfecho. «Sólo los canallas pueden asustarse por razones de proteínas e hidratos de carbono.», dirá. Está claro que Cocó ya sabe lo que es resistir en París.

En esta fase febril previa a la partida, va descubriendo los perfiles del panorama que pronto dejará atrás. En estos días en que está más convencido de su libertad, descubre hasta qué punto vivía metido en la tela de araña, atrapado por mil pequeñas y grandes cosas que hay que ir despegando cuidadosamente, y que le duelen como una herida cuando se empieza a levantar la venda. Partir. Un día es un amigo del que debe despedirse: su casa, sus libros, el olor de ese ambiente donde vivió tantas horas agradables; otro día es la audición de un disco que suena a adiós, o las láminas de un libro que va a regalar. En estas semanas finales Cortázar se entrega a algo parecido a un auto de fe, quema cartas y viejas fotografías para no dejar testimonios que no interesan a nadie. Otro tanto sucede con los cuadernos llenos de poemas, apuntes, dibujos... Pero cuando todo parece resuelto, salta de nuevo una carta que lo devuelve a un lugar precioso, es decir, a un amor o un perfume especial, o eso que él llama «todo el romanticismo de la una de la mañana».

LIGERO DE EQUIPAJE

El proyecto de marcha le reclama a diario esfuerzos y sacrificios. Desde un punto de vista simbólico quizá uno de los más grandes fue el tener que desprenderse de su discoteca. Melómano incurable, Julio había ido acumulando discos a lo largo del tiempo hasta atesorar una colección muy valiosa, especialmente de discos de jazz. Desde el lejano año de 1933 en que ahorró sus primeros pesos, solía adquirir las novedades que llegaban de Norteamérica, sobre todo de genios como Bix Beiderbecke, Louis Armstrong o Duke Ellington. Casi veinte años después había logrado reunir más de doscientos discos de primera línea, probablemente una de las discotecas más completas de Argentina en su género. Pero en vísperas de su viaje comprendió que la colección ya no podía acompañarle más. La posibilidad de dejarlos en casa de su madre se desvanece por sí misma. Dirá Julio: «Me parecía cruel y estúpido dejar los discos guardados, silenciosos, inútiles.» Cierto. ¿Quién iba a escucharlos en General Artigas? Al oído de las mujeres de la casa, el combo de Bix Beiderbecke debía sonar como un coro de gatos en celo maullando a la luna. Cortázar decidió entonces regalar discos a sus amigos, pero en el fondo ninguno tenía gran interés por el jazz. Al final encontró un comprador que adquirió su colección. Acababa de descubrir que su deseo de conservar los discos obedecía al maldito sentimiento de propiedad que es la ruina de los hombres. Así que los vendió con los ojos cerrados, aunque sufriendo mucho. En cuanto a los otros discos los distribuirá entre los íntimos: música clásica, tango, canción popular... «Me gusta pensar que en algunas noches de Buenos Aires, música que fue mía, crecerá en una sala, en una casa, y se hará realidad para gentes a quienes quiero.» Es una imagen muy bella, pero que esconde en parte un móvil menos poético. Tal como recuerda su ahijado Carlos María Gabel: «Lo veo luchando afanosamente en el cierre, con fuerte hilo sisal, de sus paquetes de libros que serían vendidos, junto con muchos discos, en alguna librería de viejo y con lo cual se financiaría parte del viaje.» Cortázar, pues, tuvo que vender también libros.

El hecho de prescindir de la cultura representa siempre un punto de no retorno. En cierto sentido es un paso más importante que escribir a la Ciudad Universitaria de París o renovar el pasaporte y preocuparse por el cambio de divisas. Pero como sucede en los sacrificios bíblicos alguien detiene el cuchillo sobre la víctima: es el propio Cortázar, quien decide salvar un disco, solo uno, para llevárselo a Europa. Es un viejísimo blues de su época de estudiante, *Stack O'Lee Blues*, y que de un modo simbólico guarda toda su juventud. Esta decisión es bastante curiosa; aunque el escritor aspira a dejar atrás todo lo vivido se lleva consigo algo que lo contiene y que imperativamente habrá de recordárselo. Es su magdalena de Proust, el interruptor de su memoria, pero no casual sino voluntaria. ¿Qué hay, pues, en *Stack O'Lee Blues*? Analicémoslo un momento. De creer al filósofo Octavio Cortés, alma de cronopio y experto en la música del Mississippi: «Se trata de una canción eterna. En realidad es una balada que ha inspirado infinitas variaciones a lo largo del tiempo sobre un hombre malvado –Stagger Lee– que mata a otro a sangre fría. Hay tantas interpretaciones como intérpretes, añadiendo versos, estrofas enteras, modificando la armonía, el ritmo e incluso el desenlace de la historia. Es la tradición viva y activa de Nueva Orleans.»

En el capítulo 17 de *Rayuela* Oliveira se lanza a una extensa disertación sobre la historia del jazz. Le pide a Ronald que le ponga *Stack O'Lee Blues*, porque tiene un solo de piano que le parece meritorio. Entonces Ronald rescata esa balada fetiche en la versión instrumental de los Waring's Pennsylvannians, que es la que Julio se llevó envuelta cuidadosamente entre su ropa a París. Estas líneas invitan a creerlo: «Desde un chirriar terrible llegaba el tema que encantaba a Oliveira, una trompeta anónima y después el piano, todo entre humo de fonógrafo viejo y pésima grabación, de orquesta barata y como anterior al jazz.» No necesitamos más para entender el influjo que ejerció sobre Cortázar y su personaje. Es algo así como el arquetipo del viejo jazz del Sur, mestizo y prostibulario, aún no académico ni asociado a las vanguardias, como el *cool* o el *be-bop*, que triunfaron luego en los tiempos en los que transcurre *Rayuela*. De ahí su componente evocador. Porque cuando Julio-Oliveira hablan de pésima grabación no se trata de un juicio peyorativo. Al contrario. Es una referencia nostálgica, el símbolo de que ambos ya no pueden volver a la juventud. Antes hemos hecho referencia a la inevitable magdalena de Proust. Pero quizá no debamos ser tan pedantes, bastará con darle a *Snack O'Lee Blues* un estatus similar al de «la sonata de Venteuil». Si en el caso de Proust la música le supone una epifanía que renueva sus fuerzas para vivir, en el caso de Cortázar esa epifanía le proporcionará alas para marcharse. Y pensar en París en lo que dejó atrás.

A principios de octubre ha entrado en la recta final. Hasta ese momento los preparativos de viaje siempre le habían turbado el ánimo, tal como se desprende de un párrafo del cuento «Carta a una señorita en París», cuyo componente autobiográfico ya hemos señalado: el narrador ha cerrado tantas maletas en la vida, se he pasado tantas horas haciendo equipajes que no llevaban a ninguna parte, que cada vez que ve las correas de las valijas es como si viera sombras, elementos de un látigo que le azota de la manera más sutil y más horrible. Pero en esta ocasión no hay trauma a la vista, no hay látigo ni hastío, porque el equipaje no es sinónimo de compromiso forzoso sino de libertad. De nuevo vamos a recurrir al testimonio del ahijado de Cortázar que estaba presente en aquellos decisivos momentos: «Todavía recuerdo a Julio preparándose para su viaje a su ciudad elegida. La gran mesa del salón familiar cubierta de mapas de París, en los que había señalado cuidadosamente los itinerarios que iba a recorrer, los lugares donde habitaron o se reunieron pintores, poetas y escritores, los museos por supuesto.» El propio Gabel recordaría otra escena que se produjo días más tarde, la figura menuda de Aurora Bernárdez, ascendiendo ligeramente por la escalerilla del barco para despedir al viajero. Sólo llevaba un libro, un libro muy singular sin el cual quizá no habría escrito la obra que conocemos. El libro más influyente de su vida porque «me hizo entrar de cabeza en la literatura contemporánea». Era *Opio*, de Cocteau.

LAS DOS ORILLAS

«Buenos Aires me asfixió y fue París precisamente lo que permitió que yo redescubriera una visión distinta de mi país y de Latinoamérica. París —Europa mejor— me abrió un horizonte total, planetario, que yo no tenía desde Buenos Aires. No estoy dando una receta, hablo sólo por mí, pero sé que sin París no hubiera escrito lo que he escrito.»

PERO ¿POR QUÉ SE LARGÓ A EUROPA?

El 15 de octubre de 1951 el escritor subió al *Provence* con destino a Marsella. Al descubrir en el muelle las figuras de tantos seres queridos, sintió un nudo en la garganta. Aquella gente le quería y había depositado toda su confianza en él. Entonces, ¿qué hacía tomando ese barco? Huir. Oficialmente Cortázar abandonó Argentina disconforme con la situación política que reinaba en el país. Si uno repasa las principales entrevistas que concedió a lo largo de su vida el motivo es claro. A Joaquín Soler Serrano le dijo: «Llegó el primer gobierno de Perón y me marché.» Lo mismo le comentó a Omar Prego y a todos los demás. Incluso en medio de una polémica posterior con el crítico argentino David Viñas, proclamó casi airadamente: «Yo no me vine a París para santificar nada, sino porque me ahogaba dentro de un peronismo que era incapaz de comprender en 1951, cuando un altoparlante en la esquina de mi casa me impedía escuchar los cuartetos de Bela Bartok.» Curioso lapsus. Los conciertos de Alban Berg se han transformado aquí en cuartetos de Bartok. Pero quizá sea un modo de hablar. En un libro publicado póstumamente dejó escrito que su marcha se produjo al no poder soportar una cadena de desengaños que iban desde los sentimientos hasta un estilo de vida que las calles del nuevo Buenos Aires le negaban. En esas líneas de *Salvo el crepúsculo* se definió como alguien que no se sentía un tránsfuga pero sí lo suficiente dueño de su destino como para vender hasta el último libro y el último disco, y alejarse sin rencor de su vieja vida. ¿Qué pinta entonces Perón?

Aquí hay algo que no cuadra, el coronel subió al poder en 1946 y Cortázar se fue de Argentina en 1951. Pasaron, pues, cinco largos años, un plazo considerable que los biógrafos no suelen tener en cuenta. Pero al constatar este dato fundamental surgen algunas cuestiones que no tienen que ver con el clima político. Es probable que Julio sucumbiera a muchas más cosas, empezando por la pesadumbre de esos barrios que han cambiado, por citar al gran Homero Manzi. También pudieron pesar los desengaños, especialmente los del amor que no acababa de llegar o no se atrevía a quedarse. Todo ello influye en el ánimo del escritor, en la decisión de irse. No sólo Perón. Una semana después de llegar a París le escribirá a su amigo Eduardo Jonquières que no se fue bien de Buenos Aires; después de haber creído que saldría de allí con pena pero tranquilo, ocurrió que se fue inquieto y rodeado de sombras.

Huida, imágenes, figuras queridas en el barco y en el muelle. Todo lo que rodea a la decisión más importante de su vida debe ser revisado a fondo. Estudiosas como Graciela Montaldo sostienen que Cortázar se exilió durante el Gobierno de Perón no sólo por desacuerdos ideológicos –la renuncia a sus cátedras en Mendoza sería un buen ejemplo– sino también por la sensación de no encontrar espacio intelectual en su propio país. A distancia sorprende esta hipótesis. ¿Qué es eso de que no encuentra espacio intelectual en un lugar donde escriben Borges, Bioy Casares, Mujica Láinez y Sábato? Recordemos que una novela tan poderosa como *El túnel* vio la luz en plena etapa peronista, y difícilmente Julio se habría atrevido entonces a escribir una historia tan audaz y llena de desasosiego. Otros estudiosos como Mesa Gancedo sostienen que la marcha a Europa es más que una huida; es un gesto de libertad suprema frente a una situación «infecta» que se venía incubando muchos años atrás. Situación infecta, nada menos. Pero infecta ¿de quién? ¿Del país entero? Cuesta creerlo. Sin embargo, la lectura de los poemas de la época invitan a alimentar en parte esta versión.

Pero nosotros debemos ir más lejos. La causa es otra. En realidad no le han vencido los discursos demagógicos de Evita sino las pláticas reiteradas y las intromisiones de las mujeres de su familia. Cuando se habla de «el secreto de Cortázar» se ha de empezar por ahí y no por ningún otro lugar. El hecho de que él se empeñara en dar una versión oficial de su salida de Argentina, tan perfectamente razonada y convincente, debería haber impulsado a buscar en otra dirección. Julio sabía mejor que nadie que las cosas no son lo que parecen; de hecho buena parte de su literatura, o mejor aún, el centro de su literatura, es ése. No otro. Por tanto, ¿cómo pudimos pensar que en su caso no era así? Si analizamos el tema, la respuesta surge en la propia mecánica de los hechos. Recapitulemos. A principios de los años cincuenta el autor de *Rayuela* atraviesa una fase armónica; después de una larga década de «destierro» en provincias las cosas le iban muchísimo mejor: disponía de un pequeño apartamento en la capital, tenía un trabajo estable, podía escribir, había empezado a publicar y a ser alguien en los círculos literarios. Si cinco años antes le hubiéramos prometido un horizonte tan azul, habría suscrito a ciegas un pacto con el Diablo. Por primera vez la vida le estaba tratando bien; todos sus esfuerzos tenían recompensa. Pero al cruzar la meta, el país se le vino encima y desapareció. ¿No es sospechoso? ¿No es incongruente? ¿No es absurdo? En el momento en que empezaba a saborear las mieles, el bueno de Cocó, el pibe tan sensato y responsable, decidió romper la baraja y largarse a París. No, no tiene sentido.

Hay algo más profundo, un motivo no revelado que ahondó en él la sensación de hastío y disparó su pulsión de fuga. Sin duda ese «algo» tuvo que ser lo suficiente relevante para que Cortázar tomara el barco en las mismas fechas en que se publicaba su primer libro de cuentos, *Bestiario*, una obra cuyo destino no pareció importarle en exceso. «Me fui de la Argentina el mismo mes en que apareció *Bestiario*, dejándolo abandonado sin el menor remordimiento», declarará. En lugar de apadrinar un libro en el que tanto había creído, se limitó a dejar que saliera a la calle abandonándolo a su suerte. Según el escritor argentino Lázaro Covadlo: «Casi toda la primera edición durmió alrededor de diez años en los almacenes de la editorial.» Otro tanto dijo el editor Francisco Porrúa: «Cuando llegué a Sudamericana ya estaba publicado *Bestiario*, pero la edición estaba prácticamente en los almacenes, sin vender.» El propio Porrúa confirmó que sólo se habían vendido sesenta y cinco ejemplares. Si usted desea hacerse con uno de ellos deberá pagar quinientos euros. Suele decirse que un libro es como un hijo, una criatura con vida propia a la que el escritor trae al mundo. En caso de ser así, Julio abandonó a su primogénito sin dar explicaciones, repitiendo el gesto de su padre.

Pero quizá sea en *Bestiario* donde se encuentre la clave de todo. Antes de seguir rescataremos el testimonio inquietante de Inés Malinow. Según ella: «Alguna vez lo oí hablar de la hermana, como que era muy rara, muy difícil. Hablaba de la hermana con temor. Era medio misterioso todo ese tema de la familia.» Dado que Inés era una de sus grandes amigas y confidentes de la época, el testimonio se nos antoja digno de crédito. ¿Qué pinta Ofelia en todo esto? ¿Memé? No lo sabemos con exactitud; pero parece claro que producía temor a Julio y que éste no tenía reparos, pese a su discreción, en confiar a otros ese sentimiento. El asunto se complica cuando incorporamos el testimonio de otra mujer como Rosa Varzilio, quien le trató a fondo en Chivilcoy. Escuchemos: «Él tenía una relación muy especial con su madre. Diría que se llevaban bien. Demasiado bien.» Extraño veredicto, llevarse demasiado bien. ¿Qué hay aquí? En síntesis, un escenario familiar bastante complejo y oclusivo. Un pobre niño abandonado por el padre, que se lleva demasiado bien con la madre, adora a la abuela, y que teme a su hermana. ¿Seguimos hablando de Perón? ¿Del olor a talco mojado de los descamisados? ¿De los altavoces y de los cuartetos de Bela Bartok?

Analizando los relatos de *Bestiario*, los estudiosos coinciden plenamente. Se trata de la obra que inaugura la estética cortazariana, el texto fundacional de su literatura, donde lo extraño irrumpe en lo cotidiano y lo altera para siempre. Esto es una verdad incuestionable que ya hemos abordado anteriormente al analizar cuentos como «Casa tomada», «Ómnibus» o «Carta a una señorita en París». Pero el hecho de que *Bestiario* renueve el género de la narrativa fantástica o que en la mayoría de sus historias podamos reconocer una alusión más o menos velada al peronismo, no debe hacernos olvidar un hecho. El móvil que inspira a Cortázar es otro: las turbulentas aguas familiares, y más en concreto el incesto. Como este extremo ha sido obviado por la legión de expertos en su obra, quizá debamos ponerlo sobre la mesa de una vez por todas. El mejor modo de hacerlo es recurrir al propio escritor, quien en fecha tan temprana como marzo de 1956 le comentó esta posibilidad a Damián Bayón: «Yo también he hecho mi psicoanálisis cuando el libro se publicó;

descubrí, por ejemplo, que muchos de los cuentos giran en torno a la noción de incesto. Y mis sueños me han probado también que en mí es una tendencia muy honda. Menos mal que encuentra un excipiente literario.» Pero en esta declaración no desvela quién inspira sus inclinaciones incestuosas. Luego se abre un largo paréntesis en el que apenas alude a ello, hasta que poco antes de morir confesará a Omar Prego: «La recurrencia del tema del incesto se nota en la primera serie de mis cuentos. Cuando alguien hizo la reseña vi hasta qué punto tengo personalmente un complejo incestuoso que encontró su camino, en forma de exorcismo, en muchos de esos cuentos. Algunas veces tuve pesadillas con mi hermana y me desperté espantado.» Obviamente esas pesadillas eran de carácter sexual.

Al referirse a *Bestiario*, el último Cortázar ya no sólo hablaba, pues, de género fantástico ni de peronismo. Durante años había divulgado esa versión porque quizá respondía mejor al personaje que se había ido construyendo con el tiempo. Pero a las puertas de la muerte quizá es la hora de reencontrarse con la verdad, o al menos con otras verdades más incómodas y hasta perversas. El Cortázar que escribió *Bestiario* no sólo era un estudiante solitario que padecía fobias a los insectos, por ejemplo, sino un hombre asustado que tenía pesadillas incestuosas con su hermana. Sólo así podemos explicarnos el abandono al que sometió al libro, la actitud incoherente que le llevaba a desear que el libro despertara la aprobación y al mismo tiempo el temor inconsciente a que esos relatos arrojaran demasiada luz. Cuando Julio habla aquí de «exorcismo» sabe perfectamente de lo que está hablando. Exorcismo es sinónimo de terapia, de liberación, y una vez liberada el alma entran en juego las fuerzas del olvido.

No debe extrañarnos, por tanto, que se escudara en los altavoces peronistas o en los cuartetos de cuerda de Bartok. En el fondo era la verdad que más le convenía para vivir tranquilo y la que más se ajustaba a su papel como icono literario de la nueva izquierda. Pero esta corrección reductora se producirá mucho después, ya en Francia, cuando le pregunten por su obra y deba integrarla en un contexto creíble de normalidad. Sin vulnerar el tabú.

El único tabú que rompe Cortázar, y no es poco, es el literario. Entretanto *Bestiario* sólo es un libro abandonado en los sótanos de una editorial de Buenos Aires. Esta cumbre de la literatura latinoamericana es como una puerta que se cierra, la del despacho del terapeuta, o la ficha clínica donde el paciente no desea que se añada una línea más. Cuatro meses más tarde escribe una carta desde París a su amigo Jonquières en la que trata de convencerle para que se someta a psicoanálisis. Al parecer su amigo atravesaba una etapa de fobias y somatizaciones similar a la que él mismo había padecido en la época en que escribió *Bestiario*. Este consejo no nace, pues, de la ignorancia sino de la identificación y hasta de la proyección; se diría que Julio está hablando de sí mismo cuando le recuerda que está lleno de traumas de infancia y adolescencia, cargado de malos recuerdos y de peores olvidos. Ni siquiera el equilibrio momentáneo de su vida le basta para darle la felicidad. Es la prueba de que en el fondo del acuario hay alimañas de barro que deben ser aplacadas.

¿Qué es un libro? ¿Por qué lo escribimos? ¿Por qué no reconocemos casi nunca los verdaderos motivos que nos impulsan a hacerlo? ¿Y por qué los estudiosos rara vez buscan en la dirección correcta? En este punto es fácil imaginar *Bestiario* como una de esas infinitas tiras de papel que se empleaban al despedir a los seres queridos cuando partían en barco para un largo viaje. Erguido en la cubierta, aparece Cocó: la criatura adorable que marcha a una gran aventura, sosteniendo un extremo de la cinta blanca; en el muelle, las figuras del gineceo, sujetando el otro extremo del rollo de papel. Este rollo infinito es como un carrete de pesca que controla atentamente los movimientos del pescadito. ¿Se rompe o no se rompe? Todo es demasiado denso. Miedo, locura, fobias. El barco se adentra en el Río de la Plata. Sopla el levante. El mundo conocido termina en los farolitos de la Costanera.

FINALMENTE PARÍS

Tras dos semanas de travesía, Cortázar desembarca en Marsella y toma un tren hacia París. A principios de noviembre lo encontramos ya instalado en el Pabellón Argentino de la Ciudad Universitaria. Afortunadamente el clima es soleado y diáfano, lo que le permite reanudar aquellos viejos paseos que aún brillan en su memoria. Pero la habitación que le ha correspondido en el tercer piso tiene algunas limitaciones: la mesa de trabajo es un mueble con dos cajoncitos donde no cabe ni una postal y en las paredes no hay estanterías. La luz eléctrica es pésima. Pero cuenta con la ayuda intermitente del sol, que cuando brilla ilumina sus cosas: el pequeño cenicero de Murano, las láminas de pintura que ya cuelgan de las paredes, o la imagen de Keats que preside la cabecera de su cama. Aparentemente todo está en orden, pero París aún no ha podido sacarle del pozo personal en que vive. Se le va el tiempo ordenando papeles, leyendo cartas y eso le pone triste porque la sola contemplación de un sobre, o el olor del papel, le devuelven a latigazos a Buenos Aires. Tampoco ayuda que en uno de esos libros suyos que acaban de llegarle descubra por azar esta frase: «Los que se van dejan de ser interesantes.» ¿Logrará volver a ser interesante para alguien en otro lugar?

Pero Cortázar viene dispuesto a aprovechar el tiempo. Desde el principio emplea parte del día en gestiones, diligencias y lo que él llama «otros ascos». Esto incluye inscribirse en un curso de literatura contemporánea para extranjeros que va a dictarse en la Sorbona, o buscar contactos que le faciliten el acceso a editoriales francesas. Pero no renuncia a los placeres de vagar por la ciudad. A los pocos días el balance es apabullante: Julio ha paseado junto al Sena, se ha adentrado en lugares deliciosos como Le Marais, Montparnasse o el mercado de Les Halles. También sale de noche y se acerca a la place Maubert, donde se alzan los fantasmas de truhanes y busconas y donde cualquier vagabundo con un perro se le antoja la sombra de Villon. Si en su primera estancia estaba condicionado por el reloj, ahora puede dosificar las visitas a los teatros y los museos. Le basta con pasear por la calle sin rumbo fijo, comiendo higos y mirando los grises de las piedras y de los cielos. Aunque almuerza habitualmente en el comedor de la Ciudad Universitaria, en poco tiempo pierde peso y decide recobrarlo en Jean, el querido *bistrot* del Barrio Latino. Allí le recibe la patrona con la bondad de siempre, y sus *côtes de veau* tan sabrosas y aquel *pilaf* de chupar el tenedor hasta el mango. Son horas reconfortantes, ya que en el fondo le duele París: escribe poco, duerme mal, no está contento. Pero acepta el tributo porque son los dolores necesarios para aclimatarse a la ciudad.

No disponemos de muchos testimonios del Cortázar recién llegado. Pero Miguel Herráez logró entrevistar a María Lucero Ontiveros, una de sus antiguas alumnas de Mendoza, que en aquel tiempo se encontraba de paso en la capital francesa. Al parecer, María se acercó a la Ciudad Universitaria en busca de su antiguo profesor, y al poco rato lo vio cruzar la galería del Pabellón Argentino montado en bicicleta. Julio pasó junto a ella y se quedó atónito ante esa figura querida que regresaba del pasado. Entre risas y exclamaciones María le contó que había acudido a su encuentro para cumplir la vieja promesa de volverse a ver. Pese a sus ocupaciones, el profesor Largázar recogió el guante e hizo de cicerone. Según ella: «Me llevó a conocer museos, a recorrer la zona del París medieval, de la que decía era como estar en el interior de una piedra preciosa, y los parques y paseos. Su compañía fue un verdadero regalo. Volver a escuchar sus explicaciones sobre el arte antiguo y moderno, su entusiasmo por el arte griego, pero también por el egipcio. Cortázar deslumbrado por París.»

En estos primeros meses Cortázar se mueve en varios frentes. Aunque su libro *Bestiario* siga languideciendo en un sótano oscuro, otros proyectos reclaman su atención, como su monumental estudio sobre Keats que aspira a corregir aquí. Paralelamente comienza a moverse en los círculos literarios aprovechando sus viejos contactos porteños; gracias a Victoria Ocampo conoce al escritor Roger Caillois, quien desea fundar una revista que divulgue en Francia la obra de los autores argentinos. El sueño de Julio sería encargarse de las traducciones. Los contactos le permiten además adentrarse en las aguas, a veces luminosas, a veces turbias, de la vida social. La misma Victoria Ocampo le conseguirá una invitación para un cóctel de la editorial Gallimard. Cortázar acude con la alegría del cronopio, y esa alegría se verá multiplicada al encontrarse allí con Albert Camus. Dado que es un episodio poco conocido, dejaremos hablar a Julio: «Cuando lo reconocí (esa carita de mono pálido, ese aire español) me le acerqué con toda la violencia de los tímidos, le dije que había traducido un ensayo suyo, y él entró cordialmente en la charla.» La conversación prosiguió un buen rato por caminos literarios, entre copas de *champagne* memorable, y sólo se interrumpió cuando una lluvia de fans se lo arrebataron. La noche concluirá en la place Pigalle, con otros escritores argentinos y una buena sesión de jazz. Todo *made in* París.

La ciudad es tan hermosa que Julio ya se siente mejor. Ha descubierto uno de los secretos parisinos: aquí hasta la tristeza se vuelve una actividad estética. Aunque alguna vez sucumba al desánimo, está aprendiendo a depositar esa melancolía en las cosas bellas que le rodean. Y toda esa belleza que le rodea es la ciudad misma, con su cartografía fija y a la vez viva y variable. El milagro siempre renovado de París puede darse, por ejemplo, en el Marché aux Puces, el asombroso cementerio donde las cosas viejas de los hombres tienen una última oportunidad. Allí el argentino se pierde entre los puestos donde una cajita de música se expone junto a un telescopio roto, un pájaro disecado o una bola de cristal, Estos objetos le activan la memoria, le devuelven fugazmente a Banfield, cuando descubría el mundo a través de vidrios de colores. Inmerso en el laberinto, halla refugio en un cafecito del mercado donde suenan tangos criollos. Y de nuevo la nostalgia.

Pero sobre todo Cortázar frecuenta los museos. Si en el primer viaje su visita al Louvre había quedado incompleta, ahora puede demorarse allí sin límite. Sus pasos suelen dirigirse a las salas dedicadas al arte griego que le cautiva con sus estatuas milenarias: diosas blancas y apolos de mármol que se encienden bajo la luz dorada del sol. También se escapa a las salas egipcias, donde algunos efectos lumínicos sobre la figura de una diosa le hielan la sangre. Uno de los grandes retos del escritor es acomodar la mirada a la incontenible hermosura de todo. París le obliga a jugar y a conjugar verbos imposibles: el arte clásico, la pintura moderna, el teatro contemporáneo, o el paisaje mismo de la ciudad. «Tengo que aprender a ver, todavía no sé», le confiesa a María Rocchi. Y no sólo eso, también aspira a que esa mirada inicial, la primera, mantenga intacta toda su pureza. Paradójicamente este deseo se activa en el momento en que empieza a familiarizarse con el nuevo escenario. Es ahora que debe vigilar su visión, su manera de situarse frente a esas cosas que cada vez conoce mejor, e impedir que los conceptos le escamoteen las vivencias. Le aterraría pasar apresurado frente a Notre Dame, y echarle una simple ojeada de transeúnte. No. Él aspira a conservar la maravilla de la primera vez: esa es la mejor recompensa de su mirada. Lo dirá más tarde a un amigo: «Nos reímos de los turistas, pero te aseguro que yo quiero ser hasta el final un turista en París.»

A los cuatro meses de su llegada Cortázar se mueve casi como pez en el agua. Incluso se atreve a componer su epitafio. Un día cualquiera, sentado en un café de la place Pigalle, le sobreviene un rapto de inspiración. En carta a María Rocchi le dirá que esa ocurrencia macabra es sólo una previsión para un lejanísimo futuro, pero que el resultado en cualquier caso le emociona mucho. Este epitafio es una auténtica delicia y dice mucho de su autor. El Julio eterno que conocemos todos:

JULIO CORTÁZAR
CUALQUIER RANITA LE GANABA

EL AÑO DE LA MAGA

La fascinación de París viene asociada a una historia de amor. Pero ya sabemos que el hombre al que cualquier ranita le ganaba no solía moverse bien en este territorio. Por fortuna la ciudad le ofrece una gran compañía que además ya conoce: Edith Aron. Al principio las cosas no fueron fáciles. En vísperas de acabar el año, Julio escribe el poema «Happy New Year», que quedará guardado en un cajón. Desde los primeros versos se expresan sus deseos de cariño para 1952. Sólo pide la mano de la amada, una puerta para entrar en su mundo, ese trocito de azúcar verde, de redondo alegre. El resto del poema no es tan tierno, pero conserva la misma textura sentimental. Hasta el momento no hay pruebas de que estuviese dedicado a su amiga judía, incluso varios estudiosos sugieren que el poema estaba inspirado en Aurora. En todo caso, un mes más tarde las cosas han cambiado. En carta a María Rocchi le habla de un atardecer brumoso que compartió con una amiga a la salida del Louvre. De pronto los faroles se encendieron y los puentes sobre el Sena se tornaron de un color intensamente rosa. Entonces vieron que la proa de la Île de la Cité y las torres lejanas de la catedral habían pasado a un violeta profundo, y a la vez el río estaba verde, un verde lleno de oro. Luego vieron salir las primeras estrellas. «Nos fuimos de allí sin poder hablar, demasiado felices para decir que lo éramos. Cosas así pagan viejas deudas de la vida.» Un formidable crepúsculo, la compañía de una mujer, todo demasiado romántico. Esta clase de hallazgos son esenciales y tomarán cuerpo en *Rayuela*, cuando los amantes se adentran en un París fabuloso, dejándose llevar por los signos de la noche. Es ella la que les conduce a una buhardilla iluminada en el fondo de una calle negra, o les descubre esas placitas confidenciales para besarse en los bancos o mirar las rayuelas.

La mayor parte de las cartas que Cortázar escribe en esta época van dirigidas al matrimonio Jonquières; pero aunque dichas cartas sean una fuente de información de gran valor, no cuentan toda la verdad. Y no la cuentan porque los destinatarios también son amigos de Aurora Bernárdez. Por eso el escritor se limita a dar vagas referencias de esa amiga que le acompaña en sus salidas por París. Pero ¿qué amiga? ¿Alguna compañera de la Ciudad Universitaria? No. No tiene sentido engañarnos por más tiempo. Los momentos que vive Julio con esa mujer enigmática son instantes románticos, y sobre todo el protagonista los describe así. Quizá por primera vez la literatura traiciona a Cortázar. El entusiasmo con el que describe ciertas situaciones adquiere el rango de una epifanía, y esa epifanía contribuye a rubricar para siempre su vínculo con la ciudad. Este pacto sagrado con la capital francesa es compartido con Edith. En esta hora única, preciosa, necesaria, Aurora no está a su lado. Ella sigue en Buenos Aires, atenta a lo suyo, interpretando el papel como una jovencita que se deja querer y no se compromete a nada. Durante tres años la gallega le ha tenido bailando en el plato, apareciendo y desapareciendo, dándole un poco de sedal para mantenerlo cerca, jugando como el hábil pescador.

Pero Julio ya está en otro país, inmerso en una nueva vida en la que sólo unas cartas le ligan al pasado. Ni siquiera el teléfono, demasiado caro para un becario, es suficiente para mantener viva la llama. La llama ¿de qué?, ¿de una mujer encantadora que se halla a once mil kilómetros de distancia? Esta llama temblorosa no es nada cuando alguien vive solo en París, y ya no hablemos si está acompañado de una joven judía. Nada. ¿Por qué razón tendría que guardarle ausencia a la morochita? ¿Por qué no habría de entregarse a las delicias de la Ville Lumière con otra mujer? La presencia de la Maga en su vida le lleva a dejar algunas pistas en su correspondencia, pero nadie repara en ellas. Nadie ata cabos. Somos nosotros los que debemos hacerlo. A finales de febrero escribe a Eduardo Jonquières que está entusiasmado con Georg Trakl. Este entusiasmo lo debe a una amiga que le lee en alemán y luego le traduce cada línea. La amiga que sabe alemán es la misma que aquella otra con la que había compartido el maravilloso crepúsculo en Notre Dame. Ninguna otra hipótesis se sostiene. Sobre todo porque Edith Aron es hija de un judío alemán y habla alemán.

En cartas sucesivas las pistas siguen apareciendo como huellas frescas en la nieve. Cuando Cortázar vuelve de una excursión a Auverse-sur-Oise, el pueblito donde murió Van Gogh, su único deseo es regresar allí acompañado de una amiga y quedarse tres o cuatro días juntos en un hotel. El plan es recorrer aquel escenario que aún se asemeja a una pintura: la pequeña iglesia, el ayuntamiento, el café donde vivía el pintor, la modesta pieza con las paredes empapeladas, el billar y la tumba del cementerio. Al igual que en París, toda esta belleza será compartida con una joven. Esa amiga misteriosa a la que nunca nombra es la Maga.

El cambio estacional irrumpe magnífico y violento. Entonces Julio descubre que en realidad nunca había visto la primavera. Acostumbrado a Buenos Aires, el despliegue de París, con sus bellos jardines, le resulta admirable. Hay que estar allí para comprender cómo nace una mitología, una poesía de la primavera. Hay una tensión en las cosas y en uno mismo que habla de savias nuevas y de floraciones vitales. En esos momentos la sola idea de quedarse encerrado en su habitación de la Ciudad Universitaria le resulta impúdica; Cortázar está aprendiendo que la vagancia, como la poesía, es un lujo necesario. Aprovechando el buen tiempo da largos paseos en bicicleta e incluso se adentra en los bulevares periféricos que rodean la ciudad. También se acerca hasta el Bois de Vincennes y se tumba en la hierba. Durante un rato siente el sol en los brazos y en la nuca, el regalo del sol en París. Se relaja. Cada segundo equivale a unas bien ganadas vacaciones, tras la conclusión de su magna obra sobre Keats que ultima por esas mismas fechas. Sumido en la euforia, realiza una breve escapada a Londres, donde visita los principales museos –The National Gallery, Tate Gallery y British Museum–, pero sobre todo la casa del poeta. Recorriendo aquel viejo nido que se alza en Hampstead, se cierran diez años dedicados a estudiar a Keats. Y la visita adquiere carácter de hito personal.

Al regresar a París prosigue sus aventuras con Edith. La mayor parte son paseos románticos en bicicleta que les llevan a rincones fascinantes y desconocidos. Así lo recuerda ella: «Un día llegamos hasta Jardin des Plantes. Ahí descubrimos los axolotl que lo dejaron muy impresionado. Luego de andar, yo en mi vieja bicicleta y él en la suya, de marca "Aleluya", nos detuvimos. Apoyados contra un árbol, me leyó un cuento muy lindo. Me hizo llorar porque me hacía recordar muchas cosas de Buenos Aires y él también se emocionó porque a mí me emocionaba.» El cuento era nada menos que una primera versión de «Final del juego» Casi simultáneamente, Cortázar escribe otra de sus piezas mayores. En carta al inevitable Jonquières le anuncia que acaba de concluír dos relatos, uno de ellos muy bueno, titulado «Axolotl». Es el nombre de unos animalitos que ha descubierto en los acuarios y que le produjeron terror. ¿Terror? En efecto, en su caso es así. El axolotl, o ajolote, es un raro anfibio mexicano similar a la salamandra que alcanza la madurez sexual antes de perder las branquias y de desarrollar los pulmones, es decir, antes de completar la metamorfosis. A mediados del siglo XIX, el caso del axolotl permitió analizar un interesante proceso biológico que se conoce como «neotenia» o «paidomorfosis», el mantenimiento de la forma infantil al alcanzar el estado adulto conservando rasgos inmaduros. De algún modo esto tiene que ver con Cortázar. Volveremos a ello.

También en París el atardecer es la hora de los enamorados. Una tarde la pareja se acerca hasta la Îlle de Saint Louis para contemplar el final del día. El momento es delicioso: todo está en calma, poca gente, y unos tonos de color violeta perfectos brillan sobre las trémulas aguas del Sena. De pronto Julio decide saltar un parapeto de piedra, pero calcula mal la distancia y sufre una caída que le provoca la fractura de un pie. Felizmente Edith le ayuda a recuperarse y lo conduce hasta las bicicletas que habían dejado en la rue du Cloître. Luego le acompaña hasta su refugio. Esto ocurrió el 12 de junio. Pese a que el reglamento de la Ciudad Universitaria es bastante severo, Cortázar intenta gestionar que se le permitan visitas femeninas. Reacio a la petición, el secretario le presta un bastón para que baje a comer al *office*. Sin embargo se las ingenia para que Edith le eche una mano y cocine para él. En este sentido el argentino se nos aparece como un hombre de su época, no tiene el menor interés en andar entre pucheros. Es cierto que en el pabellón hay tipos con alma de cocinera, que se pasan el día subiendo y bajando las escaleras con platitos y cacerolas. Pero para él eso es positivamente inmundo. En su opinión, para llegar al tomo VII de Proust se requieren ciertos sacrificios, y uno de ellos es no perder el tiempo cocinando. Pero se equivoca. Ignora que Proust no tenía la misma opinión y era un excelente gastrónomo. En todo caso, la Maga sigue muy presente en su vida y quizá su influencia le impulsará a buscar en breve una habitación propia.

Por esas mismas fechas Cortázar es contratado temporalmente como locutor en Radio Francia Internacional, una emisora situada en la localidad de Joinville, a las afueras de París, que retransmite programas grabados en castellano. Aunque él mismo reconoce que es un pésimo *speaker*, ya que sus *r* hacen saltar el magnetofón donde registran sus intervenciones, lo cierto es que sólo trabaja los miércoles, y además los noticieros con su voz llegan hasta Argentina. Al principio el nuevo locutor es un manojo de nervios, porque la más pequeña tos, tartamudeo o desliz arruina la banda sonora y hay que recomenzar todo. Los técnicos se fatigan, el malhumor invade el estudio. Pero luego Julio consigue unas pastillas alemanas para la garganta que resultan ser el bálsamo de Fierabrás. Uno de sus mayores placeres es ser escuchado en Buenos Aires, sobre todo por las mujeres de la familia. A finales de marzo escribe una cariñosa y divertida carta a su abuela en la que le informa de sus aventuras como hombre de radio y especula sobre los efectos que eso tiene sobre ella. Está convencido de que la abuelita es la mujer más feliz del mundo. Cortázar sabe lo mucho que representa la radio, desde aquella noche lejana en que el tío Carlos desplegó una antena sideral sobre los tejados de Banfield. A ojos del gineceo el trabajo en la emisora es su primer gran triunfo en Francia. ¿Qué importa la literatura? La voz de Cocó resuena a los oídos de sus mujeres como un tango del mismísimo Gardel.

A lo largo de la primavera el nieto tiene bastante tiempo para pensar. Influido por el clima existencialista que flota en la ciudad, sus reflexiones se centran en el enigma de la condición humana. ¿Para qué demonios estamos aquí?, se pregunta en cualquier café del Barrio Latino, ¿y por qué se concede a algunos una facultad expresiva particular? Al final intuye que la respuesta quizá sólo se encuentra tras una extenuante cacería espiritual. Esta inquietud digamos metafísica guarda estrecha relación con la edad y cristalizará más tarde en las páginas de *Rayuela*. Desde que llegó aquí, Cortázar está madurando a grandes zancadas, literaria y humanamente. Hasta entonces su vida había ido un tanto a contrapelo, pero ahora que ha renunciado a imaginarse lo que no era, y se he quedado solo en un cuarto vacío, se siente mucho más pleno y más rico. «Ahora las cosas bellas llegan realmente a mí, y el dolor no me empobrece». El hombre que escribe estas líneas todavía se mueve entre dos aguas, dos edades, dos países. Pero intuye que la corriente del tiempo le lleva en una dirección: los únicos riesgos de la madurez son morales, es decir, el encanallarse poco a poco, o tolerar el trato con personas que nos hubiéramos negado a saludar a los veinte años. Pero ¿ganamos o perdemos?

Entretanto sigue buscando afanosamente una habitación en el centro. Tras varios meses en la Ciudad Universitaria, la beca toca a su fin y debe encontrar un trabajo estable y un domicilio propio. Años después brindará una explicación a Osvaldo Soriano que refuerza el aura de su cosmopolitismo: «estuve viviendo cinco meses en el pabellón argentino hasta que ya no pude más de estar rodeado de compatriotas que no hacían ningún esfuerzo por aprender una palabra de francés y se pasaban el día llorando y tomando mate. Yo no sabía si me iba a quedar del todo o no, pero decidí que ésa no era una manera de vivir en París». Al final dará con una pequeña pieza en el 91 de la rue d'Alésia, en el mismo barrio, cerca de la avenue du Général Leclerc. Quizá no sea un lugar tranquilo para alguien tan contemplativo como él –la boca del metro está casi en la puerta y el tráfico es escandaloso–, pero el cuarto es lindo y le procura independencia. En esta aventura también le acompaña Edith: será ella quien le ayude a efectuar la mudanza junto a Fredi Guthmann, que ha regresado a la ciudad tras un viaje a la India. A partir de ese momento los vínculos de la pareja se estrechan. Esa misteriosa «amiga» que aparece innombrada en las cartas de Cortázar continúa siendo el eje afectivo de su vida. Aunque Edith Aron no suele hablar de aquella época, ha hecho circular otras anécdotas que la presentan como un personaje fundamental. Dice: «Un día, mientras comíamos y él jugaba con unas migas de pan que estaban sobre la mesa, me miró y comentó: "Tengo ganas de escribir un libro mágico." Diez años después ese libro mágico tomaría la forma de *Rayuela*.

El cambio de domicilio supone también un cambio de vida. Los alegres meses de correrías y holganza tocan a su fin. Julio aspira ahora a una repartición razonable del tiempo que le permita ganarse el sustento sin renunciar totalmente a sus aficiones. Aunque ya ha comenzado a trabajar en la Unesco, todo su afán es conseguir algo mejor que le permita dejar de hacerlo. El horario le roba de nueve de la mañana a seis de la tarde, un sacrificio demasiado severo para alguien que aspira a poder escribir sin trabas. Gracias a los contactos de Edith, que por entonces era empleada de los almacenes Printemps, obtiene un empleo por horas en los mismos almacenes como empaquetador. En paralelo mantiene su trabajo como locutor de radio, lo que le lleva a retransmitir algunos acontecimientos: los Juegos Olímpicos de Helsinki, por ejemplo, o los funerales de Eva Perón. Lamentablemente Cortázar no es lo suficiente hábil para fingir congoja y sus palabras ante la muerte de la musa del peronismo no convencieron a nadie. Las frases de condolencia sobre la muerte de Evita, gran tema del momento, le salieron tan frías y sin sentido que se ganó censuras universales. Irónicamente, este hombre que tanto había sufrido el acoso de los altoparlantes peronistas será una de las voces que narrará el final de Eva Perón.

Todo ello le devuelve recuerdos argentinos y le reafirma en su postura vital. Esta vez lo expresa con dramatismo a Jonquières al comentarle que se fue del país porque no podía más. Pero nada impide el regreso temporal a Buenos Aires, y con este propósito comienza a allanar el camino. Los motivos de su decisión no tienen que ver con la nostalgia, o no sólo con ella, sino también con un cambio en su vida afectiva. Al instalarse en su domicilio, Julio le propuso a Edith que se fueran a vivir juntos; pero ella declinó la oferta argumentando que no deseaba comprometerse a fondo porque quería seguir sus estudios. Medio siglo después ella reconocería: «Yo tenía miedo a todo amor verdadero.» La negativa supuso un jarro de agua fría para Cortázar: además de la cuestión sentimental, acariciaba la idea de abrir una librería aprovechando el pasaporte francés de la Maga. Pero ninguno de estos planes llegó a buen puerto.

¡QUE PASEN LOS CRONOPIOS!

En cierto momento de 1952 Cortázar decidió reanudar sus contactos con Aurora Bernárdez, o mejor, invitarla aquellas navidades a París. Pero al hacerlo no le movía el propósito de iniciar una vida en común. Los biógrafos dan por hecho que tal proyecto existía y que era bastante anterior a su marcha de Argentina. Sin embargo esta hipótesis es totalmente falsa. Otra leyenda más. A día de hoy sólo existe una prueba documental que podamos interpretar como una declaración de intenciones a Aurora. Pero dicha prueba es una carta a Eduardo Jonquières escrita en la primavera de 1953, cuando ella ya estaba instalada en la capital francesa. La única verdad es que un año antes el autor de *Rayuela* no tenía tan claro que iba a quedarse definitivamente en Europa. Por tanto, ¿cómo iba a negociar a priori con la morochita que se fuera a vivir con él? Es absurdo. Ni siquiera eran novios formales; de hecho ella lo había rechazado. Lo único que hubo fue una charla importante en vísperas del viaje, tal como recuerda en dicha carta. Así lo resume en pocas líneas: «Pude hablar, pude decirle a Aurora lo que tenía que decirle, y pude venirme a Francia sin ninguna esperanza, pero con una serenidad que era por sí sola una altísima recompensa a mi cariño.» ¿Qué significa esto? Muy simple: Cortázar le ha abierto su corazón y ella le paga con una moneda de cobre. No hay compromiso, no hay ninguna esperanza, no hay amor. Pero al menos el viajero se queda en paz consigo mismo. Por tanto Aurora sólo era un recuerdo, también un motivo de inspiración poética. Pero nada más.

A partir de estos datos debemos valorar más a fondo la figura de Edith Aron. Los estudiosos tendrían que aceptar definitivamente que el primer año parisino de Cortázar es el año de Edith, el año de la Maga, y este año es crucial porque influye hondamente en su proceso personal y artístico. Mientras Aurora se queda en Buenos Aires, él conoce la ventura excelsa de ser un amante en París. Por si Eros fuera poco, Julio escribe relatos magistrales como «Final del juego», siembra las primeras semillas de *Rayuela* e inventa sus legendarios «cronopios». En esta etapa fundamental de su vida, Aurora Bernárdez no pinta nada. Es una referencia perdida en alguna carta a los Jonquières, por ejemplo, y alguna llamada de larga distancia cuyos ecos retardados se pierden en la oscura noche del Atlántico. Poco sabemos. ¿Dónde está el amor aquí?, ¿dónde está la pasión que lleva a un hombre a arrojar un paraguas en el Parc Montsouris, o a romperse un pie saltando un muro?, ¿dónde está esa primavera romántica que se expresa en crepúsculos de sangre sobre el Sena? ¿Y qué decir de los encuentros fugaces en los cuartos de hotel, fumando y jodiendo hasta saludar el nuevo día? Éste no es el individuo que Aurora despidió en un muelle de Buenos Aires.

En medio de esta atmósfera intensa, revuelta, los cronopios llaman a la puerta. Al parecer la primera aparición de estas criaturas se produjo en el Théâtre des Champs Elysées, durante una velada mágica en la que Stravinsky dirigía alguna de sus obras y Jean Cocteau recitaba *Edipo Rey*. Según recordaba Julio: «Yo estaba solo en lo más alto del teatro porque era lo más barato. Hubo un entreacto y toda la gente salió, a fumar y demás. Yo no tuve ganas de salir y me quedé sentado en mi butaca, y de golpe me encontré con el teatro vacío, había quedado muy poca gente, todos estaban afuera. Yo estaba sentado y de golpe "vi" en el aire de la sala del teatro, vi flotar unos objetos cuyo color era verde, como si fueran globitos, globos verdes que se desplazaban en torno mío.» ¿Qué había «visto» exactamente Cortázar? No lo sabía, pero «ellos» estaban «allí» y se llamaban «cronopios». Dirá más tarde: «No era una cosa tangible, no era que yo los estuviera "viendo" tal cual. Aunque de alguna manera sí los estaba viendo.»

Desde ese momento la alucinación comenzó a obsesionarle y se lanzó a escribir las primeras historias, que se ampliaron con la aparición de los «famas» y de los «esperanzas». En síntesis, el cronopio es el equivalente del artista, los famas son los burgueses o los funcionarios, y los esperanzas se mueven entre dos aguas y se acercan bastante a los esnobs. En relación a ello Cortázar solía decir que todo era una ironía amable, no había ninguna alegoría. Aunque algunos críticos hayan querido ver en los famas la denuncia de la burguesía frente a la libertad –y en parte es así– no es deliberado. No había ninguna intención didáctica ni moralizante en los cronopios. Al contrario, él trataba de escribir relatos sumamente libres. «Lo que pasa es que estos bichos tienen sus características y no las pueden disimular.», comentaba muy convencido. Sea como fuere, había pulsado una tecla afortunada. En la literatura latinoamericana hay un antes y un después de los cronopios. Y a ellos deberá, junto a *Rayuela*, su gloria y su inmortalidad.

Creemos que estas historias son el típico proyecto menor que aborda un artista para recuperarse de una obra de gran envergadura. En su caso el libro de Keats. De ahí que Cortázar lo encare casi distraídamente, como sin querer. Según propia confesión las historias de cronopios y de famas fueron sus grandes camaradas al llegar a París. En efecto. Sabemos que las fue escribiendo en la calle, en los cafés, en los rincones más insólitos, y en modo alguno su autor los consideraba obra «seria». Cada vez que se refiere a ellos en la correspondencia de la época lo hace en diminutivo: «cuentecitos», «librito» y hasta «cuadernito». Admite, eso sí, que le ha sido concedida cierta magia verbal, y el texto es la objetivación espontánea de esos juegos de la palabra consigo misma. Nada más, o nada menos. ¿No jugaba con ellas en Banfield? ¿No las dibujaba en el aire para matar el tiempo de la enfermedad? Tampoco se le escapa el efecto que los cronopios podrían tener en Argentina, un país donde el ingenio de un Macedonio Fernández o un Gómez de la Serna no pasa de ser una rareza molesta o una pura excentricidad. Pero ante todo lo que desea es expresar el lado liviano y pueril de la vida, y que los lectores se diviertan tiernamente. Así pues, los cronopios llegan saltando, cogidos de la mano, por senderos de ternura y alegría.

Con todo, hay un factor importante: los cronopios también cumplen una función terapéutica. En cierto sentido vienen a ser el contrapunto luminoso de sus cuitas secretas, el rostro amable de una psique atormentada con dos caras. Hasta entonces el inconsciente de Julio se regulaba a través de historias oscuras, pesadillas contemporáneas como las que pueblan las páginas de *Bestiario*. Pero a partir de los cronopios, él encuentra una válvula de escape más benigna, un drenaje más claro para las heridas de su mundo interior. Si *Bestiario* estaba rodeado de una atmósfera nocturnal, en estas historias brilla la luz contagiosa de la primavera. Allí donde había fobias, traumas e incesto, aquí hay frescura mental y claridad de espíritu. Lo primero era obra de Kafka, lo segundo de San Francisco de Asís. Los cronopios, además, le permiten desarrollar definitivamente una faceta de su personalidad que la timidez le había reprimido: el humor. Durante toda su juventud, Julio había desplegado el humor en cuentagotas, casi siempre en compañía de personas de su confianza o en algunos pasajes de su correspondencia. Pero a raíz de su paso por Mendoza, y especialmente tras su trato con el círculo del artista Sergio Sergi, algo cambió. Las cartas se hicieron menos solemnes, más juguetonas y ligeras. Esta apertura quedó un tanto en suspenso durante la etapa peronista, donde la risa quedó opacada por su situación personal y la realidad del país. De ahí *Bestiario*. Pero desde el primer viaje a Europa el humor llama de nuevo a su puerta y lo hace para quedarse. Inútil añadir que la influencia de Edith Aron, con su visión delirante y anárquica de la vida, tuvo mucho que ver en ello. Porque fue la Maga quien le reactivó el virus de la risa, o para ser exactos le recordó que había otras ventanas a la realidad.

Los cronopios, en fin, llegaron justo a tiempo para rescatarle de su Mr. Hyde. Lo que había comenzado como un juego en clave menor, un tímido divertimento para sí mismo y acaso un grupo de amigos, se fue extendiendo como una mancha de aceite a todas las latitudes del globo. El proceso no fue inmediato, ya que «cronopio» y *best seller* son dos términos incompatibles y que responden a dos éticas antagónicas. Pero estas criaturas que hicieron su entrada multitudinaria por la vía del libro fueron calando muy hondo. Los cronopios se instalaron en el imaginario de tantísimos lectores, echando raíces, y tejiendo una malla risueña de complicidad. Al final los cronopios estaban donde se reinventa la vida y se forjan los sueños más bellos. Pero nosotros preferimos las pesadillas, ese otro Julio que sufre en silencio y del que nadie habla.

DEL OTOÑO MALO

Tras varios meses en el extranjero, Cortázar decide terminar el año en Argentina. El viaje le va a permitir reencontrarse con los seres queridos y quizá emprender una nueva ofensiva sobre Aurora. Durante aquel verano de 1952 irá madurando la idea; manda cartas a la familia, a los amigos de Buenos Aires, reúne el dinero para el pasaje. Pero finalmente todo se tuerce a causa de una nueva oferta laboral. Desde que terminó su contrato como locutor, Cortázar había trabajado en Agimex, una empresa exportadora de libros. Según él: «Yo tenía que hacer paquetes de libros, cosa que te lastima mucho las manos pero que te deja la cabeza libre para pensar. Y muchos de los cuentos que escribí en esa época fueron probablemente imaginados mientras hacía paquetes para ganarme la vida.» Aunque carecía de experiencia, supo obtener la confianza de su jefe, quien decidió doblarle el sueldo por temor a perderle. Esta nueva oferta en vísperas del viaje le resulta irresistible: un trabajo bien remunerado de media jornada que va a permitirle más libertad. A igualdad de condiciones, el trabajo es ahora más tentador que el de la Unesco, que le exigía una entrega mayor. Cortázar sabe reconocer la ocasión. «Lo pensé seriamente, y me di cuenta de que si perdía esta oportunidad de hacer pie firme en París, era un imbécil.»

Pero toda decisión tiene su precio. El más oneroso es la renuncia a su viaje a Argentina. Como siempre el mayor motivo de su desazón tiene que ver con el gineceo de General Artigas. Le hubiera hecho muy feliz estar un mes al lado de la abuela, que está muy anciana y le extraña mucho. Cada carta suya le vuelca a un sentimiento de culpa muy hondo. Y eso que la abuela no practica el chantaje sentimental, tan frecuente en las familias hispano-argentinas, donde se cree que la obligación del hijo es vivir bajo el techo familiar. Este sentimiento se nos antoja revelador. El dolor de Cortázar nace, paradójicamente, porque Victoria Gabel no le reprocha nada y sólo se inquieta de una forma sana por su nieto. Esta pureza afectiva duele doblemente a Cocó. En carta a Jonquières habla de ello, pero no hace referencia al desencanto que pueda padecer Aurora. ¿Es éste el hombre enamorado que lamenta no acudir al rescate de su amada? Sólo le preocupa el gineceo. Dejemos la literatura medieval.

Así pues, Julio se queda en París movido por razones exclusivamente prácticas: le ha costado demasiado llegar aquí para desperdiciar su primera gran oportunidad de quedarse. Con todo, la renuncia a viajar a Buenos Aires resucita viejos recuerdos. El más intenso tiene un sabor amargo, ya que en octubre de este año se cumple el décimo aniversario de la muerte de Paco Reta. Ya hemos dicho que la imagen del amigo muerto le ha perseguido y va a perseguirle el resto de su vida. Pero en vísperas del triste aniversario ese recuerdo adquiere un dolor muy vivo. Lamentablemente en París no hay nadie con el que pueda compartirlo –ni siquiera Fredi Guthmann o Edith Aron– y se siente demasiado solo. En busca de un bálsamo se refugia una vez más en una de esas cartas tan sinceras que le manda a Jonquières. Gracias a ella podemos revivir el drama de la muerte de Monito y la incidencia que sigue teniendo en su memoria. Pero en esta ocasión el escritor va más lejos al evocar su última noche en el hospital, bajo la luna llena dura y canalla. Ahora nos habla de sí mismo y de Paco, de los reproches que sigue teniendo por haberle echado en cara su haraganería, sus proyectos abandonados, su aparente falta de coraje. Pero nunca creyó que pudiera morir así. «No comprendía que él estaba seguro (su cuerpo al menos lo estaba) de su condena, y que la vida con un futuro, con algo que hacer (estudios, trabajo) carecía ya de sentido para él.» El hombre que escribe esto ya ha pasado por Sartre, en concreto el de *El muro*, y ha descubierto que los condenados son invadidos por la pérdida total de comunicación con los demás.

Aquel otoño no será, pues, un tiempo feliz. Es cierto que la ciudad despliega su legión de árboles rojos, especialmente en los muelles del Sena, como esos bosques de metal que soñaba Baudelaire. Además, Cortázar ha comprado una Vespa de segunda mano y se desplaza veloz por los senderos del laberinto: parques, bulevares, museos... Aparentemente nada puede hacerle más dichoso que esta nueva forma de libertad que comparte a veces con una *copine*, sin duda la Maga. Pero el viaje cancelado a la Argentina le sigue removiendo la conciencia y le hace sentirse como un trapo. En las cartas de aquel otoño abundan las alusiones a ello e incluso llegará a decir que el día que decidió renunciar al viaje fue uno de los peores de su vida.

¿Qué tenemos aquí? Algo que ya sabemos: la historia de un buen chico amedrentado, un pobre pibe que sigue teniendo pavor a defraudar a su familia. Parte de ese miedo proviene de la reacción de esas mujeres queridas que ya no pueden engañarse por más tiempo. En efecto, la decisión de Cocó de aplazar el viaje a Buenos Aires les va acercando a la cruda verdad: cuando vuelva algún día a casa, sólo lo hará de visita. Ahora ya lo saben. Todo el sentimiento de culpa que aqueja a Cortázar procede de haberles ocultado sus verdaderos planes, o al menos de no haber transmitido que en su corazón albergaba la posibilidad de quedarse en París. Esto le atormenta y le inspira nuevas reflexiones sobre los férreos lazos de sangre. Pero con una variante particular que rebasa ese tópico latino según el cual los hijos no deben abandonar jamás el techo del padre. Dado que en su caso no hay techo paterno sino materno, destacaremos estas líneas a Jonquières: «La familia es como una culpa que se lleva consigo. Y lo malo es que yo soy el cómplice secreto de mi abuela y mi madre. Ellas me reclaman con su vida consciente. Y yo les respondo desde abajo, en los sueños sobre todo, en mil reacciones del inconsciente, en el terror que me asalta cuando pasa un correo sin traerme sus noticias... Mi yo nocturno se venga duramente de las inteligentes decisiones que tomo de día.» Siempre es lo mismo: la decisión de irse de casa es una máquina de generar dolor. A finales de octubre el panorama anímico no ha cambiado y no se advierten luces de esperanza: aún le cuesta creer que lleva un año en París. A veces, volando en la Vespa por el centro, le asalta una angustiosa sensación de irrealidad. ¿Qué es esto?, ¿qué hace aquí?

Afortunadamente el otoño se despide con un rostro más amable: además de sus paseos en moto, la ciudad le ofrece una de esas avalanchas de cultura que justifican soledades y nostalgias. Aprovechando que se ha ahorrado el pasaje a la Argentina, Julio invierte en su formación personal. En pocos días asiste a un estreno de Ionesco y ve cumplido su viejo sueño de asistir a un concierto de Louis Armstrong, en el Théâtre des Champs Elysées. Este reencuentro con uno de los grandes cariños de su juventud se inscribe en una ceremonia que París ofrecía entonces como ninguna otra ciudad del mundo: revivir in situ grandes momentos de nuestra educación sentimental. Desde que llegó aquí Cortázar aspira a conocer a los ídolos que le marcaron el camino: Cocteau, Stravinsky, Picasso, Colette, Duke Ellington... Aquel otoño la ciudad le brinda además hallazgos sorprendentes en el campo del cine. Así, el film *Candilejas* de Chaplin, por ejemplo, o *Rashômon*, de Kurosawa; pero sobre todo, *Un verano con Mónica*, de un tal Ingmar Bergman. El film le deslumbra por su belleza clara y fría, por las imágenes fugaces de los cuerpos desnudos, y cierta nostalgia hacia el Paraíso Perdido. Es el amor carnal antes del castigo de Dios. Y Julio lo ha visto, lo ha comprendido. Pero, ¿cuál de ellos? ¿El bueno de Cocó? ¿El tímido profesor de provincias? ¿El traductor que se sonrojaba ante la secretaria de Havas? ¿O el joven poeta que no logró conquistar el corazón de Aurora? No. Aquí vive otro. Ese Cortázar que se interesa abiertamente por la intimidad sexual, ya ha pasado por París. Ya ha pasado por la Maga.

En noviembre acepta un nuevo empleo temporal como traductor en la Unesco. Pero en esta ocasión la exigencia es mayor: durante seis semanas deberá trabajar nueve horas diarias en franja de tarde, mientras las mañanas sigue en el almacén de libros. La sobrecarga de concluir a medianoche es tan grande que apenas le quedan fuerzas para disfrutar de la ciudad. En carta a Jonquières refiere esa etapa de estrés en las que se siente «deshecho y quebrantado». Afortunadamente cuenta con la ayuda de una mujer a la que no nombra: Edith Aron. Ella era esa amiga caritativa que cocinó para él durante todo ese tiempo, se ocupó de su ropa, de plancharle las camisas, y hasta de cortarle el pelo. Todo.

Al terminar este período Julio recibe la visita del músico y poeta Daniel Devoto –uno de sus camaradas cultos de Buenos Aires– y que ahora aterriza en París como un elefante en una cacharrería. La correspondencia de la época es muy rica en anécdotas en las que los dos amigos vuelan en Vespa por los anchos bulevares. Los parisinos no dan crédito: al volante un joven altísimo con gafas, detrás, un oso grandullón envuelto en un poncho criollo y luciendo boina. En una ocasión se desplazan hasta Montmartre donde Daniel –o Danny– efectúa algunas compras de menaje: una enorme palangana para lavarse los pies, dos platos de cerámica, varios tenedores y cuchillos y un calentador eléctrico. En opinión de Julio todos esos adminículos domésticos no sirven absolutamente para nada. Pero la compañía del camarada le distrae y le reconforta. Pese a sus diferencias de carácter, la vitalidad expansiva del oso le endulza la vida en un momento en que aún arrastra el cansancio por su trabajo en la Unesco. Y no sólo eso. Desde la negativa de Edith a vivir juntos, el vínculo con ella ha entrado en un callejón sin salida. Como escribirá a Fredi Guthmann cinco meses después, su relación con Edith estaba ya terminada, pues se había construido en un plan primario y sin futuro. «Edith no se engañaba sobre mis sentimientos y en este sentido nunca nos mentimos.» Esta confesión hallará eco en el capítulo 2 de *Rayuela*: «No estábamos enamorados, hacíamos el amor con un virtuosismo desapegado y crítico, pero después caíamos en silencios terribles y la espuma de los vasos de cerveza se iba poniendo como estopa, se entibiaba y contraía mientras nos mirábamos y sentíamos que eso era el tiempo.» Cierto. Al hablar de su historia con la Maga el escritor lo reduce a algo primario, es decir, carnal y sin futuro, es decir, sin posibilidad de matrimonio. Hijo de su época, Cortázar cree que Edith Aron no es mujer para fundar una familia, al menos su familia. Si alguien merece tal honor es Aurora, y resulta que ésta lleva un tiempo deseando acercarse a París.

AURORA LLEGA CON LA NIEVE

El 22 de diciembre Aurora Bernárdez llega finalmente a la capital francesa, pero Cortázar no acude a recibirla. Según la viajera, arribó en plena ventisca y se detuvo erróneamente en la Porte d'Orleáns, la parada de metro anterior a la Ciudad Universitaria. Gracias a la ayuda de un joven negro, pudo cubrir el tramo del bulevar Jourdan bajo la nevada y alcanzar las cancelas de la residencia. En ese momento sus planes son muy claros: sólo ha venido a pasar las vacaciones. No tiene previsto irse a vivir a casa de Julio, como se ha dicho hasta la náusea, sino alojarse en una habitación del pabellón de Estados Unidos aprovechando que algunos estudiantes norteamericanos han regresado a su país por Navidad. Pero a los pocos días ella ya se ha sumado al tándem Julio-Daniel que se desviven por mostrarle los encantos de París. Las primeras incursiones son a trío y a los pocos días van conociendo la ciudad, pedazo a pedazo, como una hormiga conoce una alfombra. Es el propio Cortázar quien recurre a su veteranía para facilitarles datos útiles, pequeños trucos para incursionar con éxito en el laberinto. Desde el principio ha advertido que los argentinos que llegan, andan por las calles mirando sólo de frente, como en Buenos Aires. Por eso todos se pierden los increíbles zaguanes, las entradas misteriosas que dan a jardines viejos, clos patios de hace tres siglos, intactos. Él, en cambio, no se cansa de mirar y lo hace de otra manera: a todos lados. A menudo se detiene, desaparece, regresa… En París los ojos se vuelven facetados como los de una mosca.

En otras ocasiones Julio y Aurora se ven a solas. Aunque no hay pruebas, el escritor repite con ella muchos de los itinerarios que había descubierto y compartido con la Maga. Las caminatas al atardecer junto al Sena, por ejemplo, la visita a algunos museos o el hallazgo siempre feliz del barrio de Le Marais. Es fácil suponer que Cortázar despliega sus talentos como cicerone y ella se siente halagada. Este hombre esbelto que le descubre tantas maravillas no es exactamente el mismo que despidió como amiga en un muelle porteño. Este hombre es otro, más maduro, libre y aposentado. Incluso se toma las cosas con mayor humor. ¿Cómo explicar el aplomo risueño con el que encaja ciertas situaciones? Y hasta su físico parece más ágil. En realidad sólo le sobran esas gafas de intelectual que para colmo no necesita. Aquí ocurre algo, piensa Aurora, y lo que ocurre se llama Edith. La moraleja es clara: París es una fiesta que siempre comienza. Con uno mismo, con la Maga, con Aurora.

A partir de ese momento se abre un paréntesis que abarca hasta el final del invierno. Todo lo que pudo ocurrir nos ha llegado a fogonazos. En este plazo nebuloso sólo sabemos que Cortázar ha dejado atrás una vida confusa y revuelta. Incluso un corresponsal tan metódico como él se ampara en el silencio. Durante varias semanas deja de mandar cartas, está demasiado ocupado viviendo su historia con Aurora y sentando las bases de una nueva vida. A mediados de marzo escribe una extensa carta a Jonquières donde se disculpa de ese mutismo y le informa de las novedades. Asombrosas novedades, diríamos nosotros. Este párrafo lo explica todo: «He vivido tres meses muy raros, y el día de hoy no es precisamente tranquilo, ni ayer, ni mañana. Aurora y yo nos hemos embarcado en un navío cuyo piloto desconocemos, cuyo itinerario nos es oscuro, cuyas escalas están por verse... Este barco en el que navegamos desde hace unas semanas es el tuyo y el de todos los que han jugado las grandes cartas en su hora. No creas que he cruzado la planchada con mis cuentas en orden.»

Aunque Julio no pertenece al gremio de los pasionales, su confesión no transmite precisamente el perfume excitante del *amour fou*. Es más bien un parte meteorológico, el informe detallado de una gran decisión y de sus primeras consecuencias. Aurora se ha ido a vivir con él, está aquí, y su mano duerme de noche entre las suyas. Sin duda la novedad le colma de dicha, porque escribe a un amigo para anunciarle que esa felicidad se parece tanto a un huracán que le da miedo. Pero la felicidad no sólo obedece al estallido del nuevo amor, creemos, sino al hecho de que ha obtenido al fin un amor que se le había negado. ¿Qué valor hemos de darle a un sentimiento que no es de conquista sino de reconquista? ¿Con qué margen de cautela debemos medir su grado de autenticidad? Estas preguntas incómodas no las hacemos nosotros, se las hace el propio Cortázar de una manera implícita cuando le advierte a Jonquières que no se sienta tentado a juzgarle. Sólo quiere pedirle una cosa: que no piense ni por un segundo que todo

esto nace de un deseo de *rangement*. Está claro, el escritor rechaza
dar la impresión de que le ha movido el impulso de sentar la cabeza, o de que ha pactado un arreglo con Aurora. Quiere otorgarle a este paso toda la grandeza. Por eso se reafirma recordándole
que estuvo un año y medio viviendo en París a su gusto, pero que
en ese año y medio sólo sintió el duro vacío de «su» ausencia. ¿Albergaba quizá la esperanza de que ella vendría algún día? Es posible. Además es hermoso hablar del vacío de la ausencia a un amigo que es partidario de Aurora. Pero nosotros sabemos lo
bastante de ese primer año en París como para olvidarnos tan alegremente de Edith Aron. Y sabemos también que Julio le propuso
vivir juntos y ella no aceptó. ¿Es ésta la actitud de un hombre
abrumado por la ausencia de la amada?

La mejor prueba de que Cortázar navegó entre dos aguas nos
la proporciona la correspondencia a sus íntimos: Eduardo Jonquières y Fredi Guthmann. El primero no tuvo noticia de la existencia
de Edith, por razones obvias, y el segundo ignoraba la existencia de
Aurora. Tendrán que pasar cinco meses desde su llegada para que
Julio se decida a aludir a ella a este último, presentando su vínculo como un hecho consumado: le habla a las claras de «mi mujer»,
le anuncia que va a casarse con ella y que es argentina. Ciertamente sorprende esta repentina declaración de intenciones a un amigo
tan cercano como Fredi. ¿Así que éste no sabía nada de Aurora
Bernárdez? No. Sin embargo tenía noticia puntual de la relación
con Edith Aron. Esta carta fechada el 12 de mayo de 1953 contiene otro párrafo que quizá lo aclare todo: «Hoy puedo decirte que
soy muy feliz, que me siento salvado (de qué, no lo sé claramente,
pero siento que acabo de salvarme de algo que hubiera terminado
conmigo).» Ese algo que Julio no nombra es la propia Edith, su
forma improvisada y caótica de entender la vida; ese algo que Julio siente como una amenaza es nada menos que la Maga. Más allá
de los vínculos afectivos, está claro que Cortázar percibe una señal
de peligro y sale corriendo. Al final el hombre que inventa a los
cronopios, resulta que en amor huye de ellos, y sobre todo necesita de la presencia de un fama para comenzar su nueva vida. Co-

nociendo el código, quizá parezca severo reducir a Aurora a un perfil tan poco estimulante. No, no es eso. Sería injusto. Nadie es químicamente puro en la realidad ni en la taxonomía de Cortázar. Todos tenemos un poco de cronopios, de famas y de esperanzas. Curiosa división del mundo. Quizá la clave reside en las proporciones en que se presentan y es ahí donde Aurora Bernárdez ofrece las máximas garantías.

A lo largo del invierno, pues, Julio intenta desprenderse de una cronopio indómita y se acerca a una fama respetable, o más bien a una cronopio sensata que le proporciona todos los momentos de locura que necesita. Pero siempre en las dosis adecuadas. Éste será el gran éxito de Aurora. No otro. Para entender el proceso quizá haya que remitirse a *Rayuela*, donde el personaje de Oliveira reflexiona acerca de las emociones contradictorias que le produce el cosmos fascinante y anárquico de la Maga. El narrador llegó a aceptar el desorden de la Maga como la condición natural de cada instante. Pero quizá la clave se halle en este fragmento, que dice tanto de Oliveira como de su autor:

> No había un desorden que abriera puertas al rescate, había solamente suciedad y miseria, vasos con restos de cerveza, medias en un rincón, una cama que olía a sexo y a pelo, una mujer que me pasaba su mano fina y transparente por los muslos, retardando la caricia que me arrancaría por un rato a esa vigilancia en pleno vacío.

Está claro. Una vida marcada por el reloj del instante no seduce a Cortázar. Es cierto que ha tenido un tiempo sabático para vivir a su gusto en París, pero en el fondo sigue siendo Cocó, el chico sensato que creció en un ambiente donde la madre abominaba de las «locas pasiones». ¿Acaso no fue una pasión loca lo que le arrebató el marido de un plumazo? Para las mujeres de su familia nada podía ser más dañino. Pero la verdad es que Julio nunca ha estado más cerca de una pasión loca que la que acaba de vivir con Edith; de haber perseverado en ella habría vulnerado el código familiar.

Es un delito demasiado grave, su peor juez es él mismo. En todo caso, en algún momento de ese invierno Cortázar tuvo que hablarle a la Maga de sus nuevos proyectos. Dejemos que ella nos explique las consecuencias de la aparición de Aurora: «Él la admiraba y tenían muchos más puntos en común que conmigo. A mí me hizo mucho daño su decisión de casarse con ella. Él quería que siguiéramos siendo amigos y me invitaba a su casa, pero a mí me dolió eso.»

Este deseo de conservar la amistad con Edith se revelará un tanto utópico, sobre todo cuando la vida en común de la pareja sea un hecho. Durante esas semanas Cortázar sólo tiene un objetivo: vivir a fondo la historia en la que tanto había soñado. En carta a María Rocchi le habla de las delicias de pasear con la morochita por las calles de París: «El diálogo con Aurora me es aquí particularmente delicioso; tiene una sensibilidad sin los arrebatos culpables de la mía, y un sentido del humor que nos lleva a reírnos como dos adolescentes por las cosas más absurdas. Como te imaginas, ya está organizado y crecido ese maravilloso mundo de las frases-clave, de las alusiones con valor secreto, de las coincidencias telepáticas, de los encuentros mágicos, de las coincidencias y divergencias necesarias.» Si esto es así, ¿qué sentido tiene conservar la amistad con Edith? Al final todo caerá por su propio peso. En poco tiempo la experiencia de vivir con Aurora empieza a dar también un Julio nuevo, un tipo aparentemente más desapegado de las mujeres de su familia. Aunque les había prometido que viajaría a la Argentina en primavera, informa a Jonquières de que no va a hacerlo. El argumento es que por primera vez en la vida va a ser egoísta. Se va a quedar aquí, dice, y se va a quedar hasta que llegue esa hora en que uno puede alejarse sin sufrir demasiado.

LA NOCHE BOCA ARRIBA

El 14 de abril de 1953 Cortázar abandona su casa y se adentra a lomos de su motocicleta en el corazón de la ciudad. La mañana es fría, algo inhóspita, pero el sol se filtra entre los altos edificios del centro proyectando las luces esperanzadoras de la primavera. Como cada día, saborea el paseo, no hay nada comparable al ronroneo del motor entre las piernas y el viento fresco que aletea los pantalones. La vida debería ser así, siempre así, para ser leída a velocidad de vértigo. De pronto una anciana irrumpe en la calzada y Julio trata de esquivarla con una maniobra brusca. La Vespa salta por los aires, y antes de que él pueda reaccionar, tendido en el suelo, los sesenta kilos de hierro caen sobre él como una guillotina. ¿Resultado? La cara rota y una doble fractura en la pierna izquierda. Incapaz de ponerse en pie, los gendarmes le recogen y lo trasladan rápidamente al hospital de Cochin. Tras las primeras curas, se le instala en una sala común donde permanecerá casi veinte días rodeado de otros pacientes. Desde el principio Aurora se queda junto al lecho. La convalecencia es incómoda y dolorosa, la pierna está tan inflamada que los médicos se ven obligados a descartar el yeso. El escritor está tan alicaído que por primera vez no tiene fuerzas ni para escribir cartas. En posterior misiva a Fredi Guthmann evocará aquellos momentos en los que lo pasó muy mal, con fiebres de cuarenta grados, a causa de un derrame tan brutal que la pierna dañada era tres veces más grande que la otra. Ante el empeoramiento de su estado, se le practica una punción urgente y experimenta una notable mejoría. Cinco días más tarde le colocan finalmente la escayola. Y comienza a leer, vuelve a escribir.

Pero las noches en un hospital dan para mucho. Cortázar no hace más que pensar en «la vieja idiota» que se interpuso en su camino y eso le provoca un dilema moral: si en el momento en que la anciana irrumpió en la calzada, él hubiera pensado sólo en sí mismo, aceptando lo inevitable, es decir, el atropello mortal, quizá se habría llevado un fuerte golpe y nada más. Pero al tratar de salvarla, firmó su ruina. El eterno dilema, uno y el prójimo. Esas noches de insomnio le invitan a reflexionar acerca de muchas situaciones de dolor: la clave es intentar traducir su angustia y su sufrimiento a términos metafísicos. Pero fracasará en toda regla: el cuerpo sigue siendo el tirano y señor durante esas semanas, y no consigue controlar ni el dolor, ni la imaginación, ni todas las miserias hospitalarias. A esta imposibilidad de controlar el cuerpo, se une también un sentimiento de culpa en relación a Aurora. En esa época llevaban semanas planeando viajar a Italia, y él ardía en deseos de descubrirle aquellos lugares que tanto le habían subyugado: Roma, Venecia, Florencia... El sueño se desvanece en un instante. A Eduardo Jonquières también le informa por carta del accidente, centrándose en el sentimiento de culpa. Ya no le importa hablar del episodio ni de su estado de ánimo, pero insiste en que la forma en que le estropea el verano a Aurora no tiene perdón.

Y no sólo el verano. Porque ambos habían hecho planes para casarse aquella misma primavera. Incluso acababan de cambiarse de domicilio. Si hasta entonces vivían en dos habitaciones de alquiler separadas, al final decidieron aunar esfuerzos para instalarse en un modesto hotel en el número 10 de la rue de Gentilly, cerca de la place d'Italie. Aunque el barrio ofrecía pocos alicientes, disponían de dos amplias habitaciones y una cocinita, por la suma de doce mil francos mensuales. Pero todo queda aplazado. Diez años más tarde Julio declarará en una entrevista: «Mi peor recuerdo de París es un mes y medio en el hospital de Cochin, con una pierna rota.» Entretanto la pareja se refugia en este nuevo domicilio donde completa la convalecencia que se prolongará más de dos meses. Como el dolor físico es menor, su ánimo se torna algo optimista. En carta a Guthmann reconoce que viven a gusto, aunque Aurora tiene un trabajo agotador: comprar, cocinar, lavarle, arreglar la cama... Son las horas en que la vida vuelve a mostrarse amable, en que París tiene sentido, en el que sufrir lejos de Argentina tiene hasta razón de ser. Pero las oscilaciones anímicas aún no le abandonan. Aunque trata de pasar el tiempo de la mejor manera posible, la visión de la primavera en la ventana le recuerda que la pierna escayolada es una cárcel horrible. Durante la noche Cortázar sueña que huye de casa, que pasea, que toma el autobús y que desciende hasta la punta del Vert-Galant. Luego se despierta acalorado y furioso. De nuevo la cárcel, esa tensión entre el día y la noche, el sueño y la vigilia. ¿Escapará algún día?

En el nido de la rue de Gentilly todo continúa en suspenso. El uso prolongado de la penicilina tiene efectos nocivos sobre el escritor, dejándolo débil y sin ánimos: no tiene todavía suficiente equilibrio mental y espiritual para que las ideas sean medianamente inteligentes o entretenidas. Pero lo que Cortázar no sabe es que el inconsciente sigue trabajando en las galerías más hondas. La estancia en el hospital lo ha vuelto una persona un poco hiperestésica en materia de enfermedades, tanto por la propia experiencia de dolor como por el trato continuado con sus compañeros de desventura. Le escribe a Eduardo Jonquières que al final queda uno enfermo de enfermedades, y que empieza a soñar cosas horrorosas que se explican muy bien después de su *saison en enfer*. En un guiño inevitable a Rimbaud le llama «temporada en el infierno». Claro que en ese infierno existen círculos bastante benignos. Especialmente con la visita de los amigos. Cada tarde Daniel Devoto se acerca hasta la casa para llevarle flores maravillosas y botellas de calvados. Y al darle un abrazo Julio revive el sentimiento de estar juntos, de estar contentos, de estar vivos.

Por lo demás, ya ha asimilado el accidente en términos humorísticos: a veces le llama «el porrazo», otras «mi rodada» o «mi luctuoso revolcón». El ambiente de la casa también contribuye a quitarle hierro. Como dispone de una generosa cantidad de tiempo, se dedica a diseñar collages con números viejos de *Paris-Match*. El resultado es una de esas «ventanas» tan al gusto de Cortázar que permiten una aproximación ligeramente sesgada y lúdica a la realidad. «Ya veis qué decadencia», dice sonriendo a los amigos cuando descubren una imagen de la reina Isabel II, con la corona y la capa de armiño, vomitando fideos. Se diría que todo empieza a ser como antes. ¿Todo? No exactamente. Porque el inconsciente de Julio ha abierto un surco allá abajo, en la charca abisal, una senda donde confluyen las pesadillas de la noche, las luces del día. Alguien sale de su casa en motocicleta, se adentra en los bulevares, sufre un accidente, queda tendido en el suelo, boca arriba, sueña o es soñado. Es la noche boca arriba.

POR UN PUÑADO DE PESOS

A principios de julio, el enfermo se encuentra lo bastante recuperado para salir de su casa. Aunque la curación no es completa, los progresos son perceptibles: ya puede subir y bajar las escaleras y circular por la calle con ayuda de un bastón. Es cierto que a lo largo del día el pie se le hincha aparatosamente y durante la noche vuelven los dolores. Pero este principio de flebitis será neutralizado en breve con una venda elástica. ¿Y qué hace Cortázar en la calle a horas tan tempranas? Muy simple. Ha aceptado un nuevo contrato temporal de la Unesco —80 000 francos por quince días— y cada mañana acude a una oficina del centro donde se dedica a traducir actas y discursos oficiales. Este trabajo «mortalmente aburrido», según él, le permite conseguir un mínimo de dinero que alegra sus pobres finanzas. Pero en realidad hace tiempo que acaricia un proyecto mayor: la traducción completa de los cuentos de Poe, que sigue pendiente en lengua castellana. Con este fin lleva meses en contacto con el escritor Francisco Ayala, quien tras su paso por Argentina ahora da clases en Puerto Rico donde dirige la editorial de la universidad. Por un azar la recuperación de Cortázar coincide con la llegada de la ansiada carta en la que se le confirma el acuerdo: le pagarán 2.500 dólares por la traducción. El paciente casi brinca en el asiento; esta suma importante le servirá para viajar a Italia con Aurora y quizá cumplir el sueño de pasar allí varios meses.

Pero estamos contando una versión un poco edulcorada de los hechos. Hay algo que subyace en el párrafo anterior que expresa veladamente algo que siempre ha preocupado al escritor. El dinero. Por eso se incluyen detalles como las cantidades que le pagarán en la Unesco o por las traducciones de Poe: 80 000 francos, 2500 dólares. Para él son detalles importantes, pues el Cortázar que aparece en el párrafo anterior es también el que a veces vive casi de la caridad de los amigos. Quizá no los necesita a diario, pero cualquier gasto extra le obliga a recurrir a ellos. Por eso las cartas que escribe en esa época —a Eduardo Jonquières, por ejemplo— contienen largos párrafos donde manifiesta su preocupación, donde plantea peticiones de auxilio y donde sufre lo suyo ante la condena moral de tener que hacerlo; no obstante conserva la suficiente elegancia para que ese sufrimiento no preocupe en exceso a los demás.

Hay algo simbólico en este punto. Cortázar avanza limitado por la vida: arrastra una pierna que le está jugando malas pasadas; le ocurre en sentido real pero también en sentido figurado. De nada le sirve el talento literario ni los destellos deslumbrantes de su inteligencia, porque cada vez que examina su bolsillo el balance es cruel. ¿Cuándo terminará la tortura? No lo sabe. Por suerte su destino personal va cumpliéndose, pues el destino de las personas es anterior al dinero, anterior a todo, y siempre nos alcanza. Lo queramos o no.

EL AÑO ITALIANO

A finales de julio concluye el trabajo en la Unesco. Ahora todas sus energías van encaminadas a preparar el viaje a Italia. Tras algunas dudas, el proyecto va tomando forma: en primer lugar irán a Roma varios meses para traducir allí los cuentos de Poe; luego aprovecharán la primavera para recorrer el país. El plan es perfecto, pero el problema económico sigue sin solución: como Cortázar no dispone de dinero suficiente para financiar la totalidad de su aventura, ha de recurrir a Jonquières. Será éste quien le adelante la suma necesaria. En las semanas previas su energía se orienta en resolver asuntos prácticos: billetes, equipajes, visas... Aunque aún debe emplear el bastón, su tono vital es alto ante la cercanía del viaje. Entretanto la ciudad vive una de esas huelgas de transporte salvajes, muy de la época en Francia, que la paralizan por completo en pleno verano. Durante casi un mes la pareja permanece en casa traduciendo o sale a dar breves paseos por el barrio. Como hace bastante calor, también acuden a una ducha municipal situada a ocho cuadras donde pueden bañarse espléndidamente por veinticinco francos.

Pero antes de partir, viven un momento de felicidad. La idea de casarse cristalizará el sábado 22 de agosto, en el Ayuntamiento del 13 Arrondissement, en plena place d'Italie. Como la fecha coincide con el Día de la Liberación, los Cortázar se casan entre miles de banderas. Él lo llama «incurrir en matrimonio», lo cual tiene bastante gracia porque «incurrir» es un verbo intransitivo que equivale a caer en falta, cometer un error o merecer un castigo. Pero una vez más Julio está bromeando. Cuando escriba al fiel Jonquières para rememorar la jornada, le contará que la ceremonia fue oficiada por un *maire* condecorado, con banda tricolor en el pecho. Y en este punto nos parece ver la mirada del Gran Cronopio, inmensa, saltando de los ojos de la novia a los colores de la República francesa. ¡Casarse en París, nada menos, y con Aurora! El resto del día no fue menos memorable. Tras abandonar el edificio fueron a celebrar su unión en un restaurante chino de la rue Monsieur Le Prince. Entre otras delicias indescriptibles, sucumbieron a la tentación de un pollo con piña «que era verdaderamente Mallarmé». Sólo la fantasía de un hombre feliz puede mezclar un plato hawaiano con la poesía simbolista. Por lo demás, las imágenes de aquel día muestran a una joven pareja, serena y bien vestida, paseando por los muelles del Sena. Unos muelles asombrosamente soleados y desiertos.

A principios de septiembre recogen sus pertenencias y las depositan en un guardamuebles. Una semana más tarde salen en tren en dirección a Italia; tras una jornada de viaje arriban a Roma. Desde el primer momento los ojos de Julio advierten que algunas cosas han cambiado. Esta impresión se confirma ya en la estación Termini. Si tres años antes había visto un gran esqueleto de cemento, el armazón, ahora acaban de llegar a la estación más moderna de Europa, con su gran ola-marquesina de cristal. El clima atmosférico también es otro, ya no hay aquella llovizna de invierno, sino que la ciudad se despliega ante ellos veraniega y deliciosa. Gracias a un empleado de la Embajada de Argentina consiguen una habitación en el Albergho Pelliccione, a un centenar de metros de la plaza de España. La proximidad a la casa de Keats es uno de esos azares felices que tanto agradaban a Cortázar y no duda en celebrarlo junto a su esposa, a la que llama cariñosamente Glop. Pese al cansancio del viaje, la pareja se echa en seguida a la calle para gozar del ambiente romano. Como dos enamorados en viaje de novios, cada uno va a su aire aceptando las rarezas del otro. En carta a María Rocchi, el marido escribe que Aurora vive pegada a las vidrieras, extasiada ante los zapatos de piel y las prendas de nylon. No para de hablar y él la escucha gentilmente. Ella a su vez le escucha con paciencia cuando él se extasía frente a un Alfa Romeo o una sobrenatural frittata di pesce. Glop, además, se encuentra como pez en el agua: irrumpe en los comercios, intenta charlar con la gente y se deleita con las pizzas. Es una fuerza incontenible.

Los primeros días los Cortázar viven a fondo el idilio con la ciudad. En este sentido las diferencias con París son palpables, el color ocre que lo envuelve todo les fascina, sobre todo al caer la tarde en el Foro, o cuando baña de oro las torres romanas y los campaniles. Luego está el ruido de la gente, esas *canzonettas* que brotan de las ventanas a cada paso o las voces de la radio. «París, ciudad silenciosa: ahora lo veo», escribirá. Por ahora el balance es claramente positivo, ya que viven en una grandísima bolsa de felicidad. La ventaja de aquella Roma es que el viajero se sentía muy cómodo en ella: era pequeña y abarcable. El tráfico demencial que la destruye hoy era entonces una sinfonía de tranvías, ruedas de carro y timbres de bicicleta. Aunque los coches circulaban por sus calles, todo se mantenía en un caos bastante civilizado, recubierto por ese halo romántico que se respira en películas como *Vacaciones en Roma*, rodada precisamente aquel mismo año. En otra carta a María Rocchi canta las bellezas de la ciudad, los colores ocres y amarillos; también le habla de la naturaleza expansiva de los italianos, unas criaturas que invaden las calles con las manos y la voz, hablan y están contentos, o tristes, pero todos parecen contentos.

En días sucesivos Aurora va descubriendo las tiendas más económicas del barrio, donde se abastece de lo indispensable para el desayuno. En poco tiempo visitan la Capilla Sixtina, los Museos Vaticanos, el museo Barroco y el museo Nazionale. Cuando vuelven a la pensión tras darse esos banquetes estéticos, están tan fatigados que han de beber cantidades industriales del mate que se trajeron de París. Todo les exalta y a la vez les fatiga. Para no lastimar en ex-

ceso su bolsillo se refugian a menudo en el Onarmo: un restaurante popular de la via del Buffalo donde comen por unas trescientas
liras. La opción es muy económica, ya que en aquel tiempo una cena
para dos en una *trattoria* costaba más de mil liras. En todo caso en
Italia una buena pizza siempre es el mejor recurso. Dirá: «Aparte de
deliciosa, aparte de ser la locura inconmensurable del sistema solar,
es barata y nos deja felices y repletos como gatos.» En una de estas
viejas *trattorias* de la vie delle Carrozze, la pareja decide cambiar temporalmente sus nombres. A partir de ahora Julio será «Sgorbio» (Mamarracho) y Aurora será «Zolfanella» («Fosforita»). Luego sellan el
acuerdo con un *fiasco* de vino blanco.

A principios de noviembre se animan a explorar los alrededores. En un día de sol maravilloso descubren Ostia Antica, el primer
puerto del Imperio romano. Durante varias horas se pierden en los
umbrales de las casas milenarias, en la escalinata del Capitolio o ad-
mirando los mosaicos de las termas. Atrapados por la paz del lugar,
pasean entre las ruinas donde las furtivas lagartijas se desvanecen
como el rayo. El sol, los pinos, el pasado, todo aviva la fantasía de
este argentino que en su juventud vivía fascinado por la Antigüedad. Cuatro días más tarde se acercan hasta Tívoli y recorren las callejas medievales; tras el almuerzo visitan la Villa d'Este, la suntuosa
residencia del Renacimiento, y se enamoran de los jardines y los
juegos de agua. Ante aquel espectáculo Cortázar tiene un nuevo
pensamiento hacia Keats, en concreto el poema «Endymion». Una
vez más le persigue la sombra del genial poeta romántico, sobre todo
ahora que han dejado el albergue para instalarse en una gran habitación de la plaza de España. Se trata en realidad de un espacio más
grande que todo un departamento moderno. En este escenario la
pareja empezará a traducir pacientemente los cuentos de Poe. Aunque ambos gozan de experiencia, el reto les exige un notable esfuerzo cotidiano que les devuelve a la rutina de otras épocas. Pero
con una diferencia: si antes trabajaban por separado —ella en Buenos
Aires y él en París— ahora forman un tándem que con el tiempo
será legendario. El viejo sueño de Julio de unir fuerzas con Aurora se hace realidad en la Ciudad Eterna.

A finales de otoño el escritor padece un fuerte ataque de asma que le obliga a guardar cama. Los primeros fríos ya han llegado a la ciudad y el clima comienza a parecerse demasiado al de Buenos Aires. Durante tres largas semanas el ritmo de vida queda alterado, pero Cortázar no deja de traducir y emplea algunos ratos libres para releer poesía inglesa, en concreto los poemas de su admirado Sidney Keyes, que cayó en Túnez a finales de la Segunda Guerra Mundial. También se dedica a componer algún poema como «Los Dióscuros», inspirado en la visión de un vaso griego maravilloso que descubrió en los Museos Vaticanos. Afortunadamente la habitación-departamento es tan grande que el enfermo se libra de la claustrofobia; además siempre le queda la ventana, el poderoso espectáculo de la vida, que en Italia es formidable. Una vez recuperado, intenta recobrar el tiempo perdido. Lo primero es la visita al médico, quien le recomienda seguir un tratamiento a base de inyecciones bronco-desinfectantes para acabar de limpiar los pulmones. Luego las calles romanas. Aunque en el fondo no cambia nada por París, todo es tan hermoso e inagotable que no tiene más remedio que aceptar que cuando se vayan en primavera todavía les quedarán cosas por ver. Por eso suelen visitar varias veces el mismo lugar. Ver y volver a ver. Esta idea de ajustar la visión sobre las cosas es muy propia de Cortázar, que siempre creyó que las personas no vemos nada como debe verse. Será Roma quien le confirme que la visión se ajusta y se afina cuando se le da «su» tiempo.

Al final las grandezas de la Ciudad Eterna se transforman en motivo de inspiración. Un día Mamarracho y Fosforita acudieron a la iglesia de San Juan de Letrán para visitar el museo donde se guardan los sarcófagos cristianos y los mosaicos de las termas de Caracalla. Como faltaba un rato para la apertura, entraron en el palacio de la Scala Santa, cuyas escaleras deben ascenderse de rodillas, según la tradición. Mientras consideraban si valía la pena esperar, vieron que en la entrada se vendían unos libritos con «instrucciones para subir la Scala Santa». Julio compró uno y se quedó encantado. Desde ese momento sus energías mentales comienzan a trabajar en un nuevo proyecto. Se ha dado cuenta de hasta qué punto estamos huérfanos de buenas instrucciones para hacer cantidad de cosas importantes. Según él, harían falta normas para beber una tacita, por ejemplo, o para sentarse en una silla. Son cosas elementales, es decir profundas, o sea malentendidas. ¿Cómo se enciende un fósforo? ¿Quién lo sabe? Nosotros lo encendemos. Pero ¿y si del fósforo, por nuestra torpeza, brota una enorme cebolla? Esta inquietud tan juguetona, tan de Cortázar, cristalizará en varias piezas breves que luego abrirán el volumen de *Historias de cronopios y de famas*. En él encontramos los ecos, debidamente sublimados, de aquella jornada. Los títulos lo dicen todo: «Instrucciones para cantar», «Instrucciones para matar hormigas en Roma», «Instrucciones para subir una escalera», o «Preámbulo a las instrucciones para dar cuerda al reloj».

Los Cortázar pasan las navidades en Roma. Como un buen matrimonio romano, el día de fin de año acuden a Santa María in Aracoeli a oír la misa. A distancia se hace extraña esa querencia por frecuentar las iglesias de la ciudad, pero Julio no se deja secuestrar fácilmente por los prejuicios ni tampoco sucumbe a las concesiones que a veces imponen las propias ideas. Aunque se ha declarado agnóstico, el rito católico le atrapa en Roma con todo ese magnetismo que ya había encandilado a Oscar Wilde. En un rapto de fervor no duda en escribir a Jonquières para contarte que asistieron a ese momento prodigioso en que bajan al «bambino Gesú» cubierto de oro y pedrería para llevarlo en procesión hasta el pesebre. Los acordes solemnes del órgano hacen el resto. Aunque la noche es fría, la pareja vaga un rato por las calles y luego regresan a su refugio. En esta ocasión, la prudencia aconseja retirarse antes de la medianoche, ya que los italianos aún mantienen la antigua costumbre de arrojar los trastos viejos por las ventanas antes de acabar el año. Una vez en casa, Mamarracho juega con el calidoscopio que Fosforita le ha regalado por Navidad. En cierto sentido hablar de Cortázar es hablar de calidoscopio. Es una forma de entrar en otro universo con una simple ojeada. A su edad el instrumento le sigue gustando tanto como en los días de Banfield y no dudará en emplearlo a veces como detector de cronopios. Años después dirá: «Cuando viene alguien a casa yo le ofrezco en seguida el calidoscopio. Si se enloquece, salta por el aire, etc., lo proclamo cronopio. Si condesciende con una buena sonrisa de educación, lo mando mentalmente al corno.» A su juicio esa táctica mostraba más rasgos de una persona que el test de Rorschach.

A principios de marzo la pareja se encuentra en Nápoles de vacaciones. Pero la llegada no es demasiado agradable, la ciudad les recibe con un gran chaparrón que afecta a Julio provocándole unas anginas. Esta Nápoles es la misma que aparece en los asombrosos frescos del realismo cinematográfico de Vittorio de Sica y Roberto Rossellini, también el de Totó. Es un universo autónomo con unas reglas tan peculiares que queda fuera de la comprensión del viajero. Algo de eso intuye Cortázar cuando escribe a Damián Bayón que Nápoles le resultó deprimente, con gentes cuyo sistema de valores resiste todo análisis apresurado; necesitaría quedarse más tiempo, escuchar, ver, comprender... Pero él no tiene tiempo ni tampoco quiere tenerlo, le molestan el frío y las dichosas anginas. A lo sumo acude al pintoresco barrio marinero de Posillipo, o al museo Nazionale, donde descubren algunas maravillas de Pompeya. Pero nada más. Lamentablemente el autor de *Rayuela* queda cegado por los temores y los prejuicios. A su manera está tan condicionado por ellos que no logra ver lo evidente, que Nápoles es una de las ciudades más bellas del mundo, donde el ser humano se expresa a flor de piel. Quizá sea esto lo que no le agrada del todo, esa humanidad desmedida que lucha a diario por la mera supervivencia. Porque este pueblo es pobre, sucio, grita, canta...Y a su lado los descamisados de Buenos Aires son en comparación caballeros de un club inglés. Cada gesto del napolitano le provoca un sobresalto. Ni siquiera percibe el humor de estas gentes que a cada paso celebran la vida. Si existe una ciudad europea llena de cronopios ésa es Nápoles. Pero Cortázar no lo ve y se comporta como un fama, clamando por un orden que le permita respirar tranquilo.

Aunque el clima no acompaña, la pareja abandona la ciudad y decide recorrer la costa amalfitana, uno de los litorales más bellos y cultos del mundo. Las etapas son deslumbrantes: Sorrento, Positano,

Amalfi y Ravello. Es un modo memorable de despedirse del Mezzogiorno y quitarse cierto regusto de su estancia en la capital partenopea. Luego regresan a Roma en tren. Inicialmente tenían previsto ir en autoestop, pero las leyes italianas prohíben llevar mujeres en las cabinas de los camiones y Julio es demasiado grande para caber en los modestos 500 que circulan por las carreteras. Desde Roma hace balance a Fredi Guthmann declarando que la temporada allí fue estupenda. Ya han llegado a conocerla bastante bien, y se les antoja una ciudad adorable, llena de alegría, gracia, con encantos a la luz del día y otros secretos. Esos secretos, según él, sólo se ofrecen al que la camina amorosamente, acariciándola hasta que cede. Para el argentino, pues, las ciudades más apasionantes tienen alma de mujer. En días sucesivos recorren Umbría y la Toscana. La visita a ciudades como Orvieto, Perugia, Asís, Arezzo, Siena y San Gimignano quedarán para siempre en su memoria.

Entre las anécdotas del viaje rescatamos una ocurrida al llegar a Perugia, que Cortázar no duda en describir como «una historia de ángeles». Un amigo les había facilitado la dirección de un alojamiento bastante económico. Tras bajar del ómnibus en la plaza de Italia, caminaron bajo la lluvia hacia un vetusto *palazzo* donde una anciana misteriosa les alquiló una habitación por seiscientas liras. Esta pieza de grandes proporciones tenía un velador tenebroso y no había luz. En cambio el techo estaba decorado con frescos barrocos en el que destacaba una imagen que desconcertó a los viajeros: un rollizo Cupido apuntaba con sus flechas justo en dirección a la cama. Según contará a Damián Bayón: «Durante los diez primeros minutos yo tuve un miedo horrible de haberme metido por equivocación en un prostíbulo.» Pero el episodio era más complejo: en realidad la pareja no había bajado del ómnibus en la plaza de Italia sino en la plaza Mattetoti, el camino que habían seguido era otro, y al final habían llegado a otra casa. Estos juegos del azar son los que estimulan la fantasía de Cortázar, ya lo sabemos, y son los que determinarán con el tiempo toda una cosmovisión que nutrirá buena parte de su literatura. Pregunta a Bayón: «¿No creés que a los ángeles les pasan cosas así?»

El 21 de marzo llegan a Florencia coincidiendo con el principio de la primavera. El plan es permanecer allí un par de meses para concluir el trabajo de Poe: terminada la fase de traducción, sólo falta un largo texto preliminar y las notas bibliográficas. Felizmente el clima es muy benigno. Si en su primera visita Cortázar había visto la ciudad en pleno invierno, esta vez los días son asombrosamente hermosos y serenos. Ahora vagar a orillas del Arno es un placer para el cual no encuentra palabras. El ocaso es una dulzura sin azúcar, dirá, sin literatura; dulzura casta y seca, que recorta la silueta de la Signoria, pone luces finas y breves en el río. Instalados en un luminoso apartamento cercano al palazzo Strozzi, reparten su tiempo entre el trabajo y el reposo feliz. Cada vez se les hace más evidente que para conocer una ciudad hay que residir una temporada en ella. Cuando haga recuento epistolar a Fredi Guthmann insistirá en la idea de que sólo la permanencia en una ciudad (o en una cosa, o un ser humano) puede dar verdadera intimidad y conocimiento. En efecto. Una de las experiencias más estimulantes de este viaje es el cotejar sus recuerdos con su viaje anterior. Julio se pregunta si basta una sola visita a un museo, por intensa que sea. La respuesta es negativa, como tampoco basta una larga conversación con un hombre para conocerlo. A partir de ahí se lanza a divagar acerca de un tema que le toca cada vez más: la imposible inmovilidad de las cosas, el absurdo de creer en una visión única de la realidad que permanece inmutable para siempre. Esto tan cortazariano lo descubrirá definitivamente en Italia.

A lo largo del mes de abril continúan en Florencia. Entretanto los amigos siguen velando por su suerte literaria y su salud financiera. Es el caso de Damián Bayón que se dedica a adquirir un lote de ejemplares de *Bestiario* y de paso trata de convencerle para que se presente a un premio convocado por ediciones Emecé. La respuesta de Julio es clara: no llega al mínimo de extensión que exigen las cláusulas. Según él, estas cosas le pasan por no escribir como los españoles, seres felices que respiran por el idioma. Pero aunque no llegue a ese mínimo de cincuenta mil palabras que exige el premio, emplea sus únicos resquicios de tiempo para componer y corregir sus nuevos relatos. Por estas fechas ya tiene ocho, entre ellos el último que escribió antes de dejar París. Se llama «La noche boca arriba» y está inspirado en su accidente de motocicleta. Una vez más recurre a las experiencias de la propia vida: una situación fuera de lo común, la mínima fractura en el marco ordinario, le llevan a abrir una puerta a lo fantástico. Cualquier otro escritor habría evocado el accidente en términos realistas –estamos en pleno «neorrealismo» italiano–, pero un buen cronopio se escapa siempre por la tangente. En este caso se trata de un relato donde se juega con la doble puerta de la vigilia y del sueño. ¿Quién sueña realmente aquí? ¿El hombre contemporáneo que sufre un accidente de Vespa y es sometido a una operación quirúrgica? ¿O el guerrero azteca al que llevan al altar del sacrificio? El final magistral del cuento resuelve el enigma.

Tras abandonar Florencia la pareja viaja al Norte en dirección a Venecia. De nuevo las etapas del viaje resultan apasionantes y entusiasman a Aurora: Pisa, Lucca, Bolonia, Rávena... Aunque ya no disponen de mucho tiempo, se lanzan a ver museos e iglesias, especialmente en Rávena donde Cortázar vuelve a sentirse desnudo, reducido a no ser más que un par de ojos ávidos frente al misterio bizantino. La llegada a Venecia supone una maravilla, tras varios días nublados, el sol aparece majestuoso sobre la laguna y los novios consiguen alojarse en la plaza de San Marcos. Su habitación se halla en el quinto piso de la Pensione dei Dogi, exactamente en el ala izquierda del edificio de la Torre del Reloj. Esta circunstancia permite que la ventana de la habitación se encuentre al mismo nivel que los autómatas que salen puntualmente a marcar las horas. Julio está fascinado. Cada mañana abre la ventana y el espectáculo le quita el aliento: la fachada de la basílica de San Marcos a la izquierda, a la derecha el nacimiento de la plaza y el soberbio Campanile, al fondo las dos columnas de la *piazzeta* y de telón, la laguna azul. En un rapto de emoción justificado Mamarracho le dice a Fosforita: «Llevamos ya tantas ventanas en la vida, por las cuales se ven casas, calles, ropa tendida, macetas, a veces algo bonito... ¡Pero esto, abrir el postigo y ver de veras esto...!». Esta ventana única les permite observar a la gente en los cafés de la plaza. A veces la banda municipal interpreta pasajes de *Nabuco* ante una multitud entregada y la pareja se une a ella. Para un argentino culto el espectáculo es asombroso, ya que le ofrece la sensación europea total.

Durante diez días permanecen en la ciudad. Se adentran por las callejuelas húmedas, visitan iglesias y museos, contemplan las fachadas de los palacios corroídos por el tiempo, y se detienen en los pequeños puentes que cubren como un párpado el sueño de los canales. Uno de los lugares mágicos es la capilla de la Scuola di Santa Ursula decorado con varios lienzos de Vittore Carpaccio, el gran maestro del Renacimiento veneziano. Allí se encuentran en más de una ocasión con un elegante anciano con aspecto de galápago: se trata del escritor inglés Somerset Maugham, que estaba entonces en el cenit de su gloria. Tímido por naturaleza, Cortázar no se atreve a interrumpir la contemplación del maestro que parece fascinado con las imágenes de la vida de la santa. Se pasa horas mirando cada figurita de la maravillosa Santa Úrsula. Y al imaginar esta escena volvemos a pensar en los juegos del azar, los hilos que llevan a reunir en una pequeña capilla italiana a los dos autores de relatos más notables del siglo xx. En inglés y en español. Con permiso de Hemingway, claro. Sólo que entonces el argentino estaba muy lejos de sospechar que acabaría alcanzando la altura literaria de ese caballero que ahora se vuelve a colocar un sombrero de fieltro, desaparece de la capilla y se pierde en la luz inmortal de la ciudad.

Antes de partir, Venecia les reserva una imagen que les impacta profundamente: una luminosa mañana vieron una góndola negra cruzando el Gran Canal. Cuatro hombres de negro remaban lentamente llevando un ataúd. En la proa brillaba una esfera y una cruz de plata. Luego la góndola desapareció en dirección al islote de San Michele. Desde el primer momento Cortázar se siente tentado a emplear la escena en un cuento, convencido de que es una de las cosas más terribles que le ha dado Europa. Ya sabemos que de niño tuvo una conciencia muy clara de la muerte; ahora esa conciencia se dispara hacia la góndola que se desliza mansamente en el agua. Pero tendrán que pasar veinte años antes de que escriba sobre ello en el relato «La barca o Nueva visita a Venecia». Al margen del argumento, la aparición de la góndola fúnebre al final de la historia ilustra las distintas muertes que las personas experimentamos a lo largo de la vida: la salida de la barca a la laguna abierta, como un lento pez negro hasta la isla de los muertos.

GOODBYE, ITALY

Al dejar Venecia los enamorados visitan algunas poblaciones del Norte, entre ellas Milán, y el día 9 de junio llegan a París. La ciudad les recibe más dulce que nunca, con un verde brillante que aviva los viejos recuerdos. El primer objetivo es encontrar un buen alojamiento. Aunque no es fácil tienen mucha suerte. Una profesora de piano inglesa les alquila parte de su apartamento en pleno Barrio Latino, en concreto en el segundo piso del 54 de la rue Mazarine. Se trata de dos piezas comunicadas, con sendos ventanales que dan a la calle, desde los que Cortázar puede ver la fachada de la casa donde vivió uno de sus cronopios más queridos: el poeta surrealista Robert Desnos. Desde el principio la pareja se siente muy cómoda en su nuevo domicilio, hay teléfono, ducha y derecho a cocina. Tras varios meses de vivir en pensiones italianas, el cambio les parece principesco; además pueden rescatar sus pertenencias del guardamuebles y colocarlas en orden. Todo ayuda a hacer más plácido un retorno que el escritor juzgaba ya necesario. El último día de junio escribe a Fredi Guthmann, comentándole que se siente aquí como pez en el agua y que su único deseo es tener un poco de tiempo para escribir montones de cosas que en Italia no tuvo ocasión ni ganas de hacer. Allí ha visto tanto, ha mirado tanto, que necesita replegarse y recobrar su centro. Julio ha entrado en esa fase crucial de la que ya hablara Rilke en un poema: cuando la obra de visión está cumplida, hay que empezar la obra del corazón, es decir, la obra espiritual y personal.

En cuanto a lo laboral, acepta un nuevo trabajo en la Unesco. A lo largo de tres semanas se dedica a traducir documentos, pero está vez cuenta con la preciosa ayuda de un nuevo prodigio técnico: la máquina de escribir eléctrica. Para alguien que solía escribir con dos dedos, el ingenio le permite enfrentarse velozmente a los informes que han de presentarse al Consejo de Seguridad de la ONU. Ésta es la clase de tarea que siempre detestará Cortázar, pero también es la que le garantiza la ansiada independencia. De un lado se siente como un prisionero, recién llegado y sin poder salir a vagar por París; pero por otro el trabajo les viene muy bien y renuncia a protestar. Además, Aurora ha sorteado unas pruebas de acceso en la misma institución. El objetivo de ambos es difícil: conseguir un puesto como traductores en la Conferencia General que va a celebrarse en Montevideo a finales de año, y de paso visitar Argentina. Entretanto Julio se toma su regreso a la Unesco con una buena dosis de humor y hasta de paciencia. Aunque hay cosas que le desagradan, ha aprendido a darles la vuelta y ver su lado positivo: en las cartas de la época se refiere a la Unesco como Unasco y hasta Ionesco. Es evidente que París ayuda. Esta vez ha encontrado la ciudad más hermosa que nunca; el barrio invita a la vagancia, según él, y la cercanía del mercado de la rue de Buci les permite realizar las compras a un precio digno de sus bolsillos. Luego están las encantadoras galerías de la rue de Seine donde pueden admirar algunas muestras de arte contemporáneo, desde Man Ray hasta Max Ernst.

Pero el verano se verá interrumpido por la noticia de la muerte repentina del padre de Aurora. Durante varios días ella acusa profundamente el golpe, sobre todo porque aspiraba a poder verlo en otoño en Buenos Aires. Para mitigar el dolor, se echan a la calle. Las mañanas son muy plácidas en el Bois de Boulogne, donde se dedican a observar los patos que nadan en el lago o a leer bajo la sombra fresca de los árboles. En esta ocasión Julio dedica su tiempo a la obra de sir Philip Sydney, el poeta isabelino que importó el soneto a la literatura inglesa. También aprovechan para ponerse al día en cine y teatro: *Los inútiles*, de Fellini y *El cóctel*, de Eliot. Ahora les conmueve el cine italiano que, en opinión del escritor, naturalmente hay que ver en París. En carta a María Rocchi escribirá que en Italia no vieron absolutamente nada, primero porque estaban «más pobres que dos ratones, y luego porque a los italianos no les gusta su buen cine, y sólo quieren Lollobrigida (los comprendo) y cowboys y gangsters.» En la misma carta se nos muestra un Cortázar más liberado que nunca. Habla de la moda Gina Lollobrigida que este verano triunfa en Francia e incluso hace referencia al hecho de que en el argot parisién ciertas partes apetecibles de las damas se llaman ahora «les lollos». Y añade: «Vamos a ver si se olvidan de todo eso con la nueva línea de Dior, que tiene revolucionadas a las ninfas de esta púdica ciudad.» Un año antes Julio no se habría atrevido a bromear así con una amiga, ni siquiera con la mujer de Jonquières. Pero está claro que la estancia en Europa y el matrimonio le han ido despojando de los viejos pudores. Cuando más tarde escriba admirables páginas eróticas quizá no caiga en la cuenta de que todo empezó —o en parte empezó— en este verano de 1954. En plena fiebre Lollobrigida.

Por otro azar esta fiebre picante coincide con la muerte de Colette, la escritora valiente que amplió el campo expresivo de la mujer y que tanto admira Cortázar. Aunque había soñado conocerla algún día, no pudo conseguir su propósito. Pero en un gesto de mitomanía le rendirá tributo asistiendo a sus funerales: allí escuchará los discursos con perfume a elegía y verá las coronas de flores alrededor del ataúd. Pero para él no es suficiente. Aquella misma noche abandona su refugio de la rue de Mazarine y cruza el Sena para acercarse al Palais Royal donde vivía Colette. Apostado en los jardines, permanece unos minutos contemplando sus ventanas siempre iluminadas hasta que al final llegará a sentirla, a quererla de verdad. Es curioso el karma funerario de Julio. Uno de los motivos no confesados de su marcha a Europa fue el intentar coincidir con los ídolos culturales de su juventud. Respirar su mismo aire. Pero aunque en algunos casos logrará estar cerca de ellos, a menudo entre el público de una sala, no se atreverá nunca a dar el gran paso. Quizá por eso se le aparecieron los cronopios. Desde París asistirá al espectáculo de verlos morir, y al final sólo le quedarán sus entierros. Pero a la postre los ídolos son inmortales.

UN PIBE DE CUARENTA AÑOS

Las últimas semanas de agosto los Cortázar tienen un doble motivo de celebración: el primer aniversario de boda y el cuarenta aniversario de Julio. En relación a lo último éste reconoce la importancia simbólica de la cifra. En carta a Jonquières escribe: «Pasado mañana cumplo cuarenta años. ¿No te corre frío por la espalda? Dios mío, qué manera de irse la vida como una arenita entre los dedos. A veces tampoco me siento demasiado brillante; neurosis cardíaca, desfallecimientos, sopor... Pero después la maquinita sigue andando, y seguirá hasta que el pececito intercostal se plante y diga basta.» En este momento sabe que no ha conseguido aún sus objetivos; es cierto que ha logrado dos sueños importantísimos —casarse con Aurora y residir en París—, pero vive a las puertas de la pobreza y no es nadie en el panorama literario. Si comparamos su trayectoria con la de otro gran autor latinoamericano, Mario Vargas Llosa, el balance es desolador. Cuando éste cumpla los cuarenta años podrá colocar sobre la mesa un repertorio de lujo: *Los jefes, La ciudad y los perros, La casa verde, Conversación en la catedral, Pantaleón y las visitadoras* y *La tía Julia y el escribidor*. En el polo opuesto, Cortázar sólo puede poner un libro de poemas con seudónimo, una monumental biografía de Keats que nadie va a publicar, una novela rechazada por la censura, *El examen*, y el volumen de cuentos *Bestiario*. ¿Qué ha ocurrido? ¿Es que carece de talento? En absoluto. Pero una suma de factores adversos —abandono del padre, precariedad económica, dependencia familiar, situación del país— le han obligado a gastar la mayor parte de sus energías en conseguir oxígeno y algo tan necesario como una habitación propia. Cuando escribe a Jonquières diciendo «qué manera de irse la vida» es plenamente consciente de que se encuentra en una encrucijada. Todo le llega demasiado tarde: el amor de una mujer, un puesto de trabajo, un mínimo de dinero, algún pequeño logro artístico que ni siquiera considera como tal. Si no fuera por su aspecto juvenil, este hombre sería poco menos que un fracaso ambulante y se sumaría lánguidamente a la legión de ángeles caídos que vagan por París. Pero Julio es un cronopio, ha aprendido a evitar los balances y las categorías, sabe que su batalla es otra. Vivir como pueda y escribir cuando le apetezca. Las hojas de los árboles ya empiezan a caer y las noches son hermosas. No necesita más.

A principios de septiembre sólo tiene ojos para su viaje a Sudamérica. Finalmente ha sido contratado para la Conferencia General de Montevideo, y el objetivo de visitar su país aparece cada vez más claro en el horizonte. La perspectiva le hace muy feliz, tanto a él como a sus amigos: los Jonquières le escriben entusiasmados, invitándoles a su casa, y otro tanto ocurre con varios miembros de su círculo de amistades. El mayor problema ahora son los pasaportes, billetes, visados, y la imposibilidad de que Julio llegue a Buenos Aires en el mismo día que Aurora. Por una ley estrambótica el Gobierno peronista exige un certificado de buena conducta para aquellos ciudadanos que desean viajar a Uruguay. Pero el escritor no quiere correr el riesgo de quedarse varado en Argentina, a la espera del certificado, y decide desembarcar en Montevideo mientras su mujer seguirá rumbo a casa. Otro motivo de inquietud guarda relación con un tema bastante literario: el reencuentro. ¿Cómo nos ven los otros tras una larga ausencia? ¿Cómo vemos nosotros a los que se quedan en el lugar de toda la vida? El dilema debió preocupar lo suficiente a Cortázar como para hablar de ello a Damián Bayón: confiesa que le teme a los encuentros después de tanto tiempo, a los sutiles «décalages» que se operan en los corazones y las inteligencias de los amigos que han dejado de verse, de convivir problemas comunes, de respirar un mismo clima, aunque sea irrespirable. Pero, como decía Rilke, «saberse querido es más importante que saberse entendido».

A finales de septiembre el viaje se complica. El barco que debía llevarles a Argentina sufre una avería y ha de quedarse en Buenos Aires. Gracias a la intervención de la Unesco, los Cortázar obtienen una cabina en el *Florida*. Este cambio no es del agrado de Julio, quien comenta a los amigos que el nuevo paquebote tiene el aspecto de ser una carraca de las que lucharon en Lepanto. Para colmo, la Unesco no ha decidido aún si va a contratar a Aurora como traductora para la Conferencia, y esa duda les quita el sueño. Por último sigue habiendo problemas burocráticos que impiden que el escritor pueda quedarse temporalmente en Uruguay y luego tomar un segundo barco un mes más tarde en dirección a la Argentina. Toda esta trama enrevesada de aquellos años es difícil de entender hoy. Pero como la Unesco no se puede permitir el lujo de prescindir de su traductor estrella, al final el problema se resuelve para alivio de todos.

EN URUGUAY

A mediados de octubre los Cortázar navegan a bordo del *Florida*. Tras una azarosa travesía en tercera clase, se despiden en el puerto de Montevideo y Aurora sigue rumbo a Buenos Aires. A lo largo del mes de noviembre Julio reside en la capital uruguaya. Instalado en el céntrico hotel Cervantes, emplea la mayor parte del tiempo en las sesiones de la Conferencia de la Unesco. El trabajo es rutinario y agotador; tampoco le gusta la compañía del personal que no duda en calificar de «infecta». La ciudad, además, no es de su agrado; enclaustrada entre París y Buenos Aires, la juzga aburrida y provinciana. Pero siempre le queda la literatura. Ha tenido la suerte de conocer a Fernando Pereda, un viejo poeta que llegará a ser un icono de la poesía de su país. Una mañana de domingo Pereda le invita a su hermosa villa en Carrasco, un barrio residencial situado al este de la capital. Aunque les separa una generación, ambos escritores se sienten a gusto y Julio intercambia hallazgos y opiniones. En el barrio de Carrasco conoce asimismo a una pareja franco-uruguaya muy interesante: el ingeniero Jean Barnabé y Marta Llovet. Cuando Cortázar abandone el país les mandará desde el barco una nota donde agradece las atenciones recibidas y comenta que se va de la ciudad con una sensación de pena. Ha hallado en su casa el calor que le negaba la rutina laboral y también algo que valora mucho: la música, la inteligencia, y toda esa indefinible presencia de lo que se comparte, de lo que une de verdad.

Literariamente tampoco será una estancia estéril. Como es sabido, el escritor ambientó en Montevideo uno de sus cuentos más famosos: «La puerta condenada.» Pero a nuestro juicio se trata de un relato sobrevalorado y no vamos a detenernos en su análisis. Baste decir que la historia transcurre en el hotel Cervantes, y como tantos otros cuentos suyos tiene un aroma autobiográfico. Al igual que Cortázar, el protagonista es un hombre solitario que se encuentra de paso en la ciudad para un congreso. En cierto momento empieza a oír el llanto de un niño en la habitación contigua y sigue escuchándolo noche tras noche. El elemento fantástico –quizá más propio de una historia de fantasmas– se activa cuando el huésped se informa en recepción de que no hay niños en el hotel. En cierto sentido, el relato se asemeja bastante a «Casa tomada», y de hecho el inconsciente de Julio le indujo a elegir cierta simetría fonética del título. Pero no hay aquí la sutileza de aquella obra maestra, ni su carga simbólica, ni su impecable ejecución.

En realidad tiene más interés una larga carta que manda a Jonquières pocos días antes de su marcha. Aparentemente es el típico mensaje de aquella época donde Cortázar expresa su inquietud ante problemas burocráticos y financieros, cuya resolución recae por enésima vez sobre el amigo. Pero en esta ocasión el texto deriva hacia una elegía de la propia juventud. Tras admitir que guarda con triste ternura el recuerdo de sus años juveniles, compara el presente con el pasado, y llega a la conclusión de que la única gran pérdida son las ilusiones, y que a veces las certezas que incorporamos con el tiempo, por hermosas que sean, no llegan a reemplazarlas. Por eso le pregunta: «¿Te acuerdas lo que era recibir entonces un regalo de un amigo? Era como una salpicadura de divinidad. Las más pequeñas cosas, una cita, un cumpleaños, un banco de plaza, todo estaba cargado de infinito.»

A través de un par de páginas, Julio se entrega a una lúcida sesión de autoanálisis cuyo valor se centra en su obsesiva relación con el pasado. Pero en ningún momento hace referencia a la familia, donde se oculta el verdadero núcleo del trauma, sino más bien en su cautiverio personal de los años cuarenta. La carta incluye un recuerdo inevitable a Monito Reta. Aquella muerte ahondó ese sentimiento de clausura. Durante años se encerró literalmente en el recuerdo, negándose a aceptar nuevas amistades, y todo lo que escribía entonces era variación sobre la nostalgia, sobre el paraíso perdido. A lo largo de esa década, ahora lo entiende, vivió negándose a aceptar el presente, obstinadamente vuelto hacia atrás, cuidando el tesoro de los momentos felices. Pero en realidad se sentía absolutamente solo delante de las tumbas. Sólo su regreso a Buenos Aires en 1946 le abrió los ojos: «Me di cuenta por primera vez que una vida como la mía no tenía sentido si me obstinaba en someterla a esa negación del tiempo... Seguir viviendo aislado y al margen era al fin y al cabo más una neurosis que una elección.» Finalmente Cortázar ha hallado acomodo en el territorio de la madurez. A los cuarenta años ya vive de otra manera, quiere de otra manera. Es todo lo feliz que es capaz de ser, y sobre todo ha aprendido a recibir los momentos de alegría con los brazos abiertos. La estancia en Europa ha obrado el milagro.

DE PENAS Y OLVIDO

A principios de diciembre este hombre moderadamente feliz viaja a bordo del paquebote *Lavoisier*. Ha abandonado Montevideo y ahora navega por el Río de la Plata, ese río color de león que va a conducirle a las puertas del pasado. Una vez en Buenos Aires se reencuentra con su mujer y cae prisionero de varios frentes: familia, amistades, círculo literario. Estas primeras semanas son de aclimatación, de reajuste, y de mil compromisos extra que Cortázar considera a veces tediosos e irrelevantes. Un mes más tarde las obligaciones protocolarias dan paso a una más honda frecuentación de los seres queridos. El verano es bastante irreal, rodeado de gentes a quienes quiere mucho y por las cuales ha vuelto, pero que sin embargo no alcanza a sentir plenamente corporizadas. Está aprendiendo que el problema de la presencia y la ausencia es el verdadero drama del hombre; no es posible sentirse plenamente identificado con alguien, cuando se sabe que dentro de muy poco se producirá una separación, quizá definitiva. Pero también es cierto que le resulta muy grato volver a oír las voces de ciertas personas, reconocer el color de los ojos, la manera de mover una mano o de girar la cabeza, tal como recordaba su corazón.

En cuanto al gineceo familiar, Aurora es bien recibida en la calle General Artigas. Incluso hay una fotografía que muestra a la pareja posando junto a la abuela Victoria en el salón de la casa. La imagen encierra algo simbólico, como si Cocó estuviera entre el alfa y el omega de su «círculo» áureo de mujeres. Acierta Montes-Bradley al recordar que la abuela le acompañó de niño a la Argentina (de hecho, en el pasaporte aparece con ella y no con su madre), y que la esposa le ha traído de vuelta al hogar. Aurora ha sido, por tanto, su Atenea, que bajo la forma de Mentor se erige en el guía que permitió a Telémaco regresar a Ítaca para que pudiera encontrar a su padre. Sólo que Glop no tiene la menor intención de quedarse en Argentina y Cortázar no tiene padre. Sólo mujeres, muchas mujeres, demasiadas mujeres.

Las navidades pasan, llega el nuevo año. Nadie puede saber que 1955 será un año crucial en la historia del país. La pareja sigue repartiendo su agenda entre las dos familias y la casa de algunos íntimos como los Jonquières. También hay tiempo para ver a otras figuras por las que siente afecto: el abogado Luis Baudizzone, a quien siguen llamando «Baudi», David Almirón, José Luis Romero, Andrés Vázquez... Alguno de ellos, como Baudi, son bastante importantes en el Cortázar de aquella época; otros, en cambio, son figuras que ascienden como un cohete, estallan en el aire, brillan un instante y luego desaparecen. Son figuras de paso, que cumplen un cometido anecdótico, y que rara vez figuran en las biografías. Pero en el fondo siempre dan algo, unas horas de calor, y a la vez quitan tiempo. Cuando haga balance de su estancia argentina, admitirá que tres meses eran muy poco tiempo para estar allí. No ha hecho casi nada de lo que quería. Mirar Buenos Aires, por ejemplo: sólo la ha visto de paso, yendo o viniendo de un lugar a otro. Hubiera querido vagar días enteros por algunos barrios, mirando la ciudad, preparándose a recordarla mejor.

El 11 de marzo los Cortázar se embarcan en el *Charles Tellier*.
En el muelle porteño quedan figuras queridas y cada vez más lejanas que vuelven a sumirse en el pasado. Es absurdo que unos tengan
que irse a Francia y otros se queden en Argentina. Por eso Julio teme
que ni las cartas, ni el recuerdo, ni las visitas ayuden a vencer la distancia. Por fortuna, en esta ocasión consiguen alojarse en una amplia cabina en el puente más alto de tercera clase, cuyo único inconveniente es su ubicación en un extremo de proa. Pero él ya se
considera un viejo lobo de mar. A diferencia del viaje de ida, los
pasajeros de tercera son gente tranquila y discreta, y la travesía les
resultará muy plácida. Durante la breve escala en Montevideo pasan
un día en casa del matrimonio Barnabé. El anfitrión ha traducido
por placer alguno de los cuentos de *Bestiario* y promete a Cortázar
que lo recomendará a su amigo Roger Callois, relacionado nada
menos que con la *NRF:* la legendaria revista fundada por André
Gide. Al final el saldo de su paso por Uruguay será más amplio que
un sustancioso cheque de la Unesco. Luego el barco se adentra en
el Atlántico.

A lo largo de dos semanas Cortázar emplea bien el tiempo;
mientras Aurora lee o pasea en cubierta, él se dedica a terminar la
traducción de *Memorias de Adriano*, de Marguerite Yourcenar. Un
año antes la había leído en Italia, y desde el momento en que cayó
fulminado por la autobiografía imaginaria del emperador romano
quiso trasladarla a nuestro idioma. Pero no es una tarea fácil. Las me-
lancólicas reflexiones sobre la vida que llenan la novela le exigen ir
muy despacio, al *tempo* cadencioso de la autora belga. También al
ritmo de esas olas que se elevan y derraman como recuerdos imperiales. Con el tiempo, su versión del libro llegará a ser legendaria. Y
aunque a veces se vea lastrada por algunos galicismos, no hay duda
de que nos transmite el pensamiento formidable de un gran hombre a las puertas de la muerte.

El 1 de abril de 1955 la pareja llega a París. A través de su amigo
Daniel Devoto encuentran habitación en un hotel del Barrio Latino.
Años después, Aurora recordaba aquella etapa de bohemia y de con-
tinuos saltos domiciliarios: «Comíamos kilos de papas fritas, hacíamos

los bifes casi clandestinamente porque en la pieza del hotel no había cocina, ni se nos autorizaba a cocinar. Abríamos la ventana del cuarto para que no humeara tanto.» Ahora están en otro hotel, pero como la ciudad vive las fiestas de Semana Santa, el alojamiento es demasiado caro para una estancia prolongada. Las perspectivas no son buenas y los Cortázar suspiran por el apartamento de la rue Mazarine que tuvieron que ceder a una arquitecta argentina antes de su marcha. Desde su regreso les invaden unas ganas inmensas de encontrar un sitio donde vivir en París, vivir de una manera estable, con los libros y las lámparas, y sabiendo que las aspirinas están en el segundo cajón a la izquierda. La ciudad además está viviendo el primer gran *boom* inmobiliario desde la guerra: la fiebre de venta es muy alta, los pisos antiguos salen al mercado, los estudios son relativamente asequibles. Incluso hay facilidades de pago. Pero ellos no tienen dinero. Una vez más la gran ocasión está al alcance de la mano, y una vez más también Julio llega tarde o simplemente no llega.

Sin embargo tienen un golpe de suerte. Gracias a un amigo, consiguen un departamento en el 91 de la rue Broca, muy cerca de la estación de metro Gobelins. Desde el primer momento, Julio y Aurora quedan encantados con este tercer piso, cuyas ventanas se abren al sol de la tarde. Hay un pasillo bastante ancho y una cocina muy espaciosa. El único inconveniente es la eterna falta de ducha, y el retrete hay que compartirlo con la vecina del rellano. Esta circunstancia horroriza a Glop, quien a juicio de su esposo es muy argentina en materias de higiene. El principal problema ahora es hacerlo habitable. Durante tres días se dedican a limpiarlo a fondo con el arsenal adecuado: trapos, cepillos, detergentes y sosa cáustica. Previsiblemente el esfuerzo les pasa factura. El pobre Cocó sucumbe a una crisis de alergia a causa del polvo, y su muñeca derecha queda inflamada tras lavar los veintiséis vidrios de las cuatro ventanas. Pero al final vale la pena. Tras una época de inestabilidad doméstica, las raíces parecen ahora más fuertes que nunca. A los pocos días el escenario resulta muy acogedor: los libros en las estanterías, las dos máquinas de escribir, la radio, un tocadiscos y el retrato de juventud que le hizo Jonquières sobre la chimenea.

Inicialmente la pareja no tenía previsto trabajar el mes de abril, pero Julio recibe un nuevo encargo de la Unesco y no se atreve a rechazarlo. En los últimos tiempos han entrado nuevos supernumerarios en la organización, y la competencia es cada vez más dura. De nuevo cae en la rutina laboral de un despacho donde se pierde la cuenta de los días; pero la libertad vuelve el fin de semana. París está muy hermoso con los primeros verdes asomando en los árboles, y los Cortázar acuden a Fontainebleau con varios amigos a pasar el día. Allí visitan los castillos, almuerzan en un *auberge*, y al final se cansan horriblemente como siempre ocurre cuando uno va a descansar al campo. En otras ocasiones, las salidas se circunscriben al marco parisino. Son aventuras modestas que les procuran grandes placeres. En este sentido el autor de *Rayuela* tiene la virtud de saborear a fondo las peculiaridades locales, incluso las gastronómicas. Por alguna razón misteriosa el antiguo estudiante fóbico es capaz de devorar toneladas de endivias con camembert, por ejemplo, o apurar vinos y licores. Nadie puede poner en duda su inquietud cosmopolita. Si se ha marchado de su país es porque quiere conocer cosas nuevas y aprender a disfrutarlas. Le aterran los argentinos que llegan a París y encuentran repugnantes los quesos, o sacrifican el paté, la blanquette de veau y otras maravillas, a la triste nostalgia de pedir un mal churrasco o una ensalada de lechuga. A su juicio, gentes así no deberían salir nunca de Quilmes.

LA MADRE PATRIA

El 15 de mayo, Cortázar llega a Ginebra para trabajar en una conferencia de las Naciones Unidas. Durante varias semanas atiende diariamente las sesiones que se celebran en el Palais des Nations. El régimen laboral es similar al de la Unesco, pero no hay la camaradería de París y el trabajo es mucho más pedestre y mecánico. Aparentemente todo está en calma, pero el viernes 17 de junio se despierta con noticias alarmantes procedentes de Argentina. El día anterior una treintena de aviones de la Marina de Guerra habían bombardeado la Casa de Gobierno con el objetivo de matar a Perón. Aunque el general logró salir ileso, los aviones atacaron durante tres horas a los ciudadanos indefensos que se encontraban en la Plaza de Mayo. El resultado es una masacre: hay más de trescientos civiles muertos, entre ellos cuarenta niños que viajaban en ómnibus, y miles de heridos. Es la primera vez que una ciudad en tiempo de paz, una ciudad libre de cualquier conflicto armado, es bombardeada, con el agravante de que los criminales son miembros de su propio Ejército. Aquel día frío y nublado de otoño las calles de Buenos Aires quedaron manchadas de sangre y oprobio. Aunque esa misma noche Perón hace un firme llamamiento a la calma, el país ha entrado en una espiral muy próxima a la guerra civil. ¿Qué ha ocurrido? Desde la muerte de Evita, tres años antes, la suerte del peronismo estaba echada. Es cierto que en los años de esplendor se impulsó la definitiva modernización del país: se construyeron escuelas, carreteras, hospitales, y el pueblo aprendió los cimientos de la justicia social. Pero al final sobrevino una grave crisis económica y los enemigos de Perón salieron de sus madrigueras. Han sido casi diez años en la sombra, soportando el carnaval bullicioso y chabacano de los descamisados. Acaban de perder una batalla, pero no la guerra.

La tragedia de la Plaza de Mayo deja sin aliento a Cortázar. Lleno de inquietud, intenta comunicarse cuanto antes con su familia. Tras cerciorarse de que todos están bien, trata de apartar de sí la idea de una Argentina abocada al caos de una guerra fratricida. Durante varias semanas lee con avidez las noticias, a menudo contradictorias, hasta que las aguas retornan a su cauce. Pero cuando un mes más tarde escriba a Jonquières le transmitirá los ecos personales de aquel drama. En unas líneas breves reconoce que lo pasó bastante mal en Ginebra. Todos los fantasmas salieron a relucir: los complejos de culpa, la deserción, el escapismo. Y al mismo tiempo le daba asco ese narcisismo masoquista, y se sumergía en los documentos de la ONU para olvidarse del horror. «Moi, esclave de ma patrie... Creo que nunca me he sentido más argentino que desde que vivo en Francia.» Pero esta convicción no elimina la realidad de esos fantasmas que le acompañan, y que volverán a salir cada vez que una mala noticia de ultramar llame a su puerta.

El 30 de junio concluye su trabajo y regresa a París. La ciudad le despierta a las siete de la mañana con su precioso color amarillo, y Aurora le aguarda en el andén. Tras varias semanas en Ginebra donde el pan parece hecho con cascotes de obra, él se lanza sobre una *baguette* que a esas horas, y sólo a esas horas, es el pan más jugoso del mundo. Ya en casa, los Cortázar permanecen juntos un par de días hasta que Glop se marcha a Ginebra a cubrir el puesto de su marido. En vísperas de la partida se lanzan a la calle para sumarse a las fiestas del 14 de julio, aniversario de la toma de la Bastilla. El verano ya ha entrado en la ciudad, con su estela de contradicciones atmosféricas: tormentas, granizo y un sol de casi treinta grados. París. Pero la pareja no puede perder el tiempo. Durante varias horas recorren las calles para sumarse a los bailes populares, donde los franceses se divierten a fondo con una *joie de vivre* que no existe en Argentina. El baile más memorable tiene lugar en la rue Filles du Calvaire. He aquí otro de los juegos que gustan a Julio, los guiños inesperados del azar. Porque en esa calle de nombre tan respetable la algarabía es estratosférica. Las muchachas bailan unos boogies-woogies trepidantes, despatarradas en todas direcciones, y los negros revolean todo lo que se les pone a tiro, ya sean mujeres, sillas o mesas. En medio de la farándula, le arrebatan a Aurora, la arrojan al baile, y luego se la devuelven jadeante y muy bonita, y por completo identificada con el espíritu de 1793. Al final la noche se cierra en el gran parque de diversiones que se alza en la plaza de la Bastilla.

A mediados de agosto Julio cae enfermo de mononucleosis infecciosa y debe renunciar a un nuevo encargo de la Unesco. Durante un par de semanas el virus de la llamada «enfermedad del beso» le tiene recluido en casa sometido a unos síntomas bastante molestos: fiebre alta, astenia e inflamación de garganta. Aún convaleciente, celebrará con Aurora su cuarenta y un cumpleaños. Si en su anterior aniversario se libró de sufrir los rigores del cambio de decenio, ahora la temible crisis de los cuarenta se instala retroactivamente en su ánimo. Por estas fechas escribe una larga carta a Jonquières donde hace balance de las alteraciones sobrevenidas con la edad. En primer lugar le confiesa que está triste, porque ya ha entrado en esa senda de declive vital que conduce a los cincuenta. Lo cual es paradójico ya que él se siente aún con veinte años, tan ingenuo, tan crédulo, tan lleno de esperanza como entonces. Las fotografías de la época dan prueba de ello, pero los años no perdonan. Ahora se cansa antes, enferma con mayor frecuencia, no puede trasnochar ni cometer excesos: ha de vigilarse con el alcohol y las comidas, y no puede leer tantas horas. Se diría que todo comienza a adelgazarse sutilmente, como si el mundo iniciara su retirada, dejándole cada vez más sus imágenes a cambio de sus materias. Artes de ser maduro.

En condiciones normales esta misiva tendría el interés que le damos al típico desahogo existencial de un amigo en una charla de café. Pero cada vez que Cortázar se cartea con Jonquières nos está enviando señales más y más profundas acerca de sí mismo. En realidad la carta es una respuesta a otra de Eduardo, en la que éste le comentaba ciertos problemas de pareja con su esposa. Pero ninguno de los dos se engaña: en el trasfondo de la crisis conyugal subyace un serio conflicto de Jonquières con su propia persona y con el mundo. Gracias a la confianza que les da el vínculo, Julio expone un análisis de los hechos, y al final acabamos descubriendo que Eduardo viene a ser casi un álter ego o un gemelo suyo. Su peripecia vital tiene muchos puntos en común: infancia en Banfield, ausencia paterna, núcleo familiar femenino, sensibilidad excesiva y tempranas inquietudes artísticas... Pero con una diferencia, Eduardo se rebeló pronto contra ese ambiente cerrado y escapó a París; luego regresó a la Argentina; él, en cambio, no fue capaz de rebelarse en su momento y sólo huyó del nido mucho más tarde. Pero cuando Cortázar intente abordar el conflicto del otro, reconociendo eso sí que incurre en «psicoanálisis barato», pintará un panorama que conoce demasiado bien. El de un hogar sin autoridad masculina, y con un exceso de mujeres que multiplican la imagen materna y acaban dándole una dimensión aplastante. En cuanto a la fuga de Eduardo a Europa, el escritor no duda en recordarle que el gesto fue hacer eso que Freud llama «matar a la madre», curiosa variación del concepto «matar al padre», que dice muchísimo psicoanalíticamente de ambos amigos. Luego repasa su vuelta a Buenos Aires, un hito que Cortázar no duda en definir como el comienzo de la derrota, en la medida que supone la vuelta al origen y el orden. Está claro: la huida es un triunfo, el regreso a casa es un fracaso, y en este sentido Jonquières ha fracasado. En relación a ello Julio cree que el hombre ha de emprender un viaje que le conduzca al extremo de sí mismo; pero esta experiencia imprescindible para lograr la realización personal no puede llevarse a cabo desde las concesiones. Si las hacemos sobreviene el conflicto. Dice: «Tienes una especie de sed de absoluto que se refleja en toda tu conducta. Tu vida, en cambio, se ha armado sobre una base de compromisos, y hasta irrisoriamente has caído en un tipo de trabajo fundamentalmente impuro y lleno de concesiones, arreglos y compromisos (como el que yo tuve en la Cámara, y del que me liberé porque hubiera acabado tirándome a la calle).» Esta confesión es importantísima porque confirma el grado de desasosiego que alcanzó Cortázar en aquel período fóbico porteño. Sí. Ahora ya no existen dudas, el personaje neurótico que vomitaba conejitos era él mismo, el que miraba sombríamente a la calle Suipacha desde el balcón era él mismo.

En el fondo lo que plantea la carta es la necesidad de ser libre. ¿Puede un hombre ser un gran artista si vive atrapado en una rutina laboral ajena a su arte? Difícilmente. Aun admitiendo que es necesaria una base material de tranquilidad, a la larga hay que huir de la CAL, encerrarse a preparar unas duras oposiciones, llegar a las puertas del desequilibrio, y seguir ese camino que impida traicionarnos a nosotros mismos. Esto dice Cortázar. En lo que uno crea que debe abrirse paso, hay que ser inflexible: nadie debe impedirlo. Neguémonos a las pequeñas cosas parásitas que nos van robando las grandes.

NO DIGAS NADA A MAMÁ

A principios de septiembre Cortázar es operado de apendicitis. La convalecencia coincide con nuevas noticias de Argentina, pero esta vez las recibe con alegría. El general Perón ha caído y es reemplazado por una junta militar que promete restaurar todas las libertades democráticas. Concluye así una década crucial en la historia del país, un período cuyos tentáculos iban a rodear el imaginario nacional durante muchos años. Es curioso que Julio hable en esta ocasión de «triunfo revolucionario», cuando en realidad Argentina ha entrado en una órbita donde el pueblo va a tener menor protagonismo. Pero en este caso el entusiasmo es comprensible: varios amigos le han escrito desde Buenos Aires comentándole que han accedido a puestos de relevancia, y ello le induce a creer que el Gobierno tiene voluntad de incorporar gente honesta a los cargos públicos. Sin embargo también sabe que la perfección no es de este mundo. En carta a Jean Barnabé escrita a finales de octubre se acerca más a la realidad cuando reconoce que sería absurdo pretender que una revolución militar levante una Argentina inmaculada en un abrir y cerrar de ojos.

Aunque la operación quirúrgica ha sido un éxito, la convalecencia se prolonga a causa de un proceso febril, debido según él «a la maldita falta de higiene de los médicos franceses, que parecen salidos de las cuevas de Altamira». Pero como ocurriera en el caso de su accidente de motocicleta, el descanso forzoso resultará rico en el plano literario. En esos días que Cortázar permanece en la cama, va rumiando una historia que el tiempo hará legendaria. Se trata de un relato inspirado en Charlie Parker, uno de los mayores mitos del jazz, que había fallecido en Nueva York medio año antes. En el contexto realista de la época el tema es tan extraño como apasionante: la vida de un *jazzman* revolucionario que persigue en vano el absoluto. Pero esta biografía ficticia es algo más que una recreación dedicada a los amantes del genial saxofonista negro. Desde el principio quiere presentarlo como un caso extremo de búsqueda, sin que se sepa exactamente en qué consiste esa búsqueda, pues el primero en no saberlo es él mismo. Está claro que en cierto modo Julio está haciendo una transferencia personal, y que mucho de lo que le preocupa irá a la cuenta del personaje. Esto que le preocupa ya estaba expuesto bajo otro envoltorio en su larga carta a Jonquières: las servidumbres que impone la edad, la pureza artística, el paso tan misterioso del tiempo... Pero como un relato no es una carta, la historia de Charlie Parker va a exigirle un trabajo terrible. Un mes más tarde ha escrito diversos fragmentos, pero todavía le falta la verdadera unidad, la pieza que se coloca en medio del puzzle y da sentido a todo.

A principios de octubre, los Cortázar deciden apretarse el cinturón. La ocasión vale la pena. Desde hace meses acarician la idea de comprar un apartamento a la medida de sus posibilidades. Durante cuatro años han estado compartiendo un retrete con otros inquilinos. Lo hemos dicho. Es hora de cambiar. Al final encuentran piso en el 24 bis de la rue Pierre Leroux y desde ese momento sus mejores energías van destinadas a arreglarlo. Todo esto alegra e inquieta a Cortázar. De un lado es consciente de que la etapa de nomadismo ya no podía seguir, pero del otro le da rabia tener que trabajar con fines tan burgueses. Esta idea de que ha renunciado a una vida bastante bohemia con el fin de sentar cabeza le provoca sensaciones contradictorias. Como nunca tuvo nada realmente suyo, aparte de la ropa, los libros y los discos, el hecho de sentirse propietario de cuatro paredes, se le antoja «espeluznante». Pero al final se imponen las cuestiones prácticas: el invierno se anuncia muy duro y es temerario afrontarlo en la rue de la Broca. No obstante, el tema del piso tiene el consabido peaje familiar. Le escribe a Jonquières: «No digas a mamá que he comprado el departamento, porque le sonará a cosa fatal y definitiva; no se gana nada con esas pequeñas crueldades, y prefiero evitárselas.» Es decepcionante. ¿De qué le sirve llevar varios años en París si aún no tiene valor de comunicarle a doña Herminia que desea quedarse aquí para siempre? El bueno de Cocó sigue siendo un ángel, pero se está convirtiendo en un maestro en el arte de callar y de eludir, un genio de las medias verdades y hasta de las pequeñas grandes mentiras.

En otoño se reactiva su inquietud por la situación argentina. El entusiasmo por la caída de Perón ha durado muy poco; el general Lonardi que ejercía la presidencia de facto no ha logrado convencer al país de su lema «Ni vencedores ni vencidos». Las facciones más radicales de la oligarquía y de las Fuerzas Armadas consideran que la naciente Revolución Libertadora debe ir hasta el final en su lucha contra el peronismo. Ante la imposibilidad de imponer su política de reconciliación nacional, Lonardi es depuesto y reemplazado por el general Aramburu. Aunque Cortázar desconfiaba de Lonardi por considerarlo demasiado maleable, este cambio fulminante anuncia un porvenir bastante sombrío. Todo indica que existe una tentativa a gran escala para copar la situación a favor de unas gentes que no son mejores que las de antes. La fijación antiperonista de Julio sigue muy viva, y cuando analice la coyuntura con Jonquières dirá: «Para colmo, leo que en Mendoza se han levantado unos cuantos negros peronachos.» Es decir, unos cuantos descamisados, unos «cabecitas negras», esos que llenaban el ómnibus con tufo a talco mojado y alimentaban sus manías. Pero lo que nadie puede sospechar es que Argentina acaba de perder una oportunidad única para encarar adecuadamente su futuro. Después de todo, el intento de Lonardi de aprovechar los cambios sociales gestados durante la era Perón –desde una perspectiva política más transparente y sin corrupciones– habría podido dar un gran impulso al país. Pero en Argentina la historia siempre opina de otra manera.

Otra fuente de preocupación es Aurora. En los últimos tiempos se siente afligida porque su madre comienza a sentirse muy sola, y en sus cartas le plantea melancólicamente la posibilidad del regreso. Dado que vivir en Europa no representa para Glop lo mismo que para Julio, la sensación de estar alejada de su madre la atormenta cada vez más. Pero Cortázar se atormenta tanto como ella porque se considera culpable involuntario de la situación. La pareja habla, discute, busca una salida. Finalmente pactan un retorno temporal a Argentina tras la importante conferencia que ha de celebrarse en Nueva Delhi en los próximos meses. En carta a Jonquières aparece un individuo bastante resignado ante esa perspectiva e intentando mirar la botella medio llena. Pero también con un ojo puesto en su propia familia: le ruega que no comente ni una palabra con los de su casa, porque nada es seguro y todo ha de suceder a tan largo plazo que no tiene sentido alimentar esperanzas. En esta línea también le comunica que ha recibido cartas entusiastas de las mujeres de General Artigas, relacionadas con las nuevas actividades de su hermana. Aunque no especifica cuáles son dichas actividades, el comentario es harto elocuente: «Es casi demasiado bueno para creerlo, y ojalá dure. ¿Por qué no, al fin y al cabo? En una de ésas le puede dar por curarse, y dejar respirar por fin a mamá.» ¿Curarse? ¿De qué ha de curarse Ofelia? Éste es otro de los secretos bien guardados de los Cortázar. Una hija maníaco depresiva, un cisne negro que se tambalea desde hace años al borde del abismo.

Así pues, 1955 concluye con dos frentes abiertos: la madre de Aurora y el traslado al nuevo domicilio. Por fortuna lo segundo ahuyenta en parte las sombras de lo primero. Repasando la correspondencia de la época, detectamos la transición de un hombre que aspira abiertamente a ser feliz. Pero antes le toca el inevitable examen de conciencia: se siente viejo, ya le atraen los sillones, la luz de la lámpara, la música al alcance de la mano. Sin embargo aún no está libre de las dudas personales, pese al largo camino que le ha traído hasta aquí. De nuevo se acuerda de su amado Keats, quien en una de sus formidables cartas declaró: «Me doy cuenta de que no sé nada, que no he leído nada...» Otro tanto le ocurre a Cortázar, quien pasará las navidades con la misma melancolía de siempre y con la certeza de sentir el silbido cercano de otra flecha del tiempo. Destaquemos este párrafo revelador:

A la larga el saber engendra tristeza; yo creo haber aprovechado mis años jóvenes en la medida en que me lo permitía mi temperamento, mis recursos intelectuales, incluso mi salud. Pero ahora, a más de la mitad de la vida, empiezo a ver el pasado como una monstruosa acumulación de errores, de cosas que no hubieran debido hacerse. Jamás me perdonaré no haber venido a Europa a los veinte años, en vez de esperar casi otros veinte. Jamás me perdo-

naré haber leído tantos libros tontos, haber escrito tantas cartas inútiles, haber llenado docenas de cuadernos con versos que ni siquiera yo he vuelto a leer.

Este pensamiento amargo es otro rasgo habitual de la crisis de los
cuarenta. En esta época la potencia de fuego que un hombre puede
descargar sobre sí mismo es demoledora, sobre todo si ese hombre
es inteligente. Pero al realizar su propio inventario Julio pasa por alto
asuntos fundamentales relacionados una vez más con su familia. Los
años juveniles no sólo estuvieron condicionados por la salud, el temperamento o la inteligencia. No. Aquellos años fueron escritos también por las mujeres de la casa, por el maldito cheque mensual, por
los exámenes que le permitieron conseguir una plaza docente. En
estas condiciones, ¿habría podido elegir? En el fondo Cortázar casi
nunca pudo elegir. Aunque hubiera querido escapar antes a Europa,
como hizo el propio Jonquières, se habría encontrado con cuatro
mujeres cerrándole la puerta de la calle. Y en cuanto a esas «tantas
cartas inútiles», se olvida de un detalle mayor: durante muchos años
fueron casi el único vehículo a su alcance para abrir su corazón y
para relacionarse con los demás. ¡Qué importa que fueran cartas de
cortesía, menudas y sin importancia! Y ¿qué decir de esos cuadernos de poemas que no ha vuelto a leer? ¿Acaso Cortázar no es un
devoto de la música? Esos cuadernos fueron algo así como el practicar escalas o arpegios en un piano, una preparación técnica necesaria para alcanzar el virtuosismo. Si no hubiera incurrido en esos
errores que tanto lamenta, no habría sido el mismo. Ni como persona ni como escritor. ¿Entonces?

HOGAR, DULCE HOGAR

Los Cortázar reciben 1956 en su flamante nuevo apartamento. Ahora disponen de un amplio salón, un dormitorio, el váter y la cocina.
Todos son ventajas. Por fin pueden colocar dos mesas, una para escribir y otra para comer, y dos sillas de madera nórdica; en el dor-

mitorio hay una cama espaciosa en la que Julio puede extender por primera vez su cuerpo de jugador de baloncesto; en la cocina han instalado una ducha, y el váter propio les libera de tener que compartir su uso con otros vecinos. Este detalle es importante, por eso lo repetimos, y justifica el gran esfuerzo de cambiar de domicilio. En aquel París existía la triste tradición de tener que salir al rellano, meterse en un cuartito común, y padecer un frío de justicia para satisfacer las necesidades. Aparte de la incomodidad, esto provocaba numerosos problemas de salud, desde catarros hasta pulmonías. El riesgo, por esta causa, ha pasado.

El otro motivo de felicidad es la ducha, que pone fin a cuatro largos años de lavarse con esponja, de pie delante de un lavabo. En realidad se trata de una cubeta rodeada de una cortina de plástico verde; pero Cortázar está tan satisfecho de poder entregarse a las caricias del agua caliente que la imaginación se le dispara hacia la Antigüedad. A los pocos días ya habla de «libertinaje aqueo», «naumaquias», y hasta comenta que se siente una especie de Heliogábalo. Estos detalles les hacen la vida mucho más placentera: ir tranquilamente al lavabo, darse una ducha imperial, desayunar un *croissant* en una mesa y seguir escribiendo en la otra. Todo ello contribuye a llenarle de una gran alegría, pero también sabe que esa alegría durará lo que duran todas las alegrías nacidas de un cambio o una ruptura; poco a poco el hábito empezará a tejer de nuevo sus hilos, como un monstruo gelatinoso. ¿Qué le está ocurriendo a Cortázar? ¿Que empieza a sentir el tedio de la vida conyugal, o que un desasosiego de fondo le acompaña hasta en los momentos de euforia? No lo sabemos. Pero parece ponerse el parche antes del golpe, y de nuevo detectamos los impulsos más o menos conscientes de la huida. Así lo sugiere a Jonquières: «Yo creo que siempre tendré (aunque sea una vez cada cuatro años) un par de tijeras para cortar las telas de araña y abrirme paso hacia alguna otra parte...» En ningún momento habla de huir con Aurora, habla de una forma de ser y de estar en el mundo muy anterior a la pareja. Entretanto vale la pena seguir aquí. Felizmente ya ha podido recuperar todos sus libros, tras un año y medio de tenerlos en un almacén. El hombre que había salido de Argentina con una solitaria obra de Cocteau, ha acumulado docenas de volúmenes, y la perspectiva de poder reencontrarse con ellos le llena de contento. Incluso por primera vez se compra un sillón.

Tras pasar el invierno bajo un frío siberiano –los termómetros llegaron a alcanzar los quince grados bajo cero– irrumpe la primavera. El 3 de abril los Cortázar aterrizan en Madrid donde se celebra una reunión del Consejo Directivo de la Unesco. Durante tres semanas Julio alterna el trabajo de redactor de actas con la visita a la ciudad y sus alrededores. Aunque la inmersión en el Museo del Prado se salda con sublimes emociones estéticas, la capital no le gusta y la considera muy poco agradable. Esta primera impresión se repetirá con matices a lo largo de su estancia española. Durante un mes recorrerán la mayor parte del país en tren y conocerán una docena de ciudades. O sitios. Pero el impacto que le provoca la tierra de sus antepasados nos dice mucho más de él que del escenario. En carta a un amigo habla con cierta ironía del viaje haciendo hincapié en que sus impresiones son menos favorables de lo que esperaba. Luego elabora un recuento: el monasterio de El Escorial le parece una enorme fiambrera sin la menor gracia, sin otra justificación que el despotismo y el capricho de un rey. En cambio Toledo, Ávila y Segovia le resultan fabulosas. De esta última destaca el acueducto romano, que a su juicio es la cosa más surrealista que se ha inventado jamás, metido en pleno centro de la ciudad como en esos sueños en que se mezclan dos paisajes heterogéneos. He aquí la clase de estímulo que reconoce Cortázar. Tampoco se le escapa la catedral de Salamanca o esa Barcelona de su niñez donde se acercará al parque Güell en busca de la ternura perdida del dragón.

Tras salir de Cataluña, la pareja viaja a Andalucía. Una vez más se repiten las impresiones dispares: mientras Córdoba les agrada mucho, Sevilla despierta un entusiasmo moderado, y Granada se le antoja francamente horrible. Todas las maravillas del arte islámico caen por completo fuera de su órbita estética y ni siquiera merecen unas palabras de aprobación. Es la prueba de que incluso los espíritus más altos tienen una zona ciega, ya que el mismo hombre que se derritió ante los mosaicos de Rávena pasa de largo ante los maravillosos jardines de la Alhambra. Asombrosamente, esta pareja de argentinos sucumbe a la magia de la Fiesta y a los pocos días ya han asistido a dos corridas de toros con el ardor entusiasta del aficionado. Aunque admiten el alto componente de crueldad, hay algo que queda en pie: es la hora de la verdad, ese momento en que toro y torero se enfrentan solos a su destino y toda la plaza guarda silencio. Este Cortázar sí comprende el espíritu español. Poco después, la comprensión se transformará en felicidad al pisar Galicia, la tierra de los Bernárdez. Los paseos nocturnos por Santiago de Compostela, los soportales y plazas de piedra, la gastronomía. Pero sobre todo el paisaje desde el tren que discurre junto al Miño. Pegado a la ventanilla, Julio no puede creer que ese paisaje tan verde y bucólico sea real. La dicha es tan grande que al año siguiente pasarán allí varias semanas de vacaciones.

Pero en el fondo Julio no se siente a gusto. No le resulta grato compartir el estilo de vida de los españoles: sus trenes, sus cafés, sus comidas, sus historias, sus periódicos... Es cierto que en su salsa los encuentra encantadores, llenos de una discreción y un recato que no sospechaba, e incapaces de perseguir al turista para venderle cualquier cosa, como los italianos. Esta manera de hacer respetuosa agrada a Cortázar. Pero en carta a Jonquières escribe que los encuentra demasiado hidalgos, demasiado imperiales cuando ya no hay imperio. Valora que mantengan su orgullo en la adversidad, son siempre dignos; pero ni siquiera esa dignidad a flor de piel le sirve para hacer un balance favorable: lo que le ocurre es que se siente ajeno al carácter español, esa jactancia chulesca que los argentinos han heredado. Está claro. La resistencia de Cortázar nace de un desacuerdo psicológico con lo español, quizá el fruto tardío de aquellas lejanas tardes de Banfield cuando se alejó instintivamente de nuestro idioma en favor de otras literaturas. Pero también hay razones freudianas porque en definitiva España es el país del padre, literario y biológico. Y ésta es la herida.

De vuelta en París, el escritor acaricia la idea de colaborar en una conferencia que debe celebrarse en la India en otoño. Créditos no le faltan. Meses antes se había presentado con Aurora a un importante examen para obtener un puesto permanente como traductor en la Unesco y las Naciones Unidas. A la prueba se presentaron seiscientos aspirantes de todo el mundo y duró tres largos días. Cuando más tarde se publiquen los resultados, la pareja no dará crédito: Monsieur Cortázar obtiene el número uno, y madame Cortázar el número dos. «Creíamos que era una tomada de pelo», recordará más tarde, pero este triunfo mejorará su situación profesional. Aunque en teoría se les permite escoger una plaza propia en París, Ginebra o Nueva York, ellos no tienen el menor interés en ser fijos sino consolidar su posición de temporeros. Nada más. Según sus cálculos, a partir de ahora les bastará con trabajar seis meses al año para poder vivir. La decisión de la pareja habla a las claras de su espíritu de cronopio: en la sede de la Unesco docenas de famas cuchichean desconcertados y se entregan a toda suerte de conjeturas. *Ils sont fous c'est argentins!*

Pero de nuevo surgen problemas relacionados con Argentina. Al parecer Aurora ha sucumbido otra vez a un mal que su marido conoce demasiado bien: el típico complejo de culpa de los argentinos que se van de Buenos Aires. Se siente muy obligada con respecto a su madre. Además Francia no le entusiasma tanto como a Julio: se niega a hablar francés, a estudiarlo. Todo ello supone un problema para él, quien se siente culpable de someter a Glop a un destierro que evidentemente sólo tolera por respeto a su esposo. Una vez más el vínculo de Cortázar con su país se nos presenta asociado a la culpabilidad. Si antes este sentimiento culpable se limitaba a las figuras de la calle General Artigas, ahora su esposa se suma al elenco. Al final el gineceo de «culpabilizadoras» está casi al completo: la abuela, la madre, la tía, la hermana y la mujer. En realidad sólo falta una hija para que el escritor «traicione» y cause dolor a todas las mujeres de la cadena. ¿Se puede respirar así? También es sorprendente que al analizar la situación con Jonquiéres le hable de un destierro que Aurora sólo tolera por «afecto hacia mí». En ningún momento emplea palabras como «amor», «sentimientos», «pasión» o «compromiso». Quizá sea una forma moderada de expresarlo, o un recuerdo inconsciente que nació en los días en que su amor no era correspondido. Pero en tal caso Glop tuvo que derrochar grandes toneladas de ese afecto para soportar un país que no le gustaba y oír a todas horas un idioma que no quería aprender.

Durante aquel verano los Cortázar se quedan en París realizando trabajos para la Unesco. En esta ocasión, el esfuerzo es tan grande que a finales de agosto Julio reconoce a un amigo que se siente bastante «neura» y que no tiene ánimos ni para escribir cartas. Algo muy raro en él. En busca de sosiego escapan un par de semanas a los Países Bajos, donde recorren las principales ciudades de Holanda y Bélgica. Inevitablemente se detiene en Bruselas, a la que define como «mi ilustre ciudad natal». Pero en el fondo no recuerda nada: ni el menor rastro del padre, de la historia de la Embajada, o de sus primeros pasos en el mundo. Nada. Se queda pensativo al pie de la ventana de aquel inmueble burgués del 116 de la avenue Louis Lepoutre. Sólo es un marco vacío.

A mediados de septiembre la pareja vuelve a casa. El siguiente objetivo es trabajar un par de semanas y luego marchar a la India para la conferencia. Hay mucho por hacer. Pero la ciudad también les atrapa con su *rentré*, que cada otoño parece dispuesta a superarse a sí misma. Estos mil estímulos urbanos son la delicia y tortura de París. En opinión del escritor, París es realmente la ciudad de los dioses, en el sentido de que uno debería ser inmortal como ellos para poder aprovecharla por entero. Y en esta ocasión no pueden. La mayor parte del tiempo libre se le irá en estudiar guías de viajes y una amplia bibliografía india. No olvida que la India es un destino diferente a todos los demás. En los años porteños oyó hablar de ella a sus mentores viajeros –Fredi Guthmann y Zoltan Havas– y de algún modo ya se cree capaz seguir su camino.

FINAL DEL JUEGO

Por esas fechas Julio recibe el primer ejemplar de su nuevo libro de cuentos –*Final del juego*–, que acaba de publicarse en México. La llegada de esta nueva criatura le colma de satisfacción y no duda en comentarle a un amigo que el libro ha quedado muy compadrito. Pero literariamente no está tan satisfecho, tal como reflejan unas líneas a Jonquières donde asegura que la obra es inferior a *Bestiario*, no porque sea peor sino por la simple razón de que no va más allá. Este argumento dice mucho de Cortázar, que siempre fue un creador inconformista al que movía un afán constante de búsqueda. Pero ¿realmente la obra no va más allá? Quizá sea un juicio bastante severo, porque en *Final del juego* se producen algunos avances en relación a *Bestiario*, al menos desde un punto de vista personal. En primer lugar el incesto ya no figura como motor freudiano: aunque hay un par de cuentos memorables ambientados en la infancia —especialmente el que da título al volumen— no hay rastro de ese tabú. En realidad son estampas de sus primeros años en Banfield y plantean historias que, siendo propias de Argentina de los años veinte, son comunes a casi todas las infancias. Tampoco se advierte el peso de la etapa peronista que impulsó alegorías tan altas como «Casa tomada».

En *Final del juego* parece que las viejas obsesiones han quedado atrás y que las inquietudes se hallan mejor repartidas. Con todo, reconocemos algunos elementos residuales. De creer a Aurora, el relato «La banda» explica mejor que ningún otro los motivos que causaron la huida de Cortázar a Europa. Es posible. Pero en ningún caso esta historia de un individuo que acude a un cine porteño y se topa con un cambio de programa —la inclusión de un pequeño concierto a cargo de una banda de mujeres— tiene el misterio y la potencia metafórica de los relatos de *Bestiario*. Más que una brillante incursión en el género fantástico se trata de una estampa colorista que refleja el comportamiento chabacano de la nueva clase social. Está claro. El espectáculo del peronismo no es sólo una chirigota popular representada por un público basto y entregado, sino una mancha que se extiende a todos los rincones de la vida de afuera. Pero en un giro repentino Cortázar remata el cuento con estas palabras del narrador: «En realidad no hay por qué andar exagerando las cosas. A lo mejor el cambio de vida y el destierro de Lucio le vienen del hígado o de alguna mujer.» ¿Qué ocurre aquí? Imaginemos que

Lucio Medina es un álter ego de Julio Cortázar. Harto de verse rodeado por los «cabecitas negras», comprende que no puede resignarse al nuevo orden de cosas porque quedará enajenado hasta la muerte. Todo es una ensoñación. Pero a la hora de justificar su cambio de vida, se esgrimen por primera vez causas personales y no sociológicas. Se habla del «hígado» de Lucio (en el caso de Julio, «fobias» y «migraña») y de «alguna mujer» (en el caso de Julio, esa mujer se llama «Aurora» o más bien «Herminia» o «Memé»). Al final quizá tenía razón su esposa al decir que «La banda» lo explica todo.

Los otros relatos también desprenden un fuerte aroma autobiográfico. Como ya hemos visto, «La puerta condenada» está inspirado en su estancia en un hotel de Montevideo, y «La noche boca arriba» nació a raíz de su accidente de motocicleta. Pero quizá sea «Axolotl» el que aporte algo más relevante y hasta perturbador. La trama del cuento es conocida: un individuo solitario visita con frecuencia el Jardin des Plantes de París y allí comienza a obsesionarse con los axolotes. Día tras día apoya su rostro en el cristal del acuario y observa largamente a esas criaturas pequeñas y monstruosas que tienen algo vagamente humano. El narrador se recrea en detalles muy precisos, de una manera científica; pero al final su voz queda suplantada por la visión del axolote, que descubre asombrado el rostro gigante del narrador apoyado en el cristal. El cuento plantea, pues, una colisión de percepciones: la visión que tiene el hombre del animal se entrelaza con la visión que el animal tiene del hombre, y de ese enfrentamiento emerge el sentido de la historia. A diferencia de los relatos de *Bestiario*, donde lo fantástico dependía de la irrupción de un hecho inexplicable en lo cotidiano, aquí lo fantástico aparece gracias al modo en que dos realidades superpuestas han sido articuladas. En el fondo no hay nada asombroso en que un hombre observe a un animal, ni siquiera que un animal observe a un hombre. Lo asombroso surge al acoplar esas dos visiones en un solo cuento y obligarlas a intercambiar señales. Porque entonces se logra un sentido «mágico» que las dos historias no tenían por separado.

Aparte de esta pincelada literaria, podemos reflexionar acerca de un detalle que quizá tenga interés. Me refiero al tema de la identificación. En un sentido coloquial, el axolote es un «bicho raro», pero este calificativo vale también para Cortázar. Comparado con cualquier persona de la calle, nuestro hombre es una criatura fuera de lo común. Al igual que la larva del cuento, también él está hecho de ciertas rarezas que despiertan nuestra curiosidad. Basta ver cualquier fotografía de la época para llegar a la conclusión de que Julio no es humano del todo, o al menos no tiene un aspecto normal. Si hubiera aplicado todo su talento a describirse a sí mismo como hace con el axolote, el resultado sería alucinante. Por desgracia nosotros no podemos llegar tan lejos, pero algo es seguro: Cortázar es demasiado alto, demasiado delgado, demasiado pálido, demasiado joven; sus extremidades son demasiado largas, las manos demasiado grandes, los ojos demasiado divergentes. Lo que en la larva es inquietante por chiquito, en este hombre lo es por gigante y desmesurado. Si aceptamos el juego de que el narrador obsesivo de «Axolotl» es el propio Julio, su inquietud ante el hallazgo de esta criatura monstruosa no es menor a la inquietud que la larva pudo sentir al descubrir al monstruoso Cortázar al otro lado del cristal. Porque de todos los visitantes del Jardin des Plantes el más extraño sin duda es él. Al final los dos monstruos reconocen su rareza, se confunden, intercambian papeles: «Yo era un axolotl y sabía ahora instantáneamente que ninguna comprensión era posible. Él estaba fuera del acuario, su pensamiento era un pensamiento fuera del acuario.» En cierto sentido también Cortázar está enterrado vivo en un cuerpo que no siempre reconoce, y esto le hace sufrir.

PASAJE A LA INDIA (I)

El 16 de octubre los Cortázar suben la escalerilla de un avión Super Constellation con destino a Nueva Delhi. Como la conferencia de la Unesco no comienza hasta principios de noviembre, se desplazan inmediatamente en otro avión hasta Bombay para aprovechar las dos semanas libres recorriendo algunas zonas del país. Desde el principio, Julio comprende que ese plazo es demasiado breve para extraer una noción precisa de la India: necesitaría años para entrar en su idioma, incorporarse a sus dimensiones espirituales y compartir su concepción de la vida. Pero a diferencia de los viajeros occidentales, que lo observan todo agarrotados por los prejuicios, al menos él intenta acercarse a ese mundo fabuloso con la mirada de los indios, es decir, procurando sentirse en su piel, viendo y sintiendo como ellos. Sin embargo el plan es un tanto utópico. En Bombay reina un calor insoportable que dificulta la adaptación; luego reciben las primeras impresiones que les recuerdan su condición inamovible de extranjeros. En el caso de Cortázar la primera respuesta es el miedo, un pavor físico y mental, la sensación de que ha cambiado de planeta, y de que se halla entre seres con los cuales es imposible la menor relación.

Pero a este primer choque sucede otro muy diferente, la paz, la serenidad contagiosa de los indios. Aquella misma noche la pareja abandona el hotel después de cenar y se pierde por las callejuelas del bazar. Al principio el espectáculo les deja sin aliento: cientos de personas tiradas en las aceras, durmiendo, rezando, hablando en voz baja. Es como si la calle fuera en realidad su casa permanente. A cada paso descubren las lamparillas de pequeños altares donde se celebran ceremonias religiosas, o se dejan arrastrar por músicas hipnóticas que parecen no tener fin. Pero sobre todo es el olor lo que constituye un asalto brutal a los sentidos, esa mezcla de sándalo, incienso, especias, basura, todo junto, todo espeso, casi tangible. No es fácil reflejar el impacto de aquellos primeros momentos, especialmente el hallazgo de los mendigos en los que Cortázar cree ver la India más profunda. Pero más tarde reconocerá que esa noche le marcó para siempre: en los ojos que le miraban desde el suelo, entendió que esa gente estaba realizada. Obviamente no era una realización de tipo místico sino la de unos parias que de algún modo estaban a gusto en su piel, abarcando el máximo de sus posibilidades de vida. Todo ello lo habían logrado renunciando a cualquier ambición superflua. Desde este ángulo, la India le invita a revisar su idea de progreso. Quizá cualquier mendigo de Bombay querría tener una nevera si supiera qué es una nevera. Pero esto sólo ocurrirá si la India se occidentaliza. Pero mientras sus gentes sigan siendo individuos para los que la vida es calma, la nevera no significará nada para ellos. Porque los indios tienen mucho más que eso.

¿Y qué es lo que tienen? Aparte de una continua conexión con lo sagrado, Cortázar les envidia que sean capaces de dormir en condiciones inhumanas. Mientras paseaban aquella noche por el bazar de Bombay se tropezaron mil veces con los mendigos en el suelo. A pesar de estar tumbados en plena calle, entre gritos, timbres de bicicletas, bocinas, y con una legión de zapatos pasando a pocos centímetros de sus caras, aquellas gentes dormían a pierna suelta. Este detalle desconcierta totalmente a Julio, como reconoce a Jean Barnabé en un pasaje que nos interesa por otros motivos: «No sé si usted duerme bien; yo, como buena víctima de mil complejos, tengo una carga onírica terrible, y es difícil que pase una buen noche sin tomar previamente alguna droga, o cansarme deliberadamente para dormir con todos los huesos.» Ya hemos visto que estos complejos son de tipo freudiano y guardan relación con la constelación familiar: padre, madre, hermana... Luego con todas esas fobias que Julio ha ido acumulando a lo largo de los años. Por eso envidia el don del sueño de los indios. A los occidentales nos falta ese descenso profundo y perfecto en el reposo; en cambio, el hombre de Bombay se tumba sobre las baldosas y se duerme con una serenidad prodigiosa que es la prueba total de la paz de sus almas.

Tras cinco días en Bombay la pareja se lanza a la aventura de visitar algunos lugares del Norte. Para ello toman pequeños aviones de la Indian Airlines, que les permiten contemplar el paisaje a vista de pájaro. El tiempo es limpio y soleado. Una de las cosas que más divierten a Cortázar es la imagen del piloto indio, debidamente tocado con un turbante al mando de la nave. El anacronismo es tan flagrante que se pregunta si va a salir vivo de esa pesadilla histórica; pero luego descubre que los indios son espléndidos pilotos, capaces de volar como los ángeles y mostrarles la belleza del mundo. A lo largo de diez días realizan excursiones a lugares legendarios. El recuento de estas vivencias aparece pormenorizado en una larga y hermosa carta a Barnabé. En Aurangabad visitan las cuevas de Ellora y Ajanta, que les parecen fabulosamente bellas; luego siguen a Bopal, y de ahí se trasladan en taxi a Sanchi, donde se alza un precioso monumento budista. Lo más admirable es la calma y serenidad del lugar, las ardillas correteando entre las piedras, la presencia ocasional de algún monje con la cabeza rapada y la túnica de color azafrán. Los Cortázar se sienten tan a gusto allí que se plantean quedarse más tiempo, pero un nuevo avión ha de llevarles a Gwalior, en una zona salpicada de arte mogol. Los hitos se suceden: Agra, el templo del Taj Mahal, el tren hasta Jaipur... El impacto que les produce el arte mogol es muy grande, pero no acaba de convencerles del todo. Es cierto que el Taj Mahal les parece admirable; pero después de ese primer impacto, empiezan a acordarse del arte románico, del gótico, en suma de la cultura europea.

Generalmente las estampas viajeras de Cortázar se mueven dentro de los límites descriptivos y sólo a veces rebasan el marco de la confidencialidad. No obstante, la inmersión en la cultura mogola le inspira unas reflexiones contradictorias que no podemos dejar pasar por alto. En síntesis el Taj Mahal le parece extraordinario y a la vez le repele, pero los motivos de su rechazo no sólo obedecen a una razón estética. En el siguiente párrafo trata de explicarlo, recurriendo a una curiosa teoría que en última instancia nos habla de un hombre lastrado aún por los prejuicios de la educación patriarcal. Lo relatamos porque es raro en él:

> Los palacios, el Taj, todas las tumbas diseminadas en decenas de sitios, son un arte femenino, inspirado por mujeres y destinado a las mujeres. La sensualidad poligámica de los mogoles (vinculados con los árabes y los turcos, como usted sabe) termina por dar un poco de asco. Creo que, a pesar de todo, nosotros somos más austeros. No porque seamos monógamos... sino porque la poligamia árabe prueba lo que Marañón vio en la poligamia de Don Juan: el triunfo de la mujer en el hombre. Un hombre que tiene un harem es un hombre que forma parte de ese harem, es el harem. Y todo el arte mogol traduce esa sumisión terrible a la trivialidad esencial femenina.

En este punto quizá sería demasiado fácil ceder a la tentación de reemplazar la palabra «harem» por la palabra «gineceo», y sustituir los templos mogoles por las casitas de la periferia de Buenos Aires. Pero nada impide pensarlo por un momento. Nada nos impide asomarnos de nuevo a esa zona oscura. Y tratar de ver.

En Jaipur los Cortázar toman otro avión con destino a Delhi. El azar les ha reservado una sorpresa inolvidable. Es la noche del Diwali: una fiesta religiosa en la que los indios encienden millares de lamparillas de terracota en honor a sus muertos y las colocan en las puertas de las casas y en las cornisas de los tejados. Tras una hora de vuelo el espectáculo es prodigioso. Desde lo alto Delhi es un inmenso fuego de artificio donde cada casa aparece dibujada como en un plano, donde cada azotea se extiende perfectamente perfilada por una línea de puntos luminosos que se multiplican hasta el infinito. Aunque Julio ya sabía que los pilotos indios eran muy hábiles, no podía imaginar que alguno de ellos tuviera también alma de poeta. Porque en un alarde de delicadeza este piloto renuncia a aterrizar en el aeropuerto y se recrea en sobrevolar lentamente la ciudad. El entusiasmo de los Cortázar les lleva a saltarse algunas reglas de la navegación aérea: «Aurora y yo nos precipitábamos de una ventanilla a la otra, gritando como borrachos, embriagados por esa maravilla, por ese cielo al revés que aplastaba el cielo de arriba, insignificante al lado de esa locura de luces desplegándose como una inmensa espuma de ola cósmica.»

Al llegar a Delhi les aguarda el trabajo en la Unesco. Las jornadas en el Conference Hall son de un aburrimiento mortal, pero en los ratos libres se permiten algunas escapadas de ocio. Afuera hay sol, hay piscinas, el increíble bazar indio, los platos con curry, hay traducciones, hay templos, hay ruinas, y todo les hace recordar a los relatos de Kipling. Pero a estas alturas del viaje, ya han descubierto que en la India lo mejor es la calle. Más allá del Taj Mahal, les hechiza el ambiente callejero: los hombres tan vivos, los niños deliciosos, las mujeres que parecen reinas, con sus saris de vivos colores y sus ajorcas de plata. De esa época son algunas de las fotografías y postales que Julio envía a los amigos, sentado junto a Aurora, o a lomos de un viejo elefante. Todo desprende exotismo y a la vez serenidad. Pero también les llegan noticias inquietantes del resto del mundo. El escenario internacional tiene dos focos de tensión muy serios: el conflicto del Canal de Suez, que pone en peligro su regreso a Europa, y los sucesos de Hungría, que ha sido tomada por los tanques rusos. Todo eso flota en el ambiente de la Conference Hall.

Al terminar el trabajo, la pareja decide realizar una visita a Benarés. Allí vivirán una experiencia hermosa y a la vez terrible. Más que en ningún otro lugar del mundo, la ciudad santa ofrece un espectáculo que mezcla lo macabro y lo cotidiano. Aunque todos hemos visto imágenes del lugar, es fácil imaginar el asombro de los viajeros descubriendo a esos muertos envueltos en mortajas de colores, alineados sobre las escalinatas que dan al Ganges, mientras arden las piras funerarias. En cierto momento Julio y Aurora toman una barca y descienden por el río donde asisten a otras escenas prodigiosas: los peregrinos se bañan, cantan, rezan o entran en éxtasis al conjuro de las aguas sagradas. Durante tres días vivirán crispados, y al mismo tiempo aceptando esa realidad de una India que les desborda y empequeñece hasta reducirlos casi a la nada. Si la imagen nocturna de Delhi les exaltó con sus miles de luces, la estancia en Benarés les arroja al barro de la India total: un lugar sin europeos ni barrios residenciales, un lugar lleno de mendigos, leprosos, prostitutas y gurús. Y siempre esa atmósfera a muerte y carne quemada. La estancia en la India toca a su fin.

¿REGRESO A LA CIVILIZACIÓN?

Al llegar a París el otoño les recibe como una mala noticia: hace mucho frío y llueve sin tregua. Durante varios días tratan de adaptarse al escenario, pero no resulta fácil porque la experiencia india les ha abierto los ojos. Aparte del clima, los Cortázar se enfrentan ahora al verdadero rostro de la ciudad, una urbe llena de gente inmersa en sus pequeñas miserias, lejos de toda esencia, lejos de todo sol, físico o espiritual. En este sentido, el viaje ha supuesto para ellos un cambio de paradigma en relación a Occidente. Medio año después Julio todavía no se ha integrado plenamente en la rutina de París. En cierto modo es como un alpinista que ha pasado largo tiempo en las cumbres y debe someterse a un proceso de readaptación para volver a respirar en el llano. Quizá el hecho de que el paisaje y las cosas de la India sean violentamente oníricas influya en su lento regreso al olvido. Pero ¿cómo olvidar? Aunque se encuentre a miles de kilómetros, su casa está llena de objetos que se trajo de Oriente: almohadones de colores, estatuillas de bronce, una flauta de madera, un tambor, imágenes de diosas, la música de un sitar... Es cierto que el embrujo de lo indio ha ido perdiendo poco a poco su terreno y Cortázar se mueve a gusto en la calma occidental. Pero a veces le ataca en plena calle de París el olor a incienso del bazar, y le parece oír el grito del vendedor de pasteles, o descubre una pulsera de plata en los tobillos de una desconocida. El espejismo dura sólo un instante y luego regresa al gris absoluto. Ese gris sin vida de París.

Entretanto, ¿qué pasa en Argentina? Pues que sigue siendo un frente de congoja tanto personal como colectiva. En carta a Eduardo Castagnino brinda esta severa reflexión sobre sus compatriotas: «Somos vanidosos, nos creemos una raza superior, no aceptamos la noción de que Perón no tuvo otra culpa que la de representar una conciencia, una "moral" que está desgraciadamente enraizada hasta lo más profundo del carácter de los argentinos.» Cierto. Qué importa que Lonardi apoyara la reconciliación nacional, o que Aramburu recomiende ahora apretarse el cinturón. Cortázar sabe que todo es transitorio. Al final siempre aparece el Gran Demagogo que engatusa al pueblo con sus discursos y la promesa de un aumento de sueldo. La mayoría de noticias que le llegan de su país, insistimos, le pesan mucho: la situación política que no acaba de arreglarse, los amigos que se alejan o no aciertan el camino, las mujeres de la casa que envejecen. Y todo ello marca su vida.

Inicialmente los Cortázar tenían previsto participar en la Conferencia Atómica de Viena, pero pronto habrá cambio de planes. La abuela Victoria ha estado muy enferma, y las cartas de mamá no dejan ninguna duda acerca de su salud. Julio sabe que le reclaman y sabe también que no puede fallar. El caso de Aurora es análogo: su madre se ha quedado completamente sola tras la muerte de su marido y la diáspora de los hijos, y envejece en un apartamento de Buenos Aires. Desde hace meses la hija tiene un *guilt complex* que no la deja en paz. Al final esta pareja ha descubierto que el sentimiento de culpa es su verdadero compañero de viaje, el más costoso de todos. Les quita libertad, humor, independencia y dinero. Cuando suban la pasarela del *Claude Bernard* que va a llevarles a su país, habrán perdido la importante cita laboral en Viena y de paso todos sus ahorros. Pero el sentimiento de culpa se comporta con una crueldad oriental. Sólo así se explican estas líneas escritas desde el barco a Jonquières: «Los dos nos sentimos profundamente en paz a bordo de este cacharro que nos lleva a la Argentina.»

LA ÚLTIMA DESAPARICIÓN
DEL SEÑOR CORTÁZAR

A mediados de agosto los Cortázar atraviesan el Atlántico. Tras la experiencia de su primer viaje ya conocen lo que les espera en Argentina, una especie de alegre pesadilla diurna poblada de amigos. Pero en esta ocasión el propósito es permanecer la mayor parte del tiempo en el domicilio familiar. En cuanto a los camaradas, Julio sabe que la distancia y las incomodidades físicas complican los encuentros. Pero le queda un consuelo: esta vez no estará obligado a ver a demasiada gente; el tiempo es una buena criba que separa las amistades verdaderas de las meras relaciones. Ahora la agenda está mejor perfilada y el escritor aspira además a sacar el polvo de su máquina portátil.

Sin embargo, todos estos planes quedarán alterados de golpe. Aunque la correspondencia de la época no lo refleja, al poco de pisar tierra, Cortázar recibe la noticia de la muerte de su padre. En relación a ello debemos añadir que durante años circuló una versión romántica de los hechos. Según esta versión, un policía se habría presentado en el domicilio familiar para comunicarles el fallecimiento y de paso anunciarles que les correspondía una sustanciosa herencia. Esto obedece a que los cónyuges nunca habían tramitado el divorcio y a efectos legales Herminia seguía siendo su esposa. Según la misma versión, los familiares habrían renunciado dignamente a dicha herencia para no mancharse las manos con el dinero de un hombre que les había abandonado. En este punto la historia se rodea de tintes heroicos. Al parecer, el policía les habría dejado unos documentos del juez con el propósito de pasarlos a recoger al día siguiente. Pero al día siguiente el policía se topó con la enorme figura de un tipo que le impedía franquear la puerta. Con distintas variaciones dramáticas, la versión de que los Cortázar renunciaron por honor a una gran herencia hizo fortuna. Incluso la registran varios biógrafos. Es comprensible. En el fondo nada resulta tan literario como esas mujeres abandonadas y un hijo socialmente comprometido. Ningún «zurdo» decente habría aceptado aquel dinero y aquellas tierras. Sólo que entonces el escritor aún no era un «zurdo», y en realidad las cosas no fueron así.

Una vez más la imaginación de doña Herminia modificó el guión a su antojo y su hijo obediente le siguió el juego. En primer lugar, Julio no se enteró de la muerte de su padre en la casa de General Artigas sino en el domicilio de los Jonquières. Al poco de llegar, sus amigos decidieron ofrecerle una cena de bienvenida. Emocionados con el reencuentro, Cortázar pasó la velada hablando de París y de sus nuevos proyectos; también se abordó la nueva situación argentina, ya que era la primera vez que visitaba el país tras la caída de Perón. En todo momento estuvo brillante y encantador; pero tras los postres pasaron a una salita a tomar café, y una de las invitadas se le acercó para decirle que deseaba hablar a solas con él. Era la bibliotecaria Josefa Sabor. Fue ella quien le comunicó la muerte de su padre y le entregó un sobre procedente de un abogado de Mendoza que solicitaba la autorización del hijo para resolver un asunto legal. Según el testimonio de Josefa: «Julio se quedó helado, blanco como un papel. Tomó el sobre que yo le había dado y se lo puso en el bolsillo de su saco y volvimos a la sala donde esperaban los demás tomando el café. Julio se sentó y no volvió a abrir la boca en toda la noche. Vaya uno a saber qué es lo que le estaba pasando por la mente en ese momento... Permaneció callado, con la mirada extraviada hasta el momento de la despedida. Era como si hubiese estado en otra parte durante todo ese tiempo.»

Conociendo a Cortázar, lo más interesante es la última frase, la idea de que había estado en otra parte durante algún tiempo. En muchas de sus historias los personajes viven una experiencia análoga, la de escapar de la realidad y permanecer en otro lugar donde suceden cosas, se descubren cosas, se resuelven cosas. ¿Y qué es lo que encuentra el hijo en ese lugar al que le ha arrojado la muerte del padre? No lo sabemos. A diferencia de la mayoría de nosotros, la figura paterna de Julio influye por ausencia, no por presencia, de modo que su muerte es una ecuación que se formula como una ausencia al cuadrado. Dicho de otro modo, Cortázar padre no estuvo con su hijo en vida y ya no estará más —o más bien dejará de estar más— a partir de la muerte. Por tanto el lugar al que se asoma Julio es un páramo desolado y casi desierto. En él no suceden cosas, no se descubren cosas, no se resuelven cosas. Es la nada, el vacío, una imagen similar a un cuadro de De Chirico, al que faltaran las construcciones, las perspectivas coloreadas y los trazos alargados en el pavimento. Si alguna figura queda, esa figura se alza como un enigma irresoluble. Y de algún modo Cortázar lo sabe.

Pero luego están los asuntos prácticos. ¿Es cierto que la familia renunció a la herencia? Sí. Pero esa herencia no era precisamente la fortuna que se ha dado en decir ni en creer. La realidad era bastante más prosaica y sobre todo más acorde con el perfil del difunto. Cuando sus herederos iniciaron el juicio sucesorio en los tribunales descubrieron con pesar que sólo iban a heredar deudas. Por lo visto, Julio José Cortázar Arias había dejado un rastro muy claro en entidades bancarias en forma de créditos y préstamos que seguían pendientes. Ante semejante perspectiva, la familia resolvió tramitar la renuncia en lugar de aceptar un legado envenenado. Ello implicaba renunciar también a cualquier tipo de pensión, seguro, etc., que pudiera percibir la viuda; pero doña Herminia y sus hijos consideraron que era mejor seguir viviendo como antes en lugar de cargar con el carro del muerto. Al final este muerto les había traído una última mala noticia: en el páramo de su ausencia no había nada o lo que es peor sólo había una trampa. Lo llamativo es que los Cortázar –y eso incluye a Julio– decidieron dar la vuelta al calcetín haciendo circular años después una versión idealizada de los hechos. ¿Qué iban a decir en Rawson Agronomía? ¿Que aquel hombre que les abandonó en Banfield se había muerto sin un céntimo? Demasiado dolor. Acierta Montes-Bradley al decir que de este modo la familia evitaba hurgar en la herida y de paso el escritor contribuía a alimentar esa imagen que el público ya tenía de él, la de un hombre íntegro, moral, un tanto por encima de las miserias terrenales. En todo caso las consecuencias de este final le causaron un notable perjuicio, porque se vio condenado a seguir manteniendo a las mujeres de la casa. Si Julio albergaba alguna remota esperanza de que la herencia del padre le libraría de ese compromiso, ésta se desvaneció el mismo día que aquel policía llamó a su puerta. Y le condenó a cadena perpetua.

En estas condiciones la estancia en Buenos Aires no fue demasiado grata. En las cartas Cortázar habla de una ciudad húmeda y poco agradable, donde durante tres meses tuvo que atender muchos compromisos que deseaba evitar. La película de su vida se resume en largos trayectos en trolebús que le llevan de Pacífico a Villa del Parque, de Villa del Parque a Pacífico, de allí al centro, y luego las visitas ceremoniales a los parientes que suelen ser aburridos. Afortunadamente, las veladas en casa de los Jonquières, y de otros amigos como Damián Bayón o los Rotzait, representaron auténticas islas de cariño en medio de un mar de cosas que no dudó en calificar como tristes y lamentables. En posterior carta a María Rocchi describió la situación: «las últimas semanas fueron un verdadero suplicio, y aunque sé que soy un poco histérico y todo lo exagero, el hecho es que Buenos Aires me repele (en sentido literal, de rechazo físico)». Ni una palabra del padre. Si un mes antes respiraba tranquilo a bordo del *Claude Bernard* navegando hacia Argentina, esta vez suspirará con alivio al trepar a la escalerilla del *Conte Grande*. El único consuelo es que su madre podrá casarse al fin con el eterno aspirante Juan Carlos Pereyra: el primogénito del Coronelo, el antiguo vecino de Banfield.

Las aguas del Atlántico lo borran todo. A bordo del barco Cortázar intenta concluir una novela que había iniciado en el viaje de ida y que había proseguido luego en sus ratos libres. En realidad, el proyecto de abordar un texto largo de corte novelístico le rondaba desde hacía algún tiempo. En carta a Jean Barnabé fechada medio año antes le había dicho que ya no sentía ganas de seguir escribiendo «cuentos» en el estricto sentido del término; es como si esa etapa ya hubiera sido recorrida. No era un sentimiento vanidoso. Al contrario. Siempre severo consigo mismo, pensaba que no había logrado componer relatos perfectos; pero pretendía entrar en otras zonas –que el cuento rechaza– y conocerse mejor a sí mismo a través de otras experiencias. No obstante ese deseo le arroja inicialmente a un territorio de gran ansiedad, o como él dice, «una insatisfacción total» que trata de ahuyentar leyendo y escuchando a Coleman Hawkins. Una vez más Julio encuentra en la música el mejor bálsamo en tiempos de crisis. Si en los días de juventud le reconfortaba el equilibrio del barroco, la madurez le acerca a las formas musicales más extremas, desde los modos arcaicos del canto gregoriano, los ritmos sincopados del jazz o la música dodecafónica.

Sea como fuere, la novela no quedará terminada hasta finales de invierno. Entretanto los Cortázar ya han vuelto a París. El clima es tan frío que hay que combatirlo con una potente batería de vino de burdeos. Lo malo es que la vida se ha encarecido mucho durante su ausencia, y la botella ha pasado de valer 120 a 170 francos. Además, en una ciudad sepultada por el hielo, las expediciones a la tienda de la esquina constituyen toda una odisea. Durante el día Julio trabaja de traductor, pero la rutina laboral le resulta doblemente gravosa porque está revisando a fondo la novela. Pero al día siguiente vuelve a la pelea y luego se regala nuevos baños de cultura: Leo Ferré en la sala Bobino, exposiciones de pintura, o la lectura de libros como el *Tratado de historia de las religiones* de Mircea Eliade que no duda en tildar de «monumento». París vuelve a ser París. Esta ciudad amada es una mujer que le echa los brazos al cuello, le va aislando del mundo, le propone cada día algo nuevo. Y Cortázar acepta.

LOS PREMIOS

A principios de febrero termina una primera versión de la novela que hoy conocemos como *Los premios*. El tramo final de la escritura coincide con una fuerte gripe cuyos síntomas explicará más tarde en carta a Jean Barnabé, indicándole de paso que pulverice la misiva con ácido fénico para evitar el contagio. Luego le comenta que se queda en la cama, incapaz de mover un músculo, y maldiciendo las enfermedades leves, que al final son las peores. Cortázar sabe perfectamente de lo que habla. A lo largo de su vida no ha padecido enfermedades graves, pero sí dolencias recurrentes que van hostigándole a la primera ocasión: ataques de asma, cefaleas, gripes, taquicardias, crisis de ansiedad, etc. En la mayoría de los casos son procesos de somatización, es decir, respuestas del organismo ante problemas de la vida que le cuesta encarar y que se cobran su precio en materia de salud. En este sentido se cuenta que en vísperas de su huida de Argentina tuvo que acudir a un especialista para tratar sus migrañas. Tras ser escuchado largamente por el médico, éste le sugirió abandonar el país amparándose en un argumento maravilloso: «Váyase ahora mismo. Lo suyo no es una enfermedad: es una opinión.» Una opinión neurótica, claro, una tendencia obsesiva, una fijación antiperonista que se había adueñado de su alma y de su cuerpo.

Al margen de la gripe, Julio quedó bastante satisfecho al terminar *Los premios*. Pese a su implacable exigencia era consciente de que había dado un paso importante en su escritura. Por primera vez se había enfrentado a una obra de tipo coral donde debía manejar a una quincena de personajes en un ambiente cerrado. Un barco. Aunque es cierto que en la Argentina de la época no existían los concursos como el que da pie a la trama de la novela, el propio Cortázar reconoció a Omar Prego algunos elementos autobiográficos: «Siendo yo muy chico, había habido unas estafas, hubo una serie de loterías cuyos premios eran viajes y recuerdo que hubo una gran estafa a propósito de un barco que nunca salió. Supongo que eso me debe haber marcado un poco y que en cierto modo justificaba que yo inventara esa lotería imaginaria cuyo premio era un viaje».

Pero a partir de este núcleo el verdadero reto será jugar con los pasajeros que viajan a bordo del *Malcolm*. Al principio la trama plantea un enigma de corte policial: ¿qué hay en esa zona de popa a la cual no tienen acceso? ¿Por qué el barco permanece fondeado a pocas millas del puerto de Buenos Aires sin cubrir la travesía? Incógnitas. Pero bajo la superficie de un misterio convencional, surgió otra búsqueda relacionada con los personajes mismos, que se dividen en dos grupos que encarnan dos actitudes frente al enigma. En el fondo, el viaje de *Los premios* no tiene mucha importancia y adquiere más bien el carácter de símbolo, porque lo que cuenta es el autodescubrimiento que cada pasajero va haciendo durante este proceso de indagación. Hábilmente, Cortázar coloca a sus criaturas en una etapa clave de sus vidas, un poco en la línea de incertidumbre que él mismo había vivido cuando tomaba el barco para cruzar el Atlántico. Eran momentos en que muchos de ellos estaban buscando sin saberlo el modo de definirse y hasta de salvarse; otros en cambio aspiraban a la realización personal, el saber verdaderamente quiénes eran. Esto obligó al autor a una exploración psíquica de cada uno, y a moverlos en colisión unos con otros, algo nuevo para alguien acostumbrado a escribir cuentos donde prevalecía la atmósfera y apenas un par de personajes. En la misma entrevista de Omar Prego reconoce que *Los premios* tuvo para él el encanto de ser escrito como quien está dirigiendo un laboratorio. Pero no como un Dios omnipotente que hace su santa voluntad, ni mucho menos, porque las cobayas a veces se saltaron del guión. Y eso era todavía más fascinante. Acababa de descubrir algo fundamental en la vida de un novelista: la rebelión de los personajes.

Hay otro punto de interés inspirado en la cita de Dostoievski que abre la novela: «La gente vulgar es en todos los momentos la llave y el punto esencial en la cadena de asuntos humanos; si la suprimimos se pierde toda probabilidad de verdad.» Aunque esta cita es más larga, refleja bien el deseo de Cortázar de tomar a gente corriente y ponerla ante sus lectores y volverla atractiva. Hay algo de irónico en ello, claro, porque si uno atiende a los monólogos de Persio no encuentra rastros de la vulgaridad tradicional. Pero sí es cierto que *Los premios* viene a ser un catálogo de las clases sociales bonaerenses, con sus tipos, sus costumbres, sus giros idiomáticos y sus éticas. El novelista chileno José Donoso habló del libro como «una versión porteña de "The Canterbury Tales"». Es posible. Juicios aparte, parece claro que Julio comenzaba a aceptar literariamente la pluralidad social que le había tocado vivir. Si siete años antes era un joven pequeñoburgués europeizante acosado por la ola de vulgaridad desatada por el peronismo, ahora estaba dispuesto a que criaturas «vulgares» circularan por su novela. En síntesis *Los premios* es una novela que propone una radiografía íntima de la Argentina en el período posterior a Perón. En este plazo crucial que abarca desde 1955 hasta 1958 el escenario político se transforma a la velocidad de la luz: se suceden los gobiernos de Lonardi, de Aramburu, y luego el triunfo electoral de Frondizi, un abogado que favorecerá la llegada del desarrollismo. Sin embargo, los argentinos no cambiaron tan rápidamente. Y aún tardarían mucho en hacerlo.

EL GRAN DILEMA

Por un capricho del azar, esta novela de tema argentino coincide con una época dolorosa asociada al país. A finales de marzo la madre de Aurora tuvo que ser internada de urgencia a causa de un absceso. Aunque uno de sus hijos varones se comprometió a hacerse cargo de ella, la anciana se quejaba de soledad y no dejaba de reclamar desde la cama la presencia de las hijas. Durante varios días Glop entró en abierta depresión, atrapada en un dilema. ¿Qué hacer? Los compromisos laborales se imponen. Pero a la salida de la clínica la madre le mandó una carta recordándole que la necesitaba y pidiéndole un gesto. Abrumados por el mensaje, los Cortázar deben enfrentarse a una decisión, la más dura desde que viven juntos. Irse o quedarse. Al final sólo tienen dos opciones: o Aurora abandona París y marcha a Buenos Aires por una larguísima temporada, o Julio ha de desmontar la casa, renunciar al trabajo y regresar a una ciudad que detesta para rehacer su vida. Todo lo que ha conseguido en estos seis años de esfuerzo —un piso en París, una esposa, un trabajo bien remunerado, sus libros y algunos amigos— pende de un hilo.

A raíz de ello, se produce un cambio de actitud. Si tres años antes habría reaccionado enérgicamente, dejando a Aurora en el terrible dilema de quedarse o de irse, ahora ya no es capaz. Ahora vive en un plano en el que la edad y el progresivo reumatismo de la voluntad lo van haciendo pasar del plano estético al ético. Es llamativo que ése sea el tema de la novela que acaba de terminar, porque en tal caso el mismo proceso de escritura, con el debate moral al que somete a sus personajes, está revirtiendo sobre su vida real. Quién sabe si entonces pensó en su admirado Oscar Wilde, quien solía decir que la naturaleza imita al arte. Porque así es. En todo caso la situación debió atormentarle bastante para expresarla en términos un tanto dramáticos: «Yo descubro con infinita tristeza que cada vez me cuesta más hacer sufrir a los demás, que cada vez me es más duro pagar mis viajes con las lágrimas de mi madre o de cualquiera que me tenga cariño.» En esta nueva carta a Jonquiéres admite que eso es cobardía, de ahí que hable de «infinita tristeza» y no de «infinita alegría», que es lo que ha de sentir un hombre cuando se descubre más libre de lo que era. En realidad la tristeza proviene de saber que un artista verdaderamente grande —Picasso, por ejemplo— no repara en esas sutilezas morales. Con cierta ironía pregunta a su amigo: «¿Te imaginás a Miguel Ángel soltando los pinceles porque a su suegra le daban saudades?»

El resto de la carta es una auténtica catarsis donde Cortázar se enfrenta quizá por primera vez al gran dilema que marcará el resto de su vida. ¿Yo o los otros? Aunque todavía es pronto para resolverlo, su intuición y su cultura arrojan las primeras luces. Según él, lo terrible de la dimensión moral es que por un lado parece insinuar que es la cumbre de la evolución espiritual del hombre; pero al mismo tiempo nos convierte en títeres sometidos a los caprichos y a las crisis de los demás. Cuando Julio habla de la independencia insobornable del artista, no aspira ni remotamente a compararse a Miguel Ángel en materia de logros. Es otra cosa. Aquí no se trata de jerarquías estéticas sino de procurar llegar a ser aquel que algún día será la suma de nuestros actos. Y en su caso los actos de renuncia en el plano París-Buenos Aires, no le enriquecen en lo más mínimo. He ahí el dilema: Cortázar se alza a un lado del ring con los guantes de la libertad individual; pero del otro sigue siendo Cocó, quien tras haber entrevisto las mieles de esa libertad, siente un horror infinito a hacer daño y no logra zafarse de las servidumbres filiales. Quizá sea una forma drástica de exponerlo, pero cuando se tiene en cuenta el imperativo moral no hay escapatoria: o se arruina la persona o se arruina el artista. De momento Cocó ha ganado el combate. Y entretanto la madre de Aurora les concede una pequeña tregua.

EL PERSEGUIDOR

Esa misma primavera Cortázar recibe una carta de la editorial Sudamericana donde se le informa de que la publicación de su nuevo libro de cuentos, *Las armas secretas*, tendrá que aplazarse hasta el año siguiente. La noticia le molesta porque tenía planes muy concretos, pero se lo toma con un aplomo olímpico. Ha decidido que no va aceptar semejante demora y tiene previsto mandar a su amigo Salas para que retire el mecanoscrito de la oficina de Buenos Aires. A raíz de ello le comenta a Aurora: «Hay algunos placeres que uno tiene que dárselos en vida. Ya verás que me publicarán cuando esté muerto. ¿Por qué preocuparse?» Cierto. Pero en esta ocasión no se trata de los cuentos de un escritor novel abrumado por las dudas, sino de un autor maduro que ha empezado a abrirse camino. Además Julio tiene la convicción de que su relato «El perseguidor» ha sabido expresar sus nuevas preocupaciones humanas y artísticas. Dada la importancia de esta obra vamos a detenernos en ella. ¿Qué le llevó a escribir un relato sobre la pasión y muerte de un legendario músico de jazz?

Al principio Cortázar no tenía previsto recurrir a esa figura. Había pensado más bien en un escritor, porque como él mismo solía decir un escritor es un tipo problemático. Pero luego desechó la idea ya que le pareció demasiado tópica y le condenaba a un desarrollo aburrido. Otro tanto le ocurrió al pensar en un pintor. Lo único que tenía claro es que el protagonista debía responder a características muy especiales. Y en ese momento murió Charlie Parker. La noticia desconcertó a Julio porque era su nuevo ídolo de jazz y vivía hechizado por su música. Conociéndole, no es extraña esa devoción. En una época en que el jazz parecía atrapado en un callejón sin salida, el saxofonista renovó completamente la estética del género imponiendo el estilo be-bop, basado en improvisaciones estratosféricas. No es lugar aquí de hablar del genio de Kansas ni de rastrear su influencia no sólo en el jazz sino en la pintura (Jackson Pollock) o la literatura (Jack Kerouac). Baste decir que impactó profundamente a Cortázar porque proponía un estilo donde la música se desarrollaba en absoluta libertad.

Un día leyó en la revista *Hot Jazz* una necrológica firmada por el crítico Charles Delaunay donde se incluían detalles biógraficos del héroe: los períodos de locura, su ingreso en el hospital psiquiátrico de Camarillo, los problemas conyugales, su adicción a las drogas, o la muerte de la hija... Aquello fue una iluminación para Julio, ya que sintió de inmediato que el protagonista del relato debía ser Parker: su forma de ser, las anécdotas que ya conocía, su música, su inocencia, su ignorancia, toda la complejidad del personaje. Eso era lo que había estado buscando. Ya sólo bastaba cambiar el nombre de Charlie Parker por otro y dejar vía libre a la imaginación. El resultado es un individuo que tiene una capacidad intuitiva enorme y que al mismo tiempo es muy ignorante. Un primario. El gran acierto de Cortázar es haber creado un tipo que no piensa, que sólo siente, lo cual es extremadamente difícil. Esta inolvidable criatura siente y reacciona en su música, en sus amores, en sus vicios, en su desgracia, en todo. Pero no acepta la razón, el orden convencional del mundo que le rodea.

Ambientado en el París de los años cincuenta, el relato es el encuentro entre un genio (Johnny Carter) y un mediocre (Bruno) o, si se prefiere, entre un gran músico y el crítico, entre el protagonista de un hecho de relevancia y el reportero que pasaba por ahí. Al adoptar la voz del mediocre para contar la historia, Cortázar está colocándose en el lugar que entonces creía que era el suyo y que en el fondo nos corresponde a casi todos. La mediocridad. Pero esta mirada del hombre sin talento nos permite captar mejor los logros y delirios del genio. Desde el principio Bruno admite sus propias limitaciones, nos habla de su manía por el orden y hasta de su cobardía personal. Conoce perfectamente el sitio donde se encuentra y habla de ello sin orgullo. Pero desde esta perspectiva gris observa con curiosidad científica la extraña fiera que es Johnny y esos otros miembros de su círculo que llevan una existencia bohemia. Lo interesante es que Bruno se mueve entre su horror al desorden moral y un sentimiento de envidia hacia esos ángeles enfermos e irritantes que huyen de las convenciones. No es difícil ver aquí a un álter ego de Cortázar, el eterno pibe sensato que se asoma temblando al abismo: «Los envidio, envidio a Johnny, a ese Johnny del otro lado, sin que nadie sepa qué es exactamente ese otro lado. Envidio todo menos su dolor, cosa que nadie dejará de comprender, pero aun en su dolor tiene que haber atisbos de algo que me es negado.» En efecto: lo que se le niega es la revelación, el acceso al otro lado de la puerta.

«El perseguidor» plantea, por tanto, el dualismo conflictivo de la condición humana. El orden, el caos. Razón e Intuición. Lo físico, lo metafísico. Obviamente son formas elementales de decirlo, y no siempre exactas, pero que expresan grosso modo la forma en que Cortázar se interroga por primera vez acerca del lugar del hombre en el universo. Pero para ello no recurre a un personaje de perfil «intelectual» sino a un músico que a través de su arte —y de las drogas– se comunica con otras zonas de la realidad. Julio nos está diciendo así que la realidad que conocemos es incompleta, que hay lugares donde también se cumple nuestro destino más allá de toda lógica. Esto es lo que intuye Johnny Carter, lo que busca y lo que perseguirá hasta la muerte. A lo largo del relato intenta recuperar la geografía de un paisaje atemporal, buscando el momento de dar el salto y atravesar la puerta. Su gran obsesión, pues, es franquear el umbral que le separa de ese otro lado donde le aguarda una forma superior de existencia.

Los mayores aciertos de la *nouvelle* suceden en este plano donde el héroe logra que el tiempo convencional quede abolido: un ascensor, el viaje en el metro de París o un concierto en el Village de Nueva York. Estos instantes donde se produce el milagro de salirse del tiempo son autobiográficos y se remontan a la infancia de Cortázar: los libros en Banfield o los viajes con la abuela en el «subte» porteño. Por tanto este tipo de ensoñación no es nueva para él, pero en «El perseguidor» lo transforma magistralmente en literatura. Cuando años más tarde hable de ello con Omar Prego, le contará sus experiencias en el metro parisino donde a veces entra en una especie de trance. El resultado es la elasticidad del tiempo. Mientras el convoy viaja de una estación a otra, la mente se dispara y vuela a través de la memoria reviviendo unos hechos concretos de larga duración: la charla con un amigo, por ejemplo, acaso Alfredo Mariscal o el Monito Reta. Pero mientras esta ensoñación se desarrolla mentalmente a lo largo de diez minutos, el tiempo real que lleva de una estación a otra apenas rebasa el minuto. ¿Qué ha ocurrido? Dice Cortázar: «Los estados de distracción (eso que se llama distracción) son para mí "estados de pasaje", favorecen ese tipo de cosas. Cuando estoy muy distraído, en un momento dado es ahí por donde me escapo.» Según él, también influyen el cansancio o la enfermedad. Julio nos recuerda así que el tiempo es una convención que gobierna nuestras vidas, pero que existen puntos de fuga donde podemos movernos con mayor libertad en él. Y no sólo eso. En este nuevo lugar más allá del tiempo físico, hay otro tiempo en el que todo fluye armónicamente, un tiempo mítico.

En todo caso «El perseguidor» es la historia de un visionario incapaz de adaptarse al mundo y cuyo único objetivo es penetrar en el misterio. Estimulado por las drogas, se adentra en las sombras de la mente en persecución de algo que siempre se desvanece. A la larga este intento se verá condenado al fracaso, sobre todo porque la noticia de la muerte de su hija le coloca de golpe ante la desgarradora evidencia de la inutilidad de perseguir lo absoluto. Desde ese momento trágico, el saxofonista rueda cuesta abajo y Bruno se convierte en el testigo de su desintegración definitiva. El relato alcanza su clímax una noche de borrachera cuando Johnny le echa en cara al crítico las limitaciones de una biografía que éste acaba de escribir sobre él. El diálogo es un auténtico *tour de force* donde se ponen sobre el tapete las dos visiones opuestas del mundo. Mientras el hombre convencional se siente satisfecho con su trabajo, el excéntrico intenta hacerle ver que no ha entendido nada porque se le ha escapado lo que hay al otro lado de la puerta. Ese algo le fue revelado durante un concierto. Es un momento epifánico. Dice Johnny: «Era la seguridad, el encuentro, como en algunos sueños, ¿no te parece?, cuando todo está resuelto, Lan y las chicas te esperan con un pavo al horno, en el auto no atrapas ninguna luz roja, todo va dulce como una bola de billar. Y lo que había a mi lado era como yo mismo pero sin ocupar ningún sitio, sin estar en Nueva York, y sobre todo sin tiempo, sin que después... sin que hubiera después... Por un rato no hubo más que siempre...» Ésta es la clave que busca el perseguidor: la eternidad del instante. No hubo más que siempre. Pero luego aquello se desvaneció. Y la búsqueda desesperada de nuevos instantes míticos sólo concluirá con la muerte.

Ya hemos dicho que Cortázar adoptó la voz del crítico para narrar la historia; pero quizá debamos revisar la idea de que Bruno es su álter ego porque no es del todo cierto. En el fondo Johnny también es un reflejo del autor y esto supone un avance en su trayectoria. Está claro que los cuentos de *Bestiario* le sirvieron para realizar un exorcismo en la esfera del inconsciente; pero en «El perseguidor», la esfera de lo inconsciente convive ya con los conflictos de la conciencia despierta, y la mayor parte del relato no tiene un carácter onírico ni se mueve en el ámbito de lo alucinatorio. Es cierto que Johnny circula a menudo en ese paisaje a causa de las drogas, pero en el fondo la historia refleja los dilemas existenciales del propio autor desde su llegada a París. Este hombre ya no es el de Buenos Aires ni tampoco el de *Bestiario*: quizá se encuentre más sano psíquicamente pero también más escindido. El individuo que trabaja en la Unesco y manda dinero a su familia y está casado con Aurora se parece bastante a Bruno; el que fue amante de la Maga, que sufre pesadillas, que atraviesa puertas y escribe relatos como «Axolotl» está más cerca de Johnny. Por lo demás, Cortázar no hubiera podido crear un personaje como el saxofonista si no hubiese vivido experiencias como la del metro, por ejemplo, o si no sintiera hondas inquietudes en relación al hombre, o si su infancia no hubiese estado marcada por la personalidad inestable de su hermana. Rizando el rizo, es fácil ver algo de Cocó en Bruno, y algo de Memé en Johnny. No en cuanto al talento, claro, sino en cuanto a su aproximación tan diversa a la realidad. Cielo e Infierno.

En lo literario Cortázar se encargó de señalar a menudo que «El perseguidor» había supuesto un cambio radical. Hasta ese momento sus cuentos se basaban en atmósferas, en situaciones, no en personajes. En relación a ello quizá sea útil escucharle: «Los personajes no me interesaban demasiado, yo no estaba enamorado de mis personajes.» Esta declaración insólita nos habla de las limitaciones de Cortázar y del tipo de literatura liderada por Borges que estaba imponiéndose en Argentina. Encerrados en su torre de marfil, algunos autores propusieron asombrosos acertijos intelectuales o crearon historias donde se quebraba el orden de lo real. Pero sus héroes sólo estaban ahí para que se cumpliera una trama fantástica. «La muerte y la brújula» o «Casa tomada» quizá sean los mejores ejemplos. Sin embargo, la realidad seguía afuera, con todo su pulso y su poder, más allá del ámbito sereno de las bibliotecas. Es curioso que Julio no tuviera en cuenta que los mejores cuentistas de la historia –Boccaccio, Chaucer, Poe, Guy de Maupassant, Chéjov, Hemingway, Somerset Maugham...– estuvieron a favor de sus criaturas. Aunque plantearan a veces situaciones dominadas por el misterio, prevalecía siempre el factor humano. En el polo opuesto los cuentos cortazarianos presentan unos personajes que, aunque estén vivos y puedan comunicarle algo al lector, en el fondo son marionetas al servicio de un hecho fantástico. Pero esta tendencia cambiará de raíz, tal como declaró a González Bermejo: «En "El perseguidor" quise renunciar a toda invención y ponerme dentro de mi propio terreno personal, es decir, mirarme un poco a mí mismo. Y mirarme a mí mismo era mirar al hombre, mirar también a mi prójimo. Yo había mirado muy poco al género humano hasta que escribí "El perseguidor"».

Desde el principio la *nouvelle* fue recibida con división de opiniones. Un íntimo amigo de Cortázar lo leyó en manuscrito y le dijo: «Tíralo. Es demasiado largo.» Y agregó: «No tiene sentido.» Hoy sabemos que aquel amigo implacable era Eduardo Jonquières, uno de los miembros más o menos secretos de su comité de lectura particular. Acostumbrado a las piezas de relojería de *Bestiario*, nada podía sonarle más extraño que las largas improvisaciones metafísicas de un saxofonista americano. Pero Julio había quedado muy satisfecho y Aurora lo recibió con entusiasmo. Al final no lo tiró. En la actualidad el relato se considera una obra maestra, quizá la única que refleja verdaderamente el alma del jazz, y una de las grandes novelas cortas del siglo xx. Dado que esa época vio nacer joyas como *La muerte en Venecia*, *La metamorfosis*, *La perla*, *Golovin*, *El jugador de ajedrez* o *El extranjero*, entre otras, el logro de Cortázar adquiere doble valor. Algo de esto debió intuir Onetti, un maestro del género, tras la lectura de «El perseguidor». Según contaba Dorotea Muhr, su esposa, Onetti leyó el relato de un tirón, se fue al cuarto de baño de su casa y rompió el espejo de un puñetazo. Años después Julio aún valoraba el gesto: «Nadie ha tenido una reacción que me pueda conmover más.» Es lógico. Bruno nunca habría reaccionado así, tampoco Cocó. Esas cosas sólo las hacen las gentes como Johnny o como Charlie Parker.

HACIA EL LIBRO TOTAL

Siguiendo un plan, los Cortázar abandonan París a finales de abril con destino al Mediterráneo Oriental. Durante un mes se mueven por Turquía y Grecia. Tras el viaje regresan a París donde pasan el verano. A finales de septiembre Aurora marcha a Viena para colaborar cinco semanas con en el Organismo Internacional de Energía Atómica. Durante su ausencia Julio revisa a fondo el manuscrito de «El perseguidor» y luego se desplaza a Londres por asuntos de trabajo. En carta a su amiga Perla Rotzait le comenta con humor que su tarea en la Interpol consiste en «combatir el tráfico de opio a la sombra de Scotland Yard», mientras su mujer se dedica en Viena «a fusionar materias radioactivas». Estos guiños epistolares, con sus gotas fantasiosas y su toque de ingenio, alegran siempre a los amigos y son un sello genuinamente cortazariano.

Al terminar sus compromisos la pareja se da una cita romántica en Venecia. El reencuentro en la plaza de San Marcos, bajo el delicioso sol de otoño, es el preludio de una semana de felicidad. Pero el regreso al hogar supone una vez más la vuelta a la rutina. En esta ocasión han de participar en la Conferencia General de la Unesco, que tiene lugar en la nueva sede de la organización que acaba de inaugurarse cerca de su casa, en la place de Fontenoy. El resultado es un mes bastante duro. Con todo, siempre encuentran el modo de sumergirse en esta ciudad soñada, que es tan hermosa en invierno como en verano. Ocho años después de su primer encuentro con la ciudad Cortázar no ha perdido un ápice de su ilusión. Al contrario: sigue siendo un turista. Nada le hace más feliz que pasear con Aurora a orillas del Sena o entrar en algún cafecito de barrio para hacer planes como dos enamorados. Aunque esta vez dichos planes sean aún bastante difusos, la magia de París disipa los nubarrones. Los fines de semana contribuyen a su bienestar: dormir a pierna suelta, salir de casa a media mañana, ir a la rue de Sèvres, vagar por Montparnasse, entrar en una galería de arte, tomar un *vin rouge* en un *bistrot*... Y por la noche ir al teatro o al cine sin la sombra de un nuevo compromiso cotidiano.

Todo esto revierte positivamente en la tarea literaria. De un lado Julio tiene textos terminados, como *Los premios* o «El perseguidor», y del otro alberga nuevos proyectos. El más ambicioso es una obra que conocemos bien. No será lo que suele entenderse por novela, sino una especie de resumen de muchos deseos, de muchas nociones, de muchas esperanzas y también de algunos fracasos. Sea lo que sea este proyecto parece claro que escapa a los parámetros convencionales. Aunque Cortázar tarda en encontrar el punto de arranque, ya da por hecho que será bastante ilegible, lo cual no deja de ser una osadía si tenemos en cuenta que su literatura aún no ha despertado el interés del público. Pero esto nunca le ha importado. Él escribe y escribirá siempre por pura diversión: no parece tener en cuenta que un texto difícil no contribuye precisamente a hacer amigos. Ocho meses más tarde el plan está mejor perfilado. En carta a Jean Barnabé comenta: «Lo que estoy escribiendo ahora será (si lo termino alguna vez) algo así como una antinovela, la tentativa de romper los moldes en que se petrifica ese género. Yo creo que la novela «psicológica» ha llegado a su término, y que si hemos de seguir escribiendo cosas que valgan la pena, hay que arrancar en otra dirección.» Esa antinovela aún no tiene título, pero Cortázar la construye a fragmentos como un mandala.

Entretanto decide dar el gran paso de comprar su primer coche. El modelo elegido es un Peugeot 203, un auto de línea algo anticuada, pero sólido y relativamente barato. Julio lo bautiza con el nombre de *Nicolás*. Dado que no lo necesita para acudir al trabajo ni para pasear por París, el motivo de la compra es más bien recorrer los caminos de Francia que desea conocer con Glop. Pero a diferencia de su pasión por las motos, esta vez Cortázar no las tiene todas consigo. Por el momento no siente ningún placer en conducir porque le entran toda clase de terrores en las calles de la ciudad. A su juicio París es el peor sitio imaginable para habituarse a manejar. Incluso confiesa a los amigos, esos amigos que inspirarán el Club de la Serpiente, que jamás llegará a ser un buen conductor. En realidad sólo aspira a no incurrir en torpezas peligrosas, y poder circular a 60 o 70 kilómetros por hora en la carretera. Eso dice. ¡60 kilómetros por hora! ¡Pobre Cocó! Armándose de valor, realiza una primera escapada fuera de la metrópoli: es una expedición poco heroica que consiste en salir por la Porte d'Orleáns y llegar hasta el Parc des Sceaux. Aunque el conductor se siente algo más seguro, el resultado de aquella salida será fulminante: durante semanas explicará a quien quiera oírle que no hay nada como el metro. Y Aurora se matricula en una autoescuela.

En la primavera de 1959, los Cortázar se desplazaron en coche a Viena donde Julio había sido contratado por tres meses. Al principio llevaron la vida habitual, repartiendo su tiempo entre las sesiones de trabajo y los ratos de ocio: visitas al museo de Historia del Arte o algún concierto en la Ópera. Pero un mes más tarde el escritor se rompió el brazo izquierdo y se inició para él uno de esos pequeños-grandes calvarios de salud que jalonaron su vida. Al parecer un médico vienés consideró que la fractura era irrelevante y le aconsejó mantener el brazo inmovilizado con un cabestrillo. Durante tres semanas el paciente siguió estoicamente las instrucciones; pero al tomarle una radiografía de control, descubrieron que la fractura de húmero se había abierto varios milímetros y que existía peligro de que el hueso quedara totalmente roto. La noticia le cayó como una bomba porque tenía previsto marchar con Aurora a Italia al finalizar la conferencia. Aquel mismo día fue por fin escayolado y volvieron a casa.

A medida que avanzaba en su nuevo proyecto literario, Julio descubría nuevas facetas en relación a sí mismo. Aunque siempre había estado muy atento a su desarrollo personal, ahora tenía menos rubor en hablar de ello a los amigos. En carta a Barnabé se atreve incluso a mostrarle su «lado secreto», ese que los observadores atentos intuyen más allá de la coraza discreta con la que va por el mundo. Pero si alguno de ellos confía encontrarlo en su nuevo libro quizá se lleve una decepción. Se diría que aún juega al ratón y al gato. Escribe: «Lo que ocurre es que en mí no hay mucho de interesante, no hay mucho que mostrar ni que contar... Lo que escribo es sobre todo invención, y es invención porque no tengo nada que recordar que valga la pena.» Esta declaración puede parecernos asombrosa, pero responde a la idea que Cortázar tiene de su propia vida. A estas alturas admite que no pertenece a la estirpe de los aventureros contemporáneos –Miller, Hemingway, Malraux o Céline–, cuyas peripecias nutren su obra y despiertan la admiración de los lectores. En el polo opuesto, ¿qué podría contar?, ¿que es un funcionario de la Unesco felizmente casado y que se marcha de vacaciones con su querida esposa? Esto no le interesa a nadie: con esto no se hace gran literatura y él lo sabe.

Lo malo es que cuando se asoma a aquello que sí podría inspirar gran literatura –la ausencia del padre, por ejemplo, o su dependencia excesiva de la madre, o su relación turbia con la hermana– resulta que no se atreve. A diferencia de aquellos aventureros, aún arrastra los tics del individuo solitario, le cuesta abrirse al mundo. Por eso escribe: «Yo, en cambio, me rompo un brazo, visito el Partenón, navego por el Ganges, pero siempre estoy como dentro de mí mismo; mis entusiasmos –que son grandes– no me arrancan del esteticismo». Desde este ángulo el balance no resulta muy atractivo, y en cuanto al lado oscuro prefiere pasar de puntillas. No va a empezar ahora a narrar en clave psicológica sus sueños eróticos con Ofelia. Atrapado por sus limitaciones, decide entonces buscar una tercera vía, algo que le salve y le redima. No va a escribir *Las nieves del Kilimanjaro* o *La condición humana*. No sabe, no quiere y no puede. Pero desde que llegó a París en plena fiebre existencialista, intuye que el verdadero fondo de un hombre es el uso que haga de su libertad. Esto conduce a la acción y a la visión, al héroe y al místico. Quizá Julio pueda reprocharse que nunca será un escritor que caza elefantes, o que narra sus expediciones a los burdeles; pero nadie puede negarle que ha intentado ser libre. Y a un alto precio.

El Cortázar de este período vive atrapado en un dilema existencial que condiciona su quehacer literario. Todo este torbellino le lleva a replantearse su posición como escritor: ya no le funcionan las antiguas fórmulas que había empleado en sus cuentos. Cada vez tiene más claro que la realidad cotidiana es apenas el borde de una fabulosa realidad reconquistable, y que la novela, como la poesía, el amor y la acción, deben proponerse penetrar en esa realidad. Ahora bien, para quebrar esa cáscara de vida cotidiana, los instrumentos literarios al uso ya no le bastan. Ni siquiera las herramientas con las que ha escrito sus cuentos le sirven en la nueva aventura. A lo que aspira Cortázar es alejarse del sistema cerrado y perfecto de sus relatos, que en el fondo no eran otra cosa que el espejo literario de su vida, más o menos cerrada y perfecta. Ahora piensa que si siguiera escribiendo libros como *Bestiario* se sentiría un auténtico estafador que se repite con variaciones de mero artesano. «Nunca hay que aprovechar el impulso», solía decir Gide, nunca hay que seguir por las sendas artísticas que conocemos. Ésta es la marca del verdadero genio: no repetirse sino innovar. El sello del Cronopio. Esto hará de Cortázar el más intrépido y brillante creador de la narrativa latinoamericana.

No obstante no debemos olvidar que esta aventura va a desarrollarse en la escritura, pero también en el laboratorio del propio yo. Aunque sus ansias rupturistas estén cada vez más claras, Julio conoce sus limitaciones. Ya lo había intentado en «El perseguidor»: «Ahí ya andaba yo buscando la otra puerta. Pero todo es tan oscuro, y yo soy tan poco capaz de romper con tanto hábito, tanta comodidad mental y física, tanto mate a las cuatro y cine a las nueve.» De acuerdo. Pero ¿quién diablos está hablando aquí? Parece que habla Bruno, un crítico musical de vida ordenada que intenta descubrir de una vez por todas qué hay detrás de esa puerta que cruzaba Johnny Carter. La conclusión es obvia: en el fondo Cortázar no está tan tranquilo. Aunque la boda con Aurora rubricó su apuesta vital a favor del orden, su alma está llena de oscuras galerías. En los últimos tiempos las criaturas que habitan en ellas han comenzado a moverse de forma inquietante, hacen demasiado ruido. Por el momento no constituyen una amenaza para la relación con su mujer, pero a veces le llevan a cuestionarse el tipo de vida con ella. Si creíamos que esa convivencia idílica, marcada por proyectos literarios y viajes románticos, le hacía feliz, no es del todo cierto. Digamos que esta *pax* le sirve al Dr. Jekyll, pero no al Mr. Hyde que lleva dentro. Y este Mr. Hyde va abriéndose paso peligrosamente. ¿Cómo explicar, sino, el repentino interés que vuelve a sentir en esa época por Edith Aron? Es cierto que no hay nada sentimental en ello, sólo le preocupa la suerte de su amiga, sus deseos de abandonar la casa familiar en el Sarre, su voluntad de regresar a París. Pero Edith sigue estando demasiado viva. En la vida del escritor nada es casual: el personaje que va a inspirarle la Maga vuelve a sacar su linda cabecita en el momento justo en que él se lo replantea todo y sigue escribiendo nuevos fragmentos de un mandala.

DRAMA EN BUENOS AIRES

A mediados de noviembre los Cortázar toman el avión a Buenos Aires. El viaje a bordo de un Comet se prolonga diecisiete horas y es la primera vez que vuelan juntos sobre el océano. El verano porteño les recibe con una ola de calor y esa humedad que les produce la impresión de hallarse en un acuario de agua tibia. Pero lo peor no son esos 35 grados que obligan a Cortázar a circular por la casa de General Artigas en bañador sino el clima preocupante del país. A los pocos días la pareja comienza a descender por los círculos del modesto infierno bonaerense, como le llama el escritor, donde todo está mal, donde la vida se ha convertido en una protesta continua por el precio de las cosas, siempre bajo la amenaza de un nuevo golpe de Estado. Todo esto comienza a afectar a los viajeros, que sucumben pronto a una modorra inexplicable para poder afrontar el paso de los días. Se diría que ya no les importa nada, ahogados completamente por la doble conjura de los problemas familiares y la sensación de estar en una ciudad donde todo son fantasmas y ellos siguen vivos. O viceversa. Cuando meses después haga balance a Jean Barnabé será muy claro: «El viaje a Buenos Aires fue algo tan lamentable y tan deprimente, que todavía me queda un poco la sensación del que se despierta de una pesadilla.»

¿Exagera Julio? A medias. En realidad la visita a su país le depara algunas sorpresas agradables. La más grata, sin duda, es recibir las primeras señales del éxito literario. Al fin un libro suyo, *Las armas secretas*, ha despertado el interés del público que valora muy especialmente el relato «El perseguidor». Los editores se frotan las manos. Cortázar no duda entonces en hablar de ese raro monstruo llamado «celebridad»; pero de momento es una celebridad restringida, de minorías, aunque no por ello menos real. En todo caso la noticia le alegra mucho, tal como refleja la correspondencia de la época. Unas líneas a su traductor al inglés, el joven poeta americano Paul Blackburn, transmiten su entusiasmo y demuestran que conoce bien a sus corresponsales y sabe acercarse a ellos. Además de ironizar sobre el triunfo, le cuenta que ha rechazado una entrevista en la televisión y se ha negado a dar conferencias. Esta actitud olímpica deja estupefactos a sus compatriotas, quienes están acostumbrados a las maniobras aceitosas de muchos escritores que se mueren por darse a conocer. Cortázar es distinto.

¿Esto es una pesadilla? Más bien no. Pero a principios de diciembre la pareja se siente muy fatigada en Buenos Aires. A duras penas cumplen con los ritos filiales y sólo el calor de unos pocos amigos –Salas, Baudizzone, Castagnino– les hacen sentir algo vivos. No obstante esos amigos no están satisfechos con la situación del país y les contagian su tristeza y su desasosiego. Es cierto que en Francia las cosas tampoco marchan demasiado bien, especialmente a causa del conflicto con Argelia que muestra el rostro más amargo del colonialismo y que Julio no duda en tildar de «monstruoso». Pero al menos París tiene sus compensaciones. Según él, estas compensaciones es lo que siempre faltó en la Argentina, donde la balanza se inclina solamente hacia el lado malo. Por eso piensan continuamente en Europa y ya planean abandonar su tierra cuando la ocasión sea propicia.

Sin embargo, el 31 de diciembre sobreviene el drama. Los Cortázar se hallan reunidos con sus familiares para celebrar la llegada del año nuevo. Aunque siguen inquietos por la madre de Aurora y saben que 1960 puede cambiar sus vidas, reina un ambiente de alegría. De pronto Juan Carlos Pereyra cae fulminado de un ataque al corazón. Otras versiones hablan de asfixia por ingerir un hueso de pollo. Leyendas. Si un segundo antes estaban bebiendo y festejando, ahora contemplan atónitos el cuerpo del muerto, desplomado en medio de las copas de champán. Muchos años después Aurora explicará que la muerte del marido de su suegra se produjo en medio de una partida de cartas. Es lo de menos. En pocas horas aquel espacio festivo se transforma en capilla ardiente: las copas y las botellas dan paso a las velas y los candelabros. Desde un punto literario no cabe pedir más. Julio está viviendo una escena de teatro isabelino, un drama de contrastes violentos, esas tormentas emocionales que hacen pasar al héroe de un extremo al otro y le dejan los cabellos blancos. Desde fuera, parece literatura; pero metido en la obra, el espectador queda marcado para siempre.

Igualmente sombrío es el panorama familiar: la casa de Rawson Agronomía sólo es una serie de habitaciones donde la madre, la hermana y la abuela se mueven como espectros. Julio adopta entonces el papel de fantasma lúcido, el de carne y hueso, que intenta levantar el ánimo de todos, y de paso inventarle a su madre un presente soportable y un futuro alentador. Durante un par de semanas no se mueve del barrio, inmerso en esa terrible ola de vida que sigue a la muerte de un ser querido.

Finalmente el 24 de enero los Cortázar suben a bordo del *Río Belgrano*. Como se trata de un carguero de la Flota Mercante del Estado, sólo admite a doce pasajeros y esta circunstancia les hace gozar de una travesía extremadamente tranquila. Lecturas, paseos solitarios en cubierta, baños de sol. Y las olas del tiempo que lo curan todo. Atrás quedan tres meses de «insoportable sumersión en las respectivas familias», como dice Julio, con el broche de las jornadas tan negras que siguieron al fallecimiento de Pereyra. Pero toda muerte trae una enseñanza: ahora percibe que algunas cosas que antes le entusiasmaban le dejan casi indiferente, y otras han adquirido de golpe un sentido inquietante, una vida que no imaginaba. Cuando se asoma a cubierta capta mejor el brillo de las estrellas, se siente menos lejos de eso esencial que no sabemos qué es pero que remueve lo mejor que hay en nosotros mismos. Además tiene motivos para sentirse satisfecho. Su paso por General Artigas ha devuelto la armonía en unas horas de gran dolor. En carta a Jonquières habla de ello con la confianza que le inspira un amigo que conoce algunos secretos: «No quiero imaginar lo que hubiera sido esto si yo no hubiera estado aquí. Entre una madre casi nonagenaria y una hija loca perdida, mi pobre vieja hubiera naufragado sin lucha; ahora en cambio dejo a mi abuela instalada frente a un flamante televisor, a mi hermana rudamente aleccionada para que no interponga una vez más su monstruoso egotismo, y a mamá con la promesa de arreglarle una estadía de unos meses con nosotros en Francia el año que viene.» Es la primera vez que Cortázar describe a Ofelia como una loca perdida, y la primera también que reconoce haberse enfrentado «rudamente» a ella para combatir su monstruoso egotismo. Durante años le ha tenido «miedo», pero la muerte de Pereyra le impulsa a dar el salto definitivo. Lo que no dice es que la conducta de su hermana obedece a una causa bastante más grave que el obsesivo interés por ella misma. Lo de Memé no es sólo egotismo.

EL MANDALA

A mediados de febrero los Cortázar llegan al puerto de Génova y siguen camino hasta París. Aunque el saldo de la experiencia argentina ha sido negativo, Julio ha empleado el viaje de vuelta para podar *Los premios*, su novela náutica como la llama él, que acaban de contratarle en Sudamericana. Asombrosamente, la ciudad les recibe con una primavera anticipada, y en seguida se sumergen en la vida de siempre. También planean alguna escapada. En mayo la pareja pasa una semana de vacaciones en Bretaña. A bordo del fiel *Nicolás* exploran los rincones de la región y se dejan cautivar por los lugares más pintorescos: pueblecitos de pescadores, calvarios medievales, colinas con monumentos prehistóricos. Y el broche de la maravillosa abadía del Mont St. Michel. El viaje les ayuda a olvidar su estancia en Buenos Aires y les reafirma, por si quedaran dudas, en su decisión de seguir viviendo en Europa. No hay nada como París: aquí se sienten más libres, trabajan mejor, son casi felices. En los meses siguientes Cortázar se dedica de lleno a la escritura de su nuevo libro. A finales de mayo le comenta a Barnabé: «Escribo mucho, pero revuelto. No sé lo que va a salir de esta larga aventura... No es una novela, pero sí un relato muy largo que en definitiva terminará siendo la crónica de una locura.»

En estas tres líneas se esbozan ya los pilares de la obra que le convertirá en autor de culto: el caos, la búsqueda y el extravío de la razón. El último punto es fundamental porque refleja claramente la inquietud más honda de Cortázar. La locura. Durante años esta inquietud se mantuvo oculta y sólo afloró en algunos relatos; pero la certeza de que existe un gen patológico en su familia no le deja dormir tranquilo. Cada vez que entra en la casa de General Artigas puede verlo con sus propios ojos, y cada vez que se sumerge en el sueño ignora si su hermana va a convertirlo en pesadilla. Al principio Julio intentó ahuyentar el fantasma escribiendo historias inquietantes (*Bestiario*); luego esas historias le persiguieron en París (*Las armas secretas*), donde destacaba la peripecia de un músico de jazz aparentemente loco. En paralelo aparecieron los cronopios. Gracias a ellos, la locura sórdida, oscura, innombrable mostró su rostro más amplio y risueño. Cortázar venía a decir así que hay millones de «piantados» en el mundo, tipos excéntricos que hacen las cosas a su manera y que se enfrentan a las normas rígidas de la comunidad. Al pintar el lado amable de la locura, aceptaba de algún modo los trastornos de conducta de su hermana y ahuyentaba de paso sus propios demonios. Sorprende que sus biógrafos hayan ignorado este argumento mayor y se hayan limitado a señalar las gracias del poema «Las trenzas de Memet» como si fuera una broma de la infancia. No, aquí no hay ninguna broma ni estamos en Banfield. Desde hace siglos una loca ronda por la casa y esa loca ejerce un gran influjo sobre él. Sin ella no se puede entender ni hablar de Cortázar.

Pero en el fondo no tiene el control de la situación. De hecho, nada de lo que ha escrito en los últimos treinta años le ha servido para derrotar al enemigo. Ni siquiera esas historias de cronopios y de famas. Hoy sabemos que su interés obsesivo por la locura le llevó a coleccionar una pequeña biblioteca sobre el tema. Dicha colección no sólo está formada por los clásicos de la psiquiatría −Freud o Jung− sino por cualquier autor que le permita arrojar luz sobre el abismo. Este interés aumenta en el período de escritura de su mandala e incluso le complace compartirlo con los demás. En un momento en que comienza a «triunfar» en Argentina, no duda en confesarle a Jonquières que su hermana está loca perdida. Tampoco toma precauciones −él, tan cauto− al hacerle una propuesta a su nuevo editor, que obviamente ignora la parte sumergida del iceberg. En su segunda carta a Francisco Porrúa, escrita en agosto de 1960, le plantea la posibilidad de preparar una antología de textos de locos: «Aquí el género tiene grandes representantes, y yo por mi parte colecciono maravillas desde hace años.» Aparentemente no hay nada extraño en ello. Pero llama la atención que un hombre de su cultura −que domina la pintura, la música, la poesía, el drama clásico y el teatro contemporáneo− haga una propuesta tan específica y tan a contrapelo de las líneas editoriales tradicionales. De un modo consciente o inconsciente Cortázar va preparando el terreno.

Entretanto vive más preocupado por las cuestiones técnicas. Estas cuestiones tienen que ver sobre todo con la propia filosofía de la obra. Desde el principio Julio no ha planeado ni estructurado el texto. Simplemente ha ido escribiendo piezas sueltas y en algún momento se decidirá a ensamblarlas como un mandala. En este proceso tan errático como caótico, la única certeza es la incertidumbre ante la realidad. Cada vez está más convencido de que nada ocurre de una cierta manera, sino que cada cosa es a la vez muchísimas cosas. Artísticamente esta idea no es nueva ni original: años atrás la lectura de *La piedra lunar*, de Wilkie Collins, o la visión de *Rashamon*, de Akirô Kurosawa le habían producido un impacto duradero. Pero él aspira a ir más lejos. Es cierto que su mandala se basa en episodios concretos, pero a veces utiliza unos personajes protagonizando la acción, y luego otros personajes protagonizando la misma acción. Y el resultado es muy diferente. Por ahora el libro aún se halla en fase embrionaria: lo único que sabe Cortázar es que desea sacudir el gran árbol de la novela clásica, y sabe también que la acción va a transcurrir en París y Buenos Aires.

En este punto deberíamos insistir en la situación personal del artista que escribe ese libro que no acierta a explicar. Durante los primeros años de su vida consciente estuvo viviendo en Argentina y a la vez suspirando por Europa; luego consiguió alcanzar su sueño y ahora lleva más de diez años en París. Pero en todo este tiempo no ha podido olvidar su patria, especialmente Buenos Aires. Es el precio de haber huído demasiado tarde, casi a los cuarenta años. Lo hizo ligero de equipaje, sí, con un disco, *Stack O, Lee Blues*, y un libro, *Opio.* Pero con las maletas llenas de fantasmas. Por eso ha vivido cercado por demasiadas cartas, demasiadas llamadas de teléfono, demasiadas inquietudes al otro lado del océano. Y en el instante en que al fin se creía libre, cuando pensaba que París iba a ser para siempre, el árbol familiar se tambalea. Por mucho que los Cortázar viajen a Italia o se escapen a Bretaña, siempre hay una carta esperándoles en el buzón. Y esa carta rara vez trae buenas noticias. Basta que doña Herminia les hable acerca de un constipado, o del aumento del precio del pan, o de la muerte de un pariente, para que un nuevo clavo se hunda en la herida. Todo es muy sutil, claro, pero bajo esas líneas inocentes que mandamos a nuestros familiares, siempre hay un lamento, una demanda, un velado reproche. El resultado es perturbador: aunque la pareja intente vivir libremente en el punto B (París), el peso del punto A (Buenos Aires) es terrible. Siempre el dilema entre el Lado de Allá y el Lado de Acá. No hay modo de resolverlo, salvo regresar periódicamente a los orígenes. Pero de momento el remedio ha sido peor que la enfermedad. El último viaje les ha dejado un poso de vacío y amargura intolerable. Más que nunca Julio se ha sentido demediado, exhausto, roto. En este contexto no debe extrañarnos que libere vapor en una obra donde el protagonista no acepta la realidad y vive prisionero entre dos ciudades. París y Buenos Aires. La «esquizofrenia» de un tal Horacio Oliveira es la «esquizofrenia» del propio Cortázar.

Pero no es la única. A la escisión espacial se añade la moral, o más bien una dualidad de acción. El Cortázar que puntualmente acude a Argentina para cumplir con las obligaciones familiares es una prolongación de Cocó, el pibe bueno y trabajador que ha logrado conseguir un puesto nada menos que en la Unesco de París. El hecho de que además escriba libros no es tan importante, ni siquiera para su madre, que quizá tenga una cultura libresca del siglo XIX, pero a la que no pueden conmoverle los cuentos de *Bestiario* y menos aún un relato como «El perseguidor». ¡Madonna¡ ¿Qué hace Julito escribiendo sobre negros, sexo, drogas y jazz? ¿Para esto tantos sacrificios? Ay, Francia.

Pero este traductor de la Unesco es el mismo hombre que escribe «El perseguidor» y ya ha entrado en otro territorio. Hemos visto que busca, que duda, que se cuestiona su lugar en el mundo. La escritura le ayuda cada vez más a practicar su propio psicoanálisis. ¿Cómo va a decirle a la abuelita que le gustaría perderse en las caves de Saint Germain y sumarse al combo de Miles Davis? ¿Cómo contarle a mamá que le encantaría arrojar el mate a la basura y aporrear la puerta en plena madrugada? Imposible. Ésta es la clase de cosas que no se pueden compartir con la familia, de ahí la salvación por el Arte. El Cortázar de esa época pone en boca de Johnny Carter: «No acepto a tu Dios. No me vengas con eso, no lo permito. Y si realmente está del otro lado de la puerta, maldito se me importa. No tiene ningún mérito pasar al otro lado porque él te abra la puerta. Desfondarla a patadas, eso sí. Romperla a puñetazos, eyacular contra la puerta, mear un día entero contra la puerta.» ¡Dios mío! Cocó meando y corriéndose en la puerta del Cielo.

¿LA CASA DE UN LOCO?

A principios de 1961 los Cortázar se trasladan a vivir al 9 de la place du Général Beuret. Tras un largo peregrinar por distintos apartamentos han encontrado un lugar acorde a sus bolsillos y sus necesidades: cada vez tienen más libros, más compromisos, más papeles. El nuevo domicilio también se alza cerca de la Unesco, y por tanto lejos de los bouquinistes del Sena y del Barrio Latino que tanto agradan a Julio. Pero la renuncia vale la pena. Este viejo *pavillon* de la época de Balzac es un refugio adorable. Se trata de una antigua caballeriza reformada, de tres alturas (dos en realidad, pues la planta baja es un pequeño vestíbulo), con un patio arbolado y silencioso. Wilde solía decir que todo está en el nombre. Por eso Cortázar («Establo viejo») ha encontrado al final su casa en París en un viejo establo reformado. ¿Llegó a saberlo? No. Pero le habría hecho bastante gracia la coincidencia. Desde el principio la nueva casa se reveló un lugar idílico para la escritura, pero también para recibir a los admiradores y amigos. Una de las primeras visitas fue el joven escritor Carlos Fuentes, a quien no conocía, pero con el que mantenía correspondencia. Este primer encuentro dio lugar a una de las anécdotas más deliciosas de sus vidas. Escuchemos al mexicano:

> Verlo por primera vez era una sorpresa. En mi memoria, entonces, sólo había una foto vieja, publicada en un número de aniversario de la revista *Sur*. Un señor viejo, con gruesos lentes, cara delgada, el pelo sumamente aplacado por la gomina, vestido de negro y con un aspecto prohibitivo.

Con esta idea Fuentes se acerca a una placita sombreada, llena de artesanos y cafés. Entra por una cochera a un patio añoso. Al fondo, una antigua caballeriza reconvertida en un estudio alto y estrecho. Llama a la puerta. En seguida acude a abrirle el hijo de aquel sombrío colaborador de *Sur*. Es un joven desmelenado, pecoso, lampiño, que usa camisa de manga corta, abierta en el cuello, y pantalones de dril. El visitante hace cálculos: el chico no puede tener más de veinte años; pero esa mirada azul, inocente, de ojos infinitamente largos y separados parece diseñada para iluminar los reinos exteriores de la realidad. No perdamos tiempo. Dice Fuentes: «Pibe, quiero ver a tu papá», a lo que el otro responde: «Soy yo.» Luego fue la risa y el apretón de manos. Pero Fuentes no podía imaginar que la respuesta de Cortázar rebasaba el marco de un simpático malentendido. En el fondo Julio siempre había sido su papá, o al menos había tenido que ejercer muy tempranamente la función de cabeza de familia. Esto había marcado y seguía marcando su vida. Yo soy mi papá. No era una broma. Lo era.

En los meses sucesivos Cortázar se dedica a ordenar de manera muy sui géneris la novela, que pretende dotar de una estructura revolucionaria. En paralelo atiende a sus nuevos compromisos editoriales. Sorprendentemente *Los premios* está funcionando bien en Argentina, y la traducción al francés es recibida con elogios. Pronto llegará una oferta de Pantheon, una editorial americana. Los Cortázar celebran aquellas navidades en París. Aunque tienen su círculo de amigos, son muy celosos de su vida privada. El escritor chileno Luis Harss, que los trató algo después, dejó un retrato muy fidedigno de la pareja. Según él, aquel matrimonio gustaba de callejear juntos al acecho de lo insólito, se perdían en los museos de provincias, y frecuentaban las literaturas marginales. Evitaban los círculos literarios, no concedían entrevistas, y según le dijo el propio Julio: «Preferimos no vernos con nadie».

Pero coincidiendo con los primeros éxitos, amplían su marco de amistades literarias: la poetisa argentina Alejandra Pizarnik, la narradora mexicana Amparo Dávila, o su traductora francesa Laure Bataillon... Se vislumbra aquí un cuadro que irá tomando forma con el tiempo, un gineceo alternativo que va a remplazar con diferentes figuras al gineceo familiar porteño. Pero Aurora sigue siendo la reina. El interés de su esposo por abrirse al mundo también empieza a darse hacia las personas interesantes que habitan en él. Una de ellas es el joven escritor peruano Mario Vargas Llosa, cuya primera novela ha deslumbrado a Cortázar. Veamos su testimonio:

> Nunca dejó de maravillarme el espectáculo que significaba ver y oír conversar a Aurora y Julio, en tándem. Todos los demás parecíamos sobrar. Todo lo que decían era inteligente, culto, divertido,

vital. (Muchas veces pensé: No puede ser así. Esas conversaciones las ensayan en su casa, para deslumbrar luego a los interlocutores con las anécdotas inusitadas, las citas brillantísimas y esas bromas que, en el momento oportuno, descargan el clima intelectual.) Se pasaban los temas uno a otro como dos consumados malabaristas y con ellos uno no se aburría nunca.

A mediados de enero esta pareja cada vez más sociable toma el avión con destino a Buenos Aires; pero al llegar descubre con estupor el alarmante deterioro de la situación. A los problemas familiares se suma ahora una nueva crisis política del país. El Gobierno de Frondizi se tambalea y los peronistas amenazan con volver a la palestra. Aunque Cortázar ya había dado un gran paso hacia una postura más abierta, el resurgir de los descamisados le devuelve las peores sensaciones de los años cuarenta. Se diría que el Destino le ha puesto a prueba, cuando ya se jactaba —aunque ese verbo no sea propio de él— de estar más atento a las cosas que le rodean. Pero no. En carta a Jonquières escrita en marzo de 1962 volvemos a oír la voz del burguesito intelectual que suspiraba por los cuartetos de cuerda de Bartok. «Me siento asqueado por este retorno de la masa sudorosa.» Masa sudorosa, nada menos. Y lo dice alguien que ya ha escrito «El perseguidor» y que está corrigiendo una de las novelas más revolucionarias del siglo.

En todo caso el ambiente se le hace irrespirable y decide permanecer en General Artigas. Aunque tenía planes de reunirse con algunos amigos, al final los encuentros son tan esporádicos que su visita va a quedar en las aguas de lo incógnito. Meses después se disculpará ante Fredi Guthmann de no haberse movido apenas de su casa; pero allí había enfermos graves, y para colmo encontró que todo era tan penoso y tan lamentable en la Argentina de los cuartelazos, que se derrumbó literalmente en dos semanas y se negó a tener contactos personales con la gente. Una de las pocas excepciones fue su viejo amigo, Baudizzone, que le recibe varias veces en su departamento porteño y en su quinta bucólica de Ingeniero Maschwitz. En otra ocasión se citó con el joven pintor

Sakai en el Jockey Club de la calle Florida, y tuvo allí el bautismo de fuego como escritor público. Al ver que Sakai se retrasaba, Julio cruzó la calle para matar el tiempo en el escaparate de la librería Galatea. De pronto vio a una joven con un libro suyo bajo el brazo. La miró con curiosidad, pero a los pocos minutos comenzó a sentir una profunda inquietud porque aparecieron otras tres chicas con su libro. «Era una sensación muy curiosa, casi póstuma –dirá–. Yo ahí parado delante de una vidriera, y ellas que se detenían a mi lado para mirar las novedades de la librería, sin tener la más mínima idea de que ese flaco de aire macilento y aburrido era J. C. en cuerpo (ya que no en alma, porque mi alma estaba como siempre en París).»

En otras circunstancias habría disfrutado de ese momento epifánico en el que un artista descubre que su obra ha llegado a una persona que no conoce. Pero no sintió el menor placer y quedó atrapado en esa extraña sensación de ver pasar a la gente con sus libros. Lo que abrumaba a Cortázar era el constatar que las primeras señales de su presencia creadora entre sus paisanos se produjera en el escenario de una Argentina tan espectral. Por esas fechas escribe a Jonquières que no ve la hora de salir del país, donde una vez más se siente acosado y encerrado. Motivos no le faltan. Además de la enfermedad terminal de la abuela, se suma también la muerte del último de los Pereyra, el marido de su tía. El heroico androceo que había intentado calmar las ansias de las mujeres de Banfield ya no existe.

En estas condiciones no es raro que el inconsciente vuelva a hacer de las suyas. Durante varios días Julio tiene una pesadilla: sueña que su nueva casa de Général Beuret arde hasta los cimientos y que regresa a medianoche y sólo encuentra una gran mancha negra en el patio. La impresión es tan poderosa que en seguida se transforma en un miedo recurrente que se repite durante la vigilia. Ahora ya no sueña con esa catástrofe sino que «piensa» en esa catástrofe cuando sale a la calle. Llegados aquí, es interesante señalar una coincidencia que haría las delicias de un terapeuta: el Cortázar que escribió *Bestiario* era víctima de una doble conjura que su inconsciente no podía soportar, el clima político del país y la situación familiar. Casi quince años después está llegando al mismo punto crítico debido a causas idénticas, sólo que más viejo y cansado, y con una novela entre manos que en última instancia trata sobre la locura. Ya hemos dicho que su protagonista, el tal Horacio Oliveira, repite las experiencias «esquizofrénicas» de su creador. Pero en el último viaje a Argentina, éste ha descubierto que puede correr la misma suerte de su héroe. Si regresa una vez más a su país, quizá terminará asomado a un patio observando morbosamente el dibujo de una rayuela. Y no es el único balcón porteño al que ya se ha asomado Cortázar.

A pesar de que se declara una huelga general, la pareja consigue zarpar en el *Río Bermejo* el 26 de marzo. Para entonces Julio está al límite de sus fuerzas: atrás queda una experiencia cercana a la alucinación. ¿Habrá ardido de veras su casa en París? No lo sabe. Pero este segundo viaje en un buque mercante obra milagros. Durante tres semanas disfrutan de una plácida travesía en la que los baños de sol, el mar azul, la escritura y la corrección de la novela constituyen el mejor bálsamo. Tras desembarcar en Marsella, regresan a la Ville Lumière. Aunque el balance del viaje es descorazonador, una vez más la travesía en barco ha tenido un efecto milagroso sobre Cortázar. En carta a Castagnino escribe: «Hicimos un viaje magnífico que me curó de mi ya avanzada depresión y me devolvió al sueño tranquilo y sin pesadillas... A bordo recobré rápidamente una relativa normalidad, porque no hubo escalas hasta Dakar, y el yodo y la fiaca valen mucho más que el Equanil para reingresarlo a uno en el mundo convencional». Este mundo convencional le resulta satisfactorio porque le permite seguir viviendo sin demasiada angustia. La situación ha de ser lo bastante preocupante, porque Julio ya no necesita de un corresponsal de máxima confianza para transmitirle su zozobra. También aludirá a «mi estropeado sistema nervioso» en carta al director de cine Manuel Antín a quien acaba de conocer en Buenos Aires.

Es evidente que este hombre se mueve en el pozo de la angustia neurótica, el trastorno depresivo, los fármacos... ¿Qué hay aquí?

Un individuo que sufre, o para ser más exactos, un tipo que lleva demasiado tiempo sufriendo. Quizá no es casual que por esas fechas escriba directamente en francés un duro relato sobre el suicidio de una mujer. Se trata de «El río». Aunque en él se aborda el viejo tema de que amar es matar al ser amado, el suicidio de la protagonista ocurre en un plano paralelo a una cópula, de modo que ambas cosas son la misma; por eso el hombre que la posee es el río que la ahoga. Es preciso insistir en que la sombra del suicidio sobrevoló a veces sobre Cortázar. Y más en esta época. Sólo años más tarde reconocería: «Si yo no hubiera escrito *Rayuela*, probablemente me habría tirado al Sena.» Es posible. Pero se salvó transfiriendo sus pulsiones al héroe de la novela. Cuando en otra entrevista le preguntaron por qué Oliveira no se deja caer desde el balcón sobre la rayuela pintada en el patio, dijo: «Él acaba de descubrir hasta qué punto Traveler y Talita lo aman. No se puede matar él después de eso.» Sin embargo el lector no olvida el pasaje que cierra «oficialmente» el libro: «Al fin y al cabo algún encuentro había, aunque no pudiera durar más que ese instante terriblemente dulce en el que lo mejor sin lugar a dudas hubiera sido inclinarse apenas hacia fuera y dejarse ir, paf se acabó.»

SESIÓN DE TARDE

Renacido en el mar, Cortázar se reintegra a la vida habitual. Durante varios meses trabaja duro en la Unesco para reflotar sus finanzas, que han quedado exhaustas tras el paso azaroso por Argentina. Como en otras ocasiones ha previsto viajar con Aurora a Italia después de su compromiso laboral en Viena; pero el viaje quedará interrumpido en Mantua a causa de una fuerte crisis alérgica de ella que les obliga a volver a París. Aprensivo por naturaleza, Julio no quiso correr el riesgo de que su mujer se agravara en un país extranjero. Este regreso precipitado les afecta negativamente el ánimo, pero en seguida encuentran nuevos motivos de satisfacción. Los cronopios son así. El gran motivo ahora tiene que ver con el cine. Justo un año antes Cortázar había recibido la oferta de un joven director argentino que pretendía trasladar un cuento suyo a la pantalla: se trataba de Manuel Antín, que había visto grandes posibilidades en el relato «Cartas de mamá». El protagonista es un claro trasunto de Julio, un hombre que ha optado por vivir en París pero que permanece férreamente anclado en el pasado. Cada nueva carta de su madre le recuerda que esa libertad duramente conquistada está en el aire y que sólo le queda una frágil libertad condicional.

A lo largo de 1961 la película de Antín fue tomando cuerpo y a finales de año el director le entregó el guión en su última visita a Buenos Aires. Tras el encuentro porteño, ambos reanudan una correspondencia cada vez más jugosa donde discuten sobre otro proyecto. Un film basado en el cuento «El ídolo de las Cícladas». Estas cartas entre dos grandes figuras de la cultura argentina, que todavía no son nadie, o casi nadie, sirven además para descubrirnos la postura de Cortázar ante el cine de la época. Aunque le ha tocado vivir en la última edad de oro del cine europeo —*nouvelle vague* francesa, cine sueco, *free cinema* inglés, *cinema d'autore* italiano—, tiene unas ideas muy particulares. Valora mucho a Bergman, por ejemplo, pero en general se muestra bastante crítico con el cine de algunos directores a los que llama malévolamente «los novelistas del cine». Lo curioso es que en este saco incluye a figuras tan dispares como Antonioni, Chabrol o Fellini. La única excepción es Buñuel, cuyo film *El ángel exterminador* le ha dejado sin aliento.

Paralelamente, el contacto epistolar con Porrúa se centra en la revisión de la nueva novela. Acosado por las dudas, Cortázar agradece las sugerencias y las palabras de aliento. Han sido cuatro años de entrega a una aventura narrativa de primerísimo orden. Es cierto que no ha trabajado de manera constante —rara vez lo hizo así—, pero ha sido poseído totalmente por la historia de Horacio Oliveira. Más tarde declaró que escribió el final del libro en un par de días, sumido en estado de trance. «Yo me acuerdo que mi mujer venía y me tocaba en el hombro y me decía "ven a comer", o me alcanzaba un sandwich. Yo comía y seguía escribiendo; no, no podía separarme del libro hasta que lo terminé.» En otra entrevista señaló algunos pasajes que le habían hecho perder la noción de realidad. «Se puede hablar de posesión, esa cosa maravillosa que tiene la literatura. Yo estaba totalmente dominado: era Oliveira, era Traveler y era los dos al mismo tiempo. Ir a comer, tomarme una sopa eran actividades "literarias" artificiales; lo otro, la literatura, era lo verdadero.» No es extraño que Glop llorara como una niña tras concluir la lectura del texto, un detalle que impresionó vivamente a Cortázar. Se sentía vacío y exhausto. Esta idea de que había concluido una etapa importante de su vida le hará repetir a los amigos que ya puede morirse en paz. En carta a Jean Barnabé ampliará las razones: aunque está seguro de no haber escrito nada mejor que «El perseguidor», en *Rayuela* ha roto tal cantidad de diques, y se ha hecho pedazos a sí mismo de tantas y tan variadas maneras, que ya no le importaría borrarse del mapa. «Tengo la impresión de haber ido hasta el límite de mí mismo, y de que sería incapaz de ir más allá.»

A finales de 1962 recibe al fin las pruebas del libro. Ya hay nieve en París. Aunque en la fase de gestación llevaba el título de *Mandala*, en alusión a esos dibujos con los que el hinduismo alude a cierta figura o imagen del universo, al final decidió llamarla *Rayuela*. La explicación es coherente: era absurdo exigirle a los lectores que conocieran el esoterismo búdico o tibetano. Y además *Rayuela* era un título modesto que cualquiera podía entender en Argentina. Lo asombroso es que en el fondo «mandala» y «rayuela» eran lo mismo, porque como había descubierto Julio «una rayuela es un mandala desacralizado.» Por un azar nada casual, o que él nunca interpretaría como fortuito, el mismo día que recibe las galeradas del libro recibe también una carta de su madre. En ella se le comunica que la abuela Victoria ha muerto. Aunque Cortázar llevaba tiempo preparándose, el hecho le impacta en una medida que no era capaz de prever. En carta a Manuel Antín le comenta que la noticia le produjo ese desgarramiento en el que por un momento uno se ve realmente como es. «Y los fantasmas danzan su ronda y toda la vida se agolpa y acusa y condena, y te vuelve como un testigo de vos mismo». Dado que siempre ve un sentido oculto a todas las cosas, la coincidencia le lleva a algunas conclusiones que le provocan varias noches de insomnio. Inquieto en la cama, va repasando esa vida que le ha llevado hasta aquí, a ese confortable *pavillion* de París, mientras su abuela querida, la que le quiso tanto, aguardaba la muerte sin él en la Argentina. De nuevo le asalta el sentimiento de culpa asociado a las mujeres de su familia, y en este punto no es difícil reconocer la ironía del Destino: mientras las pruebas de *Rayuela* le aguardan impacientes en su estudio, Julio se revuelve como Oliveira, preguntándose si tanto esfuerzo ha valido la pena. ¿Qué sigue haciendo en el Lado de Allá? A partir de ahora ya nadie volverá a llamarle Cocó.

DEL LADO DE ALLÁ

«Hay que poner poesía en la vida de la gente.»

RAYUELA: LOCURA DE AMOR

Rayuela es la obra maestra de Cortázar y una de las novelas más importantes e influyentes de la segunda mitad del siglo xx. En el marco tan rico de la producción cortazariana ocupa un lugar central que sintetiza y expresa admirablemente todo su mundo. Este libro es su Capilla Sixtina particular, el espacio multiforme y polícromo donde estalla su talento y se reinventa, por así decir, el universo. Por tanto iluminar la totalidad de ese espacio exigiría un metraje monstruoso que no cabe en ninguna biografía. *Rayuela* es demasiadas cosas, abre demasiadas vías, alza demasiados puentes. Pocos libros han reflejado mejor el extravío del individuo moderno y sus ansias de buscar una respuesta que le permita trascender a la realidad. *Rayuela* es un mundo. Por eso nosotros no queremos limitarla al papel de la típica novela de vanguardia que desconcierta a los lectores y provoca migrañas a los críticos. Seguramente muchos de ellos nos convencerían de su estructura en collage, otros de su carácter de contranovela, otros de su uso innovador del lenguaje y hasta de la revisión implícita de la escritura misma. Esto por no hablar de su alto componente de humor, del despliegue hipnótico de referencias culturales o de su visión zen del cosmos. ¿Y qué decir de París y Buenos Aires? ¿Acaso el libro no es un homenaje al Lado de Allá y al Lado de Acá? *Rayuela*, en fin, brinda tantos alicientes que hemos preferido situarla como espejo de un momento clave en la vida de su autor. Una vez aquí exploraremos ese rincón donde se guarda la llave de su encanto, esa cosa embriagadora de la novela. Si atendemos a estos dos patrones el resultado es impactante: *Rayuela* sería una historia romántica presidida por la locura. Éste va a ser nuestro ángulo de visión. Ningún otro. Quizá no necesitemos más.

Por la propia naturaleza del libro, el argumento no puede resumirse de un modo convencional, pero hay unos episodios que sostienen el texto. *Rayuela* cuenta la historia de Horacio Oliveira, un argentino de mediana edad que ha dejado Buenos Aires y vive en París. Allí trata en vano de encontrar un sentido a la existencia, perdiéndose en el laberinto de la metrópoli. En ese laberinto mantiene una tormentosa relación con la Maga, una joven uruguaya que huyó de su país con su bebé, Rocamadour. En paralelo Oliveira frecuenta un grupo de amigos que integran el Club de la Serpiente y con los que se entrega a apasionadas conversaciones acerca de la vida y del arte. En cierto momento el bebé Rocamadour muere y Oliveira pierde a la Maga. Poco después es expulsado del país y decide regresar a Buenos Aires. Allí se reencuentra con su antigua novia y se relaciona con Traveller, un viejo amigo, y su esposa Talita. No obstante, el recuerdo de la Maga le atormenta, ya que ella es el gran amor que no ha conseguido olvidar. Tras un descenso a los infiernos, Horacio Oliveira encuentra trabajo en un manicomio donde le asaltan inclinaciones suicidas.

En síntesis la línea argumental de *Rayuela* es la historia de un hombre que se busca en dos ciudades y al final se pierde en los confines de la locura. Pero los personajes como Oliveira no nacen por generación espontánea. Desde el punto de vista biográfico nos interesa saber si este héroe guarda relación con algún individuo de carne y hueso. Y la respuesta es afirmativa: el modelo fue Fredi Guthmann. Para refrescar la memoria debemos viajar a un capítulo anterior, «El capitán Guthmann», donde se apunta la posibilidad de que aquel poeta excéntrico y aventurero inspirara en parte la figura de Oliveira. El propio Cortázar se encargó de sugerirlo, tal como se desprende de estas líneas escritas a su amigo: «No es que seas un personaje de la obra, pero tu humor, tu enorme sensibilidad poética, y sobre todo tu sed metafísica, se refleja en la del personaje central.» Está claro, existe un vínculo. Tanto Fredi como Horacio comparten además el mismo sentimiento ante el fracaso del hombre de Occidente. Pero a diferencia del primero, el personaje del libro no cree que la salvación personal se encuentre en las sendas orientales. En todo caso Cortázar aprovecha esa carta a Guthmann para esbozar los rasgos de su héroe: es un buscador que intuye la posibilidad de que el cielo está en la tierra, pero es demasiado torpe, demasiado infeliz, demasiado nada para encontrar el pasaje. Tampoco podemos desdeñar que Oliveira posea rasgos del propio Julio, tal como sugiere Edith Aron. Aunque éste se encargó de repetir que su libro no era autobiográfico, su héroe es un argentino aparentemente frío, con hondas inquietudes existenciales y dotado de una gran sensibilidad. Dice de él: «todo le duele, hasta las aspirinas le duelen». Este contraste entre una apariencia fría y distante y un fondo emocional en ebullición responde mucho al perfil de Cortázar.

¿Tiene Oliveira un modelo literario? En efecto. Por extraño que parezca se trata del protagonista de la monumental *El hombre sin atributos*, de Robert Musil. Si nos acercamos a esta novela veremos que Ulrich es un matemático que siente la compulsión de modificar la realidad o, si se prefiere, las formas fundamentales de una moral que durante dos mil años sólo ha cambiado en pequeños detalles. Por eso su plan es reemplazarla por otra que se adapte elásticamente a la movilidad de los hechos. Este deseo de Ulrich de regirse por los impulsos del azar y en contra de los sistemas «lógicos» que gobiernan nuestras vidas vale igual para Oliveira. Cuando Diotima, la prima de Ulrich, le pregunta qué haría si fuera soberano del mundo, éste no duda en responder: «Supongo que no tendría otra alternativa que abolir la realidad.» ¿Acaso no es éste el sueño del héroe de *Rayuela*? Sí. Abolir la realidad y remplazarla por otra más rica, más libre y más humana. El otro gran precursor de Oliveira es Michel, el personaje de *El inmoralista*, de Gide, autor que interesaba mucho a Cortázar. También Michel descubre que existe una criatura auténtica en su interior, una criatura amordazada por la educación impuesta a través de los padres, los libros, la religión y los maestros.

Oliveira, por tanto, no es un personaje surgido de la nada y ajeno a las preocupaciones del pensamiento europeo. Tanto Musil, como Gide, como Cortázar se mueven en la misma dirección: aspiran a devolverle al hombre la autenticidad e inocencia perdidas, buscarle una realidad más real. En cierta ocasión Julio declaró que el problema central para el personaje de *Rayuela* es que tiene una visión que podríamos llamar maravillosa de la realidad. Maravillosa en el sentido de que él cree que la realidad cotidiana enmascara una segunda realidad que no es ni misteriosa, ni trascendente, ni teológica, sino que es profundamente humana. De acuerdo. Pero esa segunda realidad ha quedado sumergida bajo una realidad prefabricada con siglos de cultura. No es casual que Cortázar fuera devoto de Keats, quien como buen romántico se lanzó a la búsqueda de un hombre más auténtico, más libre; tampoco lo es que sintiera devoción por el surrealismo, donde se mostraban esos rostros del hombre que quedan ocultos. La sombra.

Pero más allá de sus objetivos, el ansia de búsqueda es consustancial al ser humano. No es necesario que se compartan los ideales de algunos maestros para sentir el aguijón ardiente de la «quête». Acierta Cortázar al decir que Oliveira resume un poco el devenir de la raza humana, ya que a lo largo de la historia el hombre siempre ha buscado un camino: lo encuentra o no lo encuentra, pero rara vez se queda en el mismo lugar. Aunque el hombre no cambiara de sitio, es evidente que cambia de clima mental, de clima moral, de clima intelectual en cada generación. El hombre está siempre buscando algo, un algo que cuando trata de definirlo se le escurre entre los dedos. Muchos creen que lo que el hombre busca es la felicidad, otros que la justicia, otros que la verdad... Pero aunque esa búsqueda existe, no está definida tan claramente con palabras. En cambio, en el caso de Oliveira la búsqueda aparece bien representada por la idea de Centro, porque lo que él llama Centro sería ese momento en que el ser humano llega a una situación en la que está en condiciones de reinventar lo que le rodea.

Así pues, la novela está marcada por la idea de búsqueda y de reinvención de la realidad. De hecho, ya lo está desde el principio, desde la pregunta legendaria que la abre y que inicia las peregrinaciones de Oliveira por el laberinto parisino al acecho de su amante. «¿Encontraría a la Maga?» Oliveira es un buscador de futuros (Maga, Edén) y de pasados (el juego de recobrar lo insignificante o lo extinto), y se reconoce en su papel: «Me había dado cuenta de que buscar era mi signo, emblema de los que salen de noche sin propósito fijo». Lo curioso es que la Maga también está fascinada por la búsqueda y esa fascinación la convierte en inclasificable: «No es fácil hablar de la Maga que a esta hora anda seguramente por Belleville o Pantin, mirando aplicadamente el suelo hasta encontrar un pedazo de género rojo». Cuando se produzca el encuentro entre la pareja Eros contribuirá a establecer los términos de la búsqueda.

Ahora la Maga entra en acción. ¿Estuvo inspirada en una persona real? Por supuesto. Como en el caso de Oliveira, debemos remitir al lector a un capítulo previo: «La Maga: Identificación de una mujer.» Allí se trazan las huellas que conducen directamente a Edith Aron, la primera pareja de Cortázar en París. Por razones asociadas a Aurora Bernárdez, su marido quiso mantener la historia en secreto, pero en su círculo íntimo circulaba como un hecho probado. Al final Julio lo aceptó públicamente, en una rara entrevista, aunque sin revelar el nombre de su musa: «La Maga existió sin ser exactamente como en el libro. Hay una modificación de su estructura en el libro. Pero fundamentalmente la mujer que dio el personaje de la Maga tuvo mucha importancia en mi vida personal, en mis primeros años en París. Era como ella, no es ninguna creación ideal, no, en absoluto.» Aunque ya hemos visto que Edith declaró que no se reconocía en la heroína de *Rayuela*, parece claro que su aproximación lúdica y caótica a la realidad influyeron notablemente en Cortázar. En todo caso, las palabras de éste deberían servir para desterrar el tremendo equívoco según el cual Aurora Bernárdez inspiró el personaje de la Maga. Nada más falso. Otro error habitual es buscar el modelo en Alejandra Pizarnik. Alejandra nunca tuvo que ver con el personaje de la Maga, entre otras razones porque *Rayuela* ya estaba escrita cuando ambos se encontraron por primera vez en París.

¿Tuvo la Maga un modelo literario? Sin duda. Pero a esta precursora quizá no haya que buscarla en un libro concreto, sino más bien en la mujer surrealista. Cuenta la leyenda que el 29 de mayo de 1934, el poeta André Breton estaba sentado en un café parisino cuando vio entrar a una hermosa y deslumbrante mujer. En aquel instante singular, tan presentido, tan deseado, ella se plasmó ante su mirada como un Iseo, una luz, un resplandor. ¿Quién era aquella aparición? Se llamaba Jacqueline Lamba y trabajaba en el cabaret Coliseum. A grandes rasgos era una joven rebelde, de fuerte personalidad, y con el suficiente grado de audacia e impudor que reclamaban los nuevos tiempos. Tras invitarla a vivir en su casa, Breton le dedicó el libro *El amor loco*. Esto es importante porque Breton reunió toda la concentración simbólica de que era capaz para convertir el encuentro con Jacqueline en un suceso plenamente mítico. No otra cosa hizo Cortázar con Aron, no otra cosa hace Oliveira con la Maga.

Desde el principio el surrealismo hizo del amor una religión. Aunque esto no era una novedad en la cultura europea —recordemos que los trovadores medievales hicieron del «amor cortés» una sacralización del sentimiento amoroso—, sí que traía algo nuevo a la era del progreso científico. Esta reelaboración del mito del amor elevó a la mujer de los años veinte a unas cimas inéditas. Mientras Cortázar era un adolescente tímido y larguirucho que crecía sin freno en la Argentina patriarcal, en el París surrealista casi todo giraba en torno a la mujer. Allí la vida es una aventura, la aventura es el amor y el amor es, en el surrealismo, el amor a la mujer. Pero esta mujer ya no es la dama distante y vaporosa que inspiró a los trovadores. Esta mujer posee un concepto mucho más abierto de la vida y de Eros. Quizá convenga añadir que el surrealismo elevó a los altares a la *femme-enfant*: el modelo de mujer niña, cuyo perfil es una mezcla de conciencia sexual e ingenuidad infantil. Esta mezcla explosiva, impensable en otras épocas, es lo que enciende la imaginación del hombre surrealista. En buena medida Edith Aron responde al arquetipo y lo transfiere a la Maga, y en buena medida, también, Cortázar sucumbe a ese encanto y lo traspasa a Oliveira.

Luego hay otro asunto. Otro de los rasgos principales de la femme-enfant es su tendencia a la inestabilidad, o mejor, a mostrar un lado oscuro que linda a veces con el desarreglo y hasta la locura. En el imaginario de los surrealistas la mujer debía poseer un componente de fragilidad emocional y psíquica que completara el perfil de su inocencia. De este modo se enfrentaba desnuda a las fuerzas oscuras del universo, cruzaba al otro lado, se encaraba a las energías desatadas del inconsciente. Cuando pensamos en la heroína de *Rayuela* deberíamos considerar a este tipo de mujer. No otra. Frente al angustiado «intelectual» que es Oliveira, su compañera es «vida intuitiva». Todo el texto está atravesado de situaciones en las que la «locura» de ella pone en jaque la «razón» de él, como en el surrealismo, como en la propia experiencia de Cortázar y Aron.

Desde el principio la Maga posee el don de hacer las cosas como no hay que hacerlas, es decir, según los usos habituales y racionales. Pero lo que desconcierta a Oliveira es que ella logra sus objetivos prescindiendo de la lógica que rige el mundo. La Maga cierra los ojos y da en el blanco, exactamente el sistema zen de tirar el arco. La clave es que acierta porque ignora que ése es el sistema correcto. En cambio Horacio no da en el blanco. Aunque se enciende a menudo contra la razón, y eso es la esencia del libro, y aunque busque el otro lado de la puerta, no deja de ser un «razonador». Por eso envidia y a la vez teme esa facilidad instintiva de la Maga, que además posee un valor subversivo. Si Oliveira aspira a atravesar la puerta, como el perseguidor Johnny Carter, ¿qué mejor compañera que la Maga? Pero primero hay que disponer de la misma longitud de onda. En este sentido debemos destacar el pasaje del capítulo 21 en el que Horacio logra ver algo y descubre que la Maga ya lo está viviendo: «Hay ríos metafísicos, ella los nada como esa golondrina está nadando en el aire, girando alucinada en torno al campanario, dejándose caer para levantarse mejor con el impulso. Yo describo y defino y deseo esos ríos, ella los nada. Yo los busco, los encuentro, los miro desde el puente, ella los nada. Y no lo sabe». La conclusión es inevitable, una petición de ayuda, de amor, acaso una plegaria: «Ah, déjame entrar, déjame ver algún día como ven tus ojos.»

Esto nos lleva al núcleo del libro. En el fondo *Rayuela* es una historia de amor entre dos seres antagónicos, un combate sexual entre dos cuerpos, un juego intensísimo entre un hombre y una mujer. Para narrar esta potente historia pasional, Cortázar recurrió a dos herramientas: el lenguaje romántico y el lenguaje erótico. Alguien puede pensar que se trata de un solo lenguaje, pero en realidad no es así. Antes de que apareciera el sexo en la vida de Julio, siempre hubo un poema de amor a una compañera de escuela. Tiempo después él mismo se encargaría de decir que era un tipo increíblemente cursi y que sus cursilerías y sus romanticismos eran a veces «muy baratos». Pero no lo lamentaba porque había aprendido a convertirlos en otra cosa. En efecto. Cortázar es el mago que todo lo convierte en otra cosa. Si los encuentros entre Horacio y la Maga hubieran sido descritos desde la cursilería o con un romanticismo de baja ley, la historia no nos habría llegado al alma. Pero él la despoja de todo engolamiento y de sentimentalismo fácil. Lo sitúa en un plano a ras de suelo, mucho más real, donde el lector sabe reconocerse. Es algo que se percibe en los gestos cotidianos: «Era dulce acariciarse las manos mirándose y sonriendo, encendíamos los Gauloises el uno en el pucho del otro, nos frotábamos con los ojos...» Pese a que hay sentimentalismo aquí, es contenido, original y depurado.

Acierta el escritor Andrés Amorós al sugerir que Cortázar practica un neorromanticismo. Aunque no nos ofrezca el fuego de los románticos, el personaje de Oliveira está ardiendo a su manera: «Amor mío, no te quiero por vos ni por mí ni por los dos juntos, no te quiero porque la sangre me llame a quererte, te quiero porque no sos mía, porque estás del otro lado, ahí donde me invitás a saltar y no puedo...» En este contexto de moderna novela romántica, muy sui géneris eso sí, cabe situar el legendario capítulo 7 dedicado al Beso, que se despliega con toda la fuerza lírica de una pluma muy rica y evolucionada. Es probable que el autor de este pasaje sea increíblemente cursi —«una vez por semana salgo llorando del cine o del teatro, es realmente horrible, pero tan hermoso», declaró—, pero está claro que en *Rayuela* ha sabido darle la vuelta. Y no sólo eso: ha logrado lo que parecía imposible, que el lenguaje amoroso en lengua castellana fuera más lejos que el de sus maestros: Neruda, Salinas y Cernuda. Este lenguaje también le sirve para los momentos de nostalgia, cuando el amor se ha perdido: «Lo que llamamos amarnos fue quizá que yo estaba de pie delante de vos, con una flor amarilla en la mano, y vos sostenías dos velas verdes y el tiempo soplaba contra nuestras caras una lenta lluvia de renuncias y despedidas y tickets de metro.» Puro Cortázar.

Pero ya hemos dicho que *Rayuela* no sólo es una novela neorromántica sino erótica. En el capítulo 27 la Maga se encarga de recordarlo al decir que si hablamos de amor hablamos de sexualidad. Al revés ya no tanto. Cierto. A lo largo del texto el repertorio carnal es muy vasto y sobre todo inédito por su audacia en nuestro idioma. No me refiero, claro, al lirismo hipnótico del capítulo dedicado al Beso, que se erigió en guía de jóvenes amantes y quién sabe si en arma de destrucción masiva en noches de luna llena. Aludo más bien a tantas sesiones en cuartos de hotel, combates cuerpo a cuerpo, que alcanzan quizá su punto álgido en el capítulo 5, con la profanación violenta de la Maga, ceremonia que incluye sexo de tipo anal. Este despliegue impúdico era tan raro en nuestra literatura, repito, que pudo alimentar la idea de un escritor experto en eso que Erica Jong llamó «la jodienda descremallerada». Leyendo algunos pasajes es fácil tener la impresión de que Cortázar poseía una amplia experiencia sexual. ¿Cómo juzgar si no a un autor que describe el éxtasis de su criatura, la Maga, como el de una bestia frenética, los ojos perdidos, mítica y atroz como una estatua rodando por una montaña?

Pero hoy sabemos que no es del todo así. Contrariamente a lo que se cree, Cortázar no pertenece a la estirpe de los grandes aventureros del sexo, aunque a lo largo de su obra explorara territorios y abriera ventanas. Esta paradoja es típica de algunos escritores cuya literatura desprende a veces un gran sabor a Eros. Sin embargo no hablamos de lo mismo: el interés por el sexo es universal, pero el temperamento sexual, el alto voltaje erótico, es un rasgo muy específico que no afecta ni mucho menos a toda la raza humana. De hecho no hay tantas personas que lo posean —se necesita un tipo de naturaleza y energía determinadas— ni tampoco existen tantas personas que consigan o se atrevan a desarrollarlo en plenitud. Pese a las apariencias, el Cortázar que escribe *Rayuela* aún no forma parte del club. A esta sociedad selecta pertenecen Guy de Maupassant, Gabriele D Annunzio, Frank Harris o Henry Miller. No él. ¿Qué importancia debemos otorgarle a ello? Creo que alguna. Porque Julio se nos presenta en *Rayuela* como un autor que maneja admirablemente los resortes del erotismo y de la sensualidad; pero en el fondo no le importaría renunciar a ese honor con tal de situarse en un escalón más bajo: el plano de los carnales. Al fin y al cabo proviene de una cultura latina donde los hombres son machos, son viriles, no pierden demasiado tiempo demorándose en caricias ni florituras. Si una mujer cae en sus manos, siempre preferirán el capítulo 5 al capítulo 7 de la novela. En el segundo Cortázar se expresa tal como es; en el primero como acaso le gustaría ser.

Con ello no queremos sugerir que en *Rayuela* no se conceda la máxima importancia a la cópula. Al contrario. El libro presenta varias situaciones asociadas al coito, descritas sin tapujos, pero la mayoría apuntan a un plano superior de trascendencia. Ésta no es la dinámica de los carnales, desde luego. Sin duda los carnales fornican más, pero aman menos y se preocupan menos por alcanzar el nirvana. Aunque el rito amoroso forme parte de sus vidas, éste queda reducido a un trámite que es preciso despachar rápidamente y a poder ser separado del resto de las actividades cotidianas. Obviamente estamos generalizando: a veces el tiempo transforma a los carnales en sensuales y hasta en metafísicos. Este proceso se advierte en Henry Miller, por ejemplo, y no se advierte en cambio en Maupassant. Pero más allá de estos matices, está claro que la cópula en Cortázar se eleva sobre el acto sexual, va más mucho más lejos de la mera descarga del orgasmo. En el capítulo 21 se pregunta por qué no había de amar a la Maga y poseerla bajo decenas de cielos rasos a seiscientos francos, en cuartuchos de hotel, si en ese juego, esa vertiginosa *Rayuela*, «yo me reconocía y me nombraba, por fin». Está claro. El destino de la unión sexual no es solamente apagar la líbido, es entregarse a un juego que permite la vía del conocimiento del otro y del autoconocimiento. En el capítulo 144 se describe el sexo de la Maga y el modo en que influye en la transformación de Oliveira hasta transportarlo a la rueda de los orígenes. «Ahí en la caverna viscosa de tus alivios cotidianos está temblando Aldebarán, saltan los genes y las constelaciones, todo se resume alfa y omega, coquille, cunt, concha, con, coño, milenio...»

Por eso el amor con la Maga resulta un encuentro axial que transforma la humilde guarida en paraíso. Otro tanto debió de ocurrirle a Cortázar. Gracias a los amores con Edith —y quizá al de otras mujeres que no conocemos y debieron existir— aquellas modestas habitaciones de París se transformaron en aposentos reales destinados al placer. Y aún más. Le permitieron recobrar la pureza adánica del Paraíso. No podía ser de otro modo: en el amor, la vida se desnuda y se libera gozosamente para recobrar la plenitud, la integración primigenias. Julio aquí es Oliveira. Los tórridos encuentros con la Maga les proyectan a un tiempo y un espacio primordiales, anuncian una epifanía natural ligada al Edén. Se ha dicho que hay en *Rayuela* una bipolaridad amorosa entre juego y sacrificio. Por un lado los juegos tienden a sacralizarse, a convertirse en rito de iniciación. Cualquier lector de la novela los recuerda: consisten en citarse vagamente en un barrio a cierta hora y peregrinar por el laberinto parisino hasta encontrarse, por pálpito, por imantación. Para Oliveira este sistema es importante porque invalida sus resortes lógicos, desbarata sus «prejuicios bibliotecarios». Los mismos que tenía Cortázar. El amor imán actúa como conductor de encuentros y desencuentros. Recordemos: «¿Encontraría a la Maga?» Estos juegos sirven de transporte hacia la zona sagrada, buscan ascender a sacrificio, como en el capítulo 5 cuando Horacio transmuta en toro de Creta y posee bárbaramente a esa Maga en forma de Pasifae. Aquí ella se aferra desesperada a los instantes de clímax erótico. La progresión orgásmica «era como despertarse y conocer su verdadero nombre». La plenitud corporal de la cópula le revela su verdadera identidad, la más profunda.

Pero al mismo tiempo se habla en la novela de evitar como la peste toda sacralización de los juegos. Cuando sobreviene la pérdida de control, cuando los amantes son absorbidos peligrosamente por el *pathos* erótico, el juego y el humor obran de anticlímax, compensan la balanza, restauran el orden desmitificador. Aunque jamás llegaremos a saberlo, sería interesante averiguar si esta dinámica responde al funcionamiento de Cortázar y Aron. Todo lo que nos ha llegado de su vínculo se reduce a la parte más lúdica y di-

gamos inocente: ese paraguas destrozado que arrojaron bajo la lluvia, riendo como locos, en el barranco del Parc Montsouris. Pero
es obvio que hubo más, mucho más, y que el encuentro entre un
becario argentino —hipersensible, racional, apocado— y una joven
judía —excéntrica, alegre y bastante liberada— tuvo que ser explosivo. Perdidos en el formidable escenario de París, ambos pudieron
arrancarse el corsé porteño y aprender el lenguaje del deseo. Para
el escritor, el cuerpo de Edith no era el cuerpo de esa prostituta
anónima con la que acaso pudo perder la virginidad, siguiendo el
rito de iniciación sexual de la época. La figura de Edith le abocó
directamente al enigma femenino y de paso le planteó la necesidad de tratar de resolverlo. Esto responde plenamente a esa colisión de planetas llamados Horacio-la Maga.

Pero la unión está condenada al fracaso. Un hombre que busca
en una mujer lo que parece buscar Oliveira, la irrealiza automáticamente, la destruye como mujer; las catástrofes físicas y morales subsiguientes son un hecho fatal e irremediable. Horacio lo sabe, además, y por eso sus diálogos con la Maga tienen una ironía amarga
todo el tiempo, un sabor a cosa ya muerta. Horacio es infeliz porque
está enamorado de una mujer a la que ha convertido en un fantasma. Usa a la Maga como si fuera otro instrumento para su tentativa
de salto en lo absoluto; pero cualquiera que haya tenido trato con
mujeres sabe que es el único uso que con ellas siempre termina mal.
Ninguna de ellas ofrece el verdadero camino al buscador. Como
declaró el propio Cortázar «La mujer puede despertar en nosotros
el sentimiento y la nostalgia de lo absoluto, pero a la vez nos retiene en la relatividad con una energía casi feroz. Pedirle que salte con
nosotros es provocar la doble catástrofe. Horacio lo pide, a su manera. La Maga responde, también a su manera. La monstruosa paradoja del amor es que, como se dice por ahí, es "dador de ser", enriquece ontológicamente, pero al mismo tiempo reclama un "hic et
nunc" encarnizado, prefiere la existencia a la esencia.»

Hemos hablado bastante del personaje de la Maga, ignorando
la figura de Pola: esa otra mujer que enloquece a Oliveira. Es el tercer elemento. Pero como no conozco a la persona que se oculta tras

su nombre, no puedo darle demasiada cancha en una biografía. Con todo nos interesa señalar que abre nuevas ventanas eróticas al personaje, quien descubre gracias a ella la pluralidad infinita de Eros, o más bien el placer un tanto primerizo de constatar las diferencias amatorias entre las mujeres: «acariciar una cadera más ceñida, incitar a una réplica y no encontrarla, insistir, distraído, hasta darse cuenta de que todo hay que inventarlo otra vez, que el código no ha sido estatuido, que las claves y las cifras van a nacer de nuevo, serán diferentes, responderán a otra cosa.» Cierto. En el sexo nada coincide siendo igual, todo nace de nuevo siendo inmortal. Quizá Julio no pertenezca al clan de los carnales, pero es evidente que empieza a desarrollar una curiosidad erótica notable. En la época de *Rayuela* abre definitivamente la puerta a algo que permanecía agazapado en su interior. Algo que estaba en los astros y en las constelaciones. Volveremos sobre ello.

La tentación de prolongar este capítulo es grande. ¿Cómo pasar por alto, por ejemplo, el despliegue de metáforas líquidas que emplea Cortázar para describir escenas eróticas, él, que siempre tuvo gran aversión al agua?, ¿por qué esas cópulas rituales con la Maga devuelven finalmente a su héroe al útero, al líquido amniótico, en definitiva al claustro materno?, ¿por qué no aplicar en *Rayuela* la tesis del sociólogo Klaus Theweleit, quien analizó el papel de la mujer como desencadenante de los estados de disolución del hombre? Algo podríamos decir aquí. Aunque Cortázar describa en *Rayuela* un gran amor que trasciende, que es fusión, que anula los contornos del ego en aras de una identidad y una realidad superiores, el precio es alto. Extraviarse, licuarse, perder el viejo equilibrio y hasta la esencia. ¿Fue el temor a ser disuelto por Edith lo que al final le alejó de ella? No lo sabemos, pero hay algo cierto. Cuando hablamos de amor y locura en *Rayuela* nos referimos a algo tan viejo como la Humanidad: las relaciones pasionales encierran un alto riesgo de extravío. Y esto le ocurre a Oliveira. Aunque haya logrado fugazmente atravesar la puerta en brazos de la Maga, este *amour fou* le persigue como una condena. Cuando se asoma al abismo del capítulo 56, lleva toda una vida de preguntas dolorosas a la espalda, pero también un amor fabuloso e imposible que a la postre no le ha traído el sosiego. Como ocurre en las novelas románticas.

¡CUBA LIBRE!

Cortázar había dicho que después de *Rayuela* ya se podía morir tranquilo y en parte tiene razón. Aunque él no lo sepa, está a punto de morir o de experimentar un cambio radical. A principios de 1963 viaja con Aurora a La Habana para participar como jurado del concurso literario de la Casa de las Américas. Desde el momento en que recibe la invitación personal de Fidel Castro, inesperada, se avivan sus deseos de conocer por sí mismo el proceso revolucionario cubano. Este interés obedece a causas muy diversas: Cortázar es un artista que acaba de terminar una obra magna y necesita descanso; además vive en una ciudad dominada por la *intelligentsia* de izquierdas, que se ha interesado por la Revolución desde que Fidel y los suyos derribaran la dictadura de Batista. Todo ello contribuye a su nueva forma de ver los fenómenos colectivos. Ya no es el burguesito que aborrecía a los cabecitas negras que invadieron el Buenos Aires de su juventud. Pero será Vargas Llosa quien le dé el empujón definitivo: «Yo estaba tan entusiasmado con Cuba que le repetía: «Tienes que ir, Julio, es una experiencia formidable, es otra cosa.» ¡Y aceptó y fue!»

Durante un mes los Cortázar alternan su estancia en La Habana con un viaje en auto por la isla. La experiencia es deslumbrante. Cada vez que hablan con el pueblo —la gente de la calle, los campesinos, los obreros de las centrales azucareras— encuentran rostros de alegría y de confianza. Años más tarde lo explicará en entrevista a Ernesto González Bermejo: «Allí descubrí todo un pueblo que ha recuperado la dignidad, un pueblo humillado a través de su historia —los españoles, el machadato, Batista, los yanquis, y todo lo demás— que, de golpe, en todos los escalones, desde los dirigentes a quienes prácticamente no vi, hasta el nivel de guajiro, de alfabetizador, de pequeño empleado, de machetero, asumían su personalidad, descubrían que eran individuos con una función a cumplir.» Lo que más les impresiona es la campaña de alfabetización: el cubano ha aprendido a leer y a escribir y está orgulloso de ello; el guajiro del campo se siente libre y no esclavo. Todo anuncia al hombre nuevo. Asimismo quedan impactados por el apoyo de los intelectuales a la Revolución. Salvo unas pocas excepciones que salieron del país, la mayoría de artistas trabajan por la causa, y no con meras palabras sino de forma activa, alfabetizando, imprimiendo libros, creando literatura. La idea de que un talento como Alejo Carpentier dirija la Editora del Estado, o que Nicolás Guillén sea el poeta de la nueva era llena de satisfacción a Julio. Ésta es la clase de prodigios que no pueden darse en Argentina. En otra carta a Paul Blackburn habla de sus colegas cubanos, quienes le han convencido con sus actos de que una revolución que tiene de su parte a todos los intelectuales, es una revolución justa y necesaria.

Aunque Cortázar había rechazado las propuestas revolucionarias del peronismo, reconoce la grandeza de la hora. En Cuba pasa algo grande, pero también existen peligros. Desde el bloqueo impuesto por Estados Unidos, el país padece carencias y restricciones: falta de máquinas, repuestos, medicamentos... Sin embargo el cubano mantiene alto el optimismo y la forma alegre de vivir. Como le cuenta el poeta Antón Arrufat con un vaso de ron en la mano: «Chico, esto no puede durar, los yanquis se las arreglarán para liquidarnos. Pero entretanto estamos vivos, y vivir es hermoso, y por eso nos haremos matar hasta el último.» Esta *joie de vivre* antillana que desafía todos los obstáculos y todas las lógicas cae como una semilla dorada en el hombre que ha creado a los cronopios, pero también a Johnny Carter y a Horacio Oliveira. Cada vez que algún cubano proclama el gozo de estar vivo, el argentino siente la tentación de quedarse en la isla para siempre.

Pero el encanto revolucionario no seduce a Aurora; en realidad ella no ha recorrido el mismo camino que su marido. Estos últimos años dedicados a la escritura de *Rayuela* le han proporcionado una apertura de miras que ella no tiene. Es cierto que en fecha reciente él hablaba aún de «el retorno de las masas sudorosas»; pero quizá haya que disculparlo porque su aversión al peronismo alcanza el rango de las fobias incurables. No obstante Cortázar ha buscado y sigue buscando. ¿Y ella? Glop se ha limitado al papel de la compañera abnegada del perseguidor. Siempre a su lado, inspirando y protegiendo. Ya es bastante: no deberíamos pedirle más. Pero por mucho que derramara lágrimas al terminar la lectura de *Rayuela*, ella tiene poco que ver con el drama de Horacio Oliveira y de la Maga. El espectáculo de esos personajes que asisten a su propia derrota con una ironía en la que quizá se adivina un triunfo secreto, no casa con su forma de ser. Esa danza en que las criaturas se encuentran y desencuentran sin sospechar demasiado que a cada nuevo paso se acercan a la última casilla de la rayuela, la mutación final, es un juego literario. No un patrón de vida. La vida que quiere tener Aurora es en gran medida la que ya tiene: una casa confortable, un buen trabajo y un esposo que empieza a triunfar profesionalmente. Nada más.

El 20 de febrero regresan a París. La ciudad les recibe con la mayor ola de frío de los últimos años y un nuevo atentado contra el general De Gaulle. La cuestión argelina sigue candente —es uno de los dramas coloniales propios de la época— y el terrorismo de la OAS no da tregua. Será un invierno de nieve y sangre. Aunque los Cortázar se recluyen en casa, sucumben de inmediato al cambio brutal de temperaturas. El paso del invierno tropical al helado invierno francés se cobra su tributo. Durante una semana Julio combate una gripe mientras Aurora se enfrenta a una bronquitis. Recluidos en la cama, se dedican a tomar tisanas y leer autores tan dispares como Italo Svevo, Henri Michaux y a su nuevo amigo Lezama Lima. También les sirve para hacer un primer balance del viaje. En carta a Manuel Antín reconoce que la experiencia cubana le ha dejado desollado: «Te digo, solamente, que valía la pena ir, y que si tuviera veinte años menos y no fuera tan pequeñoburgués, me quedaría allá para ayudarlos... El riesgo, la alegría de sentirse libres, han hecho de los cubanos algo nuevo, nunca visto en América.»

Desde el principio advertimos dos líneas antagónicas en Cortázar: de un lado expresa su entusiasmo por el nuevo rumbo de la isla, y del otro se reconoce demasiado burgués como para sumarse alegremente a la lucha. Pero ignora aún que esa faceta conformista va a quedar muy tocada tras el viaje. Mientras Aurora ha permanecido inmune al virus revolucionario, él lo ha recibido con la misma facilidad con que absorbe todos los gérmenes y bacterias que flotan en el ambiente. Sólo es cuestión de tiempo. En este sentido Antín recordaba así el impacto de Cuba en el autor de *Rayuela*: «Me transmitió una transformación que se había producido en él, que yo consideraba en aquel momento una transformación romántica porque no era un acercamiento de carácter ideológico, sino que tenía que ver más con el romanticismo que con otra cosa. La frase: "Tenés que ver, Manuel, en Cuba no se pueden conseguir aspirinas", me hizo decirle: "me parece que estás descubriendo el comunismo un poco tarde. Sos casi un menopáusico ideológico. Descubres el comunismo a los cincuenta años".» Antín pone el dedo en la llaga, pero también introduce un elemento esencial para entender el asombroso giro político de Cortázar: no hay nada ideológico en él sino romántico.

A principios de marzo la pareja toma el *Orient Express* con destino a Viena. Antes del «bolo» primaveral en el Organismo Internacional de Energía Atómica, tienen un contrato con las Naciones Unidas que han organizado allí una conferencia sobre las relaciones consulares. Instalados en un cuarto de la Pension Suzanne, han de hacer frente a duras sesiones de trabajo en una ciudad que no les gusta. Aunque siempre queda el consuelo de sus cafés, Viena es un mundo congelado en el que hasta la arquitectura barroca acaba convirtiéndose en pesadilla. Además, la vida en el hotel les resulta desagradable por su precariedad. Este mundo cerrado aviva el recuerdo de los días cubanos. Mientras Julio se asoma a la ventana y ve caer la nieve, piensa en aquellos amigos que pasean en mangas de camisa bajo el cielo refulgente y cristalino de La Habana. Siente nostalgia de la isla, la gente, el mar. Este sentimiento queda reflejado en carta al poeta Antón Arrufat donde reconoce que desde que regresaron de Cuba le asaltan enormes bocanadas de irrealidad: aquello era demasiado vivo, demasiado caliente, demasiado intenso, y Europa le parece de golpe un cubo de cristal. Le atrapa. «Yo estoy dentro y me muevo penosamente, buscando un aire menos geométrico y unas gentes menos cartesianas.» Otro tanto habrían dicho algunos personajes de *Rayuela*.

CONFESIONES DE UN «SUICIDA»

Pero Europa sigue siendo Europa. Aprovechando las vacaciones de Semana Santa, los Cortázar cumplen el viejo sueño de visitar Praga. Desde el primer momento caen rendidos al encanto mágico de la ciudad. A cada paso se diría que han entrado en las páginas de *El Golem*. Aquí está todo: las callejas misteriosas, la atmósfera un tanto angustiante y metafísica, los paseos al caer la noche por los barrios viejos donde se pierden en pasajes que se abren a nuevos pasajes. Y así hasta el infinito. Para un hombre que acaba de concluir *Rayuela* la experiencia le llena plenamente. Aludirá a ella más tarde como algo muy bello y muy profundo. La belleza de Praga es tal que cuando vuelven a Viena una semana después la descubren con otros ojos. La ciudad les parece más bonita, con árboles floridos y sin rastro de nieve.

La relativa calma vienesa se ve sacudida con la noticia del suicidio de un viejo compañero de la Unesco: el prestigioso antropólogo Alfred Métraux. Aunque Cortázar no le tenía demasiada estima personal, valoraba su talla intelectual y sus investigaciones sobre antropología religiosa. La noticia le remueve aguas muy profundas. Inmediatamente escribe una carta a Eduardo Jonquières para transmitirle su estado de ánimo –que no es otro que una impresión terrible– y analizar de paso algunas hipótesis sobre los motivos del suicida. No hay conclusión. Pero lo más inquietante es cuando Julio reconoce que el suicidio de Métraux le ha dejado una especie de hueco que le resulta difícil de soportar. Ahora ya no habla de impresión terrible sino de vacío insoportable. Esta respuesta tiene que ver con otro de los grandes secretos de Cortázar que venimos desvelando: las inclinaciones suicidas. Como este punto fundamental ha sido ignorado y silenciado por casi todos, dejemos que él mismo abra la puerta:

En 1952, a poco de llegar a Francia, viví algunos días bastante jodidos. Un fin de semana me largué de París con la famosa Vespa de trágico recuerdo y me fui al valle de la Chevreuse. Estuve toda una tarde en el château de la Madeleine, subiendo y bajando por sus ruinas, con un estado de ánimo lamentable y sin ganas de seguir mirando hacia delante. Después salí del pozo. Pero ahora, al enterarme de que alguien a quien conocí eligió justamente ese sitio para matarse, me ha hecho pensar en ciertas imantaciones, ciertas inexplicables (o explicables, pero si se renuncia a la legislación corriente) yuxtaposiciones de vidas y lugares. No te preocupes, de esto no saldrá ningún cuento.

El pasaje es transparente, pero conociendo el pudor casi enfermizo de Cortázar se nos antoja apenas la punta del iceberg. Cronológicamente nos interesa situar este episodio en el lugar correcto, ya que el año 1952 es el año de la Maga. Si la famosa Vespa ya circulaba por allí podemos deducir que su historia con Edith ya había terminado o estaba a punto de hacerlo. Tampoco Aurora Bernárdez se anunciaba en el horizonte, lo que prueba definitivamente que la idea tan extendida de que Cortázar había pactado con ella vivir juntos en París es un cuento de hadas. En el fondo el otoño de 1952 es una época en la que se siente terriblemente solo. Tras experimentar su primera pasión con la Maga, ésta ha rehusado irse a vivir con él, y entretanto la morochita sigue en Buenos Aires sin dar señales de vida. En este *impasse* Julio debe admitir con dolor que ha fracasado en toda regla. Como poeta enamorado no ha conseguido conmover a Aurora, y como galán juguetón y ardiente tampoco ha logrado retener a Edith. En paralelo, aquel otoño se cumplió el décimo aniversario de la muerte de Monito Reta y tuvo que renunciar a ir a la Argentina pese a haberlo prometido a su familia. Ya hemos escrito sobre los demoledores efectos de ello en el capítulo «Del otoño malo», basta repasarlo; pero a raíz de esta carta a Jonquières descubrimos que Cortázar estuvo literalmente al borde del suicidio. Cuando años más tarde recree las cuitas de Horacio Oliveira no estará tan lejos de sus propias pulsiones autodestructivas. El mismo final abierto de *Rayuela* —¿se tira Oliveira o no se tira?— es el mismo debate de Julio en el torreón medieval del château de la Madeleine.

A mediados de mayo los Cortázar están de vuelta en casa. En realidad se trata de apenas una semana, porque Manuel Antín les ha invitado al Festival Cinematográfico de Sestri Levante que se celebra en la costa genovesa. En ese lapso tan breve Julio despacha la correspondencia y se dedica a corregir las últimas pruebas de *Rayuela* en las que incorpora un «tablero de dirección» para que el lector pueda decidir por sí mismo cómo leer el texto. Esta propuesta original es toda una declaración de intenciones que concede al público un margen de libertad comparable a la del propio novelista. Del mismo modo que Julio eligió un camino al escribir el libro, el lector puede tomar su propia opción a la hora de leerlo. Desde el principio ésta fue la aportación más innovadora de la obra. ¿Quién hace la novela, Cortázar o yo?

Tras mandar las pruebas a la Argentina, los Cortázar toman el tren en dirección a Italia. Aunque Antín anda ocupado promocionando su obra en esta edición dedicada al cine latinoamericano, los amigos tienen bastante tiempo para hablar de películas, quemarse un rato al sol y saborear lo que él llama «la redonda hermosura de la pizza». El ambiente en este pueblecito encantador similar a Portofino estimula muy positivamente a Julio. Aparte de varios directores de cine, también circulan por allí Alejo Carpentier, Rafael Alberti o Miguel Ángel Asturias. Todos charlan y descansan bajo los árboles del elegante hotel Villa Balbi. Cuando Cortázar se entera de que la película *La cifra impar*, basada en un cuento suyo, ha sido vendida a cincuenta países africanos exclama: «¡Pobres negros! ¿Qué van a sacar en limpio, como no sea que los blancos nos especializamos en complicarnos la vida de una manera casi perfecta?»

En cambio no encajará con el mismo humor el visionado de *El perseguidor*, que acaba se ser filmada en Buenos Aires por Osias Wilenski. Aunque Sergio Renan hace lo imposible por dar vida a un Johnny porteño, la película no acaba de funcionar. Sólo la banda sonora de un joven saxofonista local —Leandro «Gato» Barbieri— le resulta digna del texto. En tales circunstancias se consuela trabajando con Antín en su nuevo proyecto, la adaptación cinematográfica de «Circe». La experiencia emociona a Cortázar. Cada vez que él lanza una sugerencia sobre el cuento, el director se queda como en trance, los ojos perdidos en el aire, y acto seguido se transforma en una cámara, es decir, empieza a narrar imágenes, secuencias, la una saliendo de la otra como el desarrollo de todos los elementos de un árbol. «Una imaginación puramente visual es algo extraordinario –le dirá a Jean Barnabé–, y mi trabajo con Antín me ha enseñado en pocos días a ver de otra manera el cine, a verlo desde dentro y no como un mero espectáculo.»

El regreso a París le reserva dos hitos en el horizonte: la cercana visita de su madre y la inminente publicación de *Rayuela*. En relación a lo segundo, Julio no va a renunciar a sus costumbres. Cada vez que aparece una obra suya se las arregla para alejarse de la ciudad o para prescindir olímpicamente de la campaña de promoción. Tímido por naturaleza y dotado de un extraño sentido del ridículo, no concede entrevistas y no acude a esas ceremonias editoriales donde el autor de turno se presenta ante lo que él llama «los corredores de venta». Dado que no necesita la literatura para vivir, puede permitirse el lujo de no hacer el *rendez-vous* a grandes como Fayard o Gallimard. Para gentes tan chauvinistas como los franceses esta actitud no se perdona, y menos si viene de un extranjero. Pero él no sirve para este circo lleno de figurines serviles y untuosos que se mueren por un pedazo de pastel. Esta posición contribuye a alimentar la leyenda. En uno de los cócteles de Gallimard una dama le preguntó a una amiga suya: «*Mais alors, ce Cortázar, ça existe?*» (Pero entonces ¿el tal Cortázar existe?) No tardará en saberlo.

MAMÁ LLEGA CON *RAYUELA*

A principios de julio doña Herminia ya está en París. Tras la reciente muerte de la abuela Victoria, el reencuentro con el hijo desprende una profunda carga emotiva. En cierto sentido se han quedado solos. Enseguida la madre se instala en una habitación de Général Beuret. Aunque la casa tiene demasiadas escaleras, reconoce que es confortable y está decorada con gusto. Un estilo moderno y europeo, claro, pero en Europa las cosas se hacen así. Lo importante es que Julito se ha abierto camino y su casa es la mejor prueba de ello. Pero hay algo que doña Herminia no sabe ni sabrá nunca: la vida de su hijo no ha sido precisamente un jardín de rosas. Al evocar las peripecias de Cortázar en París, nosotros hemos sido tan moderados como él a la hora de contarlas a su familia. Sin embargo su vida parisina fue a veces un infierno, de lo contrario no habría podido escribir *Rayuela*. Como sabe quien ha vivido en París, la ciudad es un Jano bifronte: el rostro que muestra al turista o al viajero ocasional no es el mismo que aguarda agazapado para todo aquel que tenga la osadía de enfrentarse a ella. La diferencia de percepción entre ambas visiones –la ciudad durísima, la ciudad maravillosa– es tan abismal que se diría que sólo coinciden en el vértice de la cultura o en los atardeceres luminosos junto al Sena. Nada más. Pero Cortázar conoce perfectamente lo que es sentirse extraño en este lugar; de ahí su terca voluntad de hablar un francés perfecto y escapar en lo posible de los guetos latinoamericanos que proliferan en la ciudad.

Hasta ahora hemos pintado un París *light*, ligeramente bohemio, y con una iconografía que parece extraída de alguna película de Hollywood. Esta visión idealizada es la estampa perfecta para satisfacer el imaginario del visitante e inspirar alguna campaña publicitaria de Dior. Pero en el fondo el verdadero París tiene muy poco que ver con esa irrealidad, tampoco con la cultura de escaparate. Por eso hemos ido dejando alguna pista en el texto para poner sobre aviso al lector. Dicho lector debería haberse hecho una idea más cruda al saber que Cortázar, su ídolo, estuvo varios años viviendo en hoteles y pisos de mala muerte, rincones donde apenas llegaba la luz del sol, y en los que faltaba el ascensor, la ducha o una calefacción decente. Tiene que haber imaginado también lo que supone evacuar en un cuartucho al fondo del pasillo, un pasillo helado, haciendo cola junto a otros infelices que no tienen un puñado de francos para disfrutar de un retrete propio. E incluso haber advertido que en la cocina todo era igualmente miserable: apenas un infiernillo para calentar las infusiones o hervir una sopa de verduras. Nunca nos cansaremos de repetir que Cortázar estuvo bajo mínimos hasta haber rebasado ampliamente los cuarenta años, cuando ya era el artífice de *Bestiario* y estaba preparando *Rayuela*.

Ésta es otra de las ironías de su vida: durante años había soñado con vivir en el París del siglo XIX, o quizá en la ciudad de entreguerras, y este sueño le será concedido. Sin embargo, la aventura de triunfar en la capital del mundo sigue cobrándose víctimas y él se salvará por la campana. En este aspecto aquel París de los años cincuenta se parecía más al de los dramas románticos de Gerard de Nerval que al de las exposiciones de arte contemporáneo en el George Pompidou. La tasa de suicidios entre los extranjeros era alta. En esa ciudad áspera, inhumana y cruel Julio podía despertarse con la noticia de que un estudiante se había quitado la vida colgándose en su buhardilla, o que un aprendiz de pintor se había arrojado a las frías aguas del Sena. Tales episodios estaban a la orden del día: no es una leyenda negra, formaban parte de la mitología siniestra de París. Consciente de ello, García Márquez rendirá un tributo a su colega argentino en el último capítulo de *Cien años de soledad*. También él había sufrido lo suyo en la Ville Lumière: «Aureliano podía imaginarlo entonces con un suéter de cuello alto que sólo se quitaba cuando las terrazas de Montparnasse se llenaban de enamorados primaverales, y durmiendo de día y escribiendo de noche para confundir el hambre, en el cuarto oloroso a espuma de coliflores hervidos donde había de morir Rocamadour.»

Confundir el hambre, olor a coliflores hervidas. Cortázar lo ha soportado demasiadas veces en París. Pero nada de esto sabrá su madre, quien bastante tiene con aguantar las rarezas de Ofelia. Si supiera que Julito trepó a los torreones de un castillo francés y que en los momentos amargos se asoma a las negras aguas del Sena, se preguntaría con dolor por qué sus dos hijos son suicidas en potencia. Afortunadamente él está bien y le va bien con Aurora. Algunas fotos de la época los muestran juntos y satisfechos. A los dos, a los tres. En una de ellas un jovencísimo Cortázar aparece enseñándole un cuaderno a su madre en la terraza de un jardín; en otra ambos posan juntos en un rincón del quai de la Petite France de Estrasburgo. Todo es normal, salvo que parecen nieto y abuela. Es imposible creer que esta criatura angelical, de pelo oscuro y sereno, lleva más de veinte años manteniendo a esta anciana bastante convencional, que transmite eso sí una energía a prueba de bomba. En carta al poeta argentino Arnaldo Calveyra refiere aquellos días de verano: «Yo llevo a mi madre a los bosques, que es lo que más le gusta, y hacemos pic-nics y dormimos al sol o bajo los árboles. Se siente muy feliz con nosotros, y su salud ha mejorado muchísimo.» También se siente muy feliz el hijo, en ese cálido interludio que les permite vivir con las persianas cerradas y las ventanas abiertas.

De nuevo el azar. La llegada del primer ejemplar de *Rayuela* coincide con la estancia de doña Herminia en la casa. Si las primeras galeradas aterrizaron el día que tuvo noticia de la muerte de la abuela, el libro definitivo aparece cuando está acompañado de mamá. La mamá de las cartas, claro, la mamá del talón infalible, la viejita que ha marcado y continúa marcando su vida. Ahora ella asiste al gran parto de su hijo. Cuenta la leyenda que en ese instante de felicidad Cortázar envió este telegrama a Paco Porrúa: ACUSO RECIBO LADRILLO STOP ¿YO ESCRIBÍ ESTO? STOP ABRUMADO POR EL PESO DEL ARTEFACTO STOP. Pero no es cierto. Aunque la tentación de escribir algo así era grande, le venció el pudor y se limitó a mandar un breve mensaje convencional. Pero el Gran Cronopio estaba en la gloria. Tras varios años de esfuerzo, acariciaba el lomo negro de su criatura como si fuera el mejor animal de compañía. Mientras se relame de contento, Argentina sigue inmersa en una grave crisis política: golpe de la Marina en marzo, pésima situación financiera y una deuda exterior de 2.600 millones de dólares. En este país que depende del general de turno y que no puede pagar ni los intereses, se ha iniciado una caza de brujas. Entre otras figuras se ha encarcelado a Ernesto Sábato.

A finales de agosto Cortázar marcha a Helsinki, donde se reúne la plana mayor de Interpol. Como de costumbre, ha de traducir al español las sesiones de la asamblea; pero a diferencia de otros «bolos», el trabajo con la Interpol siempre le divierte. En estos casos Julio es como un niño. Armado con sus cascos de traductor, va descubriendo detalles emocionantes sobre el cultivo de la cocaína −60.000 toneladas anuales en Bolivia−, el creciente consumo de marihuana, o el lucrativo tráfico de diamantes. ¿Qué habría pensado en sus horas juveniles, cuando leía novelas policíacas, de haberse visto en esta película? Aparte de la asamblea, visita a fondo Helsinki, una ciudad que le parece sumamente aséptica, pero tiene una arquitectura moderna envidiable. Quizá su mayor encanto sea el salmón, «sabrosísimo», y su mayor misterio, las mujeres. Sólo que estas mujeres, según él, pierden pronto la frescura y a partir de los 25 se caen dentro de ellas mismas, como un embudo suicida. Acaba de descubrir a la mujer nórdica y nosotros una imagen demasiado recurrente: embudo suicida.

LA BOMBA LITERARIA

A mediados de septiembre ha vuelto a París. Llega a tiempo para conocer las primeras reacciones generadas por *Rayuela*. Aunque cinco meses antes le había escrito a Vargas Llosa que esperaba algún impacto, ni en sus mejores sueños estaba listo para la bomba. Desde el principio la novela no deja frío a nadie: en un lado del ring, los libreros y los lectores, en el otro la crítica. En relación a los primeros, Cortázar queda muy sorprendido de que una encuesta de la revista *Primera Plana* le coloque como *best seller*. Este éxito inesperado no se queda en una mera satisfacción del ego, sino que le inspira reflexiones generales que transmite a su editor: en el fondo no le interesa tanto que se trate de «la rayuelita», como la llama él, o de cualquier otro libro; lo bueno, lo increíble y esperanzador es que haya salido una novela argentina que supera en ventas a autores como Huxley o Moravia. De haberse realizado la encuesta cuando Cortázar enseñaba literatura en Mendoza, jamás un libro de su país habría sido un best seller. Algo está cambiando. La mejor prueba es la actitud de los lectores. Desde que la novela apareció en Buenos Aires, él está recibiendo muchas cartas, sobre todo de gente joven y desconocida, donde le transmiten unos elogios que le bastan para sentirse realizado como escritor. Es cierto que las palabras de los jóvenes son siempre actos de fe, arranques de entusiasmo o de rabia o de angustia. Pero en esto caso Julio percibe algo más. Esas palabras le prueban que *Rayuela* tiene las calidades de revulsivo que quiso darle, y que es como un grito de alerta, una llamada al desorden necesario.

En el mes de octubre los Cortázar atienden a un nuevo compromiso laboral en Viena y luego marchan de vacaciones a Italia en compañía de mamá. Esta vez asisten a una formidable exposición de Carpaccio en Venecia y posteriormente continúan el viaje por Bérgamo, Milán y el lago Maggiore. De este modo doña Herminia Descotte puede conocer las maravillas del norte italiano antes de embarcarse en Génova con destino a la Argentina. Termina así la estancia de varios meses en Europa con su hijo, se recuperan también algunos de los muchos momentos perdidos. Pero el eco del conflicto continúa en pie. Aunque ella desearía tenerlo siempre a su lado, debe admitir que Julito parece haber encontrado la felicidad lejos de su tierra. ¿Cómo va a regresar a un escenario donde encarcelan a los escritores, precisamente ahora que acaba de publicar este extraño mamotreto de color negro? Quizá haya que dejarlo tranquilo en París y volver a ocuparse de Ofelia. Estas vacaciones no hubieran sido tan deliciosas si ella hubiera estado por aquí, desde luego, habrían sido un tormento. Pero Argentina y su hija la esperan. Cuando doña Herminia llegue a Buenos Aires, comprobará que las recientes elecciones convocadas in extremis han devuelto la serenidad a la nación. Pero ¿por cuánto tiempo?

Cada vez que Cortázar regresa a su casa descubre kilos de correspondencia recostada sobre el felpudo. El perfil del remitente es casi clónico: jóvenes argentinos y de otros países latinoamericanos que le declaran un fervor total. Aunque este entusiasmo le llena de satisfacción, los humos no se le suben a la cabeza. Desde el principio es consciente de que los ditirambos epistolares que le llegan son fruto de unos lectores que andan a la caza de dioses. «Y yo, como dios, che...», dirá escéptico. Está claro que no se ve en el papel, pero el éxito de *Rayuela* le condenará en lo sucesivo a tener que interpretarlo o no interpretarlo. En realidad está más atento a lo que ocurre en el otro extremo del ring: la crítica. Como sucede con las obras rupturistas, su novela despierta reacciones mayormente adversas. Una de las más duras la firma Juan Carlos Ghiano, nada menos que en las páginas de *La Nación* que se lee en toda Argentina. Es interesante conocer la reacción de la víctima: «No comprendió una palabra de la deliberada destrucción que es el libro; lo juzgó (prácticamente todos caen en lo mismo, y era fatal) como un libro más». Se confirmaba así una vieja sospecha de Julio: los críticos son unos tipos que ante la visión de un unicornio resplandeciente lo clasificarán de una especie de ternero blanco. Y con un cuerno.

Pero no nos engañemos. Aunque Cortázar menosprecie los ataques de los críticos y recele un tanto del aplauso de los jóvenes, serán estos últimos quienes coloquen su obra en el mapa del mundo. Este hecho portentoso no estaba en el programa: cuando escribió la novela tenía la impresión de que el perfil del lector iba a ser un hombre de su edad, con las inquietudes y anhelos de quienes circulan en la mitad de la vida. Paradójicamente el libro no gustó a su público natural, y en cambio impactó en las generaciones siguientes. Analizando el fenómeno, Julio declaró: «lo que les gustaba en *Rayuela* era que se trataba de un libro que no les daba consejos, que es lo que menos les gusta a los jóvenes. Al contrario, los provocaba, les daba de patadas y les proponía enigmas, les proponía preguntas. Pero para que ellos las solucionaran». El viejo profesor Largázar sabía bien de lo que estaba hablando. En las páginas de la novela exigía complicidad, les interpelaba a participar en un juego. El resultado es que *Rayuela* no fue recibida como una novela al uso sino como una especie de laboratorio mental, donde el lector joven se iba enfrentando poco a poco a distintos problemas que eran los suyos, pero que antes no se había planteado. Además los jóvenes entraban en éxtasis ante la promesa de una vida artística que les ofrecía momentos estelares: la Maga, el jazz, el Pont des Arts, los cafés nocturnos y una legión de nombres y lugares por descubrir. Aquello era como el mapamundi o la imagen nocturna del Cielo. Al final, miles de jóvenes adquirieron sus primeras nociones de la vida adulta y del arte en las páginas de *Rayuela*. Al cerrar el libro, todos nos hicimos la misma pregunta: ¿Encontraré a mi Maga?

SERVIDUMBRES DEL ÉXITO

El 22 de noviembre de 1963 se produjo un acontecimiento que habría de marcar la época: el presidente norteamericano John F. Kennedy fue asesinado en Dallas. Aunque su figura no entusiasmaba a Cortázar, creía que era un hombre esencialmente honesto que había intentado devolver la esperanza a la Humanidad. Por eso su muerte le dejó entre la perplejidad y la indignación. Durante varias semanas el mundo permanece en estado de shock. Pero Julio lanza un veredicto premonitorio: «Nunca sabremos la verdad porque es demasiado sucia y monstruosa para exponerla al público.» El asesinato de Kennedy coincide, pues, con el éxito de *Rayuela*. Años más tarde Cortázar reconoció a Omar Prego que la resonancia de su novela le debía bastante al contexto histórico. Si la hubiera escrito diez años antes, en plena Guerra Fría, con los dos bloques (rusos y americanos) litigando por la hegemonía del mundo, el impacto habría sido mucho menor. Porque *Rayuela* no era un libro Eisenhower, era un libro de la Nueva Frontera, de la esperanzada era Kennedy, que había prometido abolir los muros que separan a las personas y llevar al hombre a la Luna.

El año 1964 comienza como el anterior, Julio gasta gran parte del tiempo libre respondiendo las cartas de los lectores. Esto le mantiene esclavizado a la máquina y a veces de un humor de perros. Como ocurre en los casos de éxito tardío no está preparado para manejarlo y eso afecta negativamente a su vida. Las cartas que recibe, además, no siempre transmiten elogios. Comienza a perfilarse un tipo de lector que le reprocha haberse salido de la buena senda de sus cuentos: es el lector que considera que *Rayuela* es un libro desvergonzado, mal escrito, y que persigue el escándalo con el propósito de ganar una amplia franja de público. Aunque todo esto activa emociones nuevas en su autor, le incomoda pagar el precio: se le van los días, no tiene tiempo para leer ni para pasear, y toma tanto mate que Aurora le predice «una cirrosis paraguayensis». ¿Qué le pasa? Muy simple. Es demasiado delicado para escurrir el bulto y dejar sin respuesta todas esas cartas que se amontonan junto a la Remington. Esta etapa coincide con el primer aniversario de su viaje a Cuba. Pese al gran revuelo de *Rayuela*, no ha logrado erradicar el virus de las Antillas. Se diría que sigue atado a la isla por un verdadero «amarre», como dicen los cubanos a propósito de sus santeros.

Entretanto París está cubierto por una nieve liviana y desprende una atmósfera neblinosa propia de un óleo de Whistler. Como los Cortázar andan escasos de dinero, deciden pasar el invierno allí para aprovechar todos los encargos de la Unesco. La estancia forzosa va a resultar útil porque Julio se lanza a seguir descubriendo la ciudad: ese infinito laberinto que ni siquiera ha podido descifrar en *Rayuela*. Según Saúl Yurkievich: «Tenía su colección de rincones de una eficacia probada, en el sentido de que eran rincones que podían transportarnos, rincones en los cuales se salía del mundo habitual y se entraba o por lo menos se llegaba a la antesala de lo otro. Era lo que siempre andaba buscando Cortázar.»

Últimamente sus pasos le llevan al otro lado del río —una zona casi inexplorada en la novela—, en concreto en la place Notre Dame des Victoires. ¿Qué espera encontrar allí? En aquel barrio vivió el poeta Lautréamont, y el escenario permanece casi intacto: algunas calles, algunos cafés, y sobre todo las galerías cubiertas son las mismas que en 1870. La Galerie Vivienne, por ejemplo, es un prodigio de conservación: guarda sus estucos de gusto dudoso, las librerías de viejo cubiertas de moho, los vagos zaguanes donde empiezan escaleras de final incierto, y en todo caso negro y con un halo un tanto aterrador. Toda esta atmósfera va filtrándose en el inconsciente, y ya sabemos que en el inconsciente de Julio nacen sus mejores cuentos. Pero al final el antiguo barrio de la Bolsa de París se cobra su peaje en salud: es tan húmedo y umbrío que los brujuleos por le Pasagge du Caire y la Galerie Saint-Foy le provocan enfermedades respiratorias. Es curioso que este escenario rancio se haya convertido ahora en su terreno de vagancia predilecto.

Pero entretanto no recibe buenas noticias desde Argentina. Al parecer la censura se ha cebado en la versión cinematográfica de «Circe» y Cortázar monta en cólera. No es una reacción habitual en él, pero esperaba mucho de la película y no va a morderse la lengua. En carta a Manuel Antín exclama: «Che, pero hay que ser hijos de perra. ¿Pero están locos, o simplemente es lo de siempre, la caída de siempre en el barrial del conformismo, del Dios-Patria y Hogar?» Todo esto le da asco, le da tristeza. Pero el problema de los censores no es privativo de su país. Por esas mismas fechas la censura francesa se ha ensañado con el último trabajo de Bergman, un autor que ya goza de renombre internacional. Aunque los artistas aún no lo sepan, están siendo víctimas de uno de los grandes debates de la década: la libertad de expresión en materia sexual. Es la vieja sociedad la que se resiste a cambiar un modelo que rige el mundo desde hace dos mil años. Pero los años sesenta no tardarán en traer profundas transformaciones. Quizá debamos añadir que este debate se reproduce a pequeña escala en la casa de Général Beuret. Tras asistir a la proyección de *El desprecio*, de Jean-Luc Godard, los Cortázar discuten en lo que Julio no duda en llamar «la gran agarrada de mi vida». El motivo es que él ha sabido valorar el erotismo frío que reina en la película, un tanto a lo Sade, y a ella le ha irritado. Desde que se inició la década, esta pareja ya no coincide tanto en su valoración de algunas experiencias comunes: no comparten el mismo fervor por la revolución cubana, por ejemplo, ni tampoco en la expresión más libre de aspectos que antes pertenecían a la intimidad. Al final Julio y Aurora firmarán la tregua asistiendo a la reposición de *Sopa de ganso* de los Hermanos Marx. Pero sólo será una tregua.

Durante todo el invierno siguen en París. Contagiado por la fiebre jazzística, Cortázar se compra una nueva trompeta y empieza a estudiar. Aunque vive en un domicilio independiente, algunos vecinos se rebelan contra esos maullidos metálicos que brotan del patio de la casa. Pero el genio aspira a seguir el paso de los grandes, la estela iniciada por Bix Beiderbecke, en paralelo con el cronopio

Louis Armstrong, y elevada a los altares por Miles Davis. Siempre el mismo ritual: la emoción infantil que le lleva a abrir el estuche, deslizar su mano sobre el instrumento dorado, sentir el cálido metal en los labios... Todo vale con tal de alcanzar el otro lado de la puerta. Esto no es excesivo: en carta a Porrúa le comenta que a veces pasa largas horas soplando la trompeta, pues eso le permite entrar a fondo en cualquier cosa que le interesa de verdad y que quiere conocer por dentro. La música le relaja, le divierte, le abre perspectivas... Indudablemente no es la mejor actividad para un hombre que fuma bastante y posee unas vías respiratorias de seda. Pero no importa. La trompeta ha vuelto a su vida con todos los honores —aquí no hay peronistas a quienes reventar la siesta— y sus amigos lo saben. Es el caso de Paul Blackburn, quien le escribe desde Nueva York para anunciarle que la editorial Pantheon acaba de presentar una buena oferta por *Rayuela*. La respuesta del Gran Cronopio es exultante: «Me siento muy, muy feliz... Empuñé mi flamante trompeta y lancé un solo tal que los cristales de los anteojos se hicieron polvo y Aurora fue proyectada debajo de la mesa. Después de lo cual apareció armada con una sartén y tuve que interrumpir mi bella inspiración. Los artistas siempre hemos sido unos incomprendidos.»

Cuando llega la primavera, este artista incomprendido ya ha acumulado cientos de cartas de admiradores y un buen puñado de críticas. Pero no de su música, claro, sino de *Rayuela*. Si al principio el balance crítico era negativo, ahora registramos división de opiniones. Aparte de un par de artículos encomiásticos de Mario Benedetti, se suman las palabras de varias estudiosas. Este dato es importante porque ya falta poco para que las feministas de la nueva generación tilden a Cortázar de «machista». El principal motivo nace de la propia *Rayuela*, donde un personaje divide al público entre «lector macho» y «lector hembra». Pero la cuestión de fondo no obedece tanto a una diferencia de géneros como al hecho de que el planteamiento del libro interpelaba a la complicidad activa del lector. Para disfrutar plenamente de *Rayuela* había que ser «activo», no «pasivo», había que renunciar a ese rol tradicional en el que los lectores se dejan arrastrar mansamente por la corriente que marca el autor. Años después Cortázar admitió que la imagen de la mujer como ente pasivo había sido muy desafortunada. Desde la óptica posterior a mayo del 68 tuvo que admitir que el mundo estaba lleno de mujeres activas y que la feminidad no era sinónimo de pasividad. Así lo reconoció a su amiga Cristina Peri Rossi: «Me equivoqué, Cristina. Pertenezco a una generación muy machista y cuando dije eso, respondía a un código cultural reaccionario y atrasado».

A principios de mayo recibe la noticia de que la película *Circe* ha sido prácticamente soslayada en unos premios de cinematografía concedidos en Buenos Aires. El hecho de que la hayan colocado en el lugar decimocuarto es bastante más humillante que si la hubieran dejado sin mención alguna. Asombrosamente esta burla encubierta no irrita a Cortázar, quien nunca se hizo demasiadas ilusiones acerca de la cultura oficial de su país. Pero el revés lo inserta en un contexto socioeconómico que le inspira una interesante reflexión general. Una vez más el autor exhibe sus dotes de anticipación. Este párrafo destinado a Antín tiene medio siglo de antigüedad:

> Aquí en Francia, una serie de trusts comerciales está ahogando poco a poco el comercio minorista de diversos ramos. Analógicamente es lo mismo; cualquiera puede tener su bazar o su tiendita de barrio, pero los ríos de dinero que los grandes monopolios gastan en su publicidad van alejando a la clientela de los pequeños comercios hasta que los liquidan. Nadie puede quejarse, Francia es un país libre y liberal... Pero hoy sé que el capitalismo está podrido y liquidado

¿Qué ocurre? ¿Acaso Cortázar ha empezado a leer a Marx? No. Él no ha leído a Marx y aún tardará algo en hacerlo. Pero hay que tener en cuenta que maneja una información privilegiada que no está al alcance de casi nadie y menos de sus colegas. Desde hace años se mueve en los círculos del poder –Unesco, Naciones Unidas, Interpol, Organismo Internacional de Energía Atómica–, como para no saber que el sistema capitalista tiene unas brechas irreparables. Medio siglo más tarde la vida sigue igual. El único consuelo es que la mejor parte de sus profecías se cumplieron: el camino del futuro no pasó por la URSS, ni tampoco pasa ya por Estados Unidos, algo que él deseaba «ardientemente». En el fondo nunca perdonó a los yanquis que le robaran «el combate del siglo» a Firpo. Cuando se analizan las causas de su rechazo al país de la Coca-Cola hay que empezar por aquella noche trágica en Banfield. Siempre hay que volver a Banfield. Siempre.

Entretanto ya planea irse un par de meses de París para cumplir con sus compromisos laborales, también para unas cortas vacaciones con un nuevo automóvil. Tras varios años de fiel dedicación a la literatura, el bueno de *Nicolás* es sustituido por otro coche, esta vez femenino, llamado *Léonie*. El bautismo de *Léonie* se celebrará en varios países europeos: Bélgica, Holanda, Alemania, Suiza, Italia y por último la Provenza. De este modo maravillas como el valle del Rin se alternan con el trabajo de diez días en un congreso del algodón en Frankfurt. Al terminar los Cortázar prosiguen su viaje a Italia, donde Aurora tiene un «bolo» de traductora en un congreso en Como. En esta ocasión, los horarios de las sesiones son tan razonables que pueden efectuar varias salidas por la zona de los grandes lagos: Lugano, Bellagio, las islas Borromeas...

Pero lo mejor está por llegar. A bordo de *Léonie* cruzan la frontera italiana, llegan a Niza y recorren la Costa Azul. El objetivo es cumplir un viejo sueño que las regalías de *Rayuela* han puesto al alcance de sus bolsillos: comprar una pequeña casa cerca del mar. Sin embargo, el litoral está cambiando de un año para otro. Si pensaban descubrir algún pintoresco rincón costero, la realidad les sacude con sus precios abusivos y la explotación turística. Aunque el paisaje y el clima les encantan, la visión masificada de Cros de Cagnes, Antibes, Biot, les produce repulsión. Decepcionados, deciden buscar en el interior: en el corazón de la Provenza. A través de un anuncio localizan varias propiedades en Saignon, una localidad del departamento de Vaucluse. Dicho y hecho. Tras atravesar el increíble Canon de Verdon y otros parajes muy bellos, llegan a su destino. En aquel tiempo Saignon era un *village* de unos doscientos habitantes, en lo alto de una espléndida colina rocosa. Situado a unos ochenta kilómetros de Marsella, es un enclave tranquilo y bien protegido del mistral. La atmósfera es tan limpia que las estrellas pueden tocarse con la mano. De inmediato los Cortázar se enamoran del lugar y aquel mismo día encuentran su casa de vacaciones: un «bastidon» con dos mil metros de tierra y una vista muy hermosa sobre el valle. El precio son 2.700.000 francos, pero la casa ya es habitable y sólo faltan unos pocos arreglos para acondicionarla. La ocasión vale mucho la pena: antes de la noche dejan un depósito y regresan a París.

¿HAY VIDA DESPUÉS DE *RAYUELA*?

A la vuelta le espera un nuevo alud de correspondencia. Entre las cartas hay una de la experta Graciela de Sola, que le invita a participar en unas jornadas literarias. Por principio, Cortázar ha evitado siempre acudir a este tipo de citas; difícilmente va a cambiar, sobre todo porque tendría que desplazarse a la Argentina. Si un par de años antes viajaba allí a regañadientes, ahora ya no cabe en sus planes. Cada vez es más improbable que vuelva a su país. Hay razones de fondo, y la más grave es su total inadaptación a las formas argentinas de vida. Se siente como un fantasma entre vivos y a veces al revés. Dirá: «Mi Argentina está tan fresca y tan cabal en el recuerdo, que toda confrontación con su presente me lacera incurablemente... Por ahora soy un argentino que anda lejos, que tiene que andar lejos para ver mejor.» Este argentino que anda lejos acaricia ya un nuevo proyecto literario. De hecho lleva semanas embarcado en él pero no acaba de tomar cuerpo. Lo único real son las ganas de escribirlo, una necesidad imperiosa que se le cruza a cada minuto del día, en la calle, en la ducha, en la oficina, y que muere delante del cuaderno. Aunque surgen ideas y bosquejos, todo es confuso y complicado. *Rayuela* es mucho libro y se le ha quedado colgando de los hombros. ¿Cómo va a sacárselo de encima?

Dado que este nuevo libro murió por el camino, no vamos a extendernos en él. Pero al parecer poseía una estructura muy ambiciosa: un grupo de cuentos seguidos de una novela, cuyos personajes incidían retrospectivamente sobre la acción de los cuentos. En cierto sentido la propuesta no andaba lejos de *El cuarteto de Alejandría*, la obra maestra de Lawrence Durrell, que Aurora Bernárdez acababa de traducir para Sudamericana. Quizá pudo influir también el trabajo en el Organismo Internacional de Energía Atómica, porque la idea de esta obra que nunca leeremos consistía en que la novela debía bombardear los átomos-cuentos para fisionarlos. El principal obstáculo era, por tanto, de estructura, pero también de género. Tras *Rayuela* no deseaba en absoluto escribir novela psicológica, ni tampoco seguir la estela del *noveau roman* tan de moda en París. El problema es que Julio tiene una enorme necesidad de escribir humanizadamente, incluso con ternura, con personajes muy vivos; y eso conduce a los conflictos sentimentales, a la psicología en cualquiera de sus planos. Justo lo que desea evitar. Antes de empezar, pues, ya se ha puesto en un callejón sin salida.

Este gran reto literario coincide con su cincuenta aniversario. Aunque nadie lo crea, Cortázar cumple medio siglo y para celebrarlo se escribe a sí mismo un poema titulado «El encubridor». En él traza el retrato de un hombre temeroso que huye de su país e intenta medrar en otra parte. Afortunadamente él ya vive en otra parte, en el Lado de Allá, pero cada vez se siente menos satisfecho con su rostro de eterno adolescente. A raíz del éxito de *Rayuela* le van enviando recortes de prensa en los que suele aparecer una fotografía suya. ¿Y este pibe escribió semejante monstruosidad? Cuando lo piensa, incluso él mismo sucumbe al desconcierto. En esas fechas el Gobierno argentino le concede el Premio Novela Kennedy por *Rayuela*, galardón que debe compartir con otra gran obra en las antípodas de la suya, *Bomarzo*, de Manuel Mujica Láinez. La noticia le remueve su febril inconsciente, porque días después tiene un sueño bastante divertido. En el acto de entrega de los premios, le llamaban a él primero diciendo: «Qué pase Oswald.» Tras recibir su cheque, después reclamaban a Mujica Láinez: «Qué pase Ruby.» Con su humor habitual propone a los editores una edición conjunta de las dos novelas, con capítulos alternados de ambas y en papel Biblia. El título no importa: «Boyuela» o «Ramarzo».

A lo largo del otoño Julio atiende a nuevos compromisos laborales y sigue muy de cerca todo lo relacionado con su obra. Aunque no asista a los cócteles de Gallimard, intuye que es un momento clave en su carrera y le gusta cuidar hasta los mínimos detalles: prensa, nuevas ediciones, venta de derechos, traducciones... Todo parece ir viento en popa. Pero la traducción al alemán le va a traer insospechados quebraderos de cabeza y la ruptura con una persona clave en su vida. Nada menos que Edith Aron. Como sabemos ella era de origen germano y propuso a Julio traducir alguna de sus obras. Él aceptó. Al principio probó con algunas piezas de *Historia de cronopios y de famas* y el resultado fue bastante satisfactorio. Pero el salto a la novela fue un fiasco: las pruebas de traducción de *Los premios* no convencieron a los responsables de la editorial encargada de publicarla. La casa Luchterhand. Este revés dejará muy contrariado a Cortázar, que conoce las dificultades de su amiga para abrirse camino en la literatura. El 10 de octubre escribe a Porrúa: «Estoy muy jodido por esta cuestión. Hace ya tiempo que conoces a Edith, y te habrás podido dar cuenta de sus características psíquicas. Es una chica extraordinaria en muchos sentidos, pero sumamente "unreliable" en otros, no por nada represible sino porque su naturaleza es profundamente anti-intelectual, anti-lógica, es decir, un alma de cronopio.» Si quedaba alguna duda de que ella inspiró el personaje de la Maga este párrafo es la prueba casi definitiva. Pero ella es *unreliable*, no inspira confianza. Por mucho que Julio proponga una visión lúdica de la vida, con sus libros no se juega, y esta contradicción aumenta su descontento. ¿Qué hacer?

Finalmente se verá obligado a coger el toro por los cuernos. Tras citarse en un café le comunica a Edith que no está preparada para traducir *Los premios* y menos aún una obra como *Rayuela*. Ni siquiera los grandes aciertos intuitivos, que sin duda lograría, le compensan de sus graves limitaciones en materia de cultura y de idioma. «Tuvimos una de esas escenas que mejor no hablar», dirá él. Pero la charla no resuelve la cuestión. En cartas sucesivas ella se resiste a admitir sus errores técnicos y a aceptar el nuevo rumbo de las cosas. También acusa a Julio de dejarse manipular por el editor alemán. «No puedes cometer la monstruosidad a que estás decidido —le escribe furiosa—. Tienes que rectificar.» Es evidente que ambos saben lo mucho que está en juego, quizá el futuro profesional de Aron, pero ese futuro pasa por el probable fracaso de Cortázar en lengua alemana. Atrapados en una trampa mortal, como Horacio y la Maga, sufren lo indecible en este callejón sin salida. ¿Y qué piensa Edith? Como mujer de temperamento que se siente traicionada, ni perdonó entonces ni tampoco quiso perdonar cuarenta años después cuando hizo estas declaraciones al periódico *La Nación*: «Sus cuentos traducidos por mí tenían mucho éxito. Esto en nada toca el afecto que siento por él, pero me falló. Ya no hice otro libro con traducciones; para mí eso fue realmente indignante. No lo puedo perdonar, no puedo. Cambió la estructura de mi vida.» Cierto. En aquellas fechas la Maga había vuelto a la Argentina para cuidar de su madre que se encontraba bastante enferma. Toda su esperanza consistía en regresar a Europa y consolidarse en el papel de traductora de Cortázar. Pero los informes fueron tan negativos que quedó marcada para siempre. Con todo, no es cierto que su amigo le impusiera el veto ni tampoco que no luchara por ella, pero al final tuvo que arrojar la toalla. Los últimos meses del año registran, pues, este profundo malestar por una cuestión que le tiene exasperado y afligido, tanto como para rogarle a Porrúa que destruya la correspondencia en la que tratan del tema. Petición que muy rara vez solía hacer.

El 5 de diciembre Cortázar toma un avión a Londres. Aprovechando que Aurora se ha ido a Roma para un encargo de la FAO, se escapa a esa ciudad que tanto le gusta y donde ya se respiran los aires navideños. Durante diez días se dedica a reponerse del sunami de *Rayuela* y del amargo encontronazo con la Maga. Si cerramos los ojos podemos verlo en los pequeños restaurantes de aire dickensiano, almorzando una pinta de cerveza oscura y un pastel de riñones; también en las librerías de viejo a la captura de un tesoro, o en los clubs de jazz del Soho más allá de la medianoche. En ausencia de su esposa, no desaprovecha ninguna de las horas de soledad. Está exultante y a la vez sereno. Pero hay algo para lo que no estaba preparado y que nosotros fatalmente ya no podremos vivir. Se trata de la representación teatral más importante de su vida: «Persecución y asesinato de Marat interpretado por los locos del asilo de Charenton bajo la dirección escénica del marqués de Sade.» Tras este título desconcertante, se oculta la firma de un joven autor alemán, Peter Weiss, y el montaje de un genio de la escena, Peter Brook. Sentado en la primera fila del palco, Julio asiste cada vez más atónito a uno de los hitos teatrales del siglo. Entre otros aciertos, allí están expuestos admirablemente los ideales del teatro que Artaud no pudo ver. La obra raya lo sublime: el texto, la puesta en escena, las interpretaciones, todo rezuma audacia y provocación. Y especialmente el ritmo alucinante del espectáculo, con su enorme final. Aunque Cortázar ha ido en sesión matinal para librarse de las colas y la platea está semivacía, el impacto es idéntico.

Más allá del fervor, debemos consignar otro aspecto. Cada vez que va a Londres, el autor de *Rayuela* cae atrapado por esas nieblas en las que todo es posible y al final no ocurre nada. Pero en esta ocasión ha pasado algo, el milagro del teatro verdadero, y al salir del Aldwych Theatre le sobreviene la inspiración. Hay algo de causa y efecto en ello, ya que es tal la participación que Brook exige del público que a Cortázar no le parece absurda la posibilidad de que alguien vaya en su busca para subirle al escenario. Mientras pasea por las calles dormidas siente el germen de un cuento que esbozará luego en un pub. La historia es todavía imprecisa, claro, pero se trazan algunas líneas argumentales. Un individuo acude al teatro donde asiste a una representación convencional. En uno de los entreactos alguien le invita a ir al camerino. Una vez allí le comentan que ha de reemplazar a uno de los actores para el resto de la función. Aunque ignora el texto de la obra, el individuo decide aceptar el reto y luego sube al escenario. A partir de ahí se verá envuelto en una trama que oculta la sombra de un crimen. Este cuento, escrito al calor atómico del montaje de Brook, se llamará «Instrucciones para John Howell». Pese a que algunos expertos lo olvidan, para nosotros es una de las cumbres de Cortázar porque juega con los límites del teatro. En cierto modo es una *Rayuela* aplicada al cuento, o más bien, referida a lo que puede ocurrir en un escenario si vulneramos el texto y saltamos al otro lado. Improvisación, misterio, vida, muerte. Weiss, Marat, Sade, Brook. Con estos extraños compañeros de viaje y una nueva historia en la maleta regresa a París.

EL PIBE ETERNO

A principios de año los Cortázar reciben la visita de un amigo cubano que fue su gran camarada en La Habana: el escritor Calvert Casey. El rencuentro reaviva los sentimientos de Julio hacia la isla, pero le resta tiempo para sus obligaciones. Aparte de los compromisos literarios hay dos temas prácticos que llenan el horizonte: la reforma de la casa de la Provenza y la compra de un departamento en Buenos Aires para la madre de Aurora. De nuevo la historia se repite: por mucho que vivan lejos de Argentina, les afecta todo lo que ocurre allí, especialmente en el plano familiar. En realidad están haciendo lo imposible para no volver. ¿Cuál es el precio? El de siempre, pero cada vez más alto. A medida que las mujeres se hacen viejas, las necesidades aumentan y se multiplican los gastos: ya no basta el cheque de rigor, luego fue un flamante televisor y más tarde un nuevo apartamento. Esta pareja de fugitivos pagará gustosa cada nuevo tributo con tal de perpetuar el sueño de vivir en París. Ya sabemos que este sueño no ha sido fácil; lo que no sabíamos es que estuvo a punto de destruirse debido a una crisis matrimonial. Celosos de su vida privada, los Cortázar no solían dejar demasiadas pistas. En invierno de 1965 el traductor Gregory Rabassa recibe una carta con estas líneas: «Lamento sus problemas personales. Yo los tuve (se ve en *Rayuela*) pero ahora soy muy feliz con mi mujer.» Está claro. Quizá algunos estudiosos intenten descifrar las claves del complejo laberinto rayueliano. Pero aquí preferimos darle otro valor a las lágrimas que Aurora derramó al terminar la lectura del libro. En un homenaje reciente celebrado en México ella declaró: «Cortázar era sumamente libre en su cabeza y en su vida. Trató de hacer lo que le parecía en todos los órdenes, personales y políticos, con plena libertad.» De acuerdo. Pero para una persona medianamente convencional nunca es fácil convivir con otra que aspira a ser sumamente libre.

El problema de Julio ahora es levantar la nueva novela; pero por mucho que se encierra en ese cuarto de trabajo que sus amigos llaman «la pocilga», no logra ponerla en pie. Entretanto se consuela escribiendo algunos cuentos, y ese consuelo dará lugar a nuevas joyas como «Una flor amarilla», «La autopista del sur» o «Todos los fuegos el fuego». Paralelamente recibe una invitación para participar en unas jornadas literarias en Génova. Fiel a sus principios declina la oferta, pero eso no le libra de padecer del acoso de un grupo de admiradores que se dirigen a París tras finalizar el encuentro. Por fortuna Glop ha desarrollado una increíble habilidad para proteger la intimidad de su esposo y es capaz de fingir varias voces distintas: la de la asistenta, la del número equivocado, la de una sobrina…Así, mientras el teléfono sigue sonando, él continúa escribiendo. Por esas mismas fechas el psiquiatra Nerio Rojas le invita a una mesa redonda sobre literatura argentina; la respuesta no se hace esperar: en ella Julio comenta educadamente que lo que en realidad necesita la literatura argentina es una cama y no una mesa redonda. Desde entonces lo dejarán en paz. Pero por no por mucho tiempo. A diferencia de la mayoría de sus colegas, nunca ha perseguido la fama, pero la fama ya conoce el número de su puerta.

A lo largo de aquel invierno Cortázar trabaja en los nuevos relatos. Hay uno que le plantea bastantes dificultades porque refleja una obsesión que le persigue desde hace mucho tiempo: es la historia de un muchacho internado en un hospital y que establece un tipo de relación ambigua con la joven enfermera que lo atiende. El cuento se llamará «La señorita Cora». Al margen de los obstáculos técnicos, nos interesa señalar cierta coincidencia con otro relato escrito poco antes, «Una flor amarilla», donde también se abordan las inquietantes relaciones entre un chico y un adulto. ¿Qué le ocurre a Julio? Muy fácil. Aunque ya ha cumplido medio siglo, sigue arrastrando esa cara de eterno adolescente y a veces no se reconoce. Al igual que el héroe más famoso de Oscar Wilde, se diría que ha bebido el elixir de la eterna juventud. Si algún día muere, ¿encontrarán quizá su retrato horripilante en el altillo de la casa de Général Beuret? Solía decir: «Yo no me voy a despertar un día convertido en un anciano decrépito y asqueroso.» Pero parece claro que sus nuevas relaciones personales quedan marcadas por este fenómeno anormal y le pesan cada vez más. «¿Usted es el autor de *Rayuela*? ¡Dios mío, es increíble!»

Hay algo de destino monstruoso en esta contradicción, en este oscilar sin tregua entre dos etapas tan diferentes de la vida. Juventud y madurez. Por eso Cortázar se mueve entre dos aguas: es la señorita Cora y el muchacho enfermo, los dos al mismo tiempo, y también es el narrador desesperado de «Una flor amarilla» y el joven Luc que muere asesinado por él. Este segundo cuento es una de las cumbres de su obra. Un *top ten*. Es el equivalente a *Vértigo*, el film de Hitchcock, la síntesis de una búsqueda y su más elevada expresión, aunque quizá Cortázar no habría estado de acuerdo. Cuando el narrador descubre que ese chico al que tanto quiere está repitiendo su vida fracasada —y precisamente por eso lo mata, es decir, lo mata para ahorrarle los sufrimientos que le aguardan en el futuro—, es comparable a las mejores páginas de *Rayuela* o de «El perseguidor». Es por así decir su versión en cuento, al menos en su trágica indagación metafísica. Una vez más sorprende el escaso interés que esta joya ha despertado en los analistas de su obra. Porque en el fondo dice mucho de Cortázar, de los azares terribles de la vida, del destino inalterable, de lo que nos aguarda más allá de la puerta. Y del suicidio, claro, porque en el fondo el asesinato de Luc es el suicidio que el narrador asesino y fracasado no ha tenido valor de cometer.

En todo caso Julio atraviesa una época extraña. Pese a que debería sentirse tranquilo tras la excelente acogida de su obra, la necesidad de ganar dinero para reformar la casa de Saignon, unida al esfuerzo literario, reactivan algunas de sus obsesiones. Según Aurora:

Estaba lleno de manías y de rutinas y de costumbres. Si en el fondo se piensa, su obra es así: es una gran libertad y un gran rigor. No se permite cualquier cosa. La imaginación no se va por cualquier lado. Va por el lado que él decide, es decir, su propia libertad. Pero su propia libertad es a costa de estar luchando contra sus rutinas, que es la de todo el mundo: la pipa a la izquierda, la lapicera a la derecha, el papel en un cajón... Era muy cómico.

Aparte de las manías, se repite en Cortázar un patrón que no es del agrado de Aurora: el anteponer la inquietud al problema. Es decir, la ansiedad, los temores anticipatorios, los miedos sin fundamento. Una noche ella no llegó a casa a la hora convenida y Julio se asustó tanto que movilizó a la policía del barrio y a los amigos. Cuando el desaliento ya se había apoderado de él, Glop apareció con su sonrisa de siempre, muy tranquila, después de recorrer todas las tiendas de París. En otra ocasión bajaban las escaleras del metro en la parada de Concorde. Ella iba delante de su marido, a poca distancia, cuando un tipo se le arrimó y comenzó a susurrarle obscenidades. No había forma de sacárselo de encima. «De repente, vi al hombre volar, literalmente lo vi volando hasta que aterrizó en el rellano de abajo, pero cayó de pie. Entonces se volvió sorprendido y descubrió a Julio que, desde su posición alta, parecería alguien de dos metros y medio, y no dijo nada, siguió su trayecto. Yo me giré y le pregunté a Julio, un Julio con la cara congestionada, qué había pasado. "Nada", me respondió, "Con el pie le ayudé a descender". Julio calzaba un 48.»

Este gigantón con cara de pibe, que llama a la policía y ahuyenta a patadas a los moscones de su mujer, es el autor de *Rayuela*. Y necesita un respiro. Felizmente su alma de niño le permite encontrar nuevos puntos de fuga. Gracias a unos cinéfilos de Saint-Germain-des-Prés, le nombran «miembro abominable» de una Reunión de Grandes Abominables que se juntan en las catacumbas para ver películas de vampiros, hombres lobo y otros monstruos. Ésta es la clase de válvula que salva a Cortázar: durante varias semanas podrá gozar de una copia completa del primer *Frankestein*, diversos

Dráculas, y el fabuloso *King Kong*, que es uno de los grandes recuerdos de su juventud y que conserva, según él, todo su patetismo y su belleza. Pero el cine no es sólo cine. En relación a los vampiros, que tanto le gustaban, Julio incorporó la variante del vampirismo psíquico. El argumento a Omar Prego tiene valor: «No se trata de gente que se anda sacando la sangre. Hay gente que se anda sacando el alma, para usar la vieja expresión. Es decir, hay gente que vampiriza espiritualmente, que posee espiritualmente, que esclaviza espiritualmente, con una fuerza terrible, una fuerza psicológica, demoníaca, que puede hacer de una pareja, sin que la víctima lo sepa, un vampiro y un vampirizado a lo largo de toda su vida.» ¿Está pensando en alguien?

AROMAS DE PROVENZA

En mayo los Cortázar salen de París en dirección al Sur. Cargados a bordo de *Léonie*, su idea es comenzar a trasladar bártulos a su nueva casa de Saignon. En este viaje inagural descienden por caminos tranquilos y descubren esas pequeñas maravillas que adornan el paisaje francés. Al llegar a su destino son recibidos por el matrimonio Franceschini, que ya estaban en la casa ocupándose de las reformas. El recibimiento es muy caluroso y se salda con el primer mate de honor que tiene aroma a conquista. En este momento importante, el de la toma de posesión de un territorio, no se olvida de Argentina: ceba mate, planta la bandera nacional en el jardín y se refiere a su nueva casa como «el ranchito». Desde el verano anterior el rincón ha mejorado mucho, pero aún quedan bastantes obras por hacer. Pese a que Cortázar es cada vez más habilidoso en tareas domésticas, la ayuda de los amigos es fundamental. Pero incluso con esa ayuda los gastos de la reforma se han disparado y debe recurrir a un viejo camarada, el casi desaparecido Eduardo Jonquières. No. Eduardo no había desaparecido. En realidad lleva varios años en París donde expone sus pinturas con cierta regularidad y puede vivir de ello. Cuando Julio le pida el enésimo anticipo financiero, no dudará en facilitarle la suma. Gracias a esos francos y el talón en dólares de la editorial Pantheon las reformas pueden continuar. Desde Saignon escribe una carta a su benefactor en la que le agradece el gesto. Pero el final de la misiva tiene algo de melancólica disculpa: «No he cambiado en el fondo; es la vida la que cambia, pero desde caminos muy alejados todavía, ya ves, saco el pañuelo y lo agito. Es triste envejecer.»

En las semanas siguientes los Cortázar se van haciendo al lugar. El tiempo en Saignon es una maravilla: hay sol y no sopla el mistral. Mientras Aurora cocina para todos, su marido alterna la traducción de un largo documento de la Unesco con las tareas de peón y *bricoleur*. En los ratos libres arranca maleza, acarrea piedras y destapa acequias; a veces se acerca al pueblo con Aldo Franceschini para comprar material y luego instala cables eléctricos; pero también ha de borrar ciertos dibujos comprometedores que han aparecido en la casa: según él, son «inscripciones obscenas dejadas por los pastores cuaternarios que, con la pureza e inocencia del hombre primitivo, han trazado idílicas (y nostálgicas) descripciones del culo de cuanta pastora circulaba por las garrigues colindantes». Julio no pierde el humor, sigue siendo el amigo ingenioso y divertido, un talento capaz de sacar punta a los detalles más triviales. Un mes más tarde le confiesa a Jonquières que aún le duelen los huesos de tanta actividad física, a la que se ha sumado una laboriosa cosecha de cerezas, fruta por la que siente una verdadera pasión. Tras unos días de frío que les permiten estrenar la chimenea, el tiempo se torna amable, el sol regresa con fuerza, llega el calor, y se escapan con *Léonie* a explorar los alrededores: el castillo del marqués de Sade, donde según la guía Michelin celebraba *les sataniques orgies*, o los hermosos pueblos del Luberon.

Pero la aclimatación de Cortázar no es fácil porque se mueve como el caracol que lleva su vida a cuestas: lo malo es que no consigue vivir en el campo. Sobre su mesa se agolpan cartas más o menos urgentes, y la traducción de *Rayuela* en inglés y en francés; apenas termina una tanda de correcciones y la pone en el correo, ya le llega otra. Desde el primer momento, pues, la casa de Saignon se convierte en prolongación de su mesa de trabajo parisina. Aunque a Julio no le entusiasme la idea, todo va a recordarnos que estamos en la casa de un escritor, un escritor muy sui géneris, claro, que viene de Argentina y toca la trompeta al caer la noche, dejando un rastro metálico que se pierde en los valles iluminados por la luna. Pero el escritor siempre está aquí. En ningún momento deja de leer o de intercambiar cartas relacionadas con la literatura: escritores, editores, estudiosos, traductores y lectores fanáticos. En los primeros días ya había recibido los recortes de prensa que le mandó Paul Blackburn a raíz de la aparición de *Los premios* (*The Winners*) en Estados Unidos. El balance es bastante favorable y le descubre algunas cosas acerca de su obra. Le sorprende, por ejemplo, que lo asocien continuamente con Kafka: «Yo creo que K no ha influido casi nada en mí; lo respeto pero no le tengo afecto, lo siento casi inhumano a ratos.» Este hombre es el mismo que elimina las arañas de color rojo de su casa, despeja los cables sueltos de las paredes, y sigue cargando piedras y recogiendo cerezas. El mismo que le dice a su mujer: «¿Estás contenta, honguito pelusiento?» Así pues, en Saignon podrá verse a todos los julios el Julio.

Aunque el sol es enemigo de las letras, descubre que el ritmo de trabajo es mejor que en París, ya que el mero hecho de vivir sin teléfono supone una tregua inmensa, y huele a tomillo y los árboles están en flor. Luego abundan los momentos de descanso que valen por muchas exposiciones y conciertos de la capital. Saignon es un pueblo inocente, pequeño, tranquilo, lleno de viejos que cultivan los campos y de campesinas que les venden conejos y lechugas. Los sábados por la mañana bajan al mercado de Apt, el pueblo del que depende administrativamente el caserío de Saignon, y recorren los puestos en busca de provisiones. El ritual concluye en un café de la plaza, tomando *pastis* bajo el sol.

A principios de verano se produce un hecho extraordinario. Julio recibe una carta firmada por Antonioni en la que el gran cineasta le expresa su deseo de filmar el cuento «Las babas del diablo». Aunque un año antes la visión de *El desierto rojo* le había dejado bastante frío, la tentación es demasiado grande. Antonioni le ha comentado que el argumento del cuento es la cristalización de un tema que andaba buscando desde hacía cinco años. Aquello puede ser la lotería. Pero en seguida se muestra cauteloso. Al balance discreto de sus colaboraciones con Antín —«La cifra impar» sí, «Intimidad de los parques» no— se suman ahora los informes de Italo Calvino. Según éste, el director respeta muy poco el material original y sólo aprovecha algunos detalles que le conmueven. Probablemente sólo le interesa la idea central del relato, pero sus derivaciones fantásticas le dejan indiferente. Ante todo quiere hacer su propio cine. La advertencia de Calvino, su amigo y valedor italiano, enciende nuevas señales de alarma. Sin embargo Julio se lo toma con cierta filosofía: no se hace ilusiones, pero tampoco le importa; el cine es siempre otra cosa, con sus derechos propios y sus limitaciones propias; si alguien desea leer su cuento sólo tiene que abrir el libro. Sin duda el cine tiene algo que rara vez ofrece la literatura, pero no sólo en materia visual sino también en contratos astronómicos, viajes, popularidad. Y él lo sabe.

El verano en Saignon se interrumpe de golpe. La verdad es que los Cortázar se han quedado sin fondos: la fontanería, la pintura y la electricidad en el Midi son mucho más caras de lo que creían y deben aceptar una oferta muy tentadora de la Unesco. El único consuelo es que el verano en París también es agradable. Sin embargo hay algo que le molesta mucho. Ya había terminado de ordenar el nuevo libro de cuentos —*Todos los fuegos el fuego*— y se afilaba las uñas ante la perspectiva de atacar al nuevo monstruo narrativo que le persigue desde la publicación de *Rayuela*. Son dos años ya de tanteos, renuncias y elucubraciones. Pero nada. Tampoco logra avanzar mucho en agosto, que pasa en Ginebra, atendiendo a un nuevo compromiso de trabajo en las Naciones Unidas. Afortunadamente la pareja no vive en la ciudad sino en pleno campo, en una pequeña granja en Nyon, a veinte minutos en coche del centro. De algún modo este enclave tranquilo les devuelve levemente el perfume de la Provenza. Mientras Cortázar intenta escribir en uno de los cuartos de la *fermette*, Aurora se estira al sol «como un cangrejito contento» y se broncea como si estuviera en la playa. En este rincón recibirá el anuncio de que Paul Blackburn va a mandarle un cheque con los royalties de las ventas americanas. Este dato no es banal porque nos habla de un hecho un tanto sorprendente: «Te aseguro que mis royalties en los USA son muy importantes para mí, porque es una moneda muy valiosa, mientras que los pesos argentinos no valen nada. Mis libros se siguen vendiendo muchísimo en toda Latinoamérica, pero desde el punto de vista económico no significan gran cosa para mí.»

UN CRONOPIO EN IRÁN

En septiembre la pareja ha de repartir sus compromisos. Mientras Aurora se desplaza a Mallorca para pasar una temporada, Julio vuela hasta Irán para trabajar en el Congreso Mundial para la Aniquilación del Analfabetismo. Desde el primer momento el viaje le resulta inolvidable. Ya en el avión el viajero observa las altas mesetas, impresionantes, y se pregunta cómo pudieron florecer las primeras grandes civilizaciones en un escenario tan desierto y salvaje. Asomado a la ventanilla tiene la impresión de estar viendo la superficie de la Luna, con sus cráteres, su soledad total, su increíble falta de vida. En medio de esta desolación paisajística Teherán se le antoja una especie de Buenos Aires, más confusa, divertida y deteriorada. Sus habitantes tienen algo de napolitanos: hablan por los codos, se ríen, se insultan con ingenio. Pero esta incursión en la selva humana ya no le desagrada como antes, cuando visitó Nápoles o la India en los años cincuenta. Ahora ya sabe que tras este carnaval de humanidad hay un calor extraordinario. En poco tiempo Cortázar se hace amigo de los iraníes que se encuentra en la calle, sobre todo en los taxis y en los autobuses. Aunque no habla ni una sola palabra de farsi (persa), siempre consigue llegar a su destino, acompañado de la buena voluntad de la gente. «¡¡UNESCO CONGRESS!!», repite en voz alta y al final se produce el milagro. La visión del auto a nivel del suelo le descubre la vida. Siempre es así. Bombay, Estambul, Teherán... A ras de suelo.

La ciudad le reserva otros alicientes. Aunque Julio detesta los banquetes, esta vez hará una excepción. Durante varios días asiste a las veladas organizadas por el Sah con motivo del aniversario de su coronación. La más fastuosa tiene lugar en los jardines del palacio de Golestán, un enorme edificio de mármol lleno de alfombras que le deslumbran por sus diseños geométricos y sus profundos colores. Como ocurre a menudo en Oriente, la mezcla de elementos decorativos es desconcertante: junto a tapices maravillosos uno puede encontrar una mesita hecha con cuernos de ciervo, o un teléfono azul con campanilla de oro. Al lado de las increíbles armaduras sasánidas, porcelanas de gusto dudoso. Pero la experiencia vale la pena. Las cenas son auténticamente orientales, y también la cortesía, la finura, la música y las danzas que acompañan las fiestas. El cronopio está aprendiendo que los banquetes orientales son otra cosa y que hay que asistir siempre. Sobre todo porque si uno es afortunado puede encontrar a una joven que domina varios idiomas, y esa joven le ayudará a elegir entre docenas de bandejas de comida exótica. Dado que Julio es un hombre afortunado, en los jardines de palacio conocerá a una joven llamada Minou (Paraíso). A la mañana siguiente Minou le lleva hasta el bazar y le guía por su gigantesco laberinto. Todo aquí es excitante y secreto. No es casual que escriba a Paul Blackburn comentándole que ha visto las mujeres más hermosas de la tierra. Lo que en Francia es nombre de «gatita» (Minou) en Irán es el Edén.

Pocos días después toma el avión de vuelta a París. Durante el vuelo se repiten las imágenes lunares de la ida, pero no sólo al sobrevolar la meseta iraní sino sobre el Líbano y buena parte de Turquía. Para un hombre criado en la pampa Argentina todo produce la misma sensación de ver un planeta muerto. Felizmente, no tarda en llegar a la costa mediterránea. En ese preciso instante vive un minuto maravilloso: es mediodía, el cielo está límpido, y allá abajo el oscuro mar Egeo rodea a un grupo de islas. ¿Las Cícladas, las Espóradas? No lo sabe. Pero la visión del agua negra alrededor de aquellos remotos caparazones de tortuga, le dispara la imaginación. Otro cuento está llamando a la puerta y no tardará en escribirlo.

Será «La isla a mediodía». En ella plantea un juego de visiones entre Marini, un ejecutivo que viaja en un avión, y el pescador de una isla que el pasajero contempla obsesivamente. Al final se produce un accidente aéreo, y el contemplador y el contemplado se reúnen en la playa a la hora de la muerte. El encanto de la historia reside en una posibilidad que se esboza con mucha sutileza, que todo el cuento ocurra en la mente de Marini mientras su avión se precipita sobre el Egeo.

Tras pasar el mes de octubre en Viena trabajando en el Organismo Internacional de Energía Atómica, los Cortázar pueden por fin regresar a Saignon. Tras su estancia en la capital austriaca, agradecen la calma y la soledad. Aquí no hay cine, no hay librerías, no hay escritores, no hay periódicos. Mientras llueve en París, ellos dan largos paseos apurando un otoño especialmente delicioso. Durante un mes permanecen en la Provenza, descansando y descubriendo la zona. Como el tiempo es amable, salen mucho con los Franceschini para visitar rincones de gran belleza: Bonnieux, San Saturnin, Lacoste, las ruinas medievales del castillo de Buoux, la dorada Gordes y la abadía de Sénanque. Asimismo celebran picnics en los caminos y en los bosques. Pero sobre todo el otoño les invita a la vida hogareña. Mientras Aurora prepara guisos de conejo, su marido sigue colocando lámparas provenzales de opalina para darle al salón ese color dorado que le sienta tan bien a la charla y a la buena música. También a la escritura, que nunca es fácil.

Tras muchos intentos fallidos, Cortázar decide abandonar esa gran novela que se le resiste. El momento amargo de la renuncia coincide con una nueva carta de mamá, donde ésta le informa de que ha de operarse en breve de la vesícula biliar. Aprensivo por naturaleza, la noticia le deja muy angustiado varios días. No es capaz de responder la correspondencia con humor y los proyectos quedan paralizados. Silencioso, pasa el tiempo junto a la chimenea, fumando en pipa, sentado en esa gran habitación cuyo ventanal se abre al valle. En este mirador extraordinario que domina los campos provenzales, Julio vuelve a sentir el peso de la culpa. Su madre se acerca a los setenta años y ha sufrido mucho. Sobre todo de abandono. La abandonó su esposo por otra mujer, y luego la abandonó su hijo por una ciudad francesa que en su juventud era sinónimo de pecado. Ahora este hijo observa melancólico las lenguas de fuego. ¿Y si? ¿Y si? Tampoco tenía que haber muerto Alfredo Mariscal ni quizá el Monito Reta. Para colmo un gato negro ha empezado a rondar por la casa. Sin embargo Cortázar adora los gatos: no va dejarse llevar por las viejas supersticiones de familia. Un gato sólo es un gato, un cronopio con bigotes. Y en homenaje al filósofo Adorno le va a llamar *Teodoro*. Mientras hay felinos, hay esperanza.

Las nuevas noticias que llegan de Argentina anuncian que la operación de doña Herminia ha sido un éxito. Aliviado, su hijo comienza a trabajar a tientas en un nuevo libro, que aspira a ser tan original como *Rayuela*. Aprovechando la enorme sensación de paz y de silencio, se dedica a ordenar los centenares de fichas y pequeños papeles que ha acumulado en una carpeta. Pero en seguida se da cuenta de que la dificultad está en el exceso de aperturas de todo orden. Cada página, y a veces cada frase se transforma en una jugada de ajedrez que le aboca a tableros nuevos y nuevas jugadas que no había previsto. Y eso le desborda. Siempre es duro el inicio. Las consecuencias sobre su organismo no se hacen esperar. Como siempre que se sumerge en una nueva obra, duerme mal y el inconsciente hace de las suyas: se le desata el «onirismo», como le llama él, pero también la líbido, los complejos y todo el lejano pasado. Pero no le importa porque una vez despierto casi siempre le saca jugo a esas pesadillas. Escriba lo que escriba, el solo hecho de ponerse a escribir es lo que remueve la sentina de Cortázar. Y en esta sentina sigue muy vivo su horrendo temor a verse forzado a volver a su país. Dos nuevas cartas de mamá le librarán de él.

Pero no es el caso de Aurora, quien debe marchar a Buenos Aires para instalar a su madre en el nuevo departamento. El año se cerrará así con una separación de dos largos meses. Cuando lo explique a Paul Blackburn dejará unas líneas muy significativas: «No me gusta que se vaya por tanto tiempo pero MAMÁ (su mamá, claro, pero todas las mamás son siempre MAMÁ, feliz el fénix que nace de sí mismo) la necesita, etc.» En este período de alejamiento Julio despacha las toneladas de correspondencia atrasada, visita exposiciones de pintura, acude al cine y al teatro, y da largos paseos por París. En cuanto a la pintura lo más reseñable es la expo de Max Ernst, que ha presentado unos cuadros-objetos muy hermosos que tienen esa refinada negligencia que se permiten los artistas que se hallan al final del camino; en el polo opuesto, la nueva obra de Godard, el film *Pierrot el loco*, que Cortázar verá varias veces. El deleite que le produce esta película contrasta con la creciente indiferencia hacia el *film* de Antonioni. Su película. Tras unos meses de arduos vericuetos legales, ya ha firmado el contrato con el productor Carlo Ponti. Al fin el director de Ferrara se pone a trabajar. Por estas fechas escribe a Antín comentándole que a estas alturas la película le tiene sin cuidado; todos sus amigos están mucho más ilusionados que él y le mandan recortes de prensa. Él no. Todo esto le queda tan lejos y tiene tan poco que ver con sus intereses reales, que lo único positivo hasta ahora es haber charlado un rato con Antonioni. Compartir su talento. Y la plata, claro.

Regularmente tiene noticias de Argentina. Tras unas semanas secuestrada por su madre, Aurora ya respira mejor y se acerca a menudo a la casa de los Cortázar. En una de las visitas le acompaña el matrimonio Porrúa y el encuentro resulta muy agradable. Pero en realidad Julio no las tenía todas consigo. En carta a su editor escribe: «¿Cómo les fue en mi casa? Todo depende del pie con que se pisa el penúltimo escalón, y además no depende de mi madre, pobre, que tiene la mejor voluntad del mundo con mis amigos; pero en mi casa hay un aura jodida, sabés, una atmósfera armada a lo largo de treinta años de desgracia y de fracasos, de todo lo que me hizo salir volando apenas pude.» A tenor de esta confidencia, ¿debemos seguir hablando de Perón? Es evidente que Cortázar siempre salva a su madre: la considera una mujer sensible, tierna y sacrificada que fue víctima de las circunstancias adversas. ¿Y Ofelia? Ofelia no existe o no aparece en las cartas. Quizá sea la perturbada del penúltimo escalón, la que aguarda en lo alto de la torre de *Jane Eyre* dispuesta a pegar fuego a la casa.

Julio pasa las navidades solo. Cada vez se arrepiente más de no haberse puesto la máscara de viaje para ir con Aurora a la Argentina. Ahora estaría con los Porrúa en la casa de General Artigas, o tomando un sándwich en la confitería del Águila, o descubriendo tesoros en alguna librería de lance. En cambio se limita a vagar por París, solo, siempre solo. Siguiendo un minucioso plan de «autocastigo», la palabra es suya, ha renunciado a varias invitaciones de amigos donde le ofrecían pavo, besuqueos y felicidad precaria. Es demasiado atento con los otros como para responder a su afecto con la cara avinagrada. Nunca le han gustado las navidades –¿cómo iban a gustarle si su padre les abandonó?–, pero esta vez ni siquiera tiene la compañía de la morochita. Al final hace las típicas cosas del solitario: come en un *bistrot*, va al cine, vuelve a casa, toma un mate y se dedica a leer. Dirá: «uno se cree muy liberado de supersticiones cosmogónicas, de aniversarios y de años que mueren para que entren otros, pero cuando te vas acercando al filo de la medianoche empieza algo que ya nada tiene que ver con la inteligencia, que se instala en pleno estómago y que hace mucho daño.» Mientras se abandona a estas reflexiones, las casas de París brillan como el oro: la gente se reúne, canta villancicos y recoge sus regalos junto al árbol de Nöel.

EL VENENO SURTE SUS EFECTOS

Tras las fiestas navideñas Cortázar recobra el ánimo. A finales de enero marcha a Ginebra a trabajar un mes para las Naciones Unidas, o como él llama las Naciones (Des) Unidas. Gracias a un colega, encuentra un apartamento con un balcón que se abre a un jardín donde juegan unas deliciosas ardillas y se pasean unos enormes mirlos de pico amarillo. En seguida desenfunda la Remington portátil –¿o es una Underwood?– y se pone a trabajar en su libro. Tras muchos años sirviendo a la organización, ha aprendido a arañar hasta los segundos: ha llegado a esa etapa maravillosa y desesperante en que uno es el esclavo de su trabajo y sabe que sólo trabajando a fondo soportará mejor la soledad. En cuanto a las Naciones Unidas, no han cambiado mucho. Está rodeado de colegas españoles, a los que solía llamar «gallegos peludos», que siguen hablando de Franco con el mismo tono que hace veinte años. Afortunadamente goza de la compañía de un amigo peruano que le salva de la madre hispana. La aversión de Julio hacia las maneras españolas no es nueva y tiene su explicación. Para un hombre criado entre mujeres no hay nada más desagradable que esos modales recios, enfáticos, viriles; tampoco le agrada la costumbre de hablar a voces y de imponer la opinión a los demás. De algún modo le recuerdan una forma de ser que quizá era la de su padre y de muchos argentinos con raíces latinas. Pero de Argentina le queda cada vez menos: la casa de su madre, algunos amigos, una plaza, algún café...

A principios de marzo Aurora llega a Ginebra. Tras los meses de separación ambos tienen mucho que contar, sobre todo ella, que siempre cumplió la función de ponerle al corriente de todo. En el Lado de Acá y en el Lado de Allá. De creer a su primera esposa: «Siempre me decía: "cuéntame algo". Y entonces yo le tenía que decir fui a la carnicería, compré, el carnicero me dijo tal. Estaba encantado. Su realidad cotidiana era un poco con intermediarios.» Pero en esta ocasión los informes rebasan el marco habitual. Ella trae noticias frescas de Buenos Aires y Cortázar no deja de bombardearla a preguntas. Los informes son tan exhaustivos que al final reconoce que es como si de alguna manera hubiera estado allí, pero con todas las ventajas y ninguno de los inconvenientes. ¡Ojalá siempre fuera así! Además, también él tiene sus historias: el viaje relámpago a Roma donde firmó al fin el contrato para la película de Antonioni; los progresos laboriosos de su nueva novela; la lectura divertidísima de *Pálido fuego*, de Nabókov; también alguna sesión de jazz en su casa que le valió las llamadas histéricas de las vecinas.

En todo caso el retorno de Aurora le devuelve a un territorio más sereno. En carta a Jonquières comenta que ha vuelto a ser juicioso y que «se acabó el capitulito de las kurdas considerables y de ningún modo innecesarias». ¿Acaso bebe Julio? Por supuesto. Bebe. Aunque no pertenece a la banda de alcohólicos ilustres –Poe, Verlaine, Hemingway, Scott Fitzgerald, Lowry–, el alcohol es un compañero de viaje que cada vez le gusta más. Del mismo modo que fuma cigarrillos (Gitanes), saborea un habano (Romeo y Julieta) y se deja abstraer por el humo de su tabaco de pipa (Clan), nada le satisface más que un buen trago a ciertas horas del día. Durante años tuvo que andar con cautela a causa de la migraña, pero a raíz de su curación ya toma con toda normalidad. Los viajes además le han permitido conocer mundos: el ron de Cuba, el vino griego, los vermuts italianos, la manzanilla española, los aguardientes suizos, las cervezas belgas, los blancos alemanes, los rosados de la Provenza y los tintos de Borgoña. Todo ello sobre un fondo de *scotch*, siempre el *whisky on the rocks*, mientras escucha la última maravilla del jazz. *A love supreme.*

Desde la vuelta de Aurora, la pareja no pierde el tiempo. En la misma semana son capaces de visitar a María Zambrano, la filósofa española en el exilio, y asistir a las proyección de *Help!* de los Beatles. En el primer caso Julio queda fascinado por la compañía de Zambrano –esos treinta gatos con los que vive–, y por esa sensibilidad tan abierta a los grandes vientos del espíritu, un espíritu que sopla cada vez menos, según él, reemplazado por el aire acondicionado Westinghouse. En cuanto a la visión de *Help!* le divierte mucho y también le inspirará agudas reflexiones. Este punto es interesante porque Cortázar procede del jazz y de la música clásica, no del rock. Es capaz de comprender los geniales arabescos sonoros del be-bop, pero las nuevas canciones que llegan de Inglaterra le dejan un tanto indiferente. Por eso la película de Richard Lester le supone toda una prueba. Según él, ni los Beatles ni el director del film saben probablemente que han dejado un curioso testimonio del robotismo de los sixties. Para él los cuatro protagonistas del film son robots, muñecos de cera que no tienen relación alguna ni entre ellos ni con los demás. No hay contacto posible, pues hasta para hablarse de una cama a otra utilizan el teléfono y se limitan a emplear monosílabos. Pero de la música nada. En opinión de Julio los Beatles sólo son unos pájaros simpáticos. En realidad la cumbre musical de aquel invierno es el concierto de Thelonius Monk. Cuando el escritor informe a Porrúa, le transmitirá su satisfacción porque el gran pianista de jazz se haya acercado a tocar en esta «ciudad de zombis». La experiencia le inspirará uno de esos textos legendarios sobre jazz que crearían escuela. Nadie ha escrito de jazz como Cortázar.

En abril Aurora viaja a Roma para una reunión de la FAO y Julio pasa unos días en Alsacia con el fin de conocer sus magníficas iglesias románicas. También visita el pueblo de Ronchamp donde se alza la capilla de Le Corbusier, que le parece muy hermosa. Hermoso es un adjetivo muy caro a Cortázar, lo repite mucho, quizá por su herencia porteña o por su devoción hacia Keats, para quien la belleza era un regalo eterno. Tras la semana alsaciana desciende por carreteras comarcales hasta llegar a Orange. El sol brillante y la cercanía de Saignon le hacen sentirse cada vez más alegre. Durante el camino, además, ha encontrado a un par de conductores con problemas: el primero es un camionero que conoce de memoria la obra entera de Goethe. Al saber que Julio ha de pasar la noche en Niza antes del regreso de su mujer, le recomienda diversos antros clandestinos y cabarets. El otro es un pobre diablo que está tan agradecido a su salvador que le invita a una noche de whisky en Cannes. «La verdad es que llegué a Niza manejando con una sola mano y cantando canciones de Aznavour —recuerda Julio—. Al otro día me puse la cara de todos los días, y ló!». Quizá debamos detenernos aquí, en esa frase «me puse la cara de todos los días». Esta cara es la del hombre respetable: la del escritor de prestigio, funcionario competente y marido fiel. Pero en los últimos tiempos este individuo necesita cada vez más alguna válvula de escape. Ya no le bastan los juegos de la inteligencia ni los grandes retos literarios. Sabemos que es como un niño, pero un niño cada vez más complejo. Le dejan una semana solo y acaba en Niza libando whiskies con dos desconocidos y cantando *La Bohème*. En cualquier otra persona quizá sería normal, pero no en Cortázar, porque Cortázar no lo había hecho nunca y está comenzando a hacerlo.

EN BUSCA DEL CRONOPIO NUEVO

La Provenza le recibe con sus valles bellísimos, llenos de flores que estallan bajo el sol. Pero Julio se encuentra el ranchito lleno de polvo, goteras y las eternas arañas rojas. Tras una dura batalla con los insectos, logra expulsarlas y reparar algunos desperfectos. Sólo entonces puede dedicarse a revisar el correo y escribir. A través de una carta de Porrúa se entera de que la primera edición de *Todos los fuegos el fuego* se agotó en tres días, y confirma la vieja sospecha de que el éxito molesta cada vez más a algunos colegas argentinos. Pocos días antes Mario Benedetti le había contado en París que Ernesto Sábato había dicho de él que tenía un estilo femenino similar al de Katherine Mansfield. La respuesta de Cortázar es elocuente: «Si fuera cierto (lo de tener un estilo semejante) yo lo consideraría un elogio; pero ya se sabe que allá, junto al río inmóvil, hay que escribir como macho, che, o no valés nada.» Esta alusión al Río de la Plata lo dice todo: sus colegas han liberado la serpiente de la envidia. Entretanto la táctica de la víctima es el silencio. De este modo no les queda más remedio que boxear con una sombra, alguien que no les responde y de cuando en cuando les deja caer un libro en paracaídas. Sólo que esos libros a veces generan cataclismos. Será la táctica de Cortázar.

Desde antiguo las mejores venganzas son las que alguien ejecuta por ti. En este sentido las traducciones de su obra hacen callar la boca a todos aquellos que consideraban que la jerga porteña de *Rayuela*, por ejemplo, no podía interesar a ningún extranjero. La conclusión es inevitable: sus colegas se agitan, sudan, corren a los editores y a los periódicos, se mandan cartas con peticiones, hacen campañas de autobombo o de bombos mutuos... En el polo opuesto, él considera que lo mejor es escribir un buen libro, y el resto corre por cuenta del libro y de los demás. Es preciso señalar que pocos autores han hecho tanto por cuidar todas las facetas que rodean al libro, desde el altísimo rigor en la escritura hasta los mínimos detalles en el diseño del volumen y las características de la edición. Los editores recuerdan que Julio podía ser un obseso. Pero una vez que el libro escapaba de sus manos lo dejaba vivir en paz. Por eso era tan crítico con aquellos colegas que se preocupaban menos en la fase de creación y más por el *marketing*. ¿Qué pensaría hoy? Siempre creyó que un escritor de verdad es aquel que tiende el arco a fondo mientras escribe y después lo cuelga de un clavo y se va a tomar vino con los amigos. La flecha vuela en el aire, y se clavará o no se clavará en el blanco, pero sólo los autores imbéciles pueden pretender modificar su trayectoria a base de maniobras suplementarias. Eso creía Cortázar, insisto, y los llamaba «imbéciles».

Llega Aurora. Gracias a la calma de Saignon, él puede avanzar en su nueva obra. Aunque tuvo que renunciar a aquella ambiciosa novela, el nuevo proyecto también es digno de su insaciable voracidad artística. En carta a Antín informa de que lo que está escribiendo ahora es directamente la locura y que le hará perder de golpe a todos sus lectores. Pero le tiene sin cuidado. Una vez dijo que hay que aprender a matar a los ídolos, porque a la larga hacen mucho mal. Tiene razón: últimamente han empezado a aparecer las primeras «rayuelitas», surgidas a la sombra de su obra maestra, y él sabe que eso es una trampa mortal para sus autores. Pero la escritura una vez más le remueve cosas: duerme poco, sueña, se inquieta. La luna ha entrado en fase creciente y su licantropía va en aumento: se despierta de madrugada, toma mate como un loco y se dedica a observar las urracas en los valles, que a esa hora vuelan a ras de tierra. La luna creciente no suele ser amiga de Cortázar, porque le trae el recuerdo de los muertos. A estas alturas ya sabe que los ausentes lo mutilan a uno y lo dejan incompleto. Escribe que él empezó su verdadera vida de adulto con la muerte de sus dos amigos más queridos, los dos en un año. «Si te digo que todavía vuelvo y vuelvo, despierto o cuando bajo a la Ciudad (ya la conocerás si termino este libro que reinicio lentamente en Saignon), no creo exagerar. Vuelvo y vuelvo a esas muertes injustas.» Sí. Esta luna que crece burlona y gélida sobre la Provenza le devuelve a la cama de aquel hospital porteño la noche aciaga que murió el Monito Reta.

Esta presencia de la muerte persistirá a lo largo del mes de junio. En una carta escrita a Alejandra Pizarnik le refiere un hecho nimio y a la vez terrible. Aurora oyó un gran golpe en el ventanal y le llamó asustada. En seguida Julio intuye lo sucedido: un pájaro se ha estrellado contra el cristal. Cuando lo alza del césped, el tordo aún está caliente, sin la menor huella del golpe, y con los ojos abiertos. Parece que aún respira, pero en realidad es la brisa lo que mueve un poco las plumas. Entonces Cortázar piensa en lo sucedido: un pájaro que vuela con toda la fuerza de la juventud, que se estrella contra un muro que no ha visto, y que muere instantáneamente a causa del golpe. El hecho le inspirará algunas reflexiones filosóficas, esas que a veces aparecen como gemas entre sus páginas. No saber y no sentir, pasar del todo a la nada, ¿puede ser la muerte? Para los testigos, sí, pero no para el pájaro, ni tampoco para el hombre que se mata en un accidente. Mientras el pájaro se va enfriando en su mano, tiene una revelación: si llegáramos a acercarnos a la muerte cada vez más, adherirnos a ella privándola de sus armas favoritas –el tiempo, el conocimiento y el dolor– acabaríamos por vencerla. Es la distancia con respecto a la muerte –la perspectiva– lo que nos trae desasosiego.

Este punto es importante porque Julio está enviándose un mensaje a sí mismo. Como cualquier hipocondríaco, sabe que puede enfermar en cualquier momento, y si le llega la enfermedad le llegarán también la conciencia de la muerte y el dolor. Y esto es justo lo que no quiere. A través de la carta parece decirnos que aspira a un final rápido, como la del pájaro, algo donde la vida esté tan próxima a la muerte que el tránsito se haga de forma fulminante y a la vez indolora. Por uno de esos azares que tanto le agradan, esa misma noche concluye la primera versión de su nueva novela, que decide titular «62».

Por alguna razón este primer verano íntegro en Saignon resulta muy variado y fértil. El autor piensa en temas metafísicos y al mismo tiempo se tumba sobre el césped para jugar con *Teodoro*; termina una novela compleja, y ordena los fragmentos de un libro collage que le han encargado para una nueva editorial de México. Se llamará *La vuelta al día en ochenta mundos*. Todo sucede en el mismo sitio, en el mismo cuerpo, en la misma alma. En sus ratos libres Cortázar corta algún tronco, siega las malas hierbas con una guadaña o riega el césped al acabar el día. Toda esta actividad física le hace mucho bien, pero al precio de algunas lumbalgias. Por suerte tiene a mano unos ungüentos dignos de Paracelso: el linimento siamés, y el bálsamo de San Bernardo a base de grasa de marmota. Las friegas de Aurora hacen el resto. Entretanto se entrega a la lectura de dos libros fundamentales: *Paradiso* de Lezama Lima, y luego *La vida del doctor Johnson*, de Boswell. Del primero no dudará en decir que es una obra maestra incomparable que le ha dado más horas de felicidad que toda la literatura propia y ajena de los últimos quince años. El entusiasmo hacia la obra del amigo cubano le llevará a escribir un texto —«Para llegar a Lezama Lima»— que será decisivo para mostrar al lector el lirismo exuberante de la novela.

Pero los últimos días en Saignon le traen malas noticias de Argentina. La enésima tormenta política provoca un nuevo golpe de Estado y el general Onganía toma el poder. Una vez más el país regresa a la dinámica de generales, coroneles y policía. Los periódicos franceses hablan de censura y de represión de los movimientos estudiantiles. Asombrosamente algunos amigos le escriben sin ocultar su satisfacción por un gobierno que acabaría al parecer con la mediocridad del anterior; visto desde Europa, la idea de alegrarse por otro golpe de estado militar parece inconcebible; pero Cortázar sabe que habría que estar allí para tener algún derecho de juzgar con conocimiento de causa. De momento se muestra cauto, porque ya ha vivido demasiados giros de la historia. Pero cuando al año siguiente la censura de Onganía prohíba *La consagración de la primavera*, de Stravinsky, la adaptación teatral de *Bomarzo*, y el film de Antonioni basado en su cuento, ya no necesitará vivir en su país para tener derecho a juzgar. Afortunadamente siempre halla una válvula de escape lúdica. Un día decide comprarse un extraño artefacto —un epidiáscopo—, basado en un sistema de lentes y espejos que permite proyectar seres pequeños en la pared y conseguir resultados alucinantes. Lo primero que hace es poner una oruga de las que abundan en la zona, pero luego se dan un susto tan terrible al verla del tamaño de una vaca que la devuelve inmediatamente al jardín. Dirá: «También proyecté el ombligo de Brigitte Bardot con resultados aplastantes.»

Los Cortázar apuran la última semana de vacaciones. Son días de sol, con perfume de lavanda y ese vino *rosé* que cada vez agrada más a Julio. «Es como una caricia de Simonetta Vespucci», dirá en homenaje a la sublime modelo de Botticelli. A este vino se añade su creciente afición al ajenjo. Por una carambola la casa Ricard le ha encargado unas traducciones, y a cambio le regalan cajas de esa bebida tan poética como nefasta. Sus compañeros de curda son el matrimonio Franchesquini y el matrimonio Tomasello, que acaban de adquirir casas en Saignon. Nadie puede negar que el verano ha sido largo y apacible, casi sin lluvia, y en compañía de buenos amigos. Cortázar celebrará con ellos su cincuenta y dos cumpleaños. Para él siempre es una fecha triste que coincide con el adiós oficial a las vacaciones. Han de partir. La estancia de varios meses ha sido tan grata y fértil que cerrarán la casa como una ceremonia fúnebre: cada postigo que van fijando les parece un acto contra ellos mismos, una estupidez indecible. Pero el ingenio de Julio no se detiene: «Qué fea cosa la de "cerrar" una casa por cinco o seis meses, imaginársela sola en pleno invierno, con las telarañas que poco a poco van invadiendo las habitaciones, con los discos y los libros y el jarrito del mate juntando verdín y silencio cada día.» Y luego se pregunta: ¿Qué pasará en las casas de noche? ¿Qué pasará realmente? Porque las casas están solas y no están solas. «Una vez pensé en dejar el magnetófono andando toda una noche en mi casa vacía; después pensé que tampoco estaría sola, porque había una intención, un propósito que "ellos" conocerían perfectamente.» ¿Ellos? Sí. Los que quizá habitan en el sótano y ocupan las habitaciones como en «Casa tomada».

La pareja marcha a Suiza por asuntos laborales. Siempre esta misma dinámica: trabajo, gastos, trabajo, tiempo libre, literatura… Pero es el único modo que conciben la vida. A mediados de septiembre los Cortázar se desplazan a Venecia para la Bienal. Es una estancia breve pero muy estimulante, porque coinciden con Italo

Calvino y su esposa, Esther, que les obsequian con su amistad. Julio le debe a Italo su fortuna literaria italiana, y éste le deberá a las traducciones de Aurora su suerte en castellano. Siempre serán amigos. Pero de vuelta en París les aguarda una mala noticia: la madre de Glop ha sufrido un accidente cardiovascular que le ha paralizado el brazo izquierdo. Aunque el peligro ha pasado, Aurora queda muy abatida y por enésima vez se abre para ellos un porvenir incierto. La situación de doña Dolores es tan complicada que su hija siente el impulso de volar a Buenos Aires y quedarse con ella un par de meses. Esto no figuraba en el programa. Aparte de la separación, la pareja tendrá que pasar por una nueva ordalía moral y financiera. Se inicia así una mala temporada en la que Cortázar debe combatir en varios frentes: la conferencia general de la Unesco, el libro-collage que ha de entregar antes de fin de año, la copiosa correspondencia. Todo se le cae encima al mismo tiempo: ante la inminente ausencia de Aurora ha decidido aceptar una nueva invitación de la Casa de las Américas y en breve volará a Cuba. A menudo se levanta a las seis de la mañana para adelantar trabajo, antes de acudir al edificio de la place de Fontenoy. En carta a Porrúa escribe: «Ando con un humor de perros y sólo gracias a muchos whiskies cotidianos voy tirando sin venirme abajo.»

Muchos whiskies cotidianos. ¿Cuántos son muchos whiskies? ¿Cinco, seis, siete? Parece claro que ha entrado en una etapa de alcoholismo difuso en la que una botella le dura apenas un par de días. Si le dura. La prueba de esa dependencia es que siempre encuentra argumentos para beber. Años después reconocerá que consume sus buenas raciones de whisky para seguir entendiendo la realidad que le rodea. «Por eso a veces es difícil acertar con la dosis justa». Entretanto Aurora se asombra de la facultad de su marido para ingeniarse nuevos pretextos, reales o imaginarios. Pero luego se impone la necesidad de aire libre. En este período Julio redobla los vagabundeos por sus barrios favoritos, pero como había perdido el hábito de caminar padece de agujetas y calambres. En carta a Vargas Llosa le comenta que lo que te hace feliz te mata al mismo tiempo. También le habla de ese espléndido otoño, rojo y leonado, que se vive en París y de sus deliciosos hallazgos callejeros, muchachas en minifalda, por ejemplo, unas suecas en el atrio de Notre Dame que le dejaron sin aliento. Estamos en el ecuador de los años sesenta: whisky a granel, suecas, minifaldas...

Todo ello activa a Cortázar y alcanza también a la vida literaria. Aunque siempre ha sido reacio a ella, a veces los compromisos le obligan. Es el caso de la presentación de un libro que ha preparado en compañía de Julio Silva, un cronopio de mucho talento que además tiene la virtud de ponerle siempre de buen humor. Esta vez no puede faltar. El problema es que la colonia sudamericana aprovecha la ocasión para echar abajo las barreras que se ha construido en quince años de aversión social. En el transcurso de esa velada se le acerca una señorita porteña de la alta sociedad: «Quiero decirle que los argentinos venimos ahora a París para ver dos cosas: la torre Eiffel y Julio Cortázar.» Y éste le responde: «En realidad viene a ser una sola cosa.» El propio escritor lo explicará meses después a Jean Andreu: «Es cierto que soy un solitario, que me he ganado una bien merecida fama de mal educado; pero haga la prueba de ver quiénes lo dicen, y descubrirá en todos los casos que se trata de gente que no me interesa ver.»

A principios de diciembre Aurora prepara las maletas. Todo es muy lamentable y ambos están de un humor lúgubre. Incluso Julio repite a sus amistades que se siente atrapado en «una vida de perros». En realidad su único motivo de optimismo es el viaje a Cuba. Pese a los recientes nubarrones desatados por la campaña puritana del Gobierno, no ha perdido la esperanza y espera que la alegría del primer viaje no se quede en un mero goce personal. A su manera Cortázar ha hecho un camino: ahora ya no sólo está despierto sino que ha empezado a ponerse en movimiento. ¿Acaso no se ha escrito con muchos cubanos en todo este tiempo? ¿No los ha recibido en su casa de París para conocer la nueva realidad de la isla? ¿No les ha ayudado en mil gestiones de tipo cultural? En estos tres años el vago compromiso con la lucha por el socialismo ha entrado en un terreno de definiciones concretas. Ahora aspira a colaborar activamente donde pueda ser útil, pero no deja de causarle cierto asombro. A él mismo y a todos. Hay algo en verdad contradictorio en el hecho de que un argentino enamorado de Europa en su juventud, al punto de quemar las naves y venirse a Francia, sin una idea precisa de su destino, haya descubierto en ella, después de una década, su verdadera condición de latinoamericano.

Pero ésta es una de las ventajas de residir fuera de Argentina, donde la opinión sobre la Revolución cubana está mediatizada por la prensa de Estados Unidos. Desde la óptica francesa, en cambio, las cosas son muy diferentes: no olvidemos que las grandes figuras argentinas son de derechas, Borges, mientras que las figuras francesas, con Sartre al frente, son de izquierdas. Los postulados son otros, las perspectivas e intereses también. Si el planeta de Borges era una biblioteca infinita, el planeta de Sartre es una trinchera donde se defiende el compromiso del hombre por la libertad. Y aunque Cortázar venga del primero se siente cada vez más cerca del segundo. Su propia situación personal le inclina a participar en lo que nos ocurre a todos, a escuchar las voces que entran por cualquier cuadrante de la rosa de los vientos. Cuba, Vietnam, toda Latinoamérica... Al llegar a la isla no sospecha que su situación personal va a cambiar para siempre.

DESDE CUBA CON AMOR

En el transcurso de este viaje Cortázar se enamoró de una mujer fuera de lo común que iba a tener gran importancia en su vida. Ugné Karvelis. Según los datos biográficos había nacido en Kaunas (Lituania) en 1935 y era hija de una conocida activista cultural y de un político que llegó a ser ministro de su país. A diferencia de las niñas de la época, recibió educación de los jesuitas que dieron a su inteligencia intuitiva el matiz de la lógica masculina. Debido a la política expansiva de los soviéticos, la familia Karvelis tuvo que huir a Alemania donde no tardó en padecer los rigores del nazismo y de la Segunda Guerra Mundial. Con el tiempo prosiguieron su éxodo a Francia y se instalaron en París. Allí Ugné estudió un año en la Sorbona y posteriormente en el Instituto de Estudios Políticos con el fin de seguir la carrera de su padre. Esto ocurría a principios de la década de 1950, en la misma época en que Cortázar llegaba a la capital francesa. Mucho después ella hizo énfasis en esta coincidencia y en el hecho de haber frecuentado los mismos ambientes que a la postre se describen en *Rayuela*: «Llegué a París el mismo año que Julio. Sin encontrarnos, vivimos en los mismos apartamentos, caminamos por las mismas calles, visitamos los mismos cafés.»

Tras concluir los estudios, la joven exiliada orientó sus intereses hacia el periodismo coincidiendo con un momento dorado de la prensa francesa: muy pronto comenzó a colaborar con el *Nouvel Observateur,* luego entró en la revista *L'Express,* y por último fue contratada por la editorial Gallimard. Corría 1959. Al principio se ocupó del Departamento Internacional y se centró en los escritores del Este, pero con el tiempo ampliaría su radio de acción a los autores latinoamericanos. Acostumbrada a ese ambiente, la presencia de Cortázar no le pasó inadvertida, sobre todo a raíz de *Rayuela*. Según ella: «Ese libro fue mi gran encuentro con él. Sé que todo el mundo dice que *Rayuela* es su libro. Pero yo creo que es mucho más mi libro que el de la mayoría de la gente.» Karvelis alude así a una forma de vida similar, reconocible en la novela, que les habría llevado sin saberlo por los mismos laberintos. En todo caso ambos coincidieron fugazmente en algún evento literario hasta que se encontraron por azar en La Habana en enero de 1967. En aquella ocasión Ugné se decidió a abordarlo. «Acorazada tras mi ejemplar de *Rayuela*, terminé por lanzarme al asalto del gran hombre, interponiéndome entre él y el mostrador de la recepción donde él iba a depositar su llave. ¡Oh sorpresa! Me invitó a tomar un mojito.» Este punto es interesante porque nos habla de una fuerte personalidad: Ugné no sólo considera que *Rayuela* es «su» libro, sino que se lanza a abordar al autor como una *groupie* de las bandas de rock. Todo lo contrario a Aurora.

A lo largo de un mes la pareja estrecha su vínculo. Como recuerda ella: «La historia de amor fue un encuentro a cuatro: un libro, dos personas, un continente, América Latina.» En aquel tiempo la lituana conocía mucho mejor la región que Cortázar, y sobre todo era muy sensible a los problemas que aquejaban a sus pueblos. De hecho, aquel mundo le resultaba tan cercano y familiar que solía decir que en otra vida había nacido en el Trópico. Su conexión con la isla tenía, pues, un componente mágico que no tardó en transmitir a Julio. Era justo lo que él necesitaba. Ugné le estaba seduciendo en un momento de fatiga y a la vez de apertura personal; también cuando su relación con Aurora había superado alguna crisis, pero sin conseguir vencer el tedio conyugal. En el fondo todo había sido una fuga hacia delante. ¿Qué eran, si no, la casa de Général Beuret y el ranchito de Saignon? Algo muy habitual: inversiones domésticas que aspiraban a cubrir carencias afectivas. Un microcosmos limpio, muy ordenado, cada vez más burgués. El problema es que el hombre que había erigido esto con tanto esfuerzo estaba prisionero de una isla donde no existía la propiedad privada.

Sea como fuere, Cuba se erigió en teatro de su amor, un amor forzosamente semiclandestino, entre un hombre casado de mediana edad y una joven muy bella que podía ser su hija. En pocos días Cortázar se acomodó a este escenario antillano donde se sentía cada vez más libre y más fuerte. Si años antes había sufrido los rigores del sol mediterráneo junto a Aurora, ahora circulaba tan feliz por las ardientes calles de La Habana. Lo importante es que ya no consideraba el sol como un enemigo sino como un viejo camarada que bendecía su pasión. En este aspecto las palabras de Karvelis no engañan: «El hombre cerrado de París se desvanecía tras un nuevo ser, feliz, con todas las antenas fuera.» Es una metamorfosis bastante habitual. Cualquiera que haya visitado los trópicos conoce bien ese fenómeno de las antenas desplegadas y palpitantes, el asombro ante una percepción desmedida que nos redescubre el cuerpo y nuestra relación con el mundo. Julio no iba a ser la excepción. Si en su anterior visita a la isla ya había descubierto la intensidad del «ser antillano», la estancia junto a Ugné le aportó el componente pasional que le faltaba y sin el cual los trópicos no acaban de vivirse ni de entenderse del todo. La experiencia tendrá un efecto tan vivificante sobre él que Ugné se lo resumió en esta frase reveladora: «Yo conocía tu cara de sombra. Ahora sé que también tienes tu cara de sol.»

Generalmente Cortázar pasa buena parte de su tiempo con Lezama Lima, Vargas Llosa y algunos artistas cubanos; también se deja arrastrar por su amante al carnaval de la Revolución. A pesar de los infinitos problemas que no se le escapan, y de algunos errores evidentes, comprueba por sí mismo que Cuba sigue adelante de una manera admirable. El encuentro con Fidel Castro le ratificará en sus convicciones. Oigamos el valioso testimonio de Vargas Llosa:

> Un pequeño grupo de escritores fuimos llevados, sin explicación, a una casa del Vedado. Al poco apareció Fidel. Habló doce horas, hasta bien entrada la mañana, sentándose y levantándose y accionando sin tregua, mientras chupaba sus enormes puros, sin dar la menor señal de fatiga. Nos explicó la mejor manera de preparar emboscadas y por qué enviaba a los homosexuales a batallones de castigo; nos anunció que el Ché reaparecería pronto al frente de una guerrilla, y teorizó, bromeó, contó anécdotas, tuteó y palmeó a todo el mundo. Cuando se fue, tan fresco como había llegado, todos estábamos exhaustos y maravillados.

Esta exhibición de carisma y energía sedujo hondamente a Cortázar. En carta a Porrúa le escribe que Fidel es sobrehumano y que les dejó a todos literalmente pulverizados. «Me impresionó su sentido ético, su manera de enfrentar cada pregunta desde un punto de vista en que la noción de justo e injusto, de bien y de mal son las que definen la respuesta.» Por raro que parezca a sus lectores, un tema que interesa especialmente a Julio es la lucha armada. Como autor de «Reunión», el relato donde recreaba las peripecias del Che y un grupo de guerrilleros, su postura ha cambiado. Ya no es el burguesito porteño que no soportaba el olor acre de la masa sudorosa: ahora frecuenta a los obreros y se pregunta por la bondad de los fusiles. Fidel le responde que no todas las revoluciones latinoamericanas han de pasar por la vía de la guerrilla —cosa que sí defiende el Che—, pero que en algunos países del Cono Sur son necesarias. Más allá de alguna excepción, está convencido de que sólo la lucha armada acabará con las dictaduras. Harto de los golpes militares argentinos, el autor de *Rayuela* es de la misma opinión. El virus ya circula libremente en su sangre. En una entrevista declaró:

> De pronto sentí otra cosa, una encarnación de la causa del hombre como por fin había llegado a concebirla y desearla. Comprendí que el socialismo, que hasta entonces me había parecido una corriente histórica aceptable e incluso necesaria, era la única corriente de los tiempos modernos que se basaba en el hecho humano esencial... la humanidad empezará verdaderamente a merecer su nombre el día en que haya cesado la explotación del hombre por el hombre.

Pero las noches de La Habana proponen otras revoluciones. Hechizado por el calor del ambiente, Cortázar se sumerge en un mundo desconocido, el de los clubs nocturnos donde la vida es una farra interminable. Se diría que está circulando por las páginas de *Tres tristes tigres*, la novela de Guillermo Cabrera Infante, que acaba de publicarse. Boleros, tragos, sirenas de caoba, charlas de madrugada... En cierto sentido el espíritu no está tan alejado de *Rayuela*. Pero La Habana no es Buenos Aires, claro, ni tampoco París. Cuando meses más tarde escriba a Cabrera Infante, le hará una rara confidencia: «En mi primer viaje a Cuba, por razones comprensiblemente conyugales, no había conocido nada de eso, y desde luego Cuba también es eso, y cómo. Nada se explica allí sin sus mujeres y sus tragos.» Está claro: Cortázar va mutando a velocidad de vértigo: ya habla de guerrillas, servidumbres conyugales, tragos, mujeres...Y de fondo un nuevo amor al son de los boleros del Beni.Ya nunca volverá a ser el mismo y su literatura tampoco.

LA GRAN NOSTALGIA DE LAS ANTILLAS

El 9 de febrero Julio abandona Cuba en un avión de Aeroflot y regresa a París vía Moscú. Al pisar el aeropuerto de Orly se siente exaltado y a la vez confuso. ¿Qué ha hecho? Si su madre se entera de que se ha enamorado de una joven rusa... En estas condiciones la llegada a la capital francesa no le resulta nada fácil: Aurora aún no ha vuelto de Argentina y las nostalgias antillanas son demasiado fuertes. Mientras aguarda su regreso, dedica el tiempo a escuchar música caribeña y a escribir a los amigos de la isla. En la ciudad llueve y seguirá lloviendo hasta que su mujer llame a la puerta. Aunque su aparición le trae un respaldo y una fuerza que le estaban haciendo falta, lo cierto es que Cuba se ha apoderado nuevamente de su alma. Así lo reflejan varias cartas que mandará durante aquel invierno. A Marcia Leiseca le escribe que aún sigue en La Habana. No es fácil salir de aquel país, no es fácil alejarse de los cubanos, tan queridos y tan generosos. Le falta el sol. La misma nostalgia se percibe en la carta enviada al poeta Roberto Fernández Retamar donde le confiesa que se fue con una honda herida, con algo que sólo poco a poco se va restañando. «Ese mes y medio que pasé con todos ustedes me ha hecho mucho bien, porque creo haberme identificado un poco más con mi destino.» Lamentablemente el precio es alto: su ardua adaptación a la vida francesa, tan cortés, fría e indiferente, le hace de nuevo sentirse extranjero en París.

Pero en estas cartas no se alude al verdadero motivo de su nostalgia: la joven lituana que lo abordó en el hotel. A lo sumo Cortázar hace referencia al lado festivo de la isla, que se expresa por igual de día y de noche. Para ello recurre a corresponsales más íntimos como Francisco Porrúa, a quien le comenta que ha vuelto muy tonificado de Cuba, a pesar de que La Habana le dio «esa vida tropical en la que uno se pregunta a cada momento cómo es posible sobrevivir a un régimen de tres horas de sueño, ocho o doce vasos de ron "en la roca" como dicen ellos, sin contar con la fraternal pero arrolladora ofensiva de millares de entusiastas de los cronopios». En esta misma línea escribirá a Guillermo Cabrera Infante, explicándole la última noche que pasó en la isla, envuelto en una increíble nube de ron, cansancio, lujuria y nostalgia. Para los que conocen al autor de *Rayuela* la imagen resulta desconcertante: el antiguo profesor de Chivilcoy, tan tímido y equilibrado, se despide de Cuba perdiendo casi todos los papeles. En el centro de la fiesta, danzaba Ugné Karvelis.

Pero en seguida se imponen las cuestiones prácticas. Como hemos visto, el escritor regresa de La Habana identificado aún más con su propio destino. Las iluminaciones del anterior viaje se han visto plenamente confirmadas y lo impulsan a la acción. En América queda, en efecto, mucho camino por recorrer y se pone manos a la obra. Durante varios días Cortázar cumple a rajatabla los encargos que le confiaron los cubanos: prepara paquetes, cierra sobres, se gasta pequeñas fortunas en franqueos postales, establece puentes entre la isla y el resto del mundo... Este rasgo es poco habitual en el ámbito de las letras y fuera de ellas: la perpetua disponibilidad, la generosidad con la que prescinde de su tiempo para entregarlo a los otros, quizá porque está aprendiendo que ese tiempo en el fondo vale lo mismo. Hay algo ciertamente conmovedor en imaginarse a Cortázar, que ya entonces era un mito gracias a *Rayuela,* entregado a tareas más propias de un funcionario de Correos. Al final estos gestos tan inusuales contribuirán a forjar la leyenda de la bondad y hasta de la «santidad» de Cortázar. Nosotros, en cambio, no debemos ser tan místicos. Nos basta con reconocer su gran capacidad empática, su modo sincero de interesarse por los demás. Sincero y real. En una de sus últimas entrevistas declaró: «Todos vivimos individualmente los procesos históricos, pero al mismo tiempo con una conciencia muy aguda de que son procesos que lo trascienden y abarcan al prójimo. Esa noción de prójimo, de la que yo no tenía ninguna idea precisa antes de esa época».

La primera estación de ese proceso le lleva a La Habana. Sin embargo, la causa cubana reclama algo más que un eficiente funcionario de La Poste. Julio ha percibido que las ventajas de la revolución están muy por encima de los defectos, y que la nueva realidad social avanza como un torrente. Claro que esto tiene un nuevo precio para él: desvivirse, desdoblarse. Dos meses después de su regreso, se siente tan desbordado que no duda en decirle a Porrúa que estar al lado de Cuba es tan maravilloso como agotador. Pero la llama ha prendido en él y cada vez que coloca un sello de correos quizá reciba el recuerdo de aquella luz y de su amor secreto.

MR. HYDE. INEVITABLEMENTE

A lo largo de este invierno Cortázar va leyendo las críticas que aparecen sobre *Marelle*, la versión francesa de *Rayuela*. Al igual que ocurriera con la versión inglesa, la acogida es más bien tibia. Es evidente que los anglosajones no aceptan los argumentos metafísicos de un latinoamericano, y los franceses lo contemplan con recelo. Pero Julio ha vuelto de Cuba y ya está en otra. En carta a Paul Blackburn proclama que es el primer escritor creativo de América Latina y que los lectores latinoamericanos lo saben. En cuanto al resto, puede esperar. No le importa estar vivo o muerto cuando le llegue el reconocimiento. ¿Quién tiene prisa? De nuevo esa indiferencia ante la gloria literaria. Si algún día llama a su puerta él ya no estará allí para darle un abrazo. Años después dirá: «El futuro de mis libros o de los libros ajenos me tiene perfectamente sin cuidado... en el terreno de la literatura también hay que acabar con el sentimiento de la propiedad privada.»

Este hombre, además, se ha lanzado a una vorágine laboral sin precedentes con el único fin de poder pagarse varios meses de retiro en Saignon. Las obligaciones en la Unesco le representan una pesadilla cotidiana, porque los años le pesan más que antes y le gustaría prescindir en mayor medida de una rutina de trabajo que acaba por enfermarle. Pero no puede. En estas ocasiones de estrés recordaba una sabia advertencia de Celine que vale para otros contextos: «*On se croit enculé d'un centimètre et on l'est déjà de plusieurs mètres.*» (Uno cree que le han enculado un centímetro, y ya son varios metros.) La frase le gustaba mucho y solía repetirla para prevenir a los amigos que aspiraban a un empleo estable a cambio de la libertad.

Felizmente hay algunos proyectos literarios que le distraen, como un libro de fotografías de Buenos Aires a cargo de sus compatriotas Sara Facio y Alicia D'Amico. Pero para escribir el texto deberá aguardar a un rapto de inspiración. No quiere pensar antes de ponerse a abrir la máquina. «Ahí está la cosa: ponerme a pensar. Todavía hoy hay algo o alguien que piensa por mí, y en una de ésas yo me siento a escribir; pero el tema no tiene que estar fijado de antemano porque entonces nadie, ni siquiera el otro, piensa. Y el "otro" es lo mejor que yo tengo, sólo que no acepta encargos.» Este punto es importante. En más de una ocasión Cortázar declaró que se veía a sí mismo como un nuevo Dr. Jekyll y Mr. Hyde, y a lo largo de nuestro libro hemos visto como este último asomaba a veces la cabeza. Pero quizá sea la primera vez en que Julio declara que su Mr. Hyde es el que toma la pluma y hace su trabajo. Lo que no dice es que este huésped malvado también guía sus pasos y que condiciona a veces su visión de las cosas.

En uno de sus viajes primaverales Cortázar se acerca a Ámsterdam. Allí tendrá ocasión de ver finalmente *Blow-Up*, pero la experiencia le deja bastante frío. Aunque lleva meses intentando distanciarse del film y aspira a contemplar el resultado como un espectador neutral, lo cierto es que su nombre en los créditos le devuelve a la realidad. Allí está Julio Cortázar, en la pantalla, mientras suena música de jazz, la de un nuevo talento llamado Herbie Hancock. Es el preludio de una historia filmada por un genio. Sin embargo él no logra captar la magia de Antonioni. Un mes más tarde le comentará a Vargas Llosa que su indiferencia quizá obedeció a un resentimiento inconsciente. Después de todo ya ha vivido bastante como para no saber que en él hay muchos —al menos Jekyll y Hyde—, y que esa cosa que llamamos «opinión» es el producto misterioso de infinitos planos de los que sólo conocemos unos pocos. Finalmente, ¿cuál es el veredicto sobre *Blow-Up*? Pobre, muy pobre. En realidad sólo se reconoció en un brevísimo instante, que le conmovió mucho; cuando el fotógrafo regresa al parque y descubre que el cadáver ha desaparecido, la cámara enfoca el cielo y surgen las ramas de un árbol agitadas por el viento. Ahí, en esta toma que dura apenas dos segundos, sintió que había algo verdaderamente suyo. El resto, según él, es íntegramente de Antonioni.

Aunque el argentino no quiera reconocerlo, el italiano ha hecho un trabajo admirable. En el fondo, su cuento «Las babas del diablo» no figura ni de lejos entre los mejores de su carrera, por mucho que los estudiosos —esta vez sí— lleven siglos analizándolo con lupa.

En cambio *Blow-Up* es una de las cumbres de Antonioni y del cine de los años sesenta. Con el tiempo Cortázar volverá hablar del film en una entrevista de *Life*. Para entonces le reconoce mayores méritos y sigue fascinado —y quién no— con algunos planos de la prodigiosa gran escena en Maryon Park. También identifica algún guiño privado de Antonioni hacia él. El rumor del follaje, el temblor de las hojas. Pero quizá no era un guiño: simplemente el cineasta había buscado sus propios fantasmas y al final había acabado encontrando algunos de los de Cortázar. Después de todo, éste solía decir que sus cuentos son más pegajosos de lo que parecen.

OFELIA IRRUMPE EN SAIGNON

A principios de junio los Cortázar suben a su nuevo coche —un Renault 4 C— y ponen rumbo a la Provenza. Al llegar encuentran fardos de correspondencia y cuatro kilos de arañas. Desgraciadamente el gato *Teodoro* no acude a recibirles y la posibilidad de su muerte les duele. Ya se habían acostumbrado a sus peticiones de leche y de cariño, y uno de los dramas de su dueño es que tiene la maldita costumbre de encariñarse con todo. Durante varios días Cortázar trata de reponerse de la pérdida, pero sobre todo del estrés «post-Cuba» con el que salió de París. Esto se traduce en una serie de pequeños colapsos de los que sólo logrará curarse a base de aire puro y doce horas de sueño. En ninguna carta de la época hace referencia a que parte de este estrés obedece a que se ha enamorado de otra mujer y que su corazón está dividido: el Dr. Jekyll quiere a Aurora, y Mr. Hyde ama a Ugné. Prefiere dar la culpa a los viajes en avión y a los compromisos laborales. Pero no es cierto. Cuba, la piel de Karvelis, los vasos de ron... Todo es melancolía.

Por fortuna le queda la trompeta y empieza a estudiar nuevas escalas: en pocos días pasa de la escala de *si* bemol mayor al *sol* natural sobreagudo. Aunque estos alardes desconciertan a algún escarabajo que circula por el living, Julio consigue sus objetivos «sin que vuelen por el aire pedazos de pulmón». En este momento de turbulencias emocionales la música acude de nuevo en su auxilio, pero no de una manera pasiva sino como una invitación a huir y a crear. Con el tiempo declarará que le habría gustado ser lo bastante músico como para dominar la técnica de un instrumento y lanzarse a improvisar a la manera de un Charlie Parker. Habría dado su reino por ello. Pero la vida no le dejó avanzar nunca por ese camino para el que no estaba dotado. «Mejor escuchar a los que lo hacen bien y seguir escribiendo –dijo–, pero es una nostalgia permanente en mí.» Entretanto sigue soplando y soplando. En Saignon los vecinos están más lejos que en París, y el jazz sigue siendo su shaman, el gran intercesor en los momentos duros.

El regreso milagroso del gato *Teodoro* contribuye a devolverle a su centro y a su mesa. Justamente el felino recibirá un pequeño homenaje en el texto «La entrada en religión de Teodoro W. Adorno». Por mucho que Cortázar desee alejarse temporalmente de la literatura, al final siempre regresa a ella: cada tarde cierra todas las persianas del cuarto de trabajo, para no ver el sol y no escuchar el zumbido de las abejas que enloquecen con el tomillo y la lavanda. Aunque lo haría de todos modos porque sufre de fotofobia y trabaja siempre en la penumbra, aquí, en el sur de Francia ha de hacer un esfuerzo extra para evitar las tentaciones de estar en el campo. Mientras Aurora se dedica a cocinar y a exterminar con veneno una plaga de caracoles, su marido, recobra el ritmo de la lectura y la escritura. Quizá no por azar lee *El doble*, de Dostoievski, *Señas de identidad*, de Juan Goytisolo, y *Tres tristes tigres*, de Cabrera Infante. Aparentemente no hay relación alguna entre estas novelas, pero si Julio las ha elegido es porque su inconsciente siempre tiene la última palabra.

El calor aprieta fuerte en Saignon. Debido a la fatiga residual del escritor, los Cortázar ya no se acercan tanto a la costa. Han reformado la vieja cisterna de la casa para convertirla en una piscina donde se zambullen varias veces al día. Las cigarras cantan, las libélulas vuelan a ras de agua y todo el ranchito respira esa plácida armonía del verano. Pero de pronto llega carta de mamá. Una hora más tarde Julio escribe este mensaje urgente a Porrúa: «Acabo de saber por carta de mi madre, que mi hermana ha intentado suicidarse. No me sorprende demasiado, porque no es la primera vez, y vos estás bien enterado de que se trata de una psicópata. Mi problema es mi madre, que tendrá que hacer frente a una posible internación, gastos de toda naturaleza, etc.» Luego le pide que haga llegar dinero a doña Herminia en concepto de adelanto. Este mensaje dramático nos permite ver dos cosas desconcertantes: por primera vez Cortázar reconoce por escrito que su hermana es una psicópata que ha hecho algunos intentos de quitarse la vida; pero la reacción hacia el drama de Ofelia es preocuparse inmediatamente por mamá. No hay una sola línea cariñosa dedicada a Memé; se diría que no existe más allá del mero problema que ha creado a la familia. En lugar de verla como una víctima, se inquieta por su madre en ese momento en que se siente tan mal.

Indudablemente Freud y sus seguidores nos explicarían la gélida reacción de Cortázar. No tiene mucho misterio. Como toda persona que ha debido vencer inclinaciones suicidas, no perdona a aquellos íntimos que han ido algo más lejos. Cada vez que su hermana vuelve a las andadas, se siente arrastrado por su mano al pretil de un puente sobre el Sena. Intentar comprenderla sería remover el limo más denso de su propia alma. Es un lujo que no puede ni podrá nunca permitirse. Al condenarla está condenando sus propias pulsiones autodestructivas y se está salvando a sí mismo. ¿Exageramos? Quizá no. Veinte años antes Julio había escrito un relato titulado «Los gatos» que sólo vio la luz un cuarto de siglo después de su muerte. En él se cuenta la fascinación erótica que el joven Carlos María siente por su prima Marta y el horror que experimenta al descubrir que en realidad era su hermana. Antes de desaparecer de la casa familiar deja esta nota a don Elías, responsable del engaño: «Acabo de vender mi máquina de escribir, casi todos los trajes y los libros. Al principio pensé en matarme... Pensé en matarme, pero uno al final nunca se mata, todavía no sé qué voy a hacer. Junté quinientos pesos, me alcanza para irme; por favor, no vayas a hacer averiguaciones. Te juro que me mato si tratan de ponerme la mano encima. Díselo a mamá, que será la más deseosa de encontrarme.

Prométele de mi parte que seré feliz, que ya tendrán noticias mías.» Este relato fue escrito en pleno peronismo, en la época de «Casa tomada» y «Carta a una señorita en París». ¿Nos dice algo?

Dos semanas más tarde se produce un nuevo cruce de cartas con el editor. Julio le anuncia que las noticias familiares han vuelto lentamente a la normalidad; su hermana ha ido mejorando, dentro de lo que es posible dada su irreductible esquizofrenia, y en todo caso su madre está más tranquila. Así pues, las gestiones de Porrúa han surtido su efecto: visitas a la familia Cortázar, entrega de dinero para los gastos... En paralelo el escritor trata de localizar a un psiquiatra de prestigio para que se ocupe de Ofelia. Desde Saignon la maniobra no resulta nada fácil: hay muchos elementos aleatorios unidos a la certeza de que la familia siempre es la menos eficaz en las patologías mentales. Argentina, además, no se había convertido aún en la meca de la psiquiatría latinoamericana y no contaba con instituciones donde un enfermo pudiera ir sin la sensación deprimente de caer en un manicomio. Según Julio, una clínica mental en su país es un eufemismo de loquero que no engaña a nadie. Ya había escrito sobre ello en *Rayuela*, poniéndose en la piel del personaje de Talita: «La clínica era una idea de miedo, de desconocido, una visión espeluznante de locos furiosos en camisón, persiguiéndose con navajas y enarbolando taburetes y patas de cama, vomitando sobre las hojas de temperatura y masturbándose ritualmente.» No. Memé no puede terminar en un lugar así.

Pero a distancia su hermano se siente bastante maniatado: desde aquí sólo puede mandar dinero a su madre, para que no tenga problemas mayores, y confiar en que las cosas se estabilizarán hasta la próxima vez. «Y ya van muchas», dirá a Porrúa. De nuevo ni una palabra de empatía o de comprensión hacia su hermana. Al contrario: un velado reproche. El hombre que ha escrito *Rayuela* y se ha sumergido en los abismos psíquicos de tantos personajes —el tipo que vomitaba conejitos, Oliveira, la Maga o Johnny Carter— permanece impasible al dolor de Ofelia. Aparte de sus propios temores al suicidio, son demasiados años atrapado en sus trenzas, soportando el eco de sueños incestuosos. ¿Altavoces peronistas *again*?

62. MODELO PARA ARMAR

Durante el mes de agosto los Cortázar siguen en el rancho. Desde hace un par de meses no ha caído una gota de lluvia y esto inquieta mucho a los campesinos, pero no a los intelectuales que se pasean felices por los campos de lavanda y leen libros estructuralistas. La broma es de Julio. Pasado el enésimo disgusto a causa de Memé, ahora recupera el ritmo de escritura de *62*. La verdad es que tiene ganas de terminar ese texto bastante complejo que quizá nadie llegue a entender; pero en el fondo el primero en no entenderlo es él mismo, ya que se ha impuesto tantas cláusulas anómalas que todos los recursos usuales de la literatura le resultan inservibles. El reto es muy difícil y se nos hace arduo resumirlo en pocas líneas. Consiste en escribir una novela en la que un grupo vinculado por el amor o la amistad forma una especie de constelación, de superindividualidad, y en la que los actos que cada uno de sus miembros cree fruto de su libre albedrío, nacen en realidad de una serie de interacciones voluntarias o involuntarias que desatan reacciones limitadas o en cadena. Esto no era nuevo en su vida. En entrevista a Luis Harss declaró: «Aparte de nuestros destinos individuales somos partes de figuras que desconocemos.» En realidad el tema de las «figuras» se remontaba a la época de Banfield y es uno de los grandes *topoi* cortazarianos. Cuando Cocó presenciaba un fenómeno que los mayores llamaban «coincidencia» o «casualidad», él se preguntaba si no estaría regido por otras leyes. Mucho más tarde el personaje de Persio, en *Los premios*, expresaría aquella vieja inquietud. Luego llegaría *Rayuela*. Y ahora esta nueva prueba de fuego: demostrar que nuestro destino, como el de las estrellas, forma parte de una constelación, de un conjunto mayor cuyas relaciones internas se nos escapan y que no podemos medir con la razón.

La escritura de *62* coincide con la lectura emocionante de *Cien años de soledad*. Un libro también complejo, pero en comparación clásico y transparente. En aquel tiempo Julio conocía ya algunos textos tempranos de García Márquez y había vaticinado, como en el caso de Vargas Llosa, que el futuro de la novela latinoamericana

iba a pasar por sus manos. Pero la novela del colombiano supera todas sus previsiones y él la sitúa a la altura de *Paradiso*, de Lezama
Lima. «Qué libro increíble, Paco —escribe a Porrúa—... los más viejos
ya nos podemos morir, hay capitán para rato.» Este detalle es importante porque nos habla de otra rara virtud cortazariana: la generosidad. Si ha habido un escritor inmune a los celos profesionales,
éste ha sido Julio. Es capaz de honrar a los maestros vivos (Borges)
o rescatar del olvido a los maestros muertos (Felisberto Hernández);
divulgar la obra de autores desconocidos (Lezama Lima) o proteger
a los talentos del futuro (García Márquez o Vargas Llosa). Siempre
se alegrará de corazón de los éxitos ajenos. Y con el tiempo atende-
rá con gentileza a todo aquel muchachito que se acerque para pedirle consejo, y a toda aquella estudiosa o poetisa que reclame sus
palabras.

A finales de agosto los Cortázar realizan una breve escapada a
la isla de Córcega, invitados por el poeta Jean Thiercelin y su esposa. Aunque ya están hechos a la calma idílica de Saignon, el contraste es abismal. Instalados en un rincón perdido en la más profunda
soledad de las montañas, descansan en un viejo molino que se alza
junto a un torrente. El Bevinco. En seguida Julio y Aurora se sienten en la gloria: el rumor del agua les acompaña siempre y el anfitrión les enseña a pescar truchas que luego preparan asadas sobre
una piedra. Como no hay luz eléctrica, se han de arreglar con velas.
La experiencia resulta maravillosa, descubrir que en Europa se puede vivir casi en la Prehistoria. Tras más de quince años en el continente se enfrentan ahora a su rostro más primitivo y bucólico. Europa no sólo es París, o Viena o las hermosas ciudades italianas. Son
este molino, las aldeas arcaicas y misteriosas, sus antiquísimas iglesias
románicas, el dialecto corso... Cuando regrese a Saignon escribirá a
sus anfitriones para decirles que el rumor del torrente ya forma parte de sus venas y que sus aguas cristalinas son una caricia para el corazón. Pero la experiencia corsa les ha contaminado de por vida.
Ahora Saignon les parece demasiado moderno, demasiada electricidad, demasiado dócil el rebaño de colinas que se suceden hasta el
infinito. Incluso el rancho, con todas sus arañas rojas y sus avispas

traicioneras se les antoja civilizado. Basta mostrarle algo nuevo a Cortázar para que su imaginación febril cambie sus antiguas percepciones y hasta el orden más o menos «sagrado» de las cosas. El mundo como un calidoscopio. Siempre.

El 14 de septiembre la pareja cierra la casa y pone rumbo a París. Aunque el verano se ha visto marcado por los problemas mentales de su hermana, el autor de *Rayuela* se siente satisfecho porque ha logrado concluir una versión aceptable de su novela.

EL CHE SE HACE INMORTAL

A principios de octubre Cortázar se encuentra en Argel trabajando en una reunión del Grupo 77 de las Naciones Unidas. Aparentemente todo es rutinario: la oficina, los burócratas, el hotel, las traducciones... Pero esta vida que conoce demasiado bien se verá alterada drásticamente con el anuncio de la muerte del Che Guevara. Aunque las noticias son confusas, el legendario guerrillero ha caído en Bolivia mientras intentaba proseguir el sueño de extender la Revolución. La respuesta de Julio es de incredulidad: no puede creerlo o quizá sea más exacto decir que no quiere creerlo. Al fin y al cabo siempre había sentido un cariño especial por esa figura que encarnaba para él los ideales de un mundo más justo. No, este hombre no puede haber muerto. Pero la evidencia se va imponiendo con las horas, sobre todo tras el discurso de Fidel Castro donde confirma oficialmente la muerte del camarada. Entonces Cortázar se hunde. Prisionero en la oficina, no tiene valor para expresar su pena rodeado de «imbéciles burócratas», como los llama él, y debe encerrarse en los lavabos. Como le contará más tarde a Fernández Retamar: «me encerré una y otra vez en el baño para llorar; había que estar en un baño, comprendes, para estar solo, para poder desahogarse sin violar las sacrosantas reglas del buen vivir en una organización internacional».

De nuevo la vieja canción: Cortázar no es amigo del poder pero necesita del *establishment* para ser libre. Al igual que le ocurría en su juventud, debe asegurarse el cheque bancario, el maldito talón. Este cheque es cada vez más generoso: le permite mantener a las mujeres de su familia, recibir a los amigos, viajar, escribir y costearse sus largas estancias en Saignon. Sin ese talón la vida sería muy diferente. Por eso ha de encerrarse en el baño, ha de morderse la lengua como un colegial, fingiendo que no pasa nada. Pero pasa. Un año antes su primer gran entrevistador, Luis Harss, detectó esta contradicción: «Cuando lo conocí era un hombre todavía muy "uptight", como se dice en inglés; es decir, tenso algo envarado. Ya había escrito *Rayuela*, o sea, que una parte de él ya había florecido, se había liberado, pero otra parte de él... Era un tipo muy distante, de una cortesía muy de un empleado de las Naciones Unidas, de la Unesco; es decir, no era un tipo que había soltado el ovillo como se supone... No sé qué ocurrió luego. Gran parte de sus lucubraciones eran mentales, ¿no? Libertades y pesadillas mentales.» La pregunta se impone: ¿qué hace un hombre así llorando por un guerrillero?

Probablemente la fascinación por el Che también nace de esto, de la pureza de espíritu revolucionaria, de su desprecio por la doble vida, porque el Che ha renunciado a la primera persona del singular. No ha muerto en La Habana, sentado en una poltrona del Ministerio de Economía: eso sería como morir de un infarto en una reunión del Grupo 77 en Argel. Una muerte más. El Che ha muerto luchando por los oprimidos en una aldea perdida, representando una coreografía heroica escrita con sangre, sudor y lágrimas. Mucha de la amargura de Cortázar proviene de ahí, de saber que ha muerto su álter ego, o más bien el tipo de hombre extraordinario que le habría gustado ser. Y no ha podido ni ha sabido ser. Un hombre que nunca ocultó sus verdaderos sentimientos encerrado en un lavabo.

En la carta a Fernández Retamar se traduce un estado anímico donde coexisten la tristeza y el sentimiento de culpa; también su incapacidad para escribir al calor del momento. Aunque el poeta cubano le ha pedido unas breves líneas de homenaje, Julio se excusa con el corazón roto: es incapaz de escribir cuando algo le duele tanto. No es ni será nunca el escritor profesional que se mueve en función de su nombre. Dice: «La verdad es que la escritura, hoy y frente a esto, me parece la más banal de las artes... El Ché ha muerto y a mí no me queda más que el silencio». Es evidente que esta muerte supone un duro golpe para Cortázar: de nada le sirve su regreso a París ni tampoco la compañía de Aurora, que no siente el mismo cariño por la Revolución ni el mismo dolor por la pérdida. Si al menos estuviera con Ugné, entonces sí, podrían llorar juntos. Pero no Glop. Pocos días más tarde escribe una carta al escritor chileno Jorge Edwards donde las heridas siguen abiertas:

> París me ayuda ahora a reaccionar lentamente, pero el golpe es de los que no se restañan, y de alguna manera sigo flotando en una inercia culpable, manoteando aquí y allá, caminando horas enteras por los barrios donde a fuerza de sentirme anónimo acabo por acercarme de nuevo a mí mismo... Llevará tanto tiempo reconciliarme con el sol, con el amor y con el hecho de seguir vivo mientras él ya no sabe de eso.

Esta fijación por el mito revolucionario no siempre fue bien comprendida y sigue dando pie a críticas sobre su persona. Ocurrió en vida y sucede aún a los treinta años de su muerte. Pero quizá haya que considerar un hecho: en aquel entonces pocos conocían el lado oscuro de Che Guevara. Salvo en Cuba, nadie podía imaginar que el soñador que había deslumbrado con sus ideales –Sartre llegó a decir de él que era «el ser humano más completo de nuestra época»– era también un fanático sediento de sangre. Ahora ya lo sabemos. Seguro de su papel, al Che no le tembló el pulso al firmar cientos de sentencias de muerte e incluso eliminar de un pistoletazo a cualquier enemigo de la Revolución. Ciertamente Cortázar pudo haber intuido algo cuando su héroe subió a la palestra en la sede de las Naciones Unidas y proclamó ante el mundo: «¿Fusilamientos? ¡Sí! Hemos fusilado y seguiremos fusilando mientras sea necesario. Nuestra lucha es una lucha a muerte.» Semejante bravata no era propia de un cronopio ni de Oliveira ni de Johnny Carter; pero tampoco sabemos si el autor de *Rayuela* escuchó el discurso. En todo caso seguía prisionero de la visión romántica de la revolución cubana. Por eso acabó escribiendo un pequeño homenaje al Che que inmediatamente fue divulgado en la isla. Se trata de un poema hermoso y emotivo. Para el lector actual confirma la gran distancia que existe entre la realidad y el deseo. El Che no era así, o para ser justos, no fue sólo así y tenía un lado bastante siniestro. A veces los soñadores y los idealistas pueden tenerlo. Lo curioso del poema es que dice más de Cortázar que de su propio ídolo. A su manera también habla de aquel niño solitario de Banfield: un niño que quizá habría sido más feliz con un hermano valiente que con una hermana histérica de trenzas largas.

> Yo tuve un hermano.
> No nos vimos nunca
> pero no importaba.
> Yo tuve un hermano
> que iba por los montes
> mientras yo dormía...

CAMBIO DE RUMBO

A principios de noviembre Cortázar decide aceptar una invitación para participar en el Congreso Cultural que va a celebrarse en La Habana. ¡Él en un congreso! A veces se mira en el espejo para convencerse de que es verdad. Realmente hay que querer mucho a los cubanos para romper una norma inflexiblemente respetada a lo largo de toda su vida. Y los quiere, sobre todo ahora que la isla ha perdido al hombre que encarnaba los ideales más puros de la Revolución. Necesita estar con ellos. Sin embargo esta vez no irá con Aurora. Desde el principio ella no desea sumarse a esta aventura que le deja totalmente indiferente, o lo que es peor, que no le agrada en absoluto. ¿Qué se trae Julio entre manos? Desde que descubrió Cuba se ha vuelto un «zurdo», un rojo, y tiene demasiados pájaros en la cabeza. El éxito con los lectores no le ha vuelto más tranquilo sino más inquieto, más curioso, más audaz. No es la clase de noticia que le agrade a una esposa.

Tras pasar el día de Navidad juntos, Cortázar toma un avión con destino a La Habana. Al llegar descubre que el Che sigue vivo en las calles y en el corazón de las gentes, en ese plano donde la muerte deja de ser negativa y hasta trágica. Nadie ha perdido la esperanza. Durante varios días participa activamente en el congreso, donde se refuerzan algunos aspectos algo descuidados de la lucha revolucionaria en América Latina y en todo el Tercer Mundo. Esta actividad se desarrolla en paralelo a un trabajo interior, un aprendizaje penoso pero necesario de lo que tiene que llegar a ser si quiere encontrarse a sí mismo. Antes de este viaje Julio ya conocía el valor que sus libros empezaban a tener en el Cono Sur, pero ahora comprende algo bello y a la vez terrible: siente que se debe moralmente a este mundo del que se escapó hace más de quince años. Para alguien que comenzó como discípulo aventajado de Borges esto tiene algo de fatalidad. Obviamente no aspira a sumarse a la guerrilla, pero sí a emprender una acción análoga desde el campo literario. Definitivamente Cuba está siendo su camino a Damasco. Declara: «Quisiera hacer que América Latina aprovechara de ese azar insensato que me ha convertido en una especie de "mentor del sentir" (más que del pensar) de los jóvenes de mi país y de los otros países latinoamericanos.» Esto es importante. Como buen cronopio, Cortázar no pretende convertirse en el clásico *maître à penser* a la francesa, no quiere enseñar a nadie la senda de su pensamiento sino de su sentimiento. Por eso desea seguir escribiendo, claro, pero de manera que el afecto que sienten por él se traduzca en fuerza, en levadura, en revolución.

El nuevo problema que se le plantea a Julio es conciliar su firme compromiso político con su negativa total a hacer una literatura «revolucionaria» en el sentido tradicional del término, es decir, la literatura que canta las excelencias de la gran aventura socialista o comunista. Las concesiones no están hechas para él. Incluso en estas circunstancias históricas aspira a que su revolución sea exclusivamente estética, como en *Rayuela*, o como en esta nueva novela que él sospecha que nadie va a entender. Hay algo irónico en esta etapa clave de su vida: en el momento que desea comprometerse a fondo y seguir «influyendo» en el sentir de los jóvenes, acaba de escribir una obra que probablemente éstos ni lograrán leer. En todo caso Cortázar comienza el año sumido en un gran debate consigo mismo; tampoco se le escapan los peligros de sus decisiones. Dos semanas después de su regreso se sincera a Jean Thiercelin, cuyo torrente corso de aguas cristalinas permanece aún en sus venas: le confiesa que hay algo «terrible» en esta toma de conciencia que acaba de experimentar en La Habana. Sabe que no puede rechazar, que no quiere rechazar, y que aspira a ayudar de la manera más útil a la causa de la revolución tal como la entiende Cuba y no los Partidos Comunistas de medio mundo. «Ya ves, para alguien que tiene más de 50 años y cierto derecho a que lo dejen en paz, esta convicción repentina, esta "decisión", son perturbadoras.»

PASAJE A LA INDIA (II)

El 19 de enero Cortázar se halla de vuelta en París. Durante una semana se dedica a ultimar los preparativos de su inminente marcha a la India para trabajar en un congreso de la UNCTAD. En paralelo Octavio Paz le ha invitado a pasar el invierno en Nueva Delhi, donde ejerce el cargo de embajador de México. Esta vez Aurora está encantada con el plan: al menos allí su marido se curará de esa rara fiebre socialista, al menos allí volverán a ser felices como la primera vez. A lo largo de esa semana Julio se siente prisionero entre dos viajes, entre dos aviones. Está tan desbordado que todo parece suspendido sobre su cabeza, imposible dormir y tampoco estar despierto. Una vez más las vacunas le producen fiebre, jaquecas, insomnio... Aunque no suele caer en la autocompasión, sabe que se encuentra en una encrucijada. Su decisión irrevocable de apoyar la causa cubana le está trayendo graves problemas personales con Glop, y no sólo eso, también un futuro muy incierto, una lucha cotidiana entre lo que él ya sabe que es su futuro deber y lo que le liga al pasado.

Aparentemente este ser escindido no tiene motivos de insatisfacción. Lleva varios días en la Embajada de México en Nueva Delhi, donde vive como un maharajá. El palacete está situado en el 136 de Golf Links, en el barrio de las embajadas, y le recuerda *Las mil y una noches*. No es para menos: la casa es hermosa, con un amplio jardín lleno de flores y pájaros exóticos, muchas habitaciones y varios criados. Los Cortázar se alojan en una amplia área de la casa cuya superficie equivale a un apartamento completo. Disponen de un gran dormitorio, un baño, un salón con biblioteca, y un cuarto para guardar la ropa y las valijas, amén de una salida independiente a la calle. El nirvana. Como dice Julio: «los criados indios no te dejan ni pegarle una estampilla a una carta, pues están misteriosamente a mano para adelantarse a todos tus deseos». Estos indígenas silenciosos pasan el día cumpliendo vagas ocupaciones: uno desliza un trapo por los brazos de los sillones, otro pasa un alambre por las cerraduras de los escritorios y hace misteriosas anotaciones en una libreta, otro mira los enchufes que no funcionan, mueve melancólicamente la cabeza y se va. Pero aunque este cuadro sea como una novela oriental o un relato de Somerset Maugham, él no se encuentra del todo a gusto. Viniendo de Cuba, se siente bastante incómodo y llega a confesar a Paul Blackburn que esta vida regalada le da un poco de asco. La misma sensación se refleja también en otra carta a Jean Barnabé donde reconoce su incomodidad y hasta verguenza. Está claro que no ha nacido para este tipo de vida. Pero añade algo sorprendente: «Aurora sí, pero ya sin esperanzas de que yo pueda proporcionárselo alguna vez.» ¿De modo que la petisa apuntaba alto? Palacetes, criados, embajadas... Al final la mujer de Cortázar se está revelando una burguesa con todas las de la ley, justo en el momento en que su marido ya no tiene ganas de serlo.

Aunque pasan los días, Julio continúa en fuera de juego. Está perdido, ausente, triste, lejos de su corazón, todavía en Cuba. Para que un hombre siga en otra parte después de dos semanas en la India, el problema es grave. Esta sensación se prolongará por más tiempo. En carta a Jonquières escribe: «Estoy flaco, quemado, con un pelo de yogi, y no estoy contento: Cuba y nuestros países siguen mordiéndome las paredes del estómago, murmurándome algo que no sé bien lo que es pero que está ahí como una llamada o un reproche.» Cuba, siempre la isla. Tampoco ayuda el trabajo en la UNCTAD, que le obliga a perder varias horas al día traduciendo aburridos documentos sobre el caucho. Todo esto aumenta su impresión de tedio y de fin de ciclo. Felizmente los anfitriones son una delicia. Aparte de las mil atenciones, las charlas con Octavio le resultan muy calurosas y estimulantes. Julio aprende aspectos importantes sobre política india, marxismo crítico, que tanta falta le hace ahora, poesía latinoamericana, arte hindú, arquitectura musulmana, budismo... Aunque se siente lejos de Paz en muchas cosas –la Revolución cubana sin ir más lejos–, le maravilla su lúcida y sensible inteligencia, su juventud de fondo, su deseo de seguir innovando en la poesía. En cierto modo es la misma actitud intrépida que ha corrido Cortázar desde *Rayuela*, asumir nuevos retos artísticos, pese al peligro de arrojarlo todo por la borda y lanzarse a empresas que muchos de sus admiradores encontrarán ilegibles. En esto son almas gemelas.

Al terminar su contrato laboral, la pareja emprende un viaje por diversos lugares del país. Bombay, Calcuta, Madrás, Ceilán... Un domingo acuden a visitar los célebres templos de Kajuraho, esos edificios admirables del siglo X decorados con fabulosas esculturas eróticas. Julio ya conoce estas figuras, pero ahora encuentra algo esencial que no aparece en los libros de arte: el color miel de la piedra, el aire que las envuelve, el perfume de los árboles invadiendo los templos, y la gente y los pájaros. Estimulado por sus charlas con Octavio, se acerca al erotismo como una forma de trascendencia; todo aquí es una especie de síntesis erótico-mística, quizá dos palabras para definir una misma realidad que los occidentales desdoblamos continuamente. Gracias a Paz se empieza a interesar a fondo por el tantrismo al que dedican largas conversaciones. Entretanto Aurora asiste, discreta e impávida, a la imparable metamorfosis de su esposo, que parece galopar una ola infinita mientras ella lo contempla desde la playa. Este cambio se registra además en la manera tan amarga de percibir el mundo que les rodea. A diferencia del anterior viaje, el Gran Cronopio ya no soporta el paisaje humano que se abre ante sus ojos. La India le muestra horriblemente lo que es el tercer mundo, y se siente muy mal y con un continuo ardor de estómago. Está claro que no es el joven esteta de 1956, cuando se concentraba en ver lo bello del país sin preocuparse casi nunca del resto, que en la India es casi todo.

Ahora tiene la impresión de que no queda ninguna esperanza; le basta caminar una hora por la vieja Delhi, perdido entre una increíble muchedumbre miserable y bella al mismo tiempo, para sentirse en otro planeta. Asediado por nubes de niños hambrientos, le conmueve ver a esas criaturas famélicas y enfermas que se golpean el estómago con una mano y con la otra repiten una frase que es como el leitmotiv oriental: «*Bakshish, sa'hb, bakshish.*» («¡Limosna, señor, limosna!»). Las desigualdades son monstruosas. En aquella época el precio de una habitación de hotel en primera clase equivalía a la suma con la que medio centenar de familias podían alimentarse un día. Las dietas que Cortázar recibió en el congreso −noventa rupias diarias− era lo que un barrendero ganaba en un mes. Una noche salieron de paseo por Delhi y tuvieron que tomar un *rickshaw* porque no había taxis para volver a casa. Al llegar Julio le dio diez rupias al viejo conductor y éste se quedó atónito. Bajó del vehículo, examinó el billete mil veces, y luego empezó a seguirles, arrodillándose a cada momento, y queriendo abrazar las rodillas de su benefactor. Éste supo después que con aquellas diez rupias el viejo podía alimentar a su familia una semana. Cuando lo cuente a Jonquières añadirá algún elemento interesante: le habla de una India más pobre y más triste, y de un extraño sentimiento de desapego que no conocía. Pero atribuye su estado a la andropausia, quizá, o al curry con jugo de mangos o lo que él llama «esas materias metafísicas.» Sin embargo no es la andropausia ni el curry con jugo de mangos. Es la conciencia, es la empatía, es la piedad hacia los demás... Ese prójimo tanto tiempo ignorado. Poco después Cortázar decide conocer Calcuta y allí se llevará una de las impresiones más fuertes y descorazonadoras de su vida. En la estación de ferrocarril y las plazas adyacentes viven millares de familias sentadas, en los andenes, las calles, entre dos vías, al borde de los charcos de agua pútrida. Cada familia tiene media docena de hijos que se revuelcan desnudos en el barro y la mugre; tanto los niños como los adultos están esqueléticos, muchos son leprosos o padecen elefantiasis, y el núcleo familiar no es otra cosa que una olla de arroz alrededor de la cual se reúnen para distraer el hambre. De pronto esta escena cruel y caótica se le antoja la mejor imagen del Infierno. Este shock contrasta con la visible indiferencia de sus compañeros de la UNCTAD. Si en condiciones normales los siente bastante lejos, la experiencia india contribuye a ahondar las diferencias. Pocas veces veremos a un Cortázar tan irritado como en la India. Detesta a esos compañeros del primer mundo que abominan de la suciedad y de la miseria, pero miran a otra parte o no hacen nada. «Hay un horror permanente que sólo pueden ignorar los que viajan por cuenta de American Express y duermen en hoteles de lujo... Creer que estamos en la edad moderna, después de una visión semejante, es ser hipócrita o imbécil.»

Tras el infierno de Calcuta, la pareja se desplaza hasta Ceilán. Se cumple así un remoto sueño infantil de Banfield, cuando la palabra Ceilán aparecía en las novelas de Julio Verne o Salgari y le hacía soñar despierto. El contacto con la realidad siempre encierra sus peligros pero la isla le salva. Como dice él, es un pequeño paraíso, incluido lo cursi de la connotación: el paisaje preadamita, las playas, los niños desnudos jugando en la orilla, el sabor de las frutas, los templos budistas, los bungalows con mosquiteras a la orilla del mar... Todo esto le ayuda a olvidarse por un momento del horror cotidiano de la India, pero también sabe que ese olvido es voluntario y efímero. Calcuta se clavará hondo, no Ceilán. En todo caso la estancia le deja un pasajero buen sabor de boca que le permite regresar a casa de Octavio Paz en mejores condiciones de ánimo. Renacido, manda postales cariñosas a la hija de los Jonquières, por ejemplo, o participa en una danza colectiva en el jardín de la Embajada mexicana, rodeado de sus anfitriones y de los miembros del servicio. Hay una corta filmación doméstica del momento. El visionado de la película no expresa las emociones bastante amargas de Cortázar. Al contrario: es un raro momento solar que le devuelve la *joie de vivre* en el *hortus conclusus* del amigo. En la danza del jardín de Octavio, casi a cámara lenta, le vemos saltar como un watusi intentando participar en una ceremonia de carácter tribal. Pero nos llama la atención que a cada nuevo salto, el argentino se recompone tenazmente el cabello en un gesto de muchacho que no desea desmelenarse del todo. El liberarse de ese cabello que le cae indómito sigue siendo su asignatura pendiente.

A finales de abril los Cortázar salen de la India, pero antes de volver a París se detienen en Teherán. Un nuevo compromiso con las Naciones Unidas les obliga a permanecer allí durante tres semanas, traduciendo para la Conferencia sobre Derechos Humanos. Hace mucho frío. Aunque no disponen de demasiado tiempo libre, aprovechan para viajar hasta Ispahán. Una vez más Julio cae rendido ante la arquitectura musulmana: las increíbles mezquitas con sus cúpulas turquesa, sus caligrafías cúficas, su asombroso sentido del espacio. Y comparte con Aurora. Ella está encantada: éste es el Julio que prefiere, culto, sensible, equilibrado, viajero, occidental. El Dr. Jekyll. Es el mismo hombre que le ha mostrado su último trabajo, *62. Modelo para armar* y le ha gustado mucho. Ella sabe como nadie que su marido es sumamente exigente y que rara vez se siente satisfecho. Siempre se lamenta de que nunca ha dado en la diana, pero también es cierto que es capaz de pasarse años enteros apuntando y disparando la flecha.

EL MAYO FRANCÉS. COSECHA DEL 68

A mediados de mayo llegan a París. Tras un largo invierno en Oriente necesitan un descanso para intentar resolver sus problemas personales, pero por primera vez la ciudad les recibe de un modo extraño, nuevo, inconcebible. ¿Qué ocurre? Acaban de volver de la India y se encuentran un lugar bloqueado por barricadas y manifestaciones estudiantiles. Ha estallado la revolución. Para explicar este momento clave del siglo XX quizá debamos iluminar un poco el escenario. Desde un punto de vista histórico el cenit de la década se alcanza en 1968, fecha en que todas las energías rebeldes dispersas confluyen en un punto y se produce algo similar a un Big Bang. Pero esta llama no ha brotado espontáneamente: a lo largo de los años sesenta las ideas y los hábitos de los países más avanzados habían ido cambiando hasta que la semilla del inconformismo logró germinar entre la juventud. Desde Oriente a California aquellos jóvenes surgidos del *baby-boom* de la posguerra cuestionaban ahora el modelo de sus mayores y decidieron enfrentarse a él en nombre de la utopía. En realidad no sólo abominaban del viejo sistema burgués sino de la izquierda moderada y hasta de los partidos comunistas, responsables también de un mundo fosilizado. Aunque sus reivindicaciones tomaron en cada caso una forma particular –Berlín, Tokio, Praga, París, Berkeley...–, en la base anidaba un mismo deseo de transformación. Esta actitud contestataria se tradujo en las costumbres juveniles que modularon hacia unos modos tan insólitos como ofensivos para el capitalismo. Los términos «LSD», «píldora», «hippie», «amor libre», «contracultura» o «revolución» se incorporaron al vocabulario como conceptos inseparables de aquel período.

En relación al Mayo Francés diremos que fue un movimiento iniciado por estudiantes y personajes del mundo de la cultura que, al extenderse al ámbito obrero, desencadenó un terremoto sin precedentes en la Francia moderna. Según el escritor Juan Goytisolo, que residía en París, «aquello fue una fiesta para todo el mundo», un mundo obviamente progresista. Miles de estudiantes se echaron a la calle tras llenar las aulas de la Sorbona donde bebían con avidez la palabra de sus gurús: Sartre, Foucault, Deleuze, Baudrillard... Muy pronto aquellas manifestaciones acabaron provocando serios altercados de orden público y el país entero se colapsó. Otro testigo de excepción, la escritora Marguerite Duras, declaró: «El 68 me cambió más que cualquier acontecimiento que yo haya vivido. Me cambió como un gran amor puede cambiar a alguien.» Lo mismo podría decir Cortázar. Revolución, cambios, gran amor... Mientras comenta la situación con Aurora, se muerde las uñas para no volar junto a Ugné. El destino les ha puesto a los tres en situación de *match ball*.

Entretanto la juventud se mostraba muy ingeniosa y combativa. Todavía hoy sorprenden aquellos inolvidables grafitis que alegraron los muros de París y de las principales ciudades francesas: PROHIBIDO PROHIBIR, MIS DESEOS SON LA REALIDAD, SED REALISTAS: PEDID LO IMPOSIBLE, EL ALCOHOL MATA: TOMA LSD, IMAGINACIÓN AL PODER, SOY MARXISTA DEL SECTOR GROUCHO, O INVENTAD NUEVAS PERVERSIONES SEXUALES (¡NO PUEDO MÁS!). Ante consignas de tal calibre, el político Georges Pompidou dio en el blanco al decir: «*Au fond, tout ca c'était Breton.*» En efecto. La revuelta heredaba la lección del poeta surrealista, quien había aconsejado mucho antes bajar a la calle y disparar indiscriminadamente a la multitud: aquel disparo simbólico estaba cristalizando al fin en barricadas y cócteles molotov. Sobre esa Francia fuera de control rondaba además el fantasma del conde de Lautréamont, de los miembros del Cabaret Voltaire y de algunos travestidos del Berlín de entreguerras. Luego había llegado Guy Debord y los chicos de la Internacional Situacionista con todo su arsenal neodadá. Toda la *crème* alocada del siglo parecía haberse dado cita en aquella ceremonia de derribo del sistema burgués. Tampoco faltaban los espectros de las primeras feministas, que sin duda habrían muerto de un colapso ante un caos semejante, abrumadas al ver como las jóvenes francesas interpretaban tan a la ligera la idea de una habitación propia.

Al fin la bomba ha estallado: se anuncia un cambio inminente, las viejas estructuras se tambalean y Cortázar no sale de su asombro. El mundo parece lleno de cronopios, al fin, y los famas retroceden atemorizados. Durante varias semanas se pone abiertamente de parte de los estudiantes sublevados, como ya hiciera en Mendoza, pero esta vez para echar abajo las buenas conciencias burguesas. Lo que más le interesa es demostrar que la poesía puede salir a la calle y señalar un camino de salvación. Para ello no duda en acercarse hasta el Pabellón Argentino de la Ciudad Universitaria, donde un grupo de jóvenes compatriotas se han encerrado para protestar públicamente por la política de su país. Éste gesto en defensa de la democracia les vale el apoyo inmediato de un grupo de artistas e intelectuales. El manifiesto de solidaridad irá firmado nada menos que por Jean Paul Sartre, Simone de Beauvoir, Michel Leiris, Nathalie Sarraute, Carlos Fuentes, André Pieyre de Mandiargues, Juan Goytisolo, Wifredo Lam, Copi... Tampoco falta la firma de Cortázar, que es recibido con el calor que merece alguien que ha escrito *Rayuela*. Desde Buenos Aires el Gobierno del general Onganía se defiende con una campaña de calumnias y falsedades: la prensa porteña hace circular el infundio de que Cortázar había irrumpido en el Pabellón Argentino, envuelto en una bandera roja. La apoteosis. Cuando lo cuente a Cabrera Infante dirá: «Qué tema para Delacroix y para el indio Naborí. La verdad es que sólo llegué horas después de la ocupación, y lo más rojo de mi actuación fue el vino tinto que me bebí con los muchachos. La historia oscila siempre entre la poesía y el camelo.»

Pero aunque se reste méritos, Julio sabe reconocer la hora. Consciente de que el Destino ha puesto a prueba sus nuevas convicciones, el Mayo Francés va a exigirle lo mejor de sí mismo. Durante un par de semanas lleva a cabo tareas relacionadas con la protesta estudiantil, se embarca en misiones, redacta y firma documentos. Todo es demasiado maravilloso para no zambullirse hasta el cuello en esa increíble presencia de la imaginación en libertad. En este tiempo apenas logra dormir, camina muchos kilómetros diarios porque las huelgas dejan el país sin combustible ni transportes públicos. Luego se pasa el día metido en manifestaciones, barricadas, inmerso en polémicas y diálogos con los jóvenes y los obreros. Esta experiencia va a inspirarle un texto que manda inmediatamente a la revista *Marcha* de Montevideo. Se trata de «Noticias del mes de mayo», que incluirá en su nueva obra: *Último round*. Dado que la historia de la Humanidad se repite hasta la náusea es oportuno revisar algunos de sus argumentos que podrían suscribir hoy los «indignados». Cortázar sabe que los estudiantes piden una nueva definición del hombre en la sociedad; y lo piden en la única forma en que es posible hacerlo en ese momento, sin reivindicaciones parciales. Lo piden con una entrega total de su persona, con el gesto elemental e incuestionable de salir a la calle y gritar. El grito se dirige contra un Poder corrupto, insolidario y caduco. La diferencia es que los «indignados» del siglo XXI son mucho más pacíficos y no sólo representan a los jóvenes sin futuro sino a personas de todas las edades que están siendo marginadas por el sistema.

La revuelta francesa concluirá abruptamente: el presidente De Gaulle convoca elecciones de urgencia para salvar al país y obtiene el respaldo de la mayoría. Estos resultados hunden a Cortázar. Había depositado muchas esperanzas en esa fiesta que él definió en una sola línea: la juventud contra la Gran Polilla. La posibilidad de que una revolución a escala nacional llegara a buen puerto, le había alegrado la vida. «Estoy amargado pero no soy tonto y sobre todo no soy ingenuo; las cosas son así, y habrá que seguir luchando donde y como se pueda, en Cuba, en la Argentina, en los USA, en Vietnam...» En relación a esto último, solía decir que la lectura cotidiana de las noticias sobre la guerra bastaban para privarle del perfume de las flores. Le molestaba profundamente el imperialismo yanqui, que era una versión moderna del viejo colonialismo. En el fondo su inconsciente seguía sin perdonar el robo que los yanquis le hicieron a Firpo. Lamentablemente el panorama no mejora en aquella primavera, en pocas semanas caen asesinados dos defensores de los derechos civiles: el reverendo Martin Luther King y el senador Robert Kennedy. Cuando comente los hechos con Gregory Rabassa expresará toda su rabia, pero sin perder un destello de esperanza: «Qué planeta, hermano, qué mierda increíble. Pero siempre con una florecita creciendo encima del montón de mierda, como en el poema de Allen Ginsberg.»

EL VERANO MÁS TRISTE EN SAIGNON

Tras una breve estancia en Atenas los Cortázar se instalan en la Provenza. Al llegar allí reciben la visita de Paul Blackburn y su familia, que se quedan con su flamante furgoneta Volkswagen en las inmediaciones de la casa. Desde hace tiempo Julio y Paul son buenos amigos y mantienen correspondencia relacionada con las traducciones. Un par de años antes ya habían trabajado juntos en la versión inglesa de *Final del juego* y ahora se reúnen para resolver dudas acerca de *Historia de cronopios y de famas*. Por unos días reina la camaradería. En los ratos libres Cortázar les habla de su reciente estancia en Grecia, junto a Vargas Llosa, y de las deliciosas veladas en las tabernas atenienses charlando y apurando botellas de retsina. Ahora esas veladas se reeditan con los Blackburn. Se diría que el verano ha entrado con buen pie: los campos reverberan bajo el sol y los amigos se refrescan en la alberca. Pero al final Paul y los suyos deben partir y los Cortázar se quedan solos.

Durante varias semanas se abre un misterioso paréntesis del que no sabemos nada. Pero a finales de mes Julio escribe una carta a Julio Silva en la que le felicita por el trabajo realizado en la cubierta de su nuevo libro; antes de despedirse suelta la bomba: ha decidido separarse de Aurora. Lo explica así: «Una crisis lenta pero inevitable, un largo proceso de cuatro años, nos ha puesto frente a una situación que, como gente inteligente y que se quiere y se estima, tratamos de resolver de la manera menos penosa posible.» El primer paso es que ella regrese cuanto antes a París mientras él permanece trabajando en Saignon. En la misma carta alude, sin nombrarla, a la persona con la que desea emprender una nueva vida, pero al mismo tiempo le ruega al pintor que se haga cargo de Aurora cuando ésta llegue a la ciudad. El mismo día escribe otra carta a Francisco Porrúa para informarle de su dolorosa decisión. En ella le transmite algunos detalles del proceso y se compromete a salvaguardar la amistad y el afecto. Pero no le oculta el detonante: hay otra mujer. Dado que Ugné Karvelis trabaja en Gallimard, prefiere mantenerla en el anonimato. No desea que Paco comience a hacer cábalas en el terreno equivocado, el profesional, y se limita al de las emociones: hay alguien que llena plenamente su corazón y aspira a recorrer con ella el tramo final de una vida ya muy larga. Dos días más tarde escribe a Jean Thiercelin en similares términos, pero con un acento más dramático: «Soy un hueco, un vacío que intenta ver más claro; por el momento necesito —y Aurora también— estar solo. Les repito, no crean que los olvido. No vengan, no escriban. Iré a verlos, ya hablaremos.»

En ausencia de Glop se refugia en los libros: ellos le salvan de sí mismo y de envenenarse con la atmósfera triste que le rodea. Cortázar está pasando malos tiempos, los peores que puede haber cuando una larga construcción en común de tantos años se viene abajo, hay que empezarlo todo de nuevo, o creer que todo va a empezar de nuevo. Si no fuera por el recuerdo de los Blackburn, la visita de Julio Silva o la llegada ocasional de varios amigos estaría atrapado en un pozo. Pero en el fondo sigue encontrándose muy solo. Ya ha pactado con Aurora que él se quedará la casa de Saignon y ella la de Général Beuret. Cada uno deberá renunciar, pues, a la mitad de lo que habían construido. Todo sucede demasiado rápido, demasiado amargo, demasiado duro.

En este período el autor de *Rayuela* va ultimando una nueva obra, una especie de almanaque con textos muy variados: *Último round*, que sigue la fórmula de un collage tan rico como los tiempos que le han tocado en suerte. Hay cuentos, poemas, homenajes al Mayo Francés, fotografías, grabados, impresiones de la India... También un texto titulado «Uno de tantos días de Saignon». Este texto nos acerca a la cotidianidad de Cortázar en un verano crucial que lo cambiará todo. Pero como él no pertenece al género de los confidenciales, no hace la menor referencia a su descalabro matrimonial. Prefiere hablarnos de sus hábitos, las músicas, las bebidas, el calor de los invitados, el asadito, las avispas que se ahogan en los vasos de *pastis*, la llegada del cartero, el murciélago que le visita al caer la tarde o las sombras de nubes que se desplazan como ejércitos negros... También las citas literarias. Una de ellas puede darnos una pista de su ruptura con Aurora: «Creo que nunca he rechazado a nadie, de veras. La gente se me ha ido quedando atrás, eso es todo.» La frase pertenece a *Zona sagrada*, una novela de Carlos Fuentes, pero vale también para Julio. Muchos de los que le conocen pueden dar fe de ello. ¿Marcela Duprat quizá? ¿Qué fue de aquellos buenos amigos de su etapa docente a los que no ha vuelto a escribir más? ¿Por qué se le quedaron atrás? Pero donde se advierte el *mood* de este final de verano es en el pasaje donde baja el sendero de la casa, tarareando una canción criolla de Gardel. Una canción que de niño le llenaba de una tristeza sin nombre:

> Ya mis perros se murieron
> y mi rancho quedó solo.
> Falta que me muera yo
> Para que se acabe todo.

ADIÓS, MOROCHITA, ADIÓS

En septiembre Cortázar regresa a París. En seguida alquila un apartamento a pocas cuadras de su casa, lo que le permite seguir teniendo un cómodo acceso a su biblioteca sin vivir bajo el mismo techo que Aurora. Es interesante señalar que apenas se lleva un puñado de libros; en cambio recupera el aparato de alta fidelidad y la casi totalidad de sus discos, sobre todo de jazz, que rescata de Général Beuret con ayuda de dos amigos: Arnaldo Calveyra y Saúl Yurkievich. A distancia sorprende la escena de este hombre, ya célebre, embarcado en mudanzas abruptas por razones sentimentales, como si fuera un atribulado adolescente que descubre las primeras batallas de la vida. Pero quizá sea el tributo de poseer aún esa eterna cara de ángel y creer más que nunca en utopías.

Inmerso en el otoño, Julio se refugia ahora en las calles de París. Los paseos solitarios por la ciudad se multiplican: se le ve cruzando puentes, galerías cubiertas, viaductos, esos lugares de pasaje que tanto significan para él. Se diría que vive prisionero en un cuadro de Delvaux. Por mucho que respete sus pautas cotidianas —esas pautas que le han permitido desarrollar una obra cada vez más sólida e influyente—, el equilibrio emocional se ha roto. Todo aquel nido creado junto a Aurora, aquel espacio cálido, productivo y confortable, ha sido barrido por el viento. El viento terrible de la pasión. Nunca hasta entonces Cortázar se había enfrentado a un enemigo tan poderoso, ni siquiera en los días de la Maga. Este ardor le dispara hacia lo alto, como un repentino surtidor en llamas, hasta las purpúreas zonas del éxtasis. Todo esto es contrario a la razón. Si se mira a sí mismo Julio se mueve entre el asombro y el espanto ante esta fuerza primitiva que le posee por completo. Un fuego tan intenso ya no pertenece a la esfera de su vida consciente, sino que ocurre fuera y por encima de él, y en cierto modo más allá de su responsabilidad. Aunque sufre, procura no castigarse. Sabe que es absurdo juzgar una tormenta o un volcán. Esta esclavitud sensual que le ha despertado Karvelis queda fuera de su antigua concepción moderada de la vida. Pero no sabe ni quiere romper las cadenas. Al final, este hombre maduro y atribulado ha tomado la gran decisión. Escribe a Porrúa: «Yo vivo un tiempo de disolución y quizá de reconstrucción. Cómo carajo saberlo con todo pegado a las narices.» Cortázar atraviesa, pues, un calvario. Sin embargo, en todas las cartas de la época reconoce que su vínculo con Aurora conserva elementos muy hermosos y se compromete a conservarlos a cualquier precio. Quizá sea un modo de alejar los sentimientos de culpa, esas emociones contradictorias que lo asaltan cuando sube la afilada escalera de cierto apartamento del Barrio Latino.

Pero su mayor inquietud sigue siendo Aurora. Consciente del golpe que le ha asestado, no desea en modo alguno que ella quede desamparada. Sabe lo mucho que todos la quieren pero trata de evitar que se produzcan las amargas divisiones que se desencadenan tras una ruptura sentimental. Para ello no duda en escribir a los amigos poniéndoles al corriente e instándolos a que velen por su esposa. Sobre todo ahora que Glop ha decidido escapar unos meses a la Argentina. En carta a Francisco Porrúa comenta: «Ella te quiere tanto que querrá y necesitará verte, y yo te pido desde ya que la ayudes a sentirse mejor.» La petición es clara: hay que cuidar de la morochita porque queda el cariño y el cariño es sagrado. Pero el escritor formula esa petición con dos bazas que sabe ganadoras: apelando a la armonía que reina en el círculo de amistades y al hecho de que la ruptura no los ha separado de forma traumática. En vísperas de la Navidad de 1968 escribe en parecidos términos a Fredi Guthmann; es la misma petición pero sin ahondar en grandes confidencias: a lo sumo le dice que no desea hablar del pasado porque le duele y le deprime. De nuevo el mismo esquema, Aurora está sola, los quiere y los necesita; la pareja ha quedado en excelentes términos: cariño, siempre cariño. Es obvio que el círculo no debe romperse, e implícitamente subyace un mensaje de fondo: aquello que le hagan a Aurora se lo hacen a Julio. A Julio Cortázar.

Sin embargo hay algo más que signos de inquietud en los desvelos del artista: en esas palabras que reclaman calor para su esposa se advierte cierto poso de mala conciencia. Aunque la relación estuviera tocada desde hace tiempo, Julio sabe que activó la mecha al entregarse a Ugné y que esa pasión acabó con su matrimonio. Es cierto que al analizar las causas de la ruptura le confesará a Porrúa que el tema es infinitamente más complicado y sutil, abarca años de avances y retrocesos, de derrotas y capitulaciones. ¿Qué está queriendo decir? ¿Que bajo la apariencia de una pareja ideal se ocultaba el témpano sumergido del iceberg? No lo sabemos. Pero al final siempre hay alguien que da el último gran paso hacia el adiós. Y éste ha sido él. Si reclama cariño para Glop se debe en parte a ese sentimiento de culpa que le atormenta cuando se convierte en su propio interlocutor. El hecho de que Aurora, además, sea tan comprensiva y civilizada, es decir, tan poco pasional, es una arma de doble filo porque de un lado permite que la sangre no llegue al río, pero del otro multiplica los pesares de Cortázar por haberla abandonado. Mientras la morochita sigue en Argentina con el corazón roto, el cronopio apasionado se refugia en los brazos de Ugné. En el 19 de la rue de Savoie.

¿Y cuáles son los ecos de este drástico cambio de rumbo? La verdad es que la separación de los Cortázar sorprende a todos. En este sentido debemos rescatar el testimonio de Mario Vargas Llosa, que acababa de tratarlos muy de cerca en primavera durante el viaje a Grecia. A mediados de junio los tres coincidieron en Atenas en la reunión del Comité Consultivo Internacional del Algodón donde trabajaron como traductores. Según cuenta el peruano:

Pasábamos la mañana y la tarde sentados a la misma mesa, en la sala de conferencias del Hilton, y las noches en los restaurantes de Plaka, al pie de la Acrópolis, donde infaliblemente íbamos a cenar. Y juntos recorrimos museos, iglesias ortodoxas, templos, y, en un fin de semana, la islita de Hydra. Cuando regresé a Londres, le dije a Patricia: «La pareja perfecta existe. Aurora y Julio han sabido realizar ese milagro: un matrimonio feliz.» Pocos días después recibí carta de Julio anunciándome su separación. Creo que nunca me he sentido tan despistado.

¿Qué ocurre, acaso no eran amigos? ¿Por qué no se sinceró Cortázar? Algunos testimonios cercanos sostienen que Julio era un hombre muy reservado que se ocultaba tras un biombo de amabilidad y cortesía. Según ellos, no daba ni recibía intimidad. Estos amigos que tanto lo querían y admiraban nunca acudieron a él en casos de crisis. Nunca hablaban entre ellos de sus problemas personales, ni de los propios ni los de él, quien tampoco les confiaba los suyos. Por eso, aunque Vargas Llosa admitía un cierto grado de intimidad, en Grecia prevaleció el silencio. Por lo demás, la discreción es una forma elevada de gentileza y en cierto sentido de pragmatismo. Si Cortázar hubiera hablado de su grave crisis de pareja es obvio que habría roto la grata armonía que reinaba en el viaje. ¿Entonces? ¿Por qué sembrar de preocupación aquellas bellas jornadas, esas vacaciones caídas del Cielo en medio de la Nada cotidiana? Era absurdo. Para nosotros parece más interesante destacar aquí la actitud de Julio y Aurora, su patrón tan civilizado. Sorprende que en una fase de crisis aguda, de cáncer afectivo terminal, sean capaces de mantener la calma y fingir un excelente estado de salud. Esto dice tanto del carácter de ambos como de la naturaleza de su vínculo, y dicho vínculo revela una vez más, por si quedaran dudas, su naturaleza no pasional. En este punto quizá no deberíamos ser tan categóricos pero lo seremos. Ninguna pareja verdaderamente pasional puede desmoronarse sin estrépito y pasar de puntillas en el escenario de sus allegados. Ninguna. Ya puestos en el juego, ¿alguien se imagina a Edith Aron comportándose tan civilizadamente en una coyuntura semejante? De haber estado en el lugar de Aurora, la Maga habría incendiado el Partenón, habría cerrado todas las tabernas del Pireo y se habría fugado con Alexis Zorba.

UN HIJO CAÍDO DEL CIELO

No sabemos el día exacto en que Cortázar inició una nueva vida con Karvelis; pero tras las tormentas de los últimos meses tuvo que experimentar una mezcla de sosiego, ilusión y esperanza. Julio ya ha rebasado ampliamente el medio siglo y aspira a tener una relación estable, hay una firme voluntad de perdurar en el amor y hacerlo con el horizonte puesto en el final del camino. Gracias al carácter de la lituana, esta nueva etapa anuncia muchos momentos festivos: es una persona hospitalaria que posee además una conversación divertida y vibrante. Algunos de sus amigos no han olvidado los banquetes que ofrecía en la mesa alargada de su apartamento del Barrio Latino. Según ellos, Ugné era como Babette: se sentía feliz cocinando para muchas personas y tenía la virtud de dejar en su memoria el recuerdo de recetas de medio mundo: gazpacho, arenques del Báltico, cuscús *royal*, *cassoulet de Toulouse*, *coq au vin*, *agneau à la navarin*... Cortázar no había comido tan bien en Francia ni tampoco en toda su vida. Al fin había dejado atrás los guisos de mamá.

Aunque conservaba su apartamento, en otoño del 68 empezó a quedarse a dormir en casa de su compañera. Aparte del calor sentimental, allí encontró algo que rara vez había conocido de adulto: el cariño de una verdadera familia. Y es que Ugné tenía un hijo de corta edad que en seguida le robó el corazón: Christophe. En torno a este niño pesaba un enigma, pues Karvelis no quiso revelar el nombre del padre. Incluso personas de su círculo íntimo siguen albergando dudas sobre ello: para unos el padre era un empresario de buena posición y para otros un importante personaje de la cultura. Sea como fuere, el pequeño se vio condenado a crecer sin una figura paterna y Cortázar cumplió en gran medida ese papel. Desde que Christophe entró en su vida con apenas cuatro años, él vivió una experiencia nueva y apasionante, pero que a buen seguro tuvo que removerle conflictos muy hondos. En una de esas simetrías que tanto le gustaban, había llegado a la vida de un niño de edad aproximada a la que él tenía cuando lo dejaron solo. ¿Cómo no reconocer la señal? ¿Cómo no ver que el Destino lo había puesto en el lugar que su padre rechazó y ante el niño feliz que él no pudo ser?

Durante la década siguiente le dará a Christophe lo que él nunca había tenido. Según testigos muy próximos lo hizo con una entrega y cariño ejemplares. Se pasaba horas jugando con él, tirado en el suelo, persiguiéndole por la casa, o leyéndole cuentos. «Julio estaba loco con el niño –recuerda la escritora mexicana Vilma Fuentes– y el niño estaba loco por él. Eran padre e hijo.» Pocos años después declaró a Elena Poniatowska: «Tuve una infancia en la que no fui feliz y esto me marcó muchísimo. De ahí mi interés en los niños, en el mundo de los niños. Es una fijación. Soy un hombre que ama mucho a los niños. No he tenido hijos, pero los amo profundamente. Creo que soy muy infantil en el sentido en que no acepto la realidad.» La naturaleza del vínculo con Christophe queda reflejada tiernamente en este pasaje epistolar a Porrúa: «Son las once de la noche, Ugné tuvo que ir a un estreno teatral, estoy solo en la casa, con Christophe, el niño de Ugné, que ya duerme, dos hamsters en su jaula, dos ranas doradas en un estanque de porcelana, y un canario llamado *Caroline* que también duerme.» Conociendo la fantasía de Cortázar, el inventario de sus juegos debió ser inagotable: fabricar pompas de jabón, matar indios cheyennes, contarle historias fabulosas, leerle libros de *Babar*, construirle juguetes de madera... A falta de padre, Christophe se siente feliz de transferirle su amor *in absentia*. Y Julio, a su vez, le da mucho más que esa felicitación por teléfono, el conejito de regalo o la moneda de oro que estuvo esperando en vano.

En un plano literario el vínculo con su hijo «adoptivo» también resultará beneficioso. La literatura de Cortázar siempre mantiene un ojo puesto en la infancia. Algunos de sus mejores cuentos –«Final del juego», por ejemplo– nos remiten al universo infantil con una hondura y un dramatismo comparables al *pathos* de los adultos. Esta inquietud por un reino donde imperan las coordenadas de la imaginación se mantiene como un telón de fondo a lo largo de su trayectoria. Incluso en obras tan «adultas» como *Rayuela*, siempre habrá un rinconcito para «Bebé» Rocamadour. Aunque Julio avance en la experimentación formal o en el compromiso político, la infancia sigue ahí, como una patria que no se abandona o a la que siempre se acaba por volver. Tomemos otro ejemplo. En plena etapa *revolucionaria* del año 68 escribe el relato «Silvia». En él se refleja el ambiente infantil de una casa de verano donde el narrador ha acudido a comer un «asadito». Aunque el cuento deriva luego hacia un enigma relacionado con una nínfula a lo Lewis Carroll, el preludio nos remite a ese ámbito libre, lúdico y caótico donde los niños se abandonan a sus juegos. Antes de reunirse con los mayores, el narrador-Cortázar se demora en ese umbral donde empieza la vida. Observa al niño, lo escucha, lo acoge, interacciona con él. En ese momento no le interesa la realidad adulta sino los códigos tan particulares que rigen nuestros primeros años.

Es cierto que no todo el mundo posee la empatía natural del escritor, que se verá muy reforzada gracias al trato cotidiano con Christophe. Tampoco es casual que comience a escribir historias donde incorpora a algún niño o algún adolescente en el papel protagonista. De los once relatos que integrarán su nuevo libro, *Alguien que anda por ahí*, hallamos al menos dos donde la inocencia se enfrenta al lado oscuro e inevitable de la vida adulta. Así ocurre en «Usted se tendió a tu lado»: una trama levemente incestuosa entre madre e hijo en un ambiente de verano que recuerda al *Agostino* de Alberto Moravia. En este aspecto Cortázar plantea un tema tan viejo como el hombre: ¿cuál es el tope de los afectos familiares antes de caer en la sórdida negrura del incesto? No es algo que le quede ajeno. Aquí el narrador repite como una letanía: «Cuál era el límite, cuál era realmente el límite?» Y de nuevo la figura de Ofelia al otro lado de la puerta. En Banfield.

Hay una foto deliciosa tomada por Cortázar donde Christophe aparece en el agua encaramado a los hombros de su madre. La imagen es alegre e inocente e ilustra la dulce armonía familiar. Esto es lo que está viviendo en su nueva vida. Pero ¿por cuánto tiempo esa armonía puede expresarse con tales gestos de cariño? He ahí el dilema. El límite. En otro cuento el autor aborda un tema que ya había sido narrado magistralmente por Henry James. ¿Los niños son ángeles o demonios? Para un hombre como Cortázar no hay duda: los niños son seres con un mundo propio hecho de fantasías. Pero también sabe que en ese mundo fantástico, donde los códigos adultos no rigen, los niños hacen cosas extrañas. Y es precisamente ahí donde el adulto a veces puede detectar un comportamiento «diabólico». Nos referimos al relato «En nombre de Boby». En él una mujer cree advertir impulsos asesinos en su sobrino: un niño sensible y retraído que padece pesadillas y observa demasiado a menudo un cuchillo de cocina. También aquí se advierte el interés del autor por alumbrar los claroscuros del vínculo familiar.

Pero ¿quién es Boby? ¿Alguien inspirado en Christophe, o en el hijo de cualquier amigo de Julio? No lo sabemos. En realidad pudo ser cualquiera de ellos, pero el psiquiatra amateur que llevamos dentro nos impulsa a veces a jugar a los divanes. Quizá Boby sea una proyección del propio Cortázar, o más bien de Cocó, un niño sensible y bondadoso que nunca rompió un plato; un niño que vivía rodeado de mujeres que, suave y firmemente, fueron envolviéndolo con su densa y pegajosa tela de araña. Como ocurre en la vida real, la madre del protagonista es buena pero se le aparece en sueños como una figura mala que le hace daño y le provoca pesadillas. Y entonces Boby, desolado, empieza a mirar el cuchillo. Fijemos ahora la cámara en este punto, reemplazando a Boby por Cocó. ¿Reconocemos algo? Sí. Doña Herminia era una buena madre en la vida real y amaba a su hijo. Pero cuando Cocó se hizo mayor, trepó a sus hombros y le obligó a caminar con ella a cuestas. El cheque, siempre el cheque mensual. Sin llegar a ser mala, es obvio que impidió a Julio desplegar las alas y moverse donde le llevara el espíritu y no el deber filial. Herminia Descotte, pues, bien pudo despertar en él los mismos sentimientos ambivalentes que la madre de Boby. ¿Por qué no? Y no hablemos ya de Ofelia. Esos sentimientos quedan admirablemente reflejados en la mirada furtiva del niño so-

bre el cuchillo: una pulsión matricida o fratricida que el escritor recrea con evidente complacencia. Lo demás es silencio. Pero parece
claro que el vínculo con el hijo de Ugné devolvió a Cortázar a escenarios freudianos que de algún modo estaban encerrados bajo
siete llaves. Lo puso de nuevo frente a su infancia y frente a todas
las infancias. Y una vez más la escritura operó como un exorcismo.

EL CASO PADILLA (I)

Tras regresar de un viaje a Praga, el autor de *Rayuela* apenas tiene
tiempo de preparar las maletas y partir hacia La Habana para el Congreso Cultural. A diferencia de los viajes anteriores, esta vez su corazón está lleno de inquietud y ni siquiera la compañía de Ugné le
transmite sosiego. Los informes recibidos en los últimos meses son
alarmantes: las cosas andan mal en Cuba y para colmo Fidel acaba
de apoyar la invasión soviética de Checoslovaquia. El principal temor de Cortázar es llegar a la isla y descubrir que la situación ya no
responde a la idea de socialismo por el que ha luchado. Sería peor
que una pérdida de tiempo, sería la muerte de un sueño y de una
esperanza. Ya había hablado de ello con García Márquez, otro firme
partidario de la Revolución, y el único camino es conocer en persona la nueva realidad. Desgraciadamente la visita le confirmará sus
peores sospechas. La vida cultural habanera se ha convertido en un
avispero, y el conflicto se manifiesta en torno a la figura del poeta
Heberto Padilla. Ya en verano de 1967 éste había defendido la novela *Tres tristes tigres*, del exiliado Cabrera Infante, y esa defensa había causado un gran escándalo y el consiguiente ataque de *Verde
Olivo* –órgano de las Fuerzas Armadas cubanas–, que le acusó de
dilapidar alegremente los fondos públicos y de haberse dejado arrastrar por las modas capitalistas. Este ataque generó el lógico malestar
de Cortázar y de todos aquellos que creían en un socialismo con
rostro humano.
    La experiencia de enero de 1969 en La Habana se saldó con
un balance dudoso, pero también con el firme propósito de seguir

apoyando la causa revolucionaria. ¿Por qué esta contradicción? Muy simple. El presidente Nixon acababa de ganar las elecciones, y entre Nixon y Fidel, prefería a Fidel. Julio no podía saber entonces que éste ya había apostado por una política claramente prosoviética que estaba modulando hacia la implantación de un sistema autoritario. En carta a Vargas Llosa escribe que la situación en Cuba tiene ribetes críticos de los que el caso Padilla no es más que uno de los aspectos más agudos, pero que a pesar de todo «nuestra solidaridad con lo esencial de la revolución sigue siendo lo mejor que podemos darle a Latinoamérica después de y con nuestros libros». Así pues, la literatura ya no era suficiente para la realización de sí mismo: había entrado definitivamente en otra etapa de su vida, en otra esfera.

Por lo demás, el amor hacia la causa cubana está tan asociado a su amor por Ugné que a veces tenemos la impresión de que esto le impidió adivinar la deriva perniciosa de los hechos. Al menos así lo cree Vargas Llosa: «La influencia de Ugné fue nefasta en lo político, pero, desde un punto de vista vital le dio un tipo de experiencia que no había tenido hasta entonces.» Por eso no debemos juzgarle: la revolución era uno de los pilares de su vínculo amoroso y el placer de compartir con Karvelis una aventura colectiva le llenaba por completo tras una etapa de hastío y hasta de vacío existencial.

UN AÑO DE TRANSICIONES

El invierno de 1969 está marcado, pues, por el compromiso renovado con la causa cubana. Tras su reciente paso por la isla las sombras van llenando el horizonte; pero por un extraño romanticismo no quiere abandonar el barco. Es cierto que podría poner en práctica su espíritu crítico, rechazando las eventuales invitaciones de la Casa de las Américas —no premios, no congresos—, como están haciendo ya algunos de sus colegas. Pero sabe que si procede de ese modo el resultado va a ser un mayor aislamiento de los cubanos, y eso es justo lo que no quiere. La ecuación es simple: si los escritores llamados de izquierda no defienden la idea de la igualdad del hombre, ¿quién demonios va a hacerlo? A su vuelta a París sigue colaborando con la Revolución y eso incluye también su renuncia a aceptar una invitación para dar clases en la universidad neyorquina de Columbia. No, Cortázar no quiere el menor trato con lo que él considera el enemigo. Su única concesión ha sido una reciente entrevista de *Life* porque consideraba que sus opiniones políticas —Mayo del 68, guerra del Vietnam— podían surtir efecto en un público que vive intoxicado por la tinta de agencias yanquis como la United Press.

Pero Julio no descuida nunca el frente literario. Mientras sigue preparando su libro-almanaque, le llegan las críticas de *62. Modelo para armar*. Tal como temía, la obra ha despertado opiniones adversas. Algunas son meros ataques de la crítica argentina, que se reparte entre la descalificación de la obra y el rechazo al compromiso político de su autor. Si diez años antes Cortázar era un cuentista minoritario que tramaba historias inquietantes, ahora es una figura respetada que ha escrito una obra muy compleja y que en los ratos libres apoya a un régimen comunista. ¿Cómo se atreve? Incluso aquellos de su mismo color político se sorprenden o no le perdonan. Sin embargo Julio siempre sabe reconocer una verdadera opinión. En carta a Graciela de Sola se lamenta de las críticas, pero no tanto porque sean negativas sino porque le ponen ante la dolorosa disyuntiva de que quizá tenía que haber apurado los límites. Está convencido de que la sequedad de *62* debía haberla llevado hasta el extremo, asumiendo un riesgo formal definitivo, como Radiguet en *El diablo en el cuerpo* o *Los niños terribles* de Cocteau. Esta sensación de fracaso le induce a pensar que ese libro que tanto le ha costado escribir forma parte de los fiascos casi inevitables en la carrera de todo escritor. En medio de las dudas las palabras de Octavio Paz suponen un bálsamo: «En *62* hay la búsqueda del encuentro que siempre es un desencuentro. Y cada encuentro-desencuentro obedece a una suerte de relojería cósmica. Un continuo girar que es algo así como el orden erótico universal.»

Cortázar pasa el invierno en París y en primavera viaja a Uganda por cuestiones de trabajo. En esta temporada de cambios la estancia en el país africano le proporciona momentos emocionantes con fuerte sabor a aventura. Entusiasmado, escribe a Paul Blackburn que Uganda es un país extraordinario. «Estuve en las fuentes del Nilo, vi las Murchinson Falls, navegué por el río entre cocodrilos e hipopótamos, y vi las muchachas más hermosas del mundo, algo para caer de rodillas y adorarlas.» En cierto modo ha recobrado por unos días el espíritu intrépido que le llevó a Misiones, treinta años atrás. Selvas, ríos, cataratas...A Cortázar siempre le sienta bien un cambio de aires. A su regreso se encuentra más tranquilo y empieza a preparar las vacaciones anuales en Saignon. Tras las convulsiones anímicas de los últimos meses nada le hace más feliz que pasar el verano allí con su nueva familia. En el rancho provenzal le espera el sol, la calma de los valles, el perfume a lavanda, la alberca azul, el asadito y el vino *rosé*. También tiene una cita con la literatura, ese libro inclasificable que está montando con Julio Silva y que incluye textos, poemas, grabados, fotografías... *Último round*.

Pero ni siquiera en la Provenza le dejan tranquilo. Una vez más le llegan noticias preocupantes de Argentina. Poco antes se había producido una rebelión popular en Córdoba, uno de los núcleos industriales del país. Este gran movimiento de protesta conocido como «El Cordobazo» pone en alerta a Cortázar. Es una alarma de doble filo porque el Gobierno del general Onganía envía el Ejército para restablecer el orden y él se plantea la posibilidad de acudir. En carta a su amigo Saúl Yurkievich le solicita el parte exacto de la situación y le pregunta si considera adecuado el desplazarse a la Argentina. Quizá haya una situación que pudiera calificarse de revolucionaria, o en todo caso de pre-revolucionaria. Si realmente la hubiera, está dispuesto a tomar el primer avión. Pero hay algo más: el temor de Julio de llegar a su país y encontrar que la revuelta no era más que una cadena de incidentes desorganizados. Ha sufrido demasiado con el Mayo Francés y no desea verse repartiendo panfletos en una esquina de Corrientes. Al final los hechos lo dejarán en tierra.

El verano acaba y marcha un par de semanas a Viena. Después de tantas visitas allí ya no se molesta en comentar nada. Un par de años antes había escrito que la ciudad hedía a riqueza, salchicha y al peor conformismo. Tampoco le gustaban el tufo a automóvil alemán, ni la presencia visible de antiguos nazis convertidos en patrones de industria. Está demasiado cerca del Poder como para no reconocerlos con un golpe de vista. Pero esta vez ni los nazis le interesan: ni una palabra, ni un escrito, ni una coma. Nada. Está demasiado preocupado por su vida y el devenir del mundo como para perder un minuto en un lugar que se le antoja definitivamente lo más rancio del legado burgués. Además su vida no ha sido fácil en estos últimos dos años: aparte de la separación matrimonial, muchas cosas le arrastran a otros tantos vórtices de los que sale como el personaje de Poe que se metió en el Maelstrom. En carta a Antín lo resume así: «Pero sobrevivo, soy el de siempre, escribo lo más y mejor que puedo, y trato de darle a los pocos años de vida útil que me quedan toda su exaltación y hermosura.» Cortázar no puede saber que le faltan quince años de vida.

LA POLÉMICA MÁS AMARGA

Durante este período de cambios personales, Cortázar no elude el debate ideológico. Al contrario: se diría que le hace sentirse aún más vivo. A menudo se posiciona pero en ocasiones lo hace con una contundencia impropia de su temperamento. Son los años de algunas polémicas que reflejan su actitud ante cuestiones candentes que abarcan lo político y lo literario. Entre estas últimas quizá la más sonada es la que mantuvo con el escritor peruano José María Arguedas. El origen de dicha polémica se remonta a 1967 cuando Julio fue invitado a colaborar con la revista de la Casa de las Américas. Aunque inicialmente se le había encargado un texto sobre el papel del intelectual latinoamericano, decidió abordar el tema en una larga carta a Roberto Fernández Retamar. La carta en cuestión es uno de los documentos más valiosos para comprender el posicionamiento de Cortázar. En ella recordaba, entre otras cosas, el carácter voluntario de su exilio y analizaba las raíces de lo latinoamericano,

dejando clara la diferencia entre la cultura regional y la visión supranacional. Desde luego no era una cuestión menor, ya que planteaba un debate que aún perdura entre la visión «localista» del mundo y la visión «cosmopolita». Además Julio tenía motivos de peso
para pronunciarse: desde su marcha a París casi veinte años antes, y
sobre todo a raíz del éxito de *Rayuela*, había tenido que hacer frente a numerosas voces que lo acusaban de haber abandonado Latinoamérica para desarrollar una carrera literaria a espaldas de los suyos. Al final estaba tan harto de recriminaciones que decidió aclarar
definitivamente su posición.

La carta se publicó en La Habana semanas más tarde. Entre
otros argumentos Cortázar declaraba que la visión local de la literatura le resultaba profundamente ajena, porque creía ver en ella
algo muy estrecho y hasta aldeano. En síntesis venía a decir que
uno podía ser localista siempre y cuando partiera de unos supues-
tos de pureza: los de un creador indio, por ejemplo. Pero si esa pureza era por así decir una impostura, o si el creador en cuestión
defendía su tierra porque las anteojeras le impedían ver más allá,
entonces esa visión regional de la literatura carecía de interés.
Como argumento definitivo destacaba luego el peso de su propia
obra, y lo hacía con un énfasis que sus enemigos no dudaron en
tildar de presuntuoso. Altivo o no, Cortázar estaba en lo cierto.
Cada evocación o recreación que hace de su mundo *local*, de aquello que originalmente es suyo, como los cuentos de ambiente argentino, sólo alcanza su extrema tensión gracias a un marco mucho más amplio que lo perfecciona: Europa, Francia, París. En otro
pasaje insiste sobre ello: «la argentinidad de mi obra ha ganado en
vez de perder por esa ósmosis espiritual en la que el escritor no
renuncia a nada, no traiciona nada, sino que sitúa su visión en un
plano donde sus valores originales se insertan en una trama infinitamente más amplia y más rica».

Sintiéndose aludido, José María Arguedas decide responder pocos meses después en el número de primavera de la revista *Amaru*.
¿Quién es este oponente que le ha surgido a Cortázar? Nacido en
un pueblo perdido de Perú, Arguedas era un escritor y antropólogo

afiliado a la corriente «indigenista»; también era un musicólogo de relieve que había dedicado sus esfuerzos a rescatar el rico folclore indio de su país. En el momento de esplendor llegó a escribir *Los ríos profundos* (1958), una de las cumbres de la literatura latinoamericana. En esencia su obra refleja los azares de un país dividido entre dos culturas: la andina de origen quechua y la urbana de raíz europea, que se ven abocadas a coexistir en un territorio mestizo. Éste es el hombre. ¿Y qué es lo que le reprocha a Cortázar? Pues el haber querido atacar con su *genialidad*, como si la esencia de lo local sólo pudiera entenderse «desde las altas esferas de lo supranacional».

El debate venía de antiguo y reavivaba disputas muy anteriores protagonizadas por autores de los que apenas queda memoria. Pero Arguedas recogió el guante y dejó bien clara su postura: «Todos somos provincianos, don Julio. Provincianos de las naciones y provincianos de lo supranacional que es, también, una esfera, un estrato bien cerrado.» Por mucho que la tesis de Arguedas era digna de consideración, lo cierto es que los vientos eran favorables al autor de *Rayuela*. Como sostiene la estudiosa Mabel Moraña, el argentino encarna el cosmopolitismo europeizante frente al telurismo militante y atormentado del peruano. Dicho de otro modo, Arguedas defiende su asentamiento provinciano y en cambio Cortázar trata de explicar los beneficios de la distancia. La distancia, sin duda, otorga perspectiva en relación al lugar de procedencia, pero obliga al sujeto que se ha ido a articular pérdida y reinserción cultural. En este caso, Buenos Aires y París, una orilla y la otra, una lengua y la otra, una identidad vieja y otra nueva. Esta tensión, ya lo hemos visto, alcanzaría su cima expresiva en *Rayuela*. El Lado de Allá, el Lado de Acá.

Varios meses después, Julio aprovecha la larga entrevista en *Life* para contrarreplicar los argumentos de Arguedas. Aunque el debate concreto no tenía interés para el lector de a pie, el hecho de que recurriera a una revista de tanta difusión es el mejor barómetro de su compromiso. Por desgracia quizá no encontró el tono correcto. En ella acusa a Arguedas de preferir el resentimiento a la inteligencia, y le advierte de que ni Arguedas ni nadie va a ir demasiado lejos con esos complejos regionales, de la misma manera que ninguno de los «exiliados» valdría gran cosa si renunciara a su condición de latinoamericano. Hasta aquí podemos estar de acuerdo. Pero al analizar esa idea de Arguedas según la cual todos somos provincianos, Cortázar lanza algunos dardos envenenados. Aunque acepta la tesis de su oponente, no tarda en añadir: «Menuda diferencia entre ser un provinciano como Lezama Lima, que precisamente sabe más de Ulises que la misma Penélope, y los provincianos de obediencia folklórica para quienes las músicas de este mundo empiezan y terminan en las cinco notas de una quena.»

En relación a ello Mabel Moraña será bastante severa con Julio: «La ligereza con que el argentino decide ignorar, desde su asentamiento parisino, la importancia de lo local y con la que asimismo despacha el tema de la raza, es reveladora de su propio condicionamiento cultural como ciudadano de uno de los países más europeizados y pretendidamente "blancos" de América Latina.» En este aspecto a Moraña no le falta razón. El Cono Sur es inabarcable y no admite unificaciones. ¿Qué tiene que ver el altiplano andino o el desierto de Atacama con los bulevares de Buenos Aires o los muelles de Montevideo? Casi nada. Pero todo es América Latina. Un mes más tarde, un Arguedas acosado por sus fantasmas personales hará el último esfuerzo por mantenerse en el ring. Dice «Don Julio ha querido atropellarme y ningunearme, irritadísimo, porque digo en el primer diario de este libro, y lo repito ahora, que soy un provinciano de este mundo.» Luego el peruano despliega sus argumentos en la línea de lo que se conoce como «transculturación», cuya cima son las novelas *locales* de García Márquez. Pocas semanas después el propio Arguedas prolongará la polémica desde *El Comercio* de Lima en un texto que fue reproducido por varias revistas del continente. En un tono que no excluye el sarcasmo analiza el tema del exilio en varios escritores latinoamericanos: «Ni Cortázar, ni Vargas Llosa, ni García Márquez son exilados. No sé de dónde ni de parte de quién surgió este inexacto calificativo con el que, aparentemente, Cortázar se engolosina. Ni siquiera Vallejo fue un verdadero exilado.»

Aunque quizá Arguedas era un oponente de menor peso, había planteado algunas cuestiones de relieve y había descubierto al mundo el rostro menos amable de Cortázar. ¿Cuántas veces lo habíamos visto tan inflexible e irritado? Es el tono lo que sabe a vinagre y emponzoña el diálogo. Al final no hubo vencedores ni vencidos; pero el peruano recibió con orgullo los ecos que la controversia tuvo en la prensa de varios países. En carta al editor Gonzalo Losada le comenta que su réplica al Gran Cronopio le ha valido el reconocimiento de muchos lectores. Incluso hace referencia al apoyo entusiasta de un autor chileno, presumiblemente Jorge Edwards: «Este excelente escritor cree que todo lo que me vi obligado a decirle a Cortázar le hará bien, si es que aún tiene oídos para oír las críticas duras, pero bien inspiradas, las considere él exageradas o no.» Sin embargo Julio ya está en otra. Aun admitiendo que las objeciones de su adversario podrían serle útiles, no hay pruebas de que le calen hondo. Le interesa más lo que ocurre en la aldea global. En una entrevista habla de sus nuevas preocupaciones; según él, lo que ha dejado de ser literario es el libro mismo, la noción de libro, porque la Humanidad se halla al borde del abismo a causa de las bombas atómicas. El libro no es lo que era. Sólo le parece una de las armas que todavía pueden defendernos del autogenocidio universal en el que colaboran alegremente la mayoría de las futuras víctimas. Para alguien que ya está reflexionando sobre el holocausto nuclear, las inquietudes «nacionalistas» de Arguedas le suenan fuera de onda. Además, bastante tiene con su nueva vida, junto a Ugné, el pequeño Christophe, su nuevo libro, *Último round*. A partir de ahí se abre un silencio de varios meses. Pero el 28 de noviembre de 1969, el profesor Arguedas se encierra en los lavabos de la Universidad Nacional Agraria de Lima y se quita la vida de un pistoletazo.

Una semana después Cortázar comenta la tragedia en carta a Vargas Llosa y le dedica unas palabras que en cierto modo suenan a homenaje: «Nada de eso altera la gran desgracia que es su muerte, y en cambio prueba hasta qué punto él vivió y vivía para su obra, al punto de matarse frente a la imposibilidad de continuarla. A mí, ahora, me queda pendiente un diálogo con él que ya nunca tendré en este mundo, y como no creo en otro, y supongo que él tampoco, no volveremos a vernos.» Sin duda es un comentario muy sincero, pero también estéril y tardío. En ningún momento Cortázar reconoce que la polémica haya podido desgastar el equilibrio psíquico de Arguedas, quizá porque ya sabe que el peruano padecía un serio trastorno depresivo. Con todo, en algún instante tuvo que considerar que un largo enfrentamiento con un antagonista como él, más célebre y mejor pertrechado, tuvo que dejarlo exhausto y con bastantes dudas acerca de su posición en el mundo. En una entrevista realizada años después, Vargas Llosa le comentó al escritor español Ignacio Vidal Folch que Cortázar se había sorprendido mucho con el final de la historia: «Cuando Julio se enteró del suicidio de Arguedas se puso blanco como el papel.» Lo que no dijo el autor de *La ciudad y los perros* es que él mismo había sostenido previamente una amarga disputa con Arguedas.

En todo caso, Cortázar tuvo que enfrentarse en lo sucesivo a la acusación más o menos velada de que sus ataques influyeron en la decisión de Arguedas de quitarse la vida. Dados los antecedentes clínicos del suicida no tiene mucho sentido trabajar sobre esta hipótesis, aunque cada vez que se planteaba —y fueron muchas— Julio quedaba muy apesadumbrado. No podía ser de otro modo en alguien tan sensible al suicidio: había vencido tentaciones suicidas, algunos personajes suyos se suicidaban, y su propia hermana había hecho varios intentos. Debió resultarle aterrador. ¿Cómo iba a ser feliz con este final? Pero no, la culpa no era suya. Como explica acertadamente el estudioso Ignacio Echevarría: «Lo que sí es cierto, sin duda, es que el desarrollo de la polémica avivó las desazones y las dudas que para Arguedas entrañaba su propio proyecto intelectual y político, y no sólo narrativo, y que agravó su desesperanza en relación a la posibilidad de encontrar un cauce adecuado a la expresión de las culturas indígenas.»

Sea como fuere, el final trágico de Arguedas tiñó de negro la literatura latinoamericana y su eco luctuoso se mantuvo durante mucho tiempo. Casi un cuarto de siglo después Juan Carlos Onetti aún era capaz de percibirlo con amargura. Como recuerda el escritor Juan

Cruz, el uruguayo consideraba a Cortázar como el causante de la última gran decepción de Arguedas. Según él, el primero le habría dicho al segundo una frase demoledora: «Usted toca una quena en Perú y yo dirijo una orquesta en París.» Si Julio no le lanzó exactamente ese dardo, es obvio que se lo dio a entender. Ciertamente no es un gesto habitual en un cronopio, pero nos da idea del grado de enconamiento alcanzado en la controversia. Siguiendo con el testimonio de Cruz: «A Onetti le duraba la indignación, y echado en aquella cama, vuelto del revés, sentimental pero vitriólico, lo recordaba con todo lujo de detalles, como si Cortázar hubiera escrito esa carta el día anterior: "Jamás se lo perdonaré a Cortázar"», repetía. Pero para entonces éste ya llevaba casi diez años muerto.

METAMORFOSIS. LA BARBA

Desde el principio los amigos de Julio observaron que su relación con Ugné tenía muy pocos puntos en común con la de Aurora. La lituana había descubierto el rostro solar del escritor y éste comenzó a sentirse a gusto en su nuevo papel. Se volvió mas sociable, expansivo, viajero. Este cambio se produjo en un contexto histórico convulso que propició hondas transformaciones tanto individuales como colectivas. ¿Cómo afecta todo esto a Cortázar? De una manera visible y desconcertante. En este punto debemos acudir a la opinión de Vargas Llosa. Según él, Julio se había convertido en otra persona cuando coincidieron aquel otoño de 1969 en Londres, el otoño del suicidio de Arguedas: «Se había dejado crecer el cabello y tenía unas barbas rojizas e imponentes, de profeta bíblico. Me hizo llevarlo a comprar revistas eróticas y hablaba de marihuana, de mujeres, de revolución, como antes de jazz y de fantasmas. Había siempre en él esa simpatía cálida, esa falta total de pretensión y de las poses que casi inevitablemente vuelven insoportables a los escritores de éxito a partir de los cincuenta años, e incluso cabía decir que se había vuelto más fresco y juvenil, pero me costaba trabajo relacionarlo con el de antes.»

En años posteriores esa impresión se confirmó. Ambos escritores coincidieron en varias ciudades –Barcelona, Aviñón, Londres o París– participando en congresos, mesas redondas, reuniones sociales y hasta conspiratorias... Y cada vez el peruano se quedaba más perplejo. ¿Era él? ¿Era Julio Cortázar? La respuesta la brinda el propio Vargas Llosa, aunque añade un elemento que rebasa el marco de la metamorfosis corporal: «Desde luego que lo era, pero como el gusanito que se volvió mariposa o el faquir del cuento que luego de soñar con maharajás, abrió los ojos y estaba sentado en un trono, rodeado de cortesanos que le rendían pleitesía.» Este comentario daría para jugosas interpretaciones, la primera de ellas el preguntarnos por qué los cortesanos de Julio deberían ser menos recomendables que los de Mario. El éxito atrae sin duda a muchos aduladores, pero los de Cortázar no eran advenedizos que trataban de medrar en la corte del rey sino lectores cómplices y apasionados en su mayoría jóvenes.

Según el escritor mexicano Gonzalo Velorio, la lectura de Cortázar nos deja con la convicción absoluta de que escribe para cada uno de nosotros en particular y de que cada uno de nosotros en particular es el afortunado poseedor de las claves y de los secretos para transitar por los itinerarios que trazan sus palabras. Cierto. Pero quizá ésta no sea la cuestión. Lo que interesa aquí es otro asunto: la fortuna o habilidad del argentino para que su metamorfosis coincida exactamente con los cambios que reclama la juventud. Mientras Vargas Llosa aún estaba meditando si se quitaba el bigote, su colega se había dejado barba como un profeta *beatnik* o más bien como aquel hermano guerrillero que iba por los montes mientras él dormía. ¿Podía haber imagen más adecuada para el hombre que había escrito *Rayuela*, para el escritor cada vez más comprometido con los procesos revolucionarios? No. La barba era un símbolo de esperanza, una nueva forma de caminar al ritmo del mundo, y que además le sentaba de maravilla. Como recuerda Saúl Yurkievich: «Era la barba deseada, era una barba generosa, que a partir de los años setenta comenzó lentamente a blanquear, y que dio a Julio lo que él quería, no un aire de venerable Veda o venerable Brahmán, sino más bien un aire de caimán barbudo, un poco a la manera del Che, su admirado modelo, y también un poco a la manera de Whitman y otro poco al estilo de su apreciado Orson Welles.» Un cóctel explosivo.

Pero desde el principio esa barba planteó algunos enigmas. El primero de ellos guarda relación con la propia fisonomía de Julio, quien toda la vida había sido lampiño. Hasta mediados de los sesenta no había presentado rastros de vello en la cara ni en el torso, y ese detalle contribuía a darle un aspecto eternamente joven. Ya hemos contado el primer encuentro de Cortázar con Carlos Fuentes, cuando éste le confundió con su hijo, y hemos visto también cierto conflicto de imagen que empezó a tener a raíz del éxito literario. Cinco años antes Julio le había escrito a Porrúa en relación a las primeras fotografías suyas que se publicaban en la prensa: «Lo que cada vez me indigna más es esa foto de bebé que me sacan por todos lados... Esa foto con anteojos y diez kilos de más me deprime; toma nota zumbona de mis debilidades. ¡En serio!» Pero tras la aparición de Ugné, las cosas comenzaron a cambiar. Ahora lucía una barba poblada y presentaba un aspecto muy varonil. La primera vez que las mujeres de su familia le vieron barbudo se frotaron los ojos. ¿Qué le había ocurrido a Julito? Era como si se hubiese vuelto hombre de golpe. Doña Herminia no podía creerlo y Ofelia tampoco. El pibe de Banfield transformado en un guerrillero cubano o un gaucho de «Martin Fierro».

Conociendo la pasión gótica de Cortázar, él mismo nos habría dado una respuesta satisfactoria a su propio enigma. Seguramente nos hubiera seducido con su ingenio de que estábamos ante un caso de licantropía. Julio, el hombre lobo en París. Sin embargo la realidad fue otra. El primero en ponernos sobre la pista fue Guillermo Cabrera Infante, quien se dedicó a proclamar malévolamente que Cortázar se había sometido a un tratamiento hormonal. De ser así, el hombre lobo se habría puesto en manos del doctor Frankestein. Este episodio importante de su vida suele ser obviado por la mayoría de los biógrafos, que lo ignoran o no quieren pillarse los dedos. Por fortuna lo registra el escritor Mario Goloboff, que en aquel tiempo enseñaba literatura en Francia: «Los rumores más diversos corren sobre supuestas operaciones quirúrgicas, tratamientos andrológicos y curas similares que se habrían llevado a cabo en la Unión Soviética, en Suiza, en Inglaterra. La realidad es menos sensacionalista, más sencilla: dadas sus características de "baby face", y ciertos problemas que su constitución le acarreaba, siguió, en Francia, y por consejo de médicos franceses, un tratamiento hormonal.» También lo recoge el autor español Joaquín Marco: «A pesar de su edad no tenía entonces pelo en la cara, a causa de una enfermedad que le retrasó los signos de la madurez. No tuvo pelo hasta los cincuenta años, cuando se sometió a tratamiento.» En una entrevista reciente Edith Aron declaró al diario *La Nación*: «De chico tuvo un problema con las glándulas que hacía que pasara el tiempo y se viera siempre igual. Sus enemigos le decían Dorian Gray, como el personaje de Oscar Wilde, porque su aspecto nunca cambiaba. Tarde en la vida se hizo operar y sólo entonces, por ejemplo, le creció la barba. Me parece que le costó tanto tenerla que nunca más se la sacó. Por otra parte, no podía tener hijos. Tuvo otro tipo de hijos, los libros, pero no los de carne y hueso, que son los que humanizan. Y él era demasiado intelectual.» Además de la aparición de vello, dicho tratamiento habría activado el apetito sexual de Cortázar, multiplicando su interés por el género femenino. Terminaba así la historia del intelectual retraído y monógamo, y nacía un macho seductor que podía encontrar carne fresca en el coto de su popularidad.

Pero todo esto abre nuevos interrogantes que nos conducen a un terreno muy resbaladizo. Las preguntas caen en cascada: ¿por qué un hombre que puede ser abuelo decide tomar hormonas? ¿Por qué raro fenómeno biológico Julio tenía ese aspecto de niño eterno? ¿Es cierto que seguía creciendo y creciendo indefinidamente? Sin duda aquí hay un misterio, quizá un trastorno que entre otros efectos le impediría tener descendencia. En esta línea el biógrafo Emilio Fernández Ciccio, autor de *El secreto de Cortázar*, fue mucho más lejos: «No soy sensacionalista, pero saber sobre si era impotente o no, hablaría mucho de él y de su obra.» Dejémoslo aquí. A estas alturas no estamos preparados para descubrir que el autor de *Rayuela* era impotente y que toda su historia de amor con la Maga, por ejemplo, sólo fue un juego de adultos apocados que tuvieron que conformarse con caricias adolescentes; tampoco nos agradaría saber que el matrimonio con Aurora no respetaba el débito conyugal y que se parecía más bien al de los hermanos de «Casa tomada».Y menos aún que todos esos encuentros con desconocidas dictados por el azar eran cortinas de humo. No vamos a seguir esta ruta porque nos faltan instrumentos e intuimos que es una pista falsa. Pero si Julio era impotente y dejó escritas las páginas eróticas más vivas, audaces y convincentes de la lengua castellana, no tenemos más remedio que proclamarle un auténtico genio de la ciencia ficción. ¿Impotente? No. Renunciamos. Era un tímido patológico, no más. Pero nada impide que especulemos sobre el trastorno que padecía Cortázar. A distancia no es fácil emitir un diagnóstico pero podemos lanzar algunas conjeturas. Según la ciencia médica hay varias posibilidades: síndrome de Kallmann, síndrome de Klinefelter, hiperprolactinemia, traumatismo escrotal, orquitis infecciosa...

He aquí algunas de las hipótesis. No son las únicas. Sólo centrándonos en el fenómeno del «hipercrecimiento» hay una veintena de síndromes. El tema es casi tan complejo como el metro de París y nosotros no somos expertos en endocrinología. Pero sea cual sea la causa, este tipo de especulaciones no suelen ser del agrado de los cronopios: síndrome de Kallmann, síndrome de Klinefelter, hiperprolactinemia... No obstante hay algo que permanece sin respuesta, quizá ese tumor, una masa de tejido anormal que le estaba condenando a un angustioso estado de crecimiento. Éste fue otro de los mitos que rodearon a su persona: para muchos Cortázar era el hombre que no dejaba de crecer. Pero si a mediados de los años cuarenta ya medía un metro noventa y tres, a finales de los sesenta debería haber medido más de dos metros.Y no fue así. Seguimos disparando a ciegas. En todo caso no tenemos pruebas de que se sometiera a la operación —algún día alguien las encontrará—, pero cualquier médico del mundo avalaría la hipótesis de que siguió un tratamiento con testosterona.

Pero este tratamiento no tuvo un efecto redentor para su matrimonio con Aurora. Al contrario. Como hemos visto, activó en

Cortázar apetitos carnales desconocidos. Si repasamos la correspondencia de la década descubrimos que alude a menudo a las mujeres que encuentra en sus viajes: la iraní que le guió por el bazar de Teherán, las bellas gacelas de Uganda, las indias con sus saris de colores... Se diría que las mujeres como objeto han entrado definitivamente en su campo gravitatorio. Las mira, las valora, las desea como un hombre más. Este hallazgo tardío coincide con su visita al templo de Kajuraho, por ejemplo, o su interés creciente por el tantrismo y por las revistas eróticas que adquiere en Londres. En cierto modo todo es lo mismo, una curiosidad por la cosa sexual que se despliega como un gran abanico por primera vez. En una rara carta a la estudiosa Ana María Hernández deslizó esta confidencia íntima: «Mi sexualidad nunca fue normal, estuvo llena de compensaciones y, por extraña paradoja, alcanzó en la casi ancianidad una madurez que nunca tuvo en la juventud, por razones a la vez físicas y psicológicas.»

En Cortázar siempre hay un plus: este rebrote sexual no es fruto de las pulsiones morbosas del climaterio; es un regalo envenenado que le llegó demasiado tarde, ya que las hormonas que borraron su cara de niño paradójicamente le concedieron el vigor de un *teenager*. Gracias a ello pudo además seguir el paso de Karvelis. No hablamos solamente del ritmo sexual, que era el propio de una mujer apasionada de cuarenta años: hablamos del ritmo vital que ella imprimía a todas sus acciones como si fueran la última. Sabemos que le gustaba comer, beber, fumar, conversar, discutir y permanecer despierta hasta la madrugada. La mayoría de sus amigos coinciden en señalar que su vitalidad era muy alta, a veces desbordante, de modo que Julio tuvo que trabajar duro para mantener el tipo. Acostumbrado a la plácida convivencia con Aurora, no debió de serle nada fácil compartir a fondo ese entusiasmo desmedido por la vida. En la época de la morochita, podía ir a su aire, jugar a los cachorros y llevar una existencia ordenada. Nunca había necesitado comportarse como un macho adulto, porque Aurora Bernárdez, digámoslo claramente, era la mujer ideal para un lampiño. Pero Ugné Karvelis no se conformaba con un compañero sin vello. Aunque había aceptado unirse a un hombre mucho mayor, quería que tuviese una conducta varonil en la vida pública y en la esfera privada. Habituada a tratar con los barbudos de la Revolución cubana, se sentía con el derecho de reclamar para sí un tipo con aspecto de guerrillero. Y lo consiguió. El cambio de «imagen» estaba servido. Después de todo quizá tenía razón Vargas Llosa al decir que su colega se había convertido en otra persona. Otro Julio, otro Cortázar. Era el precio del amor.

EL BOOM Y EL COMPROMISO

A finales de la década de 1960 la literatura latinoamericana estaba de moda en todo el mundo, pero este fenómeno de masas quizá obedeció a un azar afortunado. Como sabemos, no es fácil que aparezcan media docena de autores de primera fila en una misma época y en el mismo idioma. Una pléyade formada por Borges, Cortázar, Vargas Llosa, García Márquez, Paz, Carpentier, Fuentes o Lezama Lima es comparable a la más alta que haya dado cualquier otra gran literatura del siglo. A raíz del eco formidable que alcanzaron algunas de sus obras se habló de Boom latinoamericano. El Boom. Pero aunque la etiqueta hizo fortuna, no era del agrado de los escritores, especialmente cuando se planteaba el Boom como una astuta maniobra comercial. En este sentido hay una frase muy ingeniosa de Borges que reclamaba para sí un certificado de pureza: «Yo soy anterior, exterior y posterior al "boom".» En efecto. Nada podía molestar más al ciego de la calle Maipú que verse metido en el mismo saco de los Aureliano Buendía, la Maga o la Tía Julia. Pero ¿y los otros? Desde el principio Cortázar dejó muy claro que le agradaba vivir el fenómeno de la nueva narrativa sudamericana: consideraba que era algo muy hermoso y se sentía feliz de haber participado en él; pero nunca aceptó la tesis de que los editores hubieran sido los grandes artífices. En más de una entrevista recordó las condiciones tan precarias en las que él y sus compañeros habían escrito su obra. «Nosotros escribimos solos».

Esta idea de que los editores no les inventaron es compartida por la mayoría de los protagonistas del Boom. Pero también es cierto que hubo visionarios de la edición capaces de asumir el riesgo de apoyar aquella literatura extraña y emergente. Si editores como Francisco Porrúa o Carlos Barral no hubieran apostado por ellos, obras como *Cien años de soledad, Rayuela* o *La ciudad y los perros* jamás habrían visto la luz. Sea como fuere, el Boom acabó convirtiéndose en una marca con proyección internacional y sus protagonistas pudieron navegar al fin con viento favorable. Conscientes de su gran peso individual y colectivo, crearon una fratría que velaba por sus intereses y también por las causas en las que creían. Ahora bien, aunque el Boom funcionó como etiqueta durante casi dos décadas, la unión entre sus miembros fue mucho más efímera. En realidad apenas duró cinco años y quedó limitada a un núcleo indestructible formado por Cortázar, García Márquez, Fuentes y Vargas Llosa. Burlonamente ellos mismos se autodenominaban La Mafia. La amistad que reinaba en el núcleo logró sobreponerse incluso a la diáspora que se produjo a raíz de la nueva política de Castro.

Como hemos visto, el caso Padilla había arrojado una mancha en el idílico marco de la Revolución. Dado que el problema no estaba resuelto, los partidarios del sueño cubano decidieron cambiar de estrategia. Parte de ella pasaba por la creación de una revista cuyos objetivos consistían en abarcar todos los frentes en litigio: apoyar la experiencia socialista chilena de Salvador Allende, los movimientos de liberación de América Latina, servir de sostén crítico a la Revolución cubana, luchar contra las dictaduras del mundo y defender la libertad de expresión; asimismo se denunciaban las formas de imperialismo de los dos grandes bloques: Estados Unidos en Vietnam y la URSS en Checoslovaquia. Había, pues, un gran trabajo por delante. La revista se llamaría *Libre*. Con este fin se organizó una reunión en casa de Cortázar en la Provenza. La ocasión además era propicia porque Carlos Fuentes estrenaba una pieza de teatro –*El tuerto es rey*– en el Festival de Aviñón. A la salida un grupo de escritores relacionados con *Libre* se desplazaron con sus parejas hasta el ranchito. Era el 15 de agosto de 1970.

Aquel caluroso sábado de verano pasaron muchas cosas. En primer lugar hubo una gran comilona organizada por Julio, que ya había avisado a todos de que iba a ser «uno de esos asados dignos de los reyes merovingios». Gracias a la ayuda de Luis Tomasello y los desvelos de Ugné, la promesa se hizo realidad. El clima, las botellas de «pastis», las charlas, las músicas, la estupefacción de los aldeanos de Saignon ante la llegada de un ómnibus especialmente fletado para conducir a los invitados a la casa... Todo muy agradable y muy extraño a la vez; algo fuera del tiempo, irrepetible, y con un sentido profundo más allá de la razón. Durante varios horas este grupo formado por el anfitrión, García Márquez, Vargas Llosa, Fuentes, Donoso y Goytisolo, entre otros, trataron de perfilar su postura política y diseñar las directrices de la revista *Libre*. Pero el camino estaba lleno de espinas. De creer a Juan Goytisolo, el primer obstáculo lo puso el propio Cortázar cuando declaró el veto a la presencia de Cabrera Infante en la nueva revista. «Si Guillermo entra por una puerta –dijo–, yo me salgo por la otra.»

¿Qué había ocurrido? Muy simple. Aunque Julio valoraba la obra de su colega, las diferentes posturas ante la Revolución los habían situado en el territorio ingrato de la incompatibilidad. Lo que había sido un aprecio mutuo derivó hacia las aguas tensas de la guerra fría, y ahora sólo quedaba rechazo y animadversión. ¿Cómo explicar, sino, que Guillermo fuera divulgando por ahí esa historia del tratamiento hormonal? Antes de juzgar la reacción de Julio hay algo que debe ser considerado. Para él era tan grande la necesidad de apoyar a los autores críticos con el régimen de Castro que aún quedaban en la isla, como Padilla, que ese apoyo se negoció con el sacrificio de exiliados como Cabrera Infante. Honestamente, el proyecto de revista debía haber muerto allí, entre aromas de bife y humaredas de chorizo criollo; pero siguió adelante fruto del cabildeo y del compromiso.

No obstante sería necio pensar que Cortázar no era consciente de ello. Sin mencionar a su víctima, escribió al día siguiente a Fernández Retamar dándole cuenta de la reunión y de sus objetivos. Para él la clave era el trabajo presente y futuro. Los roces, las nostalgias, las discrepancias debían dar paso a algo más importante: el acuerdo profundo y básico en los fines. Está claro que Julio ha tardado mucho en encontrar una causa colectiva y no parece dispuesto a renunciar tan alegremente a ella. La situación mundial no admite componendas; las posiciones se radicalizan y los protagonistas se mueven en un territorio poco dado a los matices. En una nota redactada para el primer número de *Libre*, los responsables anuncian que la publicación «dará la palabra a los escritores que luchan por una emancipación real de nuestros pueblos, emancipación no sólo política y económica sino también artística, moral, religiosa, sexual». Éste era el propósito. Pero ante el cariz que iban tomando los hechos en Cuba, los responsables de la revista decidieron aplazar temporalmente su salida.

Todo ello no menguó el ardor combativo de Cortázar. Al contrario. Poco tiempo después ya se había establecido un mito acerca de su compromiso político. Según dicho mito, el autor de *Rayuela* se habría caído del caballo a raíz de su primer viaje a La Habana, dato que él mismo se encargaría de divulgar en varias entrevistas. La política no había entrado, pues, por el cauce habitual de la ideología o de la militancia sino a través de una experiencia romántica. Se reforzaba así la leyenda de un luchador tocado por la gracia, bendecido por el instante de la revelación. Pero quizá haya que incorporar algún matiz. Como sugiere Montes-Bradley, no podemos aceptar la tesis de que la postura solidaria de Cortázar derive única y exclusivamente de su experiencia cubana. Admitir este argumento sería negarle algunas inquietudes del pasado: sus impresiones en tiempos del Mariano Acosta, por ejemplo, o su visión de la realidad que le tocó vivir en Bolívar y la naturaleza política de las alternativas con las que coexistió en Mendoza. Dicho de otro modo, para apoyar la Revolución de los años sesenta quizá haya que haberse negado antes a besar el anillo del obispo en los años cuarenta. Y no sólo eso. Hay que haber mantenido una postura concreta ante la guerra civil española, por ejemplo, el nazismo, o el peronismo. Y Cortázar la tuvo a su manera. ¿De salón? Sí. Ocurre que Cuba le brindó una causa que tenía la forma de un sueño y él decidió vi-

virlo. Este entusiasmo tardío le sacude de raíz como un amor de madurez: por eso se abandona a él con la alegría temeraria de quien siente que ha recobrado la juventud. O mejor aún, aquello que en la juventud no experimentó plenamente. La vida.

Luego está la disposición psicológica. ¿Cómo se ve a sí mismo un hombre de mediana edad en un contexto tan nuevo y excitante? En el caso de Cortázar el autorretrato le desborda en varios frentes, incluido su amor por Karvelis. Pero sobre todo le coloca en una palestra donde no se siente nada cómodo, la de la imagen pública. Si antes de llegar a Cuba era un escritor de referencia y se sentía satisfecho aunque un poco desbordado por esa condición, ahora se pasea por el mundo con la aureola de intelectual latinoamericano. Pero Julio no es nada de eso: no es un intelectual ni tampoco es un latinoamericano al uso. Así lo expresa en carta a Fernández Retamar donde reconoce que palabras como «intelectual» y «latinoamericano» le hacen levantar instintivamente la guardia: «Me considero sobre todo un cronopio que escribe cuentos y novelas sin otro fin que el perseguido ardorosamente por todos los cronopios, es decir su regocijo personal.» En la misma carta admite que ha de hacer grandes esfuerzos para comprender y aceptar esa etiqueta que poco antes habría recibido con perplejidad. Sin embargo decide aceptarla por una razón: «Creo que los hechos cotidianos de esta realidad que nos agobia (¿realidad esta pesadilla irreal, esta danza de idiotas al borde del abismo?) obligan a suspender los juegos, y sobre todo los juegos de palabras.»

En nombre de la realidad, por tanto, Cortázar parece dispuesto a interrumpir el flujo de su literatura y hasta su concepción de la vida. El juego. Finalmente acepta la misión, eso que llama destino, como intelectual latinoamericano, pero con matices. ¿Qué ocurre? Un día cualquiera, frente a una injusticia cualquiera, tuvo la necesidad de sentarse a la máquina y escribir un artículo protestando por esa injusticia. Se sintió obligado a no quedarse callado, sino a hacer lo único que podía hacer, que era o hablar en público o escribir artículos de denuncia o de defensa. Y eso, en el fondo, es lo que termina por llamarse compromiso. Pero Cortázar

sentía demasiado horror hacia el arquetipo de escritor comprometido, alguien que todo lo que escribe viene marcado por el
compromiso. Por eso ni siquiera en los momentos del proyecto
Libre se olvidaba de *Último round*.

LOS HIPPIES O CUARENTA DÍAS DE SOLEDAD

Mientras aún resuenan los ecos del gran encuentro provenzal,
Julio ha de abandonar Saignon. Como cada año el cierre de la
casa tiene algo simbólico: no se trata sólo de cortar el agua y la
luz y dar una doble vuelta a la llave. Cada vez es como un pequeño funeral desagradable que le llena de melancolía. Sin embargo hay planes en el horizonte. Dado que Ugné tiene otros
proyectos, él ha decidido viajar varias semanas por Alemania antes de acudir a su cita anual en Viena. Necesita un mes de soledad para pensar en muchas cosas y ver más claro en él y en el
mundo. A veces se siente un ingenuo, pero se alegra de serlo, de
tener un corazón que no envejece, y se maravilla de encontrar
solidaridad y bondad en los seres a quienes ama. El día 4 de septiembre descubrimos a Cortázar en Reims, sentado en la terraza
de un restaurante donde se regala con una *poularde au champagne*.
En días sucesivos asiste a un ciclo de conferencias en Wiesbaden
y luego se adentra en las tierras de la Alemania romántica. La de
los amores desaforados. Este zigzagueo improvisado le llevará al
valle del Neckar, lleno de ecos de Hölderlin, o a las puertas de
la fascinante Heidelberg.

En el transcurso del viaje el azar le conecta con una colonia de
hippies. El encuentro es importante para Julio porque descubre que
los hippies no son el cáncer social que denuncian los bienpensantes,
sino que la enfermedad mortal es precisamente el mundo que los
rodea y los hostiga. En el *Libro de Manuel* dedicará algunos pasajes a
las tribulaciones que estos aventureros padecen cuando viajan por
el planeta y su gran paradoja: en unos países donde la miseria, la
prostitución, la enfermedad y la mugre acosan a la población, resul-

ta que se ha desatado una campaña de limpieza en nombre de la moral, la religión y la ley. ¡Mueran los hippies¡ Sucios, drogados, criminales... Julio se pone en la piel de esos cronopios que son odiados por el mero hecho de llevar el pelo largo o recorrer el mundo sin rumbo fijo. En busca de una nueva estrella.

Felizmente, el autor de *Rayuela* no está ahora en el Tercer Mundo sino en un país europeo donde los espíritus libres despiertan mayor indulgencia. Por eso en el grupo de hippies que acaba de encontrar reina algo similar a esa felicidad que aguarda a veces al término de un largo viaje o una reconciliación. Sentado en las escalinatas de la catedral de Heidelberg, comparte cigarrillos de marihuana con los jóvenes. La convivencia temporal con gente que vive fuera del sistema le hace mucho bien a un hombre que en este viaje se ha llevado un libro de Pedro Salinas con el propósito de preparar una antología del poeta español. No deja de ser curioso que el joven tímido que descubrió la ardiente poesía amorosa inspirada en el «Tú», treinta años antes, la relea ahora rodeado por una tribu donde reina el amor libre. El «Nosotros». Quién sabe si el paso de la segunda persona del singular a la primera del plural no expresa mejor que nada el verbo de la época. En todo caso, el contacto directo con los hippies se reflejará en el prólogo de dicha antología. Cortázar habla aquí de su viaje solitario, sin teléfonos, ni cartas ni amigos ni diarios, perdido por valles y caminos rurales. El final del texto es una expresiva llamada al lector, esos hombres de un tiempo que ha roto por fin tantos tabúes absurdos. Luego la sugerencia: «Algunas noches de vino y de hierbas fumadas, con "The Soft Machine" o John Coltrane afelpando el aire de reconciliación y contacto, lean en voz alta los poemas de Salinas.»

Este sencillo pasaje nos habla de un individuo en plena transformación. Se diría que desea marchar al ritmo de la nueva era, virando la nave en función de los vientos. En este contexto los hábitos de la juventud le resultan muy tentadores: los cabellos largos, la música rock, el consumo de drogas o una forma más abierta de vivir la sexualidad. Aunque el pudor le impide proclamar

454 ──────────────────────────────────── MIGUEL DALMAU

alegremente sus hallazgos, va dejando rastros reconocibles, tanto en sus escritos como en la vida real. De pronto, los personajes de sus libros ya no escuchan Louis Armstrong, por ejemplo, sino que se decantan por grupos de la época, en plena vanguardia, como Soft Machine, o cantautoras tan originales como Joni Mitchel. Las drogas también aparecen como un vehículo de conocimiento y hasta de armonía tribal. Si diez años antes el héroe de «El perseguidor» era un saxofonista negro y drogadicto que se precipitaba en el abismo, ahora las drogas contribuyen a unir a la gente. No están en los antros sino a la luz del sol. Pero son sustancias como la marihuana, que le interesan mucho porque estimulan la sociabilidad, la sensualidad y la percepción intensa de la música. Conviene añadir que la marihuana será la droga de Cortázar: no la cocaína, ni el LSD, ni menos aún la heroína. Gracias a ella irá ampliando el campo perceptivo de sus criaturas, partiendo de su propia experiencia personal. Obviamente Julio no es tan temerario como para efectuar una declaración pública en favor de las drogas o el amor libre, pero deja entrever que eso forma parte del mundo, un mundo que está cambiando como nunca antes, y donde los jóvenes siguen pidiendo la palabra.

En el fondo esto obedece a una virtud cortazariana: su incansable curiosidad por lo nuevo. A diferencia de la mayoría de personas que han cumplido medio siglo, él no abandona el barco para recluirse en su universo personal. Todo lo que ocurre en el mundo le interesa, le conmueve, le estimula, le apasiona. Recuerda Saúl Yurkievich: «Tenía esa mirada auroral, por el asombro siempre fresco ante todo lo que el mundo podía ofrecerle. El mundo le brindaba mucho porque veía lo que pocos ven; establecía extrañas correspondencias, perseguía reveladoras casualidades –que para él no eran casualidad sino causalidad–, porque tenía la convicción de que lo bello, lo verdadero, lo valioso, todo aquello que lo movilizaba no aparecía directamente, en relación con la apariencia del mundo, y que había que escarbar debajo de la costra apariencial para encontrarlo.» Además lo que está sucediendo en el mundo es inédito en la historia de la Humanidad. ¿Cómo no apasionarse?

Por primera vez el ser humano pone el pie en la Luna siguiendo los pasos de una novela de Julio Verne; por primera vez las mujeres pueden ser dueñas de su cuerpo y de su destino; por primera vez la ciencia ofrece respuestas a enigmas milenarios y la medicina es capaz de trasplantar un corazón. ¿Qué habría pensado en Chivilcoy un lector tan voraz y fantasioso como él? ¿Era consciente entonces de cómo iba a evolucionar su propia vida y la del planeta?

Instalado en una habitación del hotel de France de Viena, por primera vez se siente a gusto en la capital austriaca y puede trabajar tranquilo. Por primera vez, también, concluirá su aventura solitaria en el hotel La Calcina de Venecia. Sin Aurora, sin Ugné, sin nadie. Oficialmente sin nadie, queremos decir, porque quizá le acompaña una chica morena que habla con acento cubano. Desde la terraza contempla la otra orilla más allá del Canal de la Giudecca. Por alguna razón astrológica ha llegado tarde a algunas cosas importantes de la vida: la independencia afectiva, el reconocimiento profesional, la plena satisfacción erótica, la holgura económica... Se diría que su aspecto juvenil le había condenado a una existencia adolescente. Muchos años antes Goethe había creído ver en la pubertad reiterada una característica del hombre de genio. Pero ya no. En opinión de Vargas Llosa: «Cortázar descubrió la carne, el sexo, y eso le llenó mucho la vida durante un tiempo, ya no le hizo tanta falta inventar mundos. Antes su vida era más sobria, apartada, vivía en un mundo que había creado, lleno de magia y de misterio. A mí me comentaba: "Lástima, Mario, que esto me pille ya viejo."»

Sin embargo no deja pasar la ocasión. Pese a la edad, este viejo sucumbe gustoso a una tardía fiebre vitalista: va por el mundo con una furgoneta Volkswagen como si fuera un surfero en busca de la ola perfecta; viste vaqueros, luce barba y melena como George Harrison en Bangladesh, fuma hierba y podría trepar sin desdoro al carro de Jack Kerouac. Lo asombroso es que trata de conciliar un imposible: una vida de ácrata contracultural al estilo *beatnik* con la militancia canónica de izquierdas representada por el socialismo. Es otro de los tirabuzones existenciales de Julio y pocos van a entenderlo. Quizá sólo Paul Blackburn, su amado Pablito. Ahora ha llegado a Venecia. No hay nada como un aperitivo veneciano bajo el sol de otoño.

LA ÚLTIMA CURDA

A su regreso, Cortázar ha recobrado fuerzas y vuelve a sumirse en aventuras colectivas. En un gesto simbólico decide tomar el avión a Santiago de Chile para manifestar su apoyo al nuevo presidente, Salvador Allende. A su juicio no es posible estar ausente en un momento crucial en que un país del Cono Sur se lanza a una tentativa socialista. «Casi me mataron a fuerza de amor colectivo», le contará a Gregory Rabassa a la vuelta. Pero el encuentro con Allende es fructífero para ambos y se despiden soñando con un futuro lleno de esperanza. Tras abandonar el país, Julio viaja hasta Buenos Aires con el fin de ver a su madre. Aunque la estancia es muy breve, «ahí el delirio fue una especie de pesadilla diurna». Demasiados compromisos, demasiadas preguntas, demasiadas declaraciones. Desde hace tiempo le rodea en su país un aura sulfúrica: es el escritor comunista por antonomasia y se halla en el ojo del huracán. Pero nada más falso. Cortázar no es comunista ni jamás militará en ningún partido. Contrariamente a lo que se cree, tardó bastante tiempo en sentirse a gusto con su compromiso político. Su timidez endémica no cuadraba demasiado con sus apariciones públicas y habría dado la vida por no tener que hacerlas. En carta inédita a su amante cubana escribe:

> Fue bello y horrible a la vez, me sentí a la fuerza ese otro que soy allá, el autor «cé-le-bre», el tipo que no puede salir a la calle sin que se le echen encima para pedirle autógrafos —el quinto Beatle, qué horror—. París es de nuevo una isla, el anonimato maravilloso, pero ahora sé, por razones muy serias, que deberé volver a la Argentina a pasar por lo menos dos meses DANDO LA CARA, es decir,

aceptando entrevistas, mesas redondas, ayudando a los míos en su lucha contra los gorilas.

Cada vez que regrese a París desde Latinoamérica tendrá la sensación de que ha vuelto a una isla desierta. En Santiago y en Buenos Aires, ya le conocen demasiado.

Antes de acabar el año Julio y Ugné viajan en coche a Barcelona. Su propósito es reunirse con aquellos camaradas que por entonces residían en la Ciudad Condal para elaborar nuevas estrategias en relación a Cuba. Sabemos que Francisco Porrúa les ha reservado un hotel, pero el puritanismo imperante en la España franquista intenta impedir que el señor Cortázar se aloje en la misma habitación con una señora que no es su esposa. En un raro arrebato de indignación Julio protesta enérgicamente y el problema queda resuelto. Durante varios días la pareja se mueve por la ciudad y se entrevista con sus amigos latinoamericanos. Entre las varias anécdotas del grupo hay una que no tiene precio. Una noche fueron a cenar a un restaurante del barrio de Pedralbes llamado La Font dels Ocellets. En este típico local de cocina catalana existía la costumbre de que los comensales anotaran los platos elegidos en una hoja. Pero esta vez todos estaban tan absortos en la conversación que cuando el camarero volvió a recoger la comanda se encontró que el papel seguía en blanco. Contrariado, marchó a la cocina y se quejó al dueño. Entonces éste se acercó con cara de pocos amigos, se plantó frente a la mesa y lanzó una frase memorable: «¿Alguno de ustedes sabe escribir?» Se hizo el silencio. Cortázar, García Márquez, Vargas Llosa, Donoso, Fuentes... No tenían pinta de escritores, desde luego. Vaya usted a saber lo que serían. Al final la mujer del colombiano repuso: «Yo sé, yo sé escribir», y empezó a leer la carta en voz alta. Luego pidió la cena para todos.

Otra de las anécdotas tuvo lugar la noche de fin de año en el domicilio del novelista Luis Goytisolo. Previamente habían celebrado la Nochebuena en el pequeño apartamento de Vargas Llosa en el 211 de la Vía Augusta. Aunque Julio recelaba de las fiestas navideñas, se pasó la mitad de la velada jugando al Scalextric con los hijos del anfitrión, mientras preparaban la cena. Pero la anécdota en casa de Goytisolo es importante porque en ella sitúa José Donoso el final simbólico del Boom, o para ser más precisos su involuntaria ceremonia de despedida. En aquella ocasión la anfitriona, María Antonia Gil, se vistió con bombachas de terciopelo hasta la rodilla, botas negras, y cargada de alhajas lujosas como una heroína de *Scheherezade* o *Petrouchka*. Luego arrancó la fiesta. Escuchemos a Donoso: «Cortázar, aderezado con su flamante barba de matices rojizos, bailó algo muy movido con Ugné; los Vargas Llosa, ante los invitados que les hicieron rueda, bailaron un valsecito peruano, y luego, a la misma rueda que los premió con aplausos, entraron los García Márquez para bailar un merengue tropical.» En la fiesta también se encontraban la agente literaria Carmen Balcells, el editor Jorge Herralde, el escritor Sergio Pitol y el joven periodista Fernando Tola. Mientras los tres últimos se dedicaban a alimentar a los peces de las peceras iluminadas que decoraban el salón, la primera se relamía sobre los pulposos cojines de un diván. Dice Donoso: «Carmen Balcells parecía tener en sus manos las cuerdas que nos hacían bailar a todos como a marionetas, y nos contemplaba, quizá con admiración, quizá con hambre, quizá con una mezcla de ambas cosas, mientras contemplaba también a los peces danzando en sus peceras.» Nunca volverían a estar tan unidos. Algo había terminado.

EL CASO PADILLA (II)

A principios de año los Cortázar vuelven a París. El viaje de regreso tuvo connotaciones un tanto heroicas debido a una ola de frío y nieve que les persiguió durante todo el camino. Pero gracias a unos tremendos tragos de ron cubano, según Julio, lograron llegar a buen puerto. El dato es sin duda excesivo pero sirve para conocer un rasgo muy importante de su relación con Ugné. Ya hemos visto que Cortázar tenía una dependencia cada vez mayor con la bebida aunque nunca respondió al perfil del alcohólico. Pero su nueva compañera necesitaba a menudo del alcohol para funcionar. En todo caso, esos tragos se convirtieron en litros cuando a los pocos días fueron a La Habana invitados por la Casa de las Américas. Este nuevo viaje sirve para comprobar in situ los efectos cada vez más nocivos del bloqueo de Estados Unidos: faltan víveres, material, maquinaria. Son días de charlas, debates y ron.

Aunque Cortázar vuelve de Cuba dispuesto a seguir defendiendo la Revolución, el Destino va a someterle a una dura prueba. Mientras se readapta a París, Heberto Padilla es detenido por la policía castrista y acusado de subversión. Tras pasar un mes en la cárcel, emergió de los calabozos y apareció en un acto público de la UNEAC (Unión Nacional de Escritores y Artistas Cubanos). En el transcurso de ese acto el poeta entonó un penoso mea culpa donde se retractaba de sus opiniones y se acusaba de los peores crímenes ideológicos. «Soy un contrarrevolucionario objetivo», dijo, y luego declaró que merecía volver a la cárcel. En opinión de Mario Vargas Llosa: «Las personas que conocíamos a Padilla sabíamos que todo eso era una gran farsa: Padilla realmente no estaba diciendo ni la verdad, ni lo que sentía, ni lo que creía. Todo eso se podía asociar mucho con lo que habían sido todas esas farsas y autocríticas en los países socialistas en el pasado.» En efecto. Aquel acto tenía todo el aire de una confesión en la era de las grandes purgas de Stalin, y en esa línea la confesión desgarradora de Padilla se deslizó luego por las ciénagas de la delación. El poeta extendió sus acusaciones a la plana mayor de los escritores cubanos a quienes acusó de ser también agentes de la CIA. Esos agentes eran José Lezama Lima, Virgilio Piñera, Miguel Barnet, Norberto Fuentes, Pablo Armando Fernández... El autoinculpado dejó así una estela de nuevos culpables que pasaron a ser de pronto contrarrevolucionarios y espías del Gobierno norteamericano. A la larga, el ritual desconcertante de la célebre velada en la UNEAC fue sin duda uno de los mayores desatinos de la Revolución cubana: cuantos participaron en él, ya fuera en calidad de jueces, reos o simples testigos, salieron inevitablemente manchados. Estas salpicaduras alcanzaron asimismo a quienes, como Cortázar, se vieron obligados a reaccionar.

La ceremonia de autocastigo de Padilla tuvo un poderoso eco en el primer mundo. A raíz de ello un grupo de escritores e intelectuales entre los que se encontraba Julio redactaron un texto que luego se conocería como: «Primera carta a Fidel Castro.» Escrita en términos muy respetuosos, esta carta renovaba la simpatía de los firmantes con los principios de la Revolución, si bien expresaba su inquietud por el uso de métodos represivos contra intelectuales que ejercían el derecho de crítica dentro de ella, y anunciaba de paso que tales métodos represivos iban a tener repercusiones negativas entre los escritores y artistas del mundo entero, para quienes la Revolución cubana era un símbolo y una bandera. Además de Cortázar y la plana mayor del Boom, firmaron también Jean Paul Sartre, Simone de Beauvoir, Italo Calvino, Susan Sontag, etc. Hábilmente los firmantes decidieron que la carta sería privada para evitar el ruidoso eco de los medios de comunicación. Pero si pasado un tiempo prudencial no recibían respuesta de La Habana, acordaron entregar una copia de la misiva a la prensa francesa.

No hubo que aguardar mucho. A los pocos días llegó a París Jorge Edwards, quien regresaba de una misión diplomática en Cuba. Fue él quien les informó de la amarga realidad. El caso Padilla no era un hecho solitario sino el producto de la nueva política de Fidel, quien había decidido reprimir el menor asomo de heterodoxia. En lo sucesivo no iba a aceptar sugerencias, observaciones ni críticas al sistema, vinieran de donde viniesen. En un violento discurso pronunciado en el Congreso Nacional de Educación y Cultura atacó a «los seudoizquierdistas descarados que quieren ganar laureles viviendo en París, Londres, Roma en vez de estar en la trinchera de combate». Luego les dedicó algunas pullas como «basuras», «ratas intelectuales» o «agentillos del colonialismo». Acto seguido, «excomulgó» a todos los firmantes de la carta y llegó a decir que eran agentes de la CIA. Esto representó un duro revés que indujo a Cortázar y los demás a replantearse la estrategia.

En un rapto de sinceridad escribe un texto titulado «La hora de los chacales» y se lo hace llegar a la poetisa Haydée Santamaría, directora de la Casa de las Américas. A distancia se nos antoja un texto emotivo y contradictorio, escrito al calor emocional del momento. En un ejercicio de funambulismo, Julio denuncia la manipulación informativa orquestada por los chacales de Washington. Ellos son los responsables de que la opinión pública mundial tenga una visión falsa y sesgada de lo que ocurre en Cuba. Pero también sabe que hay chacales en la isla y sobre todo comienza a intuir que Castro se ha alejado del primer sueño revolucionario. Sin embargo le falta valor para admitirlo y para romper con él. ¿Ceguera, ingenuidad? Un poco de todo. Lleno de un lirismo que hoy nos suena bastante rancio, proclama su amor eterno a la causa y entona un mea culpa por haber intentado opinar desde lejos, en la tranquilidad de su escritorio de París.

Cortázar decidió mandar también el texto a *Libre*. Para entonces la revista estaba definitivamente en marcha y sus responsables habían decidido preparar un *dossier* especial en torno al caso Padilla. En lugar de intimidarles, la «excomunión» de Castro les había impulsado a analizar de un modo ecuánime el nuevo rumbo de la política cubana. Con este fin se recogieron documentos –texto íntegro de la autocrítica de la UNEAC, discurso de Fidel, carta de Mario Vargas Llosa donde renunciaba a la Casa de las Américas–, así como opiniones, declaraciones y apostillas de distintos autores europeos y sudamericanos. En calidad de revista crítica, *Libre* juzgaba muy útil una discusión sobre lo acontecido en la isla, ya que remitía a problemas candentes como el socialismo y sus orientaciones, la creación artística en las nuevas sociedades y, en especial, el compromiso de los intelectuales frente a los procesos revolucionarios. La lectura en perspectiva de este informe resulta reveladora porque muestra las primeras fracturas entre los miembros del Boom. Autores luego conservadores como Vargas Llosa u Octavio Paz adoptaron una posición lúcida y valiente; otros, como García Márquez, navegaron con habilidad proverbial, y Cortázar se dejó llevar por lo que Juan Goytisolo llama «un lirismo a la soviética». Inevitablemente algunos pasajes de *La hora de los chacales* no fueron del agrado de sus colegas, quienes se sintieron aludidos por su falta de combatividad. Pero la misma naturaleza plural de la revista aconsejó mantener a toda costa las relaciones entre sus miembros.

En los meses sucesivos *Libre* trató de sobreponerse a las crecientes tensiones internas. Sin duda todos los colaboradores creían en la sociedad del futuro, pero algunos rechazaban ya abiertamente el modelo de Castro. Conocían de sobra la cruda historia de la URSS, con la deportación, tortura y asesinato de tantos escritores, como para no recelar de un régimen que había iniciado una caza de brujas contra Padilla y compañía. En este contexto hubo una «Segunda carta a Fidel Castro» firmada por una sesentena de personalidades de la cultura, pero Cortázar se negó a poner su firma porque le pareció un texto insolente y paternalista. Esto fue en verano del 71. Había cambiado de actitud. En relación a ello debemos añadir que los argumentos de Julio tenían su lógica. Aunque la autocrítica de Padilla no le había resultado nada agradable porque repetía modelos como los soviéticos, también reconocía que Padilla había podido ejercer el derecho a hacerla, contestando luego a las preguntas de la Sociedad de Escritores, etc. Al final Padilla había terminado con un empleo de traductor en el ministerio. En los procesos de Moscú, en cambio, el acusado solía acabar con un tiro en la nuca. Entre el castrismo y el stalinismo había sin duda alguna pequeña diferencia. Aún.

Medio año más tarde Mario Vargas Llosa se hizo cargo de la dirección de *Libre*. La noticia alegró a Julio porque conocía las virtudes y honestidad del peruano, pero estaban ya en polos casi opuestos y se vio obligado a escribirle una carta para dejar clara su postura: «En modo alguno me desvinculo de ti como escritor y como amigo en esta circunstancia; pero creo que te darás cuenta de que tampoco puedo acompañarte cuando nuestros criterios frente a lo de Padilla han provocado las consecuencias que conocemos de sobra.» Luego le solicitó que eliminara su nombre de la lista de colaboradores. Si esto ocurría entre dos grandes amigos, es fácil imaginar los efectos nocivos sobre autores que no lo eran. Al final la revista murió por fractura de columna vertebral. Pero más allá de las posturas de cada uno, este desenlace debió de ser amargo para todos. Habían trabajado duro defendiendo un sueño común: la libertad del hombre. Por ello cobra mayor sentido el canto fúnebre de García Márquez, quien, al recordar las reducidas dimensiones de la oficina de *Libre* y el final abrupto de algunas amistades, sentenció: «Aquel espacio tan chico no daba más que para joder.»

PRIMERA SALIDA DE *FAFNER*

El caso Padilla y las primeras tormentas de *Libre* fatigaron mucho a Cortázar. En las cartas de la época declara que está pasando una mala temporada y que necesita un nuevo respiro. La situación es tensa y desagradable, pero espera que poco a poco lleguen mejores días: «He estado deprimido y triste por eso, pero ya voy mejor y sigo creyendo en lo bueno de la revolución cubana y oponiéndome a sus aspectos negativos.» En todo caso tiene un problema serio: cada vez le resulta más difícil conciliar su trabajo en organismos internacionales con sus compromisos que abarcan lo amoroso, lo político y lo literario. En estas condiciones Julio se plantea emprender un nuevo viaje en solitario. Pero antes decide adquirir una furgoneta Volkswagen Combi, idéntica a la que su amigo Paul Blackburn utiliza para visitarle en Saignon. Desde hace tiempo ha renunciado a llevar auto en París —algo que tampoco era habitual—, y en cambio necesita de un vehículo bien acondicionado para sus expediciones por Europa.

Tomada la decisión, la fantasía se pone en movimiento. Una mañana Cortázar fue a recogerlo y lo vio subir la rue Cambronne, recién salido de un garaje, con su gran cara roja, los ojos bajos y encendidos, todo furia y fuego. Al enfrentarse a aquella flamante furgoneta, su cerebro hizo uno de sus habituales clics mentales: coche igual a dragón; dragón igual a *Fafner*. Se acabaron *Nicolás* y *Léonie*. Esta vez le llamará *Fafner*, en homenaje al animal mitológico que custodiaba el tesoro de los nibelungos en la ópera de Wagner. Desde ese instante fomentará la naturaleza juguetona de su vínculo: se hace amigo del dragón, le transmite sus planes, y juntos deciden emprender la gran aventura. Pero ¿cómo es exactamente *Fafner*? A grandes rasgos, es una especie de casa rodante de color rojo, un caracol, en el que hay un tanque de agua y un asiento abatible que se convierte en cama. Muy pronto el caballero Julius Cortázar lo adaptará a la medida de sus necesidades: una radio, la máquina de escribir portátil, varios libros, botellas de vino tinto, latas de sopa, vasos de papel, un bañador, una lámpara de butano, y un calentador gracias al cual una lata de conservas se convierte en un pequeño banquete que celebra con banda sonora de Vivaldi.

Al llegar la primavera el caballero trepa a lomos de *Fafner* y emprende viaje hacia Viena. Atrás queda Ugné como una dama abandonada en la almena del castillo. Según él: «Me fui solo (con gran cólera de Ugné, pero yo quería un "mano a mano" con mi dragón, sin contar una o dos dragonitas que tengo por el lado de Austria y que hacía tiempo que no visitaba).» Si en el capítulo «Adiós, morochita, adiós» escribimos que Cortázar no compartía intimidades, ahora debemos reconocer que le gustaba mostrarse más locuaz, incluso en materia erótica, con interlocutores más jóvenes y de confianza. Quizá no le contara grandes secretos a Vargas Llosa, por ejemplo, pero podía hablarle de *dragonitas* a Paul Blackburn. También éste tendrá noticias de su aventura a lomos del dragón: el caballero cocina, se baña, canta, aprende a galopar con *Fafner*, que lo devuelve a París. Ambos muy contentos. Otro motivo de felicidad tiene que ver con la literatura: una nueva editorial de Barcelona le ha propuesto editar un volumen de su poesía. En opinión del poeta se trata de unos «cronopios insensatos» agrupados bajo el nombre de Ocnos. Pero este grupo de insensatos son nada menos que Jaime Gil de Biedma, Pedro Gimferrer, José Agustín Goytisolo, Luis Izquierdo, Joaquín Marco y Manuel Vázquez Montalbán. Nadie como ellos para convencerle de que venciera su férrea resistencia a publicar poemas. «Me pareció una coquetería de mal gusto seguir escondiendo cosas que siempre contaron mucho para mí.» El resultado llevará por título *Pameos y meopas* y le sirve para saldar una vieja deuda con Julio Denis.

A mediados de mayo los Cortázar llegan a Saignon. Las últimas semanas han sido un bálsamo para el escritor, quien sólo piensa en descansar y trabajar en su nueva novela. Aunque todavía le duele el tema cubano, lo cierto es que se toma con buen humor los ataques de Castro, que manipulados por las agencias de noticias norteamericanas le convierten en un agente de la CIA. En carta a Jonquières escribe que está adaptándose a su nuevo papel y que pasa varias horas al día espiando a sus vecinos y hurgando en sus cubos de basura. Luego manda los informes secretos a Washington. Es otra broma más. En sus ratos libres se dedica a regar el jardín, pelar un pato, o limpiar sardinas para la barbacoa. Si no fuera porque llueve con una insistencia propia del otoño, se diría que es un verano normal. El único motivo de inquietud es la salud de su amigo Paul Blackburn, a quien acaban de detectar un cáncer de esófago. Aunque la noticia le preocupa bastante, el autor de *Rayuela* intenta transmitir al enfermo una alta dosis de optimismo. Incluso se desvive para conseguirle un raro medicamento en Montecarlo que no se vende en Estados Unidos. El Laetrile. Una vez más la generosidad y camaradería de Julio son conmovedoras: escribe cartas, recorre farmacias y laboratorios de la Costa Azul, consulta a médicos europeos, todo con tal de que Pablito, su gran camarada yanqui, recobre la salud.

LA COLINA DE LOS NIÑOS

A diferencia de los veranos con Aurora, las vacaciones con Ugné no le obligan a ser una pareja *full time*. A menudo ella va y viene de París y él pasa varios días solo. Para el artista la soledad es oro, pero en esta ocasión no podrá hacer uso de ella. A principios de julio, Cortázar se precipita con su auto por un pequeño barranco provenzal. La culpa no ha sido de *Fafner* sino de la vieja Renault 4l que había elegido para dar un paseo. Por fortuna no sufre heridas de gravedad —una lesión en el omóplato, contusiones y cortes en las piernas—, pero los médicos decretan su ingreso en el hospital de Apt. Durante varios días permanece allí con fuertes dolores. Para entonces Ugné ya ha vuelto, pero él no se siente con ánimos de trabajar y a efectos literarios perderá el verano. En relación al accidente vamos a abrir una puerta inquietante. Pese a que Cortázar admite que la cosa ha sido leve, no duda en escribir sobre ello a los amigos: Jonquières, Blackburn, Lezama Lima, Pizarnik o Yurkievich. En una línea fugaz dirigida al primero dice: «Una vasta constelación halló su broche (cuando leas mi cuento en *Libre* comprenderás), pero algún astro dominante y favorable decidió que el final, por esta vez, sólo se cumpliría a medias.» Al día siguiente escribe en términos similares al último: «Nada grave, pero sí muy misterioso; mi cuento en *Libre* no es más que un eslabón de una vertiginosa cadena de la que hablaremos a la vuelta.»

¿Cuál es exactamente ese misterioso cuento que lo explica todo? He aquí la clase de presa que entusiasma a los cazadores. Se trata de «Lugar llamado Kindberg». Es la historia de un viajante de comercio argentino que está envejeciendo y que tiene un encuentro fugaz con una muchacha chilena en una carretera perdida de Alemania. A lo largo de un breve trayecto en automóvil ella le muestra todo lo que él pudo haber sido y no tuvo el coraje de ser. Luego viven una noche de amor, y al día siguiente sobreviene el desenlace: el hombre maduro prescinde de ella y se pierde solo en la carretera. Pero el destino es la muerte. Julio habla de esa ruta abierta para los vendedores de materiales prefabricados, la ruta sin Copenhague y solamente llena de veleros podridos en las cunetas, de empleos cada vez mejor pagados, de la sombra del plátano solitario en el viraje, del tronco donde el protagonista se incrustará a ciento sesenta con la cara metida en el volante. ¿Qué está queriéndonos decir Cortázar? ¿Que su accidente de coche en Saignon responde a una pulsión suicida que no osa pronunciar su nombre? Es posible, pues también está enfrentándose a la incomodidad de llevar una doble vida. Porque en su viaje a bordo de *Fafner* ha coincidido con una joven que reside en Viena, una de las «dragonitas» que deseaba volver a ver. Se trata de Isel Rivero: una poetisa cubana nacida en 1941, con la que mantendrá una de las relaciones ocultas más importantes e influyentes de la época.

Cuando aparezca «Lugar llamado Kindberg», no dudará en confesarle a Isel que está inspirado en su relación. Escuchemos este pa-

saje de una carta inédita: «Dime en seguida si te llegó o no; si alguien
quería yo que lo recibiera antes que nadie eras tú, Osezna, puesto
que hay ahí un cuento que te guarda enterita, con miel y piel y pe-
lusitas y gruñidos y fuego en la chimenea y vino blanco.» En otra
carta amplía los detalles, reconociendo que ese cuento es cruel y
penoso para él, en la medida en que se identifica con Marcelo como
identifica a la chica chilena con ella. Tiempo después comentará en
una rara entrevista el final del relato, identificándose de nuevo con
el protagonista: «Entonces lo mejor es incrustarse contra un plátano
a 160 kilómetros por hora, como hace el personaje.» Lo llamativo
no es el final, claro, sino los detalles: el tipo de árbol, la velocidad
exacta, los motivos. Todo coincide. Porque los suicidas valoran mucho los detalles. Se suiciden en la realidad o en la ficción.

Por si quedaran dudas Julio recibe poco después una carta de
Alejandra Pizarnik. Aunque todavía se halla convaleciente, el mensaje de su amiga le dispara todas las alarmas. Ha intentado suicidarse. La respuesta es fulminante y nos habla de alguien que conoce el
tema a fondo y que acaso se está increpando a sí mismo:

> Pero vos, vos, ¿te das realmente cuenta de todo lo que me escribís?
> Sí, desde luego te das cuenta, y sin embargo «no te acepto así», no
> te quiero así, yo te quiero «viva», burra, y date cuenta que te estoy
> hablando el lenguaje mismo del cariño y la confianza —y todo eso,
> carajo, está del lado de la vida y no de la muerte… Sólo te acepto
> viva…

Cuatro días más tarde Cortázar recibe la terrible noticia de que Paul
Blackburn ha muerto. Su querido Pablito no ha podido superar el
avance fulminante de la enfermedad, y el medicamento que le había enviado celosamente por avión se pudrirá en una oficina de Correos de Nueva York. El joven poeta ya no se acercará más al ranchito con su mujer a bordo de la Volkswagen, ya no podrán charlar
de libros ni de traducciones, o tomarse un pastis bajo las estrellas.
Aparte del dolor por la pérdida, esta muerte en plena juventud le
devuelve el recuerdo de Monito Reta y le agita posos del incons-

ciente. Quizá no sea casual que su viejo camarada argentino regrese ahora en sueños ni que al final Julio acabe escribiendo un escalofriante relato como catarsis: «Ahí pero dónde, cómo.» Ya hemos hablado de ello en el capítulo «El año horrible». ¿Cuándo acabará todo esto? Una muerte invita a la otra. Y ahora, Paul, llamas de esperanza que se apagaron antes de tiempo.

El balance del verano no es nada favorable: intento de suicidio de Alejandra, muerte prematura de Paul Blackburn, y el accidente de coche que lo inutiliza temporalmente para la literatura. Pero esto no será el único sobresalto de Cortázar. En noviembre de aquel otoño sufre otro percance que podía haber acabado con todo. Mientras paseaba por una callecita de París, una ráfaga de viento hizo caer una enorme chimenea desde un sexto piso. Por azar Julio se percató de ello y pudo esquivarla en parte; pero el golpe le fracturó dos costillas. Durante varias semanas tuvo que permanecer en reposo, acosado por algunos dolores y una recurrente pesadilla de ambulancia y hospital. Tanto el accidente de Saignon como el percance de París van a inspirarle un nuevo relato donde se ventilan viejas obsesiones: la salud, la enfermedad, la muerte o la traición amorosa. Se trata de «Liliana llorando», la historia de un enfermo incurable que reflexiona acerca de la relación que va a mantener su mujer con su mejor amigo cuando él haya muerto. Al hablar de su desventura con Lezama Lima, no dudará en recurrir a la astrología, en concreto al año del cerdo. Julio conoce lo suficiente al cubano para saber que él captará el mensaje: durante el año del cerdo las cosas no son siempre como aparentan, porque suele ser un período de quimeras en el que nos acechan situaciones inesperadas. ¿Revoluciones traicionadas quizá? ¿Accidentes? ¿Inclinaciones suicidas? Dado que algunos lectores sin imaginación se echan las manos a la cabeza cuando recurrimos a herramientas no académicas, me limito a recordar aquí que Cortázar y Lezama Lima las empleaban como puerta de acceso, y no pequeña, a su comprensión del universo.

Antes de acabar este año azaroso, el autor de *Rayuela* busca un nuevo domicilio. La convivencia con Ugné no parece tan plácida como con Aurora y es mejor mantener cierta independencia. Además, las «dragonitas» llaman a veces a su puerta. Desde este momento vivirá en el 9 de la rue de l'Éperon.

EL CRONOPIO GÁLVEZ
Y UN PSIQUIATRA LLAMADO JULES

En los momentos difíciles Cortázar recurría a los amigos. Aunque no solía divulgar los motivos de inquietud, el calor de la amistad le sacaba de sus pozos de negrura. Con el tiempo, los amigos aprendieron a reconocer las señales bajo una llamada de teléfono o las cartas que mandaba incluso a los que vivían en París. Aparte de Julio Silvia, uno de estos camaradas fue sin duda el fotógrafo español Antonio Gálvez. La relación se remontaba a cinco años antes, cuando Gálvez tuvo que realizar un reportaje fotográfico para la revista española *Índice*. Desde el principio la sintonía fue perfecta. Gálvez es un exiliado español que sobrevive heroicamente en París, donde va desarrollando una obra de clara inspiración surrealista en la línea de Buñuel. En muchos sentidos es un verdadero «piantao», uno de esos locos que tanto gustan a Cortázar. Dotado de una tremenda fortaleza física, es un volcán de humanidad –pura rabia y fuego– que no hace concesiones ni en la vida ni en el arte. Allí donde Julio es tímido y delicado, Antonio es un toro que se complace en derribar a golpes el portón de las convenciones. La simbiosis está servida. Entre la veintena de cartas inéditas que el español guarda del argentino, estas líneas certifican sus ansias de verle: «Antonio, cronopio: tu teléfono es la muerte en tres tomos. Hace una semana que te llamo sin dar contigo. Ugné y yo queremos ir a verte, hablar, beber, comer, reír, y ver tu mundo. ¿Nos llamas para arreglar un encuentro?»

Esta amistad que quiere y sabe ponerse al día estimula la colaboración. Por eso las fotos de Gálvez son de largo las más importantes que le tomarán a Cortázar en toda su vida. A diferencia de los otros fotógrafos, Antonio jamás busca el ángulo fácil o la situación convencional; tampoco le seduce crear esa falsa espontaneidad que aspira a huir del tópico. Rara vez retrata a Julio en su mesa de trabajo, o fumando un cigarrillo, o buscando libros en los *bouquinistes* del Sena o cruzando una calle, o sentado en las escaleras de un zaguán. Esto queda para los otros colegas, especialmente para Sara Facio y Alicia D'Amico, que destacan en esa senda más clásica que también agrada al escritor. En cambio Gálvez elige siempre el camino más insólito. Si la mayoría de fotógrafos captan al Dr. Jekyll, él se acerca bastante al Mr. Hyde o al menos a aquel escritor de genio que se mueve entre pesadillas y ocupaciones raras. Gracias a Antonio vemos el otro lado de Julio, precisamente aquel que nutre y se expresa en su literatura. El resultado es asombroso y demuestra hasta qué punto el poder de Gálvez logra que este gran tímido se entregue a la cámara. Aquí está Cortázar, al fin, tocando la trompeta en una imagen que luego se divulgó mil veces, o comiendo una banana, o hurgando con un lápiz un manto de hormigas. Todo este mundo de filias, fobias, zonas del inconsciente salen al fin a la luz. No es extraño que la imagen que le devuelve Gálvez seduzca y convenza a Cortázar. Él ha sabido ver lo que había al otro lado de la puerta, eso que buscaba en vano el Johnny Carter de «El perseguidor» o el Horacio de *Rayuela*. Sin embargo nadie sale indemne de la cámara de Gálvez, porque consigue que el modelo se asome con dolor a sus demonios personales. Así ha sido con Salvador Dalí, Luis Buñuel, Pablo Neruda, Alexander Calder, Joan Miró, André Malraux, Octavio Paz, Marguerite Duras, Francis Bacon... una lista interminable. En carta al poeta José Miguel Ullán, Julio califica al fotógrafo de «cronopio increíble» y medio año más tarde le habla de sus fotos a Porrúa, resaltando el impacto que pueden tener en la prensa española: «Te imaginás la cara de Camilo José Cela y otros bien pensantes.»

Desde ese momento Cortázar y Gálvez coincidirán en muchas ocasiones. Generalmente es el primero quien se desplaza hasta el apartamento del 39 de bulevar Voltaire donde el segundo tiene su domicilio y el laboratorio. Allí preparan una tortilla de patatas, toman un vino, conversan, y Julio se siente en la gloria. También hablan de planes. Gálvez está ultimando un libro con varios autores latinoamericanos, a los que ametralla con su Hasselblad de manera inclemente. Su capacidad de seducción es tan poderosa que aprovecha el menor resquicio que le concede al azar. Una tarde fueron invitados por la hija de un magnate venezolano que residía en un lujoso ático junto al Sena. Allí acude Gálvez con Alejo Carpentier, Carlos Fuentes, Julio Cortázar, Octavio Paz y Gabriel García Márquez. De pronto el fotógrafo descubre una bañera estilo Imperio y les propone que se desnuden y se metan dentro. Ésa es la idea: cinco grandes de las letras inmortalizados *in pudibus albis* en un escenario digno de María Antonieta. Pero el pánico es general y nadie se mueve de la silla. Tampoco Julio. ¿Qué habría pensado su viejita si la imagen hubiera aterrizado en Buenos Aires? Está claro que Gálvez no es para mamás. La anfitriona se lamenta: «Antonio, hemos perdido la foto del siglo».

Pero la mejor anécdota está por llegar. Es un *top five* entre el vasto y rico anecdotario del autor de *Rayuela*. Un día los dos amigos se hallan en el salón de bulevar Voltaire, revisando imágenes para un nuevo libro que se llamará *Prosa del observatorio*. El trabajo ha sido duro. Durante tres meses Gálvez ha aplicado todo su arte en convertir una película checa de baja calidad —con unas imágenes de la India muy endebles tomadas por Julio— en un despliegue visual inédito en un libro. Tres meses de retocar, pintar y oscurecer los negativos para crear ángulos insólitos y deslumbrantes prespectivas. Tres meses de capas y capas en pos del milagro. Cortázar observa la obra maravillado, los ojos húmedos. «¿Yo he hecho esto?», exclama. De pronto, suena el timbre y Gálvez se levanta para abrir. No era nadie: una mujer que había confundido su dirección con la del despacho de un psiquiatra —el doctor Bernstein— que vive en el piso de al lado. Sin embargo, este azar enciende la imaginación de Cortázar y en un segundo se inventa el juego de suplantar al médico. Cuando la mujer alcanza el rellano es invitada a pasar a la casa de Gálvez, quien a petición del escritor cumple el papel de silencioso criado. Lo que sucedió después recuerda a una de esas tramas delirantes, o de equívocos, que aparecen en la primera parte de *Historias de cronopios y de famas*. La mujer entra en el salón y allí es recibida por el célebre psiquiatra del que habla todo París: es un tipo de mediana edad, altísimo, de mirada clara. Tras estrecharle la mano, toman asiento y él enciende su pipa.

A los pocos minutos el aroma de Clan, el favorito del médico, invade la estancia. La paciente se siente cada vez más relajada y expansiva. Mira a su alrededor. En el salón hay una chimenea de mármol, una mesa de caoba, lámparas, jarrones, alfombras, libros, y una litografía firmada y dedicada por Francis Bacon. El único motivo de inquietud son esas enormes fotografías en blanco y negro que sepultan las paredes. La mujer nunca había visto nada igual: un loco enarbolando una jeringuilla, un caballero respetable hurgándose la nariz, una mujer que se eleva sobre un lago con ayuda de un puñado de globos, un rascacielos neoyorquino coronado por un crucifijo, un tipo perverso con mostacho sacando la lengua... El delirio. La paciente no puede saber que este carnaval esperpéntico forma parte del nuevo proyecto de Gálvez. Se llama «Esa falsa luz del día» y lleva por epígrafe «locura de este mundo».

La mujer observa atentamente las paredes. No entiende nada. Sin embargo, estos montajes fotográficos de gran audacia y complejidad terminan por crear un clima que invita a la confidencia. Como escribió Balzac, el azar es el más grande artista: esta vez no puede haber un escenario más adecuado. Luego mira los ojos del psiquiatra, esos ojos tan grandes, profundos, divergentes. Percibe el aroma embriagador de la pipa. ¿Qué está ocurriendo?

Entretanto el psiquiatra se relame de felicidad. En cierto modo lleva esperando este momento toda su vida, o al menos desde que descubrió las obras de Freud en su lejana juventud en un pueblo perdido de Argentina. Durante todo ese tiempo ha renunciado a someterse a un psicoanálisis: su verdadera terapia, como sabemos, han sido los libros. Según él: «Una buena parte de mis cuentos han nacido de estados neuróticos, obsesiones, fobias, pesadillas. Nunca se me ocurrió ir al psicoanalista; mis tormentas personales las fui resolviendo a mi manera, es decir, con mi máquina de escribir y ese sentido del humor que me reprochan las personas serias.» Pero también es cierto que ha tenido experiencias, alguna de ellas muy inquietante. ¿Cómo olvidar, por ejemplo, el día que tuvo un desdoblamiento de personalidad? El episodio había sucedido a finales de los cincuenta cuando el falso psiquiatra acudió desesperado a un neurólogo para que le tratara sus cefaleas. Tras estudiar minuciosamente el caso, éste decidió recetarle un medicamento derivado del ácido lisérgico que estaba en fase experimental. Al principio el autor de *Rayuela* cumplió a rajatabla las indicaciones, hasta que una mañana soleada algo cambió. Caminaba por la rue de Rennes cuando tuvo la certeza de que alguien iba a su lado. Ese alguien era él. O quizá su Mr. Hyde. De pronto, le invadió una sensación de horror espantosa debida a que podía percibir claramente su desdoblamiento físico. Al mismo tiempo razonaba con gran lucidez: se metió en un bar, pidió un café doble y lo bebió de golpe. Luego se quedó esperando allí, en la barra, sin mover un músculo, hasta que supo que ya podía mirar a la derecha porque él ya no estaba a su lado. Años después declaró: «Fue el horror más grande que he tenido en mi vida.» Le creemos. Pero fue también una prueba contundente de sus principios literarios: «Lo fantástico puede suceder a la luz del día.» ¿Esa falsa luz del día, quizá?

La confesión prosigue y la mujer lo cuenta todo. De vez en cuando el terapeuta toma alguna nota en un cuaderno o asiente con la cabeza. Es obvio que conoce a fondo el oficio. Si la enferma supiera que mientras él estudiaba en Buenos Aires, se veía a veces vomitando conejitos, o que soñaba indecencias con su hermana, o que alguna noche se asoma al Pont-Neuf mirando obsesivamente las aguas negras... Todo lo que le cuenten a este sabio con ojos de extraterrestre cae en terreno abonado. Por eso la comprende y desea librarla del infierno de su vida. Poco después escribió: «Puedo asomarme esperanzadamente a las nuevas corrientes psiquiátricas que refutan una división demasiado cómoda entre cuerdos y locos.» Este psiquiatra ya conoce a fondo a Foucault y ha bebido en las aguas de la antipsiquiatría: Cooper, Laing, Basaglia. Sabe que muchos de los seres que pueblan infiernos mentales podrían estar de nuestro lado si nuestro lado no mantuviera con tanta eficacia los diversos guetos que protegen la ciudad del hombre normal.

¿Qué le ocurre, madame? Tranquila, todo está en orden. Todos estamos un poco locos, ¿no es cierto? Voy a hablarle del kibutz del deseo. O si lo prefiere de las trampas de la vida. El mundo ya no importa si uno no tiene fuerzas para seguir eligiendo algo verdadero, ¿me explico? En París somos como hongos, crecemos en los pasamanos de las escaleras, en piezas oscuras donde huele a mantequilla y donde la gente hace todo el tiempo el amor. Pero no somos malos, ni estamos enfermos ni somos idiotas, se lo aseguro. Te quiero tanto, Rocamadour, bebé Rocamadour, dientecito de ajo, te quiero tanto, nariz de azúcar, arbolito, caballito de juguete...

Al cabo de una hora de visita, la paciente abandona la consulta al borde del éxtasis. El miedo, la ignorancia, el deslumbramiento. Esto se llama así, esto se pide así, ahora esa mujer va a sonreír. Al fin ha encontrado la salvación. Adiós madame. El criado silencioso cierra la puerta. Entonces Cortázar le dice: «Ésta sí que ha sido gorda, Antonio, muy gorda.» Acto seguido una carcajada doble sacude los cimientos del edificio del bulevar Voltaire. El honor de la locura se ha salvado.

LOS PAÍSES HERMANOS

Cortázar ya no es joven. El peso del año todavía carga sobre sus espaldas y tardará varios meses en recuperarse. Todo parece enquistado, especialmente el tema cubano y los problemas de la revista *Libre* que está herida de muerte. En una época en que los conflictos se hacen interminables, él continúa recogiendo material para su nueva obra, *Libro de Manuel*, y publica *Prosa del observatorio*. A grandes rasgos se trata de una prosa poética inspirada en sus viajes a la India. Aquí aparece el observatorio de Jaipur o las ensoñaciones nocturnas del sultán Jai Singh. De este modo la mirada de Julio se recrea en los astros y al mismo tiempo en sus dobles, las criaturas del mundo, que coloca por igual en la mano del ser amado. Aunque aparentemente no sea un libro mayor, el lirismo de la palabra y el alcance de sus reflexiones le convierten en una rara gema. Además la aportación visual de Antonio Gálvez contribuye a resaltar toda la magia. Según Borges, era el mejor libro de Cortázar.

Pero 1972 no será un gran año literario. Las preocupaciones van por otro camino, lo que no le impide viajar hasta Barcelona para seguir en persona el proceso de edición de su libro de poemas. Poco después se instala para pasar el verano en Saignon donde trata de esquivar el acoso de algunos admiradores y la visita de algunas estudiosas que están trabajando sobre su obra. El ranchito sigue siendo lindo y a ratos bastante tranquilo; pero nada le hace olvidar a su camarada Blackburn. Todo esto duele. Y duele también la Argentina que ha vuelto a entrar en uno de esos ciclos oscuros que forman el tejido elemental de su historia. La lectura casi cotidiana de las noticias le sumen en un estado de rabia e inquietud. El Gobierno del general Lanusse acaba de tender una trampa a miembros del ERP (Ejército Revolucionario del Pueblo) y otros grupos de izquierda que se encontraban presos en una prisión cercana a Trelew, en la Patagonia. Tras incitarlos a la fuga, terminarán ametrallándolos en los pasillos y patios del edificio. La historia de la «Masacre de Trelew», en la que fueron asesinados a sangre fría una quincena de presos políticos, fue sin duda más compleja, y como tantas otras historias complejas sólo podemos esbozarla aquí. Pero impacta tanto a Cortázar que toma la decisión de viajar a su país.

No es un viaje cómodo: ya sabe que si vuelve tendrá que dar la cara. Para muchos es un renegado que se marchó a Francia; para otros es un zurdo peligroso que no pierde ocasión de condenar públicamente la política de su Gobierno. Pero el esfuerzo vale la pena, incluso aunque sepa que por el hecho de entrar en el juego de los demás el primer round está perdido. Sin embargo ha hecho un largo camino para reconocer el ring y no va a ocultarse de los adversarios. Sus ídolos de infancia, con Firpo a la cabeza, no se quedaban jamás en el ranchito mirando la luna. Desde esta perspectiva escribe a los amigos porteños anunciando sus planes. Más que nunca va a necesitarles, pues ellos son los únicos que pueden ofrecerle islas de calma en mitad del combate. En estas islas espera dialogar amigablemente como los últimos romanos o como un grupo de náufragos en una balsa perdida en el mar. Pero contrariamente a los últimos romanos, piensa también que el retorno momentáneo a lo más querido de su ser le dará nuevas fuerzas para salir a la calle y luchar por un mundo mejor. ¿Salir a la calle? ¿En Buenos Aires nada menos? Ciertamente es otro hombre.

A principios de año Julio y Ugné toman el avión para cruzar el charco. Aunque inicialmente su plan era viajar sólo a Argentina, el frágil equilibrio político latinoamericano les obliga a pasar varios meses en el continente. Cortázar intuye el riesgo y manda una nota a Saúl Yurkievich rogándole que se haga cargo de sus papeles en caso necesario. «Ya sé que Max Brod no quema nunca lo que le pide Kafka, y yo tampoco quemaría papeles que me dejaras. Pero sé de tu sensibilidad y tu inteligencia para elegir y juzgar.» Por suerte Yurkievich no tendrá que entrar en el apartamento y rescatar esos papeles que se ocultan en el salón bajo la estantería de discos de jazz. El viaje con Ugné será tan tranquilo como emocionante. En este invierno de 1973 visitan Ecuador, Perú, Brasil, Chile y finalmente Argentina. La siguiente escala será Brasil. A lo largo de dos semanas recorren aquella tierra bendita: Ouro Preto, Río, São Paulo, Brasilia y Salvador de Bahía. Aunque hace un calor insoportable, Cortázar se mueve por todas partes y se entrega a una frenética vida social. En São Paulo un grupo de poetas encabezados por Haroldo de Campos y Décio Pignatari le invitan a bañarse en las aguas del concretismo. También le resulta grato su encuentro con el joven cantautor Caetano Veloso y los otros cronopios de la música. ¿Y qué decir de Oscar Niemeyer, ese gran tipo que está erigiendo una poderosa arquitectura al servicio del hombre? En carta a Jonquières le cuenta que todo es una inmensa locura: la gente, la bebida, la amistad, las noches con estrellas gigantes. Son las mismas estrellas que contemplan su nuevo encuentro con Salvador Allende en Chile. Sólo falta Argentina.

EL *LIBRO DE MANUEL*

Ya sabemos que la relación de Julio con su país es conflictiva, pero el éxito de *Rayuela* unido al apoyo incondicional a las revoluciones socialistas, le colocan bajo los focos y le ponen definitivamente en el punto de mira. Quizá por eso regresa a Buenos Aires más seguro que nunca, consciente del peso de su voz. Además llega con su nueva obra bajo el brazo, *Libro de Manuel*, que en pocas semanas agota una primera edición de treinta mil ejemplares. En relación a este trabajo quizá sea útil comentar un par de cosas. Por lo visto Cortázar lo escribió pensando en Christophe, el hijo de Ugné, y con el fin de denunciar las prácticas perversas de las dictaduras militares que seguían azotando el continente. Está claro que la «Masacre de Trelew» había dejado su semilla, obligándole de paso a escribir al ritmo de la actualidad. Sin embargo, esta falta de distancia afectó a la obra lastrándola con los pecados de la precipitación y de un exceso de buenas intenciones. Para entonces Julio había renunciado a ser el brillante experimentador de *Rayuela* y prefería ser un artista que empleaba su pluma como arma de combate. Aunque era consciente de los riesgos, decidió asumirlos plenamente. Los posibles defectos del libro le importaban menos que el propósito para el cual lo había escrito.

En esencia, Cortázar deseaba enfrentarse a uno de los grandes retos artísticos de la época: conciliar los problemas reales de la calle con la literatura pura, es decir, el aspecto histórico-político que estaba viviendo con su faceta de escritor de literatura fantástica y experimental. Lograr este equilibrio era dificilísimo, porque los libros «comprometidos» en general quedan lastrados por un exceso de mensaje político, o bien la carga de literatura es demasiado fuerte y anula el contenido de tipo ideológico. Por ello Julio no se limitó a la anécdota «política» que nutre el texto sino que también atendió a los aspectos «literarios», como la estructura y el lenguaje. La trama es simple: un grupo de latinoamericanos «exiliados» en París organiza el secuestro del encargado de la coordinación de asuntos latinoamericanos en Europa –conocido por VIP– con el fin de canjearlo por presos políticos. Dicho secuestro forma parte de La Joda, sinónimo de conspiración revolucionaria, con la que los secuestradores aspiran a dar un gran golpe de efecto a escala internacional. En cuanto a la estructura de *Libro de Manuel* el formato elegido, el pastiche, resultó bastante original porque introducía en la narración elementos externos como poemas, anuncios, y recortes de prensa tomados directamente de la actualidad. El propósito era reforzar la dimensión real: lo que el lector leía aquí no era un hecho fantástico fruto de la imaginación del artista, sino algo tan simple y a veces demoledor como las noticias de un periódico. En cuanto al lenguaje, la obra quiso ser una crítica a las formas anquilosadas –todos esos prejuicios, tabúes e inhibiciones de los latinoamericanos– que al final lastran la Revolución. Para Cortázar era muy significativo el hecho de que muchas personas que se creían revolucionarias y llegaban incluso a dar su vida por la causa eran prisioneros de un sistema mental, de un sistema de lenguaje, como dice él, «que pertenece al enemigo». Sólo destruyendo este sistema mental podía crearse al fin el llamado «hombre nuevo».

En años sucesivos Julio tendrá que responder a muchas preguntas sobre el *Libro de Manuel*. Aún hoy se trata de su novela más polémica y menos comprendida. Pero actualmente se lee mucho mejor que *62. Modelo para armar* y nadie puede negarle la condición de punto de llegada de toda la obra anterior. Obviamente «destino» no es «culminación», pero expresa algo y a veces ese algo es mucho. Acierta Jaime Alazraki al afirmar que *Manuel* representa en la obra de Cortázar lo que *España en el corazón*, por ejemplo, significó en la obra de Neruda. Es decir, su confrontación con la historia, su reencuentro con el destino latinoamericano, la reconciliación con la imaginación, un diálogo entre literatura y política. Todo esto, insisto, es «culminación» de un legítimo proceso de búsqueda y no tiene por qué dar una obra de arte. Pero habla mucho del autor. En realidad Cortázar llevaba años analizando los vínculos entre Literatura y Revolución, tal como refleja un apasionante debate que sostuvo con el escritor colombiano Óscar Collazos, y que expresa como pocos la encrucijada tormentosa de la época. Cuando Cortázar argumentaba allí que a una literatura de la Revolución había que apuntalarla con una revolución en la literatura, ratificaba su visión de que una sociedad nueva necesitaba también de hombres nuevos y que ese hombre nuevo no podía ser el producto del empobrecimiento de la experiencia humana, sino, al contrario, el heredero de todas sus riquezas, el buscador de nuevas aventuras y el soñador de nuevos sueños.

Este punto es esencial, ya que el autor de *Rayuela* se percató de que las revoluciones llevaban consigo el germen de la estratificación y del anquilosamiento. Si al principio adoptaban formas dinámicas y hasta lúdicas, formas en las que el salto hacia el futuro se operaba en un campo fluido y abierto a la imaginación, luego esas mismas revoluciones terminaban institucionalizándose. Por usar un símil que habría agradado a Cortázar, las mariposas se convertían en escarabajos, el hermoso lepidóptero degeneraba en coleóptero siniestro. *Libro de Manuel* fue por tanto una tentativa de volver a la mariposa, es decir, un intento de desquitinizar esos preludios revolucionarios que tímidamente asomaban ya en Argentina y que no llegaban a buen puerto. Quizá convenga recordar que la obra fue escrita cuando los grupos guerrilleros estaban en pleno auge; de hecho Julio había conocido personalmente a alguno de sus miembros en París. «Me di cuenta de que esa gente, con todos sus méritos, con todo su coraje y toda la razón que tenían de llevar adelante su acción, si llegaban a cumplirla, si llegaban al final, la revolución que de ellos iba a salir no iba a ser "mi" Revolución. Iba a ser una revolución quitinizada y estratificada desde el comienzo.»

Previsiblemente, el desafío amistoso que proponía *Manuel* no obtuvo la mejor de las respuestas. ¿Qué hacía Cortázar dando consejos desde París? ¿Qué autoridad tenía para discutir o atacar los métodos de la lucha armada? Es cierto que había realizado el gesto de donar los royalties de la obra para los presos políticos. Quizá ningún otro escritor argentino lo habría hecho. Además su paso triunfal por la Federación Gráfica Bonaerense había sido toda una declaración de intenciones y los simpatizantes de izquierda estaban conmovidos. A Isel Rivero le comentará que es terrible sentir un poder semejante sobre un pueblo, una especie de fantasma bruscamente reencarnado y que la gente busca e interroga. Pero pese al público incondicional, Julio ha terminado cayendo bajo un fuego cruzado: la derecha le aborrece, sus colegas le desprecian o no le comprenden, sus lectores se hallan desconcertados por su nuevo rumbo estético, y los radicales de izquierda no le perdonan que se haya atrevido a proponer una forma ligera de Revolución. «Cortázar parece creer que la lucha política es un hecho lúdico», le reprocha la crítica. Tal como se temía, el viaje a Argentina le va a traer muchos dolores de cabeza. Pero nadie puede acusarle, nadie, de que sea un escritor acomodaticio ni un ciudadano autocomplaciente. Nunca pacta, nunca se conforma, nunca se repite.

Al margen de los resultados estéticos, hay una reflexión suya que rara vez tienen en cuenta los autores contemporáneos: «Ningún escritor de veras puede ya montar un sistema propio y agazaparse en él. Se acabó el escritor araña, el escritor cangrejo ermitaño, el señor que frente al caos exterior reivindica un humanismo decimonónico.» Este veredicto es propio de los años setenta, cuando los artistas llegaban incluso a perder la vida –Pier Paolo Pasolini sería el símbolo egregio– por la defensa de ideales colectivos. Pero fatalmente en un mundo de cobardes acabó cundiendo el ejemplo de Borges, el artista en su nido. Por eso el panorama actual está repleto de devotos de la metaliteratura que viven de espaldas al verdadero compromiso con su tiempo. Pero como decía la tía de Cortázar: «Cada uno es como es y nadie es mejor que el otro.»

Antes de que *Libro de Manuel* desatara una tormenta, Julio se acercó unos días a Mendoza. En los últimos años la nostalgia por la ciudad de las alamedas se había hecho muy intensa y ahora tenía ocasión de volver allí para visitar a su viejo camarada Sergio Sergi. Estamos en marzo de 1973. Instalado en un hotel del centro, Cortázar circula por las calles con unas gafas oscuras, fuma cigarrillos negros y se entrega al placer de saborear las primeras pizzas argentinas en mucho tiempo. El reencuentro con uno de los personajes de su juventud será muy emotivo. Durante un par de días evocan el pasado con una alegría casi infantil. Aunque su querido Gran Oso, como él le llama, se halla en el tramo final de la vida, la visita los devuelve al año 1945. Se diría que aún escuchan juntos el rumor de las acequias, el viento entre los álamos dorados, o beben vino rojo en la Bodeguilla y se regalan con almuerzos pantagruélicos presididos por el goulash. Este carrusel de recuerdos incluye también aquellos primeros conflictos con los peronistas que acabaron tomando la facultad. Ahora todo vuelve: el peronismo está renaciendo en el país bajo otra forma más acorde con la época: ya no se nutre del ideario fascista de los años cuarenta sino de la izquierda radical de los setenta. La mejor prueba son estas elecciones nacionales que se celebran en el país y que sorprenden al autor en la ciudad mendocina. ¿Ganará el nuevo peronismo? ¿Regresará Perón? Es sólo cuestión de tiempo.

Pero también Julio ha vuelto a Mendoza, flaco, largo, barbudo, envuelto por una aureola revolucionaria impensable en sus tiempos de profesor universitario. La estancia le permite completar un ciclo de recuerdos «que sigue siendo uno de los momentos más hermosos de mi vida», escribirá, allí donde la ciudad sonora vibra como un barco de vela en su memoria. Sin duda habla la nostalgia. En estas jornadas de armonía su único motivo de inquietud es la frágil salud del amigo. Hay momentos muy penosos, y el corazón de Julio late oprimido por la sensación de lo irreversible. Cuando más tarde le escriba a su mujer, Gladys Adams, le dirá que siente una enorme paz por haberles hecho la visita. La carta está fechada ese mismo año en París, y es una carta de pésame por la muerte de Sergio Sergi. El Gran Oso.

Un año después *Libro de Manuel* sigue ofreciendo a Julio ángulos para debatir. En carta a Laure Bataillon aborda el tema del machismo americano y entona un nuevo mea culpa por aquella división tan torpe que deslizó en *Rayuela*. El tema del «lector-hembra». Todo gira, pues, en torno al virus del machismo latinoamericano que se infiltra incluso en quienes, como él, quisieran ir más allá y tener una visión más amplia y justa del dominio erótico. Cortázar es plenamente consciente de que los tiempos han cambiado, hasta el punto de que empieza a tener muy claro que en muchos aspectos el siglo xx es el siglo de la mujer. Pero a diferencia de la mayoría de hombres de su generación, él ha hecho lo imposible para sacudirse el yugo de la herencia recibida. Cerca de los sesenta años aún duda, se esfuerza, se interpela. Buena parte de sus energías van encaminadas a erigirse, en lo posible, en ese hombre nuevo: un individuo que no sólo ha de enfrentarse a un proceso de compromiso literario y político sino de mejora personal. Ello incluye un cambio de paradigma. Este punto es clave: a cierta edad casi nadie cambia sus esquemas ni tiene valor de cambiar. Cortázar sí y eso le honra, le hace diferente.

Pese a ello es consciente de sus limitaciones. Al releer el *Libro de Manuel* comprueba una vez más que el erotismo está visto de manera casi exclusiva desde el punto de vista masculino, y que las mujeres, a pesar de su amor y su respeto, están siempre un poco cosificadas. Al llegar aquí arroja la toalla: no sabe qué hacer. Cada vez que escribe sobre los momentos álgidos del erotismo, le resulta imposible situarse en la perspectiva de la mujer. A pesar de tener bastante imaginación, automáticamente resuelve la escena desde una óptica masculina. Pero, ¿qué esperaba? A las puertas de la vejez está exigiéndose un imposible. Casi ningún escritor ha logrado semejante hazaña. ¿Proust, D. H. Lawrence, Henry Miller, André Maurois? El gran mérito de este cronopio es haberse adelantado treinta años al nacimiento del hombre «metrosexual». Es un modo simple de entendernos, claro. Ya es bastante. Entretanto los dioses siguen de su parte. Antes de lo que imagina, el tiempo le dará una nueva oportunidad de ahondar en los misterios de Eva.

EL GENERAL VUELVE A CASA

En verano de 1973 el viejo dictador Juan Domingo Perón regresa a la Argentina tras un largo exilio. Asombrosamente no vuelve como un anciano que va a morir sino como el ave fénix que resurge de las cenizas para tomar de nuevo las riendas del poder. La prodigiosa alquimia que permite este vuelco de la historia daría para un largo capítulo. Baste decir que el Gobierno del general Lanusse había ido perdiendo crédito, especialmente tras la «Masacre de Trelew», y las ansias democráticas se hicieron cada vez más fuertes en el corazón de los argentinos. Desde el principio la vuelta de Perón fue polémica y a la vez llena de esperanza. El país había llegado a una situación límite y un amplio sector de la juventud creyó que aquel hombre carismático del que tanto habían oído hablar a sus mayores era el salvador. Pero esto alarma a Cortázar, quien advierte un vuelco a lo viejo, al sistema vertical y paternalista, a los pactos con la espada y el dinero. Su inquietud se percibe en estas líneas a Gregory Rabassa: «Ya habrás visto qué burdel es mi pobre país. Aunque recibo bastante información desde allá, te aseguro que termino por no comprender nada. Entre Watergate en el norte y Perón en el sur, estamos bien jodidos todos.»

A lo largo del verano Julio devora los periódicos franceses y *La Opinión* de Buenos Aires que le llega puntualmente por vía aérea. Las noticias hablan de un clima tenso, enrarecido, con manifestaciones y algaradas callejeras. Todo ello le deja con un gusto de tumba en la boca. Sin embargo Cortázar ya es otro: esta vez no va dejarse llevar por el pesimismo porque sabe por experiencia que el pesimismo es el peor enemigo de Argentina. Prefiere gente de bronca en la calle, porque precisamente la bronca y hasta la desesperación son signos de esperanza. Este hombre cada vez más visceral conoce Cuba y ha vivido el mayo del 68. No le teme a la violencia callejera. Mientras los desórdenes inquietan a la población, él aprueba que los manifestantes arrojen cócteles molotov a la policía porque para él es la permanencia de una actitud y de una voluntad que a larga encontrará su verdadero camino. Además este nuevo peronismo englobaba a grupos radicales de izquierda, gentes que a menudo leen y discuten sus libros. Ahora hay miles de cronopios, de horacios y de magas soñando en la calle.

Desde la distancia el autor de *Rayuela* trata de orientarse en este confuso y caótico laberinto. Aunque sigue detestando a Perón, empieza a entender que parte de quienes le aclaman están embarcados en un proceso que tiene mucho de revolucionario. Sólo que esta vez él ya no abomina de las masas sudorosas ni de los cabecitas negras. Incluso reflexiona acerca de su actitud anterior y la matiza por primera vez. En una entrevista reconocerá: «Yo no había tratado de entender el peronismo. Un proceso que no pudiendo compararse en absoluto con la Revolución cubana, de todas maneras tenía analogías: también ahí un pueblo se había levantado, había venido del interior hacia la capital y a su manera, en mi opinión equivocada y chapucera, también estaba buscando algo que no había tenido hasta ese momento.»

Esta apertura mental le lleva a vivir con ilusión el avance de las Juventudes Peronistas: un grupo que operó en la clandestinidad en los años sesenta y que luego, reconvertido parcialmente en los Montoneros, llegó a realizar acciones armadas tan notorias como el secuestro y ejecución del general Aramburu. La guerrilla se vengaba así del hombre que había sido el instigador del golpe que derrocó a Perón en 1955 y que luego quiso borrar todo rastro de peronismo en la sociedad argentina. Pero no debemos engañarnos: el movimiento que seduce a Cortázar no son tanto esas Juventudes Peronistas que derivaron hacia el terrorismo como el que aglutina las mejores energías por el bien común. En este período se muestra satisfecho por el comportamiento de intelectuales y artistas que llevan sus espectáculos a los barrios periféricos, o desarrollan allí tareas educativas y de comunicación. Consciente de la hora, publica un artículo en *Le Monde* con el título «La dinámica del 11 de marzo», en alusión a la fecha de las elecciones que propiciaron a la postre el retorno de Perón. Allí trata de analizar el nuevo panorama del país. Pero las simpatías que le despierta el nuevo peronismo no le induce a absolver históricamente a su líder. Con cautela se abstiene de hacer críticas severas al viejo general: sabe que Argentina nunca había estado tan cerca de un profundo cambio político y se limita a permanecer alerta. Julio no quiere interferir negativamente. Ya ha dejado claro que este nuevo peronismo no guarda relación con el que tanto le hostigaba en su juventud. ¿Qué hay de los altoparlantes y de Bartok? Ahora prevalece la soberanía del pueblo. Si finalmente Argentina se salva, cada ciudadano del país, convertido en hombre nuevo, será el responsable.

CHILE DE TODAS LAS LÁGRIMAS

El 11 de septiembre de 1973 un golpe militar derriba el Gobierno democrático de Salvador Allende. Sentado frente al televisor, Julio contempla con horror las imágenes del bombardeo de la Casa de la Moneda que acaban con el sueño de implantar un socialismo pacífico por vía democrática. En las horas siguientes se confirma la muerte de Allende –que cayó fusil en mano– y se desata una redada colosal que llevará a prisión a más de treinta mil presuntos activistas de izquierdas. Poco después el poeta Pablo Neruda, símbolo de ese nuevo Chile pisoteado, muere en extrañas circunstancias. El resto de la historia es demasiado triste y conocido para recordarlo aquí. Pero actualmente nadie duda de que la CIA se alió con una facción del Ejército chileno para acabar con el régimen que había tenido la valentía de enfrentarse a la política colonial de Estados Unidos. Desde el primer momento los escritores del Boom se posicionaron contra la Junta Militar liderada por el general Pinochet. Aquella misma tarde García Márquez les manda un telegrama desde Bogotá con estas líneas: «Ustedes son autores materiales de la muerte del presidente Salvador Allende y el pueblo chileno no permitirá nunca que lo gobierne una cuadrilla de criminales a sueldo del imperialismo norteamericano.» En pocas horas Allende ha pasado de ser un símbolo de esperanza para el mundo progresista a convertirse en un mártir más del espectral panteón de los héroes malogrados de América Latina.

Aunque Cortázar no mandó ningún telegrama a Pinochet, dejó clara su postura en una entrevista para la televisión mexicana, mientras Vargas Llosa hacía lo propio en la televisión española. Al enterarse escribe a Mario transmitiéndole sus dudas acerca de la utilidad del gesto; pero en seguida recobra la confianza. No hacer ese gesto sería infame, dice, y hay tantos que no hacen nada… La muerte de Allende le ha afectado en términos de catástrofe personal: no va a quedarse con los brazos cruzados. Un mes más tarde participa en la exposición «¡Viva Chile!» organizada en una sala de París en ayuda a las víctimas del golpe; su papel en ella será firmar libros junto a otros colegas para venderlos en pro de la causa chilena. Pero ¿qué ocurre en Argentina? ¿Cómo se vive el drama del país hermano en un momento en que los militares, al fin, habían abandonado la palestra? De una manera ambigua. Quizá los políticos pudieran explicarlo pero él no se siente nada orgulloso de la conducta del nuevo gobierno argentino. En carta a una amiga escribe que prefiere esperar, haciendo entretanto lo que pueda desde el extranjero. Pero eso tiene un precio. Perón les acusa de dirigir la guerrilla desde París. Aunque es una acusación disparatada, Julio reconoce que el ataque de Perón «nos ha jodido inmensamente en nuestra labor, porque le ha venido al pelo a la policía francesa para apretar todavía más las clavijas.»

En realidad no está dirigiendo ninguna guerrilla, pero agota sus energías para ayudar en lo posible a los cientos de exiliados chilenos que empiezan a llegar a Francia. Este aluvión triste y angustioso alcanzará en meses sucesivos a distintos países europeos. «Son tiempos de ráfaga y multiplicación –dirá–; no sé cómo vivo pero todavía sé por qué.» Las actividades a favor de los fugitivos se prolongan también en Ginebra, ciudad en la que pasa gran parte del otoño. Como cada vez que acude allí por razones de trabajo, la ciudad le parece congelada y calvinista. También le devuelve a un tipo de vida que cada vez le pesa más. Tiempo atrás un personaje de *62. Modelo para armar* había reflejado sus emociones negativas. Condenado por su profesión a vivir en hoteles, no hace más que pensar en su departamento en París, un refugio ordenado por quince años de preferencias, manías de soltero, inclinaciones de la mano izquierda o de los cinco sentidos, discos y libros en su justo lugar. Es la misma paradoja de Cortázar: si quiere defender ese universo privado donde también se produce su literatura, tiene que subir al avión varias veces al año para trabajar en conferencias sobre el algodón, la energía atómica, el crimen internacional o la educación infantil. El conflicto venía de antiguo. Tres años antes ya había escrito a Gregory Rabassa: «Llegará un día, espero, en que pueda volver a los tiempos casi mitológicos en que podía leer, escuchar jazz y escribir a los amigos». Pero ¿cómo va a escuchar Ornette Coleman ahora, cuando los hermanos chilenos llaman a su puerta?

Durante la estancia ginebrina Julio sigue ocupándose de los refugiados y continuará haciéndolo en los próximos meses e incluso años. En carta a Lezama Lima le comenta que el proceso no es nada fácil, pero se van consiguiendo algunas cosas. Como siempre, lo más terrible es la lucha contra el olvido; la gente se cansa hasta de las peores tragedias, y pasa a otros temas. Hay que insistir cotidianamente ante los periodistas para que se sigan ocupando de Chile y mantengan vivo un estado de opinión. Con este fin ha previsto organizar una especie de congreso cultural con otras figuras, destinado a denunciar los crímenes de la Junta Militar. Sabe que su voz se oye y aspira a que sus palabras generen un eco internacional. Los organizadores tienen muy claro que la iniciativa es imbatible, sobre todo si lleva el aval de Alejo Carpentier, García Márquez, Carlos Fuentes, Chico Buarque, Jorge Amado, Atahualpa Yupanqui y Glauber Rocha, entre tantos otros. Salvo los tanques, ¿qué pueden oponer «los milicos» a semejante ejército? Poco antes de volver a París, el autor de *Rayuela* manda unas líneas a José Miguel Ullán que lo dicen todo: «Que el 74 sea algo mejor que este año miserable en el que tantas ilusiones han muerto.»

En el mismo marco de lucha se inscribe su colaboración con el prestigioso Tribunal Russell, un organismo dedicado a investigar y juzgar crímenes de guerra. Este detalle resulta significativo ya que los miembros del tribunal le han cursado una invitación, prueba evidente de que Cortázar ha alcanzado ya el reconocimiento internacional en esferas que les están vedadas a la mayoría de escritores latinoamericanos. Allí encuentra a su gran amigo García Márquez, que atraviesa una encrucijada personal muy similar a la suya. Ambos han escrito ya una parte importante de su obra, pero la dramática situación chilena y de otros países les llevan a concederse algo así como una «tregua» literaria. Conscientes de que están viviendo una coyuntura crítica de la historia mundial, redoblarán esfuerzos para devolver la dignidad perdida del hombre. Entonces la literatura pasará a un segundo plano. Tras décadas de dedicación exclusiva a los libros, ha sonado definitivamente la hora de pensar en el prójimo. En nuestro hermano. Ahora ya saben que cada uno de nuestros actos, cada uno de nosotros es responsable por toda la Humanidad. Cuando uno descubre eso, es porque su conciencia política ha llegado a su nivel más alto. Son los tiempos en que García Márquez proclama una idea que coincide plenamente con el sentir de Julio: «Para mí no hay un solo acto de mi vida que no sea un acto político.»

AMÉRICA, AMÉRICA

A principios de junio de 1974 el autor de *Rayuela* toma un avión Jumbo de la TWA con destino a Nueva York. Aunque los múltiples viajes por el mundo no le han hecho perder su miedo a volar, ha de admitir que estos nuevos artefactos resultan mucho más cómodos, más amplios y seguros que los que conoció en la Argentina de su juventud. Durante las ocho horas de trayecto en ese «hotel volante» tiene tiempo de recibir un cursillo acelerado de vida norteamericana, empezando por la comida horrenda que le sirven las azafatas y las dos películas que aspiran en vano a ser divertidas. Allí arriba Cortázar tiene tiempo para pensar. Oficialmente, el motivo de su viaje es una reunión del PEN Club neoyorquino sobre problemas de traducción. El tema no es banal porque en la última década una legión de autores latinoamericanos han sido traducidos al inglés: Borges, Sábato, Vargas Llosa, García Márquez, Neruda, Mujica Láinez o él mismo. Esto supone una catapulta formidable para la narrativa latinoamericana –que dará en el futuro cuatro premios Nobel de Literatura–, pero plantea abundantes problemas de idioma. Los errores que a menudo lastran las traducciones al inglés deben ser analizados a fondo. Esto lleva a Julio a meditar sobre lo que él llama «nuestras incomunicaciones intercontinentales». Para él la cosa está clara: la falta de cercanías psicológicas, más que idiomáticas, es la responsable de las muchas monstruosidades cometidas por los traductores de Londres o Nueva York. Sabe de qué habla: él se considera Dr. Jekyll cuando traduce para hervir el puchero, y Mr. Hyde cuando escribe por placer. Porque Cortázar siempre ha escrito por placer.

Pero al llegar a Estados Unidos ha de hacer frente a otro asunto. Una nube de latinoamericanos, profesores y estudiantes, le preguntan por su presencia en el país. No les falta razón. Aunque Julio ya había visitado brevemente Nueva York a principios de la década de 1960, la política imperialista de los gobiernos norteamericanos le llevaron luego a rechazar cualquier invitación de las universidades. ¿Qué iba a hacer allí un firme partidario de la Revolución de Fidel? Pero en esta ocasión todo es distinto: al deseo de colaborar con el PEN Club se suma una finalidad perentoria. Chile. Desde el brutal zarpazo fascista que derribó a Allende, los grupos de izquierda de Estados Unidos han tratado de cooperar al máximo en una lucha común. Pero la conexión con París no es fácil. Todo el esfuerzo de Cortázar, pues, va encaminado a labores de difusión y coordinación. Le interesa conocer mejor a estas personas, tener un contacto directo con quienes participan en la lucha contra el imperialismo, las mismas que suelen sentirse atrapados y frustrados dentro del sistema yanqui.

Pero aparte de los compromisos, no pierde ocasión de visitar la ciudad. Instalado en una habitación neogótica del University Club, sale cada mañana a recorrer las calles bajo un sol de justicia. Ahora Nueva York le parece mucho más vieja y más sucia que antes, pero también más humana. Se diría que los neoyorquinos han asimilado, al menos subliminalmente, reveses tales como perder la guerra de Vietnam, tener que compartir la hegemonía mundial con Rusia o China, y aceptar que su presidente —Nixon— es un tramposo. Esta brusca pérdida de inocencia se traduce en la actitud de la gente. «Les ha hecho bajar un tanto la cresta», dirá él. En todo caso percibe una atmósfera más vivible, en las calles, los bares y hasta los taxis. Fiel a sus pasiones, no pierde oportunidad de acudir cada noche a las cavas de jazz del Village. Aunque la edad de oro ha pasado, se reencuentra con talentos que van haciendo historia. Durante un concierto del cuarteto de Lee Konitz subió al escenario un trompetista que parecía caerse de otro planeta. ¡Qué demonios! ¡Este blanco sopla como los ángeles! Se trata nada menos que de Chet Baker, más inspirado que nunca. Este entusiasmo

contrasta con la decepción que le producirá una leyenda. Roy El-
dridge. El veredicto es implacable: «Así como hay libros de Julio
Verne que no deben releerse, también hay gloriosos pasados que
exigen el respetuoso homenaje de la ausencia.»

Quién sabe si el veredicto vale también por el general Perón,
que muere cuando Cortázar se instala a veranear en la Provenza. Estamos en julio de 1974. Al final el regreso del dictador ha dejado un
balance breve y tumultuoso, pero sobre todo un país dividido que
queda en manos de su viuda, Estela Martínez, y una camarilla de
personajes bastante siniestros. Afortunadamente no le faltan los amigos que se acercan hasta el rancho. Los Yurkievich o los Bareiro.
Desde que llegó a Saignon la comarca está colonizada por latinoamericanos, y aunque Julio se siente desbordado, también es cierto
que suele agradecer su compañía. Sobre todo ahora, que va a cumplir los sesenta años. En carta a Jonquières aborda la cuestión sin
eludir íntimas confidencias: «Si vitalmente me siento más joven que
cuando tenía 25, las meninges están viejas, los fantasmas del inconsciente se toman cada vez más sus revanchas en forma de atroces pesadillas y diversas formas de "vague à l'âme", que estará mal escrito
pero es bien cierto.» Es curioso que este hombre siga acosado por
antiguas neuras, a las que se incorporan las propias de la edad. En
este contexto debemos ubicar una nueva pesadilla recurrente que
le devuelve a la muerte de Monito Reta y que le impulsa a concluir
la escritura de un cuento que hemos analizado. «Ahí pero dónde,
cómo.» De nuevo regresa el amigo del alma, esperándole en su habitación de la calle Rivadavia, levantándose con esfuerzo para que
Julio Florencio no se dé cuenta de que está tan enfermo, sentándo-
se al borde de la cama envuelto en la bata blanca, pidiéndole el cigarrillo que le tienen prohibido. Poco después de esta nueva pesadilla Cortázar declaró:

Cuando yo sueño con este amigo, un amigo de mi juventud, la
«calidad» del sueño es diferente a la de los sueños ordinarios. Tengo la impresión nítida de entrar, por la vía del sueño, a una dimensión, a otro tiempo dónde él está todavía vivo pero está enfermo

y se está muriendo: eso es lo más desesperante; quisiera verlo feliz, contento, en esa otra dimensión del tiempo pero vuelvo a verlo como al final de su vida... Tengo que reconocer que es un hecho fantástico porque escapa totalmente a lo verosímil; nadie, en su sano juicio, tiene por qué aceptar que en algún lugar del tiempo y del espacio Paco está allí cumpliendo esa especie de condena de estar enfermo y muriéndose; pero para mí es una evidencia que no me abandonará nunca.

Tampoco le abandonará Argentina. Ni ese nuevo disco de Susana Rinaldi que endulza las noches cálidas de Saignon.

OCTAEDRO

En este verano de la muerte de Perón aparece su nuevo libro de relatos: *Octaedro*. Tras una década de novelas experimentales, de libros-almanaque y de textos políticos, Cortázar aterriza con ocho historias asombrosas. En el momento en que su obra estaba siendo tan cuestionada como su postura ideológica, regresa al territorio de la literatura pura. En las páginas anteriores ya hemos abordado un par de cuentos de la serie: «Lugar llamado Kindberg» y «Ahí pero dónde, cómo». Nos interesa analizar muy brevemente otros dos relatos porque son fruto directo de esas obsesiones a las que aludía en carta a Jonquières. En el fondo quizá tales obsesiones no sean tan nuevas, pero le plantean conflictos inesperados que trata de resolver con la escritura. Meses atrás Julio había vivido una de esas experiencias que le ponían siempre alerta. Mientras viaja en el metro, descubre el reflejo de una mujer en el vidrio del vagón; las miradas se cruzan, pero la cortesía francesa le obliga a ella a renunciar a mirarle directamente a los ojos. El contacto se establece, pues, entre sus reflejos de la ventanilla. En seguida el episodio le da pie a un relato que llevará por título «Manuscrito hallado en un bolsillo». En él se cuenta el encuentro de dos desconocidos en el metro parisino y su fugaz relación carnal. Como el azar que los ha unido le parece demasiado fácil, el hombre inventa un sistema de combinaciones mucho más complejo con el fin de establecer un juego de normas muy estrictas que acaso les vuelva a unir de nuevo. Pero en cierto momento se da cuenta de que el reto es imposible y decide vulnerar las reglas para seguir viendo a la mujer. Asaltado por un fuerte complejo de culpa, comete un error y al final la pierde.

Una vez más debemos manifestar nuestro asombro ante el escaso aprecio que este cuento suele despertar en las universidades. Literariamente posee todos los ingredientes que tanto agradan y definen a Cortázar: el azar, el juego, el destino, París, eros, el metro como metáfora, la alteración de la realidad, y como colofón el suicidio. Este extremo tampoco ha sido valorado pese a que el propio Julio declaró a Ernesto González Bermejo: «El título es la clave del cuento, es su final. Lo más probable es que al fallar el encuentro, el protagonista se arrojó debajo del tren siguiente y el "manuscrito" fue encontrado en su bolsillo.» Dicho manuscrito es el cuento. Estamos, pues, ante la confesión de un suicida. Sabemos que para Cortázar el metro es algo así como el «árbol de Mondrian», un entramado laberíntico abierto a infinitas posibilidades de vida pero también de muerte. Su naturaleza subterránea lo conecta además con los arquetipos junguianos: son los infiernos. «El metro es un infierno que visitamos en vida» solía decir, y al igual que los puentes o los viaductos ejercen sobre él una profunda fascinación. ¿Por qué no seguimos esta pista transparente en lugar de perdernos en tantas especulaciones académicas irrelevantes?, ¿por qué tenemos tanto miedo?, ¿por qué respetamos tanto los demonios de Cortázar?, ¿devoción al santo? Cada vez que vemos una película de Hitchcock o de Polanski, los psiquiatras se frontan las manos; cada vez que leemos una página de Julio, pasamos de puntillas. Quizá porque sus demonios están demasiado cerca de los nuestros.

En el metro de París ambientará otro relato de corte autobiográfico: «Cuello de gatito negro.» Se trata del cruce fortuito entre la mano de un hombre y la mano de una mujer en el pasamanos de un vagón. Lucho y Dina. Confiesa el autor: «De pronto sentí la posibilidad de algo más obsesivo, es decir que las manos jugaran un juego independiente de la voluntad de sus dueños.» Esta obsesión por la mano es un viejo *topos* cortazariano y guarda relación con sus propias vivencias. Desde antiguo la mano siempre había sido una cosa muy mágica para él, y su importancia quedó reforzada en la juventud. En aquel entonces una muchacha por la que se sentía atraído le dijo: «Lo único verdaderamente interesante en ti son las manos; tus manos tienen más personalidad que tu cara.» Y eso le marcó. Sin ahondar en ello, el cuento plantea un caso de ninfomanía concentrada en las manos, o mejor aún, una situación fantástica en la que una mujer es condenada al peor de los destinos porque no es dueña de sus manos y su amante termina matándola.

Quizá tenga motivos Cortázar para sentirse algo inquieto por las obsesiones que le acechan con la edad. Porque el principal eje de *Octaedro* son precisamente los encuentros casuales con desconocidas: una joven chilena que practica autoestop, una mujer que le mira desde la ventanilla del metro, o esa otra que roza furtiva su mano. Pero la clave no es esta coincidencia temática sino el desenlace común de las historias. Una impresión a vista de pájaro arroja un saldo preocupante: en dos de los relatos —«Lugar llamado Kindberg» y «Manuscrito hallado en un bolsillo»— el narrador protagonista se quita la vida. ¿Por qué? Por su incapacidad para soportar una existencia que él mismo ha convertido en una trampa. Lo que en el primero es la ruta sin el Copenhague de los hippies y solamente llena de veleros podridos en las cunetas, en el segundo es ese engranaje vital montado por toda una vida a contrapelo de sí misma. Da igual. Pero en ambos casos el tipo de vida convencional del héroe termina siendo incompatible con el juego y el deseo erótico. Es decir, la libertad. En el tercer relato, «Cuello de gatito negro», la locura desatada de ese deseo culmina en posesión diabólica y en crimen.

¿Qué debemos pensar? ¿Qué clase de infierno privado está atravesando Cortázar? ¿Qué caja de Pandora le ha abierto la vejez? Lo ignoro. Pero este gigante que aún mantiene un aire juvenil ha apostado por las aventuras casuales, los encuentros escritos con la tinta envenenada de la fatalidad. Se diría que no le basta con el calor ardiente de sus admiradoras, con ese deseo que surge como un chispazo cuando cualquiera de ellas se acerca atraída por su aura de Gran Cronopio. No le calma. Como los hombres son complejos, eligen a menudo la opción que más va a complicarles la vida. Llegados a este punto, no debería preocuparnos conocer el amplio inventario de sus aventuras; parece más útil apuntar hacia el rumbo morboso y enrevesado que van encontrando sus juegos. Por una razón asociada a la propia forma de entender el mundo, el elemento lúdico es el mejor afrodisíaco para Cortázar. Sólo así podemos comprender esas relaciones esporádicas que mantiene con mujeres que se cruzan en su camino, o que viven en la otra punta de la ciudad e incluso en el extranjero. Todo este *pas à deux* electrizante y letal le hace sentirse vivo. Porque en el fondo Julio necesita que el azar tenga la última palabra.

No deja de ser paradójico que Cortázar construya una parte notable de su relación con las mujeres —y sin duda la más excitante— bajo unos códigos tan elaborados como un cuento de Borges. Con todas las diferencias del caso, es fácil asociar al narrador de algún relato de *Ficciones* con alguno de *Octaedro*. Si recordamos que es el propio Julio el que mueve los hilos las conjeturas están servidas. Sería útil saber si detrás de todo este comportamiento tan complejo no se oculta en el fondo una necesidad angustiosa de enardecer su apetito sexual. Es una posibilidad. Si ya en la época de Edith Aron los juegos del azar constituían un condimento inseparable de su cocina erótica, ¿por qué no habría de seguir siendo así, pero con esas criaturas anónimas que se mueven ahora bajo la vasta constelación del Cielo?

Pero tampoco debemos ignorar un elemento menos lúdico, más amargo y más triste. En el fondo del juego subyace una fuerte pulsión de huida. Desde hace un tiempo el metro de París es una puerta regia por la que Cortázar escapa de su relación tormentosa con Ugné. Releyendo el *Libro de Manuel*, encontramos una valiosísima información acerca de las inquietudes personales del momento. Es lástima que el ruido generado por la envergadura política de la novela haya ensombrecido la dimensión psicológica y hasta la condición de espejo de su vida privada. Pero no es difícil reconocer a Ugné en la figura de Ludmilla y a Christophe en el hijo de ésta: Manuel. Sin entrar en análisis más hondos es obvio que el narrador la siente suya y a la vez ajena, percibe la sorda náusea de estarla perdiendo por una acumulación de conductas inconciliables, por su obsesión de llegar al límite. La grieta se ha abierto. Están desnudos bajo un viento negro. ¿Y qué hace el hombre para enfrentarse a ese destino? Buscar su punto de fuga predilecto:

> Y así una vez más cualquier boca de metro me llevará a los barrios preferidos o me propondrá por asociación fonética, vagamente mágica, una estación todavía desconocida donde nacerá otro rumbo de la infinita alfombra de París, otra casilla del misterio, otros azares.

Al igual que el héroe del libro, Cortázar siguió recorriendo el metro parisino, los puentes, los viaductos. Era como si estuviese al acecho de algo o de alguien, quizá a la caza y captura de una nueva Maga. Sólo que una mujer le ha visto. Ugné Karvelis.

MI AMETRALLADORA ES LA LITERATURA

A principios de año viaja a Bruselas para colaborar activamente en las sesiones del Tribunal Russell. El paso siguiente será concluir el invierno en México, donde asiste a un encuentro del llamado Tribunal de Helsinki destinado a «juzgar» a la Junta Militar de Chile. Esto no es más que un nuevo eslabón de la cadena, pero le obliga a un constante sobreesfuerzo. En esta vida que le ha tocado vivir, y que cree su obligación vivir, ocurre que los viejos amigos se pierden en la distancia ¿Qué fue de aquellas largas cartas a Manuel Antín, por ejemplo, en las que analizaba al milímetro todos los detalles de un guión cinematográfico o reflexionaba acerca de un encuadre, un actor o una escena? En los últimos tiempos Cortázar ya no habla tanto de cultura, tampoco parece tan interesado por estar al día en todo lo que se mueve en París. Paradójicamente, las venas abiertas de Latinoamérica le chupan la sangre. Aunque la estancia en México le deja un buen sabor de boca, se lleva en la memoria un terrible recuerdo: durante cinco días ha podido escuchar los testimonios de exiliados chilenos que lograron escapar del infierno. Hombres y mujeres perseguidos, torturados, escenas de horror que sirven para componer un cuadro, según él, que deja atrás el infierno de Dante.

A mediados de abril cruza de nuevo el charco para reunirse con su madre. Inicialmente tenía previsto verla en Argentina, pero la situación se ha vuelto muy hostil desde la muerte de Perón. El Gobierno de su viuda ha amparado el nacimiento de un grupo armado parapolicial denominado Triple A (Alianza Anticomunista Argentina) que se encarga del secuestro, desaparición y asesinato de los adversarios más señalados del régimen. Obviamente Cortázar es uno de los posibles objetivos. La idea de que su vida corre peligro a causa de sus actividades se repite en las cartas a varios destinatarios como Jean Andreu y Raquel Thiercelin. En todas ellas habla de su madre, que está viejita y enferma, y reconoce los riesgos que corre debido al odio declarado de la Triple A. También alude a sus obligaciones políticas, que invariablemente le alejan de la escritura. «Cada vez tengo menos tiempo para sacar la tiza del bolsillo y dibujar una *Rayuela* en la acera.» Durante diez días permanecerá con doña Herminia en São Paulo, arañando horas al pasado, el presente y acaso el futuro. Pero la experiencia no le hace feliz. A su vuelta escribe a Jean Andreu, rechazando una invitación de la universidad:

> Salí en «catastrophe» del Brasil. (No debí ir, tuve que ir, la cosa se puso fea.) Conseguí salir, pero enfermo y agotado. El sábado me voy a la RDA por 3 semanas. Necesito estos pocos días para reencontrarme. ¿Hablar de *Rayuela*? No podría, ahora. Todo me parece distinto, distante, absurdo… América Latina es una jungla sal-

vaje. La limpiaremos un día, lo sé. Pero hoy tengo que estar solo, tengo que volver a mí mismo. Estoy bien, no te inquietes.

¿Realmente está bien? Si releemos la carta hay varios factores que debieron pesar lo suyo: la fatiga del largo viaje en avión, las jornadas maratonianas junto a su madre, la dificultad de pasar desapercibido, quizá algún tipo de acoso... «No debí ir, tuve que ir, la cosa se puso fea.» De acuerdo. Pero por primera vez la cosa no se ha puesto fea por motivos familiares. Si algo ha podido ocurrir entre doña Herminia y su hijo −¿Qué diantre hace Cocó, convertido en uno de los enemigos de la patria?−, ambos están pagando un precio. Ahora que todo parecía marchar mejor, que los Cortázar ya no tenían problemas de dinero, que el mundo admiraba a su hijo, éste había decidido complicarse la vida defendiendo a todos los «cabecitas negras» y «descamisados» de la tierra. ¿No era una locura? Sin duda Julio tuvo que hacer un esfuerzo notable para poner al día a su madre, para explicarle que aquellas banderas del ayer, tan inquietantes, traían hoy un viento de esperanza.

Tras volver a casa, viaja a Turquía para pasar unas vacaciones. Pero a su regreso cae gravemente enfermo. Durante varios días los médicos tratan de identificar el origen de esa enfermedad que le produce malestar, fatiga y una fiebre muy alta. ¿Un virus quizá? Al final deciden ingresarlo en un hospital de París. Como nadie logra resolver el misterio, el escritor es sometido a un tratamiento muy enérgico que se prolongará todo el verano. Esto le impide instalarse en Saignon en las fechas habituales, lo que repercute negativamente en su ritmo de vida y de trabajo. Cuando por fin llegue al ranchito habrá perdido siete kilos. Son días de calma y convalecencia. A principios de septiembre ya se ha curado casi del todo, y aspira a ponerse al día en un par de meses más. También es importante que haya recobrado el humor. La experiencia hospitalaria le inspirará un texto muy jugoso −«Hospital Blues»− que al final renunció a publicar. Con un tono incisivo y a la vez ligero pasa revista a la experiencia del enfermo, los compañeros de sala, el trato con las enfermeras y el imposible diálogo con los médicos. El espíritu de Cocó ya no puede estar oculto en el altillo.

Plenamente recuperado, viaja a Estados Unidos para asistir a un homenaje que le dedica la Universidad de Oklahoma. Al igual que el año anterior, Julio rompe así con su tenaz negativa a pisar el país porque considera que ha llegado el momento de proclamar sus ideas en los medios estudiantiles norteamericanos. La atmósfera general parece más receptiva que nunca y cree que su trabajo será útil. Tras cinco semanas la experiencia le dará la razón: las condiciones internas en Estados Unidos hacen posible un diálogo más abierto entre estudiantes, profesores y autores del Cono Sur. La gente de ese nivel se siente cada vez más culpabilizada frente a la actitud del sistema norteamericano: las últimas revelaciones sobre las maniobras de la CIA los han dejado con una vergüenza que ya no se molestan en disismular. Después de impartir un seminario de cinco clases, Cortázar necesita un descanso. Entonces alquila un coche y se lanza a recorrer los estados de Arizona y Nevada, tras las sombras queridas de los héroes del Far West. En el transcurso de esta escapada visitará también el Gran Cañón y el Valle de la Muerte, donde se toma una fotografía en el Zabriskie Point, quizá en guiño al nuevo film de Antonioni. Otras experiencias le resultan menos agradables, como su paso por lo que él llama el infierno indescriptible de Las Vegas. Pero al final la llegada a San Francisco le depara tres días muy bellos, leyendo libros de poesía de la West Coast y contemplando el océano.

ARGENTINA: INVITACIÓN AL INFIERNO

El 24 de marzo de 1976 un golpe de Estado depuso a la presidenta Estela Martínez, que fue sustituida por una Junta Militar. Pocos meses antes Julio le había escrito a Fernández Retamar que las últimas noticias de la Argentina le darían náuseas a cualquiera, pues no se necesita ser argentino para sentirlas. Indudablemente sabe de lo que habla: él mismo tuvo que reunirse con su madre en Brasil por temor a un atentado de la ultraderecha. Pero un año más tarde el país acaba de entrar en una dictadura que va a ser más sangrienta que todas las anteriores. La noticia devuelve a Cortázar a un paisaje tristemente familiar: es la Argentina de los cuartelazos y del desgobierno, sólo que ahora se añaden elementos nuevos, o mejor dicho, actitudes fratricidas de una crueldad sin límite. Dos días después del golpe, ya lo advirtió William Rogers, el secretario norteamericano para Latinoamérica: «Argentina no es gobernable... Creo que debemos esperar bastante represión, probablemente una buena ración de sangre.» Desde el primer momento, pues, la Junta Militar impone el llamado Proceso de Reorganización Nacional. Para ello se disuelven el Congreso, los partidos y los sindicatos. La caza contra el adversario político ha comenzado. Cualquier individuo sospechoso de ser izquierdista o comprometido con las causas sociales será perseguido. Es sólo el principio de una cacería más amplia que se cebará en los opositores de diversa ideología, los guerrilleros, obreros y sindicalistas, estudiantes y profesores, profesionales y empleados, artistas, escritores, periodistas, empresarios y hasta religiosos. El nuevo presidente, el general Videla, lo explicó así: «Un terrorista no es alguien con un revólver o una bomba, sino aquel que propaga ideas contrarias a la civilización occidental y cristiana.» Que nadie se engañe, Horacio y la Maga habrían sido los primeros desaparecidos.

Este drama coincide con una nueva enfermedad de Cortázar que le obliga a permanecer en París. Cuando se reponga iniciará un largo viaje por varios países de Centroamérica: Costa Rica, Cuba, Jamaica, México, Venezuela... En todos ellos el tema argentino está muy presente. Ya han empezado a llegar los primeros testimonios de la represión que dan cuenta de una violación sistemática de los Derechos Humanos. Años después Julio le comentó con gran agudeza a Omar Prego:

> Muchas veces yo he pensado, leyendo casos típicos de desaparecidos y torturados en Argentina, que ellos han vivido exactamente *El proceso* de Kafka, porque han sido detenidos muchas veces por ser sólo parientes de gente que tenía una actuación política (ellos no la tenían o la tenían de manera muy parcial) y han sido torturados, han sido detenidos y finalmente muchas veces ejecutados. Y

esa gente, en cada etapa de su destino, ha debido preguntarse quién era el responsable, de dónde le venía esa acumulación de desgracias, y no lo ha podido saber nunca porque lo único que ha conocido es a los ejecutores, a los torturadores. Quienes, por otra parte, tampoco sabían quiénes eran los jefes.

Esta dinámica kafkiana dejó un saldo cercano a los treinta mil desaparecidos y un país roto durante varias generaciones. Quienes creen que Cortázar se mostró al margen del drama nacional se equivocan. Pese a la imposibilidad de entrar en el país, se mantuvo mucho más activo que otros escritores del interior, quienes, cobardes o intimidados, decidieron guardar silencio. De inmediato la llegada de la dictadura divide a la clase intelectual argentina. Como en el caso de la Alemania nazi, podríamos preguntarnos si las figuras de la cultura saben o no saben lo que está pasando. Y si lo saben, ¿cuál es su actitud en el plano civil? Borges, Bioy Casares, Mujica Láinez, Sábato son autores reconocidos internacionalmente: sus voces son presencias y se espera de ellos palabras iluminadoras. O quizá un gesto. Pero en la mayoría de ellos esa palabra no llegará o lo hará tomando la senda equivocada. A las pocas semanas del golpe de Estado el general Videla invita a varios de ellos a un almuerzo en la Casa Rosada. A la salida Borges no duda en declarar: «Por fin tenemos un gobierno de caballeros.» En la misma línea Sábato habla para la prensa: «El general Videla me dio una excelente impresión. Se trata de un hombre culto, modesto e inteligente.» Sólo después comprenderán su error y hasta abominarán de lo que Borges llamó «Período diabólico».

En el polo opuesto, Cortázar no pierde ocasión de denunciar públicamente la situación trágica que reina en el país. A los pocos meses se pronuncia sobre el asesinato o desaparición de colegas suyos, como Roberto Walsh o Haroldo Conti. También habla abiertamente de genocidio cultural, perpetrado sobre artistas, gentes de prensa e intelectuales. Declara a Ernesto González Bermejo: «En el plano de los hechos, la dictadura militar ha desmantelado y sigue desmantelando un aparato cultural de muy alto valor, y lo hace con un total desprecio y una no menos total brutalidad.» Entre otros efectos la dictadura provoca un cisma entre los escritores argentinos, representado por él mismo y Jorge Luis Borges. Nadie duda del respeto intelectual del primero hacia el segundo, esa deuda impagable por tantas lecciones de rigor y de magia verbal. Pero para Cortázar el otro Borges, la sombra ilustre, es un ciego integral incapaz de aceptar lo que su inteligencia no puede ocultarle en el plano de la historia. «Ése no me merece más que silencio –dirá–, ni siquiera condenarlo vale la pena.» Las diferencias son tan hondas que la fantasía popular echa el resto: se cuenta que ambos escritores se encontraron en un aeropuerto y que el autor de *Rayuela* le negó el saludo. Pero Aurora Bernárdez lo desmiente: «Julio jamás le habría negado el saludo a Borges.» ¿Seguro? Una vez más la morochita diseña la versión oficial. En carta de Ugné Karvelis escrita a Mario Goloboff encontramos este pasaje: «La foto con Borges tiene una historia: él no había estado en Francia desde hacía un buen tiempo, y Julio, habiéndose negado a asistir al almuerzo que Gallimard organizó en su honor, me encargó de decirle a Borges que seguía siendo un gran admirador del escritor y de su obra, pero que le resultaba imposible encontrarlo por razones que ciertamente él comprendería. Transmití el mensaje y Borges estaba contento.» Cortázar no le negó el saludo, de acuerdo, pero lo castigó con su ausencia.

A lo largo de aquel verano de horror Julio permanece con Ugné en Saignon. Esto significa que puede leer libros atrasados, ayudar a su compañera en el jardín, ir al mercado de Apt o beber pastis contemplando las líneas amables del valle. En sus ratos de ocio aprovecha también para practicar uno de sus pasatiempos predilectos: hacer collages. También pinta acuarelas y pasteles en un arrebato que no duda en calificar de «encendido lirismo plástico». Pero sobre todo se dedica a escribir. En los últimos meses ha recobrado la inspiración y está ultimando una nueva colección de relatos que llevará por título *Alguien que anda por ahí*. Es preciso señalar que dos de los relatos se ocupan de las torturas, desapariciones y asesinatos políticos en Latinoamérica: «Segunda vez» y «Apocalipsis de Solentiname». Desde esos dos textos levantó su dedo acusador contra las botas militares y las formas más brutales de represión. Inmediatamente el libro es prohibido en Argentina. Pero todos aquellos que a raíz del *Libro de Manuel* le reprochaban sus limitaciones para aunar literatura de tema político con la escritura de calidad, deberán morderse la lengua. Especialmente en el segundo de esos cuentos, donde narra una historia muy similar a *Blow-up*, en la que el narrador descubre el horror agazapado que se oculta tras unas diapositivas inocentes que ha tomado en varios escenarios del Cono Sur. No importa que sea un archipiélago de Nicaragua o una calle de Buenos Aires. He aquí la eterna tragedia latinoamericana: bajo un hermoso reportaje digno del *National Geographic* siempre hay una verdad intolerable con sabor a muerte. Nada es lo que parece. Y en el diálogo entre esas dos visiones desfocalizadas aflora un drama que reconstruye el lector:

> Lo único posible era seguir apretando el botón, mirando la esquina de Corrientes y San Martín y el auto negro con los cuatro tipos apuntando a la vereda donde alguien corría con una camisa blanca y zapatillas, dos mujeres queriendo refugiarse detrás de un camión estacionado, alguien mirando de frente, una cara de incredulidad horrorizada, llevándose una mano al mentón como para tocarse y sentirse todavía vivo, y de golpe la pieza casi a oscuras.

Esto es lo que está sucediendo en el mundo. La clave pasa por atreverse a ver lo que se oculta tras la fotografía luminosa y risueña. A diferencia de tantos otros, Cortázar nunca dejará de encarar esa amarga realidad. No le faltará talento para tomar la imagen más bella pero tampoco le temblará el pulso al descubrir la cara sangrienta de la Luna. Pero el riesgo de posicionarse es cada vez mayor. El principal problema ahora es la situación de su familia. A tenor de lo que le ha ocurrido al poeta Juan Gelman, cuyos hijos han sido secuestrados, Cortázar teme por los suyos. Es perfectamente posible que la Junta Militar quiera vengarse de él o extorsionarle, secuestrando a su madre y a su hermana. Atrapado en Saignon, se comunica con varios amigos de Buenos Aires; tras el miedo inicial, todos le aconsejan mantener la calma. Después de todo, la relación con su madre parece lejana y acaso rota para aquellos que hace años que no le ven acercarse por General Artigas. Tampoco tiene sentido una mudanza repentina, ya que sería una forma automática de atraer la atención. Doña Herminia está demasiado vieja y débil de salud como para someterla a los avatares de un cambio de domicilio. Además es una «ignorante» en materia política, no habla de los «milicos» con las vecinas del barrio. No se pronuncia. Bastante tiene con amortiguar el eco de las «hazañas» de su hijo. En tales circunstancias éste decide comprarle un apartamento en la avenida Nazca. Pero la maniobra se hará con cautela y discreción. A los pocos meses las mujeres del gineceo residen en un nuevo barrio, Villa del Parque, lo suficiente cercano para sentirse a gusto, y donde los vecinos ignoran su vínculo con Julio Cortázar.

PASIONES AFRICANAS

En octubre Julio se encuentra en Kenia con motivo de la Conferencia General de la Unesco. Instalado en un hotel de Nairobi, sigue carteándose con sus compatriotas para no perder contacto con la realidad del país. En pocos meses la represión de la dictadura ha provocado un nuevo éxodo de latinoamericanos que buscan desesperadamente refugio en varios países europeos. Todos tienen necesidades urgentes, dramas personales, todos piden ayuda. En carta al escritor Nelson Tirri le cuenta que ha recibido tantas cartas como la suya, que vive con un sentimiento perpetuo de angustia y de mala conciencia. En el fondo no puede hacer mucho, ya que la oferta laboral está bien cubierta. Si se piensa que en Francia hay más de veinte mil argentinos, ¿cuántas plazas vacantes pueden quedar en una editorial, en un periódico o un organismo público? Todo esto le toca en el corazón porque además de enfrentarle a su propia impotencia le obliga a ser franco con aquellos —y son muchos— que llaman a su puerta. ¿Dónde están ahora los que le acusaron a raíz del *Libro de Manuel* de abordar la realidad argentina desde un cómodo sofá de París?

504 ──────────────────────── M<small>IGUEL</small> D<small>ALMAU</small>

Durante dos meses Julio permanece en Kenia. Tras concluir el trabajo ha prolongado la estancia para unas vacaciones, parte de las cuales son empleadas en corregir su nuevo libro de cuentos. Esta fase coincide con la muerte de Lezama Lima, el Gran Gordo amigo, que le deja un poso de tristeza. En carta a Fernández Retamar alude a ello y al proyecto concluido: «Me he quedado con ese vacío y ese cansancio que sigue a las grandes faenas del amor. Escribir y amar han sido siempre para mí la misma cosa, y a mis años hace falta un tiempo de respiro.» Sin embargo no va a concedérselo porque en estas vacaciones regresa también a la poesía. El fruto de esta pasión son varios poemas de corte autobiográfico que sólo aparecerán después de su muerte. En ellos podemos escuchar la voz de un hombre en desacuerdo consigo mismo y con la vida que lleva. Se repite así el tema de la insatisfacción personal que ya había abordado en algún cuento reciente como «Lugar llamado Kindberg». Pero los poemas tienen otra fuerza, pesan y duelen más. Los títulos son bastante elocuentes: «Andele», «Malevaje 76» o «Rechiflao en mi tristeza». El primero de ellos habla del tiempo: «ya no nos basta el día / para vivir apenas media hora». Lo que el poeta desea experimentar son esas sensaciones que surgen a cada paso, en concreto los amores que debieran brotar consecutivos y que sin embargo ha de combatir de manera simultánea en un ejercicio de poligamia que le desborda. Ya hemos visto que Cortázar había entrado en otra fase de su andadura sentimental y erótica. Por eso lo que él llama «poligamia» es en realidad el miedo a perder tantas ventanas sobre tantos paisajes, perder la esperanza de un horizonte entero.

Esta inquietud venía de antiguo y quedó admirablemente expresada en el *Libro de Manuel* a través del personaje de Andrés Fava, un claro álter ego del autor que rescató para volver a hablar de sí mismo. Cautivo entre dos mujeres, la «oficial» y la amante, trata de analizar sus pulsiones y la dificultad de establecer la cuadratura del círculo. En paralelo a la revolución política que plantea el libro discurre, pues, un deseo de dinamitar las convenciones burguesas en el ámbito de la intimidad. Aunque ignorado en las biografías, éste es uno de los grandes temas que ocuparon y preocuparon al

Cortázar de la época. Así lo expresa Andrés a su compañera Ludmilla: «Quise que comprendieras, esperé una especie de mutación en la forma de entenderse y de quererse, me pareció que podíamos romper la pareja y que a la vez la enriqueceríamos, que nada tenía que cambiar los sentimientos.» Pero ella le abre los ojos: «Nada tenía que cambiar...Ya ves que tu elección no quería cambiar nada profundo, era y es un juego lujoso, una exploración alrededor de una palangana, una figura de danza y otra vez de pie en el mismo sitio. Pero en cada salto has roto algún espejo.» Este extremo es importante porque señala los límites que ha alcanzado la metamorfosis de Julio. Si el tratamiento hormonal le otorgó una energía juvenil, las fantasías sexuales del climaterio le están activando el lado digamos «perverso». Lo insólito en su caso es que este proceso que suele llevar una vida tiene lugar de forma casi simultánea. Cortázar no ha contado con cuatro décadas de evolución. No hay en él la larga trayectoria de un García Márquez, por ejemplo, donde los gallos de *Cien años de soledad* terminan sus días como el anciano impotente de *Memoria de mis putas tristes*. Él no. Cortázar es en realidad un pibe ardoroso que se comporta como un viejo verde bastante sofisticado. Esta criatura tan extraña, un verdadero axolotl perdido en el vasto jardín de la peripecia erótica, vive los deseos íntimos a fondo sin perder de vista la Revolución. Se diría que todo es la misma lucha. Según él, las revoluciones han de operar en todos los ámbitos: social, político, económico, erótico, semántico... Lleva años embarcado en ellas y cuando llega a Kenia todo ese magma hierve en su interior.

Durante la temporada africana suceden cosas, pero como las huellas se pierden en la jungla debemos jugar a los exploradores. En primer lugar recurriremos a la imagen, en concreto a esas fotografías que le fueron tomadas por una fotógrafa holandesa llamada Manja Offerhaus. En ellas vemos a un hombre maduro, potente, bronceado; entre todas las imágenes de Cortázar con barba éstas son las que mejor muestran su lado varonil, el rostro del cazador. ¿Qué pasa aquí? ¿A qué obedece esta nueva mutación de un hombre que ya tiene sesenta y dos años? Muy simple. Manja Offerhaus es su amante desde hace bastante tiempo, y él suele llamarla *mon joli tournesol,* mi girasol bonito.

Pero este dato revelador no resuelve un nuevo dilema que trataremos de alumbrar siguiendo el rastro de la palabra. En el transcurso de este viaje a Kenia Cortázar vive un flechazo con una mujer desconocida que se oculta bajo las siglas «C. C». Presumiblemente es una mujer joven, de cabellos oscuros y de arquitectura ósea ligera; tiene algo de muchachito y usa una prenda similar a un mono de color azul. Lo único que poseemos por ahora son «Tres sonetos eróticos» donde Julio revive el encuentro con esa figura misteriosa que pasea por las calles de Nairobi. En este punto es preciso señalar la evolución que se produce en la serie de poemas, es decir, en los tres tiempos tan marcados de la historia. Si en el primero de ellos el autor se reconoce como un viejo poeta que ha de resignarse a la contemplación, en el segundo hay una atmósfera gótica presidida por la luna llena. Aquí ella responde al perfil de Ligeia, y él se proclama Drácula. Pero en el tercer soneto hay algo más turbio. Empieza así:

> Te desnudé entre llantos y temblores
> sobre una cama abierta a lo infinito,
> y si no tuve lástima del grito
> ni de las súplicas o los rubores...

Leyendo el poema completo, algo ha pasado con la desconocida. Porque por mucho que el sujeto poético se arrogue el papel de alfarero que moldea el barro de Eros, ella ha cedido contra su voluntad. Como este territorio es sumamente resbaladizo, recurriremos a otro texto de la época que invita a nuevas especulaciones. Se trata del cuento «Vientos alisios», que incluirá in extremis en *Alguien que anda por ahí.* A grandes rasgos es la historia de una pareja de mediana edad que decide pasar las vacaciones en un *resort* de lujo de la costa de Kenia. En vísperas del viaje, Mauricio y Vera traman un juego para combatir el tedio conyugal: llegarán por separado y se comportarán como dos perfectos desconocidos. La cláusula es dejarse llevar por el azar. Instalados en el Trade Winds, conviven con otros extranjeros en un ambiente exótico que parece más propio de un cuento de Somerset Maugham. El mar azul, la arena blanca, el palmeral, las ropas de lino, los cócteles al atardecer y los paseos bajo la luna. Pero en este escenario paradisíaco Mauricio y Vera encuentran a otros dos desconocidos, Sandro y Anna, con los que se abandonan a sus respectivos encuentros sexuales.

Durante cinco noches la pareja continuará el juego de intercambios: «Era la hora de los vientos alisios para ellos, Anna la dadora de los vértigos olvidados, Sandro el hacedor de máquinas sutiles, vientos alisios devolviéndolos a otros tiempos sin costumbres.» Pero todo juego erótico encierra un peligro mortal. En un giro de maestro Cortázar concluye el relato en el apartamento europeo de los amantes. En realidad todo ha sido una trampa urdida por Sandro y Anna que han capturado a una pareja de incautos que necesitaban un poco de sabor picante en sus vidas. La frase de Sandro es demoledora: «Ya se habrán dado cuenta...Ya habrán comprendido y después de eso no podrán hacer más nada.» En un final terrible descubrimos que esta perversa pareja de cazadores especula con el suicidio de sus víctimas. El juego termina así con la visión de Mauricio y Vera repartiéndose el contenido entero de un frasco de somníferos, antes de apagar definitivamente la luz.

El tema del suicidio se insinúa en otro relato de la serie, siempre asociado a los encuentros de corte adulterino. Es el caso de «Las caras de la medalla». En él se narra la historia de un hombre casado que viaja periódicamente a Ginebra para trabajar en el CERN (Organización Europea para la Investigación Nuclear). Movido por el deseo hacia una colega soltera, trata de mantener relaciones sexuales con ella. Pero no va a conseguirlo. Aunque logran confraternizar y se comportan como una pareja, paseando y asistiendo a conciertos, la libido se desvanece cuando llegan a la cabaña donde ha de culminar su pasión. Es cierto que hay escarceos eróticos que hacen concebir esperanzas, pero finalmente la mujer, Mireille, acaba cerrándose a sí misma. Una vez más Cortázar se mueve en el filo de la navaja y escribe de una manera muy sutil. Ningún lector puede adivinar si Mireille padece un bloqueo psicológico de origen traumático, o bien un caso de anaorgasmia femenina. No importa. Lo que importa es la dolorosa sensación de impotencia de Javier, el hombre que la desea. Dicha sensación es doblemente amarga porque la relación entre ellos es viva y gratificante fuera de la cama; pero cuando se desnudan, surge un muro infranqueable. Los fracasos se suceden creando el drama: «la repetición se había cumplido como en un espejo, sólo que ahora era Mireille la que se vestía para irse y él la acompañaba hasta el auto, la sentía despedirse sin mirarlo y el leve beso en la mejilla, el auto que arrancaba en el silencio de la alta noche, el regreso al hotel y ni siquiera saber llorar, ni siquiera saber matarse, solamente el sofá, el alcohol y el tictac de la noche y del alba». Este veredicto de «ni siquiera saber matarse» sintetiza más que ningún otro argumento el lado oscuro de Cortázar. Ya empezamos a saberlo. Felizmente le queda la escritura: el Dr. Jekyll que carece de valor para el suicidio tiene un Mr. Hyde que al menos le salva escribiendo sus libros. Por eso el final del cuento adquiere un tono de confesión personal: mientras Mireille llora al escuchar un determinado quinteto de Brahms, Javier, que no sabe llorar, sólo tiene pesadillas de las que se despoja escribiendo textos que tratan de ser como las pesadillas, allí donde nadie tiene su verdadero nombre pero acaso su verdad. Sin embargo el autor de *Rayuela* cada vez disimula menos esa verdad. En carta a Jaime Alazraki le comentó que en *Alguien que anda por ahí* hay amargos pedazos de su vida, por ejemplo en «Las caras de la medalla», cuya historia continuó en la vida real y terminó en otro cuento muy largo. Este otro cuento de gran extensión se llamará «Ciao, Verona» y fue guardado bajo siete llaves.

Bajo el personaje solidario que se preocupa por el destino de Latinoamérica, se revuelve este hombre para quien el paso del tiempo es una losa de plomo. ¿Cuánto combustible le queda ante un viaje que soñó lleno de gaviotas? Todo lo que le ocurre en su vida privada, sea lo que sea, no aparece reflejado del todo en las fotos de Manja Offerhaus. O quizá sí. Porque si aplicamos la técnica de *blow-up*, acabaremos descubriendo cadáveres reales o imaginarios en la cubeta del revelado. El fulgor de los ojos de Cortázar en África, esos ojos que brillan como nuevos y resplandecientes, son los ojos del vampiro persiguiendo a una muchacha morena en las calles de Nairobi, o los del funcionario del CERN que no logra poseer a su compañera de trabajo, o los del pérfido Sandro que se relame tras devorar a una pareja convencional en un resort de lujo. Pero cuando Julio regrese a casa, Mr. Hyde se ocultará en su guarida. Hay una imagen deliciosa que lo confirma. En ella le vemos sentado en el suelo, junto a la ventana iluminada del salón, y sonriendo a su gata *Flanelle* que le contempla desde la terraza. Esta foto encantadora también es obra de Manja Offerhaus. Es un excelente retrato del Dr. Jekyll, sin duda, celebrado con toda justicia por sus biógrafos que pasan de largo ante las fotos de Kenia. Y no huelen el rastro de sangre que va dejando el cazador.

EL DEMONIO DE LOS CELOS

Los vaivenes de Cortázar acabaron por afectar a su vínculo de pareja. Tras varios años de relación muy intensa con Ugné se ha iniciado la cuenta atrás. Indudablemente el problema venía de antiguo, pero se agudizó por esas fechas de dolorosos cambios personales y políticos. Por una ironía del destino su amor había germinado al sol de la Revolución cubana, y se marchitaba ahora bajo la lluvia sangrienta de la dictadura argentina. En todo caso, a principios de 1977 el escritor parece liberado de una carga pesada. Como devoto de Dylan Thomas reconoce que vive «solo en una multitud de amores» y se abandona sin rubor a ellos. A diferencia de nosotros le ha tocado el extraño destino de vivir contra el reloj: tiene más de sesenta años pero se siente mucho más joven que cuando tenía treinta; se diría que hay como una revancha, una terrible necesidad recurrente de vivir hasta el límite. Pero como le confiesa a la viuda de Sergio Sergi: «en el fondo estoy solo, aunque de esa soledad hago una especie de laboratorio central del cual salen ramas en todas direcciones, rubias, pelirrojas, Amsterdam, negras, Soho, altas, petisas, Oklahoma... En resumen todo lo que me pasa al alcance de esta sed.» ¿Qué le está sucediendo a Cortázar? ¿Acaso ha entrado en la típica crisis de la edad madura con quince años de retraso? Conociendo su insultante aspecto juvenil es una hipótesis a considerar; pero también es cierto que según el calendario biológico debería haber padecido la crisis cuando aterrizó en el planeta Karvelis, pero probablemente la pasión por ella la había dejado en *stand by*.

Sea como fuere, la literatura también refleja este proceso y el precio es alto. Releyendo los cuentos de la época, debemos preguntarnos por qué los protagonistas de «Vientos alisios» optan por quitarse la vida. Hasta entonces la obra cortazariana sólo había registrado el suicidio de uno de los amantes: la mujer de «El río», por ejemplo, o los hombres de «Lugar llamado Kindberg» y de «Manuscrito hallado en un bolsillo»... Eso por no hablar de Horacio Oliveira, que aún sigue en algún lugar del cosmos dudando si arrojarse o no sobre la rayuela. Pero en «Vientos alisios» no sólo es el individuo en crisis sino la pareja quien desaparece de la escena tras jugar un juego peligroso que al final les ha destruido. La pregunta es inevitable: ¿A qué juego estaban jugando Julio y Ugné? Es difícil saberlo con exactitud, pero debido a sus personalidades podemos conjeturar que el vínculo se estableció sobre una regla más laxa que la impuesta en la época de Aurora. No podía ser de otro modo en la Francia liberada de los setenta. Aparentemente liberada, porque luego el corazón tiene razones que ni la razón más liberal comprende.

De nuevo debemos recurrir al *Libro de Manuel* para arrojar un poco de luz. Oigamos la voz de Andrés Fava: «Querer, no querer, fórmulas. Yo he sido tan feliz con Ludmilla. Era perfectamente feliz con ella cuando te encontré y vi que eras otro pliegue de la felicidad, otra manera de ser feliz sin renunciar a lo que estaba viviendo.» Esta voz masculina corresponde sin duda a Cortázar: su discurso «libertino» podría servir perfectamente para ilustrar sus relaciones de la época con Manja Offerhaus o Isel Rivero. Ellas aceptan o saben que han de aceptar las reglas. Pero ¿y Karvelis? Eso es harina de otro costal. La necesidad de desdoblarse de Julio, sus ansias de ser compartido con otras no pueden hacerla feliz. En el fondo no es algo tan común, ni siquiera en París, y el personaje de Francine intenta hacérselo ver al álter ego de Cortázar: si fuera lo habitual, Ludmilla y ella irían juntas al cine o a las tiendas, le cuidarían de la gripe una a cada lado de la cama, y harían juntos el amor como en las buenas novelas eróticas. Ante la imposibilidad de ponerlo en práctica, Andrés se verá obligado a desdoblarse sin la menor concesión: matar a una en la otra, cada día y cada noche. Pero las causas de esa imposibilidad las señala la propia Francine, quien desde su condición de amante le explica: «No es culpa nuestra, quiero decir de Ludmilla y de mí. Es una cuestión de siempre, te repito; ni tú ni nosotras podremos quebrarlo, viene de muy atrás y abarca demasiadas cosas.» Quizá sea necesario aclarar que Ludmilla es una polaca exiliada que vive con su hijito en el Barrio Latino, y por tanto un claro trasunto de Ugné. La tentación de trazar un paralelismo entre Julio (Andrés), Ugné (Ludmilla) y Manja (Francine) es demasiado seductora y meridiana como para ceder a ella. Pero todo lo que viven y hablan estos personajes de la novela parece reflejo de un conflicto real: el que preside la vida de Cortázar.

Luego hay otro factor que acentúa la crisis: más allá de los juegos, el temperamento de Karvelis se fue avinagrando a causa del alcohol. Quizá sea excesivo decir que Julio vivió un infierno con ella: no sería justo, ya que cualquier similitud entre su historia y los dramas de Hollywood son pura coincidencia. Quizá hubo días de vino y rosas pero no su abismo de degradación final. Sin embargo existen numerosos indicios de que Cortázar sufrió mucho con esta relación amorosa para la que en algún aspecto no estaba preparado. Por carácter era un hombre ajeno a cualquier estridencia: ni le gustaban en público, ni en la literatura ni en la intimidad. Además, su larga relación con Glop lo había acostumbrado a una unión basada en el cariño, la camaradería y el respeto. En el polo opuesto Ugné garantizaba una unión explosiva de tipo pasional, pero a cambio de rebasar las barreras convencionales del protocolo y hasta de la buena educación. Al principio Julio pudo sobrellevarlo estoicamente hasta que al final se colmó el vaso de su paciencia. Carlos Fuentes recordaba una recepción en la Embajada mexicana donde Ugné acabó totalmente borracha, en el suelo, y Cortázar tuvo que sacarla de allí literalmente a rastras. Mario Muchnik, por su parte, no ha olvidado la velada en la que su amigo recibió el Premio Médicis a la mejor novela extranjera de 1973 por el *Libro de Manuel*: «Me tocó oír cómo Ugné afirmaba con vehemencia, en un rincón de la sala atestada de feligreses, que Julio le debía el premio a ella. No sé si con eso pretendía reivindicar sus méritos como esposa ideal o de agente ideal. Todos la encontrábamos grotesca y no soportábamos su iracundia para con el buenazo de Julio. Éste aguantaba los chubascos bajo una capota de impasibilidad británica, pero sus ojos no mentían. Sufría su propio autocontrol, que debía ser de acero, puesto que nunca llegó a matarla.» Éste era el problema con Karvelis. Ni siquiera el gran cariño por el pequeño Christophe fue suficiente para hacerle olvidar el rostro más áspero de su madre.

Si echamos mano de los testigos, el retrato no es demasiado favorecedor. La mayoría de ellos hablan de una mujer difícil: alcohólica, posesiva, fuerte y dominante. Pero este veredicto no es toda la verdad. Ugné era también una mujer culta y preparada intelectualmente, comprometida hasta la médula con la causa de los oprimidos, activa, y lo suficiente abierta de criterio y generosa de acción como para divulgar en Francia la literatura de la periferia europea. En su puesto de la editorial Gallimard, defendió a autores valiosos desde Lituania hasta la Patagonia; para ella no sólo era un trabajo: era una forma de vida y de justicia hacia los demás. Sin duda le ayudaban sus virtudes. Al parecer podía leer a Dostoievski en ruso, corregía pruebas de imprenta en francés, inglés, alemán o checo, traducía del griego, hablaba español con el acento de cada país latinoamericano y era una lectora muy atenta y sagaz. Además de dotes de anfitriona, ésta era la Karvelis que valía la pena conocer.

Por tanto no es raro que Cortázar le mostrara sus textos antes de publicarlos; pero a diferencia de Aurora ella no empleaba paños calientes a la hora de formular sus juicios. En más de una ocasión su compañero tuvo que soportar unos dardos muy afilados y luego tuvo que desaparecer en busca de una palabra más amable. Pero como ocurre en el amor, el veneno se fue quedando dentro. Con el tiempo la leyenda de un Julio abrumado, víctima de una rusa medio loca, se fue extendiendo en círculos cada vez más amplios hasta formar un estado de opinión hostil hacia Karvelis. La mayoría de voces pertenecían a la vasta urdimbre de amistades latinoamericanas que rendían culto al Gran Cronopio. Nadie podía comprender cómo había caído en las garras de una hembra despiadada, agresiva e insensible que se complacía en dinamitar el asombroso universo que Cortázar había erigido con tanta ternura y delicadeza. Aquello era un tormento. A medida que la relación se fue deteriorando, los camaradas acariciaron la idea de pasar a la acción. Aunque nadie tuvo valor de abrirle los ojos, todos sentían el impulso de echarle una mano al autor de *Rayuela*. En este aspecto es ingenioso el testimonio de Mario Muchnik: «Al final nos dimos cuenta de que sólo quedaba un camino: matarla. Lo hablamos con Saúl Yurkievich y otros amigos. Fatalmente el plan no prosperó.» Pero la caldera estaba a punto de estallar.

Quizá sería bueno preguntarse qué ocurrió dentro de la pareja. Ambos se querían, eran admirados, poseían carisma, eran libres e independientes. Lo tenían todo. Entonces ¿por qué habían llegado a esta situación? Seguramente por una suma de factores que iba desde la incompatibilidad de caracteres, la fatiga, la incomprensión del otro hasta la pérdida de la pasión. En el fondo nada nuevo bajo el sol, pero con elementos específicos de relevancia. Porque si en Aurora el escritor había encontrado a una compañera comprensiva y hasta maleable, en Ugné se topó con una roca poco dispuesta a hacer concesiones. En cierto sentido el vínculo con Glop no había rebasado los confines de la adolescencia o del primer gran amor que nos asoma a la vida. Pero el vínculo con Ugné se estableció en unos términos que asociamos ya a la experiencia definitivamente adulta: el bagaje de las propias vivencias, la aceptación del pasado, la madurez afectiva y erótica, la solidez laboral, una mayor convicción en las ideas y en el sentido que ha de tener nuestra vida. Pero además hay otro elemento que debe ser considerado, tal como sugiere Vilma Fuentes: «La relación de Julio y Aurora era casi incestuosa: la misma lengua, la misma cultura, el mismo origen inmigrante, la misma clase social, el mismo país. Pero Ugné era la Otra, la extranjera amada, a la que se desea pero también se teme porque es libre y no se la puede dominar. Julio siempre tuvo las de perder.»

En teoría las relaciones en la edad madura se erigen sobre pilares más sólidos, pero ninguna se libra del fantasma del fracaso. En este punto resulta muy útil la aportación de la escritora uruguaya Cristina Peri Rossi, porque añade un factor determinante: los celos de Karvelis. Poco antes de conocerla, Cristina recibió esta advertencia de Cortázar: «Ugné es muy celosa. Te va a odiar. Olvídate de publicar en Francia: lo va a impedir.» Esa advertencia la dejó atónita: Ugné era una valquiria muy atractiva y aparentemente no tenía nada que temer de nadie; pero la unión con el argentino era explosiva. Como reconoce la misma Peri Rossi: «Ugné era una mujer muy guapa, una real hembra, y Julio, un hombre muy atractivo, que gustaba mucho a las mujeres; la relación sexual estaba servida, y el conflicto, también.» Lo asombroso es que esos celos no tenían solamente a las mujeres en el punto de mira. Quienes sufrieron en carne propia la celotipia desmesurada de la lituana recuerdan que sus celos no distinguían género ni opción sexual. Iban más allá. ¿Miedo quizá a tener que compartir a su hombre? ¿Inseguridades de fondo? ¿Baja autoestima? En el caso de Cristina había un elemento extra, muy importante, que la víctima entonces no podía saber: su condición de escritora. En aquel tiempo Karvelis acariciaba en secreto la idea de convertirse en novelista, pero no encontraba el tiempo ni el modo de serlo. Por tanto, nada podía irritarle más que compartir a su macho con una joven exiliada que escribía y que a buen seguro estaba desplegando sus encantos.

En una fecha relativamente temprana, el mismo año 1973, la pareja se encontraba cerca del precipicio. Peri Rossi recuerda la noche en que conoció a la compañera de Cortázar. Fue durante una representación de *Turandot*. Dice: «la incomodidad de ambos era evidente, y pensé que Julio había tenido que ceder para evitar un conflicto. Intenté tranquilizar a Ugné, pero me di cuenta de que el problema venía de lejos y que yo era, en ese momento, sólo una de sus manifestaciones. No hablaron una sola palabra entre ellos, ni antes ni después de la función, ni tampoco en la cafetería adonde fuimos luego. Hacía mucho frío esa noche en París». En el *Libro de Manuel* un personaje describe esa tensión interna que se expresa a través del silencio: «Qué te cuento, viejo, era para transmitirlo desde el satélite, íbamos y veníamos por la casa como si el otro no estuviera, pero esto entendelo literalmente y no como cuando una pareja se pelea y hay esas horas incómodas que siguen en que a los dos se les ha pasado la bronca.» Con Ugné las riñas no se resolvían, pues, tan fácilmente. Esta primera impresión de Peri Rossi quedó confirmada más tarde. Sabemos que en ausencia de Julio, la uruguaya llamó a la lituana para que le ayudara a resolver un trámite administrativo. Acababa de llegar a Francia huyendo del exilio y llamó a su puerta. La respuesta fue tajante: «Si tenés problemas, arreglate sola.» Este rechazo topa frontalmente con la imagen de una mujer solidaria que siempre fue muy sensible al dolor de los exiliados. Ella misma había sido una de ellos. Pero al final la traicionaron los celos. Aunque inicialmente Cortázar y Karvelis hubieran propuesto una relación que contemplaba la posibilidad de aventuras ocasionales —el hecho de vivir separados en parte lo demuestra—, a la larga no funcionó.

¿Qué sabemos? Los dos protagonistas ya han muerto: sólo son barro, polvo, cenizas. Si hoy pudieran hablar tampoco nos contarían todo lo que queremos saber. Según el valioso testimonio de Vilma Fuentes: «Conocí a Ugné en el momento final de su relación con Julio. Nos hicimos muy amigas y durante diez años nos vimos prácticamente a diario. A menudo nos quedábamos juntas, charlando hasta la madrugada. Pero ni en los momentos de máxima borrachera Ugné me habló del tema de sus infidelidades. Sin embargo yo tuve la impresión de que ella las hizo y él no lo soportó, y de que él las hizo y ella tampoco lo soportó.» Está claro. Más allá del respeto a la libertad del otro, los celos fueron tejiendo su malla mortal. En todo caso los celos de Cortázar, si los había, operaban en el estricto ámbito de lo privado; los de Karvelis en cambio funcionaban en el territorio público donde ella se sabía más fuerte. Hay que considerar además un elemento: no era un secreto que Ugné había tenido varios amantes en el campo de la literatura: el periodista Jean Daniel, el novelista Milan Kundera y hasta el filósofo Emil Cioran. Educado en un gineceo machista, Julio tuvo que hacer esfuerzos para aceptar y convivir con el pasado de Ugné que flotaba aún en los salones de París. En este punto la diferencia con Aurora también fue abismal. Si ella era la morochita simpática, buena y fiel, Karvelis era una belleza con poder que gustaba de exhibirlo y emplearlo.

Todo esto supuso un reto mayúsculo para Cortázar. A una edad en que los hombres se retiran del ring amoroso, tenía que aprender a asumir un amor que era espejo bruñido de su tiempo. Pero si quince años antes este reto le habría desbordado por completo, ahora le encontraba mucho más maduro y mejor pertrechado. De hecho era él, insistimos, quien apoyaba las cláusulas liberales y trataba de imponerlas. Una vez más hay que ir al *Libro de Manuel* para averiguar los pormenores del proceso. Como hemos visto, el héroe se debate allí entre el amor de Ludmilla y los favores de su amante. Pero los intentos de sobrellevar una doble vida topan con la sensibilidad de las dos mujeres. Así lo expresa a su amante: «Mirá, todo se me ha hecho trizas con Ludmilla, lo sabés, porque tampoco ella ha aceptado, porque no sirvió de nada ser honesto, ya sé, a mí manera, ser honesto es para mí que ella y vos sepan que hay vos y ella». De nada sirve, pues, que los protagonistas abracen la moral relajada de la época porque en el fondo siguen siendo prisioneros de los roles, de la educación, de los prejuicios. Aunque viven en un tiempo en que todo está saltando por los aires, los esquemas patriarcales siguen fijos en ellos. ¿Qué habría pensado aquel tímido maestro de Chivilcoy que suspiraba por la Coca Martín? ¿Ese gigante bajo en testosterona que debía sobornar a los acomodadores para poder sentarse junto a ella en el cine Metropol? La singladura de Cortázar es tan asombrosa como la de su época. Ningún siglo cambió tanto como el siglo xx. Y pocos cambiaron como él.

Todo indica que Julio y Ugné habían intentado vivir libremente, casi en términos de pareja abierta, o al menos de pareja que no se hacía demasiadas preguntas. De creer a Vilma Fuentes, el escritor habría sorteado la prueba aceptando la autonomía de vuelo de su compañera —era lo más rentable para él— pero en el fondo lo que le molestaba de veras eran las comparaciones profesionales. Según Vilma: «los celos de Julio eran sobre todo literarios. Se enojaba cuando Ugné alababa a algún escritor en su presencia. A veces ella le decía que había leído algo de Kundera, de Cabrera Infante, de cualquier otro, que le había entusiasmado. Y él se sentía bastante molesto». Sin embargo no deberíamos juzgar con severidad la reacción del artista. Uno puede imaginarse a Cortázar, sometido al severísimo juicio crítico de su pareja, tratando de calibrar e incluir sus sugerencias en un texto, dándole mil vueltas a una palabra, a una frase, mientras esa misma compañera no tiene reparos en alabar *El libro de la risa y del olvido*. En ciertos momentos todos podemos asumir alguna relación del pasado —los celos retrospectivos no tienen mucho sentido—, pero no aceptamos una entrega renovada en el presente. Y más con colegas de profesión. ¿Cómo iba el autor de *Rayuela* a deslindar tan fácilmente lo uno de lo otro?

Además Ugné se atribuía demasiadas virtudes. En los momentos de euforia etílica no tenía reparos en proclamar públicamente su aportación a la literatura, y lo hacía de una forma provocativa y desmesurada. Como ya hemos dicho, son legión quienes la vieron en cócteles literarios, cargada de copas, jactándose de haber construido a escritores de la talla del propio Cortázar o Kundera. «Yo les hice —repetía a quien quisiera oirla—. Me lo deben todo.» Semejante bravata era a todas luces inexacta, puesto que Julio ya había publicado *Rayuela* cuando se encontraron por primera vez en el hall de aquel hotel en La Habana. Entonces ya era alguien, ¿verdad? Por eso le abordó como una groupie. Pero de algún modo Karvelis se resistía a aceptar el papel de esas mujeres que permanecen en la sombra. También en eso era lo contrario de Aurora. Cuando Ugné estaba serena, era lo suficientemente inteligente para saber que nadie crea a un gran artista salvo él mismo, y si alguien cercano puede crearlo, entonces no se trata de un verdadero artista. Pero también era consciente de la influencia que tenía sobre ellos y más en el caso de Cortázar. Sabía que le había inoculado el virus del compromiso político, por ejemplo, gracias al cual era una celebridad en todo el mundo, y sabía todo el esfuerzo que había hecho para consolidar su reputación en los círculos literarios franceses. El único problema es que tarde o temprano se lo arrojaba a la cara. El hacerlo en público añadía un componente de desafío que para Julio resultaba amargo y vejatorio. Mario Muchnik recordaba otra de esas escenas, cuando uno de los comentarios de la lituana tuvo un efecto demoledor: «Julio se quedó lívido, callado, no sabía qué hacer; pero todos nos dimos cuenta de que estaba sufriendo y sufríamos por él.» A cada nueva escena, la víctima iba cargándose de razón y alimentando inconscientemente su resentimiento hacia el verdugo. Debido al comportamiento de Ugné, el escritor fue encerrándose aún más en territorios de autodominio inéditos; pero el precio fue experimentar con demasiada frecuencia ese tipo de «cólera fría» tan profunda que nada en el mundo basta para aplacarla. Ahora se sentía cada vez más solo y tenía una honda necesidad de afecto. Al final estaba repitiendo la historia de su querido Oscar Wilde, asistir a la destrucción de su amor por culpa de un amante incendiario y posesivo que le amargaba la vida.

Pero quizá tenía razones Karvelis al intentar imponerse a Cortázar. Después de todo éste operaba de una manera muy particular con las mujeres queridas. Si en el caso del gineceo porteño se condujo siempre de una forma discreta y cautelosa, con las mujeres ajenas a la familia se otorgaba una mayor libertad de acción. Aquí era mucho más resuelto y valiente. A menudo deseaba moldearlas, o al menos acoplarlas a una idea prefijada de tipo romántico o afín a sus fantasías. Además de Peter Pan había algo de Pigmalión en él. Sólo así podemos explicar la metamorfosis de Edith Aron en la Maga, por ejemplo, o los cien mil nombres que le daba a Aurora en un ejercicio sin duda de ingenio pero que nos habla de alguien que necesitó redefinir a las mujeres para poder jugar libremente con ellas. Esta dinámica era imposible con Ugné, que era una personalidad vigorosa e indomable. A ella no se la podía llamar Glop, ni «petisa», ni «girasol bonito», ni perseguirla como un *teenager* desfasado por las calles de París. Ella era la Extranjera. Por mucho que esa extranjera se hubiera jactado de que *Rayuela* era su libro, no era verdad. Todo aquel juego de encuentros y despedidas, de los paraguas desmochados, de los barrancos y de la lluvia, de las bicicletas, de los quais junto al río y de las habitaciones de hotel, formaban parte de la literatura, no de la realidad que la lituana había soñado para los dos. Quizá una familia feliz con Christophe.

Pero Julio no servía para ese papel y esto la hacía sufrir. La gota que colmó el vaso fue, como siempre, un episodio banal. Según Vilma Fuentes: «Una tarde Ugné paseaba por París y descubrió a Julio cruzando un puente. Él no la vio, pero ella le descubrió mirando a una jovencita con esa mirada que se les pone a los hombres cuando se hacen viejos. Aquello la afectó mucho porque se dio cuenta de que Julio era un hombre como todos los demás.»

«CIAO, VERONA»

No nos engañemos. Cortázar no era un hombre como los demás y su obra es la mejor prueba de ello. Pero ese arte fue modulando no sólo en función de las inquietudes políticas sino de los nuevos fantasmas personales. Quienes cuestionan su literatura de aquel período argumentando que se dejó ofuscar por las ideas revolucionarias, se olvidan del espíritu atormentado que sufría debajo, ignoran al hombre que comenzaba a hacerse viejo y cuya alma ocultaba un verdadero pozo de serpientes. Es cierto que ya no tenía pesadillas incestuosas ni fobias con insectos, aunque aún se dejaba seducir por el fantasma del suicidio. Pero había entrado en una dinámica relacional bastante compleja que rebasaba el marco de los encuentros esporádicos con jóvenes admiradoras. En aquel entonces Julio experimentó una de sus últimas aventuras escritas con la tinta del dolor y de la morbosidad. En realidad la primera parte de la historia ya había sido expuesta en «Las caras de la medalla»; pero a raíz de la publicación del cuento en el volumen *Octaedro*, la protagonista lo leyó y tuvo el arrojo de ponerse en contacto con el autor. Este movimiento sobre el tablero produjo un desconcierto total en Cortázar, quien decidió volver a la carga con la esperanza de conquistar a aquella enigmática compañera de trabajo que se le había negado.

La segunda parte de la historia le inspirará un relato titulado «Ciao, Verona», que sólo vio la luz treinta años después de los hechos. Deberíamos detenernos un poco en él porque arroja bastante información acerca del hombre que se ocultaba bajo la figura pública del incansable luchador por la libertad. En «Ciao, Verona», una lesbiana llamada Mireille escribe una larga carta a su amante, Lamia, para contarle el encuentro en Verona con Javier, aquel hombre casado al que conoció en Ginebra. Esta carta nos descubre que Mireille no arrastraba ningún trauma de infancia, como creíamos, ni padecía frigidez sexual. Simplemente era una lesbiana que no osaba decir su nombre y que distrajo su soledad dejándose cortejar por un hombre sensible y delicado. El análisis de este largo cuento no cabe aquí, pero nos interesa señalar que Cortázar hizo un gran esfuerzo para tratar de comprender un fenómeno que en parte se le escapaba. El lesbianismo. Pero seamos justos. Pocos autores de la época se hubieran atrevido a usurpar la voz de una joven lesbiana para abrir su corazón y fustigar de paso al género masculino. El leitmotiv de la carta —«Ya ves, son tan estúpidos»— alude claramente a la propia torpeza de Julio, a su incapacidad de identificar y asumir el código de ella, al dualismo que en el mejor de los casos se traduce en esa mezcla de apertura de miras y de buenas intenciones —«gentil como siempre»— que fatalmente tropieza con el ardor del macho enturbiado por su propio apetito carnal.

Sin embargo en el cuento hay un pasaje alarmante. Mireille se lamenta del exceso de cortesía de Javier y le plantea a Lamia una hipótesis difícil de aceptar. Según ella, la única posibilidad de entregarse físicamente a ese hombre habría sido a través de un juego similar a una violación: tenía que pasar otra cosa, un rechazo total de la amistad, la cortesía y los paseos a la luz de la luna; tenía que arrancarle la ropa a tirones, y en cambio él era el perfecto emblema del respeto, su deseo se mecía en humo y palabras, se expresaba en una mirada de perro bueno. En esta atmósfera de gentileza la entrega de Mireille es imposible. Mireille no quiere buenos modales ni palabras tiernas. Necesita que las manos de Javier caigan sobre ella «como el violador sobre su presa». De lo contrario ella no va a hacer el primer gesto de la entrega. Sólo acepta la fractura del código establecido, sólo la violencia.

Obviamente el relato es mucho más rico. En síntesis plantea la imposibilidad de vivir a fondo, más allá de las causas, una relación que presentaba los rasgos de una gran historia de amor. Esto es lo que había hundido a Cortázar. Pero sabemos que la escritura de «Ciao, Verona» le causó tanto dolor como la de «Las caras de la medalla». En carta a Alazraki habla sobre el primero y reconoce que fue tan duro de escribir como el otro. Sin embargo los motivos de esa aridez catártica quizá tengan que ver con un nuevo fantasma que se le va apareciendo cíclicamente. El fantasma de la violación. Ya hemos apuntado algo a raíz de la lectura de los «Tres sonetos eróticos» escritos en Kenia donde el sujeto poético —un claro sosia de Julio— se autoproclamaba Drácula y terminaba forzando a una mujer. En «Ciao, Verona» da un paso más al adoptar la voz de una lesbiana que acariciaba la fantasía, como último recurso para recobrar su heterosexualidad, de ser violada por su compañero de trabajo. Quizá entonces, quizá entonces sí. ¿Qué significa todo esto? Algo no funciona.

Apenas un par de años antes Cortázar había orillado el tema en otro de esos cuentos espléndidos que la crítica ignora: «Verano» A simple vista es la historia de una pareja en crisis que pasa varios días de vacaciones en su refugio de la Provenza. Una noche la mujer descubre un caballo salvaje que acecha tras el ventanal que da al jardín, enloquecido porque desea entrar en la casa. Julio reconoció: «De alguna manera se trata de un cuento neurótico. Es el producto de un mal momento de mi vida, y ese caballo que pugna por entrar a la casa condensa mis propios fantasmas.» Al final el caballo no logrará acceder al interior pero el protagonista terminará forzando a su esposa en la madrugada: «Zulma sollozando y suplicando, imposibilitada de moverse bajo el peso de un cuerpo que la ceñía cada vez más, que la plegaba a una voluntad murmurada boca a boca, rabiosamente, entre lágrimas y obscenidades. No quiero, no quiero, no quiero nunca más, no quiero, pero ya demasiado tarde.»

522 ─────────────────────────────── Mᴉɢᴜᴇʟ Dᴀʟᴍᴀᴜ

Todo este lado violento, real o imaginario, no era nuevo: venía de atrás. Julio Silva recordaba una anécdota llena de significado. Mientras Cortázar y él preparaban una serie de fotografías para ilustrar el primer volumen de *Último round*, en concreto del texto «Muñeca rota», se entregaron a un juego un tanto perverso. Dice Silva: «Como se trataba de la historia de una muñeca descuartizada, fuimos juntos a comprar una. La llevamos al departamento de Cortázar y le quitamos los brazos y las piernas. Yo la iba moviendo y él tomaba las fotos. Después, durante todo el día, no pudimos hablarnos ni mirarnos por la culpa. Lo vivimos como algo sádico.» Con esta luz, la visión de dichas fotografías deja otro sabor de boca y plantea cuestiones.

Teniendo en cuenta que Julio era un «raro» espécimen biológico, quizá su declive sexual tampoco se produjo de una forma clásica. A lo mejor los desequilibrios de testosterona asociados al climaterio no tomaron en él el cauce ordinario; me refiero a esa irritabilidad de los machos maduros que tantas veces se expresa por la vía del exceso y hasta la violencia verbal. Con el historial clínico de Cortázar difícilmente podía haber terminado siendo un viejo cascarrabias. En cambio, la misma naturaleza de su trastorno endocrino, y la posterior curación, debieron de colocarle en un territorio nuevo ajeno a la mayoría de los hombres. Y allí le aguardaban flores extrañas, menos comunes, como los impulsos sádicos o las tentaciones de violación. Quién puede saberlo. También en esto fue diferente. Pero ciertas luces parpadean. Están cerca. Brillan y las vemos.

EL ANILLO DE MOEBIUS

Bajo la superficie de temas «mayores», conviene insistir en la idea de que el tema de la violación atraviesa la obra de Cortázar durante la primera mitad de los años setenta. Se detecta en cuentos y poemas, pero también en la novela. Una relectura del *Libro de Manuel* arroja un saldo cuanto menos turbador. Ya hemos visto que Andrés Fava trata allí de llevar hasta el límite sus ansias de revolución sexual, pero invariablemente se topa con las barreras impuestas por la sociedad y por la autorrepresión de sus compañeras de aventura. Pese a ello se resiste a aceptar la derrota y en ocasiones impone su sexualidad por la fuerza. En este sentido resulta demoledora la escena nocturna en que Andrés conduce a Francine a una habitación del hotel Terrass, cuyas ventanas se abren al cementerio de Montmartre. Embriagados por el alcohol y el deseo se abandonan a una noche de Walpurgis que culmina con la violación anal de Francine. Asustada, ella se niega y repite en tono de súplica que se detenga. Pero al igual que en «Verano» el caballo se ha desbocado: ahora las apariencias ceden a un dolor real y fugitivo que, en palabras del autor, «no merecía lástima». Contracciones, resistencias, sacudidas, desgarro, vergüenza. Andrés Fava va ganando la batalla: «Y algo nuevo nacía en su llanto, el descubrimiento de que no era insoportable, que no la estaba violando aunque se negara y suplicara, que mi placer tenía un límite ahí donde empezaba el suyo y precisamente por eso la obstinación en negármelo, en rabiosamente arrancarse de mí y desmentir lo que estaba sintiendo, la culpa, mamá, tanta hostia, tanta ortodoxia.»

Para los devotos de *Historias de cronopios y de famas* nada puede resultarnos tan violento como la lectura de esos pasajes donde el Gran Cronopio adopta con escalofriante frialdad la voz de los violadores. Pero Cortázar también es eso, también es éste. Por lo menos tiene dos caras, y nos complace mostrar la más oscura porque el deber moral de un biógrafo es ir más lejos que los lectores de a pie. Sí. Nosotros somos los que encendemos las lámparas. Nosotros somos los que intentamos averiguar por qué uno de nuestros mitos literarios, y toda una figura civil, escribe párrafos semejantes, sucios, por qué su narrador se empeña en poseer a las mujeres al margen de su voluntad, forzándolas, violándolas, destrozándoles el ano sin misericordia. Es cierto que en el capítulo 5 de *Rayuela* Horacio consumó la sodomización de la Maga, pero aquello formaba parte de un ritual lúdico-erótico destinado a encontrar puntos de fuga de la realidad. Y hasta un encuentro con lo sagrado. Pero la conducta abusiva de Andrés Fava se mueve en territorios mucho más sórdidos y bordeando los límites de la ley. Incluso hay una voluntad de justificar lo injustificable, tal como se desprende de estas líneas:

> Anoche me preguntaste por qué quería envilecerte y quizá ahora, después de esa botella, de tu culito irritado y de otras cosas que te acordarás, te sentís como ese trapo al borde del bidé... dejame decir solamente esto, chiquita, no te he envilecido mientras te hacía beber ese coñac y te violaba, no te he envilecido, todo se fue con la ducha, porque es cierto que te violé, chiquita, y también es cierto que lloraste y que después de dormir una hora te despertaste y me trataste de canalla y de sádico y todo eso mientras te enroscabas como una oruguita y hubo que volver a empezar y fue tan diferente

¿Quién habla aquí? ¿Un doble de Cortázar o el protagonista de *El último tango en París*? Quizá no sea casual que la escritura final del *Libro de Manuel* coincida con el rodaje de la legendaria película de Bernardo Bertolucci. Hay ondas mórbidas circulando en el aire parisino, vibraciones que los artistas detectan con sus antenas y les sacuden en lo más hondo. Un copo de mantequilla, un tubo de crema facial, el culo de Maria Schneider, el trasero prieto y blanco de Francine. Pero al final el amante violador experimenta sentimientos de culpa: «Nada cambia, viejo, la mancha negra está ahí aunque pobre chiquita, pobre chiquita mirando el cementerio, qué hijo de puta sos, Andrés Fava, tanta cara o cruz y después el puente de vuelta con ella del brazo y ahí vamos, un día hábil para los dos aunque no quieras». Estos puentes no son precisamente los que cruzaba con Edith Aron al llegar a París. En la vida de este viejo de aire bondadoso, ya no hay crepúsculos de oro sobre el Sena: hay sodomía con vistas sobre un cementerio de barrio.

Recapitulemos. Durante varios años algunos personajes de Cortázar cometen y padecen violaciones sexuales. Si él había soñado con una profunda revolución que se extendiera también al plano sexual, ha de rendirse a los hechos: no es fácil derribar los antiguos tabúes y el hombre nuevo se ha de conformar con las prácticas de siempre. Entre ellas la fuerza bruta. ¿Por qué? Entre la maraña de testimonios y conjeturas surge una señal que debe ser tenida en cuenta. Según un amigo próximo a Julio: «Al final la rusa no le dejaba coger. Se negaba a todo y eso le dolía y le humillaba.» En tal caso un cuento como «Verano» sería una alegoría transparente de su relación con Karvelis, o quizá el reflejo de un feroz impulso reprimido. Pero en algún momento Cortázar debió de sentir el llamado perentorio de la conciencia. ¿Es pecado lo que se sueña, lo que se escribe, lo que nos llena la mente de fantasías diabólicas? Violación, redención. Este tema será abordado en el escalofriante relato «El anillo de Moebius», otra de sus cumbres que disuade a los cobardes. Es evidente que la persona que escribe este cuento se está enfrentando en él a un grave dilema personal, comparable a las pesadillas incestuosas y las fobias de su juventud.

«El anillo de Moebius» reconstruye un hecho luctuoso que sucedió en Francia a mediados de los años cincuenta. Una joven inglesa llamada Janet viaja al continente para recorrer en bicicleta los caminos solitarios y frondosos de Aquitania. En el transcurso de sus paseos encuentra a Robert, un fugitivo que sobrevive en los bosques, quien la viola y la mata. Tras ser detenido, el agresor es juzgado y condenado a la guillotina. Aunque desde un punto de vista literario el cuento es demasiado complejo –basta acercarse al título–, nos remite a la idea de que las cosas trágicas de la vida pudieron haber sido de otra manera. De nuevo el azar, pero en este caso con crimen de por medio.

Sin duda hay aquí una sólida genealogía literaria, desde Dostoievski hasta Camus. Es el aura de fatalidad que la víctima «reconoce», pero que no le impide dejarse atrapar por ella. En cambio en «El anillo de Moebius» la evolución del cuento apunta claramente hacia lo sobrenatural. Mientras Robert aguarda en la celda el día de su ejecución, rememora los pormenores sangrientos de su encuentro con Janet y los transforma en una aventura esencialmente romántica; en paralelo el espíritu de la víctima se mueve en otro plano de la realidad, en una región más líquida, donde también se «plantea» que las cosas tomaron la senda equivocada. Desde esta perspectiva ajena a la temporalidad, ella admite que no habría tenido reparos en entregarse a su asesino e incluso desea que la escena de la violación se repita pero sin violencia. Luego la muerta llama a Robert desde el más allá y él acude a su encuentro ahorcándose en la celda.

Creemos conocer un poco a Cortázar, pero «El anillo de Moebius» aporta nuevos elementos a la comprensión de su figura. Aquí reaparecen algunos de sus grandes temas: el azar, Eros, el cruce de destinos, el suicidio, el otro lado de la puerta; pero son abordados desde una óptica radical que no sólo incorpora elementos como la violación y el asesinato, sino que apuntan a algo de carácter religioso. La redención. A diferencia de otros relatos de corte «metafísico», como «Una flor amarilla» donde también se produce un crimen, aquí ya entra en juego algo que asociamos al cristianismo: la piedad y el perdón. Sólo así podemos aceptar que la víctima de una salvaje violación que le ha llevado a la muerte termine aceptándola a posteriori como una «torpe consumación en la paja maloliente del hangar». Sin embargo es difícil no conmoverse ante el destino funesto de estas dos víctimas que confluye en unas líneas finales con sabor a ola. Una ola de paz. ¿Estaba perdonándose Cortázar?

Violación, muerte, expiación, salvación. Quince años más tarde el director Lars Von Trier filmó su controvertida *Rompiendo las olas*, una película que sin duda habría interesado mucho a Julio. Quizá le habría interesado también compartir nuestro hallazgo, que el tema de la violación se repite en demasiados textos suyos de la época. Insisto, demasiados. Por raro que parezca él no solía ser muy consciente de lo que ocultaban sus cuentos, al menos a la hora de escribirlos. Cuando un crítico reflexionó acerca de la recurrencia del incesto en *Bestiario*, se le hizo la luz y no tuvo reparos en admitir su función terapéutica. Después de todo prefería escribir a sentarse en un diván. ¿Qué habría pensado ahora acerca de esa tendencia reiterativa —los hombres violan, las mujeres aceptan y perdonan al agresor— que le atrapó en el período de su crisis final con Ugné? Meses más tarde hablará de «El anillo de Moebius» con Jaime Alazraki: «Me divertí con tu referencia a la crítica feminista posible sobre la violación, porque ya mi traductora francesa me saltó encima con todas las uñas. Siempre me parecerá una lástima que violar y ser violado no coincida en el plano del placer; pero si fuera así, claro, no habría violación, y es mejor dejar la cosa sin más comentarios». Silencio, pues. Es posible que Cortázar estuviera derrochando sus mejores energías en la arena política, pero también existía ese pozo de serpientes. De lo contrario no habría escrito sobre ello. Frigidez femenina, lesbianismo, climaterio, violación, asesinato... Más que nunca necesitaba un poco de luz.

LA OSITA LLEGA

El 2 de octubre Cortázar toma un avión con destino a Montreal para participar en un congreso de escritores: el Rencontre Québécoise Internationale des Écrivains. Uno de los responsables es el poeta vanguardista François Hébert, que siente gran admiración por su obra. En una de las sesiones le presenta a una joven escritora y fotógrafa norteamericana, Carol Dunlop, que había sido su esposa. Nacida en Boston en 1946, ella viajó a Canadá para estudiar literatura francesa en la McGill University. Allí conoció a Hébert, se casaron y tuvieron un hijo. Durante cuatro años vivieron en Francia y luego regresaron a Canadá. Pero la aventura terminó con la separación de la pareja. Así pues, Carol es la mujer que acaba de entrar en la vida de Julio. La portadora de luz.

Desde el primer momento queda prendado de esta mujer discreta, divertida y serena. Aunque ciertamente podría ser su hija, la sintonía entre ambos es total, ella posee la clase de virtudes que él ahora más necesita: calma, ternura y humor. A diferencia de Ugné, no es una real hembra ni promete pasiones desaforadas: es una mujer de aspecto juvenil, levemente andrógina, y con el pelo cortado casi a lo «garçon». Durante varios días Cortázar y ella coincidieron en torno a la literatura. Luego él regresa a París. Desde allí no tarda en mandarle una carta en francés que cumple la función de señue-lo. Para ello recurre a una baza que intuye ganadora: embarcar a Carol en un proyecto literario. Significativamente, esta táctica es idéntica a la que había empleado con Aurora, a la que quiso atrapar con el plan de unas traducciones. Cortázar necesita volver a terreno seguro: se acabaron las locuras, las mujeres conflictivas, las magas, las piantadas, las carnales. Y sobre todo las violaciones reales o imaginarias. En un momento muy difícil por incierto, Carol le transmite una melodía de sosiego. En esta ocasión Julio aspira a escribir algo juntos, a cuatro manos. Es curioso que haga referencia al cuento «Manuscrito hallado en un bolsillo», como una clave que ella es capaz de comprender. Es la vieja historia del juego, el encuentro, el amor, pero también la ruptura y la muerte. La búsqueda siempre.

Aunque expone con franqueza el proyecto, se le ve cauto, expectante, midiendo con prudencia sus palabras. Está claro que no quiere forzar nada ni tampoco que la presa vuele antes de tiempo, porque desde el principio ha intuido que Carol vale mucho la pena. No la puede incluir en el catálogo de aventuras fugaces y sin duda merece un estatus superior. En las actuales circunstancias ya no le interesa un nuevo affaire erótico, en cambio el amor redime siempre, salva siempre. Por eso la carta se desliza hacia cuestiones personales donde Julio se deja arrastrar por una emoción que le aboca a la confidencia. Su mayor deseo es que el plan guste a Dunlop. Luego la invita a visitarle a principios de año y le propone una estancia nada menos que de tres meses. Según él, todo esto tiene algo de sueño, pero también sabe que ciertos sueños tienen tendencia a realizarse si se apuesta por ellos. Cuando Cortázar firme esta carta no podrá imaginar que acaba de firmar una partida de nacimiento, o más bien de resurrección, pero también su sentencia de muerte.

Carol aterriza en París en un momento crítico para él. Su relación con Ugné está agonizando, pero los estertores de la agonía son terribles. Tampoco aquí se registran los patrones civilizados de su ruptura con Aurora. Toda la energía volcánica que interviene en un proceso pasional se transforma en ácido cuando el fuego se apaga, y ese ácido es una sustancia corrosiva que los amantes se arrojan a la cara. Aunque la separación de Ugné es un hecho, tiene que hacer frente todo el tiempo a una guerra demasiado agotadora que le duele más de lo que imaginaba. Nunca sabremos, ni queremos saber, qué escenas de dolor se vivieron en el 19 de la rue de Savoie. Pero es evidente que afectaron mucho a Cortázar y que la compañía de Carol Dunlop le ayudó a sobrellevar el duelo. En una carta a Manja Offerhaus fechada a finales de invierno de 1978 le escribe que Carol lleva un tiempo en París y que le ayuda a recobrar un poco de calma en estos tiempos tormentosos. El plan siguiente es una escapada al Midi. No sabe qué va a pasar en el futuro, pero en todo caso su presencia contribuye a alegrale la vida y a recobrar un poco de serenidad. Parece claro que el nuevo amor tiene una influencia balsámica sobre él. Este efecto se conserva intacto un año más tarde, tal como vemos en estas líneas a García Márquez: «Un día me hará feliz que conozcas a Carol, que me da una inmensa dicha y las ganas de seguir viviendo, que se me habían perdido en los últimos tiempos.» Los tiempos de «Las caras de la medalla», claro, y de «Ciao, Verona» o «El anillo de Moebius.»

Pero la llegada de su compañera sirve también para poner orden en el laberinto afectivo-sexual de Cortázar. La principal «víctima» será Manja, el «Girasol bonito». Durante años ella fue algo así como la amante «oficial», pero el cambio de pareja de algún modo la condena. Julio quiere comenzar de cero y para ello se desprende de su favorita. Aunque trata de convencerla de que la aparición de Carol no ha tenido nada que ver, hay pruebas de lo contrario. Fanático de los juegos, sabe que este nuevo reto requiere nuevas reglas y nuevos jugadores. Esto excluye a Offerhaus. En una larga carta en francés intenta convencerla de que a partir de ahora deberán centrarse exclusivamente en su proyecto —se refiere a *Alto el Perú*, un libro con texto de él e imágenes de ella—, y de paso cultivar el gran afecto que sienten el uno por el otro. Para reforzar su argumento desliza confidencias de tipo sexual que rara vez suele poner por escrito: «Hacer el amor contigo siempre es una gran maravilla, pero siento que algo ha terminado... Creo que hay en mí una sensación de edad, de querer entrar en un ritmo en que los afectos y las amistades serán más importantes que lo demás. Contigo jamás podría fingir un deseo que poco a poco se borra, dejando en su lugar otras cosas que tenemos en común». De este modo Julio la reubica en el mapa, creando un amplio espacio en el que recibir a Carol.

¿Y qué ocurre con su hijo? Desde el primer momento Cortázar le comunicó a Carol que no deseaba compartir su vida con Stéphane. A diferencia de la relación con Ugné, que tuvo en Christophe uno de sus más bellos alicientes, esta vez el escritor impone una condición muy drástica. Un hijo es un obstáculo. Se diría que ha hecho suyas las palabras que Oliveira le dice a la Maga en relación a Rocamadour: «El chico no entraba en mis cálculos. Tres es mal número dentro de una pieza.» Sí. También aquí el hijo de otro no entra en los planes del hombre enamorado. Ahora la quiere toda para él. Ante el dilema familiar se llegó al acuerdo de que Stéphane viviría todo el año en Canadá con el padre y pasaría los veranos con la madre. Pero esta fórmula debió resultar muy dura para ella. ¿Cómo podía Julio, el cronopio sabio y bueno, partirle el corazón de esa forma tan cruel? Quizá haya una explicación. Cortázar había crecido sin un padre y en el fondo lo había echado en falta toda su vida; en cambio había gozado hasta la náusea de una madre a la que todavía estaba estrechamente unido. Ante la ruptura sentimental, ¿qué era mejor? ¿Que el hijo se quedara con el padre o con la madre? La cláusula severa de Julio quizá nos brinda una respuesta. En el formidable cuento «Una flor amarilla», el protagonista elimina al chico para evitarle una vida fracasada como la suya. En la vida real el protagonista de nuestra biografía quizá está abriéndole al hijo de Carol una puerta que él no había tenido. La de una vida libre lejos de mamá.

A principios de abril la pareja se instala en Saignon. Aunque Cortázar suele repetir que la vida le está tratando mal en esta temporada, lo cierto es que ha recobrado parte de su humor. Algo de ello se desprende de un pequeño autorretrato sentimental que le manda a la viuda de Sergio Sergi: en él reconoce que su corazón está lleno de pelusas, caramelos blandos, palomitas de cartulina y otras cursilerías de las que no reniega ni renegará jamás. Este resurgir de un humor que había perdido con Ugné y que buscó con Manja, al final es obra de Carol. Pero cuando ella deba regresar a Canadá para recoger a su hijo, volverá a quedarse solo. Prisionero de la paz de su rancho, contempla el crepúsculo que inflama ese mar de colinas que cierran el valle. Todo está en suspenso, el aroma de lavanda es ahora el perfume de la soledad y de la incertidumbre. Afortunadamente Carol vuelve para pasar las vacaciones y con ella renace la vida. Eufórico le manda una postal a Eduardo Jonquières: «Aquí, un verano espléndido y la paz que me da Carol me ayudan a salir de un pozo muy hondo. Trabajo, leo, estoy negro y saludable; las siestas son de Eros y las noches se llenan de Mozart y de Jerry Roll Morton. A los 64 años, pedir más sería escupir a la cara de los dioses.»

En este verano de 1978 su nuevo rumbo sentimental es un hecho. En carta a Fernández Retamar le informa con retraso de su separación. A diferencia de su ruptura con Aurora, no hay aquí grandes elegías ni propósitos de conservar el cariño: sólo se habla de mantener la amistad y también el vínculo profesional. Este último punto es clave, ya que es mucho lo que está en juego. Cortázar necesita a Karvelis literaria y comercialmente, y Karvelis necesita a Cortázar. Son una sociedad: ambos lo saben. Sin embargo, la herida es demasiado reciente para forjarse grandes ilusiones. Si en los momentos centrales de su relación, Ugné no había tenido reparos en proclamar públicamente que Julio era obra suya, ¿qué sería capaz de hacer ahora cegada por la traición definitiva? No tardará en saberlo: «Es evidente que a pesar de mis esfuerzos por mantener una relación amistosa que podría ser excelente —dice Julio—, sus reacciones y su manera de ser vuelven la cosa imposible.» Pero no podía ser de otro modo si tenemos en cuenta que el detonante final de la crisis fue la aparición de Carol. Otra mujer. ¡Joven y escritora! Según Vilma Fuentes: «Ugné se dio cuenta de la decadencia de Julio, la historia de un abuelo con la nieta, con un punto pedófilo. Todo triste y senil.» Debido a la manera tan diferente de ver el asunto, comenzó una ardua travesía hasta llegar a puerto; tras unas ásperas negociaciones al final se impuso una tregua.

Ya lo hemos dicho: el nuevo amor está resucitando a Cortázar. En un gesto de amistad desea compartir su ventura con Onetti. Tras comentarle que se pasa el día desnudo en el rancho, le comunica que ha vuelto a escribir con unas ganas que hace mucho que no sentía. También habla de las razones más vitales y profundas que contribuyen a su bienestar: «Yo estoy viviendo con una chica que conocí en Montreal el año pasado, que me da una inmensa ternura y una paz que me hacía falta hasta un punto que sólo alcanzo a comprender ahora.» En esta carta hay varias ideas interesantes: no es del todo exacto que Julio haya vivido con Ugné ocho años, como dice al hacer balance, pero en la hora del adiós le concede casi el estatus de esposa tradicional. Asimismo habla de «una chica» de Montreal, cuando Carol tiene en realidad treinta y dos años. Es cierto que podría ser su hija, pero no es una chica. La misma idea repite a Marta Jordan, su traductora al polaco, cuando le informa de que su viejo poeta se enamoró como un loco de una chica que conoció en el Canadá, y que ahora esa chica está y estará con él y que lo hace muy feliz. En todo caso Carol le ha salvado de su viejo Mr. Hyde, que últimamente le había arrojado a un carrusel vertiginoso de aventuras sexuales y acaso de ciertos juegos «perversos». Da igual. La historia se repite. Si Aurora Bernárdez fue su salvación en el período caótico y depresivo en el que se hallaba sumido en la época final de Edith Aron, ahora Carol Dunlop llega para sacarlo in extremis del pozo. Este pozo de aguas turbias quedó reflejado en los relatos de la época. Son una señal de peligro. Y Julio necesita que al final le salven, que las mujeres amadas le cuiden y le salven. Como en Banfield.

LAS TRENZAS DE OFELIA (II)

Cortázar tenía razón al decir que no se puede escupir a la cara de los dioses. En el momento en que empezaba a recuperarse, recibe en Saignon una carta de su hermana. Normalmente las noticias familiares que le llegan de Buenos Aires proceden de su madre, una corresponsal metódica y fiable que durante más de tres décadas le ha puesto al corriente de lo que pasaba en la familia, el barrio y hasta en el país. Este férreo vínculo epistolar, como sabemos, a menudo alteró el ánimo de Julio y le activó no pocos sentimientos contradictorios. Pero también es cierto que la empatía con doña Herminia era muy alta y él presumía de contar con la mejor corresponsal del mundo. En una entrevista de Hugo Guerrero Martínez declaró:

> Ella es como Madame de Sevigné, es decir que me escribe muchísimo y yo le contesto todas sus cartas: tenemos una complicidad epistolar muy hermosa, porque mi madre a pesar de sus años se conserva admirablemente bien. Tiene un sentido del humor que se sigue manifestando en todas sus reflexiones y sus actos… Yo soy muy amigo de mi madre. Y sé que ella no solamente me quiere como hijo, sino que me estima como amigo, como camarada.

Esta imagen suele ser muy poco habitual. Una madre y un hijo unidos por el cariño, separados por el océano, y devueltos al centro afectivo a través de la escritura de cientos de cartas. No abundan historias así. Tampoco es frecuente que un hombre maduro se refiera a su madre en términos de «camarada». Todos estos elementos inciden en la idea de un vínculo muy particular, lleno de connotaciones que no excluyen lo anómalo, lo malsano, y hasta lo perverso, si no fuera porque lo perverso, tal como lo entendemos, no entra en el vocabulario familiar. Pero pese a esos rasgos un tanto inquietantes, la relación entre ellos siempre había sido fluida y armónica. Sin embargo el caso de Ofelia es distinto. Ya conocemos los problemas psíquicos que le han perseguido a lo largo de la vida y lo mucho que han afectado a los demás. Incluido Cortázar. Pero desde que éste se ha puesto bajo los focos, Memé vuelve a hacer de las suyas. En este contexto se inscribe la larga carta que le manda a Cocó en el verano de 1978. Dada la importancia del texto, incluimos el último párrafo de la respuesta del autor de *Rayuela*. Es la prueba de que el torpedo de Ofelia ha dado en el blanco:

Me alegro de que hayas recibido el dinero que te envié. También a propósito de eso, algunos comentarios que dejás caer sobre lo que en el fondo considerás un egoísmo de mi parte, o sea no estar con ustedes, deberías reflexionar un poco sobre lo que ha podido representar para mí en estos años comprar ese departamento para ustedes dos, y ayudarlas en lo que puedo cada vez que siento que necesitan dinero. No pretendo ningún mérito especial por eso, pero es la «única» (metete eso en la cabeza, por favor) la única manera de estar cerca de ustedes. No tengo otra, puesto que te repito que no «puedo» ir personalmente. Entonces, por lo menos pensá que tus reflexiones no me parecen demasiado acertadas. En fin, nada de esto tiene importancia. Espero que mamá siga bien, vos también, y que pronto reciba noticias favorables de ella o de vos. Te agradeceré mucho que no dejen pasar demasiado tiempo sin mandar por lo menos dos líneas.

Hasta siempre, con un abrazo de tu hermano que te quiere, Julio.

Divulgada en fecha muy reciente, esta carta aporta mucha más información sobre Cortázar que los centenares de misivas dirigidas a amigos, editores, estudiosos o colegas. Es impresionante. Pero ¿acaso contiene revelaciones de impacto? ¿Nos descubre quizá que Julio fue hijo natural del general Perón? ¿Que era un crío abandonado que encontraron en un tacho de basura? No caigamos en el sensacionalismo, no le sienta bien a Cortázar. En la vida todo suele ser mucho más simple: lo que plantea el cruce de cartas con Ofelia es un enigma similar al que preside *La carta robada*, el relato de Poe, que gira en torno a la solución de un misterio muy sencillo pero que nadie conseguía desvelar. Siempre es así: nadie busca la carta en el lugar donde realmente se encuentra. Veamos.

Durante años se ha asociado el enigma Cortázar a la figura del padre. Autores como Montes-Bradley desplegaron su talento arrojando luz sobre esa figura velada y esquiva que desapareció de la escena antes de tiempo. Pero quizá nadie haya insistido lo suficiente en un dato revelador: Julio José Cortázar Arias les abandonó, es decir, se escapó del gineceo de Banfield como alma que lleva el diablo. Este dato es definitivo, porque no se marchó para huir del pobre Cocó, que era un niño bueno, sensible y delicado; en realidad se fue para zafarse de su suegra, para escapar de su mujer, de su cuñada, y probablemente para perder de vista a su hija que ya debía dar trazas entonces de confundir las horas. Aunque Montes-Bradley sostiene que el padre de Julio estaba gafado, que era un «jetatore», que tenía la negra, nosotros no somos tan severos. Y no lo somos por una razón que ahora cobra todo su sentido: porque ese hombre perseguido por la mala suerte logró escapar de la cárcel que le aguardaba en Argentina. Hiciera lo que hiciese luego en la vida, no mucho en verdad, pudo hacerlo lejos del gineceo. Sí. No vivió «destierros» forzosos en provincias para alimentar a unas rémoras, ni tuvo que pasar años maniatado por culpa del maldito talón, ni su corazón padeció un sobresalto agridulce cada vez que recibía una carta de mamá. En el fondo quizá sea ésta sea su mayor victoria, su único logro, lo que dio sentido a toda su existencia. No vivir en aquella casa ni con aquellas mujeres que le querían tanto, tanto, tanto...

En el polo opuesto, su hijo alcanzó la gloria pero no pudo o no quiso escapar de ellas. ¿Quién triunfó entonces? ¿Él o su padre? Porque ciertamente la carta que Julio manda a Ofelia es la certificación de una esclavitud y de un fracaso muy hondo en el terreno personal. Más aún, toda esa obsesión suya —a veces heroica, a veces ingenua— de seguir luchando por la libertad del hombre, ¿no es quizá la de alguien oprimido que padece ad náuseam la falta de oxígeno? ¿Alguien que se reconoce en la víctima y sabe que sin aire puro no puede vivir? Aunque algunos terapeutas tengan bastante a analizar, sería injusto establecer un paralelismo entre las dictaduras y la férula familiar de Cortázar. No. Doña Herminia no es el general Perón, ni Memé es el general Videla. Pero el efecto que estas figuras ejercieron sobre el escritor fue algo así como una hipoxia, lo que quizá se tradujo en todo ese calvario de migrañas, enfermedades alérgicas y del aparato respiratorio que padeció mientras estuvo en Argentina.

Lo malo es que en Francia ocurre lo mismo. La carta no engaña. Medio siglo después del jardín de Banfield, el pobre Cocó aún
se remueve cuando Memé le levanta la voz o le pide cuentas. No
sirve de mucho que haya escrito *Rayuela*, por ejemplo, o que sea
una referencia literaria mundial, porque las trenzas alargadas y nu-
dosas de su hermana le persiguen y le atrapan hasta el último rincón de la Tierra. Hay algo sorprendente y hasta decepcionante en
la historia: en todos estos años Cortázar no ha cortado el cordón
umbilical. Es verdad que cumplió con la sana tarea de matar al padre, aunque quizá sea más exacto decir que su padre se suicidó como
padre real y que doña Herminia le dio el tiro de gracia ignorándo-
lo delante de sus hijos. Desde esta perspectiva Julio no tuvo que
consumar ningún parricidio, ya que el padre siempre estuvo desaparecido. Pero en cambio su madre estuvo presente, demasiado presente diríamos nosotros, y él no tuvo el valor de cortar el cordón,
que habría sido el modo freudiano de acabar con ella. Tampoco lo
hizo con Memé. Y ahora esta hermana esquizofrénica a la que da
de comer desde hace cuarenta años se permite el lujo de lanzarle
sermones. Eres un mal hijo, Julio, y un mal hermano. De la carta
completa se desprende que Ofelia no le ha comprendido ni por el
forro: sigue siendo la adolescente neurasténica que aborrecía a los
negros y el jazz. Y no sólo eso: no acepta los vaivenes sentimentales
de su hermano, no comparte su militancia política ni sus críticas a
la Junta Militar, no entiende sus libros, no comprende que corre peligro de muerte si regresa a Buenos Aires. Y lo peor de todo es que
parece satisfecha con el general Videla.

Si alguien nos tratara de un modo tan injusto, quizá nos en-
frentaríamos a él. Pero no Cortázar. En este conflicto sorprende su
tacto exquisito, los ejercicios de moderación que emplea para no
mandar a su hermana literalmente al carajo. Sabe que ella está enferma y que el enfrentarla de golpe a sus delirios la volvería definitivamente loca. No es el momento de pararle los pies; nunca lo fue
y no va a empezar ahora. Pero la conclusión de todo este asunto es
que Memé invitaba a salir corriendo, y quizá por eso el autor de
Rayuela no hizo otra cosa en toda su vida. ¿Qué papel cumplió en

realidad, el de perseguidor o el de un cronopio fugitivo? En la literatura lo primero, en la vida lo segundo. Pura contradicción, pura
«esquizofrenia». Cuando Montes-Bradley trazó su imagen como la
de un hombre que no dejaba de escapar dio en el blanco; pero en
aquel tiempo no disponíamos de documentos que alumbraran las
verdaderas causas de la huida. Ahora sí. Oficialmente se considera
que la pulsión centrífuga de Cortázar obedeció a diversas razones
que ya hemos analizado. Las etapas fueron Bolívar, Chivilcoy, Mendoza, Buenos Aires, París... Pero en todas esas etapas encontramos
un denominador común: el gineceo argentino. Dicho de otro modo,
las mujeres de su familia son el único elemento que aparece siempre. Por tanto es absurdo perpetuar la versión oficial de que el país
le asfixiaba. En el fondo Cortázar sólo se encontrará a sí mismo
cuando se aleje, no de Argentina, sino de esas mujeres de su familia
que tan honda y orgullosamente la representan. Volvemos a repetir-
lo: nadie abandona su tierra porque los descamisados huelan a talco
mojado, ni porque los altavoces proclamen «Perón sos el mejor».
Uno se va por algo mucho más profundo, algo que siempre estuvo
ahí, en un suburbio porteño, cuando el general aún era sargento y
Gardel cantaba sus primeros tangos. Ese «algo» indefinible pertenece al campo de Freud: es el monstruo Balrog de las Minas de Mo-
ria, los orcos del Abismo de Helm, lo que nos retiene y a la vez nos
impulsa a nuestra cita con el Monte del Destino. Y aunque el Mal
no esté aquí personalizado por nadie –o quizá en Ofelia– de algún
modo existe. Y es tan pesado como el Anillo. Ésta es la energía invisible y tentacular que sigue atenazando a Cortázar. Es su propia
sangre.

Este hombre público, reconocido y adorado por tantas personas, es un minúsculo insecto cautivo en la red de los lazos familiares.
Pero algo debe ser dicho en descargo de las mujeres que le asfixian:
las habían dejado solas. En un país sujeto al poder férreo del patriar-
cado no debió de serles nada fácil seguir viviendo con dignidad sin
un hombre. Quizá este drama íntimo las redime a nuestros ojos. No
juzgamos, exponemos. Pero aquella casita de suburbio, al que pom-
posamente Ofelia elevará a la categoría de «villa» tras la muerte de

538 ————————————————————— Miguel Dalmau

su hermano, era una casita de muñecas abandonadas, un nido de mujeres sin futuro ni esperanza, señoras de clase media, con horizontes estrechos y aspiraciones bastante convencionales. Ni siquiera su alianza con los Pereyra borró la mancha original del repudio ni tampoco aligeró psíquicamente el peso de Julio, que los años acentuaron hasta lo insoportable. Por eso escapó. Pero al llegar aquí se hace la luz. Toda esta literatura que amplía y subvierte los confines de la realidad nace de esto; toda la pulsión iconoclasta que se percibe en Cortázar, todo esa ansia infinita de romper el marco de la forma, nace de esto. Ahora ya lo sabemos. El debate literario de la experimentación de los años sesenta −el *noveau roman* o el boom− es aquí irrelevante. No importa ni debería importarnos. En el fondo es totalmente secundario cuando la verdad es otra. La obra de Cortázar es la obra de alguien que dinamita en la literatura esas convenciones que en la vida no se atreve a derribar. Y si no lo hace es porque las trenzas de Ofelia surcan el océano como un mar de sargazos que se aferran al timón, que interrumpen la travesía, que terminan siendo los tentáculos del Kraken. Está visto que Memé da mucho juego.

Y esta iluminación, que en modo alguno puede salir de una mente pequeña como la nuestra, sabemos que no nace de aquí sino del otro lado de la puerta. Algo indefinible nos sugiere que la sombra de un gigante de ojos claros planea susurrando sobre nuestro escritorio. Y lo que dice el gigante es que no busquemos más porque estamos en lo cierto. Nos dice que toda la vida quiso ser otro, o más bien, que quiso ser de otra manera y no pudo porque no le dejaron. Y nos dice que cuando trataba de escapar debía de hacerlo durante la noche −la noche tan presente en sus cuentos, en los sueños y las pesadillas−, y que cuando amaba debía hacerlo furtivamente, casi en secreto, fuera del país. En Argentina estaba emocionalmente bloqueado, castrado, sin barba. Esta absurda lealtad al gineceo, a esas pláticas de familia que marcaron sus primeros años, le ha conducido finalmente a este verano en Saignon. La prueba es esta carta que contesta a Ofelia como si le pidiera perdón hasta por el aire que respira.

Entretanto ella es consciente de la importancia pública de su hermano. Aunque suele mantenerse al margen, a veces comete algunas indiscreciones o brinda unas pinceladas de Julio que no les hacen bien a ninguno de los dos. Oigámosla en la prensa: «No quería saber nada con chicas ni con nadie. Nunca fue tentado a mirar a una mujer... No tenía barba. Para nada. Y de repente allá en Francia no sé qué pasó. Nunca le preguntamos si se hizo un tratamiento. Mamá se asombró, porque él apenas tenía un bigotito, pero nada más. No sé, tal vez, se habrá metido hormonas, o el aire de París lo habrá cambiado... Nunca nos pasó los cuentos para que leyéramos con mamá. Julio hacía un libro y nos lo regalaba cuando salía. Y punto. ¿Alguien comprende los libros de Julio? ¿Ha tenido la paciencia de leer *Rayuela*? Uff, por favor. Yo no lo he podido leer nunca.»

UN TAL LUCAS O EL ARTE DE RENOVAR

Con los meses, el amor de Carol le lleva a replantearse la vida. Pese a que tenía apalabrados varios compromisos en diversas universidades, Cortázar los va cancelando uno tras otro. Quiere amar tranquilo y escribir en paz. En pocas semanas California, Milwaukee, México, Santo Domingo serán borrados de la agenda. Una de las pocas excepciones será un viaje a Polonia para intervenir en un congreso sobre Chile. Pero el plan es trabajar en lo suyo, escribiendo, hasta finales de año, y sólo moverse por razones imperiosas. En paralelo asiste a manifestaciones que se celebran contra las dictaduras latinoamericanas y se lanza a un nuevo proyecto: una publicación mensual escrita en París, llamada *Sin censura*, cuyo objetivo es convertirse en «una bofetada en plena cara de Videla, Pinochet y los restantes». Para ello redacta cartas a diversas figuras de la cultura donde informa del nuevo periódico y solicita su adhesión: Joan Miró, Gabriel García Márquez, Günter Grass, Régis Debray... A todos ellos les comenta que no se trata de un pequeño panfleto «subversivo» sino de un tabloide de análisis y reflexión crítica desde un punto de vista democrático. Luego *Sin censura* entrará clandestinamente en Argentina y Chile para reforzar un estado de opinión.

Para entonces Julio ya se ha resignado a que sus nuevos libros sean vetados en su país: por ello la parte final de la obra será publicada en España y en México. En relación a ella hay que insistir en el hecho de que no ha perdido la inspiración. Contrariamente a lo que creen sus detractores —e incluso algún amigo como Vargas Llosa—, algunos de los momentos más álgidos de su literatura son fruto de la vejez. Si Juan Rulfo, por ejemplo, dio toda la medida en los primeros relatos, y si Borges agotó la originalidad en las primeras colecciones y luego supo administrar avaramente el talento, Cortázar en cambio se reinventa a cada nueva obra. Aunque sus primeros libros ya habrían bastado para establecer su genio, los últimos representan nuevas direcciones, conquistas de nuevos territorios, elevan el género a alturas insospechadas. ¿Cómo adivinar que el autor de «Casa tomada» es el mismo de «El anillo de Moebius»? A la estela de los grandes, Cortázar explora en cada libro nuevo una geografía inexistente en los mapas anteriores. Como sostiene Jaime Alazraki: «Sus últimos cuentos irrumpen como la última sorpresa que ese mago genial nos tenía reservada en el fondo de su galera.» Sí. El caso de Julio es excepcional por su extraordinaria capacidad de renovación.

Sólo así podemos entender este nuevo libro, *Un tal Lucas*, donde el autor de *Rayuela* se refugia tras la máscara del nombre que da título a la obra. En el polo opuesto a los mórbidos relatos de *Alguien que anda por ahí*, estamos ante una de sus obras más libres y desenfadadas, un poco en la línea de los cronopios, pero en la que su álter ego se enfrenta a un mundo que le desborda a cada paso. Aunque no podemos extendernos en el análisis del texto, bastará recordar los títulos de algunos capítulos breves que operan como un almanaque. Una vez más dicen mucho de Julio: «Lucas, sus hospitales», «Lazos de familia», «Lucas, sus pudores», «Lucas, sus sueños», «Cómo se pasa al lado», «Lucas, sus amigos», «Amor 77», etc. Si alguien nos dijera cómo acercarse al universo cortazariano por primera vez, le recomendaríamos esta delicia sin dudarlo. Baste este pasaje de «Lucas, su patrioterismo»: «Le da risa cada vez que pesca algunos, que se pesca a sí mismo engallado y argentino hasta la muerte, porque su argentinidad es por suerte otra cosa pero dentro de esa cosa sobrenadan a veces cachitos de laureles (sean eternos los) y entonces Lucas en pleno King's Road o malecón habanero, oye su voz entre voces de amigos diciendo cosas como que nadie sabe lo que es carne si no conoce el asado de tira criollo».Voluntariamente hemos elegido este párrafo porque el hombre que lo escribe es uno de los enemigos de la patria argentina, y por supuesto un peligroso agente secreto al servicio del comunismo. O eso dicen. Por eso el buzón de su casa es profanado con regularidad gracias a la cooperación de la CIA con la Embajada de su país.

MALLORCA. EL RAYO VERDE

Como cada final de primavera, Cortázar debería marchar a Saignon pero ya no puede. Uno de los precios que ha tenido que pagar para conseguir el armisticio con Karvelis es la pérdida de su rancho. En otras circunstancias, el golpe hubiera sido muy duro porque el rincón provenzal era su mejor refugio ante las hostilidades renovadas de la vida. Pero ahora tiene a Carol y cuenta con la hospitalidad de los amigos. Gracias a ellos la pareja pasará el verano de 1979 en la costa norte de Mallorca. Esta vez los anfitriones son el matrimonio formado por Bud Flakoll y Claribel Alegría. Instalados en el pueblo de Deyá, descansan en un marco bucólico lleno de olivos, cipreses y buganvillas. Al fondo el mar azul. Allí Julio puede cumplir el plan de revisar un nuevo libro de cuentos –*Queremos tanto a Glenda*– y ponerse al día en materia de lecturas.

En realidad no era la primera vez que visitaba la isla ni aquel pueblo bellísimo que Robert Graves había puesto en el mapa internacional. Pero el tiempo había pasado desde los días de *Yo, Claudio*. Ahora los vecinos eran una fauna formada por lugareños, hippies y una pléyade de excéntricos entre los que destacaba el pintor surrealista-psicodélico Mati Klarwein, o un antiguo científico de la

NASA que había padecido fobia a la electricidad. Entre este vecindario variopinto los anfitriones no desentonan en absoluto: Bud
Flakoll era el único exiliado norteamericano que Cortázar llegó a
conocer en toda su vida: durante muchos años había sido funcionario de la Embajada de EE.UU. en distintos países de Latinoamérica hasta que fue expulsado por izquierdista y le impidieron regresar a su país. Al final se había establecido en Mallorca donde vivía
de comprar casas viejas y remozarlas para venderlas a los extranjeros.
En cuanto a Claribel, a la que llamaba «Cascabel», era una poetisa
nicaragüense que formaba parte de aquel grupo entrañable de «piantadas» que coincidieron con Aurora en París. De hecho, la propia
Aurora Bernárdez poseía una casa en Deyá que solía prestar al escritor desde su romance con Carol. Este dato es curioso: la morochita detestaba a Karvelis porque le había arrebatado a su marido,
pero siempre vio con buenos ojos a la Osita y no tuvo inconveniente en cederles el nido de amor.

En aquel verano de 1979 sucedió un hecho histórico que habría de cambiar la vida de Cortázar. Mientras descansa en Deyá recibe el anuncio de que la guerrilla nicaragüense ha logrado expulsar del poder al dictador Somoza. Aquella noticia largamente
esperada por los defensores de la libertad le colma de alegría y decide celebrarlo con los amigos en la terraza de la casa. Son horas de
exaltación que le devuelven la esperanza en un mundo hostil marcado por las dictaduras de Chile y Argentina. Hay brindis, hay música, hay charlas en aquel escenario lleno de plantas y de flores de
aire casi tropical. También cuenta con la presencia de una amiga muy
querida como Cristina Peri Rossi, la poetisa que había mitigado
parte de su vacío afectivo en la época final de la relación con Ugné.
En los tiempos en los que Julio huía de París bajo cualquier pretex-
to para evitar tensiones, en las horas amargas en las que solía repetir
«Soy un hombre solo», ella le había ofrecido su calor. El fruto será
un emotivo y ardiente ciclo poético titulado «Cinco poemas para
Cris». Tras una etapa de profunda hermandad, Cristina recibe ahora
al nuevo amor del escritor con los brazos abiertos. Según ella: «Yo
me sentía muy alegre porque por fin veía a Julio sonreír, satisfecho,

esperanzado. Carol era una compañera discreta, bastante silenciosa, parecía un poco aturdida, todavía, por todas las resoluciones que había tomado (su divorcio, la separación de su hijo), pero muy segura y firme de sus sentimientos.»

Durante seis semanas la pareja permanece en Deyá. El tema principal de las sobremesas siguen siendo esos «locos lindos» de Nicaragua que se han embarcado en una aventura similar a la de Cuba. Esto tonifica a Cortázar tanto como el nuevo amor. Pero también queda tiempo para el ocio: largas veladas bajo la luna y baños diarios en el mar. Aunque Julio aún conserva su prevención hacia el agua, se suma a la expedición de los Flakoll que cada mañana desciende el tortuoso camino que conduce a la cala. Una vez allí se refugia a la sombra del chiringuito de madera que se erige en un risco sobre las aguas transparentes. Lo que más le gusta es contemplar ese lugar «donde se crían bichos conchudos —dice él—, con perdón de mi tía Celina». El resto del grupo se distribuye en la orilla. En una de esas mañanas un reportero de la revista *Interviú* le ataca con su teleobjetivo mientras conversa junto a Peri Rossi, que tomaba el sol en *topless*. El resultado será un reportaje sensacionalista con el título «Julio Cortázar y las tetas». Cuando Cristina anuncie que va a demandar a la revista, su compañero de foto le dirá resignado: «Déjalos. Se tienen que ganar la vida. Además, a mí me gustaría que fuera así.»

Inesperadamente el verano mallorquín le proporcionará uno de los momentos mágicos de su vida. Tras medio siglo de buscarlo en vano, al fin puede contemplar el rayo verde. Desde su lejana infancia en Banfield, cuando cayó deslumbrado por las novelas de Verne, trató de encontrarlo en los atardeceres frente al mar. Podía ser en la Costanera de Buenos Aires, o en los viajes a través del Atlántico y hasta en el Pacífico americano. Pero Julio nunca logró verlo, y con el tiempo perdió la fe en el rayo verde y en el visionario que se lo había descrito y de alguna manera prometido. Pero Mallorca le devolverá la fe. Será en el extraordinario mirador del archiduque Luis Salvador que se abre a un vastísimo horizonte marino. Sin duda hay algo simbólico en el hecho de que esta experiencia coincida con su primer verano en compañía de Carol, también con el estallido revolucionario en Nicaragua. El verde. ¿Quiere decir algo? Recuerda Cortázar: «Y entonces surgió el rayo verde; no era un rayo sino un fulgor, una chispa instantánea en un punto como de fusión alquímica, de solución heracliteana de elementos. Era una chispa intensamente verde, era un rayo verde aunque no fuera un rayo, era el rayo verde, era Julio Verne murmurándome al oído: "¿Lo viste al fin, gran tonto?"»

AMOR, EXILIO, REVOLUCIÓN

Desde la caída de la dictadura somocista, el autor de *Rayuela* desea volar a Nicaragua. Este plan forma parte de un viaje más amplio que le llevará por varios países de Latinoamérica. Incluida su amada Cuba. En vísperas de su marcha escribe a la directora de la Casa de las Américas para transmitirle una insólita petición: salirse del programa oficial. Durante años ha visitado la isla de la mano de los funcionarios del Gobierno siguiendo la tradición de los países de la órbita socialista. Pero esta vez ya no está con Ugné sino con Carol. Aunque reconoce que ha recibido siempre un trato exquisito por parte de las autoridades, quiere aprovechar la estancia a la manera de un cronopio. Es decir, a su aire. La petición tiene algo de ingenua y él lo sabe. Pero lanza el anzuelo. Desde la última vez que estuvo allí se sorprendió muchas veces pensando en lo maravilloso que sería tener una bicicleta para salir a dar vueltas por los barrios de La Habana; incluso había preguntado entonces si podía comprar una, pregunta que fue recibida con una sorpresa mayúscula por parte de los funcionarios de la Revolución. Ahora el escritor insiste en el tema, pide autorización gubernativa. Todo tiene valor de símbolo. Pero, ¿qué clase de símbolo? En realidad de su amor. Es como si Julio hubiese vuelto a los primeros meses en París, en la época de la Maga, cuando se acercaba en bicicleta al Jardin des Plantes. Por eso quisiera gozar de la misma libertad con Carol. Todo lo que pida y haga a partir de este momento estará inspirado en su amor por ella.

La pareja pasa parte del otoño en Cuba, México y Venezuela. En este país Julio participa en un congreso en Caracas sobre el exilio en América Latina, un tema de triste actualidad que exige debates por parte de los que luchan contra las dictaduras. En contra de la leyenda, Cortázar nunca quiso concederse la Medalla de Oro al Exiliado. Sabía de sobra que se había ido del país por propia voluntad, no por la persecución de ningún gobierno. Durante casi treinta años había sido un tenaz residente en el extranjero, no un perseguido, pero la llegada de la Junta Militar de Videla le convirtió de hecho en un exiliado más. Como intelectual de izquierdas su nombre quedó impreso en la lista negra. Dirá: «Jamás fui ni me creí un exiliado hasta el golpe militar del 76 y la censura subsiguiente.» En carta-debate a Liliana Heker publicada en la revista *Ornitorrinco*, despliega un argumento que habla mucho de su relación con el lector. A diferencia de otros colegas, Julio admite que la falta de libertad afecta a toda la cadena, tanto a los autores como a los lectores. Según esto, él es un exiliado porque no puede regresar a su país, pero el público argentino también vive en un exilio porque no tiene acceso a su obra. Y la de tantos otros. En este punto Cortázar se mueve con extrema prudencia: en ningún momento reclama para sí una jerarquía especial con respecto a los compatriotas que siguen en Argentina; pero también tiene claro que aquellos que un día decidan expresar lo que verdaderamente piensan «tendrán que reunirse con nosotros fuera de la patria». Entretanto sus libros siguen prohibidos.

Pero el gran momento del viaje tendrá lugar en Nicaragua. Durante una larga semana Julio y Carol viven una experiencia emocionante en la que se mezclan con un pueblo que todavía no parece comprender que está a salvo del horror de la dictadura. Diariamente los «nicas» se despiertan con la misma sensación de maravilla y se frotan los ojos frente a una realidad tan diferente y tan extraordinaria. El problema es que el mundo entero ha dejado sola a Nicaragua, la solidaridad ha sido mínima, y la gente va a morir de hambre en pocos meses si no se encuentran soluciones de tipo internacional. Esta tragedia en ciernes le sacude de raíz y decide comprometerse a fondo. Siente que su deber como escritor muy leído es hacer todo lo que esté en sus manos –y eso significa usar la máquina de escribir– para ayudar a ese pueblo admirable. Durante el viaje de vuelta a París, redacta el que será su primer texto de apoyo a Nicaragua. El Destino le ha colocado en los inicios de un proceso histórico muy particular –la Revolución– que no pudo vivir en Cuba. En efecto. Cuando Julio viajó a la isla por primera vez encontró una revolución que ya estaba estratificada y asentada en el poder; es decir una revolución que ya tenía sus razones de Estado, o si se prefiere, llena de famas. Pero cuando aterriza en Nicaragua en 1979 no hay aún razones de Estado. Todo es fresco, nuevo, se improvisa. Y él se siente muy libre dentro de esa improvisación que de algún modo había contribuido a crear. Porque la mayoría de los dirigentes de la Revolución Sandinista conocían y admiraban sus libros. Eran todavía cronopios.

Tal como sucedió con Ugné, el amor por Carol irá asociado a un pueblo latinoamericano que atraviesa por un período nuevo de su historia. Tras medio siglo de dictadura, los vientos revolucionarios soplan desde la selva en dirección a la capital. Y los Cortázar mantienen abiertas sus antenas hacia Nicaragua. Así, el azar permite de nuevo que Amor y Revolución se unan en un paisaje exótico lejos de Europa. Pero ¿qué es lo que les aguarda allí? A diferencia de la Cuba que conoció Julio, en Nicaragua casi todo está por hacer. Cuando los sandinistas entraron en Managua, el país se encontraba en una situación crítica. La guerra contra el dictador Somoza había producido más de cincuenta mil muertos, miles de familias carecían de hogar o habían escapado a los países vecinos, y las infraestructuras de buena parte del territorio eran inservibles. La crisis económica se hacía patente en una deuda exterior de mil seiscientos millones de dólares, y el drama humano se traducía en escasez de alimentos, combustible, una sanidad pública muy precaria y una alta tasa de analfabetismo. Nicaragua permanecía, pues, sumida en la pobreza extrema. Era hora de cambiar.

Cortázar despide una década difícil lleno de esperanza. Ha encontrado un nuevo amor y una nueva causa colectiva. Consciente de la hora, esas mismas navidades compra un apartamento para vivir con

Carol en el 4 de la rue Martel. Situado cerca de uno de sus rincones favoritos, el canal Saint Martin, se halla en uno de esos edificios antiguos de París, con una pesada puerta de barrotes de hierro verdinoso que da a un ancho corredor que se abre en sucesivos patios interiores. En cuanto al piso es amplio y confortable y dispone de una calefacción moderna. Sin embargo, dicho edificio parece encerrar un misterio, o al menos no es del agrado de algunos amigos. Sin llegar a los extremos malignos del edificio Dakota de Nueva York, hay algo especial en el aire, un aura. «No me gustaba la casa –dirá Cristina Peri Rossi–. No era un problema arquitectónico sino de atmósfera.» Otras personas coinciden en señalar ese algo indefinible. De ser así, ¿por qué no lo detectó alguien tan intuitivo como Cortázar?

MIOPÍA POLÍTICA

Desde el nuevo apartamento Julio sigue colaborando activamente en favor de Nicaragua. Aunque a estas alturas del siglo existen profundas razones para recelar de los procesos revolucionarios, el deseo de erradicar las dictaduras del continente le llevan a desvivirse a favor de la Revolución sandinista. Adora aquella tierra, ama a sus gentes y está dispuesto a luchar por sus sueños. Con este fin trata de recaudar fondos para combatir la miseria y apoyar los planes de alfabetización. Por primera vez su larga experiencia en organismos internacionales puede ser verdaderamente útil. Asimismo acepta una invitación para dar una conferencia en el Barnard College de la Universidad de Columbia. Aunque oficialmente irá allí a tratar el tema de la literatura latinoamericana, alberga la esperanza de abrir los ojos al público yanqui. Nueva York, Washington, y luego Montreal recogerán sus palabras sinceras y ardientes. También habla de su país. Por eso traza un panorama lo más lúcido posible sobre la Argentina, cuya Junta pretende ahora pasar por un modelo de desarrollo y prosperidad.

Pero esta fascinación de Cortázar por las causas románticas le alejará definitivamente de la mayoría de sus colegas. Todavía hoy la principal acusación que sigue pesando sobre el autor de *Rayuela* se centra en su postura política. Para analizar este fenómeno debemos situarnos en su contexto. Como sabemos, los mitos son como los dinosaurios: tienen la piel muy dura. Y el mito de la bondad y pureza esenciales del socialismo –encarnado por la URSS– atravesó buena parte del siglo XX, desde la Revolución rusa hasta la caída del muro de Berlín. Podría decirse, por tanto, que dicho mito discurre casi en paralelo a la vida de Cortázar y de algún modo marca a fuego el segundo tramo de su vida. En la primera parte de ella el escritor recelaba de las masas sudorosas, mientras que en la segunda se acercó de corazón a los desfavorecidos. A los descamisados. Pero así como lo primero se acepta como un pecado de juventud, lo segundo, pese a ser más humano, parece haberle dejado indefenso ante el juicio de la historia. ¿Quién está contaminado, pues, por prejuicios ideológicos? ¿El idealista que quiere cambiar el mundo o el escéptico que le acusa de ingenuidad? En la vida todo es acción y reacción. En el *Libro de Manuel* la viuda de un militante de izquierdas se dirige a la esposa de VIP, que ha sido secuestrado, para explicarle sus razones:

> [...] las condiciones que llevaron al secuestro de su marido y a la tortura mortal del mío son siempre las mismas: que es importante darse cuenta de que la violencia-hambre, la violencia-opresión, la violencia-subdesarrollo, la violencia-tortura, conducen a la violencia-secuestro, a la violencia-terrorismo, a la violencia-guerrilla; y que es muy importante comprender quién pone en práctica la violencia: si son los que provocan la miseria o los que luchan contra ella.

Esto no es demagogia. Personalmente creo que no se puede explicar mejor el caldo de cultivo que favoreció el nacimiento del terrorismo de la época. Ahora bien, a Julio le tocó envejecer en un período de profundas fisuras ideológicas que propició ciertas perversiones en la mirada. Como botón de muestra rescatamos la entrevista que le hizo el poeta José Miguel Ullán para *El País*. En ella el entrevistado sostiene que existe una diferencia esencial entre los errores e incluso los crímenes que se pueden producir dentro de un contexto socialista y los errores y crímenes equivalentes en un contexto capitalista o imperialista. En el primer caso el fondo ideológico, los fines, justifican de algún modo esa fase negativa, ese momento de una evolución histórica en el que se cometen equivocaciones. En el otro no. ¿Podemos hablar entonces de ceguera en Cortázar? Ciertamente no del todo. Porque en la entrevista admite implícitamente la existencia del gulag, las purgas, el poder abusivo de la burocracia, etc. Pero está claro que los acepta como accidentes de ruta, puntos negros en el avance de la idea marxista que sirve para apuntalar un estado social del presente y sobre todo del futuro.

Ahora bien, muchos lectores no logran salir de su asombro. Este asombro proviene de un hecho desconcertante: las etapas de las que habla Julio, esos «accidentes de ruta», se prolongaron durante varios decenios sin perder su índole puramente accidental. Hungría 56 o Checoslovaquia 68, por ejemplo. En el polo opuesto, en cambio, los crímenes del régimen de Pinochet o la feroz represión de la Junta Militar argentina no fueron contemplados con tanta benevolencia. ¿Qué ocurre? ¿Es que los perseguidos, torturados y ejecutados en nombre del «socialismo» son sustancialmente distintos a las víctimas de las dictaduras de derechas? ¿Hay torturas y torturas, muertos y muertos? Ya en vida del escritor esta contradicción generó la repulsa de muchas personas, empezando quizá por su propia hermana y por Aurora. En el mejor de los casos Cortázar queda como un ingenuo, un cronopio despreocupado que mira hacia otra parte mientras los tanques rusos invaden Afganistán. En 1979. Algunos de los colegas con los que había luchado por la libertad —con Juan Goytisolo al frente— denuncian entonces que Julio caiga en el juego y acepte un doble código de moral. Otros se limitan a manifestar su desconcierto, como Onetti: «Ahora él anda muy ocupado en cuestiones políticas y ha formulado, ha dicho una cosa que me parece absurda, que él no va a escribir más, sino que se va a dedicar, bueno a los presos, amnistía, a los presos políticos.»

Sin embargo algo debe ser dicho en su defensa, algo que nadie parece haber comprendido hasta hoy. En esencia Cortázar era un poeta, y para ser más exactos un poeta inscrito en la tradición del siglo XIX. Es la tradición de Rimbaud, que defendía la idea de «Hay que cambiar la vida», y de los románticos ingleses que a menudo hicieron de ella su mejor obra. Desde su juventud Julio había sentido una honda fascinación por esos genios que habían escapado de su país para abrazar la causa de la libertad. En consecuencia, cuando la historia le puso ante un escenario análogo tomó el primer avión como habrían hecho Byron o Shelley en su lugar. Este extremo es muy importante porque en el núcleo de las revoluciones siempre anida un germen de locura y de poesía. ¿Cómo explicar, sino, el hechizo que la sangrienta anarquía española de 1936, por ejemplo, ejerció sobre espíritus tan altos y utópicos como Simone Weil? Si no aceptamos este argumento es inútil perdernos en discusiones: no vale la pena seguir, no hemos entendido nada por mucho que nos agrade Cortázar.

¿Qué trata de decirnos el autor de *Rayuela*? Pues que considera a los románticos como revolucionarios y viceversa. Son sus hermanos gemelos y nos previene de paso ante la llegada de nuestros prejuicios burgueses. En las veladas nos encanta presumir de cronopios, pero en el fondo somos unos famas que temblamos cuando nos mueven de nuestro asiento. Y entonces, asustados, abrazamos el discurso del Poder. En el momento en que Cortázar toma la resolución de sacrificarse en pro de los parias, son pocos los escritores que, al margen de sus libros, participan de una forma u otra en el proceso geopolítico de sus pueblos. ¿Qué puede importarle a Borges o a Bioy Casares lo que ocurre en la selva centroamericana? Nada. Sin embargo, él no duerme tranquilo pese a que sus raíces pequeñoburguesas le aconsejan no complicarse la vida. Al final se da la paradoja de que el autor de obras tan conceptuales como *62. Modelo para armar* termina quemando todo su prestigio y toda su energía defendiendo a los indígenas latinoamericanos con un ardor que habría celebrado el mismísimo Arguedas. Quién sabe si el recuerdo de su viejo antagonista, y aquel pistoletazo en los lavabos de la Universidad Nacional Agraria de Lima, no resuenan en su memoria. En todo caso Cortázar ya no dirige más una filarmónica en París. Ahora está de parte de la quena, o para ser más exactos de la marimba y la ocarina.

Por último, quizá sea justo recordar aquí un detalle que ignoran sus detractores. Ya en 1969 había declarado para la revista *Life* que rechazaba todo comunismo esclerosado y dogmático, y que defendía un humanismo de corte socialista que facilitara el acceso del hombre auténtico a la libertad y la vida. Lo dijo muy claro: «Si no acepto la alienación que necesita el capitalismo para alcanzar sus fines, mucho menos acepto la alienación que se deriva de la obediencia a los aparatos burocráticos de cualquier sistema por revolucionario que pretenda ser.» ¿Es éste un hombre vendido a Moscú? No. Julio siempre estuvo de parte del individuo, no del sistema. En el cuento «Apocalipsis de Solentiname» ya había denunciado los crímenes de la izquierda. Entre las diapositivas que el narrador encuentra a su regreso de Latinoamérica no sólo hay indígenas asesinados en Nicaragua o estudiantes torturados por la Junta Militar argentina. También asoma el joven rostro del poeta salvadoreño Roque Dalton, que perdió la vida a manos de sus propios compañeros de Revolución. Aquello fue un shock para Cortázar, tal como se infiere de estas líneas a Aurora Bernárdez: «Esta historia es tan monstruosa que me ha deshecho por dentro semanas y semanas.» ¿Es éste el escritor miope, tendencioso o ingenuo? No. Julio sabía perfectamente que el extremismo ideológico de cualquier signo termina a menudo con sangre. Y él seguía siendo uno de los hombres más pacifistas de la tierra.

DE TANGOS Y MARIACHIS

Tras pasar varias semanas en Norteamérica, los Cortázar vuelven a casa. Instalados en su nuevo apartamento, recobran el pulso de los quehaceres cotidianos. Julio aprovecha para concluir su libro de relatos –*Queremos tanto a Glenda*– y participar en un proyecto musical que le emociona mucho. Grabar un disco de tangos. Sus compañeros de viaje serán Edgardo Cantón y Juan «El Tata» Cedrón. A medida que se acerca al final de su vida, las nostalgias se hacen más hondas. Si en la época de *Rayuela* cada viaje a Argentina era poco menos que un suplicio, ahora la tierra le llama como nunca. Pero desgraciadamente sigue sin poder entrar en el país. En este contexto el disco le sirve de escapatoria. Aunque a menudo se considere «un cursi» y un sentimental, se siente muy feliz. Oigamos a Cedrón: «Lo veo al flaco tirado en el suelo con las patas largas, contentísimo como perro de dos colas. No hay dudas, estaba contento. Hablaba. Y hablaba... A lo último, yo lo escuchaba hablar en la radio, en la televisión, pedir lápices, cuadernos, libros para un país de América Latina. Era un trabajo amplio. Julio era un tipo que actuaba mucho. Era un trabajador.» Y de nuevo nos conmueve el gesto generoso de este cronopio cuyo nombre comienza a sonar para el Nobel de Literatura, pidiendo material escolar para Nicaragua.

En la fase de preparación del disco los amigos solían reunirse en la casa del cantante, donde Cortázar disfrutaba de las gloriosas empanadas de «El Tata» y de las pizzas, pero sin ajo. Siempre sin ajo porque le hacía daño, como a todo vampiro. Como devoto de los tanguitos viejos, reconocía el valor de la tristeza y de los climas. Cuando escriba la letra del tango *Java* expresará un sentimiento netamente porteño, o mejor aún, allí donde lo porteño se hace universal: la soledad, la noche, el silencio.

A finales de junio los Cortázar marchan a México donde Julio ha de intervenir como jurado del premio de la editorial Nueva Imagen. Pero antes deciden pasar varias semanas en la costa del Pacífico con el hijo de Carol. El lugar elegido es Zihuatanejo, un antiguo y pequeño puerto pesquero al sur del país. En aquel tiempo Zihuatanejo era un rincón bastante tranquilo rodeado de frondosas colinas y con algunos bungalows cerca de la playa. Pero este escenario no se parece nada al perverso marco africano de «Vientos alisios». Aquí no hay parejas en crisis que practican algo similar al *swinging*, ni amantes burlados que terminan repartiéndose un frasco de somníferos. Esto es una copia del Paraíso y en parte se debe a Carol.

Gracias a ella el Gran Cronopio ha renacido. Si en los años cincuenta le hubieran propuesto pasar las vacaciones en una playa mexicana se habría negado en redondo. Pero aquel lejano primer Cortázar guarda muy poca relación con el segundo. Hoy prefiere rincones exóticos y solitarios. Es curioso que un hombre tan aprensivo y de salud quebradiza haya aprendido a adaptarse a un medio mucho más hostil que el que su naturaleza es capaz de soportar. Pero la metamorfosis es casi completa. Incluso el color de piel de los pocos turistas le produce cierta tristeza en comparación con el tono oscuro de los habitantes de la región. Cada mañana se repite el ritual de bajar a la playa, cargados de toallas y bolsones llenos de crema solar, libros y cigarrillos. Hay unas imágenes en súper 8 tomadas por Julio aquel verano: la Osita en topless jugando en la arena con su hijo antes de darse un chapuzón. Es la misma estampa de la felicidad.

Tras una larga década de verano social en Saignon, nada le complace tanto como ese universo de aguas limpias y atardeceres interminables. En carta a Luis Tomasello le asegura que descansan mucho y que están negros como africanos. Sí, negros como africanos. ¿Qué se hizo de aquel poeta porteño que abominaba de los «cabecitas negras»? Se lo llevó la vida. Por eso no hay nada como el litoral de Costa Grande: aquí los ojos siguen bien abiertos, la conciencia del otro, el compromiso. Por lo demás Cortázar está repitiendo el esquema de su relación anterior –Ugné y Christophe–, sólo que ya se ha liberado de las furias pasionales. En Zihuatanejo se comporta como un artista en edad provecta: pasea con una mujer que parece su hija, juega con un crío que podría ser su nieto, descansa, lee, escribe... Tras este interludio bucólico marchan a la capital para acompañar a Stéphane al aeropuerto donde toma un avión a Montreal. Luego alquilan un coche y se adentran en el México profundo: Palenque, Monte Albán, Oaxaca, Guanajuato... Son jornadas de un viaje muy feliz, junto a la Osita, apurando los tragos del vivir. Ajenos al drama.

Tras una estancia de tres meses en tierras mexicanas la pareja viaja a California donde Julio ha de impartir unos cursillos sobre su obra en la Universidad de Berkeley. Aunque el salto al país de Thomas Jefferson, como le llama él, siempre le deja un tanto perdido, la universidad le recibe con los brazos abiertos. En este clima bastante indiferente a Latinoamérica, por no decir reaccionario, la cuota bien calculada de explosivos que coloca ante sus alumnos obtiene los efectos deseados. Muchos de ellos son de origen latino pero lo ignoran todo de su historia. No saben nada de «el caso Padilla», le preguntan si conoce a Fidel, o qué es el peronismo… Y él trata de mantener un equilibrio entre las cuestiones políticas y literarias. Al concluir las clases regresa a su casa en Watergate, un pequeño oasis de calma situado a orillas de la bahía, exactamente entre San Francisco y Berkeley. Además de la gran belleza del paisaje, las gaviotas, las sirenas lejanas de los barcos, el lugar tiene para ellos todas las ventajas de la desventaja. Prisioneros en una jaula de oro, la pareja siente emociones ambiguas en esta urbanización exclusiva que refleja las contradicciones del *american way of life*. Media docena de edificios con docenas de apartamentos, con sus piscinas, saunas, supermercado, policía y vigilante nocturno. No se ve a nadie, nadie se habla, el silencio más completo lo envuelve todo. Aunque no es precisamente el estilo de vida de Cortázar, este Cortázar que aspira al hombre nuevo, reconoce que es perfecto como campamento base. Desde aquí exploran poco a poco la región y sus incontables paisajes, librerías, tiendas de discos, bares. Y jazz, siempre jazz.

Al concluir los cursos, la pareja se embarca en San Francisco con destino a Le Havre. El viaje en mar les permite plantearse el futuro con una calma de otra época y Julio toma la firme decisión de permanecer un año sin moverse de París. Aunque no renuncia a seguir colaborando con los «nicas», va a hacerlo desde su casa. Medio año fuera de Europa es demasiado tiempo para este hombre que había optado por ser europeo. En vísperas de Navidad le comenta a una amiga que ya no le es posible seguir tomando aviones para reuniones de todo tipo en el extranjero: semejante esfuerzo termina por ser estéril y hasta peligroso para alguien que todavía quiere hacer alguna cosa personal antes de morirse. Esta idea se repite en algunas cartas de la época, como la que manda a Silvia Monrós, su traductora al serbocroata: «Voy a dedicar el año que viene a vivir en

París y tratar de trabajar en lo mío, que está considerablemente abandonado.» La culpa no es suya, claro, sino de los esfuerzos y viajes permanentes que le han impuesto las dictaduras militares de su querida América. Ya en la época de Pinochet se dejaba el alma, tal como recuerda Mario Muchnik: «Julio trabajó como uno cualquiera, haciendo fotocopias, revisando y pasando a máquina manuscritos apuradamente escritos en los cafés, transportando paquetes de documentos, corrigiendo pruebas, discutiendo, alentando y escribiendo lo que el colectivo le pedía que escribiera.» Éste era Cortázar.

En ese período de renuncia total a los viajes se produce un episodio que pudo cambiar su vida. Como era de esperar, la Junta Militar argentina fue incapaz de remontar la situación económica del país. Al final el general Videla se reveló un presidente ineficaz y sus camaradas decidieron reemplazarlo por el general Viola. Mientras se prepara el relevo, un grupo de miembros del exilio planean viajar a la Argentina para fundar una universidad democrática en Buenos Aires. El proyecto va a ser financiado por la Universidad Evangélica Alemana. De creer a su impulsor, el historiador anarquista Osvaldo Bayer, todo giraba en torno a Cortázar. Era él quien debía encabezar una delegación formada, entre otros, por Gabriel García Márquez, Juan Rulfo, Osvaldo Soriano e incluso Felipe González, entonces un joven diputado socialista español. La idea de aterrizar en Buenos Aires el mismo día del traspaso de poder tenía como primer objetivo reclamar la atención del mundo. Luego vendría la universidad. La cuestión era saber qué iba a hacer la Junta Militar si finalmente se presentaba aquel avión en el aeropuerto de Ezeiza, cargado de intelectuales izquierdistas y periodistas internacionales. ¿Los dejarían bajar? ¿Los obligarían a volver? ¿O serían detenidos? No hubo ocasión de averiguarlo. Según Bayer: «Desgraciadamente Cortázar estaba muy muy enamorado de su compañera canadiense y no aceptó. Dijo: "No, Osvaldo, yo no quiero que me peguen un tiro en la cabeza. Yo estoy ya trabajando en la solidaridad con Nicaragua. Yo me debo a Centroamérica"». Y Bayer añade una conclusión que produce escalofríos: «Bueno, fue una gran pena porque si Julio Cortázar hubiera venido con nosotros hubiera sido un hecho que habría pasado a la historia. Y yo a veces pienso, y si le hubieran pegado un tiro en la cabeza, más héroe nacional y de la intelectualidad latinoamericana hubiera sido Cortázar. Y además se hubiera ahorrado todo el sufrimiento posterior con el fallecimiento de su amada, de su querida compañera, y después su propio fallecimiento de pura tristeza.»

LAS CARTAS DE MAMÁ

En invierno de 1981 el escritor se encuentra en París. Tras medio año lejos de casa ahora son los médicos quienes recomiendan reposo. En los últimos tiempos ha padecido varios cólicos nefríticos que le hacen sufrir mucho, y él rechaza las invitaciones que le siguen llegando de todo el mundo. Las órdenes de su médico de cabecera, el doctor Hervé Elmaleth, son severas: reducir los viajes al mínimo durante un año. Es cierto que nada le impide participar en reuniones a favor de Argentina, Chile, Nicaragua y el Salvador, pero siempre en desplazamientos cortos. Pese a todo su ánimo es alto. Cuando escriba a Alazraki para agradecerla el envío de una foto de una nueva librería llamada «Cronopios», será muy claro: la esperanza ya no es «la puta vestida de verde», como la calificó en *Rayuela*. Muy al contrario: es una invitación a la confianza en un futuro menos innoble, en un encuentro final con algo que en última instancia no duda en llamar amor.

¿Amor? En nombre del amor filial Cortázar aceptará por esas fechas algo inadmisible: la destrucción de la correspondencia con su madre. Esta iniciativa a todas luces disparatada había partido de doña Herminia, pero su hijo la secundará sin pestañear. Para comprender el alcance de semejante monstruosidad hay que recordar que durante más de treinta años se cruzaron varias misivas mensuales, de manera que el cálculo aproximado rondaría el millar de cartas. ¿Qué les llevó a deshacerse del tesoro? Escuchemos la respuesta de Julio al ruego materno:

¿Qué razón hay para dejarle a otro esas cosas que fueron nuestro diálogo de madre a hijo y de hijo a madre? Creo que tu punto de vista no tiene por qué dolernos ni a vos ni a mí; lo que tenemos que decirnos lo seguiremos diciendo en nuestras cartas, y nadie tiene que meter la nariz en ellas. De modo, mamita, que si seguís pensando que es mejor quemar esos papeles, no dudes ni un minuto, porque yo te acompaño en eso como en cualquier cosa.

Renunciamos a detenernos largamente en este episodio. Pero quedan algunas cuestiones en el aire. Cortázar había escrito una ingeniosa biografía sobre Keats y no despreciaba los estudios biográficos; incluso era capaz de contar la vida de Charlie Parker y darle al género un sesgo creativo y novelesco con genialidad. ¿Entonces? Tampoco se le ocultaba que su caso era único en la historia de la literatura: una madre y un hijo separados por el océano, escribiéndose con fidelidad astral a lo largo de toda una vida. Forzosamente debía saber que estaban cometiendo una estupidez irreparable, pero dio su consentimiento. ¿Por qué? Una vez más habría que hablar del gineceo, pero el lector se ha ganado el armisticio. Bastará decir que tomaron esa resolución, quizá, para proteger a Ofelia, la enferma que siempre estuvo preocupada de que ese arsenal de cartas no cayera «en ciertas manos». ¿Somos nosotros esas manos? ¿O son los temibles esbirros de la dictadura? Esta segunda posibilidad no debería ser descartada. Según Manuel Antín: «En aquella Argentina era peligroso pensar, era peligroso ser Julio Cortázar, y él incluso en alguna oportunidad me dijo que había dejado de escribirme para que no fuera peligroso para mí.»

Pero esta amarga realidad estaba cambiando algo a raíz del nombramiento del general Viola. Cuando le preguntaron a éste qué opinaba sobre Cortázar y los exiliados argentinos se limitó a responder: «Que yo sepa ese señor es francés y no tiene nada que ver con nosotros.» Por tanto, ya no tenía tanto sentido que Julio tomara precauciones en nombre de la seguridad de sus corresponsales. Las cosas estaban más tranquilas, y él podía escribir a los suyos sin sentirse tan preocupado como antes. Durante años había vivido con el temor de que sus enemigos pudieran vengarse de él en las figuras del gineceo. Por eso no tuvo valor de usar el apellido materno en las cartas que mandaba a medio mundo, ni tampoco pudo expresar en las cartas a su familia lo que pensaba de la realidad del país. La conclusión es evidente: si Cortázar no había solicitado la destrucción de la correspondencia en los años más trágicos y peligrosos de la dictadura, los motivos por los que ahora accedía a ello no guardaban relación con el clima argentino. Y esto nos devuelve al motivo familiar. Misterios, pudores, recelos, pecados... No importa. Porque al final los secretos de familia siempre salen a la luz.

TRAIDOR A LA PATRIA

El 21 de mayo de 1981 el socialista François Mitterrand se convirtió en el nuevo presidente de la República francesa. La noticia llenó de alegría a Cortázar, que vio así cumplido su sueño de vivir en un país moderno y de izquierdas. Coincidiendo con graves problemas mundiales, el programa electoral prometía renovación de las viejas estructuras y profundas reformas en la sociedad. Además Julio tuvo el privilegio de ser invitado por Mitterrand al almuerzo de la toma de posesión en compañía de otros escritores como Carlos Fuentes y García Márquez. Tres días después escribe a su madre para transmitirle los pormenores de aquel encuentro con muchos hombres que respeta, y su esperanza al sentir que hay un deseo de progreso y de paz en el nuevo gobierno galo. Claro que en la Argentina todo lo que suena a socialismo está mal visto, le advierte, pero desde el principio el nuevo presidente reafirmará su amistad hacia los pueblos latinoamericanos verdaderamente democráticos. Durante el almuerzo, Cortázar le transmite a Mitterrand su viejo deseo de obtener la nacionalidad francesa. Y éste se compromete.

Este deseo se remontaba a varios años atrás pero se había intensificado a raíz de la dictadura de Videla. Los motivos era múltiples, desde una profunda afinidad con su tierra adoptiva hasta cuestiones de tipo práctico, o al hecho lamentable de que sus libros estaban prohibidos en Argentina y además no podía entrar en el país. Pero desde el primer momento Cortázar dedujo que el aceptar el gesto de Mitterrand iba a acarrearle problemas en Argentina. Por eso se apresuró a escribir a su madre para prevenirle de la campaña mediática que iban a desatar contra su persona. En una larga carta que felizmente sobrevivió a la quema, Julio le explica que su nueva condición civil no significa renunciar a su patria ni a su idioma, pero en cambio le resulta infinitamente más útil para su vida en Francia, los viajes por el mundo y su tranquilidad personal. «Cuando llegue el día, desembarcaré en Buenos Aires con otro pasaporte pero con el mismo corazón, y es en el corazón que hay que pensar antes que en toda la palabrería patriotera que sin duda se descargará contra mí.» Cortázar aborrece los patriotismos. Sabe que la verdadera nacionalidad no la otorga un documento sino la conducta personal y el cariño hacia la tierra de nuestros mayores. Sabe también que sus enemigos no han tenido en cuenta que, pese a llevar tres décadas en el extranjero, ha seguido escribiendo en español unos libros cuyo espíritu era muy argentino y latinoamericano. Desde la distancia ha demostrado que su argentinidad estaba hecha a prueba de bomba. Pero no le servirá de nada. Todo el revuelo de la nacionalización termina por deteriorar su imagen entre sus paisanos, ensombreciendo el último tramo de su vida. Le quedaba el consuelo de saber que había escrito una obra que iba a perdurar en la historia de la literatura argentina. Pero esta convicción no obedecía a la fama ni a la gloria que tanto ansiaban sus colegas. Su motivo de orgullo era el saberse útil a su pueblo, dándole unos libros que mostraban que la realidad era más grande de lo que imaginaban. Desgraciadamente la mayoría de sus paisanos seguían sin moverse del barrio. Y de su triste realidad.

EL VAMPIRO ENAMORADO

En verano Julio ya puede utilizar el pasaporte francés, pero de momento no tiene previsto salir del país. Ha alquilado la casa del poeta Jean Thiercelin cerca de Aix-en-Provence con el fin de pasar las vacaciones allí con Carol y su hijo. A diferencia de París, que sigue inmerso en lluvias eternas, la Provenza les recibe como siempre con cielos azules y días bronceados. Rodeada de pinares, la casa además es grande, fresca y acogedora, con viejos muebles y una grandísima terraza a la sombra donde se puede leer y escribir tranquilo. Cortázar no puede haber encontrado un lugar mejor para reponerse de un invierno frío que se le había hecho demasiado largo. De inmediato la estancia produce sus primeros frutos –algún relato–, aunque la máxima energía la sigue empleando en causas políticas. En carta al psiquiatra suizo Eric Wolf le habla de unas vacaciones idílicas, pero con algunos matices: «El correo sigue llegando, desde luego, y me da no poco que hacer: siempre América Latina, ese querido burdel que me está devorando...» Julio comienza a sentir que el tiempo se acorta. En carta a Jaime Alazraki le confiesa que quisiera entrar en un último ciclo lo más sereno posible: no tanto para trabajar intensamente, porque no puede ni quiere cambiar sus ritmos erráticos de escritura, sino para crearse un territorio en el que el nacimiento de una idea literaria no se resuelva en la frustración de no poder llevarla al papel. Le ha ocurrido tantas veces en estos últimos seis o siete años, que ya le resulta imposible soportarlo.

A las pocas semanas ya ha puesto al día la correspondencia y emplea parte del tiempo en ordenar algunos viejos poemas que luego aparecerán póstumamente bajo el título *Salvo el crepúsculo*. En carta a Gregory Rabassa habla de los beneficiosos efectos de esa *big temporal erection* (gran erección temporal) que le permite cumplir en pocos días lo que en París le llevaba varios meses. Pero a mediados de mes Cortázar cae enfermo de unas anginas que le mantienen diez días en cama. Además de los antibióticos, el enfermo decide abusar de las aspirinas para bajar la fiebre, pero el resultado será devastador. Pocos días después Carol lo encuentra tendido en el pasillo, sin conocimiento, en medio de un charco de sangre. Con una calma alucinante, ella logra seguir los pasos correctos hasta el hospital de Aix-en-Provence. Durante cinco días infernales Cortázar permanece en una sala de reanimación donde recibe más de treinta litros de sangre. En carta al editor Guillermo Schavelzon ella escribe: «Me dijeron que era cierto que no iba a pasar la noche. Te dejo imaginar la noche aquella. Primero con los bomberos y el equipo de reanimación que llegó a casa cuando llamé. Y segundo y sobre todo con una médica lectora de Julio que no durmió más que yo la primera semana, y le salvó la vida más de una vez.»

Cuando el escritor hable de ello un mes más tarde ya habrá recobrado el humor: «Esto último, para alguien que frecuenta la vampirología, no estaba nada mal, porque no creo que Drácula haya bebido la sangre de veinte personas diferentes en cinco días, dicho sea con todo mi respeto al conde.» En estas líneas vive el gran Cortázar, el hombre que hasta en las peores circunstancias da un giro lúdico a la realidad que le aleja del dolor. Los ataques de epilepsia de Memé, los libros, el altillo. Pero el dolor existe. Tras pasar tres semanas en el hospital, sometido a una operación de estómago y a numerosas pruebas, prolonga su recuperación en casa de los Thiercelin.

La inesperada enfermedad no sólo interrumpe unas vacaciones que comenzaron idílicas, sino que paraliza un proyecto que deseaban llevar a cabo al final de verano: realizar un largo viaje por autopista entre Marsella y París. Cortázar sabe que se ha salvado por la campana, pero ignora la verdadera naturaleza de su dolencia. A partir de las pruebas hematológicas los médicos han descubierto que padece leucemia mieloide crónica. Como el diagnóstico equivale a una condena de muerte, Carol toma la decisión de ocultarlo al escritor. Cuando éste regresa a París está convencido de que todo ha sido fruto de una sobredosis de aspirinas y su único resquemor es librarse de la hepatitis benigna que a menudo ataca a los pacientes que han recibido gran cantidad de sangre. Fiel a su estilo, sigue bromeando con el tema de las transfusiones: «Oh, oh: ¿cuál de mis donantes de glóbulos rojos me ha infiltrado esta tendencia a darte la lata?», dirá a los amigos cuando evoque sus desventuras hospitalarias. Pero no. Cortázar tiene leucemia. El diagnóstico será confirmado por su médico de cabecera, el doctor Hervé Elmaleth, y por el hematólogo, doctor Chassigneux, que se encargará de seguir la evolución del caso. Una última opinión, la del doctor Modigliani, del Servicio de Gastroenterología del Hospital Saint-Lazare, dará el mismo veredicto. Conjurados a la sombra de Carol, todos ellos deciden de común acuerdo guardar el secreto. El Gran Cronopio ha empezado a morirse.

Aunque intenta llevarlo con paciencia, hay pruebas de que su equilibrio emocional está muy frágil. Ello explicaría este mensaje tan dramático que manda al poeta Claude Tarnaud y a su esposa, con los que mantenía una larga amistad: «¿Qué les he hecho para no haber recibido nunca una llamada telefónica?... Cuanto más trato de entender, más me pierdo en una confusión llena de amargura... Sentirme tan abandonado en semejantes circunstancias me ha hecho tanto daño que no puedo dejar de decirlo ahora. ¿En qué los he ofendido o herido? Por mi parte sigo siendo el amigo de siempre». No sabemos qué ha podido ocurrir, quizá un malentendido entre ellos o la reacción de una pareja de amigos que no ha aceptado los crecientes olvidos de Julio. Al fin y al cabo éste llevaba demasiado tiempo desatendiendo el pasado a favor del presente y del futuro. Nicaragua. No todos lo comprenden. En todo caso, estas líneas nos dan idea de un sufrimiento de fondo que sólo el humor hacia otros amigos logra mitigar. En carta a Fernández Retamar le informa de su rutina a base de análisis de sangre semanales y una medicación destinada a reducir «la marea blanca». Cortázar se refiere obviamente a la tasa de glóbulos blancos que, según él, tienden a multiplicarse como conejitos. Inconscientemente rescata aquí el drama del individuo fóbico y solitario de «Carta a una señorita en París». Sólo que esos conejitos que le habitan ahora ya no brotan de la garganta de un personaje de ficción sino que circulan invisibles y silenciosos por su sangre envenenada. Por fortuna Carol le acompaña en todo momento. Aunque Julio se siente «anclao en París» como en el tango, la atmósfera en la rue Martel es sumamente agradable. Por fin descansa, lee, y escucha los discos de su legendaria colección. Chet Baker, Joni Mitchel, Lutoslawski...

Pero ¿qué pasa con la Osita? En realidad está viviendo uno de los tiempos más bellos y a la vez horribles de su vida. En una rara carta a su amiga Silvia Monrós le abre su corazón: «He vivido en una especie de simbiosis con Julio, hermosa y vertiginosa continuación de lo que vivimos desde hace años y que nos lleva cada vez más allá; y paralelamente, he vivido una solitud tan grande, que nunca hubiera imaginado ni siquiera que fuera posible... He dejado venir los fantasmas más negativos, he vivido con ellos durante no sé cuántas noches de insomnio, no sé cuántas veces en la calle, en el mercado, he sentido que de repente un horror sin nombre me caía encima». No es un testimonio feliz. El problema de base es la enfermedad de su compañero, claro, pero también su empeño de guardar el secreto porque está convencida de que la única esperanza de curación —si hay alguna— pasa porque él no llegue a saberlo. Pero esto le plantea un dilema moral muy fuerte que desborda a una mujer de su sensibilidad. En relación a Julio comenta: «Si fuera algún mecánico de Renault, sería horrible pero en el fondo, no se presentarían los mismos problemas. El más duro ha sido tratar de ver en qué medida él viviría otra vida si supiera. Hace tiempo que no tiene tiempo de escribir, y ya no podía más de leer entrevistas donde dice "tengo dos novelas en la cabesa, y un día voy a partir a una isla para escribirlas".»

A principios de noviembre el autor de *Rayuela* se encuentra algo recuperado e incluso sale de casa para ir al cine. Sin embargo, la realidad sangrante de Latinoamérica le duele en el alma. Desde hace meses hay un nuevo presidente en Estados Unidos —el ultraconservador Ronald Reagan—, que ha decidido aplicar una política belicosa contra los países contrarios a los intereses del imperio yanqui. De creer a algún testigo Julio vivía profundamente angustiado. Y peor. Cada día le resulta más difícil leer literatura como lo hacía antes, dejándose llevar por cada libro, como si alguien le hablara por encima del hombro. Ya no es capaz de leer así: el viento del mundo ha derribado las ventanas del altillo de Banfield. A cada instante vuelve la sensación de amenaza, y a veces pasa más tiempo escuchando la radio en busca de noticias que leyendo o escuchando discos. En carta a Saúl Sosnowski lo resume así: «Tristes tiempos, cada día más». Este punto es clave porque nos da una imagen exacta de la situación personal de Cortázar. Durante años ha circulado la especie de que había dejado de escribir grandes obras por un exceso de felicidad. Nada más falso. Incluso viejos amigos como Vargas Llosa contribuyeron a difundir esa idea que se basaba sobre todo en la imagen pública. Casi tres décadas después el peruano aún sostenía: «Sus escritos se volvieron mucho más premeditados. Se volvió feliz, y no se puede ser feliz y ser un gran escritor.» Según él, la felicidad de Julio habría comenzado a partir de la relación con Ugné y habría persistido casi hasta el final de su vida. Pero hoy sabemos que no fue así. De hecho Cortázar había transitado en secreto por muchas sendas de dolor —tanto personales como colectivas—, y ahora su verdadero calvario acababa de empezar.

RESURRECCIÓN

El 4 de diciembre de 1981 la pareja contrae matrimonio en Cucuron, un pueblecito del interior de la Provenza donde se alza la casa de Jean Thiercelin. Tras varios meses de larga convalecencia Cortázar se reencuentra con los amigos— los anfitriones, Claribel Alegría, Luis Tomasello... —en un día de fiesta. En carta a su madre le anuncia la boda y busca su aprobación: aunque reconoce la diferencia de edad, le garantiza que ambos están seguros de su cariño. Además se siente feliz de normalizar una situación que algún día será útil para el destino de Carol. Tanto la madre como el hijo saben que el matrimonio, como rito social, no tiene gran importancia para éste y que sólo servirá para resolver problemas de tipo burocrático. Pero a Julio le proporciona una gran tranquilidad en un momento difícil de su vida y una mayor entereza. «Ya casi no hace la mimosa —escribirá Carol bromeando a una amiga— y sabe que si le ocurre disfrasarse de viejo, como intentó hacerlo dos o tres veces durante la convalecencia le doy una palisa de joven».

Aunque los médicos siguen inquietos por su sangre, Cortázar se siente renacido. En uno de sus raptos de «piantado» decide escapar una temporada con su mujer a la isla de Guadalupe antes de proseguir viaje a Nicaragua. Durante quince días permanecerán en la isla caribeña viviendo, esta vez sí, uno de esos estados de felicidad que hacen imposible la escritura de obras maestras. Pese a la prohibición tajante de los médicos, este acto de rebeldía con la complicidad de Carol será muy positivo. En carta a Silvia Monrós ella escribe: «Nos hizo un bien enorme, hace años que no había visto a Julio tan bien. Me daba la impresión de que nada malo nos podía pasar en circunstancias así.» En efecto. Hay una imagen maravillosa que muestra a Cortázar, bronceado y barbudo bajo el sol. La cabeza leonina, la mirada serena, los cabellos al viento. Se diría que es la viva estampa de Robinson o de un Ulises que regresa a Ítaca. Es puro sagitario, fuego declinante. ¿Qué se hizo del virgo que enseñaba en Chivilcoy y que luego trabajó en la Unesco? Nada en él recuerda al primer Cortázar, ni siquiera parece un escritor o un individuo sujeto a las reglas de la civilización. Este hombre se halla ya muy lejos del autor de *Rayuela* y de paso de todos sus colegas latinoamericanos. Es de otra raza, la raza de su admirado Fredi Guthmann o de René Daumal. «Hay que cambiar la vida», había dicho Rimbaud. Analizando la foto, ya no queda nada del vigía urbano, del buscador de callejones secretos, bebidas exóticas y música de jazz. Aquí no encontramos a la Maga ni el laberinto de París. El esteta, el sibarita, el erotómano, todas esas máscaras, si de máscaras puede hablarse en un hombre tan honesto, se han desmoronado con la caída de glóbulos rojos. Incluso disfruta del mar. Al fin ha aprendido que nada en este mundo proporciona un sentimiento tan grande de inmortalidad como las olas. Después de una larga vida huyendo se siente en paz consigo mismo. Incluso planea construirse una casa en la isla para vivir medio año con su amada. Lejos de Francia, lejos de Argentina. Más allá de las dos orillas que marcaron su vida. ¿Por qué la historia no se detuvo aquí?

Pero este náufrago afortunado no es capaz de imaginar el tormento interior de su compañera. En un alarde de entereza ella sigue actuando como sino pasara nada. Gracias a sus desvelos le oculta la gravedad de la dolencia y de sus propias enfermedades. Porque la Osita también está enferma. Meses antes había sufrido hemorragias y los médicos le diagnosticaron un principio de cáncer rectal. Escribe a Monrós: «Sangraba tanto que tenía que ponerme Kotex, que nunca utilisé por otras razones en toda mi vida de mujer.» Tras extirparle el tumor, Carol se somete a un tratamiento «bastante deprimente» pero el proceso canceroso se interrumpe. Todo esto lo lleva con una reserva absoluta. Cortázar nunca llegará saberlo. Tanto mejor. Según ella: «Tampoco podía decir la verdad a Julio, estaba todavía muy golpeado por su experiencia del verano y incluso sin esto no sé si se lo hubiera dicho. Su médico hasta tenía miedo que sea una especie de suicidio inconsciente por simpatía.» Sobre este punto la medicina psicosomática quizá tendría algo que decir. Suicidio una vez más. ¿Se suicidan nuestras células aunque nosotros no nos arrojemos al Sena?

En todo caso es encomiable el valor de esta mujer de salud frágil que llega a la vida de un genio y asume el compromiso de alumbrar el resto de sus días. No importa que la batalla sea superior a sus fuerzas. Pone todo su amor, todo su empeño, toda su generosidad. Si, como recuerda algún testigo, Ugné Karvelis fue muy crítica con Julio por haberse unido a una jovencita, debemos reconocer que esa paloma no respondía al clásico perfil de la «mantis religiosa» que devora al amante anciano. Y que luego preserva su buena memoria a cambio de controlar su legado. Cualquier parecido con las viudas de otros personajes y figurones es pura coincidencia: Dunlop es de otra pasta. Cuida de Cortázar en los menores detalles de la vida cotidiana, se enfrenta a los médicos para que el tratamiento no le prive de libertad, y cuando tiene un rato libre engaña al enfermo para cruzar todo París —«es una lata cada vez»— para acudir a su propio médico y someterse a tratamiento contra el cáncer. Esta actitud nos resulta tan conmovedora que nada de lo que haya hecho ninguna mujer por el escritor —incluidas su madre o Aurora— es remotamente comparable. ¿De qué materia sobrenatural está hecho su corazón? ¿Qué genes redactaron su código con el mensaje de la ternura y de la abnegada fidelidad? Al final, su amor por Cortázar le conduce a reflexionar sobre la eutanasia con Silvia Monrós: «Nunca más Julio volverá a vivir el infierno de la "reanimación" si no hay esperanza.»

De momento el enfermo abandona la isla de Guadalupe en un estado de forma envidiable. El siguiente destino es Managua, donde pasan un par de semanas que no duda en calificar de «apasionantes».

Además de participar en un comité de intelectuales afines a la Revolución, Cortázar interviene en todo tipo de actividades populares. Cada día siente más cariño por los «nicas», esa gente admirable que se enfrenta a las adversidades y peligros cotidianos. Constantemente viven bajo la amenaza de una inminente invasión de los EE.UU., pero no renuncian al trabajo ni la alegría de vivir. La Revolución sandinista sigue su curso: reforma agraria, educación del pueblo, reparto equitativo de riquezas... Las actividades se suceden a ritmo frenético y tienen un profundo impacto en la sociedad. Pero Cortázar no es la única figura internacional que apoya la causa. En aquellos días podía verse por Managua a Günter Grass, Harold Pinter o Salman Rushdie. En esta ocasión cuenta también con la compañía de García Márquez. A él debemos esta estampa de oro:

> Vi a Julio Cortázar enfrentado a una muchedumbre en un parque de Managua, sin más armas que su voz hermosa y un cuento suyo de los más difíciles: «La noche de Mantequilla Nápoles.» Es la historia de un boxeador en desgracia contada por él mismo en lunfardo, el dialecto de los bajos fondos de Buenos Aires, cuya comprensión nos estaría vetada por completo al resto de los mortales si no la hubiéramos vislumbrado a través de tanto tango «malevo»; sin embargo, fue ése el cuento que el propio Cortázar escogía para leerlo en una tarima frente a la muchedumbre de un vasto jardín iluminado, entre la cual había de todo, desde poetas consagrados y albañiles cesantes, hasta comandantes de la revolución y sus contrarios. Fue otra experiencia deslumbrante. Aunque en rigor no era fácil seguir el sentido del relato, Cortázar había logrado una comunicación tan entrañable con su auditorio que ya no le importaba a nadie lo que querían decir o no sus palabras, sino que la muchedumbre sentada en la hierba parecía levitar en estado de gracia por el hechizo de una voz que no parecía de este mundo.

Aunque el autor de *Rayuela* siempre había sido muy reticente a convertirse en un espectáculo, la causa de Nicaragua le impulsaba cada vez más a subir a la palestra. Si el primer Julio se había caracterizado por ser un espléndido narrador oral en las distancias cortas, elocuente, memorioso, chispeante, el segundo fascinaba al auditorio por una presencia ineludible que tenía algo de sobrenatural, al mismo tiempo tierna y extraña. Lo dice «Gabo»: tierna y extraña. ¿Se puede describir mejor la personalidad de Cortázar?

Pero este ser humano fuera de lo común sigue estando preocupado por su país: ¡Argentina ha entrado en guerra con Inglaterra! El origen del conflicto fue una decisión de la Junta Militar que propuso reconquistar las Malvinas como solución al largo conflicto por la soberanía de las islas. Como sabemos, existieron otras razones, entre ellas desviar la atención social de los gravísimos problemas económicos que atravesaba el país y recobrar de paso el crédito perdido ante una nación que quizá ahora redoblaría su interés por la patria. En todo caso, la respuesta inglesa no se hizo esperar: el Gobierno conservador de Margaret Thatcher mandó a la flota a reconquistar el archipiélago. Y comenzó el horror. Es fácil comprender el shock que el conflicto armado supuso para Argentina —cuyas élites eran en parte de ascendencia y filiación británica— y el rechazo de sus escritores e intelectuales. Incluso alguien tan conservador como Borges dijo después que la acción de la Junta había sido un disparate: «Además, seis personas no pueden decidir por todo un país.» Cortázar era de la misma opinión, tal como expresó al periodista Isidro Salzman: «Ojalá los cielos se aclaren de tanta pesadilla armada y podamos reanudar un diálogo que siga sirviendo, acaso, para algo útil. Por ahora sólo siento tristeza y amargura frente a una realidad perfectamente demencial en la que han embarcado (es el caso de decirlo) a la Argentina. Atacarla desde adentro y hacerle atacar desde afuera va más allá de lo concebible; pero vivimos ya los tiempos de lo inconcebible.» ¿Es éste el escritor feliz?

LOS AMANTES DE LA AUTOPISTA

A pesar del desgarro que supone la guerra, Julio acaricia un nuevo proyecto. En realidad se trata de poner en práctica un plan que no duda en calificar de «completamente loco», que consiste en salir de París hasta Marsella a bordo de la furgoneta Volkswagen y detenerse cada noche a dormir en los sucesivos *parkings* que jalonan la autopista. Tras estudiar minuciosamente el plan con Carol descubren que la aventura les llevará dos meses, así que deciden detenerse en dos parkings diarios para que el viaje se limite a un mes. La principal regla del juego es que jamás pueden abandonar la ruta (salvo por causa grave). Además tienen previsto escribir un libro juntos alrededor del tema. Este plan surrealista queda expresado por Carol en carta a una amiga donde explica las intenciones de la pareja. Ante todo se trata de escribir, «tomándoles el pelo a los antiguos exploradores, y gozando de la ironía de tomar el camino más rápido, y más "civilizado", para hacer un viaje realmente de tortugas». Según Cortázar el resultado será un libro en colaboración de aire falsamente científico, algo así como un pastiche de los viajes al Polo o a África, con observaciones geográficas de cada parking, fotografías, etc. El resto del tiempo, que será muy largo, consistirá en ir escribiendo lo que se les pase por la cabeza, cada uno por su lado, para fabricar un descomunal almanaque que contenga todo lo que se refiere a la expedición. Para ello él adoptará el nombre de «el Lobo» y Carol el de «la Osita».

Dado que la aventura alcanzará rasgos míticos en la vida del escritor, debemos aportar aquí un dato desconocido que abrirá nuevas perspectivas a la comprensión de su figura. En realidad nada era nuevo: ni la Volkswagen, ni el plan ni la Osita. Como hemos visto, Julio mantuvo diez años antes una relación secreta con la escritora cubana Isel Rivero. La mayor parte de los encuentros se produjo en sus lugares de residencia —París y Viena—, pero sobre todo en diferentes ciudades europeas —Florencia, Venecia, Múnich— y en carreteras perdidas. Durante todo ese tiempo los amantes recorrieron Francia, Italia y el centro de Europa a bordo del dragón *Fafner*. Re-

cuerda Isel: «Teníamos la fantasía de que éramos Stanley y Livings-
tone en Europa.» Y en parte lo consiguieron. Además, en «Lugar
llamado Kindberg», Julio empleaba ya la palabra «osita», y un repaso
a la correspondencia inédita entre ambos descubre algunas variaciones cariñosas como «osito», «osezna», u «oseznito». Por tanto, el mito
de la Osita Carol debe ser revisado porque no era exclusivo de ella,
sino más bien el modo tierno y cariñoso que empleaba Cortázar
con alguna amante muy especial. En el caso de Isel Rivero hay que
agradecer que tuviera una influencia beneficiosa para él, ya que le
impulsó a ser más audaz en la escritura. «Siempre le había dicho que
tenía que desnudarse más y poner en su literatura más de sus experiencias íntimas. Cuando le dije "lo has logrado" se puso muy contento.» Sea como fuere, el viaje con Carol tenía un antecedente secreto de gran significación para él, y ahora podía reeditarlo a la
vista de todos.

Cada vez que se alude a este episodio tan singular de la vida de
Cortázar se suele omitir el pequeño detalle de que transcurre en
paralelo a la guerra de las Malvinas. Durante décadas Julio había seguido puntualmente todos los avatares que sacudían la tormentosa
historia de su país, donde vivían su familia y algunos grandes amigos. Pero la enfermedad y el cansancio terminaron por colmar el
vaso de su paciencia. Cuando le dijo a Osvaldo Bayer «Ahora me
debo a Centroamérica» es porque de algún modo daba a su patria
por perdida. No obstante, esta guerra absurda promovida desde el
infierno renovó su preocupación. En carta a Guillermo Schavelzon
escribe que los preparativos del viaje son su única manera de olvidar por momentos la pesadilla de las Malvinas. También le comenta que vive asediado por los periodistas y diversos comités argentinos que persiguen su opinión, y que tiene miedo a errar en el juicio.
Para evitarlo Cortázar cuenta con un transistor conectado perma-
nentemente con la BBC y con las radios francesas, canadienses y
españolas. Ello le permite hacer un balance más ecuánime de la situación.

El 23 de mayo de 1981 la pareja emprende rumbo al Sur. A
bordo de la furgoneta Volkswagen, van cumpliendo puntualmente

las jornadas. Como este viaje ha sido descrito con una gracia que nadie encontrará aquí, remito a la lectura de *Los autonautas de la cosmopista*. En él descubrirá el lector el recuento pormenorizado de esa gran aventura patafísica que habría hecho las delicias de un Alfred Jarry: las horas tranquilas bajo los árboles, las citas con los amigos que han de llevarles las provisiones, los encuentros casuales, el acoso de los insectos, las comidas en clave de picnic, el latido de la Olivetti portátil, la lectura de los Diarios de Paul Blackburn, el gran Pablito, inolvidable, o el asfalto cada vez más ardiente de la carretera. En el libro lo encontrarán todo. Es una lectura feliz.

Pero fiel al sentimiento trágico de la vida prefiero insistir en la guerra de las Malvinas cuyo desenlace adverso la pareja conocerá a través de la radio. «Hace una hora escuchamos que había manifestaciones violentas en la Plaza de Mayo y que Galtieri había renunciado a asomarse al balcón histórico. La Junta no quiere hablar de rendición, pero según el corresponsal de *Le Monde* eso ya lo sabe todo el mundo, y la frustración y amargura son enormes.» Este hombre que sufre a distancia la derrota argentina es el traidor renegado que según sus detractores ha dado la espalda a su patria. Sin embargo conoce bien a sus paisanos como para saber que reaccionan cada día más a base de reflejos condicionados primarios, que los hacen pasar en poco tiempo de la euforia a la desesperación. ¿Qué se hizo del delirio nacional que se desató cuando la aviación argentina mandó a pique la fragata inglesa *Sheffield*? Tampoco había pasado tanto tiempo. En esta hora de dolor hay algo que preocupa mucho a Julio. Aunque sabe que una multitud no es un pueblo, tampoco puede olvidar las declaraciones entusiastas de tantos opositores el día de la recuperación de las Malvinas, y la evidente impresión que tuvo de que muchísima gente estaba «olvidando» de un plumazo tantos años de horror y de opresión a cambio de la soberanía. Ahora aquel fugaz sueño de gloria ha terminado.

El viaje por la autopista también toca a su fin. En relación a sí mismo Cortázar dijo que pertenecía a una especie de lobo capaz de hacer las peores locuras, que son en general las más hermosas. Y esto es exactamente lo que han hecho con la Osita. Una locura de amor tierna, lúdica, rebelde, entrañable. Cuando lleguen a Marsella se acercarán al puerto y allí Carol arrancará a llorar. En ese momento el Gran Cronopio no puede conocer el verdadero motivo de su llanto. La emoción de terminar la aventura, claro, ¿qué otra cosa iba a ser?

HAY GOLPES EN LA VIDA

Tras su periplo en la autopista, la pareja regresó a París con el tiempo justo para examinar la salud de Cortázar, hacer las maletas y partir a Nicaragua. El día 4 de julio tomaron el avión. El plan era permanecer allí durante dos meses en un régimen mixto que alternaba las vacaciones con actividades a favor de la Revolución sandinista. El Lobo se había comprometido a realizar algunos reportajes para la agencia EFE y la Osita debía exponer una colección de fotos de niños en Managua. En aquel viaje les acompañaba el pequeño Stéphane. Durante varias semanas la familia se aloja en un centro de vacaciones para obreros en la costa del Pacífico llamado El Velero. Dos años antes era un club exclusivo del dictador Somoza, pero ahora pertenece al pueblo. Es un enclave tranquilo y paradisíaco que permite el sosiego y la escritura. Lástima del calor. El bungalow de los Cortázar se alza muy cerca del mar, así que pueden dar un paseo corto hasta la playa para tomar un baño o bien desplazarse hasta la casa comunal donde hay un televisor y una mesa de billar. También sirven una comida sustanciosa y austera. El almuerzo es a base de frijoles o carne picada, o un pescado, o huevos. Y esa cerveza helada que en Nicaragua es una delicia. El almuerzo más el café cuesta veinticinco córdobas (un dólar). La cerveza, trece córdobas. Viniendo de París, les sabe a Paraíso.

Este hombre sencillo, cordial, solidario, responde plenamente al perfil del «segundo Cortázar». El Cortázar de ascendente sagitario, que ha acabado por devorar al virgo. Es el mismo que hace apenas unos meses tomaba el sol en la isla de Guadalupe, desnudo como un viejo bucanero. Ni siquiera el viaje por la autopista del Sur le ha devuelto la capa burguesa que le había protegido toda su vida. Es el mismo que sale de El Velero y efectúa alguna visita a los hospitales donde se recuperan los heridos. Aunque la revolución ha vencido sigue constantemente amenazada. En los lugares aislados del interior acechan las bandas de exguardias somocistas que, valiéndose de la ayuda en armas que reciben del extranjero, se dedican a asaltar a los campesinos, a robar y saquear las comunidades y a hostigar a los milicianos que las defienden. Ante la visión de una niña herida comprende que ella es un símbolo para los «nicas», ese pueblo enamorado de la luz, la alegría y la libertad.

La pareja regresa a la playa. Allí gastan muchas horas al día en la preparación de testimonios, artículos, y gestiones encaminadas a ayudar a Nicaragua. Saben por experiencia que una parte de este tipo de trabajo da sus frutos, sobre todo en forma de solidaridad internacional, y por eso siguen haciéndolo. La atmósfera en el bungalow contribuye a ello: la vegetación exuberante, el concierto de los pájaros tropicales y la presencia del mar que se extiende ante los ojos como un vasto cristal azogado. Pero sabemos por experiencia que el paraíso oculta las puertas del infierno. El propio Cortázar nos lo había descubierto en alguno de sus cuentos: «Las babas del diablo» o «Apocalipsis de Solentiname». Y su vida no será una excepción. A los pocos días Tomás Borge, poeta y ministro del Interior nicaragüense, recibe una llamada enigmática de Carol Dunlop; luego se citan a espaldas de Julio. Recuerda Borge: «Tenía fuertes dolores en los huesos; con manos llenas de misterio y de ojos dulces me comunicó el secreto de que le quedaban pocos meses de vida. Lo que más me conmovió cuando aquel secreto fue desvelado por el drama, fueron sus palabras: "quisiera que Julio muriera primero que yo para evitarle el dolor de mi muerte"». Este testimonio es crucial porque arroja una conclusión tremenda: en esta última temporada Carol no sólo ha sabido que el Lobo iba a morir sino que ella también tenía los días contados.

Una semana antes de su regreso oficial, la pareja abandona precipitadamente Nicaragua y vuelve a París. La Osita había comenzado a sentirse muy débil y los análisis revelaron un alarmante descenso de los valores en sangre. Dado que en el país centroamericano faltaban a veces hasta las aspirinas, la idea de iniciar allí un tratamiento era una temeridad. Ahora ya está en manos del médico francés, quien trata de resolver ese problema de huesos que a veces la hace sufrir mucho. El tratamiento va a ser intenso. Cuando Julio escriba a su madre, le contará que el problema de Carol les atormenta a los dos, pero que él está bien de salud, aunque siempre tiene que controlar la tasa de glóbulos blancos. Una vez más se guarda parte de la información: sabe que para doña Herminia un dolor de huesos es sinónimo de enfermedades reumáticas. Nada grave. Pero ¿qué tiene exactamente Carol? La primera hipótesis apunta a alguna infección tropical propia de países cálidos. Incluso su marido repite que tal vez sea el «dengue». Todo es confuso.

Al principio Cortázar se muestra optimista y su correspondencia da prueba de ello; pero nuevos análisis detectaron una parálisis de la función medular con la consiguiente interrupción de la producción de sangre. La Osita es ingresada en el Hospital de Saint-Louis, cuyo Servicio de Hematología está considerado el más prestigioso de Francia. Allí recibe transfusiones permanentes y un tratamiento a base de cortisona que en el mejor de los casos estimula la médula y la reactiva para producir leucocitos y plaquetas. A finales de octubre Julio escribe una larga carta a Mariano Bernárdez donde da cuenta de la situación. Este contacto epistolar con su excuñado no es raro si tenemos en cuenta que Aurora se ha ofrecido desde el primer momento a ayudar a la pareja. El mensaje informa de que Carol está en manos de una hematóloga eminente, hay garantías, pero cada día que pasa sin que se produzca una reacción favorable aumenta la incertidumbre. Aunque el ánimo de la enferma es maravilloso, él consume todas sus energías en no darle jamás a entender que tiene miedo. Cortázar está atravesando uno de los momentos más angustiosos de su vida, pero se apoya en el buen humor de la enferma, la compañía de Aurora y la proximidad de los amigos. También de su público: la noticia ha corrido como la pólvora y recibe cartas de todas partes del mundo haciendo votos por la salud de Carol. Esta marea de afecto le resulta conmovedora. Todos le brindan fuerza para enfrentarse a esta prueba que de lo contrario sería insoportable.

Es interesante señalar que la enfermedad de la Osita coincide, como no podía ser de otro modo, con problemas de salud en el antiguo gineceo de Banfield. De nuevo reconocemos el karma de Cortázar: siempre atrapado entre el Lado de Acá y el Lado de Allá. En relación a su madre lo único que desea es que no sufra, y que el fin de sus días le llegue con toda la paz y la tranquilidad que deseamos a los seres queridos. Es cierto que lo de doña Herminia no es grave, achaques de la edad, pero la idea de verla atravesando infiernos médicos le quita el sueño. ¿Y qué ocurre con Ofelia? ¿Acaso no merece el mismo trato? Ni palabra. Incluso en esta fase dramática las fisuras entre los hermanos parecen abiertas y Julio tiene otros frentes más serios de preocupación. Para entonces el diagnóstico de Carol es muy sombrío: aplasia medular. Tras aplicar todos los avances de la ciencia su organismo no responde. La última posibilidad es un trasplante alogénico de médula, pero pese al ofrecimiento de algunos familiares no se logra encontrar a un donante compatible. A lo largo de varias semanas la vida de Cortázar se reducirá al hospital. En todo ese tiempo permanecerá junto a la enferma, intentando darle ánimos y haciéndole la existencia más llevadera. Le ha conseguido una habitación individual; le ha alquilado un televisor, le ha llevado libros y un radiocassette, de modo que pueden entretenerse escuchando música o mirando los programas de televisión. También pasan horas y horas charlando y haciendo planes para el futuro. Soñando sin saber.

En estas jornadas angustiosas en las que va perdiendo la esperanza, Julio empieza a revivir unas emociones amargas que ya experimentó en el Buenos Aires de su juventud. También allí estuvo anclado al lecho de alguien muy querido, también allí una luna gélida y traidora se burlaba más allá del cristal. También allí, aquí, siempre, el Monito Reta. Esta vez la sangre del milagro fluye de una bolsa de plástico anónima: es la sangre que retiene a la Osita mientras el resto del mundo ha dejado de creer. Ella mira al Lobo, le sonríe pálidamente sobre el fondo de una sábana azul. Pero luego el cuar-

to se vuelve mortaja en estos días de sol injusto cada vez más frío.
A finales de noviembre Cortázar escribe a Silvia Monrós el siguiente mensaje: «Silvia, recibo hoy tu postal de Túnez. Lo que tengo que decirte es horrible: Carol murió el 2 de este mes, después de dos meses en el hospital donde nada pudieron hacer para salvarla. No puedo agregar nada, salvo que ella te quería mucho y se alegraba con cada una de tus cartas. Estoy en un pozo negro y sin fondo. Pero no pienses en mí, piensa en ella, luminosa y tan querida, y guárdala en tu corazón.» Quince días antes había escrito a doña Herminia Descotte la carta más triste de su vida:

> Tal vez lo sepan ya por Aurora, que me dijo que iba a escribirles en seguida. Carol se me fue como un hilito de agua entre los dedos el martes 2 de este mes. Se fue dulcemente como era ella, y yo estuve a su lado hasta el fin, los dos solos en esa sala de hospital donde pasó dos meses, donde todo resultó inútil. Hasta el final estuvo segura de que se mejoraría, y yo también, pero en los dos últimos días solamente ella, por suerte, conservó su esperanza que yo había perdido después de hablar con los médicos. De ninguna manera se lo di a entender, la acompañé como si nada hubiera cambiado, y en las últimas horas conseguí que ya nadie entrara a molestarla y me quedé a su lado cuidándola, hasta que el último calmante que le habían dado la fue adormeciendo poco a poco. No supo nada, no sufrió nada en ese momento final. La enterré el viernes en el cementerio de Montparnasse, un barrio que ella amaba mucho.

El día del entierro fue gris, lluvioso, muy frío. Antonio Gálvez recuerda que su amigo era la viva imagen de la desolación: «Fue muy duro verle de aquella manera, aquellos ojos…» Durante la ceremonia el doctor Elmaleth se acercó discretamente a Aurora para comunicarle que la leucemia de Cortázar avanzaba imparable y que no le daba más de dos o tres años de vida. Pero ¿qué iba a hacer el enfermo con ese tiempo doloroso, amargo e infinito que le quedaba? Lo primero, intentar reponerse del golpe más duro de su existencia, un golpe que le llega demasiado tarde como todo, y cuando ya no le quedan fuerzas para nada. Incapaz de estar solo, Aurora se instala en su apartamento de la rue Martel y luego marchan unos días a la Provenza a casa de los Thiercelin. Allí el autor de *Rayuela* trata de encajar los hechos; pero así como el año anterior su estancia provenzal había contribuido a curarle de la hemorragia gástrica, esta vez ni siquiera el cariño de los amigos le calma el dolor. Tras pasar unos días en ese pueblo de montaña viaja solo a Mallorca para reunirse con Claribel Alegría y su familia en Deyá. También allí los amigos le arropan con todo su afecto, que es enorme, pero está destrozado. En ese viaje de huida efectuará luego una escala en Barcelona.

Aunque el paso por la Ciudad Condal fue breve, estuvo cargado de un fuerte contenido emocional. Aparte del reencuentro con el matrimonio Muchnik, el enfermo recurrió a otro de sus grandes pilares de la última época: Cristina Peri Rossi. Pero desde el primer momento su estado anímico debió ser lo suficiente preocupante como para despertar en ella inquietudes muy sombrías. Dirá: «Yo estaba asustada. Tenía la sensación de que Julio no iba a poder aceptar la muerte de Carol, y que esta especie de ronda de amistades que había iniciado en diversas ciudades era una forma de despedida: sospeché que pensaba suicidarse.» En efecto. Tras la muerte de su esposa, Cortázar había visitado la Provenza, Mallorca, Barcelona y tenía planeado volver a Nicaragua y hasta Argentina. ¿No era una agenda demasiado densa para un viudo sin consuelo? El encuentro con Peri Rossi se produjo en el lugar de siempre, la cafetería Treno del hotel Cristal, en pleno Ensanche barcelonés. Recuerda ella que a él le gustaba mucho aquel rincón porque los elementos decorativos estaban inspirados en trenes y relojes. Angustiada por su presentimiento, la uruguaya abordó el tema tabú: «Vos estás preparando tu funeral —le dijo en tono de reproche—. Te estás despidiendo de tus amigos para suicidarte.» Entonces Julio la miró lleno de ternura y tomándola de la mano respondió: «No, Cristina. Tengo un infinito dolor, pero no voy a suicidarme. La muerte me repugna. Siento una terrible soledad, la casa de la calle Martel que compré para Carol y para mí se me cae encima, por eso estoy viajando. Sé que ahora sólo me quedan los amigos, y por suerte, los tengo muy buenos.»

Como gran amiga de Cortázar, ella conocía la presencia del suicidio en textos centrales de su obra. Tampoco le faltaba información acerca de algunas crisis personales que no eran vox pópuli e incluso podía saber algo de la locura de Ofelia. Por tanto sus temores no eran infundados. Pero entonces tuvo lugar un extraño milagro: en el momento en que Julio tiene un verdadero motivo para quitarse la vida, porque está atrapado en un pozo negro y sin fondo, al final decide no hacerlo. En sus circunstancias nada le habría resultado más fácil que repetir el gesto final de algunos de sus personajes: arrojarse al Sena, lanzarse por el balcón o ingerir un frasco entero de somníferos. Porque todo lo que un escritor ha puesto sobre el papel, todo, ha circulado antes por su cabeza, al menos el tiempo suficiente para poder convertirse en realidad. Sin embargo Cortázar por una vez lo olvida. ¿Qué le lleva entonces a seguir viviendo? Está claro que no son los amigos ni tampoco la literatura. Hay algo más. Y de nuevo debemos mirar a un apartamento de Buenos Aires. En el fondo si el autor de *Rayuela* no se suicida será por su madre, doña Herminia, a la que le une una fidelidad patológica. Un gesto así le partiría el alma, y quién sabe si no abocaría a Ofelia a seguir sus mismos pasos. Durante años les ha dado todo, y aunque ellas no lo sepan ahora les entregará su cruz.

Tras dejar Barcelona, regresa a París. El viaje sólo ha servido para descubrir lo que ya sabía, lo mucho que necesita y le quieren los amigos. Pero el río del dolor avanza incontenible. El 29 de noviembre escribe a la clavicenista uruguaya Eva Vicens, quien le había invitado a un concierto, que vive en una pesadilla perpetua, sin comprender ni aceptar. Al día siguiente transmite lo mismo a Gregory Rabassa, añadiendo el plus de la negrura: «Estoy en un pozo ciego del que no consigo salir.» Cuando a mediados de diciembre agradezca a Silvia Monrós su larga carta de pésame anunciará que es incapaz de verla o de escribirla: «Ahora no puedo, vivo en otro plano que el de las palabras». Estas líneas son el mejor termómetro de su desolación. ¿Alguien se·imagina a Cortázar viviendo en un plano ajeno a las palabras? Desde niño ellas fueron sus más fieles compañeras. ¡Incluso las dibujaba en el aire! Lo-la Mem-bri-ves. Dedos, nombres, ventanas…

EL LOBO SE QUEDA SOLO

Carol ha muerto y se diría que el drama de Cortázar adquiere proporciones universales. El argentino que se interesaba por todos recibe desolado el consuelo de casi todos. Las llamadas de teléfono se suceden, llueven cartas, se multiplican los gestos de condolencia, y la corriente subterránea de afecto acumulada durante años asciende a la superficie como una gran ola de cariño. Por alguna razón misteriosa la muerte de la Osita entristece y subleva a todos los que quieren a Julio. Nadie la acepta ni quiere aceptarla. ¿Por qué? ¿A qué viene ese sentimiento irracional de rebeldía? Nuevamente debemos recurrir aquí al aura del escritor, ese modo de aparecer ante sus incondicionales casi como un ángel enviado a la Tierra. «Era un ser humano distinto», recordará Nicole Muchnik, y con esta frase quizá esté dicho todo. Sea como fuere debemos admitir que existía algo de rara pureza en su vínculo con Carol que transmitía la idea de que su amor iba a ser eterno. Nadie podía imaginar que la cadena dorada se rompería por el eslabón más joven y más fuerte. «Lo lógico es que me muera yo, no ella», le había dicho meses antes a Cristina Peri Rossi un Cortázar con los ojos llenos de lágrimas. Por eso las reacciones de los amigos abarcan todo el espectro emotivo: incredulidad, rabia, impotencia, tristeza, resignación, dolor, blasfemia… En un alarde de síntesis nadie supo expresarlo mejor que Juan Carlos Onetti, quien a modo de pésame dejó este mensaje grabado en el contestador de Julio: «El de Arriba es un hijo de puta.» La muerte de Carol, pues, había conseguido lo imposible, que un agnóstico incurable creyera en la ira de Dios.

Durante aquellas navidades Cortázar trata de encontrar argumentos para seguir viviendo. De un lado aspira a concluir el libro que empezó con la Osita en la autopista. En carta a Silvia Monrós le dice que no tiene proyectos y que sólo piensa en ese libro que ahora ha de completar solo. «Se lo debo, quiero que salga, en este momento es mi única manera de seguir junto a ella, hablándole y escuchándola.» Por fin ha vuelto al plano de las palabras. Pero también tiene otro motivo para seguir adelante –Centroamérica– y a primeros de año toma el avión. Primero Cuba, luego Nicaragua. El viaje a La Habana le eleva un poco el tono vital: Fidel, los compañeros de la Casa de las Américas, los lectores, la gente... Todos se esfuerzan para hacerle más grata la estancia y disipar en lo posible sus silencios y su melancolía. En realidad el ánimo de Julio está por los suelos y la amistad de los cubanos le ayuda a sobrellevar momentos de amarga depresión. Uno de los episodios más emotivos se labrará a fuego en su memoria. Una noche acude con algunos miembros del Comité a charlar con Fidel y éste le prodiga grandes muestras de afecto. Conocen su drama y por primera vez Fidel le tutea y le abraza con fuerza a la hora de la despedida. Éste abrazo le saca del pozo y lo devuelve al mundo. Aunque en los últimos años Cortázar ya había detectado y señalado las grietas del sistema, sabe que necesita a Cuba y que Cuba lo necesita. No es el momento de renovar las críticas, máxime cuando la Administración Reagan acecha a noventa millas de La Habana. Sólo es un viudo sin consuelo que necesita calor. Y la isla se lo entrega a manos llenas.

Pocos días después vuela hacia Nicaragua. En los últimos meses ha deseado ardientemente llegar allí para sumarse de nuevo al esfuerzo sandinista: es el modo de avanzar en el conocimiento de su proceso liberador y poder difundirlo en sus escritos para contrarrestar en lo posible las mentiras o medias verdades que circulan por Europa. En Managua le recibe Tomás Borge: «Cortázar tuvo una tragedia personal y yo temí por su regreso, ya el paisaje del país le podía resultar ingrato. Pero reapareció, y yo vi al mismo Cortázar de siempre, ascendiendo de su dolor y trascendiéndolo. La explicación que nos dimos es que su mismo amor lo consolaba.» No obstante la procesión va por dentro. Cada rostro de los amigos, cada casa en la que entra, le hace sentir como nunca la ausencia de la Osita. El recuerdo aquí es desolación. Todos la recuerdan con gran tristeza y él no consigue acostumbrase. Está soportando un segundo velatorio, reviviendo su dolor. Sólo el trabajo le ayuda a mantenerse entero; pero sabe que ella le habría reprochado que se quejara, de modo que no lo hace. Y sigue.

Una de sus primeras actividades es la visita al teatro Rubén Darío, donde la chilena Carmen Waugh ha organizado una exposición que pretende mostrar al pueblo las deslumbrantes obras de artistas latinoamericanos: Lam, Matta, Le Parc, Soto... En relación a ello Cortázar se encargará de decir que no hay verdadera revolución sin belleza y sin poesía, las dos caras de una misma medalla. Pero nada la aparta de esa pesadilla diurna que le persigue a cada momento. No importa lo que haga: el dolor persiste. En carta a Julio Silva le comunica que tiene previsto viajar a través de la selva con varios amigos hasta la frontera hondureña. Es una zona caliente sometida a diario al acoso de las tropas somocistas y la amenaza cercana de la flota de Estados Unidos. Aunque no lleguen a la línea de fuego, el mismo caos que reina en el lugar no les libra de eventuales emboscadas. Por eso le ruega al amigo que si ocurriera lo peor, recuperen su cuerpo y le den sepultura junto a Carol. Después de todo, Silva ha sido encargado junto a Luis Tomasello de diseñar la tumba en Montparnasse. Finalmente no le ocurrirá nada grave, pero los pormenores de esta aventura como corresponsal para la agencia EFE están relatados en «Vigilia en Bismuna», un texto escrito sobre el terreno que luego reunirá con otros en *Nicaragua tan violentamente dulce.*

Es interesante destacar esta última metamorfosis que se opera en Cortázar. Apenas un par de años antes había rechazado viajar en aquel avión a la Argentina porque no deseaba acabar sus días con una bala en la cabeza. Pero entonces aún vivía la Osita y tenía todas las razones para vivir. Ahora en cambio tiene motivos para morir y no le importa llevar la existencia de un corresponsal de guerra. ¿Sintió quizá esas guardias insomnes en la selva que marcaron la aventura del Che, aquel hermano que velaba mientras él dormía? A falta de escaramuzas del enemigo siempre quedan las estrellas de la caliente noche tropical. Esta expedición a la frontera hondureña con

Sergio Ramírez, Claribel Alegría y su marido se saldará con una alta dosis de fatiga y docenas de ronchas a causa de las picaduras de los insectos. Aunque se siente bien de salud, nunca creyó que aguantaría el episodio de la vigilia en la frontera. Pero lo ha hecho. Hay siempre un pozo esperándole en cualquier rincón del tiempo, pero vuelve a salir a flote y sigue adelante.

En otra ocasión Julio regresa a la costa atlántica y a Solentiname. La zona le inspira nuevas palabras, pero no sabe describir paisajes y por primera vez lo lamenta; hubiera querido trasladar al lector a orillas del río San Juan, hacerle sentir eso que Europa ya no tiene: el vago temor a lo desconocido, al misterio que empieza en las orillas del río y que la selva y los manglares ocultan a la mirada. Aquí los mapas son inútiles, apenas hay rastros de vida humana. Pero Cortázar ya no piensa tanto en la literatura: avanza. Se diría que el antiguo discípulo de Borges se está transformando en un personaje de Conrad. De ahí a *El corazón de las tinieblas* ya sólo hay un paso. ¿Qué hace este viudo desconsolado atravesando la selva, a lomos de un caballo, topándose con jaguares y padeciendo las picaduras de los mosquitos y las garrapatas? Ya lo hemos dicho, trata de sobreponerse al dolor y ayudar a los humillados. Pero también hay una pulsión inconsciente de recibir la muerte en cualquier recodo del camino, morir allí, en plena jungla, como uno de los héroes de sus lecturas infantiles. Cualquier cosa antes que volver a la soledad aterradora de la rue Martel.

A los pocos días el esfuerzo le pasa factura y sufre un nuevo cólico renal. El ataque se produce en Corn Island: un pequeño paraíso lleno de cocoteros, a hora y media de avioneta de Managua, en la costa atlántica. Esta vez Cortázar ha de enfrentarse a terribles dolores sin apenas medicación, sufre vómitos recurrentes y pierde mucho peso. Cuando lo cuente a Jonquières le comunicará el deseo de ponerse inmediatamente en manos de su médico francés; luego añade: «Lo que más me cuesta es luchar contra una especie de atonía o de indiferencia que nunca estuvo en mi carácter; pero la química sabe hoy cómo inyectar por lo menos un grado normal de vitalidad.» Entretanto son los «nicas» quienes le aportan la energía perdida. Pocos días más tarde esos «locos tan queridos», como les llama, le conceden en Managua la Orden de Rubén Darío. Dado que es la primera vez que la recibe un ciudadano extranjero la distinción le llega al alma. Julio no es un hombre de premios ni de galardones, esos vicios propios de famas. Será una de las pocas distinciones que reciba en su vida. Luego regresa a París.

CONTRA LAS CUERDAS

Aunque su corazón está roto, Cortázar recupera vínculos afectivos que había perdido o que había dejado en segundo plano durante la era de la Osita. Es el caso de Manja Offerhaus, que vuelve a la escena cargada de cariño y nuevos proyectos. Ahora trabajan juntos en el libro *Alto el Perú* inspirado en un hermoso reportaje de Manja. Pero las mayores energías del enfermo van dedicadas a revisar ese texto que compuso a cuatro manos con Carol. Ni siquiera el eco mediático de su último volumen de relatos, *Deshoras*, le apartan de su objetivo. Y ello pese a que *Deshoras* sugiere un retorno simbólico a Argentina, ya sea al barrio de Banfield, o a esa escuela tenebrosa de entreguerras que inspirará uno de sus últimos grandes cuentos, «La escuela de noche». Lo único que le interesa a Cortázar es seguir junto a su amada. «Está tan cerca de mí que escribo esto sin pensar que me he vuelto loco. Lo que estoy es hueco (y es peor, tanto peor)», le confiesa a Ana María Barrenechea. En carta a Jonquières se respira el mismo sentimiento de vacío: está tan deshabitado que le cuesta trabajo reconocerse cada vez que se despierta. Sólo el trabajo viene un poco en su auxilio. Ya sólo le quedan libros, palabras impresas sobre algo que fue pura vida y puro amor.

Pero los amigos también ayudan. El Gran Cronopio cuenta con muchos en los cinco continentes. Toda esa amplia corriente de afecto cristalizará esa primavera en la idea de rendir un homenaje público a Cortázar. Estamos en abril de 1983. Encabezados por Saúl Yurkievich, los promotores de la iniciativa pertenecen a su círculo más íntimo: les mueve el deseo de honrar al gran escritor, pero también de elevar el ánimo del amigo que no acaba de remontar el vuelo. Al principio Julio escucha atentamente la propuesta que Saúl le transmite por teléfono, y en la aquiescencia del primero el segundo creerá ver el signo de la aceptación. Pero pocos días después escribe una carta declinando el ofrecimiento. Tras agradecer el gesto se explica:

> La sola idea de estar presente en una sala, rodeado de amigos que me expresen su cariño, se vuelve una idea que me angustia hasta un límite insoportable. Sé que estoy bastante neurótico, sé que cada día que pasa me siento un poco peor que la víspera, aunque sea capaz de ocultarlo y seguir adelante... A vos puedo decírtelo y te lo digo: me harían un daño horrible, por absurdo que parezca.

Ante una petición tan dramática, Yurkievich se olvida del asunto; pero el trasfondo de la carta es claro: Cortázar admite estar «bastante neurótico», lo que en su caso quiere decir bastante afectado anímicamente, muy vulnerable y con las heridas abiertas. También muy cercano al extravío mental. Habla de angustia insoportable, de daño horrible, y se expresa en unos términos que nunca casaron ni con su estilo ni con su temperamento. Para encontrar en su vida un dolor comparable hay que remontarse a la década de los cuarenta, en concreto a aquel año fatídico de 1942, cuando perdió en pocos meses a varios seres muy queridos. Pero esta vez se añaden factores nuevos: es un hombre viejo y enfermo que ha perdido al último gran amor de su vida. Siete meses después de la muerte de Carol sigue tambaleándose como un boxeador tras el K.O. En carta a Yurkievich se expresa en similares términos: «La muerte me ha golpeado en lo que más amaba, y no he sido capaz de levantarme y devolverle el golpe con el mero acto de volver a vivir.» Este intercambio de golpes con la Muerte, que permite a las personas continuar en el ring de la vida, requiere una gran dosis de fortaleza y de confianza que el autor de *Rayuela* ya no tiene. Él sabía mucho de boxeo y se hace difícil creer que no se viera a sí mismo como uno de esos héroes caídos que había inmortalizado en algunas páginas. Al igual que el gran Firpo que largó a Dempsey fuera del cuadrilátero, Julio ya no es el gran ídolo de otros días: se parece más bien al protagonista de un relato de *Último round*. Éste es Cortázar ahora, un viejo campeón incapaz de levantarse, vacilante, todavía de rodillas. Y cuando lo haga, lo hará con los brazos caídos y la mirada vidriosa, con las fuerzas justas para alcanzar su rincón.

Todo este vía crucis es llevado con la elegancia discreta de siempre: el escritor rara vez lo confiesa a los otros y sólo algunos íntimos conocen la verdad. Pero cuando lo hace les ruega que guarden el secreto para no afligir a todos aquellos que le siguen rodeando con su calor. Sin embargo él mismo reconoce que hay momentos en que lo único que tiene realidad es la tumba de Carol, donde acude a ver pasar las nubes y el tiempo sin ánimo para nada más. La imagen es conmovedora y a la vez terrible. Un hombre acabado, solo, cada vez más flaco, prodigando sus visitas al cementerio de Montparnasse para dejar unas flores y charlar con su mujer muerta, o bien observar las nubes con el asombro del fotógrafo que narra en «Las babas del diablo»: «Lo que queda por decir es siempre una nube, dos nubes, o largas horas de cielo perfectamente limpio...» El tiempo incontable. La cámara de Antonioni ya no está. No puede vivir ni escribir en este París zombie.

¿Quién acompaña a Cortázar en estos paseos escritos con lágrimas? No lo sabemos, pero quizá la respuesta es nadie. Al pensar en ello, uno piensa también en los miles de admiradores que le habrían arropado de corazón en esos momentos, en caso de haberlo sabido. ¿Cuántos lectores tiene Cortázar, sólo en Argentina? No cabrían en la Bombonera. ¿Y en Europa? Pero el Lobo siempre encuentra un hueco entre sus ocupaciones para llevarle a la Osita un ramo de flores amarillas. Hay un momento de la vida en que la literatura regresa, y regresa no sólo desde los libros sino desde la propia existencia, y en el caso de un escritor no sólo vuelve la propia literatura sino también la de los demás. Por mucho que lo intentemos, nunca podremos ponernos en la piel de Cortázar. Pero en estos meses durísimos todo retorna con otras formas y se le clava en el alma: la melancolía de Keats, que tenía el corazón de un pájaro; la negrura de Maupassant, que descansa en el mismo cementerio y cuyos héroes se desmoronan ante las tumbas de sus amantes; las flores amarillas de su propio cuento, cuando aquel pobre infeliz asesina a un muchacho al que adora para que no repita su misma vida fracasada; el fotógrafo que descubre un amor furtivo en el parque; el bebé Rocamadour; la Maga... Toda esta galería de personajes anda revoloteando sobre las tapias de Montparnasse y parecen posarse sobre la demacrada figura cubierta por un abrigo oscuro. Es cierto que todavía está vivo, pero su obsesión oculta es reunirse cuanto antes con su amada. También él está muerto.

Pero la vida nos atrapa porque no es como la imaginábamos. En algún rincón del mundo sigue esperándole Nicaragua, tan violentamente dulce, o la literatura, la vieja compañera, o las personas que sufren dramas mayores al suyo. Siempre esta paradoja insoportable: le gustaría morir pero ha de vivir. Desde hace meses se halla inmerso en una etapa de disolución que trata de remontar con una terapia de tipo ocupacional. No sabe ni quiere quedarse en la rue Martel. El 20 de mayo viaja Madrid a una reunión del CADHU para tratar el tema de los desaparecidos, gentes cuyos familiares no pueden siquiera contemplar las nubes o llevar flores a los muertos. Aunque en cierto modo Julio es un hombre desintegrado, roto, sin esperanza, no ha perdido ni un átomo de fe en los seres humanos. Su gran dolor, además, le permite desarrollar hacia ellos la máxima empatía.

El dolor de una pérdida siempre es el mismo y él lo sabe. Los hombres perdemos a quienes amamos y luego nos quedamos en mitad del camino torturados por preguntas que no sabemos responder. De haber sido creyente, seguramente Cortázar habría buscado consuelo en la religión. Pero como no cree en Dios, es el respeto por el dolor ajeno lo que da sentido a su propio dolor y le procura sosiego espiritual. No deja de ser una hipótesis. Pero todo este último tramo de su vida, donde reparte sus mejores energías mirando hacia fuera, donde la literatura pasa definitivamente a un segundo plano, donde cada gesto le acerca al prójimo, se nos antoja algo más que una forma de escapar del aura morbosa y envolvente de la tumba de Carol. Es un modo de seguir siendo útil a los otros, de unirse a la gran tribu de la raza humana, que es lo único que al final queda cuando lo hemos perdido todo.

Hemos hablado del «aura morbosa» de la tumba de Carol, y no hay en ello ni un ápice de exageración. Uno de sus amigos españoles, Félix Grande, recordaba una inquietante anécdota de aquel período: «Algunos meses después de la muerte de Carol, que era un ser encantador y que hacía a Julio extremadamente feliz, él vino a Madrid. Nos telefoneó para que cenáramos juntos en casa. Julio hablaba de Carol en presente, como si ella estuviera entre nosotros tres. Incluso nos pidió que pusiéramos en la mesa un vaso, un plato y cubiertos para ella.» La escena produce escalofríos. ¿Qué hay aquí? Cortázar se está convirtiendo en un personaje que parece extraído de *El altar de los muertos*, de James, o de su versión cinematográfica, *La habitación verde*, de Truffaut. Cada vez se asemeja más a un perturbado decimonónico, tiene algo de criatura romántica que abraza la locura para olvidar la muerte del ser amado. Siempre dijo que era un sentimental. Todo aquello que había leído, aquellas intensas emociones anteriores a la lógica, lo está sufriendo ahora en propia carne. Keats, Poe, Hardy... «*Nevermore.*» Si a lo largo de su vida había sorteado las riberas de la sinrazón, la muerte de la Osita le ha puesto al borde del precipicio.

EXTRAÑAS VOLUNTADES

El 10 de julio vuela de nuevo a Nicaragua. En vísperas del viaje manda una carta a Aurora rogándole que se haga cargo de sus papeles en caso de muerte. Desde el fallecimiento de Carol, cada vez que marcha con los «nicas» realiza algunas peticiones a sus allegados como si temiera no volver o quisiera no volver. Algunas son demandas razonables, como el de expresar el deseo de ser enterrado junto a su amada. Otras pertenecen a un ámbito más íntimo y nos hablan del lado oculto −¿uno más?− de Cortázar. No me refiero a los papeles que hay en un *classeur* del cuarto de trabajo de Carol y que Aurora debe destruir. Hablo de una serie de fotografías de ella que deben correr la misma suerte: son fotos de Carol desnuda que Julio guardaba celosamente. Lo hizo porque fueron para él momentos de amor y de belleza. «No las destruyas sin mirarlas, porque comprenderás lo que fueron para ella y para mí. Sólo vos debes verlas, será como si yo mismo las mirara una vez más.»

¿Qué es esto? Una petición un tanto particular. Si años antes había pactado con doña Herminia la destrucción de su correspondencia, de la que sólo se han salvado unas pocas cartas, ahora le ruega a su exmujer que se deshaga de unas fotos que pueden resultar comprometedoras. ¿Comprometedoras? De alguna manera sí. Porque en el libro que Julio y Carol escribieron durante su viaje por la autopista aparece un retrato de ella con los senos desnudos. Otro tanto sucede en filmaciones domésticas en las que la Osita juega en la playa con su hijo. En topless. Estas imágenes han prevalecido por la propia voluntad de Cortázar y son de una pureza franciscana. Pero ¿y las otras? Todo es demasiado opaco y subjetivo. Pero parece claro que él dedicó muchos momentos a inmortalizar desnuda a su amada, quizá como un modo vicario de poseerla o de sublimar a través de la cámara una pasión física que la enfermedad le habría impedido expresar plenamente. En tal caso el hombre que escribió la historia de *Blow-Up* habría evolucionado a una figura más próxima a la del protagonista de otro film extraordinario sobre fotógrafos. Nos referimos a *Peeping Tom*, de Michel Powell. Obviamente, Cortázar no guarda relación alguna con el psicópata que ejerce allí de fotógrafo del pánico. Al contrario. En cierto modo vendría a ser su rostro luminoso y adorable. Pero hay algo en todo esto, algo que no acabamos de comprender del todo. Algo que se nos escapa. Y no sólo por las imágenes.

Es probable que la misma petición alimente nuestras dudas. ¿A qué obedece esa insistencia de Julio en que Aurora vea las fotos? ¿No hay algo morboso en ello? Se diría que trata de enviarle a Glop una señal, pero no sabemos su significado. Quizá intenta descubrirle lo que él entiende ahora por verdadero amor, o la naturaleza de un vínculo con una joven que algunos no acaban de encajar. Aun suponiendo que Cortázar hubiera sucumbido en la vejez a pulsiones eróticas de nuevo cuño, no sabemos nada. A lo sumo podemos recurrir a la literatura o el cine. Podemos pensar en *Drácula* de Francis Coppola. El vampiro se siente desolado por la muerte trágica de Elisabetha: todo le recuerda a ella y no logra sobreponerse a su inmenso dolor. ¿De qué le sirve ser «inmortal» si ella le ha abandonado en plena juventud? Todo su existir es catalizado por una idea romántica, la idea de la fugacidad de la vida, pero también del amor que en el recuerdo se hace eterno. Sea cual sea su contenido, estas fotos certifican que Julio vivió algo grandioso. En estos meses marcados por la tragedia, quizá se asomó a ese cajón secreto para hurgar en la herida, como aquellos amantes del XIX que guardaban el retrato de la amada muerta en un medallón. Pero al final todo ha de ser destruido y Aurora será la encargada de borrar las huellas.

Y DE REPENTE EL ÚLTIMO VERANO

Durante dos semanas Cortázar vive en Nicaragua. Pese a su precario estado de salud, sigue convencido de que el compromiso con los «nicas» puede resultar sumamente útil. Por eso aporta su grano de arena sin perder nunca la fe en el hombre nuevo. Así lo recordaba Tomás Borge: «Quiso verlo todo. Iba de aquí para allá: la gente, los volcanes, los ríos, la Costa Atlántica…» Es cierto que las circunstancias siguen siendo dramáticas, sobre todo desde que la administración Reagan insiste en financiar a comandos somocistas e impone el bloqueo naval. Pero para tranquilidad de Julio sus amigos nicaragüenses se mantienen firmes y decididos como el primer día. Cada vez que visita alguna zona crítica del país, se topa con la misma resolución de luchar hasta el final. Esta atmósfera combativa que reina por todas partes resulta muy beneficiosa para Cortázar: el pueblo lucha, combate, se defenderá hasta la muerte. ¿Por qué no habría de hacer él lo mismo en su desolado campo de batalla? Contagiado por el ambiente, aprovecha los ratos libres para seguir recogiendo sus impresiones; algunas de esas notas cobran la forma de artículos que aparecen en varios países.Los lectores siguen muy de cerca sus movimientos, ajenos a la marea de su dolor.

A principios de agosto vuelve al apartamento de la rue Martel. A tenor de una carta a su madre, la salud apenas le ha dado problemas durante la breve estancia nicaragüense y lo cuenta con humor. Bajo ningún concepto quiere alarmar a doña Herminia, antes bien aspira a arrancarle una sonrisa tras ese año tan amargo para todos: «Mi salud anduvo bien, aunque un eczema me molestó mucho con ese calor terrible que pocas veces baja de los cuarenta grados, pero siguiendo el consejo de los monitos que andan por los árboles nicaragüenses, me rasqué convenientemente y ahora aquí tengo un tratamiento que espero me curará en pocos días.» ¿Quién escribe aquí? ¿Un viejo de casi setenta años o un pibe que manda una postal en vacaciones? En todo casó este eczema tan molesto no obedece a las causas habituales: este eczema es uno de los síntomas de una nueva enfermedad que aún no ha sido descubierta y que en poco tiempo se hará tristemente célebre. Seguiremos la pista. Lo importante es que Julio ha vuelto con mejores energías y con algunos planes. El primero es pasar el resto del verano en España, invitado por los Muchnik.

La historia de esas vacaciones ha sido narrada por el editor en *Lo peor no son los autores*. Allí da cuenta de aquellas semanas deliciosas que pasaron juntos en un viejo molino de piedra –el Molino del Salado– en un rincón perdido de la provincia de Segovia. Este molino que Julio consideraba «una maravilla» data del siglo XVI y se alza junto a un arroyo rumoroso que por la noche bendice el sueño. Aquí el invitado vive, descansa, lee, escribe… Quizá por primera vez se siente plenamente a gusto entre los españoles. Años atrás había comentado en una entrevista que Francia le gustó porque la gente era profundamente respetuosa con la vida privada ajena. Era lo mejor para un hombre de naturaleza solitaria, tímido y muy vuelto en sí mismo, carácterísticas bastante argentinas, al menos de su generación. Gracias a ello había podido hacer su vida y escribir su obra.

Pero ahora no necesita la soledad ni el respeto francés. Al contrario: necesita que le llenen las horas con bullicio y alegría. Y al final regresa al país del padre. Los españoles le gustan de verdad. Los encuentra generosos y hospitalarios y acude a sus casas donde se celebran veladas llenas de vida. Vida a la española, claro, con esa hospitalidad desbordante y ese temperamento generosamente invasor que también tienen los italianos. El autor de *Rayuela* revive. En palabras de Muchnik: «La tristeza no afectó nunca su sentido del humor. Durante ese par de semanas lo vimos alborozados salir a bailar la jota en Segovia, burlón de sí mismo, y visitar con interés de estudioso algunos monumentos del románico local... Había participado en asados campestres y libaciones a altas horas, siempre dicharachero, discutón, con risas contagiosas y entusiasmos de vieja amistad... Y sin embargo su mirada era siempre grave. En él, insólitamente grave.»

Algunas de las fotografías tomadas por Mario reflejan el desolado paisaje interior de Cortázar. Ocasionalmente éste salía con el matrimonio Muchnik de excursión por la comarca. Una mañana se acercaron hasta un pueblecito donde se alzaba una antigua iglesia románica. Mientras recorrían el lugar apareció un enjambre de colegialas en bicicleta que también deseaban visitar la iglesia. De pronto una de ellas reconoció a Julio y se lo comunicó a las demás. Durante un minuto estuvieron hablando en voz baja, a cierta distancia, hasta que una de ellas sacó una pequeña hoja de papel, la rompió en pequeños pedazos y los repartió entre sus compañeras. Finalmente se armaron de valor y se acercaron hasta el Gran Cronopio.

—¿Usted es Julio Cortázar?

—Y sí —contestó el escritor seriamente—, no me queda más remedio.

Entonces cada una de ellas le tendió su trocito de papel para que se lo firmara. Cortázar firmó y luego las colegialas se despidieron alegremente con su autógrafo dorado en el corazón. Cosas así le hacían mucho más bien que los elogios de los críticos. En otra ocasión se encontraban en la terraza de un café de la plaza Mayor de Segovia cuando se les acercó un niño de unos diez años, preguntándole si era Julio Cortázar.

—Para mi papá usted es Dios —añadió—. ¿Me firma aquí?

—Decíle a tu papá que digo yo que Dios no existe —repuso Julio muy serio mientras le firmaba el papel.

Pero la anécdota más divulgada tuvo lugar días más tarde. Para entonces la noticia de que el escritor pasaba las vacaciones en la comarca había corrido como la pólvora: los periódicos locales se hicieron eco e incluso algún periodista se acercó hasta el molino para entrevistarlo. De creer al anfitrión: «Julio odiaba las entrevistas, pero las aprovechaba para hablar de Nicaragua y se resignaba al tedio poniendo buena cara.» Pero aquella entrevista atrajo a visitantes bastante insólitos, al menos en la vida del autor de *Rayuela*. La tarde del 26 de agosto Muchnik decidió sacarle unas fotos cerca del río. Dado que ese día era el cumpleaños de Julio, la sesión ya tenía de por sí un sabor especial. De pronto los amigos vieron un jeep de color verde que se acercaba traqueteando por el desastroso camino de acceso. Era la Guardia Civil. Al llegar hasta ellos, detuvieron el vehículo y bajaron dos agentes uniformados. Aquello fue el principio de un breve diálogo que culminó con una imagen memorable. En ella aparece Cortázar «detenido» entre dos guardias civiles, que en realidad se habían desplazado para interesarse por él. Todo fue extremadamente respetuoso y cordial. Pero la parodia de arresto inmortalizada por Muchnik hizo fortuna, quizá por la ironía que encierra el hecho de que una de las últimas fotos del Gran Cronopio, y sin duda la más descabellada, lo presenta custodiado por dos milicos gallegos. La fotografía aún cuelga de un tablón del cuartel de la Guardia Civil de Prádena, como uno de los grandes momentos del Cuerpo.

OTOÑO EN PARÍS

El mismo día de su cumpleaños los Muchnik le acompañan a tomar el tren en la estación de Chamartín de Madrid. Aunque la estancia en el molino estaba siendo placentera para él, ha de regresar esa misma noche a París. Al día siguiente tiene una cita ineludible con el médico. Según Julio: «Siempre me recibe a medianoche —les dice—, y hay que tener en cuenta que viste de negro, es alto como yo, se peina engominado hacia atrás y es hematólogo. Sólo le faltan los colmillos...» Este enfermo que a ratos conserva lo mejor de su ingenio, regresa a un apartamento vacío donde le persigue la realidad. Es un duro destino para aquel que había encarnado —Johnny Carter, Horacio Oliveira— la imperiosa necesidad de buscar otra realidad. En el fondo las vacaciones en el molino no le han curado. Al contrario: ha vuelto con una fuerte urticaria y con varios kilos menos a causa de trastornos digestivos. Durante un mes permanece en París sometiéndose a nuevos análisis y atendiendo en lo posible sus muchos compromisos. A mediados de octubre escribe a su madre deseándole que la primavera en Buenos Aires sea tibia y agradable: así ella podrá disfrutar del balcón y de sus plantas. En París, en cambio, ya ha empezado el otoño y él ha tenido que poner en marcha la calefacción, algo que siempre le deprime pues es el anuncio de un larguísimo invierno. En la carta también le habla de Ofelia y le confirma unos envíos atrasados de dinero que acaba de mandarles su banco de Viena: la entidad que desde décadas se encarga de efectuar mensualmente la transferencia. Ya no hay talón, pero como si lo hubiera; en realidad nunca ha dejado de haberlo. Casi medio siglo de cheques. En la carta alude también al final nada glorioso de la Junta Militar y al regreso de la democracia a Argentina. La llegada del presidente Alfonsín le hace concebir esperanzas pero también es consciente de las grandes dificultades. De hecho las noticias hablan de una especie de bancarrota total en el país.

Una vez más Cortázar silencia parte de sus problemas: no le cuenta a doña Herminia que lleva meses con desarreglos intestinales y que no ha resuelto los eczemas de la piel que le obligan a rascarse continuamente como aquellos monitos de Nicaragua. En pocos días ingresará en un hospital para someterse a nuevos exámenes. En lugar de ello prefiere hablarle de la Osita: pronto se cumplirá el primer aniversario de su muerte, pero para él sigue siendo como el primer día. La única manera de sentirse un poco mejor ha sido trabajar en el libro que estaban preparando juntos. «Así me hago por momentos la ilusión de que ella está a mi lado.» El primer aniversario coincide aproximadamente con la aparición del libro que lleva por título *Los autonautas de la cosmopista*. Entre las muchas fotografías del volumen destaca un hermoso retrato de la pareja en la contracubierta: Julio aparece sentado en su mecedora favorita mientras Carol se halla de pie detrás de él. Ambos miran a la cámara con una mirada resignada y serena. El juego de los brazos y de las manos traza una bella figura que nos habla de amor eterno. Pero las miradas nos dicen también que esa figura tiene los días contados y que ellos de algún modo lo saben. Aunque ambos encaran el objetivo de la cámara, toda la luz intensa que les rodea tiene algo de sobrenatural, o al menos sugiere esa clara atmósfera nórdica que anuncia la muerte. ¿Qué hay más allá del fotógrafo? Ambos ya la han visto.

En el mes de noviembre Cortázar viaja a Barcelona para participar en *Buenas noches*, un programa de televisión de gran audiencia liderado por Mercedes Milá. Por primera vez no va a promocionar un libro sino a defender una causa que en España no es comprendida por todos. Según cuenta Cristina Peri Rossi, que se hizo cargo de él, el invitado estuvo dócil y amable. «Recuerdo que para conducirnos al programa, nos enviaron un auto muy lujoso y una azafata muy guapa, que estaba emocionadísima de conocer a Cortázar. La azafata le entregó un encendedor Cartier, de oro, durante el viaje, regalo del programa. Julio lo sopesó, lo miró, me dijo: «¿A vos te parece que yo soy la clase de tipo que enciende un Gitanes con un Cartier de oro?"». Le contesté: «Vos no sos esa clase de tipo, pero no me mirés a mí, porque yo tampoco soy la clase de mina que enciende un cigarrillo con un Cartier de oro.» Entonces el escritor se dirigió muy gentilmente a la azafata para preguntarle si aceptaría un regalo suyo. Al final el Cartier acabó en manos de la chica. Sea como fuere, aquella noche también estaban en el plató Ernesto Cardenal y Ricardo Utrilla, director de la agencia EFE. Las imágenes del programa nos devuelven a un Cortázar viejo y cansado que comienza a aparentar la edad que tiene, es decir, la que indica su pasaporte francés. La enfermedad y la muerte de Carol han logrado el doloroso prodigio de convertirle en un hombre que marcha al compás del tiempo, como todos los demás. Todavía en fecha reciente le gustaba decir que era «inmortal» o que se alimentaba con el elixir de la eterna juventud. Pero estas bromas de cronopio juguetón habían pasado a la historia.

En relación al programa televisivo debemos añadir algo. Aunque Julio había aceptado participar a condición de hablar solamente de Nicaragua, la entrevista se torció por culpa de la presentadora. Ya entonces Mercedes Milá empezaba a practicar ese periodismo agresivo, impúdico y falto de delicadeza que la haría famosa años más tarde. En cierto momento se alejó del tema de Nicaragua para arrastrar a Cortázar al único territorio al que no deseaba ir. Escuchémosla: «Carol, su mujer, murió hace un año... Vamos a ver, ¿y ahora qué? Porque ése no es un tema que vamos a tratar con usted. Es demasiado doloroso como para que entremos ahí, es preferible respetarlo. ¿Ahora qué? Porque en España hay muchas obras suyas publicadas. La Editorial Alfaguara lo ha hecho. *Deshoras*, su penúltimo libro. ¿Y ahora qué, va a seguir escribiendo?» Todos los que tuvimos ocasión de presenciar la entrevista no hemos podido olvidar el rostro abrumado de Cortázar ante aquel interrogatorio que Milá le lanzaba a la cara convencida de lograr el gran *scoop*. Tras reponerse de esa serie de tres golpes —«¿Ahora qué?»— el invitado se salió por la tangente y respondió que su compromiso con Latinoamérica le impedía escribir en paz. Pero también aportó un dato de interés. Al parecer estaba soñando con una novela todas las noches: «Y lo que es muy triste, en el sueño la novela ya está escrita. De manera que, cuando me despierto, es una sensación muy frustrante... Yo veo el manuscrito, yo veo el libro ya hecho, siempre en manuscrito. Aunque escribo a máquina, lo veo manuscrito. Pero del contenido no tengo ninguna idea. Me despierto antes de poder leerla.»

Este hombre acosado por nuevas pesadillas aprovecha en Barcelona para visitar a un médico: el doctor Javier Lentini. En los últimos tiempos ha descubierto una oscura mancha en la lengua que le tiene muy preocupado y Cristina Peri Rossi le sugiere acudir a una nueva opinión. Pese a no ser hematólogo, el doctor Lentini era un hombre de ciencia muy culto que estaba al corriente de las enfermedades y además conocía a fondo la obra de Cortázar. Reunidos en su elegante consulta de la calle Balmes, estudió con suma atención los informes médicos que le mostró el enfermo. Recuerda Cristina: «Lentini confirmó que los análisis de sangre de Julio y otras pruebas descartaban la existencia de un cáncer, y atribuyó la enfermedad a un raro virus sin identificar. Aprobó la actuación de sus colegas franceses, pero se mostró completamente desconcertado ante la enfermedad.» El propio Cortázar escribirá después a un amigo: «Una enfermedad misteriosa y estúpida me persigue desde hace cinco meses, cobrándome un kilo de peso por mes.» Tras aquella visita, el escritor se apresuró a comentar a los Muchnik: «Cáncer no es, chicos.» Pero entonces, si no era cáncer, ¿qué era? Oficialmente Julio padecía leucemia mieloide crónica. Pero hoy sabemos que una leucemia de este tipo, por lo demás muy agresiva, no suele manifestarse con todos los síntomas que de forma conjunta estaban atormentando al enfermo: incremento excesivo de glóbulos blancos, fatiga, pérdida de peso alarmante, diarreas, infecciones oportunistas, manchas y picores en la piel... Esto no es leucemia, caballeros, esto es sida. Vamos a darnos un respiro.

A finales de noviembre Cortázar se encuentra de nuevo en París. A los pocos días participa en un encuentro en torno a su obra organizado en La Maison de L'Amerique Latine. En la mesa le acompañan Cristina Peri Rossi y su traductora, Laure Bataillon. El éxito de la convocatoria fue tan grande —los asistentes desbordaron el aforo del local— que los organizadores tuvieron que instalar altavoces en las escaleras y hasta en los árboles, frente a la fachada del edificio. Según Cristina, aquella tarde se respiraba una atmósfera de complicidad, de camaradería y de gozo común. «Al fin y al cabo, los que estábamos allí reunidos éramos los sobrevivientes de la generación del 68, de unos valores morales y de una concepción de la vida más justa, más libre». Julio leyó un fragmento de *Historias de cronopios y de famas*. Lo hizo de manera sobria y pausada, con sus inconfundibles «erres» de estilo francés cuyo origen a la postre no era francés. «Fue emocionante y estremecedor —dirá Peri Rossi—, y sin embargo, en ningún momento se rozó el sentimentalismo ni lo patético.» Al concluir el acto Cortázar rogó a su amiga que fueran juntos a cenar, pero con una condición sorprendente: «Invitá sólo a mujeres. Cada vez me siento más incómodo con los hombres».

Esta idea no era nueva en el discurso que ambos tenían en común. En un encuentro anterior Julio se lo había explicado así: «Cada día me es más difícil hablar con los hombres. Con ellos, hay que hablar de "temas"; en cambio, me gusta conversar con las mujeres, tienen las emociones a flor de piel, y eso es muy importante para mí, porque los hombres de mi generación se creían muy machos, y el falso pudor les impedía hablar de sus sentimientos.» Ante una declaración semejante se abren múltiples interpretaciones, pero no podemos demorarnos en ellas. Baste decir que el hombre que había dividido el mundo entre lectores «macho» y lectores «hembra», ahora sólo encontraba consuelo en ese universo emocional donde, según el tópico patriarcal, el pensamiento y la acción quedan en segundo plano. Cualquier lector dirá con razón que este nuevo esquema binario de Cortázar incurría en flagrantes prejuicios, pero no debemos ser tan severos. Porque en el fondo no estamos debatiendo aquí una cuestión de género sino más bien la necesidad de compañía de un viejo viudo desamparado. Es cierto que con sus médicos podía hablar de enfermedades, con sus editores, de libros, y con sus amigos, de jazz o de box; pero en ese durísimo momento de la vida quizá nada le procuraba mayor sosiego que reunirse con una tribu de «piantadas» en torno a una mesa. Aquella noche eran seis: Claribel Alegría y sus dos hijas, la poetisa argentina Ana Becciu, la traductora Françoise Campos Timal, y la propia Cristina Peri Rossi. En cierto modo se cerraba así el círculo que se había abierto en Banfield más de sesenta años atrás, cuando era un crío enfermizo y solitario que vivía rodeado de mujeres que no cesaban de hablar y de hablar. En ese estado de profunda fragilidad emocional Cocó seguramente buscaba el calor perdido de la infancia. La conclusión es transparente: si el padre no le hubiera abandonado, quizá le habría sido fácil compartir su dolor con otros hombres. Pero al dejarlo indefenso entre mujeres, sólo había aprendido a reconocer el bálsamo femenino.

Sin embargo Cortázar fue una figura muy compleja, o para ser exactos una persona que poseía varias facetas en funcionamiento. Incluso en aquella hora de tiniebla nunca se engañó ni trató de engañar a los demás; pero a veces sucumbía a las exigencias del papel que había creado en cada caso para relacionarse con los otros. Del mismo modo que sus cartas evidencian un conocimiento muy preciso de sus corresponsales, también sus opiniones tienden a perseguir la sintonía inmediata con el interlocutor. Sólo así podemos aceptar que el individuo que le confiesa a Peri Rossi que se siente incómodo en compañía de otros hombres, y que cada vez le cuesta más hablar con ellos, resulta que lleva meses embarcado en un proyecto «secreto» con un compatriota de Cristina, el escritor uruguayo Omar Prego. Dicho proyecto consiste nada menos que en realizar una serie de entrevistas destinadas a reconstruir su aventura vital. Para ello Prego se desplaza regularmente hasta la rue Martel y allí conecta su grabadora ante ese viejo larguirucho y demacrado que se sienta en un sillón giratorio de espaldas a la rue du Paradis. Recuerda Prego: «Estaba muy flaco, con los huesos de los hombros marcándole el pulóver, como si quisieran salirse de la piel.» Cada sesión dura de tres a cuatro horas y concluye con una buena copa de whisky que sirve el propio entrevistado con el argumento «Creo que nos lo hemos merecido». El fruto de este trabajo de corte psicoanalítico será *La fascinación de las palabras*, el autorretrato más profundo y completo de Cortázar. Aquí habla prácticamente de todo y no parece incómodo desvelando emociones, fobias ni secretos en presencia masculina. El único tema tabú es el padre. Entre las muchas perlas hay una que nos sirve para comprender su estado de ánimo:

> Yo tengo la impresión de que hay momentos en que cualquiera de nosotros –los astrólogos dirían una cuestión de horóscopo– estamos sometidos a buenas y malas influencias. Lo cual, de alguna manera, explica a veces la acumulación de desgracias...Yo sé que hace cinco años estoy en una más que negativa etapa de mi vida...Yo tengo el sentimiento claro de que hay eso que la gente a veces llama Destino, que, en un determinado momento se pone en contra.

Insistimos. No parece la actitud de un individuo que está lejos de los hombres. Al contrario. Mucho de lo que le transmite a Prego jamás se lo había contado a una mujer. Por lo demás Cortázar reconoce abiertamente que se siente muy enfermo y lejos de su centro. Hay muchas cosas que quiere hacer y no puede hacer. Aunque no pierde la esperanza, sabe que ya sólo le queda combatir hasta el final.

REGRESO ¿TRIUNFAL? A LA ARGENTINA

A principios de diciembre retorna a Buenos Aires. Tras una década de ausencia le ha llegado finalmente la hora de volver. En todo este lapso han pasado muchas cosas, sobre todo los treinta mil desaparecidos a manos de la dictadura y la guerra perdida de las Malvinas. Pero el presidente Alfonsín está a punto de asumir la presidencia y ya han comenzado a soplar vientos más favorables. Instalado en un hotel céntrico de la calle San Martín, Cortázar aguarda una invitación oficial para asistir a la toma de posesión, tal como había sucedido con Mitterrand. Pero será en vano. En un gesto de torpeza y cobardía políticas los consejeros del nuevo presidente le ignoran. ¿Para qué perder el tiempo con un zurdo renegado? De este modo consuman el primer gran oprobio de la democracia. ¿Qué ha ocurrido? Veamos. Es cierto que la postura de Julio frente a los problemas de Latinoamérica era excesivamente radical para el nuevo Gobierno de Alfonsín; pero la fiesta de la democracia merecía un homenaje a todos aquellos que llevaban décadas luchando por ella. Dentro y fuera del país. Cuando el autor de *Rayuela* se entere del desaire quedará bastante dolido. Aunque solía evitar la presencia de los focos —«A él no le importaba que lo recibieran, nunca tuvo esa cosa del figurón», recuerda Osvaldo Soriano—, la ocasión valía por toda una vida. Sobre todo para doña Herminia, claro, que habría muerto de felicidad viendo a Julito por televisión estrechar la mano del presidente. Pero «fue un rechazo total», concluye Soriano.

En Buenos Aires las jornadas transcurren como siempre: entre la familia y los amigos, sólo que esta vez todo desprende un aroma a melancólica despedida. «He venido para despedirme de mi madre», dirá, aunque no queda claro si alude al final de ella o al suyo propio. El adiós también incluye la ciudad. Sin duda sería muy hermoso, como han hecho algunos biógrafos, imaginar que Cortázar quiso ver por última vez los lugares míticos de su juventud. Pero la salud no le dio para todo lo que quizá aspiraba a visitar: la calle Maipú, el teatro Colón decorado por su abuelo, las aceras de Corrientes, las librerías de lance, las veladas de box en el Luna Park, las casas del barrio San Telmo o los bancos del parque Rivadavia. En el fondo él ya está en otro mundo al que nadie tiene acceso. Aunque Buenos Aires no ha cambiado tanto, quizá ya no dice lo mismo o suena de otra manera. ¿Qué fue del viejo bandoneón que acechaba en ciertas esquinas exaltando al malevaje? Ya no hay tangos en el aire. Aquella misma semana un tal Charlie García presenta su disco *Clics Modernos* en el Luna Park. Tras una dolorosa dictadura una nueva generación de músicos argentinos ha saltado a la palestra: lo hacen con toda la fuerza del rock anglosajón y la sensibilidad poética del Sur. En la radio suena una canción y las orejas de Cortázar se alzan como las de un perro cazador: «Acabo de llegar, no soy un extraño / Conozco esta ciudad, no es como en los diarios, desde allá.» Luego la música, linda, linda. ¡La pucha! ¿De dónde salieron estos pibes?

Sin embargo el Gran Cronopio no negará a la prensa unas pinceladas de nostalgia:

> Es hermoso volver después de diez años de no haber podido volver, y caminar de nuevo por las viejas calles de Buenos Aires que tanto significan para un porteño como yo, y volver a sentir los olores y descubrir que las veredas están estropeadas como siempre, que no han cambiado, pero que tampoco han cambiado las cosas que me gustan. Es curioso cómo uno está unido al aspecto sensual de una ciudad. Yo llevo a Buenos Aires puesto como otros llevan los zapatos y lo paseo conmigo en cualquier lugar, como emigrado, como exilado, como turista, da lo mismo.

Durante su estancia lleva un ritmo frenético: en seis días concede una docena de entrevistas. La mayoría de ellas abordan una cuestión palpitante: cómo ve la Argentina a su regreso. «Hay una diferencia con respecto a lo que sucedía y que naturalmente eso puede dar muy buenos resultados en la gente que esté dispuesta», declara. Esta idea de la importancia del pueblo argentino en un momento crucial de su historia queda expresada en otra entrevista a *Siete Días* donde añade que hay que permanecer alerta. Según él, la democracia hay que ganarla ayudando a Alfonsín y trabajando duro; de lo contrario los milicos volverán a salir a la calle. En el fondo de su corazón Cortázar se debate entre la esperanza y el desasosiego. Ha vivido demasiado para saber que los pueblos que olvidan su historia están condenados a repetirla. ¿Y cuántas veces Argentina no ha olvidado y luego ha repetido su drama colectivo? Los argentinos han sufrido demasiado en este último período –dentro y fuera del país– como para que el dolor caiga en el olvido. «Estoy convencido de que estas experiencias negativas pueden traducirse en historia positiva, pero todo depende de nosotros». Está claro que conoce bien a su gente y se mueve entre sentimientos opuestos. La libertad recién adquirida ha de ser refrendada con el esfuerzo personal de todos: ya no valen los viejos pretextos, las fintas individuales, la búsqueda de nuevos salvadores. La nueva Argentina será cosa de todos. O no será.

Antes de su marcha Cortázar pudo vivir uno de los momentos más bellos y emocionantes de su vida. Había acudido a un cine del centro en compañía de Osvaldo Soriano, otro autor exiliado que regresaba de París, para ver la versión cinematográfica de *Triste, solitario y final*. Luego se reunieron con el periodista Carlos Gabetta, de la Agencia France Presse. En cierto momento vieron llegar una gran manifestación por los «desaparecidos» que subía por la calle Corrientes. Entre la multitud estaban las abuelas de la Plaza de Mayo, varios diputados radicales y una cantidad enorme de jóvenes que gritaban consignas a favor de la libertad. De pronto alguien le reconoció erguido en la vereda y la manifestación se detuvo en seco. «¡Ahí está Cortázar! ¡Ahí está Cortázar!». Escuchemos el testimonio de

602 ────────────────────────────── Miguel Dalmau

Carlos Gabetta: «Su larga figura sobresalía neta sobre las cabezas de la gente que lo apretujaba, lo acariciaba, lo tocaba como a algo que no se puede creer...» A la mañana siguiente Julio lo contó a un periodista porteño: «Se me vinieron encima de una manera que casi me matan, pero esos pibes me decían cosas tan conmovedoras. No hablemos ya que pedían que les firmara y donde podían, diciendo cosas como gracias por lo que hacés o gracias por estar aquí. Las chicas me dejaron toda la cara cubierta de besos. Durante cinco minutos yo estuve completamente rebasado por una cosa tan bonita... Fueron cinco minutos increíbles... Sería absolutamente imperdonable que eso fuera aplastado una vez más».

Cuando refiera el episodio por carta a Muchnik aludirá a esa marea humana que lo envolvió en la calle porteña y que sobrepasó todo lo que hubiera podido imaginar: los besos, los abrazos, los centenares de autógrafos... La sorpresa de Cortázar tiene su fundamento: tras una década fuera del país –y de silencio editorial– estaba seguro de haber sido borrado de la mente de los jóvenes; pero por un mecanismo inexplicable su imagen quedó allí, no sólo en los viejos sino en los pibes. Aunque había sido desairado por el nuevo gobierno, recibía a cada paso el cariño de las gentes. Su gente. Para un hombre tan refractario a los galardones aquello era el mejor regalo, su mayor consuelo, y en todo caso contribuyó a multiplicar el aura de «santidad» laica que le rodeaba. Sin pretenderlo se había convertido en el símbolo de esperanza que reclamaba la Argentina de aquellos días. 1983. El año que lo cambió todo.

Las fotografías de este viaje, acaso las últimas de su vida, nos muestran a un individuo extremadamente delgado, viejo, triste y sereno. Pese al aspecto, Julio se sintió tan a gusto en su tierra que se planteó la posibilidad de regresar pocos meses después para emprender un viaje al interior del país. Pretendía así cerrar un círculo que se había abierto cuatro décadas antes en compañía de ese amigo del alma que seguía muriéndose en alguna parte del Cosmos. Pero ya no pudo volver.

LA MUERTE. EL GRAN ESCÁNDALO

A mediados de diciembre Cortázar regresa por última vez a París. Anclado en su apartamento de la rue Martel, pasa los días a merced de los recuerdos. El calor de Latinoamérica ha quedado atrás y vuelve a sentir toda la tristeza y soledad del mundo. Prisionero de Carol, se enfrenta al lento goteo de las horas mientras la lluvia cae sobre los tejados. El hombre que había escrito el microrrelato «Aplastamiento de las gotas», que las había observado durante años resbalando en los cristales como el paciente entomólogo estudia la conducta de los insectos, ¿cuántas gotas miraba ahora en aquella casa sin alegría ni esperanza? Llueve todo el tiempo, todo afuera es tupido y gris. Es terrible cómo llueve. ¿Cómo no ver el alma de la Osita en esa pequeña gota solitaria que asoma en lo alto del marco de la ventana, que se queda temblando contra el cielo, que va creciendo y se tambalea, va a caer y no se cae, pero finalmente termina cayendo? Desde las primeras luces del alba la lluvia descarga sobre los edificios y disuelve sus perfiles en una nada de color gris.

Luego está la incertidumbre sobre su salud. Las visitas a los médicos se multiplican, pero el balance no disipa sus temores. Al contrario. Se le aconseja someterse a nuevas pruebas, esta vez de inmunología en el Hospital Necker; pero los resultados no estarán listos antes de un mes. Esta decisión médica abre de nuevo el gran interrogante: si ya había sido diagnosticado de leucemia —una leucemia típica con su proceso y tratamiento convencionales— sorprende la visita urgente a un inmunólogo, la petición de nuevas pruebas y sobre todo la demora en la entrega de los resultados. ¡Un mes nada menos! Sabemos que el cáncer tiene relación con el sistema inmunológico, de acuerdo, pero también la tiene ese misterioso virus letal que está poniendo en jaque a la ciencia moderna. Es el virus que conocemos hoy como VIH, causante del sida. ¿Qué están buscando, pues, los médicos? ¿No saben ya todo lo que tenían que saber? ¿O sospechan que la leucemia de monsieur Cortázar no es exactamente una leucemia tradicional sino esa nueva enfermedad anónima que ataca al organismo con una crueldad desconocida? El repaso a sus últimas cartas arroja un balance desolador: en ellas se repite hasta la náusea la idea de que los médicos buscan afanosamente la causa de su mal, pero no lo encuentran. A medida que pasan los días, la situación se hace desesperante. Y en esa búsqueda infructuosa de los médicos, y en la angustia del enfermo que va perdiendo peso y energía sin saber, reconocemos la coreografía siniestra del sida.

Pero en caso de ser así, ello nos plantea otra cuestión más delicada. ¿Cómo se produjo el contagio? He ahí el dilema. El autor de *Rayuela* no pertenecía a los grupos de riesgo: homosexuales, drogadictos, hemofílicos, etc. Pero a raíz de su muerte algunas mentes demasiado turbias lo atribuyeron a prácticas homosexuales y otros a una conducta promiscua de algún miembro de la pareja. Todavía eran los tiempos en que el sida era visto como un azote de Dios sobre los pecadores que llevaban una vida disoluta. Pero más allá de estas descalificaciones delirantes de sus enemigos, no hay pruebas de que el Lobo y la Osita se entregaran a ciertos juegos ni que Cortázar practicara sexo descontrolado en sus viajes a La Habana. ¿Entonces? Sólo mucho después se planteó una hipótesis que tiene grandes visos de verosimilitud. Como sabemos, en el verano de 1981 el escritor recibió varias transfusiones a raíz de una hemorragia gástrica que puso en serio peligro su vida. Según él: «Soy un hombre nuevo. Me cambiaron toda la sangre.» Pero en realidad lo que habían hecho era inyectarle litros de sangre contaminada. En aquel tiempo el Ministerio de Sanidad francés adquiría partidas de sangre africana a bajo precio sin saber que parte de ella portaba el virus del sida. Esta sangre se distribuyó en los hospitales del sur de Francia, entre ellos el de Aix-en-Provence, y allí la habría recibido el Gran Cronopio. Para alguien tan respetuoso con los vampiros, un tremendo error humano le había condenado a esa trágica ironía del Destino. ¿Qué habría pensado al saber que la sangre que daba la vida eterna a Drácula, le iba a matar a él certificando su condición de mortal? En todo caso el affaire de la sangre tóxica terminó en los tribunales y con la dimisión irrevocable del ministro de Sanidad francés.

Siguiendo esta línea de investigación, algunos estudiosos plantean que Julio habría contagiado a Carol. El hecho de que ella hubiera muerto a causa de una enfermedad que se caracterizaba por el hundimiento del sistema inmunológico apunta en tal dirección. Pero nosotros no podemos seguirla. Porque aunque es cierto que el sida se cebaba primero en los más jóvenes, y ella lo era, el desenlace de su enfermedad fue tan fulminante que la ciencia aún no ha encontrado un solo caso de un individuo aparentemente sano y asintomático —el dolor de huesos no es suficiente y el cáncer rectal parecía bajo control— que fallezca de sida en menos de tres meses. No. Carol Dunlop murió de aplasia medular. El dato de que ambos fallecieran con el sistema defensivo arruinado quizá sea la prueba médica de que el amor, cuando es verdadero, a veces nos hace muy vulnerables. Clínicamente vulnerables.

Por lo demás, el debate sobre las verdaderas causas de la muerte de Cortázar sigue abierto, pero quizá sea hora de cerrarlo. La versión oficial de Aurora Bernárdez, sus muchos amigos y biógrafos hablan de leucemia; otros autores como Cristina Peri Rossi o el crítico español Rafael Conte se decantan claramente por el sida. Al llegar aquí ya no podemos aplazar más nuestra opinión, que cuenta con el poderoso aval del tiempo. Todos los elementos actuales apuntan a que Julio Cortázar falleció a causa del sida. Es cierto que le habían diagnosticado una leucemia que seguramente tenía, pero el doctor Elmaleth le vaticinó a Aurora que dispondría de tres años de vida, y tal pronóstico no sólo no se cumplió sino que quedó reducido a la mitad. Y si no se cumplió obedece a que la partida de sangre africana introdujo, en una sangre que quizá ya estaba enferma, al peor de los enemigos. Como en el caso del asesinato de Kennedy hay partidarios del tirador único o de la conjura. Apurando el símil, nosotros pensamos que el primer disparo fue obra de la «leucemia Oswald», pero los disparos letales que partieron desde el montículo y que terminaron finalmente con su vida fueron obra de los «agentes secretos del VIH». Sinceramente lo creo así.

Pero en nuestro libro Cortázar aún sigue vivo. El día de Navidad de 1983 escribe una carta a Mario Muchnik en la que le informa de su visita al inmunólogo y de su estado general: la salud sigue igual, y se rasca continuamente y va al baño con la misma asiduidad que en los últimos seis meses. Aunque anda siempre medio dormido, procura trabajar y eso le da ánimos y le hace sentirse mejor. Este punto es importante porque sugiere que la medicación o la fatiga propia de la enfermedad le colocan en un territorio de cierta afasia, un amodorramiento que de algún modo atenúa el dolor. El dolor por la propia vida. Al final los dioses le están concediendo una pequeña tregua que le permite cerrar el año relativamente sereno. Poco antes el Tata Cedrón aún lo había encontrado en el teatro de los Champs-Elysées, a la salida de un concierto. «¿Qué haces flaco? Me dijeron que estabas enfermo y te veo fenómeno. ¡Estás bien! ¡Estás bárbaro!» Pero Julio repuso: «No, no... Estoy mal. Estoy mal.»

Durante años se ha especulado acerca de si conocía el alcance exacto de su dolencia: no, no lo sabía, pero era muy consciente de que no lograba remontar el vuelo. A los pocos días llama por teléfono a Muchnik, quien escucha sobrecogido la voz cavernosa de Cortázar: «Estoy muy harto de mi cuerpo, Mario. La verdad es que estoy bastante desesperado»-. Algunos de sus amigos recuerdan sus cartas de entonces y sus angustiosas llamadas telefónicas. La coincidencia es unánime: el autor de *Rayuela* no quiso o no pudo superar la muerte de Carol. Aunque tuviera compañía, se sentía deprimido y solo. Ni siquiera el apoyo constante de Aurora lograba disipar la impresión abrumadora de vacío. Silvia Monrós recibirá unas líneas suyas en las que le comenta que su ánimo está todo lo bien que se puede después de un año tan hueco y tan triste. Por su parte Guillermo Schavelzon recuerda que Cortázar le mandó una breve nota manuscrita: «Por mi letra te darás cuenta de mi estado de ánimo. Llámame, por favor.» Pero la carta llegó a México pocos días después de su muerte. Y Schavelzon concluye: «Desde entonces estuve convencido que Julio Cortázar murió de tristeza.»

De aquellas mismas fechas disponemos de un testimonio de excepción, Ugné Karvelis. Pese a las antiguas diferencias, el contacto entre ambos no se ha interrumpido en ningún momento. También ella sabe de la gravedad aunque se mantiene a cierta distancia.

De creer a Mario Muchnik la lituana lo hostigó hasta el final con temas contractuales y derechos de edición. Es posible. Pero no se le escapó la magnitud de la tragedia. Años después Ugné recordará en La Habana: «Él vivió el final de su vida muy mal. Confesaba que dormía, comía y caminaba mal. Decía que todo estaba mal. Fue una muerte lenta. Él se veía morir, sin poder impedirlo. Me daba mucha pena. Es absurdo decir que alguien merece un tipo determinado de muerte, pero hubiera preferido para Julio una muerte rápida y sin conciencia del fin.» Quizá sea interesante recalcar esta idea de Karvelis: la conciencia del fin. Es algo muy propio de Rilke, un autor que ambos valoraban mucho. ¿Sabía Julio que el poeta checo había muerto de leucemia? Otro azar que él habría convertido en figura.

A mediados de enero Cortázar es ingresado en el Hospital Saint-Lazare en una habitación de reducidas dimensiones. Aunque apenas le separan doscientos metros a vuelo de pájaro de su casa, la distancia emocional con la rue Martel se abre como un abismo. Nada en este cuarto individual que da a un patio interior le recuerda a su domicilio, tan amplio y soleado, salvo el pequeño montón de libros que acumula en la mesita de noche. Aurora los ha llevado allí como habría hecho con la canasta de un gato, para que Julio se adapte a un territorio nuevo —ajeno y hostil— reconociendo en esos libros el calor de un hogar demasiado lejano. Inicialmente el doctor Modigliani le ha convocado para unas pruebas en el Servicio de Gastroenterología, uno de los más prestigiosos de la ciudad. Pero en el transcurso de una de esas pruebas, el cuerpo le traiciona y sufre una brusca bajada de tensión arterial. «Me quedé sin pulso —le contará a Yurkievich después—, y todos pensaron que me moría ahí mismo.» Una vez repuesto, sus amigos íntimos se acercan para interesarse por su salud. No es cierto, por tanto, que el enfermo estuviera por entonces en Cuba, como sostiene algún biógrafo, y nada menos que gozando en persona del cariño de Fidel.

El viernes 20 de enero Cortázar recibe la visita de Omar Prego. Más que ningún otro, su testimonio brinda una estampa muy fiel del cronopio que se despide: «Julio estaba solo, sentado en un sillón, la mirada perdida en una ventana que daba a un patio interior casi en tinieblas, como si escuchara el rumor de la lluvia.» Una vez más los viejos patios de París parecen acompañar al escritor. Pero esos patios fríos y mal iluminados, más propios de una novela de Balzac, ya han dejado de ser escenario de reflexiones literarias. Ahora sólo le transmiten una intensa e incurable melancolía. Hay algo asombroso en ello, una extraña coincidencia en la despedida de dos poetas que murieron lejos de su patria. Keats, Roma, 1821. Cortázar, París, 1984... ¿Qué es lo que vieron? ¿Qué es lo que ven desde su pequeño cuarto de la Cassina Rossa o del Hospital Saint-Lazare? Ven la vida que se les escapa, la esclavitud de la materia, el cuerpo doliente que les tiene condenados a un lecho, una butaca, una ventana. Nada más. ¿En qué otro mundo siguen cantando los gorriones y extienden el vuelo las golondrinas? ¿En qué lugar inalcanzable más allá de esa plaza romana o ese patio de París? Parece claro que ambos poetas, separados por un siglo y medio, piensan en ese lugar que la enfermedad les niega y sueñan con regresar a él.

En este sentido el testimonio de Omar Prego aporta detalles reveladores. Al principio encuentra al enfermo algo más animado pero bastante molesto con el hospital: «Estoy harto de esta comida y del ruido que hacen estas chicas por la mañana. Aquí las enfermeras no parecen conocer las suelas de caucho. Taconean y cantan por los corredores como si tal cosa.» Otro de los inconvenientes que trata de llevar con resignación es el sueño: «Tengo ganas de dormir, pero no sé si podré.» Sin embargo la comida es el tema recurrente: «No es que sea mala, pero cuando vuelva a casa lo primero que hago es prepararme un buen bifacho.» Aunque Julio parece fatigado, la conversación se prolongará durante media hora; luego se levanta del sillón y se despide, estrechando la mano del amigo. Y es entonces, justo en ese momento, cuando las enfermeras desaparecen y desaparecen los ruidos de sus tacones y desaparecen los alimentos. Porque por un instante regresa el espíritu de Keats. Cerca de la puerta Cortázar le dice: «Cuando salga de todo esto tenemos que darnos un paseo por un bosque. No tiene por qué ser muy lejos: Vincennes o Fontainebleau. Lo que quiero es ver árboles.» Y la puerta se cierra.

Ese mismo 20 de enero, Julio escribirá la última carta de la que tenemos noticia. La destinataria es la editora española Felisa Ramos. El contenido de dicha carta confirma definitivamente el origen del mal que le está matando, sida: «Sigo muy enfermo, pasando por laboratorios y hospitales a fin de que me encuentren por fin lo que tengo (ahora se supone que es una cuestión histamínica a nivel del estómago, aunque ve tú a saber qué será eso). La cosa es que ya llevo más de ocho meses sintiéndome como un perro, víctima de unas comezones de piel que a veces me llevan a la peor exasperación.» He aquí la evidencia: más pruebas, más confusión y más diagnósticos en el aire. ¿Ocho meses rascándose como un perro? ¿Cuestión histamínica a nivel del estómago? Si Cortázar viviera eternamente como en sus retratos, terminaría teniendo todas las enfermedades de la historia antes de regresar al diagnóstico de leucemia mielode crónica. No busquemos más.

La primera semana de febrero Julio aún tuvo ánimos para recorrer en auto las calles de París; en aquella ocasión le acompañaba Aurora y el matrimonio Yurkievich. Plegándose a sus deseos, el grupo se dirigió hasta la Biblioteca del Arsenal donde Julio había pasado momentos deliciosos treinta años antes, recién llegado a la ciudad. Desgraciadamente el edificio era muy alto y no contaba con ascensor: en seguida el enfermo se percató de que no tenía fuerzas suficientes para coronar esa ceremonia de despedida, pero quiso ver el sitio con los ojos de Aurora. Le dijo: «Anda, subí, y dime si la biblioteca está como siempre.» Mientras ella atendía su petición, él permaneció en el interior del coche con los Yurkievich. Según el testimonio de éste, el enfermo ya había descubierto que estaba muriéndose y aquella mañana les reprochó con amargura que nadie le hubiera informado de la gravedad de su estado. Incluso les comentó que de haberlo sabido: «Yo habría vivido estos últimos años de una manera diferente.» Esta frase atravesó como un dardo el corazón de los Yurkievich, el primer dardo de Julio, el último, y luego la mirada cansada de éste se desvió hacia la entrada de la biblioteca. Nunca sabremos qué estaba pensando. ¿Cómo habría vivido ese tramo final de su vida? ¿Cómo lo viviríamos nosotros? ¿Escribiendo en París esa última novela con la que soñaba? ¿Oculto con la Osita en una playa de la isla de Guadalupe? ¿Luchando en Nicaragua? ¿O regresando a Argentina para morir junto a su madre? Misterio. Pero quizá ya no pensaba en eso. Probablemente, en un rincón de su mente, ahora estaba siguiendo los pasos de su primera esposa, peldaño a peldaño, sonido a sonido, hasta entrar de su mano en los salones antiguos del Arsenal para perderse juntos entre los anaqueles felices de la biblioteca.

Otro tanto ocurrió cuando el escritor expresó su deseo de acercarse hasta el apartamento de la rue Martel. Su último refugio. También allí le aguardaba un inmueble sin ascensor y la tortura de cuatro pisos. Mientras descansaba resignado al pie de la escalera sinuosa, el humor acudió en su auxilio: «Caramba –dijo–. Esta escalera es como un dragón. Qué motivo para un cuento.» Tras aquella incursión fallida, regresaron al hospital donde Cortázar quedo ingresado definitivamente. En esta fase Aurora Bernárdez, Luis Tomasello y Saúl Yurkievich sobrellevaron el peso cotidiano de la enfermedad. Julio había rogado restringir al máximo las visitas, pero esto cargó todo el peso sobre los hombros de los tres, quienes tuvieron que desdoblarse en turnos, gestiones, cuidados. Generalmente Aurora dormía en un colchón junto a su cama, y a la mañana siguiente marchaba a ducharse a la rue Martel, mientras Yurkievich le llevaba los periódicos. En cuanto a Tomasello una de sus misiones era dar masajes a las infinitas piernas de Cortázar. Esas piernas de agrimensor que habían medido todas las calles y rayuelas del mundo. Tomasello recordaba que le dijo: «Si este combate fuera a 7 rounds lo ganaríamos, pero a 12...» La Pelea del Siglo, la noche trágica del box, Firpo, un jardín en Banfield.

Entretanto quiso ultimar la traducción de varios cuentos que le había dejado Carol, y para ello contó de nuevo con la ayuda inestimable de Aurora. Por un lapso demasiado breve volvieron al juego que les había hecho tan felices a todos, el rito de las palabras extrañas y compartidas, los términos fugitivos, la búsqueda emocionante de la expresión armónica que a la postre une a las personas. Y a las estrellas. En paralelo también concluyó la revisión de un breve libro de poemas que había escrito para acompañar una colección de diez serigrafías en negro de Luis Tomasello. Pese a que el texto de «Negro el 10» estaba presidido por la idea de la muerte, Cortázar aún pudo deslizar su pluma sobre unos versos que forzosamente le debieron sonar proféticos: «Empieza por no ser. Por ser no. El caos es negro. Como es negra la nada.» Y entretanto la nada iba acercándose a su cama, como un manto de niebla. Aquel joven Julio Denis que había aspirado a ser poeta, aquel que había soñado seguir la estela de Keats, cuyo nombre fue escrito en el agua, regresaba ahora moribundo a la poesía arañando segundos al tiempo: «Caballo negro de las pesadillas, hacha del sacrificio, tinta de la palabra escrita, pulmón del que diseña, serigrafía de la noche, negro el diez: ruleta de la muerte, que se juega viviendo.» Asombrosamente en estos penúltimos versos se encierra todo Cortázar: la noche, la pesadilla de vivir, la escritura, el juego, el azar que nos depara la vida, el sueño... Y ya casi a modo de epitafio, este último verso que quedó sobre la mesita del hospital: «Tu sombra espera tras de toda luz.»

Tras corregir el texto, Julio se fue apagando. A lo largo de la segunda semana de febrero su estado empeoró considerablemente y comenzó a recibir tratamiento paliativo. La suerte estaba echada. Aurora permanecía junto a su cama, conversando con los doctores y recibiendo a los amigos. Apenas unos días antes el enfermo le había comentado a Saúl Yurkievich: «Delante de mí hay dos puertas: una lleva a la claridad y otra lleva a la oscuridad.» Dos semanas después, la primera de ellas se estaba cerrando definitivamente y Cortázar penetraba en el reino de las sombras. Pero esta vez sin versos, acompañado sólo por voces amortiguadas que hilvanaban a su lado un discurso incomprensible. Enfermeras, rumores. En uno de sus momentos de lucidez le dijo a Aurora: «No te preocupes por mí. Me voy a ir a mi Ciudad.» La ciudad soñada, esa ciudad fabulosa que era una y todas a la vez. La del Otro Lado. Oigamos el testimonio de Françoise Campo Timal:

> Desgraciadamente, la última visión que tengo de él es en su lecho de muerte. Tenía la cara muy enflaquecida. Y eso hacía que resal-

taran más sus ojos, aquellos ojazos inmensos, de vidente. Lo rodeábamos Saúl y Gladys Yurkievich, su ex esposa Aurora y yo. Julio estaba muy mal. Pero, de repente, su cara comenzó a apaciguarse. Levantó una de sus inmensas manos y preguntó: «¿Oyen esa música?» Tenía el rostro lleno de alegría y nos decía: «Qué lindo que estén aquí conmigo oyendo esa música.» Y yo me decía: «Dios mío, si se muriera ahora, si se muriera escuchando esa música que él dice que oye y diciéndonos "qué lindo, qué hermoso".» Pero se murió dos días después, sin música.

La música que estaba oyendo Cortázar era fruto de las alucinaciones que cierta medicación paliativa produce en el enfermo terminal. Pero este dato no le quita un ápice de poesía a la escena y nos da consuelo saber que sus últimos momentos de conciencia están asociados al arte que más quería. Esto fue un viernes. En su delicioso libro *Un tal Lucas* había escrito que en la hora de su muerte, si hay tiempo y lucidez, le agradaría poder escuchar dos cosas, el último quinteto de Mozart y un solo de piano sobre el tema «*I ain't got nobody*». La lista era larga, pero él ya había elegido. «Si siente que el tiempo no alcanza, pedirá solamente el disco de piano. Desde el fondo del tiempo Earl Hines le acompañará.». Todavía vivió cuarenta y ocho horas más. Tras siete horas de agonía, Cortázar recibió una piadosa inyección del médico. En pocos segundos murió serenamente de un paro cardíaco, el domingo 12 de octubre, con la cabeza orientada hacia la puerta. Nunca le había gustado aquella ventana del viejo hospital que daba a un patio gris y a las rejas de unas dependencias policiales. Por eso le había dicho a Omar Prego que cuando abandonara el hospital iría a ver árboles.

Aunque Cortázar murió en un centro hospitalario, Aurora y sus amigos realizaron maniobras «ilegales» para evitar que el velatorio tuviera lugar en la morgue municipal, tal como ordenaban las leyes francesas. Estaba demasiado reciente el caso de la Osita, cuyo velorio allí les había dejado el corazón de hielo. Gracias a la complicidad de su médico, el autor de *Rayuela* abandonó oficialmente «vivo» el Hospital Saint-Lazare en ambulancia con destino a su casa.

Este traslado de un cadáver que estaba muerto y a la vez vivo era un buen final para un apasionado de la literatura romántica. Y de los vampiros. Poco antes él había escrito un episodio similar en el relato «El copiloto silencioso», la historia de un hombre que se ganaba la vida en la Argentina de los años cuarenta transportando los cuerpos de los enfermos que fallecían en los sanatorios del interior hasta la capital. El viaje siempre se hacía de noche, a través de la solitaria pampa infinita para poder burlar los controles policiales. Pero ahora la pampa se había transformado en las frías calles de París y el auto en una ambulancia moderna. Siempre el Lado de Acá y el Lado de Allá. Y la eterna rayuela, claro, la promesa de un cielo. Por eso el acta de defunción está firmada en la rue Martel.

Una vez allí comenzó el desfile de amistades: los Yurkievich, Julio Silva, Claribel Alegría, Luis Tomasello... Escuchemos el testimonio del Tata Cedrón: «Cuando murió lo fui a ver a su casa. Estaba en la cama con el gorro ruso que tenía, la barba, parecía Alejandro Nievski. De todo lo vivido lo que más me queda a mí es la sensación de una historia sin fin, como el torito de Mataderos, suena la campana y termina un round, hay un descansito y otra vez la campana. Hay que salir a pelear. Y... la puta que los parió, siempre hay que salir a pelear, y a hacer cosas, y cantar, y estar, y vivir.» Sin duda era un excelente epitafio para el pibe de Banfield. Otros testimonios no fueron tan poéticos. Escuchemos a Osvaldo Soriano:

Debe ser una ilusión mía, un punto de vista personal y persecutorio, pero era la muerte de un exiliado. El cadáver en su pieza, tapado hasta la mitad con una frazada, un ramo de flores (de las madres de Plaza de Mayo) sobre la cama, un tomo con las poesías completas de Rubén Darío sobre la mesa de luz. Del otro lado, en la gran pieza, algunos tenían caras dolidas y otros las acomodaban; nadie era el dueño de la casa —Aurora Bernárdez asomaba como la responsable, el más deudo de los deudos, la pobre— y yo sentí que cualquier violación era posible: apoderarse de los papeles, usar su máquina de escribir, afeitarse con sus hojitas o robarle un libro.

Este testimonio del amigo daría para muchas interpretaciones que ya no caben aquí. Nos conformamos con la idea que transmiten: la desolación universal que se crea alrededor de los muertos. Otro testimonio que debe ser rescatado pertenece a Mario Muchnik, quien asegura que Aurora le pidió que tomara fotografías del cadáver de Cortázar. Tras superar un escalofrío el editor aceptó: «Julio estaba extendido en la cama, con las manos cruzadas sobre el pecho y los ojos cerrados. Estaba extremadamente flaco. Aurora y Claribel me habían dicho que estaba «hermoso» y Hugo me lo había confirmado. Pero yo no le vi ninguna belleza. Hugo aguantó una lámpara sobre Julio y, conteniendo el llanto y la impresión, yo tomé todo un carrete de fotos.» A la mañana siguiente llevó el carrete a revelar a Pictorial Service y por la tarde fue a recoger las fotos y se las dio a Aurora. Este hecho tan poco habitual nos conduce a nuevas inquisiciones: ¿qué impulso morboso llevó a la morochita a coleccionar imágenes de su exmarido en el lecho de muerte? Medio año antes éste le había rogado que destruyera unas fotos comprometedoras de Carol desnuda, y ahora ella oficiaba en su casa una extraña ceremonia de profanación. ¿Hay algo más tristemente desnudo que un cadáver, aunque se presente cubierto con un gorro ruso y una manta de lana?

Es cierto que la costumbre de fotografiar a los muertos estuvo de moda en los primeros tiempos de la fotografía, pero a las puertas del nuevo milenio la petición de Aurora produce, en efecto, ese escalofrío sin palabras que sintió Muchnik. El difunto había escrito: «Quizá, finalmente, la fotografía dé razón a quienes creyeron en el siglo pasado que los ojos de los asesinados conservan la imagen última del que avanza con el puñal en alto». ¿Qué habría sentido Cocó si hubiera asomado la cabeza por la puerta y hubiera descubierto el cadáver de aquel gigante?

Entretanto el mundo ya conocía la noticia de la muerte de Cortázar. Durante un tiempo circuló el rumor de que nadie había tenido el valor de comunicárselo a doña Herminia en atención a su edad. De ser así, la trama se habría cerrado como otro de sus cuentos, esos relatos en los que los familiares viven separados por un océano y juegan por carta a no decirse toda la verdad. Pero la realidad fue mucho más prosaica dentro de lo extraordinario. De creer el testimonio de su ahijado, Carlos María Gabel: «Ascendía pausadamente las escaleras en la estación Chacarita, cuando los gritos de un diarero me dejaron paralizado... Murió Cortázar!!!... Murió Cortázar!!! Al avanzar unos pocos escalones, un gigantesco titular de *La Razón* proclamaba lo mismo, en letras de molde... MURIÓ CORTÁZAR. Compré dos ejemplares que no abrí. Simplemente los deposité sobre mis rodillas luego de trepar a un taxi y allí descansaron hasta llegar a la calle Nazca».Allí aguardaban Doña Herminia y Ofelia. Pese a las voces de los vendedores de periódico, y las noticias de radio y televisión, el Gobierno de Alfonsín tardó demasiado en reaccionar. Sólo después mandó este telegrama de condolencia que parece redactado con un molde de hielo: «Exprésole hondo pesar ante pérdida exponente genuino de la cultura y las letras argentinas.» El mensaje valía para cualquiera.

El 14 de febrero Julio recibió sepultura junto a Carol en el cementerio de Montparnasse. Era el Día de San Valentín, el Día de los Enamorados. Uno de los amigos, Omar Prego, recuerda que era una mañana fría, pero de una luminosidad casi sobrenatural para quienes estaban acostumbrados al cielo plomizo y bajo del invierno. El sol destellaba en las aristas de mármol de los panteones y en las chapas de bronce y las copas de los árboles. Apenas soplaba una ligera brisa. «Pero lo más impresionante era el silencio. Desde que el cortejo se puso en marcha desde la entrada del cementerio y nos encaminamos hacia la tumba recién removida, no recuerdo haber escuchado una sola palabra. El único ruido, semejante al del mar en una playa pedregosa, era el de los pies arrastrándose por el sendero principal detrás del furgón mortuorio.» Hasta el último momento se pospuso la hora del entierro con la esperanza de que Roberto Fernández Retamar y Tomás Borge llegaran a tiempo para traer respectivamente tierra de Cuba y Nicaragua para arrojar sobre la tumba. Pero los aviones aterrizaron demasiado tarde. No fue el único retraso que alteró el ritmo de la ceremonia. Según Vilma Fuentes: «Yo acompañé a Ugné aquella mañana triste. Ella estaba furiosa porque Aurora y Saúl Yurkievich le habían impedido ver a Julio en el hospital. Hicieron como un muro. No pudo despedirse. Luego, el día del entierro, ellos decidieron que había que esperar la llegada del ministro de cultura: Jack Lang. Esperamos una eternidad. Nosotras estábamos aparte, fuera del grupo, y Ugné no hacía más que repetirme que Julio no tenía nada que ver con toda esa *merde* oficial.» Y tenía razón. Pero el tiempo de espera sirvió, en cambio, para que fueran llegando algunos jóvenes anónimos que deseaban despedirse de su maestro.

Hay otro testimonio, el de Jorge Enrique Adoum: «Ahí estábamos enterrándolo, el martes, bajo un solcito frío de invierno, en una caja negra larga y ancha capaz de contener al gran hermano mayor, aunque con la impresión de que había tenido que empequeñecerse para pasar por la muerte sin bajar la cabeza. Nos fue imposible convencer a los empleados de pompas fúnebres francesas de que la familia éramos nosotros cuando nos pedían que nos retiráramos y no fastidiáramos a la familia.» A falta del gineceo de Banfield, el escritor recibió sepultura acompañado por los representantes de la Unesco y una treintena de amigos que habrían dejado atónitas a las mujeres de su familia: aparte de los habituales Yurkievich, Muchnik, Alegría, Silva, Tomasello, Soriano, Goloboff, o la viuda de Italo Calvino, se encontraban el fotógrafo Antonio Gálvez y los cantautores Daniel Viglietti y Paco Ibáñez; también el escritor español Andrés Amorós, que había acudido a París para mostrarle su edición crítica de *Rayuela*. ¿Qué habría pensado Ofelia de la presencia del embajador de Cuba en Francia y de algunos miembros del Frente Farabundo Martí de Liberación Nacional de El Salvador? En cierto modo todos ellos respondían a alguna faceta de su vida, tan variada al final, tan rica e inaprensible. Luego muchos de los presentes se acercaron hasta la fosa para arrojar flores sobre los amantes dormidos. Mientras se procedía a la colocación de la lápida —dos láminas de mármol en forma de libro abierto— nadie logró recordar aquel lejano epitafio que el escritor había acuñado para sí mismo al poco de llegar a París:

JULIO CORTAZAR.
CUALQUIER RANITA LE GANABA

Sin duda habría sido maravilloso, aunque injusto con el hombre tan valiente que llegó a ser. Un hombre que tuvo el valor de soñar, de escribir, de amar, de ser libre, de enfrentarse a sus peores demonios, y de comprometerse con su tiempo para ayudar a los demás. A la hora de la verdad todo transcurrió de una manera más próxima a los inquietantes cuentos de *Bestiario* que no a las *Historias de cronopios y de famas*. La gente se fue marchando. Sólo Omar Prego y su esposa se quedaron un poco rezagados en esa zona del cementerio —no lejos de la tumba de Sartre— que había quedado desierta. Antes de salir al bulevar Edgar Quinet vieron aparecer a un par de gatos escuálidos que surgieron de entre las tumbas y les vieron partir con indiferencia. Desde ese momento nunca faltan flores amarillas ni los mensajes de los admiradores.

Pocas semanas después Aurora Bernárdez, encargada de gestionar el legado, descubrió un texto estremecedor entre los papeles de Cortázar. Se titula «La Madre» y es una carta-poema que el hijo nunca se atrevió a enviarle. Quizá porque resume la verdadera tragedia de su vida:

> Delante de ti me veo en el espejo que no acepta cambios, ni corbata nueva ni peinarse en esta forma. Lo que veo es eso que tú ves que soy, el pedazo desprendido de tu sueño, la esperanza boca abajo y cubierta de vómitos.
>
> Oh, madre, tu hijo es éste, baja tus ojos para que calle el espejo y podamos reconciliar nuestras bocas. A cada lado del aire hablamos de cosas distintas con iguales palabras. Eres una columna de ceniza (yo te quemé) una toalla en la percha para las manos que pasan y se frotan, un enorme búho de ojos grises que espera todavía mi nombramiento decorativo, mi declaración conforme a la justicia, a la bondad del buen vecino, a la moral radiotelefónica. No puedo allegarme, mamá, no puedo ser lo que todavía ves en esta cara. Y no puedo ser otra cosa en libertad, porque en tu espe-

jo de sonrisa blanda está la imagen que me aplasta, el hijo verdadero y a medida de la madre, el buen pingüino rosa yendo y viniendo y tan valiente hasta el final, la forma que me diste en tu deseo: honrado, cariñoso, jubilable, diplomado.

Años más tarde, cuando el mundo ya había tomado la forma definitiva de una pesadilla de Cortázar, cuando el tiempo impuso a los hijos de *Rayuela* todo aquello que ensucia y destruye, cuando las revoluciones ya no son más, y hasta los libros se mueren bajo una capa de ignorancia, apareció este grafiti en un muro de una calle de Buenos Aires. Ciertamente es la obra de un loco, de un cronopio, de un piantado. Y por eso mismo le queremos.

> Volvé, Cortázar, volvé.
> Total, ¿qué te cuesta?

> Mamaris (Turquía) - agosto de 2012
> Algaida (Mallorca) - agosto de 2015

AGRADECIMIENTOS

Como todos mis libros, esta biografía le debe mucho a un grupo de personas singulares. Pero como a cierta altura de la vida las deudas tienden al infinito, renuncio a establecer una lista minuciosa de todos mis benefactores. Prefiero recordar a aquellos que en su día me acercaron a Cortázar, avivando mi interés por una figura que ya me había hechizado con su obra: el doctor Miguel Dalmau, mi padre, enormísimo cronopio; los editores Carlos Barral y Mario Muchnik, y algunos autores de mi generación como Pedro Zarraluki. También le debo mucho a Antonio Gálvez, que me descubrió el París de *Rayuela* a mediados de los años setenta: una ciudad que ya no existe, pero que aún llevamos en el alma. En mi adolescencia Cortázar inspiró charlas eternas con diversos compañeros de aventuras. No puedo olvidarme de Javier Coll, Francisco Grau, Teresa Vilardell o los *beach boys* de San Salvador. Como cualquier pibe de la época, yo también busqué a la Maga, pero sólo la encontré, platónicamente, en Lali Badosa. Las otras magas se desvanecieron.

En la fase de escritura he tenido el apoyo inestimable de José Manuel Barquero, Alberto del Cid, Miguel Conde, Octavio Cortés, Agustín Fernández Mallo, Jordi Forteza, Joaquín Górriz, Felipe Hernández, Eduardo Jordá, Miquel Juliá, José Luís Martínez, los hermanos Oliver Moragues, Román Piña, Mariona Rafols, Jorge Salazar, Andoni Sarriegui y Pepe Vidal Valicourt. Otro tanto vale para mis «piantadas» porteñas, Andrea Beltramo y Macky Chuca. Este libro no sería posible sin mi amiga Silvia Lluis y las encantadoras de Circe, que lo soñaron, pero la realidad necesaria llegó con Daniel Fernández y Penélope Acero. También estuvieron cerca Cecilia Conde, dama entre las damas, y Jorge Herralde, editor entre editores. ¿Y qué decir de Perico de Montaner y Mayda de Quiroga? Adorables. Siguiendo el sabio ejemplo del poeta E. E Cummings, debería añadir un pequeño apartado de «no thanks» en honor de aquellos bastardos que han hecho lo imposible para que no apareciera esta obra. Pero como todos sabemos quiénes son, prefiero ser desagradecido.

Una vez más estoy en deuda eterna con mi familia y con mi guardia pretoriana. Sin duda merecían un césar más sabio, justo y sereno, pero la perfección no es de este mundo y no llegará precisamente de mi mano…Eva Acosta, Pere Bardagí, Gracia Barrera, Eduardo Laguillo, familia Pallarés Picado, Pere Pineda, Fermí Puig y Amador Vega. Por último no puedo olvidar que el libro se gestó a bordo de una goleta turca, en el Egeo oriental, gracias a las virtudes marineras de mi viejo amigo Pepe Gil Vernet. Por culpa del virus Cortázar también debo dar las gracias a «Max», mi osito de peluche, que me guía con mano segura en las horas de tiniebla.

M.D

BIBLIOGRAFÍA

OBRAS DE JULIO CORTÁZAR (por orden cronológico)

Presencia, publicada con el pseudónimo de Julio Denis, El Bibliófilo, Buenos Aires, 1938. Poemas.

Los Reyes, Gulab y Aldabahor, Buenos Aires, 1949. Poema dramático.

Bestiario, Editorial Sudamericana, Buenos Aires, 1951. Relatos.

Final del juego, Los Presentes, México,1956. 2.ª edición aumentada: Editorial Sudamericana, Buenos Aires, 1964. Relatos.

Las armas secretas, Editorial Sudamericana, Buenos Aires, 1959. Relatos.

Los premios, Editorial Sudamericana, Buenos Aires, 1960. Novela.

Historias de cronopios y de famas, Ediciones Minotauro, Buenos Aires, 1962. Historias breves.

Rayuela, Editorial Sudamericana, Buenos Aires 1963. Novela.

Todos los fuegos el fuego, Editorial Sudamericana, Buenos Aires, 1966. Relatos.

La vuelta al día en ochenta mundos, Siglo XXI Editores, México, 1967.

Buenos Aires, Buenos Aires, textos sobre fotos de Alicia D'Amico y Sara Facio, Editorial Sudamericana, Buenos Aires,1968.

62. Modelo para armar, Editorial Sudamericana, Buenos Aires, 1968. Novela.

Último round, diagramación de Julio Silva, Siglo XXI Editores, México,1969. Miscelánea.

Viaje alrededor de una mesa, Cuadernos de Rayuela, Buenos Aires, 1970. Miscelánea.

Literatura en la revolución y revolución en la literatura. Diálogo con M. Vargas Llosa y O. Collazos, Siglo XXI Editores, México, 1970.

Pameos y meopas, Editorial Ocnos, Barcelona, 1971. Poemas.

Prosa del observatorio, imágenes de Antonio Gálvez, Lumen, Barcelona, 1972. Poema.

Libro de Manuel, Editorial Sudamericana, Buenos Aires, 1973. Novela.

La casilla de los Morelli, Tusquets Editores, Barcelona, 1973. Selección de textos.

Octaedro, Editorial Sudamericana, Buenos Aires, 1974. Relatos.

Fantomas contra los vampiros multinacionales, Ediciones de Excelsior, México, 1975. Cómic.

Silvalandia, Textos sobre pinturas de Julio Silva, Editorial Cultural G.D.A., México, 1975.

Humanario, con fotos de Alicia D´Amico y Sara Facio, La Azotea, Buenos Aires, 1976.

Alguien que anda por ahí, Alfaguara, Madrid, 1977. Relatos.

Territorios, diseño de Julio Silva, Siglo XXI Editores, México, 1978. Miscelánea.

Un tal Lucas, Alfaguara, Madrid, 1979. Historias breves.

Queremos tanto a Glenda, Alfaguara, Madrid, 1980. Relatos.

Monsieur Lautrec, ilustraciones de Hermenegildo Sábat, Ameris, Madrid, 1980.

París: ritmos de una ciudad, fotos de Alécio de Andrade, Edhasa, Barcelona, 1981. Relatos.

Deshoras, Alfaguara, Madrid, 1982. Relatos

Los autonautas de la cosmopista, en colaboración con Carol Dunlop, ilustraciones de Stéphane Hébert, Muchnik Editores, Barcelona, 1983.

Nicaragua, tan violentamente dulce, Muchnik Editores, Barcelona, 1984. Artículos.

El Bestiario de Aloys Zötl, texto con ilustraciones de Aloys Zötl, Franco María Ricci, Milán,1983.

Alto el Perú, textos sobre fotografías de Manja Offerhaus, Editorial Nueva Imagen, México, 1984.

Argentina: años de alambradas culturales, Muchnik Editores, Barcelona, 1984.

Salvo el crepúsculo, Alfaguara, Madrid, 1984. Poemas.

Nada a Pehuajó y *Adiós, Robinson,* Ediciones del Katún, México, 1984. Teatro.

El examen, Editorial Sudamericana, Buenos Aires, 1986. Novela.

Divertimento, Editorial Sudamericana, Buenos Aires, 1988. Novela.

Cartas a una pelirroja, Ed. Orígenes, Madrid, 1990. Correspondencia con Evelyn Picon Garfield.

Dos juegos de palabras. Nada a Pehuajó. Adiós Robinson, Crítica, Zaragoza, 1991.

Cuentos completos, Alfagura, Madrid, 1994.

Obra crítica, Alfaguara, Madrid, 1994, 3 vols.

Diario de Andrés Fava, Alfaguara, Madrid, 1995. Novela.

Adiós, Robinson y otras piezas breves, Alfaguara, Madrid, 1995. Teatro.

Imagen de John Keats, Alfaguara, Madrid, 1996. Estudio.

Cuaderno de Zihuatanejo. El Libro, los sueños. Alfaguara, Madrid, 1997.

Cartas (1937-1983), edición de Aurora Bernárdez, Alfaguara, Buenos Aires, 2000, 3 vols.

Cuentos (Obras Completas I), Galaxia Gutenberg-Círculo de Lectores, Barcelona, 2003.

Teatro. Novelas 1 (Obras Completas II), Galaxia Gutenberg-Círculo de Lectores, Barcelona, 2004.

Novelas 2 (Obras Completas III), Galaxia Gutenberg-Círculo de Lectores, Barcelona, 2004.

Poesía y Poética (Obras Completas IV), Galaxia Gutenberg-Círculo de Lectores, Barcelona, 2005.

Discurso del oso. Ilustraciones de Emilio Urberuaga, Libros del Zorro Rojo, Barcelona, 2008. Relatos.

Papeles inesperados, Alfaguara, Madrid, 2009. Miscelánea.

Cartas a los Jonquières, Alfaguara, Madrid, 2010.

Cartas (1937-1984), Alfaguara, Buenos Aires, 2012, 5 volúmenes.

Clases de literatura. Berkeley, 1980, Alfaguara, Madrid, 2013.

BIBLIOGRAFÍA BÁSICA

Alazraki, Jaime, *Hacia Cortázar: aproximaciones a su obra*, Anthropos Editorial, Barcelona, 1994.

Aronne Amestoy, Lida, *Cortázar: la novela mandala*, Fernando García Cambeiro, Buenos Aires, 1972.

Astarita, Gaspar, *Cortázar en Chivilcoy*, Grafer, Chivilcoy, 1997.

Bioy Casares, Adolfo, *Descanso de caminantes*, Editorial Sudamericana, Buenos Aires, 2001.

Celorio, Gonzalo, «Julio Cortázar», en *Ensayo de contraconquista*, Tusquets Editores, México, 2001.

Cócaro, Nicolás, *El joven Cortázar*, Ediciones del Saber, Buenos Aires, 1993.

Conte, Rafael, *Pretérito imperfecto*, El Crítico, Madrid, 1992.

Cousté, Alberto, *Julio Cortázar*, Editorial Océano, Barcelona, 2001.

Cruz, Juan, *Egos revueltos*, Tusquets Editores, Barcelona, 2010.

Descotte, Herminia, «Mi hijo Julio Cortázar», *Revista Atlántida*, Buenos Aires, 1970.

Deschamps, Jorge, *Julio Cortázar en Banfield*, Editorial Orientación Gráfica, Buenos Aires, 2004.

Donoso, José, *Historia personal del «boom»*, Alfaguara, Madrid, 1999.

Donoso, Pilar, *Correr el tupido velo*, Alfaguara, Madrid, 2010.

Edwards, Jorge, *Persona non grata*, Tusquets Editores, Barcelona, 1991.

Fernández Cicco, Emilio, *El secreto de Cortázar*, Editorial de Belgrano, Buenos Aires, 1999.

Ferro, Roberto, *Escritura y vida en los textos de Julio Cortázar*, Universidad de Buenos Aires, Buenos Aires, 2007.

Fuentes, Carlos, «Cortázar: la caja de Pandora», en *La nueva novela latinoamericana*, Cuadernos de Joaquín Moritz, México, 1969.

Goloboff, Mario, *Julio Cortázar. La biografía*, Ediciones Continente, Buenos Aires, 1998.

González Bermejo, Ernesto, *Conversaciones con Cortázar*, Edhasa, Barcelona, 1978.

Goytisolo, Juan, *En los reinos de taifa*, Seix Barral, Barcelona, 1986.

HARSS, Luis, «Julio Cortázar, o la cachetada metafísica» en *Los nuestros*, Editorial Sudamericana, Buenos Aires, 1966.

HERRÁEZ, Miguel, *Julio Cortázar: el otro lado de las cosas*, Editorial Ronsel, Barcelona, 2003.

—, *Julio Cortázar, una biografía revisada*, Editorial Alrevés, Barcelona, 2011.

—, *Dos ciudades en Julio Cortázar*, Editorial Alrevés, Barcelona, 2013.

MAQUEIRA, Enzo, *Cortázar, de cronopios y compromisos*, Editorial Longseller, Buenos Aires, 2005.

MARCHAMALO, Jesús, *Cortázar y los libros. Un paseo por la biblioteca del autor de «Rayuela»*, Fórcola Ediciones, Madrid, 2001.

MARTIN, Gerald, *Gabriel García Márquez. Una vida*, Editorial Debate, Barcelona, 2009.

MONTES-BRADLEY, Eduardo, *Cortázar sin barba*, Editorial Debate, Barcelona, 2005.

MONRÓS-STOJAKOVIC, Silvia, *Julio Cortázar-Carol Dunlop. Correspondencia*, Ediciones Alpha Decay, Barcelona, 2009.

MUCHNIK, Mario, *Lo peor no son los autores*, Del Taller de Mario Muchnik, Madrid, 1999.

PAZ, Octavio, *Al paso*, Editorial Seix Barral, Barcelona, 1992.

PERI ROSSI, Cristina, *Julio Cortázar*, Ediciones Omega, Barcelona, 2001.

PEYRATS LASUÉN, Pilar, *Jazzuela. El jazz en «Rayuela», la novela de Julio Cortázar*, Satélite K, Barcelona, 2011.

PICÓN GARFIELD, Evelyn, «Cortázar por Cortázar», Universidad Veracruzana, México, 1981.

PREGO, Omar, *La fascinación de las palabras*, Muchnik Editores, Barcelona, 1985.

ROY, Joaquín, *Julio Cortázar ante su sociedad*, Editorial Península, Barcelona, 1974.

SETTI, Ricardo, *Sobre la vida y la política: diálogo con Vargas Llosa*, Intermundo, Madrid, 1989.

SIMÓ, Ana María *et al.*, «Cinco miradas sobre Cortázar», Tiempo Contemporáneo, col. Números, Buenos Aires, 1968.

SOLA, Graciela de, *Julio Cortázar y el hombre nuevo*, Editorial Sudamericana, Buenos Aires, 1968.

Soriano, Osvaldo, *Piratas, fantasmas y dinosaurios*, Norma Editorial Buenos Aires, 1996.

Sosnowski, Saúl, *Julio Cortázar, una búsqueda mítica*, Ediciones Noé, Buenos Aires, 1973.

Vázquez, María Esther, *Borges, sus días y su tiempo*, Ediciones B, Buenos Aires, 1999.

Yurkievich, Saúl, *Julio Cortázar: mundos y modos*, Edhasa, Barcelona, 2004.

Zampaglione, Héctor, *El París de «Rayuela»: Homenaje a Cortázar*, Lunwerg Editores, Barcelona 1997.

ÍNDICE ONOMÁSTICO

ESTA EDICIÓN DE *JULIO CORTÁZAR*,
DE MIGUEL DALMAU,
SE TERMINÓ DE IMPRIMIR EN HUERTAS,
EL 25 DE SEPTIEMBRE DE 2015

Printed in Great Britain
by Amazon